张觉述作集

常用成语词典

修订版

张觉 编著

长江出版传媒 崇文书局

张 觉

▼

  1949年3月生于江苏省太仓县茜泾镇，1965年考入江苏省苏州高级中学，1969年下乡务农，1977年底考入南京大学中文系汉语言文学专业，毕业后考入复旦大学中文系古代汉语专业，师从张世禄、周斌武先生攻读汉语史，1984年底毕业，获文学硕士学位。1985年起在高校任教，2014年退休。已由25家出版社出版著作52种，主要有《韩非子全译》（1992）、《商君书全译》（1993）、《吴越春秋全译》（1993）、《潜夫论全译》（1999）、《常用成语词典》（2000）、《现代汉语规范指南》（修订本，2017）、《老子古本探赜正解》（2021）。其中上海古籍出版社出版的《韩非子校疏》于2011年荣获第十四届华东地区古籍优秀图书奖一等奖，岳麓书社出版的《吴越春秋校证注疏》（增订本）于2020年获第五届湖湘优秀出版物奖，上海古籍出版社出版的《荀子译注》、国家图书馆出版社出版的《韩非子》为全国古籍整理出版规划领导小组办公室2021年首批向全国推荐的经典古籍优秀整理版本。

常用成语词典（修订版）

▼

  本词典以简明为特色，以实用、规范、精细、准确、踏实为编写原则，收录古今意蕴深厚、凝练典雅而最具生命力的常用成语6768条，按照国家标准注音、编排，以直解方式准确地阐明其中每个字的确切含义。认真地阅读本词典，不但能有效提高古汉语阅读能力，掌握言简意赅、富于文采的成语，而且能了解诸多寓意深刻的历史故事以及耐人寻味的人情世故和社会经验，大大提高自己的文化素养。

目　录

述作集自序

　　人活在世界上，有的地位甚高，身价不菲，但终其一生，其价值仍然可以用单一的经济尺度去衡量——一辈子赚了多少钱；有些人的人生价值就不是单用金钱所能衡量的，这就是古人所谓的"不朽"。据《左传·襄公二十四年》记载，范宣子问叔孙豹曰："古人有言曰：'死而不朽。'何谓也？"叔孙豹回答说："鲁有先大夫曰臧文仲，既没，其言立。其是之谓乎！豹闻之：'大上有立德，其次有立功，其次有立言。'虽久不废，此之谓不朽。若夫保姓受氏，以守宗祊，世不绝祀，无国无之，禄之大者，不可谓不朽。"①由此看来，人的政治生命与其生理生命同样脆弱。从政者即使能显赫一时，但随着其心脏停止跳动，其政治生命也往往就此结束而不可能不朽。诚然，就是在古人心目中处于领先地位的"立德""立功"，我看其对后世的作用也有限。据杜预、孔颖达的注疏，所谓"立德"，是指黄帝、尧、舜之类的圣人"创制垂法，博施济众，圣德立于上代，惠泽被于无穷"；所谓"立功"，是指禹、稷之类的贤人"拯厄除难，功济于时"②。这些圣贤，虽然因其功德而名垂青史，但其功德也不过是让人缅怀而已。由于时代的变迁，他们创制的东西早已不再有什么实际的效用了。这种情况犹如司马迁所感

---

① 《左传·襄公二十四年》，中华书局 1980 年影印本《十三经注疏》，第 1979 页。
② 同上。

叹的那样:"天下君王至于贤人众矣,当时则荣,没则已焉。"①至于一般人,其结局就更是"没则已焉"——"已焉"了。2021年4月8日,我在"苏高中68届一班"群里看到同学陈汉中转发的《一个独居老知青的惨淡人生》,说老人过世不久,旅居国外的子女就把他的住房遥控出售了。其遗物中有老人珍藏的相册、奖章、高级工程师证、日记等,记载着他的一生:当知青,恢复高考后考上大学,进国企后从技术员做到副总工,下岗后出去打拼,在异地安家,把一双儿女培养成才送到国外,老伴走后,他孤独地度过了最后的六年。买房者叫其子女来收拾老人珍藏的这些遗物,其子女却说"你们都扔了吧",因而令买房者唏嘘不已。我想,这应该是绝大多数人的结局吧,只要看看你自己保留了多少祖上以及父母的遗物,面对这残酷的现实可能也就见怪不怪了。承载着个人"德""功"的奖章、高级工程师证等在其子女眼中已毫无价值,在社会上就更微不足道了。其实,即使是天下认可的各种大奖或证书,能不被历史淘汰的又能有多少?

在我看来,最有不朽效用的应该是"立言"。因为你能"立言"于世,你的传世之作就是你的身内之物和不朽的丰碑,它永远署你的名而永远属于你,即使子女把你的遗物弃之如敝屣,没人上你的坟来纪念你,后人也会从你的著作中获益而永远怀念你。诚如魏文帝曹丕之《典论·论文》所说:"盖文章,经国之大业,不朽之盛事。年寿有时而尽,荣乐止乎其身,二者必至之常期,未若文章之无穷。是以古之作者,寄身于翰墨,见意于篇籍,不假良史之辞,不托飞驰之势,而声名自传于后。故西伯幽而演《易》,周旦显而制《礼》,不以隐约而弗务,不以康乐而加思。夫然则古人贱尺璧而重寸阴,惧乎时之过已。而人多不强力,贫贱则慑于饥寒,富贵则流于逸乐,遂营目前之务,而遗千载之功,日月逝于上,体貌

---

①　司马迁:《史记·孔子世家》,世界书局1935年影印本《四史》,第333页。

衰于下,忽然与万物迁化,斯志士之大痛也。"①

的确,人在世上走一回,唯有给社会留下一些不朽之作(视野再开阔一些,应该说给社会留下一些永远值得后人利用的东西),其生命才有意义;否则,其存在与否也就无足轻重了。因为一个人寿命再长也终有尽头,其生前的工作即使十分辉煌而取得了莫大的荣誉,赚的钱、积累的财富即使无与伦比而惠及子孙或他人,到时候也会被历史涤荡殆尽,而至多只能让后人感叹一声"浪淘尽、千古风流人物"②而已;一个人唯有留下一些能不断重印的传世之作,才能做到老子所说的"死而不亡者寿"③。回顾我1969年下乡务农以来这五十多年间的奔忙,除了现在还在重印的著作外,其他的辛劳,如种地、做工、教书乃至某些科研工作,都兑换成了统一的人民币而已经或即将化为泡影乃至不留丝毫痕迹。再回眸历史,除了那些流传不衰的著作之外,芸芸众生和诸多物质文明也大都被大浪淘尽。于是我深深地体会到,社会的交换与历史的无情是如何在不断地摧毁个体的人生价值而使你灰飞烟灭,只有文化、经典之中蕴涵的精神方面的东西才具有强大的不朽的生命力,而躯体、财富等物质的东西是多么的微不足道而相形见绌,如果借用以往的学说名称,这应该是一种科学的"神不灭论"和"灵魂不死论"吧。正是受到这种传统思想的影响,我才"贱尺璧而重寸阴",身处贫贱而仍加务于著述。

但是,曹丕所说的写文章也好,今人所说的著书立说也好,与"立言"诚然是不能画等号的。试看今日之世界,文章浩瀚如海,图书堆积如山,其作者都能算作"立言者"而不朽么? 显然不能。因为如今大量的文章与图书不过是印刷垃圾而已。历史是最公

---

　　①　曹丕:《典论·论文》,中华书局1977年影印本《文选》,第720页。

　　②　苏轼:《念奴娇·赤壁怀古》,上海古籍出版社1962年版《宋词选》,第75页。

　　③　《老子·第三十三章》,文物出版社、上海书店、天津古籍出版社1988年缩印本《道藏》第11册,第484页。

正无私的评判者。只有通过历史的冲刷而流传不衰反复重印的著作才是不朽之作，只有贡献了传世之作的人才能永远活在人间。正是基于这样的认识，我才甘心久坐冷板凳，常泡图书馆，长年累月孜孜矻矻，不遗余力精益求精，其目的无非是想使拙著赢得读者的青睐而久传于世。

据孔颖达的说法，"立言谓言得其要，理足可传"，"老、庄、荀、孟、管、晏、杨、墨、孙、吴之徒制作子书，屈原、宋玉、贾逵、杨雄、马迁、班固以后撰集史传及制作文章，使后世学习，皆是立言者也"①。如此，则我虽然努力于著述，却又离立言者甚远。因此，我不敢将自己的作品集名为"文集"，而用了一个前人未曾用过的名称"述作集"。

孔子曰："述而不作，信而好古，窃比于我老彭。"②我将自己的作品集命名为"述作集"，即源于此。不同的是，我虽然好古，却信疑参半，所以于"述"之外又不免有所"作"。换言之，即既欲有所继承以集前贤之大成，又欲有所发明以成一家之说。窃以为唯其如此，方能使自己的作品受人青睐而不朽于世。诚如孔子所言："学而不思则罔，思而不学则殆。"③治学不能不有所思考，有所创新，但思索却又必须以学习与继承为基础。所以，无"述"则学无根底，无"作"则学无所成。我之追求"述"而又"作"，即基于这样的认识。当然，我的这一追求也与自己的才智有关。如今很多能人名流都是天才的创新发明家，所以他们能够"不述而作"，完成一个又一个重大课题，获得一个又一个大奖，这是我无法企及的。

出版文集往往是大家的事。现在我出版自己的述作集，其实并不意味着要以大家自居。我出身贫寒，命运坎坷，一生贫贱，出

---

① 《左传·襄公二十四年》"其次有立言"孔颖达疏，中华书局 1980 年影印本《十三经注疏》，第 1979 页。

② 《论语·述而》，中华书局 1980 年影印本《十三经注疏》，第 2481 页。

③ 《论语·为政》，中华书局 1980 年影印本《十三经注疏》，第 2462 页。

版述作集本是连做梦也没有想到的事。

1949年3月9日(农历二月初十)夜,我出生在江苏省太仓县茜泾镇东街的倪家,这是当时我家借住的房子。平民百姓无家谱,所以大都不知道自己的老祖宗是谁,我家也一样。据我父亲的记忆,只知道我的曾祖叫张燕亭(1881—1944)。由于我父亲外出工作,我的童年是在祖父母的抚育下度过的,因此也受到了叔父的启蒙教育。正因为如此,我入学后成绩一直名列前茅,但我父亲1961年9月响应政府号召下放务农后,家庭的贫困使我差一点辍学。祸不单行,我1965年考取苏州高级中学后才一年,原本稳上大学的前途又一下子被"文革"改变了,"一片红"使我不得不带病回乡务农,十年青春也就在劳累和贫病交加的挣扎中耗掉了。如果要总结这十年的收获,恐怕只有两点:一是在劳我筋骨、饿我体肤的锻炼中增强了我的体质,虽然高考体检时我1.68米的身高只有99斤,却也颇能吃苦耐劳;二是在苦我心志、空我家财的磨练中养成了我顽强的毅力和艰苦奋斗的拼搏精神。不知这是否是孟子所说的上天的安排[1]。

1977年恢复高考,我考入南京大学,接着又考入复旦大学攻读硕士学位,但由于老家已分田到户,我还得花不少时间回家种地。为了潜心于治学,我1985年初毕业后放弃了在重点大学任教的机会,到了空军政治学院任教。哪知好景不长,1989年学院首长安排我转业到太仓县中学教书。为了利用上海的文献资料从事古籍整理与研究,我只好辞不赴命而下岗待业在家。在下岗待业尚未成为社会普遍现象的当时,作为一家之长,我所承受的

---

[1] 《孟子·告子下》(中华书局1980年影印本《十三经注疏》,第2762页):"孟子曰:舜发于畎亩之中,傅说举于版筑之间,胶鬲举于鱼盐之中,管夷吾举于士,孙叔敖举于海,百里奚举于市。故天将降大任于是人也,必先苦其心志,劳其筋骨,饿其体肤,空乏其身行,拂乱其所为,所以动心忍性,曾益其所不能。""空乏其身行"即"空乏其身、乏其行",是使其身无分文、出行无资费的意思。传统将"行"属下读,误。参见拙文《〈孟子〉句读探讨一例》,载《语文学习》1986年第6期。

经济压力、精神压力与种种坎坷恐怕是一般人所难以想象与忍受的。

为此,我穷而发愤,夜以继日,卖文为生,在待业的六年中,发表了一百多篇文章,还撰写出版了《商君书·韩非子》(岳麓书社1990年版)、《白话搜神记》(岳麓书社1991年版)、《韩非子全译》(贵州人民出版社1992年版)、《商君书全译》(贵州人民出版社1993年版)、《吴越春秋全译》(贵州人民出版社1993年版)、《〈论语〉〈孟子〉精华译评》(中国旅游出版社1993年版)、《〈韩非子〉精华译评》(中国旅游出版社1993年版)、《白话商君书》(岳麓书社1994年版)、《荀子译注》(上海古籍出版社1995年版)。这些成果,虽然凝结着我身处逆境时的顽强、勤奋与心血,但我更要说的是,它们离不开出版界同仁的热情帮助与大力支持。岳麓书社梅季坤先生等满怀古道热肠而鼎力相助的动人场景,一直浮现在我的眼前。正是他们的雪中送炭,点燃了我熬过严冬的希望,使我身处铁屋之寂寞而仍然不觉得孤独,从而支撑着我艰难而顺利地度过了那黑暗而冷酷的六年待业时期,同时又奠定了我的学术研究基础。这不能不令我感慨万千而要在此深情地写下这浓重的一笔,以便使他们的恩德能随着拙著的流传而永远被铭记。

1995年,在空军政治学院石柏年政委的帮助下,我终于结束了待业生涯而转业至上海财经大学基础教学部任讲师,并于1996年任副教授。此后虽然忙于教学工作,但写书之兴趣与动力犹存,故丹黄仍不绝于手,于是又有《曾巩散文精选》(东方出版中心1998年版)、《潜夫论全译》(贵州人民出版社1999年版)等新作问世,还完成了《老子古本探赜正解》的初稿。

人的希望或欲望大概总会随着适合其发展的条件而不断发展。在1986年,发表一篇文章就已令我高兴万分。1990年,出版一本书会令我激动好一阵子。在那个时候,哪会萌生出版论文集或著作集的奢望呢?然而,书写得多了,也就有出版著述集的基础与愿望了。1998年开始,我将出版《张觉述作集》的计划寄给了不少出版社,但均未成功。这究竟是什么原因,我一时也不清楚。

直到我历经磨难于 2002 年又一次申报教授职称受挫后，我才稍微有所了悟——我非常珍视自己的著作，不过是犯了曹丕在《典论·论文》中所说的毛病："夫人善于自见……家有弊帚，享之千金。"①这些古籍译注之作在很多学者眼中其实算不了什么学术成果。

听说当时某评委认为我不够教授资格，理由主要有三条：一是我的古籍译注之作根本不能算学术成果，二是我出那么多书不正常，三是我的论著涉及各个学科而所申报的汉语言文字学方面的成果不突出。

没想到我摒弃一切娱乐生活而夜以继日地拼搏，只换到了一个否定。

当然，这种观念也并非某评委所独有。

在一些学者眼中，搞古籍译注根本算不上学术研究，如今的社会科学课题或评奖中大多没有古籍译注的一席之地，即反映了这一学术观念。有一位好心的老师曾劝我说："你还是去搞一点学术研究，别把精力浪费在这上面。"由此我深深地感悟到古代将文字训诂之学称为"小学"的道理——这种既够不上"学术"又算不上"研究"的工作，何以不"小"呢？

至于著作多不正常，中国社科院邓尉先生也说过："深圳有位学界朋友告诉笔者，一个 40 岁的人来求职，如果拿出三本专著来，你就赶紧打发他，肯定是骗子；如果拿出两本专著来，你要怀疑；如果只拿出一本书，还可以看一看。——当然，他说的专著是有自己心得的研究成果。这话虽然有点极端，也不无道理。"②量多者其质必不佳，而无须细看其内容。某评委大概也是以此"学术标准"来评判拙著的，他没有把我当作骗子，已是够幸运的了。

---

①　曹丕：《典论·论文》，中华书局 1977 年影印本《文选》，第 720 页。

②　邓尉：《怪现象：70 个教师 68 个教授》，载《社会科学报》2001 年 10 月 25 日第 6 版。

　　再者，在我们这个学科分类越来越细的"专家"时代，教授应该是某一研究领域的专家，文史哲兼顾只能被认为是杂而不专，这也已经是评委们普遍认可的评审准则而不再是笑话了，所以我研究面太广而受非议也在情理之中。

　　当然，在职称评审时，我没有申诉的权利；即使有申诉的权利，也是"道不同，不相为谋"[①]，有什么可说的呢！我的大部分著作，从其雅俗共赏的基调中就可以看出，它们本来就是为广大读者写的，而并不是为少数学界名流写的，非要这些专家认可干吗？诚如王家范先生所说："一个以科研为生命乐趣的人，在人文学科中寻求自身价值的人，大可以领悟禅家的态度，不必把这些看得太重。须知，参透了，必要别人承认何为？"[②]

　　孔子曰："邦有道，贫且贱焉，耻也；邦无道，富且贵焉，耻也。"[③]生活在一个"尊重知识、尊重人才"的时代，我则永远处于"穷而后工"的写作逆境之中而始终未"富且贵"，当然要忍受这耻辱而不能全怪罪上司。但是，我还是执"迷"不悟，仍然埋头于古籍汇校注疏而不去逢迎领导以猎取名利，因为阿谀逢迎趋炎附势虽然可获得现时之大利，但从总体上来考虑，我还不如保持自己固有的正直品性、写出一些必传之作更能实现自己的人生价值。一个人总要为自己的所爱付出代价，所以我坦然接受种种冷酷而毫无悔意。对于注重精神世界的知识分子来说，最值得告慰的应该是历史的评判——世界上最无情而又最公正的审判。历史绝不会向权贵谄媚，它既不会因为你从社会上得到了什么就瞻仰你，也不会因为你失去了什么而鄙视你，而只会因为你给社会贡献了有价值的东西而尊重你。正是在这样的观念中，我才能从容

---

　　① 《论语·卫灵公》，中华书局 1980 年影印本《十三经注疏》，第 2518 页。

　　② 王家范：《专家成见也可无意"杀人"》，载《社会科学报》2001 年 10 月 25 日第 6版。

　　③ 《论语·泰伯》，中华书局 1980 年影印本《十三经注疏》，第 2487 页。

面对单位领导的冷落与鄙夷。贬低我的学术成果和学术贡献而将我置于末级教授之列又能说明什么呢？正如卢梭所说："真正的公益和真正的正义总为一种莫名其妙的表面秩序所牺牲，而这种表面秩序实际上是破坏一切秩序的，只不过对弱者的受压迫和强者的不义的官方权力予以认可而已。"①我想，千古自有公论。敝帚自珍也罢，自尊自重也罢，我坚信我的著作绝不会像那些通过钱权交易而发表的"权威成果"那样昙花一现，它们是有生命力的，它们终究会赢得社会的认可而久传不衰，除非中国的传统文化被彻底消灭了。荀子说过："好士而荣。"②反言之，则"不好士者辱"。随着拙著的流传，荣或辱自会分配给那些肯定或否定我学术贡献的人。

　　庆幸的是，我的古籍译注之作也并非没有肯定者，它们也曾受到广大读者乃至一些专家的青睐与赞赏，因而往往一版再版。拙著出版后，各地读者纷纷来信，认为它们具有很高的学术价值，不同于一般的古籍译注本，为研究古代哲学、史学乃至文学者所必读。南京大学一级教授兼全国古籍整理出版规划领导小组顾问程千帆先生曾来信说："清人治韩非者少，故尊译可凭借者亦少，译注雅见功力，可宝也。"③挪威科学院院士、奥斯陆大学东欧东亚系教授何莫邪（Christoph Harbsmeier）认为《韩非子全译》是所有《韩非子》注译本中最好的一种，因而将它用作英译《韩非子》的底本。湖南人民出版社、商务印书馆肯定了《荀子译注》《韩非子全译》的成就而将其中校定的原文及译文收入了《大中华文库》，分别于 1999 年、2015 年出版了汉英对照本《荀子》《韩非子》，此后多家出版社还在此基础上出版了多个语种的《大中华文库》本。2021 年 3 月 3 日，全国古籍整理出版规划领导小组办公室公

---

① 卢梭：《忏悔录》，人民文学出版社 1992 年第 1 版，第 309 页。
② 《荀子·君道篇》，中华书局 1988 年版《荀子集解》，第 236 页。
③ 张觉：《程千帆师书信三札》，载《中国社会科学报》2010 年 7 月 22 日第 17 版。

布了首批向全国推荐的四十种经典古籍的优秀整理版本，我撰写的《荀子译注》(上海古籍出版社版)、《韩非子》(国家图书馆出版社版)也名列其中。截至2021年9月，以古籍译注为主的拙著，累计印数已达560820部，这充分说明拙著还是有读者的。由此可见，塞翁失马，焉知非福？从这种意义上来说，在某一方面的不得志其实也能造就人，司马迁所说的发愤著书，韩愈所说的不平之鸣，欧阳修所说的穷而后工[1]，何尝不是如此？我在工作单位得不到认可，他们令我"穷"，令我"不平"，令我走上了韩愈所说的"穷饿其身、思愁其心肠而使自鸣其不幸"[2]的道路，使我产生一种强烈的使命感与源源不断的动力去发愤著书，去追求社会的认可、历史的认可，以此来彰示有司之不公，历史竟然如此不断地重复其惊人的相似之处！有跳槽的人说，外面的世界很精彩，外面的世界又很无奈。我要说，我在单位很无奈，还是外面的世界更精彩。得到外部世界的认可，相比单位的认可其实更有价值啊。

即使从学术的角度来考察，我以为我的工作也不乏学术价值。由于古今语言与文物典章等方面的差异，因而要使中国古代灿烂辉煌的文化典籍不再死躺在藏书室之中而能"活着"流传下去，使它成为当今乃至将来中华文化建设的丰富资源，就必须首先做好其校点译注工作。古人将文字训诂之学称为"小学"，其虽"小"却还是一门"学"，而治此"学"者也还有不少被称为"大师"的，可见这"小""学"之中也自有大学问，认为它不是"学术研究"实为一种偏见。就是对古籍今译提出过严厉批评的高严先生也曾说："古文今译是一门大学问，非浅识末学者所能胜任。在一定意义上说，它是古籍整理研究的最高形式，只有当版本、目录、音韵、训诂、校勘、考订、语法、断句、标点的功夫都用到之后，方可谈

---

①　分别见班固《汉书·司马迁传》、韩愈《送孟东野序》、欧阳修《〈梅圣俞诗集〉序》，知识产权出版社2013年版《中国古代文学》第133页、第247页、第338页。

②　韩愈《送孟东野序》，知识产权出版社2013年版《中国古代文学》，第250页。

今译;不仅如此,它还要求译者有相当好的现代语文水平,如果读者对象是儿童,还要掌握儿童语言的特点。正是如此,即使饱学之士,在古文今译任务面前,尚'战战兢兢,如履薄冰'。鲁迅先生在《且介亭杂文二集·题未定草》曾这样说过:'我向来总以为翻译比创作容易,因为至少是无须构想。但到真的一译,就会遇到难关,譬如一个名词或动词,写不出,创作时候可以回避,翻译上却不成,也还得想,一直弄到头昏眼花……'这段话既适用外文翻译,也适用古文今译,充分说明,这是一项不好对付的学问,如果学无根底,是不可草率从事的!"①高严先生与那些一味鄙视古籍译注的学界名流相比,其学术眼光恐怕要高明一大截。因为高先生虽然严厉地指责"今译十弊",但对今译工作并无偏见,而能实事求是地肯定它的学术地位。诚然,清代学者杭世骏早就说过:"作者不易,笺疏家尤难。何也? 作者以才为主,而辅之以学,兴到笔随,第抽其平日之腹笥,而纵横曼衍,以极其所至,不必沾沾獭祭也。为之笺与疏者,必语语核其指归,而意象乃明;必字字还其根据,而证佐乃确。才不必言,夫必有什倍于作者之卷轴,而后可以从事焉。"②这些言论,实在应该让那些对古籍译注不屑一顾的学界名流好好看看。

可惜的是,古籍译注之作如今在一些学术部门中不算学术成果,于是一些专家教授因其是件吃力不讨好的事而不屑为,而一些"学无根底"的人也不把它当作学术研究来从事,只是以混稿费的态度去搞古籍译注,结果也就产生出质量低劣的古籍译注本而为众人所指责。对此,高严先生曾指出"今译十弊":"出版无统筹,一书有数译,一弊;版本不求善,率尔而操觚,二弊;考校不用功,将错而译错,三弊;学问不到家,译错不知错,四弊;主编不统

---

　①　高严:《今译十弊》,载《光明日报》1992年4月26日第3版。
　②　杭世骏:《道古堂文集》卷八《李太白集辑注序》,上海古籍出版社2002年版《续修四库全书》1426册,第278页。

稿,前后相矛盾,五弊;选译无标准,避难而趋易,六弊;文字素养差,生涩又费解,七弊;翻译不到位,半白夹半文,八弊;风格不统一,忠实原著难,九弊;不求信达雅,外行充内行,十弊。"①这种种弊端,败坏了古籍译注的声誉,使古籍译注名声扫地,从而玷污了其中的佳作。这是一件很可悲的事。

另一件可悲的事,则是人们所说的:现在已进入了读图时代,青少年喜欢看的是配图的"文化快餐"。如果真是这样,则长此以往,中国古代丰富的文化宝藏将被埋没而无人问津,或只能任凭那些学术骗子信口开河,哗众取宠。这种学风实在令人担忧,但愿将来会有所改观。

出于信念与爱好,我并没有因为学界对古籍译注的指责与某些评委对拙著的否定以及青少年学风的转向而有所动摇,而仍然潜心于我所钟爱的古籍汇校注疏工作。

张之洞说:"读书不知要领,劳而无功;知某书宜读而不得精校精注本,事倍功半。"②综观当今流行之典籍,精校之本不多。如陈奇猷的《韩非子集释》③与《韩非子新校注》④,朱师辙的《商君书解诂》⑤,高亨的《商君书注译》⑥,均利用第二手乃至第三手材料编著而成,以致以讹传讹,贻误无穷。有鉴于此,我立志重振古籍译注之学术风范,注重学术考校,写出带有学术研究味道的、严谨而又具有较高质量的古籍汇校注疏本。我想,做到了这一点,就一定能获得广大读者的普遍认可,从而使自己的著作流传不衰。因

---

①　高严:《今译十弊》,载《光明日报》1992年4月26日第3版。

②　张之洞:《书目答问·略例》,中华书局1963年版《书目答问补正》,第3页。

③　该书于1958年由中华书局上海编辑所出版。

④　该书于2000年由上海古籍出版社出版。

⑤　该书于1921年由上海广益书局刊行。后来作者重加增订,改名为《商君书解诂定本》,在1948年纳入《国立中山大学丛书》由中山大学出版组出版,1956年古籍出版社又据广州本重排出版。

⑥　该书于1974年由中华书局出版。

此,我一直没去迎合当代专家评委们根据其癖好所拟定的"课题指南"写一些不能流传于世的"专著"以猎取名利,而仍然坚持不懈,决定倾注更大的精力与财力,将以往的著作,特别是古籍译注之作,作一次全面详尽的考校修订,在以往译注的基础上进一步汇校善本,以便使拙著成为兼具资料性、权威性、学术性、通俗性的经典,并汇编为《述作集》逐渐推出,供认可拙著的读者使用。

我出版《述作集》的总体目标是:弘扬求真务实的汉学传统,力求内容形式的博雅完美,打造一丝不苟的文化经典和传世精品,以便使拙著成为今后研究《韩非子》《商君书》《吴越春秋》《潜夫论》《老子》《论语》《孟子》《搜神记》等传统经典及其他相关领域(如语言文字学、文学等)时不可不读的权威典籍而经久不衰。《周易·系辞下》曰:"《易》,穷则变,变则通,通则久。"[①]我在单位常不遇可谓之"穷",转而致力于著述可谓之"变",研究时涉猎多个领域可谓之"通",著述历经三十年而流传之势不减可谓之"久",正可谓穷则思变变而通,通则久传有何穷?拙著既合《易》道,亦当如《易》而久传,这是我的心愿,也是令我颇感欣慰的地方。我坚信,撰写出版这些汇校注疏之作,对于弘扬中华文化与便利广大读者来说,会像《十三经注疏》那样具有永久性的学术价值。当然,学术乃天下之公器,真正的学术成果要经得起历史的考验,真正的学术评判也要经得起历史的检验。拙著的优劣,我学术水平的高下,乃至评审专家与领导们对我学术成就褒贬的是非得失,最终还得由广大读者乃至后代子孙说了算[②]。

从 2011 年 2 月 22 日我在江宜玲女士的鼎力支持下与知识产权出版社签订《韩非子校疏析论》出版合同起,出版《张觉述作集》的夙愿开始成为现实,这当然是值得庆幸的。在此,我首先要向

---

① 《周易·系辞下》,中华书局 1980 年影印本《十三经注疏》,第 86 页。

② 张觉:《学术评判标准随感录》,载《中国社会科学报》2014 年 5 月 7 日第 A05 版。

此前慷慨解囊而购置拙著的五十余万读者致以衷心的谢意，并希望继续得到更多读者的青睐与支持，因为经验告诉我，我这种处于"学术圈"之外的"草根学者"的学术生命[1]，在过去或现在，主要还是靠广大读者维持着。在将来，应该也是如此。这《述作集》的出版，如果没有广大读者的热爱支持与慷慨解囊，也将会难以为继。

当然，我也永远不会忘记我祖父张瑞良（1902—1972）、祖母俞秀英（1909—1989）、父亲张永泉（1930—　）、母亲林月娥（1929—　）、叔父张永奎（1939—　）的养育启蒙之恩与程千帆（1913—2000）、周斌武（1924—2014）等教授的精心栽培之德，如果没有他们的培养，就没有我的才学与成果。同样，我也不会忘记章培恒、严佐之等教授对我古籍整理工作的热情支持，不会忘记梅季坤（岳麓书社）、李立朴（贵州人民出版社）、倪腊松（贵州人民出版社）、李大钧（中国旅游出版社）、金良年（上海古籍出版社）、褚赣生（东方出版中心）、宋启发（黄山书社）、徐文堪（汉语大词典出版社）、吕健（上海古籍出版社）、曾德明（岳麓书社）、郑明宝（上海古籍出版社）、江宜玲（知识产权出版社）、马美著（岳麓书社）、刘文（岳麓书社）、陈文韬（岳麓书社）、陈丽娟（上海古籍出版社）、李亭（南京大学出版社）、周阳（长江文艺出版社）、李艳丽（崇文书局）等出版界朋友先后倾注的厚爱之情以及吴格、刘一萍、郭立暄、龚洁荣、羊凯江、李文涛等先生在图书资料方面的相助之力，如果没有他们的热情帮助，我也不可能有这么多逐步积累而内容丰富的著作问世。还有，我也不会忘记我校科研处陈正良、干春晖、刘月

---

[1]　罗时进在《去除竞争性科研的幻影光圈》一文中说："当学术权力得到部分回归后，用学术思维、学术方式、学术标准管理科研的期待并不能完全实现，某些具有学术影响力者以'熟人社会'的处世行事态度介入各种学术性活动，包括科研立项，经费分配，成果验收，评奖鉴定，无不施其影响，如此则部分学科和学者资源累进，利益叠加，而弱势科研群体，即使具有精英素质，其学术表达和发展的空间也被大大压缩。"（罗文载《社会科学报》2012 年 12 月 6 日第 5 版）我所谓的"草根学者"，恐怕是"弱势科研群体"中的主要组成部分。

波、靳玉英、赵赫等老师先后在科研资助和项目申报方面的鼎力支持，不会忘记教育部考试中心陈睿、邢博特和我校姚玲珍、朱君萍等领导在工作方面的分外照顾以及朋友姜汉椿先生的热情帮助。

此外，我的同事龚敏，博士研究生黄吉辉，硕士研究生尤婷婷、马静、付云鹏、吕佳、郑兴兰、张晓晔等也曾参与过部分工作，特此说明。

总之，我谨将这《述作集》奉献给一切爱我的读者、亲人、师长、朋友、领导、学生，并借此机会向他们致以由衷的感谢与诚挚的祝福。

但愿拙著因质量之有益于读者而流传久远，从而使我的感谢与祝福也与日俱增，使后人能永远铭记爱我者的恩德，这便是我最大的幸福了。

在十年的《述作集》出版过程中，我渐渐认识到，过去熔考校注译于一炉的编著原则实不利于《述作集》的流布。因为一般读者只需了解古代典籍的大致内容，篇幅甚大的汇校与学术考辨只适合研究者而不适合为数众多的一般读者，所以过去销售量较大的拙著主要还是古籍译注之作，而注重考校的古籍校注之作这种以往的常销书在当今已成为所谓"有学术价值而无出版价值"的冷门书，因而连一些专门出版古籍的出版社也往往不愿意出版。为了使《述作集》拥有更多的读者以利出版，我必须调整编著原则与出版书目，在注重学术性的前提下，将有助于学术研究的汇校考辨之作与有助于典籍普及的译注之作分别出版。如将《韩非子校疏析论》分为繁体字本《韩非子汇校集解》(将由上海古籍出版社出版)与简体字本《韩非子译注评》，将《商君书校疏》分为繁体字本《商君书汇校集解》(将由上海古籍出版社出版)与简体字本《商君书译注》(将由上海古籍出版社出版)，将《吴越春秋校证注疏》分为繁体字本《吴越春秋校注辑证》与简体字本《吴越春秋全译》，如此等等。这样，既能满足学术研究者和一般读者的不同需要，又能用译注之作的收益来支撑汇校考辨之作的出版。同时，为了加快《述作集》的出版速度，我必须改变过去由一家出版社出版的思路，应该争取与多家出版社合作。幸天不丧斯文，在知识产权出版社的出版告一段落之后，我又得到了岳麓书社、南京大学出版社和崇文书局的热情支持。我想，进入二十一世纪二十年代后，《述作集》的出版应该能别开生面而进入一个新的发展阶段，但愿我编著原则的调整和出版思路的改变能为《述作集》的扩展产生成效。

书稿杀青，流行的做法是请名家作序，以此来提升其品位，但我从来不这样做。这并不是因为我与当代的名家没有来往，而是因为有这样的想法：请名家写序，无非是要他们为自己说好话。如果自己的著作的确好，则必"下自成蹊"，再去打扰忙得不可开交的名家，实为不仁；如果自己的著作不好，却硬要名家说你好，实为不义。虽然别人请名家作序并非都是不仁不义之举，但我则不忍为此行。《韩非子·解老》云："夫君子取情而去貌，好质而恶饰。夫恃貌而论情者，其情恶也；须饰而论质者，其质衰也。"我将永远以此为座右铭，故仅作此自序以明吾志。

如果说，我三十年前下岗待业后卖文为生是"文化搭台，经济唱戏"的话，那么现在退休后专心著述便可以说是"经济搭台，文化唱戏"了。前者的目标是经济，是利用文化以获取经济利益；后者的目标则是文化，是利用已有的经济基础打造文化精品。目标不同，结果也往往会不一样。当时我为了生计而欲求卖文不已，所以也曾尽力制作精品以便招徕读者而不断获取稿酬，但毕竟没有像现在这样衣食无忧，以至于不求稿酬而只求拙著传世，乃至不惜工本地投入大量的精力、物力而从容著述。在当时，为了维持生活而写书虽然也在情理之中，但现在看来，财富等物质的东西与文化相比是多么微不足道，只有打造经典才能使自己具有不朽的生命力。然学无止境，每一个时代对某一事物的认识与解释总是有局限的而不可能是穷尽的，故书中不当之处恐难避免。在此，我恳切地希望海内外有识之士不吝赐教，以使拙著不断完善而成为学习与研究中国文化者所必备的要籍。

最后，附自题二首[①]，以与同道者共勉。

早年心慕高校洁，岂料身陷净土黑。
自古圣贤尽贫贱，何况我辈孤且直。

贫而无谄常落寞，穷且发愤勤述作。
笑看有司皆走肉，倾心拙著寄寥廓。

是为序。

张　觉

1998 年 5 月 29 日初稿于沪上五角场寓所
2008 年 6 月 23 日再稿于沪上四平路金轩
2011 年 9 月 21 日三稿于南翔芳林路院邸
2020 年 9 月 25 日四稿于密云区溪翁山庄
2022 年 1 月 13 日五稿于太仓茜泾村寒舍

---

　　① 我在台湾古籍出版社 1996 年出版的《韩非子》之后记中说："忆及鲁迅有《自嘲》诗云：'运交华盖欲何求，未敢翻身已碰头。破帽遮颜过闹市，漏船载酒泛中流。横眉冷对千夫指，俯首甘为孺子牛。躲进小楼成一统，管它冬夏与春秋。'甚似为仆为之。"但仔细一想，并不十分贴切，故于 2012 年 1 月 15 日另作此二首，诗成于松江泖港镇黄桥村浦江源温泉农庄。该诗最初发表于知识产权出版社 2012 年 8 月出版的《商君书校疏》。此后我即使退休了，每年也都有著作出版，而《张觉述作集》的出版品种也在不断增加。2022 年，在崇文书局的热情支持下，《张觉述作集》又出版两种，在颇感欣慰之际，又觉得退休后人生虽然步入初冬时节，但只要老当益壮，继续努力，仍然会有秋收之获，而苏轼的《赠刘景文》甚似为仆为之，今不妨附于此以明吾景况。其诗云："荷尽已无擎雨盖，菊残犹有傲霜枝。一年好景君须记，最是橙黄橘绿时。"（见中华书局 1982 年版《苏轼诗集》第 1713 页）

前　言

本书初版由黄山书社于 2000 年 12 月印行，至 2002 年 3 月就印了 3 次，印数达 11000 册，由此足见其受欢迎的程度，但实际上有不少方面有待完善，所以现将它作了较大的修改，以便读者从中获得更规范、更丰富的知识。

从形而下之"器"的视角来看①，成语不过是一种凝练典雅、言简意赅、结构紧密、富于文采的习用短语而已。

从形而上之"道"的视角来看，成语——特别是常用成语——则是一种最有艺术生命力、最耀眼的人类智慧结晶，是反映大千世界丰富多彩的物质生活和精神生活的万花筒。从这种意义上来说，本书就是一部蕴涵着历史画卷和社会生活的小百科全书。因此，本书不但可以用来查找成语，而且可以用来阅读，我们可以从中读到寓意深刻的历史故事、绚丽多姿的自然风光，更可以读到耐人寻味的人情世故、各种各样的社会经验、发人深省的人生哲理，从而帮助我们更好地了解社会、立足社会。

正因为成语具有极其丰富的社会生活内涵和极大的艺术魅力，所以它吸引了无数追求文化底蕴和语言美的文人雅士而经久不衰。与成语相比，人的生命就显得微不足道了。人生一世，草木一秋，如白驹过隙，倏忽即逝，转眼而已。除非你有著述传世，

---

① 《周易·系辞上》："形而上者谓之道，形而下者谓之器。"（中华书局 1980 年影印本《十三经注疏》第 83 页）

否则你即使拥有高位重权、金银财宝、商铺大厦,到头来一切的一切都会随着你的灰飞烟灭而化为乌有。物质方面的东西最坚固,其生命力也远远比不上精神方面的东西,所以沧海桑田,富丽堂皇的宫阙都成了土,唯有文化如成语之类流传千古而生生不息。

诚如孔子所说:"言之无文,行而不远。"①成语恐怕是最能使自己"言之有文"而使自己的文章流传久远的前人智慧结晶了。人们非常欣赏臧克家的诗《有的人》,欣赏其中富有哲理的诗句:"有的人活着,他已经死了;有的人死了,他还活着。"其实,这两句诗不过是成语"行尸走肉"和"永垂不朽"的稀释品而已,由此也足见成语之价值了。既然成语具有如此强大的艺术生命力,那么无论是演讲还是写文章,只要能够得体地利用它,就一定会使你多一份底蕴深厚、言简意赅、精妙绝伦的味道而为你著述的流传久远助一臂之力。因此,掌握一定数量的成语并能运用自如,应该是每个文人必须具备的语言能力之一。也是因为这个缘故,所以成语词典成了每个文人必备的工具书。

综观如今的成语词典,品种繁多而往往以丰富全面争胜,不但条目选得多,而且必列注音、释义、出处(溯源)、例句等项,甚至还列有近义成语、反义成语、用法(语法功能)、注意事项(对容易写错、读错、误解之字的提示)、辨析之类,学问不可谓不大。

孟子曰:"博学而详说之,将以反说约也。"②有感于此,我想给读者奉献一部简约实用的成语诠释工具书——基本上只有词目、注音、释义三项内容的词典,只有当了解语源后有助于语意理解时才作必要的引证,而这种引证其实也只是释义的一部分。

我之所以采取这一体例,是因为考虑到如下几点:一、溯源虽

---

①　《左传·襄公二十五年》载孔子之言曰:"《志》有之:'言以足志,文以足言。'不言,谁知其志? 言之无文,行而不远。"(中华书局 1980 年影印本《十三经注疏》第 1985 页)

②　《孟子·离娄下》,中华书局 1980 年影印本《十三经注疏》,第 2727 页。

然具有学术价值(错误的溯源当然无学术价值而只会误人子弟),但大部分溯源对于正确使用成语并无多大实用价值,所以本书一般不进行溯源。二、例句对于正确地使用成语很有帮助。除了用法简单的成语,每条成语仅举一个例句其实还不够。为了使读者能够全面正确地掌握成语,最好的方法是对每条成语的各个义项或各种用法都举一个例子,但这样做,其篇幅将大大增加。考虑到本书只是旧著《常用成语词典》的修订本,所以我还是按照原来的体例以"直解"为主旨而不罗列例句以节约篇幅,只致力于透彻地解释成语的意义,以便读者根据其含义去揣摩使用。三、有了正确的词目、注音、释义,不正确的形、音、义也就显而易见,再对容易写错、读错、误解的字词另加说明并无多大必要,所以本书不再提示。四、有了透彻的释义,读者自能区别各成语间的差异,即使没有辨析也无碍大局,所以本书不再另加辨析,也不罗列同义、近义、反义的成语。

　　当然,要编出内容简约而又有一定特色、使读者开卷有益乃至获得从其他成语词典中所得不到的知识而钟爱于此的成语词典,也绝非易事。为此,我在编写时拟定了五条原则:实用、规范、精细、准确、踏实。

　　所谓实用,就是在选择词条时既力免收录冷僻成语而徒增篇幅,又力求将古今意蕴深厚、凝练典雅、言简意赅、富于文采而最具有智慧和艺术生命力的古今常用成语六千七百余条尽数收入,故本书基本上可满足广大读者日常阅读与写作之用。

　　所谓规范,就是按照《汉语拼音正词法基本规则》(GB/T 16159—2012)等国家标准给成语注音[①],按照《汉语拼音方案》、

---

　　① 　给成语注音时的汉语拼音字母拼写规则可参见张觉编著的《现代汉语规范指南》(修订本)第一章第八节(知识产权出版社2017年4月第1版)。其主要规则是:四字成语可以分为两个双音节的,中间加连接号;不能分为两个双音节的,全部连写。非四字成语按词分写。专有名词的第一个字母大写。

《GB13000.1字符集汉字字序（笔画序）规范》（GF 3003 — 1999）等国家规范来编排成语条目和索引。在此要说明的是，成语的用字往往是约定俗成的，特别是其中的通假字，不必随着当今某些规范的调整而将古籍中的通假字判定为错别字。例如，由于《通用规范汉字表》将"勠"恢复为规范字，于是"戮力同心"就被《咬文嚼字》杂志列为"2015年十大语文差错"之一。其实，"戮力同心"或"戮力一心"是自古以来的传统写法①，我们只能说其中的"戮"是"勠"的通假字，而不能简单地把"戮力"判为差错。对此，我们一方面按照当今的规范把"勠力同心"列为词条，但又考虑其历史用字状况而注明该成语原作"戮力同心"，以免读者产生误判。

　　所谓精细，就是在释义时力求使读者明了成语中每个字的确切含义，所以我们采取了"直解"的方式。具体而言，即本书对成语的串讲采用了直译的方式，以便读者从串讲中推求出成语中每个字的意义。对读者于串讲中难以体会其意义的字词，则先加以解释。必要时也适当介绍语源或加以引证，以便读者对有关成语有更加深入透彻的理解。"直解"的目的，是为了使读者对每一条成语有精细的了解，不但知其然（了解成语的整体含义），而且知其所以然（了解成语中的字词含义如何构成了其整体含义）。我想，读者如果认真地把本书从头到尾阅读一遍，必能对成语及其中的字词了解得更为深入，从而大大提高自己的古汉语阅读能力。

　　所谓准确，就是在释义时力求准确贴切。这虽然似乎是老生常谈了，但要真正做到这一点却也并不是一件轻而易举的事。现

---

　　①　"戮力同心"见于《左传·成公十三年》（中华书局1980年10月版《十三经注疏》第1911页）、《国语·齐语》（上海古籍出版社1978年3月版《国语》第242页）、《墨子·尚贤中》（中华书局1986年2月版《墨子间诂》第52页），"戮力一心"见于《国语·晋语四》（上海古籍出版社1978年3月版《国语》第350页）、《公羊传·僖公五年》（中华书局1980年10月版《十三经注疏》第2250页），《墨子·非攻中》又有"一心戮力"（中华书局1986年2月版《墨子间诂》第128页）。

今流行的各种辞书错误不少就是明证。我当然不敢自诩本书无一失误，但在编写时却的确为此煞费苦心，常有一种临深履薄之感而不敢有丝毫粗心大意，因为释义的准确，乃是本书的生命力所在。为此，本书编写时虽也参考了一些前人的成果，但释义的主要依据则并不是前人的解释，而是成语中的字词含义与成语的实际用例。力求从字词的含义与大量的成语使用实例（即从大量的语言事实）中归纳出成语的意义（本义、引申义、比喻义等），是本书释义时追求的目标。所以，本书的释义虽有同于前人的，但并非出于墨守陈训，而是经过反复斟酌后因其势不得不同所致；至于异于前人的，也并非为了标新立异，而是经过反复推敲后因其势不得不异所致。正因为本书在编写时先对诸多的成语使用实例进行反复揣摩，并将本书之释义与诸多实例进行反复对照以求贴切，所以我耗去了大量的时间和精力。但是，本书毕竟只是一部诠释成语的工具书而不是学术论著，所以我不可能将新说的根据一一罗列出来。不过，通过与其他辞书的释义相比较，我想读者是能鉴别其是非优劣的。我虽然不敢说我的理解和解释都已达到了准确无误的境地，也并不奢望所有的读者都赞同我的理解和解释，但我始终认为我所奉行的如下治学原则是正确无误的：我们应该信奉真理而不应该迷信权威（包括权威机构编制的辞书乃至国家标准[①]），应该坚持正确的（包括自己的和他人的）而

---

　　① 如商务印书馆 2012 年 6 月出版的《现代汉语词典》第 6 版不但保留了旧版的非规范之处（见知识产权出版社 2017 年 4 月版《现代汉语规范指南》第一章第十节三、第二章第四节一），而且还增加了错误，如其重刊《第 5 版说明》时轻率地否定了原词典编写者对"做""作"的正确用法，将其中的"作出了重要贡献""作了全面的词类标注""作适当处理""再作改动""作了全面审视""作了一些调整""已作具体说明"等例中的"作"误改为"做"，再加上其对"做""作"的错误解释，从而加剧了社会上对"做""作"的错误使用（参见上海书店出版社 2016 年 8 月版《中国文字研究》第二十三辑所载拙文《论"做""作"之间的语义用法差别》）。至于某些国家标准也如此，如更新后的《标点符号用法》（GB/T 15834—2011）仍有不少不当之处（参见《现代汉语规范指南》第二章第六节一）。

修正错误的（包括自己的和他人的）。只有这样，才能有所创新而写出颠扑不破的学术著作。正是基于这样的认识，我才摒弃了众多词典编纂者所采取的抄撮编集之法而以撰写学术著作的思路来编著本书，以期本书具有一定的学术参考价值。我想，即使其中不少解释可能只是一家之言，但比那些人云亦云而使人看后得不到一点新知的说法，可能更会引起语文爱好者或研究者的兴趣与思考，使其获得某种养料或启发。

　　在此要说明的是，我虽然力求从大量的成语使用实例中归纳出成语的意义，但对误解字词含义的当代误用实例则不予认可，或者说，本书一般排斥习非成是的做法，以便维护成语使用的规范和纯洁。如"空穴来风"一语，最早见于战国时宋玉的《风赋》："臣闻于师：'枳句来巢，空穴来风。'其所托者然，则风气殊焉。"[①]显然，其本义是：空空的洞穴会招来风。这是因为洞穴空空能容纳风，所以白居易《初病风》诗云："六十八衰翁，乘衰百疾攻。朽株难免蠹，空穴易来风。"[②]由此引发，则往往用来比喻自身有了缺陷才会使流言蜚语乘隙而入。或者说，它往往用来表示消息、传说等的传播并非完全没有根据，而是事出有因。但是，在当今报刊上，"空穴来风"往往被当作"无稽之谈"来使用，这可能是因为作者、编辑们把"空穴来风"误解成了"空洞中吹来的风"，所以错误地认为它表示言语虚妄，毫无根据。对于这种误用的情况，有

---

　①　宋玉：《风赋》，中华书局 1977 年影印本《文选》，第 191 页。

　②　白居易：《初病风》，中华书局 1999 年版《全唐诗》（增订本），第 5223 页。

人认可[1]，有人抛弃[2]，我们则不主张把人们的误解误用当作规范，因而不把它当作正解列入解释之中。

所谓踏实，就是释义时凡有引证，必用原书核对，并详细注明出处，其中的繁体字、异体字也一仍其旧[3]，不加改动，这一方面是为了避免以讹传讹而贻误后学，另一方面也是为了提高一般读者认识繁体字、异体字的能力，为弘扬优秀传统文化打下一定的基础。

除了上述几个方面我力求有所突破之外，在其他方面我也力求有所创新。如附录一《字形转换正字表》将规范字转换为繁体字、异体字时容易失误的字一一列出，以便读者在需要时正确地书写成语中的繁体字或异体字，这种内容在以往的成语词典中尚未见到。又如在编制索引时不列出本词典所收录的所有成语，而只为成语的首字编排索引，采取这种做法主要是因为首字相同的成语在本书中大都相距不远，在索引中详列各条成语并没有多大

---

① 商务印书馆 2005 年 6 月出版的《现代汉语词典》第 5 版第 780 页："空穴来风：有了洞穴才有风进来（语出宋玉《风赋》）。比喻消息和传说不是完全没有原因的，现多用来比喻消息和传说毫无根据。"

② 《中国社会科学报》2009 年 11 月 5 日第 9 版所载何龄修、薛鸿时《刘洁修与〈汉语成语源流大辞典〉》一文云："一般说来，我们学问的根底疏浅，有时对某些成语并没有懂或没有全懂就望文生义地用上去了。龄修很惭愧，在过去写的论文中两三次用过'空穴来风'这一成语，把它当做与凭空生事、无风起浪相似的意思。后读《考释词典》，见到这一成语的最完满诠释：'有了孔洞，才招进风来。'语出《庄子》：'空门来风，桐乳致巢。''后来用"空穴来风"比喻自身存在着弱点，病菌、流言等才得以乘隙而入。'白居易诗句'朽株难免蠹，空穴易来风'释义最明白。龄修于此深受教益，后论文结集，忙将误用处або涂抹或改易。"

③ 新闻出版署、国家语言文字工作委员会 1992 年 7 月 7 日发布的《出版物汉字使用管理规定》第七条规定："语文工具书中必须使用繁体字、异体字的部分"可以使用繁体字、异体字。2001 年 1 月 1 日起施行的《中华人民共和国国家通用语言文字法》第十七条也规定："出版、教学、研究中需要使用的"，"可以保留或使用繁体字、异体字。"

价值而不过是徒耗篇幅而已①。

上面分述了我编著本书时的种种努力，其中我特别着力的还是对所收录的全部成语进行准确、精细的"直解"，这不仅是因为如今还没有哪一部成语词典能完全做到这一点②，更因为释义部分是词典的核心所在，是词典中最灵动、最具有可塑性、最能体现编著者用心和功力以及创新力的地方。词条的选择以及注音、引证之类，虽然也是编著词典时不可小觑的重要工作，但一部词典的优劣及其编著者用功之深浅与水平之高低，主要还是看其释义是否准确、精细、明白、周详。我想，只有准确、精细的"直解"，才能使本书独树一帜而在众多的成语词典中占有一席之地，才能使读者获得从其他成语词典中所得不到的知识而使本书受到读者的青睐。但愿我的这一愿望能成为现实。

最后要说明的是，本书虽然是旧著《常用成语词典》的修订本而沿用了旧名，但我原拟删去"词典"二字而将书名改为"常用成语直解"，这是因为本书所增加的自序、前言、附录、后记等与我的旧著《常用成语词典》相比有了很大的不同，也与一般的词典不同而多了一些学术著作集的味道，而更重要的是，我并不想将此书自封为"典"而把自己的看法强加于人。词典之所以称为"典"，是因为其中的解释具有经典性。换言之，词典是一种可以作为标准的书籍。这一性质也就使词典自然而然地带上权威性，特别是某些权威机构或权威人士编著的词典更是这样。但是，在我们这个鱼龙混杂、泥沙俱下的时代，我们查阅词典时恐怕不能掉以轻心而盲目信从，即使是权威机构或权威人士编著的词典我看也应该

①　我的旧著《常用成语词典》（黄山书社 2000 年版）的正文共 410 页，其前面的《汉语拼音索引》由于列出了词典所收录的所有成语而有 109 页。如果将这 109 页刊印其他内容，无疑更有意义，所以这次修订时我不再采取原来的做法而将节约下来的篇幅刊印序言、后记等内容。

②　一般成语词典往往只笼统地解释成语的大致含义，而不能对其所收录的全部成语中的每个字进行精细深入的解释，所以往往只能使读者知其然而不知其所以然。

这样来对待(见上文),而对那些出于众手的词典恐怕更应该小心谨慎才是。令人遗憾的是,一些具有权威性的国家标准和词典,虽然也在不断修订加以完善,但往往由于编写者考虑不周而有错误不当之处,加之东方文化中有着根深蒂固的迷信权威观念,故其贻误极广且深,致使广大读者多奉其错误不当之说为圭臬。在此我想引述如下一段话作为大家使用词典时的座右铭:"质疑是通向真理之路,无需服从、迎合或盲目接受权威;人们不应强迫他人赞同。"①不过,对于知识积累不足而尚缺乏质疑能力的读者,则对待词典的最佳方法恐怕是对照阅读了。诚如俗话所说:"不怕不识货,就怕货比货。"有比较才能鉴别,对照比较无疑是鉴别是非优劣的有力武器。我真诚地希望读者能将本书与其他词典对照阅读,以鉴别其间的是非优劣。

当然,由于我学识有限,本书不当之处恐仍难免。词典乃天下学术之公器,所以我真诚地希望得到读者的大力支持,对本书提出有益的改进意见,以便使本书不断趋于完善,为提高人们的文化素养发挥更好的作用,从而成为广大读者所必备的工具书。

张　觉

1999 年 11 月 20 日初稿于沪上五角场寓所
2020 年 11 月 20 日重写于芳林路白金院邸

---

①　此语源自 2014 年 8 月 28 日美国《赫芬顿邮报》网站《学校不是教课程,而是教孩子》,转引自吕虹综合编译的《美国"教师"职业备受质疑》,载上海《社会科学报》2014 年 9 月 18 日第 7 版。

凡　例

一、条目的收录与排列

1. 本书收录古今常用成语 6768 条（加上 97 条异形成语条目，所列条目为 6865 条；如果加上未列为条目而仅在解释之后提示"也作"的异形成语，本书涉及成语总数为 7359 条）。凡一般读者在阅读时经常见到或写作时经常使用的成语已尽量收入。

2. 条目中的文字使用规范字。由于如今在不少场合需要使用繁体字、异体字，为了防止规范字转换成繁体字、异体字时发生失误，本书在有关条目的规范字右上角标以"＊"，以便引起读者注意。至于其对应的传承字、繁体字、异体字，请参见附录一《字形转换正字表》。

3. 条目按汉语拼音字母次序排列。其具体排列方法为：先按成语第一字的汉语拼音的次序排列，其拼音相同的按声调顺序（阴平、阳平、上声、去声）排列，其拼音、声调相同的按笔画数由少到多排列，其拼音、声调、笔画数均相同的按笔形顺序（横、竖、撇、点、折）排列。第一字字形相同而读音不同的则分别排列于相应的读音之下。第一字的字形、读音均相同的成语排列在一起，并依上述排列原则分别根据其第二字、第三字、第四字的拼音、声调、笔画、笔形进行排列。

4. 凡同一成语有不同形式的，如"金迷纸醉""纸醉金迷"之类,一般根据其首字的读音分列两处以利查阅,其中一处采用参见法以省篇幅。凡字形相同而音义不同的成语,如"难(nán)兄难弟"与"难(nàn)兄难弟",则分列两处而分别加以注音与解释,同时也注明参见以免读者混淆。

二、注音

5. 每条成语均用汉语拼音字母注明其中每个字的读音,并按照国家标准连写或分写,但不注连读变调①。凡习惯上有旧读的字音放在释义中说明,在注音中则不采用旧读。

三、释义

6. 释义部分一般都有串讲。串讲以直译为主,以便读者从串讲中推求出成语中每个字的意义。对于在串讲中难以明确地显示其意义或有所疑难的字词,则在串讲之前先分别加以解释,然后再对成语进行串讲。

7. 释词或串讲一般先解释其本义,然后再解释其引申义(一般加术语"指")、比喻义(一般加术语"比喻""喻指")。

8. 释义部分有时也包括对成语用法的说明(如说明该成语常用来形容什么,带有褒义或贬义等),以利读者正确使用。

四、引证

9. 本书一般不征引古今用例,但对那些有助于理解该成语语

---

① 关于按照国家标准连写或分写,请参见前言中的说明。关于连读变调,可参见张觉编著的《现代汉语规范指南》(修订本)第一章第九节(知识产权出版社 2017 年 4月第 1 版)。其主要规律是:上声音节在非上声(阴平、阳平、去声、轻声)音节前变成半上,即调值由[214]变为[211];在上声音节前变得像阳平,即调值由[214]变为[24]。去声音节在去声音节前变为半去,即调值由[51]变为[53]。"一"在非去声音节前念去声,在去声音节前念阳平,但作为序数表示"第一"时不变调(读 yī)。"不"在去声音节前念阳平。

义的语源或例证,也酌情加以介绍或引用。凡征引古籍,必用原书核对。除了转述文字之外,直接引文中的繁体字、异体字也一仍其旧(旧字形除外),并用上标的数字详细标明其出处。该上标的第一个数字是所引文献的代号,该代号所代表的文献详情见附录二《本书征引文献一览》;上标的连接号之后的数字是所引文献的页码(加标"P.")。如"哀兵必胜"条的"《老子》第六十九章[1-P.488]",其中上标的"1"表示此《老子》为"本书征引文献一览"中的第 1 部文献——唐代傅奕校定的《道德经古本篇》,上标的"P.488"表示该段文字引自文物出版社、上海书店、天津古籍出版社1988 年缩印本《道藏》第 11 册第 488 页。

10. 为了便于读者理解征引的古文,对其中的疑难字词也略加注释。凡引文中加括号的文字,均为注文而非原文。

五、索引与附录

11. 词典正文前附有《条目首字拼音索引》和《条目首字笔画索引》以便查检。拼音索引按上述第 3 条所述的排列方法编排,与本书正文的条目次序一致。笔画索引按《GB13000.1 字符集汉字字序(笔画序)规范》编排,即先按照笔画的多少排列,笔画数相同的按笔形(顺序为横、竖、撇、点、折以及主、附笔形)排列,笔画、笔形均相同的再按笔画组合关系(顺序为相离、相接、相交)和汉字结构方式(顺序为左右、上下、包围)排列。笔画索引的编制是为了方便不熟悉拼音者查检本书成语条目,所以不标明页码而只标明汉语拼音,读者可据此先查《条目首字拼音索引》,然后再查正文,也可据此直接查正文。

12. 附录一《字形转换正字表》将规范字转换为繁体字、异体字时容易失误的字一一列出,以便读者在需要的时候正确地书写成语中的繁体字或异体字。

条目首字拼音索引

条目首字笔画索引

去 qù
甘 gān
世 shì
古 gǔ
节 jié
本 běn
可 kě
左 zuǒ
厉 lì
石 shí
布 bù
龙 lóng
平 píng
灭 miè
东 dōng

〔丨〕

旧 jiù
归 guī
目 mù
叶 yè
号 háo
由 yóu
只 zhī
　　zhǐ
史 shǐ
叱 chì
叫 jiào
另 lìng
叹 tàn
四 sì

〔丿〕

生 shēng
矢 shǐ

失 shī
付 fù
仗 zhàng
代 dài
仙 xiān
仪 yí
白 bái
他 tā
瓜 guā
令 lìng
用 yòng
尔 ěr
乐 lè
句 jù
犯 fàn
外 wài
处 chǔ
冬 dōng
鸟 niǎo
包 bāo
饥 jī

〔、〕

市 shì
立 lì
玄 xuán
闪 shǎn
兰 lán
半 bàn
头 tóu
宁 nìng
讨 tǎo
礼 lǐ
训 xùn

议 yì
必 bì
记 jì
永 yǒng

〔乛〕

司 sī
民 mín
出 chū
奴 nú
加 jiā
皮 pí
发 fā
　　fà
对 duì
丝 sī

六画

〔一〕

匡 kuāng
迂 yū
戎 róng
动 dòng
吉 jí
扣 kòu
托 tuō
老 lǎo
执 zhí
扪 mén
扫 sǎo
地 dì
扬 yáng
耳 ěr
芒 máng

朽 xiǔ
朴 pǔ
机 jī
权 quán
过 guò
亘 gèn
再 zài
西 xī
压 yā
在 zài
百 bǎi
有 yǒu
存 cún
而 ér
匠 jiàng
夸 kuā
夺 duó
灰 huī
达 dá
死 sǐ
成 chéng
夹 jiā
邪 xié
划 huà
毕 bì
至 zhì

〔丨〕

此 cǐ
师 shī
尘 chén
尖 jiān
光 guāng
当 dāng

　　dàng
早 zǎo
吐 tǔ
曲 qū
　　qǔ
同 tóng
吊 diào
吃 chī
因 yīn
吆 yāo
岁 suì
岌 jí
回 huí
岂 qǐ
刚 gāng
网 wǎng

〔丿〕

年 nián
朱 zhū
先 xiān
丢 diū
舌 shé
乔 qiáo
传 chuán
休 xiū
优 yōu
伐 fá
延 yán
任 rèn
伤 shāng
价 jià
华 huá
仰 yǎng

自 zì
血 xuè
向 xiàng
似 sì
后 hòu
行 háng
　　xíng
全 quán
杀 shā
合 hé
众 zhòng
创 chuāng
　　chuàng
杂 zá
凤 sù
危 wēi
旭 xù
负 fù
刎 wěn
舛 chuǎn
名 míng
各 gè
多 duō
争 zhēng
色 sè

〔、〕

壮 zhuàng
冲 chōng
冰 bīng
庆 qìng
亦 yì
齐 qí
交 jiāo

衣 yī	阴 yīn	攻 gōng	杞 qǐ	吟 yín	谷 gǔ
决 jué	防 fáng	赤 chì	求 qiú	吹 chuī	含 hán
充 chōng	奸 jiān	折 zhé	更 gēng	呜 wū	肝 gān
妄 wàng	如 rú	抓 zhuā	gèng	囤 tún	肚 dù
闭 bì	妇 fù	抵 zhǐ	束 shù	别 bié	肠 cháng
问 wèn	好 hǎo	孝 xiào	豆 dòu	吮 shǔn	免 miǎn
羊 yáng	hào	坎 kǎn	两 liǎng	财 cái	狂 kuáng
并 bìng	羽 yǔ	抑 yì	励 lì	囫 hú	犹 yóu
关 guān	观 guān	抛 pāo	否 pǐ	〔丿〕	删 shān
米 mǐ	欢 huān	投 tóu	还 huán	针 zhēn	鸠 jiū
灯 dēng	买 mǎi	坑 kēng	豕 shǐ	告 gào	条 tiáo
汗 hàn	红 hóng	抗 kàng	来 lái	我 wǒ	刨 páo
污 wū	纤 xiān	抖 dǒu	连 lián	乱 luàn	迎 yíng
江 jiāng	约 yuē	志 zhì	轩 xuān	利 lì	饭 fàn
忙 máng	纨 wán	扭 niǔ	〔丨〕	秀 xiù	饮 yǐn
兴 xīng	驰 chí	声 shēng	忐 tǎn	私 sī	〔丶〕
xìng		把 bǎ	步 bù	每 měi	言 yán
守 shǒu	**七画**	报 bào	坚 jiān	兵 bīng	床 chuáng
字 zì	〔一〕	却 què	旱 hàn	体 tǐ	应 yīng
安 ān	寿 shòu	劫 jié	时 shí	何 hé	yìng
讳 huì	弄 nòng	邯 hán	吴 wú	伸 shēn	冷 lěng
军 jūn	形 xíng	芸 yún	助 zhù	作 zuò	庐 lú
论 lùn	进 jìn	花 huā	里 lǐ	伯 bó	弃 qì
讽 fěng	戒 jiè	苍 cāng	呆 dāi	伶 líng	忘 wàng
设 shè	吞 tūn	芳 fāng	吠 fèi	低 dī	闲 xián
〔乛〕	远 yuǎn	严 yán	呕 ǒu	你 nǐ	间 jiān
寻 xún	违 wéi	劳 láo	旷 kuàng	身 shēn	闷 mèn
迅 xùn	运 yùn	克 kè	围 wéi	佛 fó	判 pàn
尽 jìn	扶 fú	杜 dù	足 zú	近 jìn	灿 càn
异 yì	抚 fǔ	材 cái	男 nán	彻 chè	汪 wāng
阮 ruǎn	扼 è	村 cūn	困 kùn	返 fǎn	沙 shā
阳 yáng	拒 jù	巫 wū	串 chuàn	余 yú	沃 wò
收 shōu	走 zǒu	极 jí	听 tīng	坐 zuò	汹 xiōng

泛 fàn	阿 ē	拍 pāi	事 shì	呼 hū	彼 bǐ
沧 cāng	孜 zī	顶 dǐng	刺 cì	鸣 míng	径 jìng
没 méi	陈 chén	拆 chāi	雨 yǔ	咆 páo	所 suǒ
mò	附 fù	势 shì	卖 mài	咄 duō	舍 shě
沆 hàng	妙 miào	抱 bào	郁 yù	岿 kuī	金 jīn
沉 chén	妖 yāo	拉 lā	厕 cè	迥 jiǒng	命 mìng
沁 qìn	妒 dù	幸 xìng	奔 bēn	败 bài	采 cǎi
怀 huái	忍 rěn	拂 fú	奇 qí	图 tú	受 shòu
忧 yōu	鸡 jī	招 zhāo	奄 yǎn	〔丿〕	乳 rǔ
怅 chàng	纲 gāng	披 pī	奋 fèn	知 zhī	贪 tān
快 kuài	纳 nà	拨 bō	妻 qī	垂 chuí	念 niàn
忸 niǔ	纵 zòng	择 zé	轰 hōng	物 wù	贫 pín
完 wán	纷 fēn	其 qí	转 zhuǎn	刮 guā	瓮 wèng
牢 láo	纸 zhǐ	取 qǔ	斩 zhǎn	和 hé	肺 fèi
穷 qióng	纹 wén	苦 kǔ	轮 lún	委 wěi	朋 péng
良 liáng		苛 kē	软 ruǎn	秉 bǐng	肥 féi
评 píng	**八画**	若 ruò	〔丨〕	佶 jí	胁 xié
补 bǔ		苗 miáo	非 fēi	供 gōng	周 zhōu
初 chū	〔一〕	英 yīng	齿 chǐ	gòng	昏 hūn
识 shí	奉 fèng	苟 gǒu	卓 zhuó	例 lì	鱼 yú
诉 sù	玩 wán	茕 qióng	虎 hǔ	侠 xiá	兔 tù
词 cí	环 huán	直 zhí	贤 xián	版 bǎn	狐 hú
〔乛〕	青 qīng	茅 máo	具 jù	侃 kǎn	忽 hū
君 jūn	责 zé	枉 wǎng	昙 tán	侧 cè	狗 gǒu
灵 líng	现 xiàn	林 lín	味 wèi	凭 píng	咎 jiù
即 jí	表 biǎo	杯 bēi	果 guǒ	货 huò	炙 zhì
层 céng	规 guī	杳 yǎo	国 guó	依 yī	饱 bǎo
屁 pì	拔 bá	枪 qiāng	畅 chàng	卑 bēi	〔丶〕
尾 wěi	拣 jiǎn	述 shù	明 míng	迫 pò	变 biàn
迟 chí	拈 niān	枕 zhěn	易 yì	质 zhì	庞 páng
局 jú	担 dān	丧 sàng	昂 áng	欣 xīn	夜 yè
改 gǎi	抽 chōu	画 huà	固 gù	往 wǎng	废 fèi
张 zhāng	拐 guǎi	卧 wò	忠 zhōng	爬 pá	盲 máng

放 fàng	定 dìng	驷 sì	茶 chá	皆 jiē	钦 qīn
刻 kè	宠 chǒng	终 zhōng	荒 huāng	〔丨〕	钩 gōu
郑 zhèng	审 shěn	经 jīng	茫 máng	背 bèi	看 kān
卷 juǎn	官 guān		荡 dàng	战 zhàn	kàn
juàn	空 kōng	**九画**	荣 róng	点 diǎn	适 shì
单 dān	宛 wǎn	〔一〕	荦 luò	临 lín	香 xiāng
炉 lú	实 shí	春 chūn	故 gù	竖 shù	种 zhòng
浅 qiǎn	郎 láng	玲 líng	胡 hú	省 shěng	秋 qiū
法 fǎ	诗 shī	毒 dú	茹 rú	削 xuē	科 kē
泄 xiè	诚 chéng	拭 shì	南 nán	尝 cháng	重 chóng
沽 gū	视 shì	挂 guà	药 yào	是 shì	zhòng
沾 zhān	诛 zhū	封 fēng	标 biāo	郢 yǐng	笃 dǔ
泪 lèi	话 huà	持 chí	枯 kū	哄 hōng	便 biàn
油 yóu	诡 guǐ	拱 gǒng	栉 zhì	哑 yǎ	顺 shùn
泱 yāng	该 gāi	项 xiàng	栋 dòng	显 xiǎn	修 xiū
泣 qì	〔丶〕	城 chéng	相 xiāng	冒 mào	促 cù
泥 ní	建 jiàn	挟 xié	xiàng	星 xīng	俗 sú
nì	肃 sù	政 zhèng	查 chá	昭 zhāo	信 xìn
沸 fèi	居 jū	赴 fù	柳 liǔ	畏 wèi	皇 huáng
波 bō	屈 qū	挺 tǐng	树 shù	贵 guì	鬼 guǐ
泼 pō	弥 mí	拾 shí	勃 bó	虾 xiā	侯 hóu
泾 jīng	弦 xián	挑 tiāo	要 yào	思 sī	追 zhuī
治 zhì	承 chéng	tiǎo	咸 xián	虽 suī	待 dài
怙 hù	孤 gū	指 zhǐ	威 wēi	品 pǐn	徇 xùn
怦 pēng	降 jiàng	挤 jǐ	歪 wāi	骂 mà	剑 jiàn
怏 yàng	xiáng	拼 pīn	研 yán	哗 huá	逃 táo
性 xìng	姑 gū	挖 wā	厚 hòu	响 xiǎng	食 shí
怜 lián	姗 shān	按 àn	面 miàn	咬 yǎo	胆 dǎn
佛 fú	始 shǐ	挥 huī	耐 nài	罚 fá	胜 shèng
怪 guài	驾 jià	甚 shèn	牵 qiān	贻 yí	脉 mài
怡 yí	参 cēn	荆 jīng	残 cán	骨 gǔ	勉 miǎn
学 xué	艰 jiān	革 gé	轻 qīng	〔丿〕	狭 xiá
宝 bǎo	细 xì	草 cǎo	鸦 yā	钟 zhōng	狮 shī

独 dú	涎 xián	屏 bǐng	载 zài	顾 gù	债 zhài
狡 jiǎo	洛 luò	费 fèi	赶 gǎn	顿 dùn	借 jiè
怨 yuàn	济 jì	眉 méi	起 qǐ	〔丨〕	倚 yǐ
急 jí	洋 yáng	除 chú	埋 mái	柴 chái	倾 qīng
饶 ráo	浑 hún	险 xiǎn	捉 zhuō	监 jiān	倒 dào
〔丶〕	浓 nóng	娇 jiāo	损 sǔn	紧 jǐn	俾 bǐ
将 jiāng	津 jīn	姹 chà	换 huàn	逍 xiāo	倜 tì
jiàng	恃 shì	怒 nù	热 rè	党 dǎng	俯 fǔ
哀 āi	恢 huī	勇 yǒng	挨 āi	逞 chěng	倍 bèi
亭 tíng	恍 huǎng	柔 róu	耿 gěng	晓 xiǎo	健 jiàn
度 dù	侧 cè	矜 jīn	恭 gōng	晕 yūn	臭 chòu
duó	恬 tián	结 jié	莫 mò	蚍 pí	躬 gōng
疮 chuāng	恰 qià	骁 xiāo	荷 hè	哭 kū	息 xī
亲 qīn	恪 kè	骄 jiāo	荼 tú	恩 ēn	倔 jué
音 yīn	恼 nǎo	绘 huì	莘 shēn	唉 āi	juè
闻 wén	恨 hèn	络 luò	恶 è	峰 fēng	徒 tú
差 chā	举 jǔ	绝 jué	wù	圆 yuán	徐 xú
养 yǎng	宦 huàn	绞 jiǎo	莺 yīng	贼 zéi	殷 yīn
美 měi	突 tū	骇 hài	真 zhēn	〔丿〕	拿 ná
送 sòng	穿 chuān	统 tǒng	桃 táo	钱 qián	釜 fǔ
迷 mí	窃 qiè		格 gé	钳 qián	耸 sǒng
前 qián	冠 guān	**十画**	根 gēn	钻 zuān	爱 ài
首 shǒu	guàn	〔一〕	栩 xǔ	铁 tiě	豺 chái
逆 nì	语 yǔ	泰 tài	索 suǒ	造 zào	颂 sòng
总 zǒng	神 shén	秦 qín	速 sù	乘 chéng	脍 kuài
炯 jiǒng	误 wù	珠 zhū	配 pèi	舐 shì	胸 xiōng
炮 pào	诱 yòu	班 bān	唇 chún	积 jī	胶 jiāo
烂 làn	诲 huì	素 sù	厝 cuò	秩 zhì	脑 nǎo
洁 jié	说 shuō	蚕 cán	夏 xià	称 chèn	狼 láng
洪 hóng	〔乛〕	顽 wán	破 pò	chēng	卿 qīng
洞 dòng	退 tuì	匪 fěi	原 yuán	秘 mì	逢 féng
洗 xǐ	既 jì	捕 bǔ	逐 zhú	笔 bǐ	桀 jié
活 huó	咫 zhǐ	振 zhèn	殊 shū	笑 xiào	留 liú

袅 niǎo	涤 dí	娓 wěi	掇 duō	患 huàn	脚 jiǎo
饿 è	流 liú	婀 ē	聊 liáo	唾 tuò	脱 tuō
〔丶〕	浪 làng	通 tōng	著 zhù	唯 wéi	象 xiàng
凄 qī	悖 bèi	能 néng	黄 huáng	崭 zhǎn	逸 yì
恋 liàn	悍 hàn	难 nán	萍 píng	帷 wéi	猝 cù
高 gāo	悔 huǐ	nàn	营 yíng	崇 chóng	〔丶〕
席 xí	害 hài	绠 gěng	萧 xiāo	崛 jué	毫 háo
座 zuò	宽 kuān	绣 xiù	彬 bīn	〔丿〕	麻 má
病 bìng	家 jiā	继 jì	梦 mèng	铜 tóng	康 kāng
疾 jí	宵 xiāo		桴 fú	铤 tǐng	庸 yōng
疲 pí	宾 bīn	**十一画**	救 jiù	银 yín	鹿 lù
离 lí	容 róng	〔一〕	戛 jiá	矫 jiǎo	旋 xuán
恣 zì	窈 yǎo	理 lǐ	硕 shuò	甜 tián	望 wàng
竞 jìng	剜 wān	琅 láng	爽 shuǎng	移 yí	率 shuài
旁 páng	宰 zǎi	捧 pěng	袭 xí	笨 bèn	着 zhuó
羞 xiū	请 qǐng	措 cuò	盛 shèng	笼 lóng	盖 gài
拳 quán	诸 zhū	掩 yǎn	雪 xuě	lǒng	粗 cū
粉 fěn	诺 nuò	捷 jié	辅 fǔ	做 zuò	断 duàn
料 liào	读 dú	排 pái	〔丨〕	偃 yǎn	兽 shòu
兼 jiān	袖 xiù	掉 diào	虚 xū	悠 yōu	敝 bì
烘 hōng	被 pī	捶 chuí	彪 biāo	偿 cháng	焕 huàn
烜 xuǎn	冥 míng	堆 duī	堂 táng	偶 ǒu	烽 fēng
烦 fán	调 diào	推 tuī	常 cháng	偷 tōu	清 qīng
烟 yān	tiáo	掀 xiān	眼 yǎn	停 tíng	添 tiān
酒 jiǔ	冤 yuān	授 shòu	悬 xuán	偏 piān	鸿 hóng
涉 shè	谄 chǎn	教 jiào	野 yě	假 jiǎ	淋 lín
涓 juān	谆 zhūn	掐 qiā	趾 zhǐ	得 dé	渐 jiàn
浩 hào	谈 tán	掠 lüè	跃 yuè	衔 xián	混 hùn
海 hǎi	〔乛〕	掂 diān	略 lüè	盘 pán	淫 yín
涂 tú	展 zhǎn	接 jiē	蛊 gǔ	船 chuán	淡 dàn
浴 yù	弱 ruò	掷 zhì	蛇 shé	悉 xī	深 shēn
浮 fú	陷 xiàn	探 tàn	累 lèi	欲 yù	婆 pó
涣 huàn	恕 shù	据 jù	唱 chàng	彩 cǎi	梁 liáng

情 qíng	琼 qióng	确 què	〔丿〕	〔丶〕	羟 qiǎng
惜 xī	斑 bān	雄 xióng	铸 zhù	装 zhuāng	粥 zhōu
悼 dào	揠 yà	殚 dān	铺 pū	蛮 mán	隔 gé
惘 wǎng	越 yuè	暂 zàn	铿 kēng	就 jiù	登 dēng
惟 wéi	趁 chèn	雅 yǎ	销 xiāo	痛 tòng	缄 jiān
惊 jīng	趋 qū	翘 qiáo	锄 chú	童 tóng	缓 huǎn
惨 cǎn	超 chāo	〔丨〕	锋 fēng	善 shàn	骚 sāo
寅 yín	提 tí	斐 fěi	锐 ruì	普 pǔ	缘 yuán
寄 jì	博 bó	悲 bēi	银 láng	尊 zūn	
寂 jì	揭 jiē	紫 zǐ	短 duǎn	道 dào	**十三画**
宿 sù	喜 xǐ	凿 záo	智 zhì	遂 suì	
密 mì	插 chā	辉 huī	鹅 é	曾 céng	〔一〕
谋 móu	搜 sōu	敞 chǎng	稍 shāo	湖 hú	瑞 ruì
祸 huò	煮 zhǔ	赏 shǎng	程 chéng	湮 yān	瑜 yú
〔丿〕	握 wò	掌 zhǎng	稀 xī	渺 miǎo	瑕 xiá
敢 gǎn	揆 kuí	晴 qíng	等 děng	温 wēn	魂 hún
屠 tú	搔 sāo	量 liàng	筑 zhù	溃 kuì	肆 sì
弹 dàn	斯 sī	鼎 dǐng	筚 bì	游 yóu	趑 zī
tán	期 qī	喷 pēn	答 dá	愤 fèn	鼓 gǔ
堕 duò	欺 qī	喋 dié	筋 jīn	慌 huāng	携 xié
随 suí	联 lián	喊 hǎn	傲 ào	惺 xīng	搬 bān
隐 yǐn	散 sǎn	跋 bá	傅 fù	惴 zhuì	摇 yáo
骑 qí	惹 rě	跌 diē	集 jí	惶 huáng	勤 qín
绰 chuò	葬 zàng	跛 bǒ	焦 jiāo	割 gē	幕 mù
绳 shéng	敬 jìng	遗 yí	傍 bàng	寒 hán	蓬 péng
绵 mián	落 luò	蛛 zhū	皓 hào	富 fù	蒲 pú
绿 lù	朝 zhāo	蛟 jiāo	遁 dùn	窗 chuāng	蒙 mēng
lù	棋 qí	舰 tiǎn	街 jiē	遍 biàn	méng
	森 sēn	喘 chuǎn	惩 chéng	谢 xiè	颐 yí
十二画	焚 fén	啼 tí	循 xún	谦 qiān	蒸 zhēng
	椎 chuí	嗟 jiē	鲁 lǔ	〔乛〕	楚 chǔ
〔一〕	惠 huì	喧 xuān	猴 hóu	遐 xiá	想 xiǎng
琴 qín	逼 bī	赔 péi	馋 chán	屦 lǚ	概 gài
琳 lín	酣 hān	黑 hēi		强 qiáng	酩 mǐng
					感 gǎn

碍 ài	锥 zhuī	雍 yōng	碧 bì	箪 dān
碎 suì	锦 jǐn	数 shǔ	韬 tāo	管 guǎn
碌 lù	镏 zī	shù	墙 qiáng	僧 sēng
雷 léi	矮 ǎi	shuò	嘉 jiā	鼻 bí
零 líng	辞 cí	慈 cí	摧 cuī	貌 mào
雾 wù	歃 shà	溘 kè	赫 hè	鲜 xiān
〔丨〕	稗 bài	满 mǎn	截 jié	xiǎn
粲 càn	稠 chóu	漠 mò	誓 shì	疑 yí
鉴 jiàn	愁 chóu	源 yuán	聚 jù	獐 zhāng
睹 dǔ	简 jiǎn	滥 làn	慕 mù	〔丶〕
睚 yá	毁 huǐ	滔 tāo	暮 mù	裹 guǒ
嗷 áo	鼠 shǔ	溜 liū	熙 xī	敲 qiāo
睡 shuì	傻 shǎ	滚 gǔn	蔚 wèi	豪 háo
嗜 shì	像 xiàng	溢 yì	兢 jīng	膏 gāo
鄙 bǐ	微 wēi	溯 sù	模 mó	遮 zhē
愚 yú	愈 yù	慎 shèn	槁 gǎo	瘦 shòu
暗 àn	遥 yáo	塞 sài	榜 bǎng	彰 zhāng
照 zhào	腰 yāo	寝 qǐn	歌 gē	竭 jié
畸 jī	腥 xīng	谨 jǐn	酸 suān	端 duān
跬 kuǐ	腹 fù	福 fú	臧 zāng	旗 qí
跳 tiào	鹏 péng	谬 miù	辗 zhǎn	精 jīng
路 lù	腾 téng	〔乛〕	〔丨〕	弊 bì
遣 qiǎn	觥 gōng	群 qún	龇 zī	煽 shān
蜗 wō	触 chù	嫌 xián	踌 chóu	漆 qī
蛾 é	解 jiě	嫁 jià	踽 jú	漂 piāo
蜂 fēng	煞 shà	勠 lù	蜻 qīng	漫 màn
蜕 tuì	〔丶〕	叠 dié	蝇 yíng	滴 dī
嗤 chī	禀 bǐng	缚 fù	嘘 xū	漏 lòu
置 zhì	痴 chī	缠 chán	〔丿〕	慢 màn
罪 zuì	廉 lián	**十四画**	锲 qiè	慷 kāng
蜀 shǔ	新 xīn	〔一〕	舞 wǔ	寡 guǎ
〔丿〕	意 yì	静 jìng	稳 wěn	察 chá
错 cuò			算 suàn	寥 liáo
锣 luó				

十五画より前の列:

〔乛〕	
嫣 yān	
翠 cuì	
熊 xióng	
缩 suō	
十五画	
〔一〕	
撒 sā	
擒 qín	
聪 cōng	
横 héng	
敷 fū	
飘 piāo	
醉 zuì	
磕 kē	
震 zhèn	
霄 xiāo	
〔丨〕	
瞒 mán	
暴 bào	
嘲 cháo	
踔 chuō	
踏 tà	
踟 chí	
墨 mò	
〔丿〕	
靠 kào	
箭 jiàn	
德 dé	
膝 xī	
〔丶〕	
熟 shú	

摩 mó
毅 yì
潜 qián
潸 shān
翩 piān
鹤 hè

〔　〕
憨 hān
劈 pī
嬉 xī

十六画

〔一〕
璞 pú
操 cāo
薄 bó
颠 diān
融 róng

瓢 piáo
醍 tí

〔丨〕
餐 cān
瞠 chēng
噤 jìn
踵 zhǒng
蹉 cuō
鹦 yīng
默 mò
黔 qián

〔丿〕
镜 jìng
赞 zàn
雕 diāo
邂 xiè

〔丶〕
磨 mó
辩 biàn

糖 táng
燎 liáo
燃 rán
激 jī
澹 dàn

〔乛〕
壁 bì
避 bì

十七画

〔一〕
戴 dài
擦 cā
磬 qìng
擢 zhuó
鞠 jū
藏 cáng

〔丨〕
瞬 shùn

蹑 niè
蹈 dǎo
螳 táng

〔丿〕
繁 fán

〔丶〕
糟 zāo
豁 huò

〔乛〕
擘 bò
鹬 yù

十八画

〔一〕
藕 ǒu
鞭 biān
覆 fù

〔丨〕
瞻 zhān

巍 wēi

〔丿〕
鳏 guān

〔丶〕
癞 lài
襟 jīn

十九画

〔一〕
攀 pān

〔丨〕
蹿 cuān

〔丿〕
魑 chī

〔丶〕
麾 mǐ

二十画

〔丨〕
耀 yào

巍 wēi

〔丿〕
鳞 lín

二十一画

〔一〕
蠢 chǔn
露 lòu

〔丨〕
黯 àn

二十二画

〔一〕
囊 náng

二十四画

〔一〕
蠹 dù

A

【哀兵必胜】āibīng-bìshèng

"哀"原为怜悯、慈爱的意思。《老子》第六十九章[1-P.488]："故抗兵相若,则哀者勝矣。"河上公注[2-P.20]："哀者慈仁,士卒不遠於己。"意谓互相对抗的军队力量相似,那么慈爱士卒的一方会取得胜利。后世化为成语,往往把"哀"理解为悲愤,意谓受侵略压抑而悲愤的军队,往往有必死的决心而奋起反抗,所以一定能战胜敌人。

【哀而不伤】āi'érbùshāng

哀:悲哀。伤:伤痛,指过分忧伤。悲哀而不过分伤心。形容诗歌、音乐等所表达的哀伤之情恰到好处。

【哀感顽艳】āigǎnwányàn

哀:悲哀。顽:愚昧迟钝。艳:聪慧美丽。指悲哀的歌曲感动了愚钝与慧美之人。常形容作品具有悲恻动人的艺术感染力。

【哀鸿遍野】āihóng-biànyě

哀鸣的大雁遍布野外。比喻因天灾人祸而流离失所、悲叹哀号的难民遍布各地。

【哀毁*骨立】āihuǐ-gǔlì

悲哀得损坏了身体,以致瘦得只剩骨骼直立着。形容服丧时竭尽孝心。

【哀莫大于心死】āi mò dà yú xīnsǐ

悲哀没有比精神失去活力更厉害的了。即没有精神追求是最大的悲哀。《庄子·田子方》[3-P.707]："仲尼曰:'惡! 可不察與? 夫哀莫大於心死,而人死亦次之。'"

【哀丝豪竹】āisī-háozhú

丝:琴、瑟之类的弦乐器。竹:箫、笛之类的管乐器。悲哀的弦乐与豪壮的管乐。形容乐曲悲壮动人。

【挨家挨户】āijiā-āihù

挨:逐,紧接而无间隔。一家紧接一家、一户紧接一户地。指顺着次序一家也不漏掉。

【挨肩擦背】āijiān-cābèi

挨:紧靠。擦:摩擦。人们的肩和肩紧靠着,背和背在摩擦。形容人多拥挤。

【唉声叹气】āishēng-tànqì

唉:象声词,苦闷悲伤时所发出的叹息声。气:气息。时而发出"唉"的声音,时而呼出长气。指苦闷忧伤时不断地叹息。

A

【矮人观场】ǎirén-guānchǎng

　　场：场面。矮子看场面。原指矮子挤在人群中看戏，看不到戏而只能看场面，别人喝彩他也喝彩。后比喻孤陋寡闻，盲目附和。

【爱不释手】àibùshìshǒu

　　释：放下。喜爱得不肯放手。形容十分喜爱。

【爱才若渴】àicái-ruòkě

　　爱慕贤才就像口渴了要喝水一样。形容非常喜爱人才，求贤心切。

【爱财如命】àicái-rúmìng

　　爱：吝惜。吝惜钱财就像吝惜自己的生命一样。形容极其吝啬。

【爱民如子】àimín-rúzǐ

　　爱护平民百姓就像爱护自己的子女一样。形容统治者极其关心民众。

【爱莫能助】àimònéngzhù

　　爱：怜惜，同情。虽然同情却不能相助。后泛指乐意帮助，但因为条件所限或力量不够而无以助之。

【爱屋及乌】àiwū-jíwū

　　《韩诗外传》卷三[4-P. 94]："太公曰：'爱其人者，及屋上乌。'"意谓爱一个人而连带爱上了他屋上的乌鸦。后化为成语，比喻喜爱某人而连带喜爱与他有关的人或物。

【爱惜羽毛】àixī-yǔmáo

　　羽毛：比喻外在的名声。像鸟兽爱惜自己的羽毛那样爱惜自己的声誉。形容珍惜自己的名誉而谨慎行事。

【爱憎分明】àizēng-fēnmíng

　　分明：清楚。爱什么、恨什么十分清楚。形容态度明朗。

【碍手碍脚】àishǒu-àijiǎo

　　妨碍别人手脚。指妨碍别人做事。

【安邦定国】ānbāng-dìngguó

　　邦：国。使国家安定。

【安不忘危】ānbùwàngwēi

　　平安时不忘记危险。指时刻保持高度的警惕性。

【安步当车】ānbù-dàngchē

　　安：安详，不慌不忙。当：当作。从容不迫地步行，姑且把它当作乘车。原形容甘居贫贱，把贫贱的生活权且当作富贵的生活。后多指缓慢步行以代替坐车。

【安分守己】ānfèn-shǒujǐ

　　分：本分。安心于自己所处的地位而保持自己的操守。指不图分外之物，不做越轨之事。形容规矩老实。

【安富尊荣】ānfù-zūnróng

　　安逸富裕尊贵荣耀。后多形容富贵的寄生生活。

【安家落户】ānjiā-luòhù

　　落：止息，留下。安置家庭落下户口。指在他乡长期地居住下去。也比喻动植物在他乡存活繁衍。

【安居乐业】ānjū-lèyè

　　安：安心，对……感到满足。乐：喜爱。满足于自己的居住条件而喜爱自己的职业。

【安民告示】 ānmín-gàoshì

安定民心的布告。

【安内攘外】 ānnèi-rǎngwài

安定内部，排除外患。

【安贫乐道】 ānpín-lèdào

安：安心。乐：乐于，喜爱。安心于贫困的处境而乐于道德修养。

【安然无恙】 ānrán-wúyàng

安然：平安的样子。恙：忧患，指灾祸、疾病之类使人忧愁的事。平平安安地没有忧患。也泛指平安无事。

【安如磐石】 ānrúpánshí

磐石：又厚又大的石头。安稳得像巨石一样。形容非常稳固，不可动摇。

【安如泰山】 ānrútàishān

安稳得像泰山一样。形容非常稳固，不可动摇。

【安身立命】 ānshēn-lìmìng

安：安顿。立：生存。使自己的身体平安无事，使自己的生命存在下去。指生活有着落，精神有寄托。

【安土重迁】 āntǔ-zhòngqiān

土：故土，故乡。重：看重，不轻易。安心于故土而不愿轻易迁移。也泛指留恋某一定居处而不愿搬迁。

【安营扎*寨】 ānyíng-zhāzhài

扎：设立。寨：防卫用的栅栏。安置营盘而建起木栅。指军队驻扎下来。现在也指建起临时的住所或工作基地待下去。

【安于现状】 ānyúxiànzhuàng

安心于现在的状况。形容不求进取。

【安之若素】 ānzhī-ruòsù

安：安心，心情平静。之：它，指异常的不如意的事物或情况。素：平时，往常。平静地对待异常之事，就像往常没有发生此事时一样。指对新产生的不利处境或反常事物毫不在意，处之泰然。

【按兵不动】 ànbīng-bùdòng

按：压住。使军队停顿而暂不行动。指等待时机。现也指接到任务后不采取相应的行动。

【按部就班】 ànbù-jiùbān

部：部门，门类。就：走近，到。班：位次。原义为按照各自的部门走到自己的位置上，指官员上班时各就各位。比喻按照一定的条理与规范做事。现也喻指按老规矩办事，不知变通。

【按图索骥】 àntú-suǒjì

骥：骏马，良马。《汉书·梅福传》[5-P. 2920]："今不循伯（霸）者之道，乃欲以三代选举之法取当时之士，犹察伯乐之图，求骐骥於市，而不可得亦已明矣。"原意为按照伯乐所画的骏马图去求取骏马。比喻食古不化，拘泥于书本上的空洞说教去办事。形容办事死板，不知变通。后多比喻按照已有的线索去寻找某种事物。

【暗*度陈仓】 àndù-chéncāng

"暗度陈仓"的史实见"明修栈

道,暗度陈仓"条。后化为成语,指暗地里去偷袭敌人。也比喻暗中进行的各种活动,包括男女私通。

【暗*箭难防】 ànjiàn-nánfáng

从暗地里放出的箭难以防备。比喻背地里的伤人行为令人难以提防。

【暗*箭伤人】 ànjiàn-shāngrén

用暗地里射出的箭去伤害人。比喻使用阴谋手段去伤害别人。

【暗*送秋波】 ànsòng-qiūbō

秋波:秋天湖中的水波,比喻清澈明亮的美女眼神。偷偷地传递妩媚动人的眼波。指女子偷偷地以眉目传情。引申指暗中讨好,偷偷地献媚勾引。

【暗*无天日】 ànwútiānrì

黑暗得连天上的太阳都没有了。形容社会极其黑暗,没有一丝儿光明。

【暗*中摸索】 ànzhōng-mōsuǒ

在黑暗中探索。引申指在没有借鉴的情况下进行探索。

【黯然失色】 ànrán-shīsè

黯然:暗淡无光的样子,也形容心神沮丧的样子。色:色彩,也表示脸色。暗淡无光地失去了原来的光彩,形容相形见绌。也表示心神沮丧地失去了正常的脸色,形容悲伤。

【黯然销魂】 ànrán-xiāohún

黯然:心神沮丧的样子。销:通"消",使消失。心神沮丧地好像丢了魂。形容极度忧伤。

【昂首阔步】 ángshǒu-kuòbù

昂:仰,抬起。阔:放宽。抬起头迈大步。形容精神抖擞、意气风发地前进。

【嗷嗷待哺】 áo'áo-dàibǔ

嗷嗷:哀鸣声。哺:喂。嗷嗷地叫着等待喂食。形容饥饿时急于求食的样子。也喻指某种东西匮乏而急需援助。

【傲雪凌霜】 àoxuě-língshuāng

傲:蔑视。凌:欺凌。蔑视大雪,欺侮寒霜。指傲然挺立于霜雪之中。比喻不畏强暴,坚强不屈。

B

【八斗*之才】bādǒuzhīcái

　　八斗：指量多，喻指多才。拥有八斗的文才。形容富有才华。《释常谈》卷中[6-P. 392]："文章多，謂之八斗之才。謝靈運嘗（尝）曰：'天下才有一石，曹子建獨占八斗，我得一斗，天下共分一斗。'"

【八方呼应】bāfāng-hūyìng

　　八方：东、南、西、北、东南、东北、西南、西北，泛指各方面、各地。呼：呼叫。应：回答，响应。四面八方此呼彼应。形容各地、各方面互相配合。

【八面玲珑】bāmiàn-línglóng

　　玲珑：孔穴明晰的样子，转指人思想开窍、精明灵巧。原指八面窗户透亮。卢纶《赋得彭祖楼送杨德宗归徐州幕》[7-P. 3130]："四户八窗明，玲珑逼上清。"后用来形容人处世精明圆滑，对各方面的情况都明白洞彻而应付自如，处处行得通。也形容言行能兼顾各个方面，十分周密而没有破绽。

【八面威风】bāmiàn-wēifēng

　　威风：有威严的气势。各个方面都很威风。形容气派非凡，神气十足。

【八仙过海，各显神通】bāxiān-guòhǎi, gèxiǎn-shéntōng

　　八仙：神话传说中的八位仙人，即铁拐李、钟离权、张果老、吕洞宾、何仙姑、蓝采和、韩湘子、曹国舅（分别代表贱、贫、老、男、女、少、富、贵）。神通：佛教用语，指神奇的无所不能的本领。八仙过海时各自显示了神奇的本领。后泛指有才能的单位或个人各自施展本领，用自己的办法来达到某一目的。

【拔本塞源】báběn-sèyuán

　　拔掉树根堵塞水源。比喻彻底根除或从根本上解决问题。

【拔刀相助】bádāo-xiāngzhù

　　拔出刀来帮助受欺侮的人。形容打抱不平，见义勇为。

【拔地而起】bádì'érqǐ

　　拔：迅速地向高处提升。从平地上迅速向高处挺起。形容高大的建筑物迅速建成。

【拔苗助长】bámiáo-zhùzhǎng

　　拔高秧苗来帮助它生长。比喻违反事物规律、急于求成而弄巧成

B

拙。原作"揠（yà）苗助长"。揠：拔。《孟子·公孙丑上》[8-P. 2686]："宋人有闵其苗之不长而揠之者，芒芒然归，谓其人曰：'今日病矣，予助苗长矣。'其子趋而往视之，苗则槁矣。"

【拔山盖世】báshān-gàishì

力气大得能把山拔起，勇气超过了世上所有的人。形容气力大无比，勇猛异常。《史记·项羽本纪》[9-P. 58]："於是项王乃悲歌忼慨，自为诗曰：'力拔山兮气盖世，时不利兮骓不逝。骓不逝兮可奈何，虞兮虞兮奈若何！'"

【拔树寻根】báshù-xúngēn

拔起树木寻找树根。比喻对某事追根究底。

【跋前疐后*】báqián-zhìhòu

跋：踩。疐：绊倒，又作"踬"。《诗经·豳风·狼跋》[10-P. 400]："狼跋其胡，载疐其尾。"意谓狼向前走要踩着它颌下那垂着的肉，后退又被尾巴绊倒了。后化为成语，比喻进退两难。

【跋山涉水】báshān-shèshuǐ

跋：走（陆路或山路），翻越。涉：蹚（水），（在水中）走。翻山越岭，蹚水过河。形容长途奔波，行程艰辛。

【把玩不厌】bǎwán-bùyàn

把：手握。拿在手里玩赏而不知厌倦。形容非常喜爱。

【白璧微瑕】báibì-wēixiá

璧：扁而圆、其环形宽度倍于中心圆孔的珍贵玉器。瑕：玉上的杂色斑点。洁白的璧玉上有小斑点。比喻很好的人或事物有小缺点。常用来表示对美中不足的惋惜。

【白璧无瑕】báibì-wúxiá

洁白的璧玉上毫无斑点。比喻人或事物完美无缺。

【白发*苍苍】báifà-cāngcāng

苍苍：斑白，白发多而黑发少的样子。白头发很多。形容老年人的容貌。

【白发*红颜】báifà-hóngyán

银白的头发，红润的脸色。形容老年人健康的容貌。

【白驹过隙】báijū-guòxì

驹：少壮之马。白色的少壮之马跑过缝隙。原比喻时间很短，只是一瞬间。后也形容时间过得很快。

【白浪滔天】báilàng-tāotiān

滔：弥漫。雪白的波浪弥漫到整个天空。形容风浪极大。

【白面书生】báimiàn-shūshēng

面孔白净的读书人。也指只有书本知识而缺乏阅历和经验的年轻文人。

【白日见鬼】báirì-jiànguǐ

鬼：是人死后的灵魂，常在夜间无人时出没，白天人多时是见不到的（这是迷信的说法）。白天见到鬼。形容门庭冷落，人气不足。也形容精神错乱。后喻指事情离奇、不合情理或无中生有。

【白日做梦】báirì-zuòmèng

大白天做梦。比喻幻想实现根本不可能实现的事情。

【白手起家】báishǒu-qǐjiā

白手:空手。光靠两只手创立起家业。也喻指在没有基础的情况下创立了一番事业。形容艰苦奋斗。

【白头偕老】báitóu-xiélǎo

偕:一起,共同。头发白了而一起生活到老。指夫妻共同生活一辈子。形容夫妻恩爱,婚姻美满。也作"白头到老"。

【白纸黑字】báizhǐ-hēizì

白纸上写下了黑的字。指有文字方面的证据。

【百弊丛生】bǎibì-cóngshēng

百:形容多。很多弊病同时发生。

【百步穿杨】bǎibù-chuānyáng

步:古代把左右脚各跨一步的距离当作一步,相当于现在的两步。杨:杨树,此指杨树叶。百步之外可射穿选定的杨树叶。形容射箭或射击技术极高。

【百尺竿头,更进一步】bǎichǐ-gāntóu, gèngjìn-yībù

爬到了百尺竹竿的顶端,再要前进一步。比喻在道德修养、学术造诣或事业方面虽然已经取得了极高的成就,但仍应努力,以取得进一步的成就。

【百川归海】bǎichuān-guīhǎi

川:河流。众多的河流都汇归大海。比喻众望所归或大势所趋。也比喻许多分散的事物汇集到一起。

【百读不厌】bǎidú-bùyàn

百:形容多。无论读多少遍也不会厌倦。形容作品极其精彩,耐人寻味。

【百端待举】bǎiduān-dàijǔ

端:头绪,方面。举:兴办,做。很多方面的事情都等着我们去做。形容要做的事情很多。

【百发*百中】bǎifā-bǎizhòng

发射一百次,射中一百次。指每次都能命中目标。形容射击技术极高。有时也比喻料事如神,每次预测都很准确。或比喻办事有把握,事事奏效而不落空。

【百废俱兴】bǎifèi-jùxīng

许多被废弃的事业都兴办起来了。形容复兴时的兴旺景象。

【百感交集】bǎigǎn-jiāojí

多种多样的感想交织聚集在一起。形容感想很多,一言难尽。

【百花齐放】bǎihuā-qífàng

多种多样的花一齐开放。比喻不同形式和风格的文学艺术作品同时出现。形容文学艺术界的自由发展与繁荣景象。

【百花争妍】bǎihuā-zhēngyán

妍:美丽。多种多样的花竞相比美,形容春色满园。比喻各种优秀的作品竞相媲美,形容文艺界的繁荣景象。

【百家争鸣】bǎijiā-zhēngmíng

百:形容多。家:学术流派。鸣:发出声音,指发表意见。众多的学术流派互相争辩。原指春秋战国时代儒家、道家、阴阳家、法家、名家、墨

B

B

家、纵横家、杂家、农家等展开的各种争论。现也泛指学术上不同学派的自由争论。形容学术研究上的高度自由与繁荣景象。

【百孔千疮】bǎikǒng-qiānchuāng

百、千：形容多。疮：通"创"，伤口。有成百上千的孔洞与伤口。比喻遭到破坏的地方极多或弊病很多。也比喻四处欠债，被搞得焦头烂额。也作"千疮百孔"。

【百口莫辩】bǎikǒu-mòbiàn

百：形容多。莫：不。辩：辩解。即使有一百张嘴也无法解释清楚。形容无法辩白。

【百里*挑一】bǎilǐ-tiāoyī

从一百个里面挑选出来的一个。形容出类拔萃、超群出众。

【百炼成钢】bǎiliàn-chénggāng

经过许多次的冶炼而成了坚硬的钢。比喻经过千锤百炼而成了非常坚强的人。

【百年不遇】bǎinián-bùyù

上百年也碰不到一次。形容很少发生，难得见到。

【百年大计】bǎinián-dàjì

百年：指很长的一段时期。事关上百年的重大计划。也指关系到长远利益的重要措施或策略。

【百年偕老】bǎinián-xiélǎo

百年：指一辈子。偕：一起，共同。在这一生中共同生活到老。形容夫妻恩爱，婚姻美满。多用作贺辞。

【百思不解】bǎisī-bùjiě

百般思索还是不能理解。也作"百思不得其解"。

【百万雄师】bǎiwàn-xióngshī

百万：形容多。雄：强有力的。人数极多的强有力的军队。

【百闻不如一见】bǎi wén bùrú yī jiàn

听到一百次不及见到一次。指亲眼看见的远比听见的来得清楚、可靠。

【百无禁忌】bǎiwú-jìnjì

百：形容多，指所有的。无论什么都不禁止、不忌讳。

【百无聊赖】bǎiwú-liáolài

百：形容多，指所有的。聊赖：依靠，依托。无论什么都没有依托。原指生活上或精神上没有依托。现指思想感情没有依托或潦倒失意。

【百依百顺】bǎiyī-bǎishùn

百：形容多，指所有的。依：依从。顺：顺从。无论什么都依顺。形容一味顺从。

【百战百胜】bǎizhàn-bǎishèng

战斗一百次，胜利一百次。即每次作战都打胜仗。形容所向无敌。

【百折不挠】bǎizhé-bùnáo

百：形容多。折：挫折。挠：弯曲，屈服。遭受了很多很多的挫折仍然不屈服。形容意志坚强。

【百足之虫，死而不僵】bǎizú-zhīchóng, sǐ'érbùjiāng

百足:马蚿的别名,又名马陆、刀环虫,节肢动物,形似蚯蚓,体如圆筒,多环节,切断后仍能蠕动。虫:动物的通称。僵:僵硬。百足这种动物,被切断杀死后并不马上僵硬。比喻有钱或有势的人家或集团即使垮了,也因其基础厚或势力大而仍然具有相当的活动能量。

【败军之将】bàijūnzhījiàng

带领军队作战而失败的将军。后也泛指失败的人。常用于讥讽别人或谦指自己。

【稗官野史】bàiguān-yěshǐ

稗:卑微。稗官:小官,给帝王讲述民间故事、风俗人情的小吏。《汉书·艺文志》[5-P.1745]:"小說家者流,蓋出於稗官。"后来便称小说或小说家为稗官。野史:私家编撰的史书,有别于朝廷所编的正史,故称"野史"("野"对"朝"而言)。小官述说的小说故事与私人编撰的史书。泛指记载逸闻琐事的作品。

【班班可考】bānbān-kěkǎo

班班:明显的样子。考:考证。明明白白地可以查证。形容事实清楚确凿。

【班门弄斧】bānmén-nòngfǔ

班:公输班,春秋时鲁国人,故又称鲁班,是著名的巧匠。在鲁班门前摆弄斧头。比喻在行家面前卖弄本领。形容不自量力。

【斑驳陆离】bānbó-lùlí

斑驳:斑斑点点颜色驳杂的样子。陆离:参差错综、散乱繁杂的样子。颜色驳杂纷乱。形容色彩纷繁。

【搬弄是非】bānnòng-shìfēi

搬弄:移动玩弄。是非:正确的和错误的,指各种各样的说法。耍手腕把各种话传来传去。指挑拨人与人之间的关系,制造矛盾。也指在背后说长道短,乱加议论。

【搬起石头砸自己的脚】bānqǐ shítou zá zìjǐ de jiǎo

搬起石头想打别人而结果砸了自己的脚。比喻想害别人,结果害了自己。形容不自量力,自作自受,自食恶果。

【版版六十四】bǎnbǎn liùshísì

版:古代铸钱的模子。每一版都是六十四文。比喻为人一本正经,死板而不灵活。也作"板板六十四"。

【半壁江山】bànbì-jiāngshān

壁:面,边。江山:山河,引申指国土。半边山河。指一半左右的国土。

【半截入土】bànjié-rùtǔ

截:段。半段身体已埋入土中。比喻行将就木,活不了多久了。

【半斤八两】bànjīn-bāliǎng

八两:旧制一斤为十六两,八两即半斤。一个半斤,一个八两。比喻彼此一样,不分上下。

【半路出家】bànlù-chūjiā

半路:路程的一半或途中,此指人生途中,即已经踏上某一人生道路、从事某一行当以后。出家:离开家庭到寺庙、庵堂里去做和尚、尼姑等。人生道路走了一半才离家做和尚、尼姑等。原指不是从小而是后来改行去当和尚、尼姑的。比喻从事某一行当之后才改干这一行当，表示不是本行科班出身。

【半面之交】bànmiànzhījiāo

《后汉书·应奉传》[11-P.1607]李贤等注引三国时谢承所撰的《后汉书》载，应奉的记忆力极强，二十岁时去袁贺家，袁贺不在，其造车匠在门中露出半张脸看他，几十年后，他在路上碰到车匠，仍能认识并主动打招呼。后化为"半面之交"的成语，意谓只肯露出半张脸来相见的交情。也泛指只见过一面的交情。形容交情不深。

【半死不活】bànsǐ-bùhuó

死了一半不像活的。形容动作无力、精神不振的样子。也形容事物处于半瘫痪状态。

【半途而废】bàntú'érfèi

废：停止。在半路上停了下来。比喻事情做了一半而放弃不干了。形容有始无终。

【半推半就】bàntuī-bànjiù

推：向外推开。就：靠近。一半是向外推开，一半是向前靠拢。指一边推辞，一边接受。形容心中同意，因限于面子而假意推辞的样子。

【半信半疑】bànxìn-bànyí

一半相信，一半怀疑。即又信又不信，不能判断其真假是非。

【半夜三更】bànyè-sāngēng

三更：旧时将一夜分为五更，每更约两小时，三更为午夜子时，即夜里十一时至一时。半夜打三更的时候。也泛指深夜。

【榜上无名】bǎngshàng-wúmíng

张贴出来的入选名单上没有其名字。泛指落选。

【榜上有名】bǎngshàng-yǒumíng

张贴出来的入选名单上有其名字。泛指入选。

【傍人门户】bàngrénménhù

傍：依附。原指桃符（画有神荼、郁櫑二神之像，于正月初一挂在门上用来驱鬼辟邪的桃木板）依附在别人的门户上。比喻依赖别人，不能自立。

【包藏祸心】bāocáng-huòxīn

包含隐藏着害人之心。也泛指怀有制造祸乱的坏念头。

【包罗万象】bāoluó-wànxiàng

包罗：包括。万：形容多，指所有的。包括了宇宙间所有的景象。形容内容极其丰富，无所不有。

【饱经风霜】bǎojīng-fēngshuāng

饱：充分地，形容多到了极点。极多地经受了风吹霜打。比喻经历过很多的艰难困苦。

【饱食终日】bǎoshí-zhōngrì

终日：整天。饱饱地吃了一整天。形容好吃懒做，什么事也不干。

【饱学之士】bǎoxuézhīshì

学识渊博的文人。

【宝刀不老】bǎodāo-bùlǎo

珍贵的刀不旧。比喻有才能的人虽然年老而功夫、技艺并未衰退。

【宝山空回】* bǎoshān-kōnghuí

　　到了藏有宝物的山中却空手回来。比喻置身于良好的环境中却一无所得。常用来形容外出求学无所得。

【报仇雪耻】bàochóu-xuěchǐ

　　雪:清除,除掉。报复仇敌来清除以前蒙受的耻辱。

【报仇雪恨】bàochóu-xuěhèn

　　雪:清除,除掉。报复仇敌来解除心中的愤恨。

【抱残守缺】bàocán-shǒuquē

　　抱着残破的东西,死守有缺陷的东西。形容思想保守,不愿革故鼎新。

【抱恨黄泉】bàohèn-huángquán

　　黄泉:地下的泉水,指地下深处埋葬尸体的地方。心怀遗憾或怨恨于地下。形容死不瞑目,遗恨无穷。

【抱恨终天】bàohèn-zhōngtiān

　　终天:与上天相始终,指久远无穷。心怀遗憾或怨恨一直到无穷。

【抱头鼠窜】bàotóu-shǔcuàn

　　窜:飞快地慌不择路地逃跑。抱着头像老鼠一样逃窜。形容仓皇逃跑时的狼狈相。

【抱薪救火】bàoxīn-jiùhuǒ

　　薪:柴草。抱着柴草去救火。比喻采取使祸害扩大的方法去消灭祸害。形容方法不对头。

【暴风骤雨】bàofēng-zhòuyǔ

　　暴:又急又猛。骤:急速,突然。又急又猛的狂风与突然而来的暴雨。又比喻来势迅猛、力量强大的政治运动。

【暴戾恣睢】bàolì-zìsuī

　　暴戾:凶暴蛮横。恣睢:恣肆放荡。凶暴强横而任意妄为。形容为所欲为,放纵作恶。

【暴露无遗】bàolù-wúyí

　　显露在外没有一点遗漏。形容坏人坏事完全暴露出来。

【暴虐无道】bàonüè-wúdào

　　凶暴残忍而不顾道义。

【暴殄天物】bàotiǎn-tiānwù

　　暴:摧残,糟蹋。殄:灭绝。天物:天生之物,包括鸟兽草木之类。摧残消灭天生之物。后泛指任意糟蹋东西。

【暴跳如雷】bàotiào-rúléi

　　暴:急躁而猛烈。急躁而猛烈地跳跃踩脚,像打雷一样凶猛。形容极其愤怒而大发雷霆。

【杯弓蛇影】bēigōng-shéyǐng

　　应劭《风俗通义·怪神》[12-P. 388]记其祖父应郴赐杜宣酒,杜宣见杯中有蛇形,既害怕又厌恶,但不敢不喝,喝了以后便感到胸腹痛得厉害,多方医治也无效,后来应郴告诉他这不过是墙上挂的弓弩映入酒杯而形成的影子,并不是蛇变成的怪物,杜宣的病就好了。后化为成语"杯弓蛇影",意谓把映在酒杯中的弓影当作了蛇影。

B

比喻疑神疑鬼而妄自惊扰。

【杯盘狼藉】bēipán-lángjí

藉:践踏。狼藉:传说狼群常垫草而卧,起来后把草踩乱以灭迹,因而用"狼藉"来表示乱七八糟、杂乱不堪的样子。杯子盘子等放得乱七八糟。形容畅饮酒醉以后宴席上的杂乱情景。

【杯水车薪】bēishuǐ-chēxīn

薪:柴草。语本《孟子·告子上》[8-P.2753]"猶以一杯水救一車薪之火也",意谓用一杯水去扑灭一车柴草所燃起的火焰。比喻微不足道而无济于事的行为。

【卑鄙龌龊】bēibǐ-wòchuò

龌龊:肮脏。品质恶劣,行为肮脏。

【卑鄙无耻】bēibǐ-wúchǐ

品质恶劣,不知羞耻。

【卑躬屈膝】bēigōng-qūxī

卑:低。躬:身体。卑躬:低下身体,指低头弯腰。屈膝:弯曲膝盖,指下跪。低身而下跪。形容毫无骨气,完全是一副讨好别人、唯命是听的奴才相。

【悲不自胜】bēibùzìshèng

胜:能够承受。悲伤得自己不能承受。形容极其悲伤。

【悲愤填膺】bēifèn-tiányīng

膺:胸。悲痛愤怒充满了胸膛。

【悲欢离合】bēihuān-líhé

悲伤欢乐分离团聚。泛指各种人生遭遇与心情。

【悲天悯人】bēitiān-mǐnrén

天:上天。古人认为上天是有意志的神,世间的兴衰治乱都取决于上天,所以在国家衰乱之时常悲呼上苍,实际上是在哀叹时世的艰辛。悯:怜悯。面对上天感到悲哀,面对人民觉得可怜。表示对社会的黑暗腐败十分悲愤,对人民的疾苦十分同情。

【悲痛欲*绝】bēitòng-yùjué

绝:断气,死。悲痛得要死。形容悲伤到了极点。

【悲喜交集】bēixǐ-jiāojí

悲伤与喜悦交织聚集在一起。也作"悲喜交加"。加:施加。

【背道而驰】bèidào'érchí

违背正道奔驰。指误入歧途。后又指背对着背在道路上奔驰。比喻彼此的方向、目标完全相反。

【背井离乡】bèijǐng-líxiāng

背:背对着,分别。井:古代一种基层行政区域,八家为一井,引申邻里。告别邻里离开家乡。常指远离家乡。

【背水一战】bèishuǐ-yīzhàn

背水:背对着大河,是一种后面没有退路的处境。背靠大河作最后一次战斗。《史记·淮阴侯列传》[9-P.438]载,韩信攻赵,令万人背水为阵,使将士在没有退路的情况下拼死作战,结果大败赵军。后化为成语"背水一战",泛指在没有退路的情况下与敌人决一死战。

【背信弃义】 bèixìn-qìyì

背：违背。不守信用，抛弃道义。

【倍道兼行】 bèidào-jiānxíng

倍道：使所走路程加倍。兼行：日夜行走，加倍赶路。形容加快速度前进。

【悖入悖出】 bèirù-bèichū

悖：违背常理，不正当。《礼记·大学》[13-P.1675]："货悖而入者亦悖而出。"意谓用不正当手段取得的财物，会被人用不正当的手段搞出去。后也指胡乱弄来的钱又胡乱花掉了。

【奔走呼号】 bēnzǒu-hūháo

走：跑。一边奔跑，一边大声叫喊。形容为某事争取同情和支持而到处宣传。

【奔走相告】 bēnzǒu-xiānggào

奔跑着相互转告。形容听到激动人心或令人震惊的重要消息后迅速转告。

【本来面目】 běnlái-miànmù

面目：脸与眼，引申指面貌。原有的面貌。佛教禅宗用来喻指人固有的心性。后多用来喻指人或物的原有模样。

【本末倒置】 běnmò-dàozhì

本：树根。末：树梢。树根与树梢倒放。比喻把事物的主次位置弄颠倒了。

【本性难移】 běnxìng-nányí

人的本性很难改变。

【笨口拙舌】 bènkǒu-zhuōshé

拙：笨。嘴巴不灵巧，舌头不灵活。形容口才不好。

【笨鸟先飞】 bènniǎo-xiānfēi

行动笨拙的鸟为了不落伍而早一些起飞。比喻能力较差的人为了不落后而提前行动。

【笨手笨脚】 bènshǒu-bènjiǎo

手脚不灵巧。形容干活不精明。

【笨头笨脑】 bèntóu-bènnǎo

头脑不灵活。形容反应迟钝、不聪慧或憨厚。

【逼良为娼】 bīliáng-wéichāng

逼迫良家妇女做妓女。比喻逼迫好人干坏事。

【逼上梁*山】 bīshàng-liángshān

梁山：山名，在今山东省梁山县南东平湖西。被逼迫而上了梁山。原指北宋时林冲等人为官府所逼而被迫上梁山造反（见《水浒传》）。后比喻由于某种压力而不得不采取某种行动。

【鼻息如雷】 bíxī-rúléi

鼻息：鼻孔中的气息，指鼾声。鼾声像雷鸣。形容睡得很沉。

【比比皆是】 bǐbǐ-jiēshì

比：紧靠，挨着。比比：一个个紧挨着，引申指到处、处处。到处都是。形容同类的人或事物很多。

【比肩而立】 bǐjiān-érlì

比：紧靠。肩靠肩地站着。形容人多。

【比肩继踵】 bǐjiān-jìzhǒng

B

比:紧靠。继:接续。踵:脚跟。肩膀紧靠着肩膀,后者的脚尖接着前者的脚跟。形容人多拥挤。

【比上不足,比下有余*】bǐshàng-bùzú,bǐxià-yǒuyú

与上等的相比还有不够的地方,与下等的相比则有超过的地方。表示处于中等水平。常用于自慰或劝人知足。

【比翼齐飞】bǐyì-qífēi

比:紧靠,挨着。翅膀紧挨着翅膀一齐飞翔。传说古代有比翼鸟,又称鹣鹣,这种鸟必须雌雄紧靠着同时展翅才能飞翔。所以用"比翼鸟"比喻形影不离的恩爱夫妻,用"比翼齐飞"比喻夫妻恩爱,形影不离,共同生活,或在事业上并肩前进。也作"比翼双飞"。

【彼一时,此一时】bǐ yī shí, cǐ yī shí

那时是一个时代,这时又是一个时代。表示过去与现在的情况不同。

【笔墨官司】bǐmò-guānsi

笔墨:笔和墨,借指文字或文章。官司:诉讼。文字或文章方面的诉讼。指通过书面形式展开的争辩。也指由文字或文章引起的诉讼。

【笔扫千军】bǐsǎo-qiānjūn

笔力可扫除千军万马。形容诗文笔力雄浑,气势非凡。

【笔走龙蛇】bǐzǒu-lóngshé

走:跑。毛笔挥洒飞舞如同龙与蛇飞奔游动一般。形容写字时挥洒

自如。多用于赞叹草书。

【俾昼作夜】bǐzhòuzuòyè

俾:使。使白天成为黑夜。《诗经·大雅·荡》[10-P. 553]:"咨女殷商,天不湎爾以酒……式號式呼,俾晝作夜。"这原是指责商纣王的话,指商纣王关起门窗,点起灯烛,使白天的宫室如同黑夜,从而不分昼夜地饮酒作乐(参见《韩非子·说林上》[14-P. 431])。后泛指白天不做事,不分昼夜地享乐。有时也指白天不外出,不分昼夜地干某事*。

【鄙吝复*萌】bǐlìn-fùméng

鄙吝:粗俗吝啬,指计较得失。鄙俗吝啬的念头又萌生了。形容计较名利的思想又有所抬头。

【必传之作】bìchuánzhīzuò

必定能流传下去的作品。形容作品极有价值。

【必由之路】bìyóuzhīlù

由:经由。必定要经过的道路。

【毕恭毕敬】bìgōng-bìjìng

十分谦恭有礼,十分肃敬尊重。指外表与内心都极其恭敬。也作"必恭必敬"(必定谦恭有礼,必定肃敬尊重)。

【毕其功于一役】bì qí gōng yú yī yì

毕:完毕。在一次战役中完成其功业。比喻通过一次行动完成所有的工作。

【闭关锁国】bìguān-suǒguó

闭:关门。关:关口,此指边境上

B

供人进出的关口之门。把边关上的门关上，把国家封锁起来。指不与外国往来，不互通有无。

【闭关自守】bìguān-zìshǒu

关起边关上的门，守护自己的一切。指不与外国交往，死守自己的传统。也喻指不与外界交往而因循守旧。

【闭门思过】bìmén-sīguò

关起门来思考自己的过错。形容冷静地反省。

【闭门造车】bìmén-zàochē

关起门来制造车子。原指按统一规格在屋内造车，到屋外使用时能与车轨相合。朱熹《中庸或问》卷下[15-P. 602]："古语所谓'闭门造车，出门合辙'，盖言其法之同。"现比喻不到外面调查实际情况，只凭主观想象办事。

【闭目塞听】bìmù-sètīng

闭起眼睛，塞住耳朵。形容不关心世事，对外界事物不闻不问。

【闭月羞花】bìyuè-xiūhuā

闭：蔽塞，隔绝。使月亮隐蔽起来，使鲜花感到羞愧。形容女子美貌绝伦，使美丽的月亮见后自愧不如而只好躲到云中去，连五彩缤纷的鲜花见了也感到羞愧。

【敝帚自珍】bìzhǒu-zìzhēn

敝：破。虽然是破扫帚，自己也十分珍惜。比喻自己的东西虽然不好，也非常珍惜。常用来表示自谦。

【筚路蓝缕】bìlù-lánlǚ

筚：竹爿荆条之类的东西。路：通"辂"，车子。筚路：用竹爿荆条等编的车子，即柴车。蓝：通"褴"。蓝缕：即"褴缕"，衣服破烂。《左传·宣公十二年》[16-P. 1880]："筚路蓝缕以启山林。"意谓驾着柴车、穿着破衣去开辟山林。后用作成语，比喻艰苦创业。

【碧血丹心】bìxuè-dānxīn

碧：青绿色的玉。碧血：能化为青玉的血。《庄子·外物》[3-P. 920]："苌弘死于蜀，藏其血，三年而化爲碧。"苌弘忠而其血化为碧，所以后来用"碧血"表示忠臣志士为正义事业奋斗而流的血。丹心：红心，赤诚忠贞之心。能化为青玉的忠贞之血与鲜红的赤诚之心。泛指为国家为民族而献身者的赤诚忠贞之德。

【弊绝风清】bìjué-fēngqīng

社会弊病完全没有了，社会风气纯净而不污浊。

【壁垒森严】bìlěi-sēnyán

壁垒：军营的围墙，泛指防御工事，也喻指布局或界限。森严：整齐而严肃，严密。军营的围墙整饬严密。形容工事坚固，防守严密。比喻布局严谨，无懈可击。也比喻界限分明，毫不混杂。

【避坑落井】bìkēng-luòjǐng

避开了陷坑，却掉入井中。比喻躲过了一种祸害，却遭受到另一种祸害。

【避难就易】bìnán-jiùyì

就：靠近，趋向。避开困难的而

趋于容易的。指挑容易的事做。

【避让贤路】bìràng-xiánlù

躲避而让出贤者仕进之路。指辞去职务,让位给德才兼备的人。

【避实就虚】bìshí-jiùxū

就:靠近,趋向。避开着实的而趋于空虚的。指用兵时避开敌人主力而攻击其力量薄弱之处。也指谈论时回避实质性的问题而空谈一些无关紧要的问题。

【避世绝俗】bìshì-juésú

逃避现实社会,与世俗之人事隔绝。指隐居不仕或不与一般人来往。

【避重就轻】bìzhòng-jiùqīng

就:靠近,趋向。避开重的而趋于轻的。指承担任务或责任时,避开重大的或重要的,承担轻松的或轻微的。也指谈论时回避重要问题而只谈无足轻重的小事。

【鞭长莫及】biāncháng-mòjí

《左传·宣公十五年》[16-P. 1887]:"雖鞭之長,不及馬腹。"意谓鞭子即使很长,也不能打到马的腹部上。后比喻控制力达不到。

【鞭辟*入里*】biānpì-rùlǐ

鞭:鞭打,鞭策,比喻督促。辟:打开,指剖析。鞭策剖析能进入到最里头。原指治学要深入到自己的内心,以端正自己的思想。程颢《河南程氏遗书》卷十一[17-P. 132]:"學只要鞭辟近裏,著己而已,故'切問而近思',則'仁在其中矣'。"后指文章或言辞议论深刻,剖析入微,能深入到本质。

【变本加厉】biànběn-jiālì

本:原来。加:增加。厉:剧烈。改变了原来的样子而增加了它的剧烈程度。原指水结成冰,改变了原来的样子而增加了它的寒冷程度。萧统《文选序》[18-P. 1]:"若夫椎輪爲大輅之始,大輅寧有椎輪之質?增冰爲積水所成,積水曾微增冰之凜。何哉?蓋踵其事而增華,變其本而加厲。"后泛指变得比原来更加厉害。

【变化多端】biànhuà-duōduān

端:头绪,方面。变化的方面很多。形容变幻莫测或变化极多。

【变化无常】biànhuà-wúcháng

常:常规。不断地发生变化而没有定准。形容变化不定,难以把握。

【变幻莫测】biànhuàn-mòcè

幻:奇异地变化。变化奇异而无法测度。形容变化没有规则可寻,使人无法预测。

【变生肘腋】biànshēngzhǒuyè

变:变故。肘腋:胳膊肘和夹肢窝,指身边很近的地方。变故发生在胳膊肘和夹肢窝之下。比喻事变发生在身边。

【便宜行事】biànyí-xíngshì

根据方便适宜的原则做事。指根据实际情况灵活地自行处理事情,不必事先请示。

【遍地开花】biàndì-kāihuā

满地开花。比喻美好的事物到处出现或某一事物得到了普遍发展。

【遍体鳞伤】biàntǐ-línshāng

满身都是鱼鳞般的伤痕。指斑斑伤痕布满全身。形容伤势很重。

【辩才无碍】biàncái-wú'ài

辩论的才能达到了毫无障碍的程度。形容能言善辩。

【标新立异】biāoxīn-lìyì

标:标明,揭示。标明新颖的见解,创立与众不同的论点。原指提出与众不同的新见解。后指为了使自己出名而故意提出一些奇异的论调与别人唱对台戏。

【彪炳千秋】biāobǐng-qiānqiū

彪:老虎身上的斑纹,喻指文采。炳:光明闪耀。美丽的色彩闪耀于千秋万代。形容光辉的业绩或成就永垂不朽。

【表里*如一】biǎolǐ-rúyī

外表和内部像一个样子。指外在的言行与内心的思想完全一致。形容人品行端正,真诚老实。

【表里*为奸】biǎolǐ-wéijiān

外部的人和内部的人勾结起来做坏事。

【表面文章】biǎomiàn-wénzhāng

表面好看而无实在内容的文章。比喻只停留在口头上而没有实际行动和成效的空话。

【别出心裁】biéchū-xīncái

裁:剪裁,取舍安排。心裁:内心的剪裁,指深思熟虑的取舍安排。另外作出深思熟虑的取舍安排。常形容独特的构思、设计或做法。

【别鹤孤鸾】biéhè-gūluán

别:离别。鸾:古代传说中的一种神鸟,与凤凰相类。离群的鹤,孤单的鸾。“别鹤”“孤鸾”古代被用作琴曲名,其曲表达夫妻离散的哀怨。后化为成语,比喻离散的夫妻。

【别具肺肠】biéjù-fèicháng

别:另外。肺肠:等于说“心肠”,喻指用心。另外有一副心肠。喻指另有一番用心。多形容居心不良。

【别具匠心】biéjù-jiàngxīn

匠心:技工的心思,引申指巧妙的构思。另有一番巧妙的构思。形容文学、艺术等方面的创造性构思。

【别具一格】biéjù-yīgé

另有一种风格。形容格调独特,与众不同。

【别具只*眼】biéjù-zhīyǎn

另有一只眼。指具有独特的眼力或见解。

【别开生面】biékāi-shēngmiàn

开:写出,创造出。生面:生动的面容,后喻指新面貌、新局面、新格调。原指重新画出生动的面容。杜甫《丹青引赠曹将军霸》[19-P. 2326]:“凌烟功臣少颜色,将军下笔开生面。”后喻指另外开创出新的风格或局面。

【别来无恙】biélái-wúyàng

恙:忧患,指灾祸、疾病之类使人忧愁的事。分别以来没有什么忧患吧。用作别后重逢或通信时的问候语。

【别生枝节】biéshēng-zhījié

节:植物分枝的地方,即枝与干

交接的部位。另外长出树枝木节。比喻另外惹出或出现了麻烦的问题。

【别树一帜】biéshù-yīzhì

另外树立一面旗帜。比喻另成一家。

【别无长物】biéwú-chángwù

长（旧读 zhàng）物：多余的东西。除此之外没有多余的东西。形容一贫如洗，没有什么财物。

【别无二致】biéwú-èrzhì

没有什么不一致。指一个样。

【别有洞天】biéyǒu-dòngtiān

洞天：山洞中的天地，道教指神仙居住的地方，喻指境界。另有一种山洞中的天地。比喻另有一种境界。

【别有风味】biéyǒu-fēngwèi

风味：带有地方色彩的美味食品，引申指特色或情趣。另有一种特色。也指另有一番情趣。

【别有天地】biéyǒu-tiāndì

天地：喻指境界。另有一种境界。形容风景或艺术作品独特别致，引人入胜。

【别有用心】biéyǒu-yòngxīn

另有打算。指另有不可告人的企图。

【宾客盈门】bīnkè-yíngmén

盈：充满。客人挤满门庭。形容名望高，交友多。

【宾至如归】bīnzhì-rúguī

客人到了这里就像回到了家里一样。形容招待十分周到，来客非常满意。

【彬彬有礼】bīnbīn-yǒulǐ

彬彬：既文雅又朴实的样子。文雅朴实而有礼貌。

【冰冻三尺，非一日之寒】bīng dòng sān chǐ, fēi yī rì zhī hán

冰结成三尺厚，不是一天的寒冷所能造成的。比喻严重的事态，并不是在较短的时间内形成的，而具有一个较长的发展积累过程。

【冰壶秋月】bīnghú-qiūyuè

盛冰的玉壶与中秋的月亮。形容心地纯洁明净。

【冰肌玉骨】bīngjī-yùgǔ

像冰一样的肌体，像玉一样的骨头。形容女子肌肤洁白光滑。也形容梅花等鲜艳洁净，或喻指鲜艳洁净的花。

【冰解冻释】bīngjiě-dòngshì

解：融化。释：消融。冰融化了，冻住的东西消融了。比喻障碍、疑难、困惑等被消除。

【冰清玉洁】bīngqīng-yùjié

像冰一样清澈，像玉一样洁白。比喻人心地纯洁。也比喻清明廉洁。

【冰山难恃】bīngshān-nánshì

冰山：冰冻形成的山，因为容易融化而消失，所以比喻不能长久依赖的靠山。恃：依靠。冰山难以依靠。比喻靠山岌岌可危，难以依靠。

【冰炭不相容】bīng tàn bù xiāng róng

寒冷的冰和火热的炭不能互相

容纳。比喻互相对立的人或事物彼此排斥,不互相投合。

【冰天雪地】bīngtiān-xuědì

冰、雪铺天盖地。形容极其寒冷。

【冰消瓦解】bīngxiāo-wǎjiě

像冰受热消融、瓦坠地碎裂一样。比喻完全消失或彻底崩溃。

【兵败如山倒】bīng bài rú shān dǎo

军队败退像大山倒塌一般。形容溃败之势大而猛。

【兵不血刃】bīngbùxuèrèn

兵:兵器。拿着兵器但并没有使其锋刃上沾血。指未经交锋就取得了胜利。形容善于用兵者以德行、道义、计谋等手段征服他人。

【兵不厌诈】bīngbùyànzhà

不厌:不满足地追求,不嫌多。用兵打仗不嫌多欺诈。指打仗时应该尽量使用欺诈手段来迷惑敌人。

【兵多将广】bīngduō-jiàngguǎng

广:多。士兵多,将军也多。形容兵力强大。

【兵贵神速】bīngguìshénsù

神速:出奇地迅速。用兵以出奇的快速行动为可贵。

【兵荒马乱】bīnghuāng-mǎluàn

因为士兵到处作战而年成荒歉,因为军马四处奔驰而社会混乱。形容战争时荒凉混乱、动荡不安的景象。

【兵连祸结】bīnglián-huòjié

战争接连不断,灾祸合在一起。指战争和灾祸连续发生。形容灾难深重。

【兵临城下】bīnglínchéngxià

军队已到达城墙下。泛指大兵压境。形容形势非常危急。

【兵强马壮】bīngqiáng-mǎzhuàng

士兵强健,军马强壮。形容军队实力雄厚。

【兵戎相见】bīngróng-xiāngjiàn

兵:兵器。戎:兵器的总称。拿着兵器见面。指诉诸武力。

【兵微将寡】bīngwēi-jiàngguǎ

士兵少,将军也少。形容兵力薄弱。

【秉笔直书】bǐngbǐ-zhíshū

秉:执。直:径直,直截。拿着笔径直书写。指史官直言不讳地如实记载历史。

【秉要执本】bǐngyào-zhíběn

抓住要害,掌握根本。

【屏气凝神】bǐngqì-níngshén

抑制呼吸而集中精神。形容全神贯注。

【禀性难移】bǐngxìng-nányí

本性难以改变。

【并*蒂芙蓉】bìngdì-fúróng

并:同。蒂:花或瓜果跟茎、枝相连的部分。芙蓉:荷花。同一花蒂上的两朵荷花。喻指恩爱夫妻或成双的美好事物。

B

【并*驾齐驱】bìngjià-qíqū

　　并：一起，一齐；并列。驾：把车套在马身上，使马拉车；驾驭车马。驱：策马前进。使几匹马同拉一辆车一齐前进。也指并排驾车一齐前进。比喻同步前进。也比喻彼此不分高下。

【并*行不悖】bìngxíng-bùbèi

　　并：同，一起。悖：违背，抵触。同时实行而不相抵触。

【病从口入】bìngcóngkǒurù

　　疾病是从嘴巴进入体内的。指饮食不注意会导致疾病。

【病急乱投医】bìng jí luàn tóu yī

　　病情危急了就乱找医生治病。比喻事情到了危急的时候就不加选择地到处找人想办法。

【病魔缠身】bìngmó-chánshēn

　　疾病的魔鬼纠缠自己的身体。指疾病长期不脱身，久治不愈。

【病入膏肓】bìngrùgāohuāng

　　膏肓：古代医学家把心尖脂肪称为"膏"，把心脏与膈膜之间称作"肓"，认为这两处是针灸和药力都无法到达的地方。毛病已深入到膏与肓之间。也泛指病情严重到了不可救药的地步。又比喻事态严重到了无法挽救的程度。

【拨乱反正】bōluàn-fǎnzhèng

　　拨：治理。反：同"返"。整治混乱，使之恢复正常。现也指纠正错误，恢复正确的做法。

【拨云*见日】bōyún-jiànrì

　　拨开乌云见到太阳。比喻冲破黑暗，见到光明。也比喻消除疑云，豁然开朗。

【波澜老成】bōlán-lǎochéng

　　澜：大浪。既波澜壮阔又老练稳重。形容诗文气势雄伟，功力深厚。

【波澜起伏】bōlán-qǐfú

　　波涛一会儿高起来一会儿低下去。形容诗文气势雄伟又多变。

【波澜壮阔】bōlán-zhuàngkuò

　　波涛雄壮辽阔。形容气势雄壮或规模宏大。

【伯乐一顾】bólè-yīgù

　　伯乐：古代善于相马的人。顾：回头看。伯乐回头看了一眼马。比喻为专家或权威人士所赏识。

【伯仲之间】bózhòngzhījiān

　　伯仲：兄弟排行的次序，老大称"伯"，老二称"仲"。老大老二之间。比喻彼此差不多。

【勃然大怒】bórán-dànù

　　突然变了脸色而非常愤怒。

【博采*众长】bócǎi-zhòngcháng

　　博：广。广泛吸取各家的长处。

【博采*众议】bócǎi-zhòngyì

　　广泛采纳众人的建议。

【博大精深】bódà-jīngshēn

　　渊博广泛，精密高深。形容思想内容宏富而深刻，或学识渊博而专精。

【博而不精】bó'érbùjīng

　　学识广博而不专精。

【博古通今】bógǔ-tōngjīn

　　既广泛地知道古代的事情，又通晓当今的事情。形容学识丰富。也作"通今博古"。

【博极群书】bójí-qúnshū

　　极：尽。广泛地通读众多的书籍。形容读书极多。也作"博览群书"。

【博施济众】bóshī-jìzhòng

　　广泛地施舍来救济众人。

【博闻强识】bówén-qiángzhì

　　识：通"志"，记住。见闻广博而记忆力强。也作"博闻强记"。

【博物洽闻】bówù-qiàwén

　　博：广泛地知道，知道得多。洽：广博，普遍。知道的东西很多而见闻广博。

【博学多才】bóxué-duōcái

　　有广博的学问和多方面的才能。

【博学多识】bóxué-duōshí

　　学问广博，见多识广。也作"博学多闻"。

【薄命佳人】bómìng-jiārén

　　福浅命苦的美女。

【薄物细故】bówù-xìgù

　　轻微的东西和细小的事故。也泛指微不足道的小事情。

【跛鳖千里】bǒbiē-qiānlǐ*

　　跛：瘸。《荀子·修身》[20-P. 32]："故跬步而不休，跛鳖千里。"意谓只要不停地走，即使瘸了腿的爬行速度本来就很慢的甲鱼也能爬到千里之外，

后用作成语，比喻只要努力不懈，即使本身条件很差，也能有所成就。

【擘肌分理】bòjī-fēnlǐ

　　擘：剖分。肌：皮肤。理：纹理。"擘肌分理"即"擘分肌理"，剖分皮肤上的纹理。比喻剖析细致入微，像皮肤纹理那样细微的地方也加以深入剖析。

【补苴罅漏】bǔjū-xiàlòu

　　苴：用草做成的鞋垫，这里用作动词，表示垫。补苴：填补。罅：缝隙。填补缝隙漏洞。比喻弥补缺陷。

【补偏救弊】bǔpiān-jiùbì

　　救：制止。补救偏差，纠正弊病。也泛指纠正缺点错误。

【补天浴日】bǔtiān-yùrì

　　补天：《淮南子·览冥训》[21-P. 207]："女娲炼五色石以补苍天。"浴日：《山海经·大荒南经》[22-P. 285]载，羲和在甘渊中给太阳沐浴。修补苍天，给太阳沐浴。比喻拯救国家，扭转乾坤。

【捕风捉影】bǔfēng-zhuōyǐng

　　逮住风，抓住影子。比喻抓住一些虚幻不实的传闻或迹象作根据。

【不安于室】bù'ānyúshì

　　不安心呆在家中。指有夫之妇有外遇，与人发生不正当的男女关系。

【不白之冤】bùbáizhīyuān

　　白：弄明白。没有弄明白的冤枉。指被诬陷而未能辩白昭雪的冤屈。

【不败之地】bùbàizhīdì

不会失败的境地。

【不卑不亢】bùbēi-bùkàng

既不自卑也不高傲。形容态度或言辞十分得体，与其身份相称。也作"不亢不卑"。

【不辨菽麦】bùbiàn-shūmài

菽：豆类，与麦子的形状完全不同。不能辨别豆子与麦子。原指愚昧无知。后也指缺乏实际知识或能力。

【不辨真伪】bùbiàn-zhēnwěi

不能辨别真假。

【不测之渊】bùcèzhīyuān

无法测量的深渊。比喻极其危险的境地。

【不差累＊黍】bùchā-lěishǔ

累、黍：古代两种微小的重量单位，十黍为一累，十累为一铢，二十四铢为一两。不相差一点点。形容没有差别。

【不成体统】bùchéng-tǐtǒng

体统：体制规矩。不能成为体制规矩。也指不能形成一定的格局。又指言行不合规矩，不像样。

【不逞之徒】bùchěngzhītú

逞：称心满意。徒：对人的贬称。心怀不满的人。指未能满足其欲望而违法作乱的坏人。

【不齿于人】bùchǐyúrén

齿：门牙，转指提及。于：被。不被人提及。指被人鄙弃。

【不耻下问】bùchǐ-xiàwèn

下：低下，指地位、学问等不如自己。不把向不如自己的人请教看作耻辱。形容谦虚求教。

【不瞅不睬】bùchǒu-bùcǎi

瞅：看。不看也不理睬。形容态度冷淡。也形容心不在焉、没有心思的样子。

【不出所料】bùchū-suǒliào

没有超出所预料的。即在意料之中。

【不揣冒昧】bùchuǎi-màomèi

揣：估量。冒昧：冒失糊涂，轻率鲁莽而不理智。没有掂量一下自己的言行是否冒失糊涂。多作谦辞，表示自己考虑不周，可能会冒犯对方。

【不辞而别】bùcí'érbié

没有告辞就离开了。

【不辞劳苦】bùcí-láokǔ

辞：推辞，不接受。甘愿承受劳累辛苦。形容肯吃苦。

【不存芥蒂】bùcún-jièdì

芥蒂：古书上又写作"芥蒂""懘芥""蒂芥""懘蒂"，为叠韵联绵字，相当于现在所说的"疙瘩"，指心中的烦闷或嫌隙。不留一点疙瘩。指心里不再有什么怨恨或不满。形容气量大。

【不达时宜】bùdá-shíyí

达：通达，明白。时宜：时势所宜，当时的需要。不通晓时代的需要。形容因循守旧，不知变通。

【不打不相识】bù dǎ bù xiāngshí

不交手就不会相互认识。指双

方经过搏斗，才充分了解了对方的本领，从而成了意气相投的朋友。也指双方发生争吵或冲撞后成为朋友。

【不打自招】bùdǎ-zìzhāo

没有用刑拷打而自行招供。后多喻指无意中暴露了自己的罪过或隐情。

【不到黄河心不死】bù dào Huáng Hé xīn bù sǐ

黄河：喻指不可逾越的天堑。不走到黄河边上心里不肯罢休。比喻不到无路可走的时候不肯死心。也比喻不达到目的不肯罢休。

【不得而知】bùdé'érzhī

不可能知道。

【不得其死】bùdé-qísǐ

其：指理想的。不能得到理想的死。指不得好死，不能善终。

【不得其所】bùdé-qísuǒ

其：指理想的。所：处所。不能得到理想的安置。

【不得人心】bùdé-rénxīn

人心：指众人的意志、愿望等。不能得到人们的衷心拥护。指其言行违背了众人的意愿。

【不得要领】bùdé-yàolǐng

要：古"腰"字，旧读 yāo。领：颈。要领：腰和颈，是古代行刑的重要部位（罪重者腰斩，罪稍轻者斩颈），所以比喻事物的要点、关键。没有掌握事物的要点和关键。

【不得已而为之】bùdéyǐ ér wéi zhī

得：可能。已：止，停止。不得

已：不可能停止，无可奈何。在不可能不做的情况下才去做这件事。表示为情势所迫，只好去做那些原来不想做的事。

【不登大雅之堂】bù dēng dàyǎ zhī táng

雅：正。大雅：《诗经》的一部分，是周王朝的正声雅乐，后喻指高雅的艺术或高雅之人。大雅之堂：高雅的艺术殿堂，指高雅文人聚会的厅堂。不能登上高雅的艺术殿堂。多指文艺作品粗俗低劣，不能拿到高雅文人聚会的厅堂上去供他们观赏。有时也指人或事物鄙俗低劣，不配上大场面。

【不动声色】bùdòng-shēngsè

不改变话音脸色。指思想感情不从说话的声音和脸部表情上表现出来。形容非常镇静。

【不二法门】bù'èr-fǎmén

二：指相对的两个方面，如受与不受、生与灭、明与暗之类。不二：没有相对的两个方面，指泯灭一切相对的概念，对事物之间的彼此差异都不加理会。法门：取得佛法的门径，即佛教徒修行入道的门径。"不二法门"原为佛教用语，指泯灭一切相对差别的入道门径（详见《维摩诘所说经·卷中·入不二法门》23-P.852）。佛教入道的法门有八万四千个，不二法门是其中最好的入道门径。后比喻最好的方法。也比喻独一无二的门径或方法。

【不乏其人】bùfá-qírén

不缺少那样的人。指那样的人为数不少。

【不费吹灰之力】bù fèi chuī huī zhī lì

不用耗费吹动灰烬的力气。形容事物易办,毫不费力。

【不分彼此】bùfēn-bǐcǐ

不用分清那一方和这一方。也指不用分清你和我。形容双方关系密切,交情深厚。又表示没有区别或一视同仁。

【不分轩轾】bùfēn-xuānzhì

轩轾:车子前高后低叫轩,前低后高叫轾,喻指高低、轻重或优劣。不分高低、轻重或优劣。指两者基本相同。

【不分皂白】bùfēn-zàobái

皂:黑色。不分黑白。比喻不辨是非曲直。也作"不分青红皂白"。

【不孚众望】bùfú-zhòngwàng

孚:使人信服。不能使众人信服而为众望所归。指在群众中没有威信。

【不负众望】bùfù-zhòngwàng

不辜负众人的期望。

【不干*不净】bùgān-bùjìng

不干净。比喻言语粗俗,不文明。也比喻行为肮脏,见不得人。又比喻名声不好,不体面。

【不甘寂寞】bùgān-jìmò

寂寞:寂静冷落。不甘心寂静冷落。指不愿置身于事外而处于孤独冷清的境地。形容热衷于参与社会活动或喜欢表现自己。

【不甘示弱】bùgān-shìruò

不甘心显示自己软弱。表示好强,决心较量一番。

【不尴不尬】bùgān-bùgà

不三不四,不像样,不正派的样子。也表示左右为难。

【不敢告劳】bùgǎn-gàoláo

不敢述说自己的劳苦。表示自己任劳任怨,甘愿效劳。

【不敢苟同】bùgǎn-gǒutóng

不敢苟且同意。表示自己通过认真的思考而有不同的意见,不肯随便附和。

【不敢问津】bùgǎn-wènjīn

津:渡口。不敢询问渡口。泛指不敢去打听门路。形容对高贵的事物或深奥的学问不敢接触、不加过问。

【不敢越雷池一步】bùgǎn yuè Léichí yī bù

越:跨过。雷池:湖名,在今安徽省望江县西长江北岸龙感湖、大官湖及泊湖一带。《晋书·庾亮传》[24-P. 1918]载,庾亮写信给温峤说:"足下無過雷池一步也。"要温峤驻守在西边,别越过雷池而移师京城(今南京)。后化为成语,比喻不敢超出某一界限一点点。形容非常谨慎,严守规矩,严格地在一定的范围内活动。

【不攻自破】bùgōng-zìpò

不用攻击而自行破败。形容阵脚混乱松动,不堪一击。也形容言论漏洞百出,站不住脚,不堪一驳。

【不共戴天】bùgòngdàitiān

戴:头顶着。不和某人共顶一个天。即不和某人共同生活在一个天底下。形容仇恨极深,你死我活。

【不苟言笑】bùgǒu-yánxiào

不随便说话发笑。形容庄重严肃。

【不关痛痒】bùguān-tòngyǎng

关:关联,牵涉,有关系。不牵涉到某人的疼痛和瘙痒。比喻和某人的切身利益不相干。也喻指无关紧要,未触及其要害。

【不管三七二十一】bùguǎn sān qī èrshíyī

不去理会三乘七是否等于二十一。指不问是非曲直,不顾一切。

【不过尔尔】bùguò-ěr'ěr

尔尔:前一个"尔"表示如此,后一个"尔"通"耳"。不过如此而已。指没有什么了不起。

【不寒而栗】bùhán'érlì

栗:通"慄",颤抖。不寒冷而发抖。形容极其恐惧。

【不合时宜】bùhé-shíyí

时宜:时势所宜,当时的需要。不适合时代的需要。指有违于当时的世道人情。

【不欢而散】bùhuān'érsàn

不愉快地散去。

【不惑之年】bùhuòzhīnián

不会迷惑的年龄。《论语·为政》[25-P. 2461]:"子曰:'吾十有五而志于学,三十而立,四十而不惑,五十而知天命,六十而耳顺,七十而从心所欲,不踰矩。'"后便用"不惑之年"指代四十岁。

【不羁之才】bùjīzhīcái

羁:马笼头,引申指束缚。不可束缚的才能。形容才华横溢、才能出众。

【不即不离】bùjí-bùlí

不接近也不远离。指事物既不完全相同,也不完全相异。也指和人相处时既不亲近,也不疏远。有时指差不多。

【不急之务】bùjízhīwù

无关紧要的事情。

【不计其数】bùjì-qíshù

无法计算其数量。形容极多。

【不假雕琢】bùjiǎ-diāozhuó

假:凭借。雕琢:雕刻(玉石),也比喻推敲修饰(文字)。不借助于精雕细琢。指具有自然之美。

【不假思索】bùjiǎ-sīsuǒ

假:凭借,借助。不借助于思考。指说话做事时不用考虑。形容才思敏捷,反应迅速。

【不见棺材不掉泪】bù jiàn guāncai bù diào lèi

不看见棺材不落下眼泪。比喻不到完蛋的时候不肯悔改。

【不见经传】 bùjiàn-jīngzhuàn

经:经典。传:解释经文的著作。在经典和解释经典的著作中都见不到。后也泛指在重要的著作中没有记载。又用来形容名气不大。

【不见天日】 bùjiàn-tiānrì

看不见天空与太阳。比喻社会极其黑暗,看不到一丝光明。也形容行为卑鄙,见不得人。

【不解之缘】 bùjiězhīyuán

分不开的缘分。形容彼此关系极为密切而不可分离。也形容对某一事物极其爱好。

【不今不古】 bùjīn-bùgǔ

既不是现代的,又不是古代的。形容事物反常离奇,在现代和古代都没有过。也用来讥讽人故作诡奇。

【不矜不伐】 bùjīn-bùfá

不自大,不自夸。形容谦逊。

【不进则退】 bùjìnzétuì

不前进就会后退。

【不近人情】 bùjìn-rénqíng

远离人之常情。指性情、言行怪僻,不合情理。

【不经之谈】 bùjīngzhītán

经:经久不废的道理,常规。不合常理的言论。指荒诞无稽的话。

【不胫而走】 bùjìng'érzǒu

胫:小腿。走:跑。虽然没有腿,却在飞快地跑。指事物、消息等迅速地流传。有时也指东西被盗。

【不拘小节】 bùjū-xiǎojié

节:操守。小节:无关大体的操守,指个人生活方面的行为准则。古代把关系到国家安危存亡的行为准则称为"大节",所以把私人生活作风称为"小节"。不拘泥于无关大体的操守。指在私人生活方面不严格要求自己,对无关大局的小事不认真对待。

【不拘一格】 bùjū-yīgé

拘:拘泥,局限。格:格式,标准。不拘泥于一种规格或形式。

【不绝如缕】 bùjué-rúlǚ

缕:丝线。虽然没有断绝,却像极细的丝线那样了。形容国家命脉、家族世系、学术传统等等虽未断绝,却难以为继了,就像即将断绝的丝线一样。也形容余音悠长细微,欲断未断。

【不刊之论】 bùkānzhīlùn

刊:削,删改。古代把字写在竹简上,有错误而削除重写称为"刊"。不用删除修改的言论。指正确的言论。

【不堪回*首】 bùkān-huíshǒu

堪:能,可。回首:回顾,回忆。不能回顾。指往事令人伤心而不忍追忆。

【不堪入耳】 bùkān-rù'ěr

堪:能,可。不能听到耳朵里去。指声音难听或言辞粗俗污秽,使人听了难受而不想听。

【不堪入目】 bùkān-rùmù

不能看到眼睛里去。指形象丑

恶或行为粗俗肮脏,使人看了反感而不想看。

【不堪设想】bùkān-shèxiǎng

不可想象。指将来的结果很坏而不知道会成为什么样子。

【不堪言状】bùkān-yánzhuàng

不可说出其情状。形容其情状十分糟糕。

【不堪一击】bùkān-yījī

堪:经得起,忍受。经不起一次打击。形容非常脆弱。

【不堪造就】bùkān-zàojiù

堪:能。造就:培养而使之有成就。不能培养成材。指资质不好或不求上进而没有培养前途。

【不看僧面看佛面】bù kàn sēng miàn kàn fó miàn

僧:和尚。面:情面。不看和尚的面子也要看看佛陀的面子。比喻不顾当事者的情面也要顾及一下与当事者有关系的头面人物的情面。多用于恳求对方帮助或宽恕。

【不可辩驳】bùkě-biànbó

不可能通过辩解而被驳倒。形容事实确凿,不容抵赖。

【不可动摇】bùkě-dòngyáo

不可能变动摇摆。形容极其稳固或坚定。

【不可端倪】bùkě-duānní

端倪:头绪边际,这里用作动词。不能把握其头绪边际。形容变化莫测。

【不可多得】bùkě-duōdé

不可能得到很多。指稀少难得。形容非常珍贵。

【不可告人】bùkě-gàorén

不可以告诉别人。指见不得人。形容丑恶卑劣或隐秘难言。

【不可或缺】bùkě-huòquē

或:稍微,略微。不可以有一点缺少。指毫不可缺。

【不可救药】bùkě-jiùyào

药:用药治疗。不能救治。指病情严重得无法挽救。也比喻人或事物坏得无法挽救。

【不可开交】bùkě-kāijiāo

开:分开,解开,解除。交:交织,纠缠。不能分开交织在一起的人或事物;无法解除纠缠。指无法解脱。形容程度很厉害。

【不可理喻】bùkě-lǐyù

喻:晓喻,使明白。不能够用道理来使其明白。形容人愚顽或蛮横。

【不可名状】bùkě-míngzhuàng

名:称说。不能够说出其情状。指难以用言语来形容其情状。

【不可磨灭】bùkě-mómiè

磨灭:因磨损而逐渐消失,指随着岁月的流逝而逐渐消失。不可能随着时间的推移而逐渐消失。指功业、名声、事迹、印象、学说等永远不会消失。

【不可偏废】bùkě-piānfèi

偏:一侧,一个方面。不可以废

弃其中的一个方面。

【不可企及】bùkě-qǐjí

企：踮起脚跟。及：抓着，赶上，达到。不可能踮起脚跟就抓着。喻指无法通过努力来达到。形容远远赶不上。

【不可胜数】bùkě-shèngshǔ

胜（旧读 shēng）：尽。数：查点数目。不可能全部查点出来。形容极多。

【不可胜言】bùkě-shèngyán

胜（旧读 shēng）：尽。不可能全部说出来。形容丰富到了极点。

【不可收拾】bùkě-shōushi

收拾：整治。无法整治。形容败坏到了极点。也形容强悍顽固到了极点。又形容某种感情、行为等发展到了极点。

【不可思议】bùkě-sīyì

无法用心思索、用口评议。原为佛教用语，指神秘玄妙。后泛指无法想象，难以理解，神奇莫测。

【不可同日而语】bùkě tóng rì ér yǔ

不能在同一天里谈论。形容差别悬殊，不能相提并论。

【不可限量】bùkě-xiànliàng

量：限度，止境。无法限定其止境。指远大无比。

【不可向迩】bùkě-xiàng'ěr

迩：近。不能靠近。形容人或事物恶劣可怕，对人有害。

【不可言传】bùkě-yánchuán

传：传达。不能用言语来表达。指只能用心体会，无法用话说明。

【不可一世】bùkě-yīshì

可：认可。不认可整个社会。指看不起世上所有的人。形容目空一切，狂妄自大。

【不可逾越】bùkě-yúyuè

不能超越。

【不可终日】bùkě-zhōngrì

终：结束。不能过完一天。指焦躁不安而日子难过。形容局势危急或心中惶恐。

【不可捉摸】bùkě-zhuōmō

捉摸：捕捉摸索，引申为把握探索，估计推测。无法把握推测。指难以明了。

【不郎不秀】bùláng-bùxiù

郎、秀：元、明时把人分为五等，分别称为"哥""畸""郎""官""秀"。"郎"为中等之人，"秀"是最上等的人才。既不像郎，又不像秀。即既不是中等人才，又不是上等人才。指不成材。

【不稂不莠】bùláng-bùyǒu

稂：狼尾草。莠：狗尾草。《诗经·小雅·大田》[10-P.476]："不稂不莠。"既不是稂，又不是莠。指田中没有稂、莠等伤害禾苗的杂草。后用作成语，实为"不郎不秀"之讹误，指不成材。

【不劳而获】bùláo'érhuò

不费力而获得。后又指不劳动

而获取别人的劳动成果。

【不冷不热】bùlěng-bùrè

温度不低不高。比喻态度不冷淡也不热情。

【不了了*之】bùliǎo-liǎozhī

了：了结。用不了结的方法来了结它。即把没有办完的事情放在一边不再管它，如此一直拖下去就算了结了。

【不吝赐教】bùlìn-cìjiào

吝：吝惜。赐：赏赐。不要舍不得赏给我您的教导。是请人指教时的客套话。

【不吝金玉】bùlìn-jīnyù

金玉：黄金宝玉，喻指宝贵的言论或教诲。不吝惜金玉良言。是希望对方发表言论或提出意见时的客套话。

【不露锋芒】bùlù-fēngmáng

锋芒：刀、剑等锐利或尖锐的部分，喻指人的锐气或才干。不显露锐气或才干。指为人深沉谦退，言谈含蓄不尖刻，心机不外露。也作"锋芒不露"。

【不露声色】bùlù-shēngsè

不显露在话音脸色上。指思想感情不从说话的声音和脸部表情上表现出来。形容非常沉着，竭力掩饰自己。

【不伦不类】bùlún-bùlèi

伦：类。不像这一类，也不像那一类。指不三不四，不像样。形容不规范或不正派。

【不落窠臼】bùluò-kējiù

窠臼：鸟巢和舂米用的凹形石器，两者形状大体相似，所以喻指老套子。不落入鸟巢和石臼中，即不落入老套子。指不落俗套，有创新。

【不蔓不枝】bùmàn-bùzhī

不爬蔓也不分枝。比喻文章行文简洁，既不冗长，又不杂沓。

【不毛之地】bùmáozhīdì

毛：毛发，比喻草木（大地以草木为毛发）。不长草木的地方。指贫瘠的土地或荒凉的地方。

【不名一钱】bùmíng-yīqián

名：称名，命名。《史记·佞幸列传》[9·P.538]载，邓通得到汉文帝宠幸，可自铸铜钱，名"邓氏钱"，遍布天下。景帝时，他的财产全部被没收，最终"不得名一錢，寄死人家"。原意为不可用邓氏之名来命名一个铜钱。后化为成语，指像晚年的邓通那样贫穷得一无所有。也特指一个钱也没有。

【不明不白】bùmíng-bùbái

不清楚不明白。指糊里糊涂，暧昧不清，不知底细。

【不谋而合】bùmóu'érhé

谋：商量。合：吻合。没有经过商量而彼此的情意、见解或言行完全合拍。

【不能忘怀】bùnéng-wànghuái

怀：心胸。不能忘记于心中。指挂在心上，常常想起。

【不能忘情】bùnéng-wàngqíng

忘情：忘记了喜怒哀乐等感情，

指不动感情,对什么事都无动于衷。不能不动感情。有时也指不能忘记情意。

【不能赞一辞】bù néng zàn yī cí

赞:辅助。不能帮助说一句话。即不能插一句话。也指不能提出一点改进意见。多形容文章或言谈完美无缺。

【不能自拔】bùnéng-zìbá

不能拔出自己。指陷得很深,无法解脱。

【不能自已】bùnéng-zìyǐ

已:止,抑制。不能控制自己。

【不念旧恶】bùniàn-jiù'è

不牢记别人过去的罪恶。

【不宁唯是】bùnìngwéishì

宁:语助词。唯:只。是:此,这。不只是这样。即不仅如此。

【不偏不倚】bùpiān-bùyǐ

偏:偏侧,偏颇,不正。倚:靠于一边,偏颇,不正。既不偏向这一边,又不靠近那一边。指公正不偏袒或正中不偏斜。

【不平则鸣】bùpíngzémíng

平:平坦,没有高低凹凸,引申指公平。韩愈《送孟东野序》[26-P.295]:"大凡物不得其平则鸣。"物体有高低凹凸就会发出声音。引申指人心中有不平就会说出来。即遇到不公平的事情就会发出愤怒不满的呼声。

【不破不立】bùpò-bùlì

不破除旧的就不能建立新的。

【不期而遇】bùqī'éryù

期:约定日期。没有事先约定而相逢。指意外巧遇。

【不期然而然】bù qī rán ér rán

然:如此,这样。没有期望如此而如此了。指外界事物的性状或发展出于自然而不随人的主观愿望发生改变。也指人的行为不由自主。也作"不期而然"。

【不清不白】bùqīng-bùbái

不清白。指有污点,品行不纯洁。

【不情之请】bùqíngzhīqǐng

不合情理的请求。是向人提出请求时的客套话,用来谦称自己的请求。

【不求甚解】bùqiú-shènjiě

甚:很,非常。不追求非常了解。原指读书时只求领会要旨,不去搞懂每一个字。后多指只求了解个大概,不求深入理解或完全了解。

【不求闻达】bùqiú-wéndá

闻:著名,有名望。达:显贵。不追求闻名显达。

【不求有功,但求无过】bùqiú--yǒugōng, dànqiú-wúguò

但:只。不要求有功,只希望没有过错。形容明哲保身。

【不屈不挠】bùqū-bùnáo

挠:通"桡",弯曲,屈服。指始终不屈服。形容非常顽强。

【不容置辩】bùróng-zhìbiàn

B

置:放置。不容许插入辩解。指
没有辩解的余地。

【不容置喙】bùróng-zhìhuì

置:放置。喙:嘴。不容许插嘴。

【不容置疑】bùróng-zhìyí

置:放置。不容许加入什么疑
问。指确凿可靠,无可怀疑。

【不辱使命】bùrǔ-shǐmìng

辱:辱没,玷污。不玷污出使的
命令。指不辜负派遣者的期望而圆
满完成出使的任务。

【不入虎穴,焉得虎子】bùrù-
-hǔxué,yāndé-hǔzǐ

焉:哪里,怎么。不进老虎洞,哪
能抓到小老虎？比喻不亲自去冒险
就不能取得惊人的成就。也比喻不
经过艰苦的实践或思索就不能获得
真知灼见。

【不三不四】bùsān-bùsì

不是三也不是四。表示不规矩、
不像样或不正派。

【不塞不流,不止不行】bùsè-
-bùliú,bùzhǐ-bùxíng

"不塞不流"是用来打比方的喻
体,"不止不行"是被说明的本体。正
如不堵住污泥浊水就不能使清水畅
流一样,不制止歪门邪道就不能使正
道实行。

【不上不下】bùshàng-bùxià

不在上也不在下。指位于正中。
也形容事情尴尬难办。

【不舍*昼夜】bùshè-zhòuyè

舍:止息,停止。日夜不停。

【不甚了了*】bùshèn-liǎoliǎo

甚:很。了了:明白。不很明白。
指不太了解。也指景物有点模糊,不
太清楚。

【不胜枚举】bùshèng-méijǔ

胜(旧读 shēng):尽。枚:量词,
个。不能全部一个一个地列举出来。
形容数量极多。

【不胜其烦】bùshèng-qífán

胜(旧读 shēng):能承受。不能
承受其烦杂。形容事物极为繁多杂
乱,使人受不了。

【不胜其任】bùshèng-qírèn

胜(旧读 shēng):胜任,能承担。
不能承担那负荷。又指没有能力担
任那职务。

【不失毫厘】bùshī-háolí

失:过失,差错。不差一毫一厘。
指没有一点差错。

【不失时机】bùshī-shíjī

失:丧失。时机:当时的机会。
不错过当时的机会。

【不时之需】bùshízhīxū

没有确定时间的需求。指随时
可能会有的需求。

【不识大体】bùshí-dàtǐ

大体:大局,指事物的整体和关
键。不能认清大局。指不能通晓事
物的整体和关键。也指不懂得关系
到全局的道理。

【不识好歹】bùshí-hǎodǎi

不知道好坏。形容不明事理,分

辨不出好坏。

【不识庐山真面目】 bù shí Lú Shān zhēn miànmù

庐山:在江西省九江市南。不了解庐山的真面貌。比喻不了解人或事物的本来面目或事情的真相。

【不识时务】 bùshí-shíwù

时务:当时的大事,指当时的形势和时代潮流。不能认识当时的形势和时代潮流。

【不识抬举】 bùshí-táijǔ

抬举:抬高推举,指赞扬提拔。不知道别人在抬高推举自己。指不明白或不珍视别人对自己的一番好意。

【不识一丁】 bùshí-yīdīng

丁:指最简单易识的字。不认识一个"丁"字。指一个字也不识。形容文化水平极低。

【不识之无】 bùshí-zhīwú

之、无:指常用而易识的字。不认识"之"和"无"。指一个字也不识。形容文化水平极低。

【不食人间烟火】 bù shí rénjiān yānhuǒ

烟火:炊烟炉火,借指熟食。不吃人间熟食。道家认为,得道者超凡脱俗而不吃人间烟火,所以用来比喻人或诗文超凡脱俗。

【不世之才】 bùshìzhīcái

世:世代。不是每代都有的才能。形容才能非凡。

【不世之功】 bùshìzhīgōng

世:世代。不是每代都有的功绩。指世上罕见的丰功伟绩。

【不是冤家不聚头】 bù shì yuānjiā bù jùtóu

冤家:对头,又指给自己带来苦恼或怨恨而又舍不得分离的人。聚头:聚会碰头。不是对头也就不会碰头了。指对头偏偏会相逢。也指既有矛盾又彼此依赖的人有缘相聚。常用来指挚友或情人之间的相逢。

【不死不活】 bùsǐ-bùhuó

既没有死去又不像活着。形容缺乏生气或处境尴尬。

【不速之客】 bùsùzhīkè

速:招致,邀请。没有邀请而自己来的客人。指出乎意料、突然到来的客人。

【不通世故】 bùtōng-shìgù

不通晓处世经验。

【不同凡响】 bùtóng-fánxiǎng

不同于平常的响声。形容事物(多指议论或文艺作品)不平凡。

【不痛不痒】 bùtòng-bùyǎng

既不痛又不痒。原指麻木,没有痛痒的感觉。后比喻没有锋芒、没有刺激力、未触及要害而不能触动人。

【不为已甚】 bùwéi-yǐshèn

已:太。甚:厉害。不做太厉害的事。指做事不过分,适可而止。

【不违农时】 bùwéi-nóngshí

违:违背。不错过农作物耕种收获的时节。

【不闻不问】bùwén-bùwèn

不听也不问。形容漠不关心。

【不无小补】bùwú-xiǎobǔ

补:补益。不是没有小的益处。指多少有些好处。

【不务正业】bùwù-zhèngyè

不从事正当的职业。指不致力于搞好本职工作。也指不做正当的事。

【不惜工本】bùxī-gōngběn

不吝惜工夫和本钱。即舍得投入人力物力。

【不相上下】bùxiāng-shàngxià

相互之间分不出高低或优劣。指差不多。

【不相为谋】bùxiāng-wéimóu

谋:商量。不能互相进行商量。指彼此分歧很大而无法进行商量。

【不祥之兆】bùxiángzhīzhào

不吉利的预兆。

【不肖子孙】bùxiào-zǐsūn

肖:像。不像先辈的子孙。指不能继承先辈事业或遗志、不成器以及品行不好的后代。

【不屑一顾】bùxiè-yīgù

屑:认为值得。顾:看。认为不值得一看。形容十分蔑视。

【不省人事】bùxǐng-rénshì

省:省悟,察觉,明白。不能察觉人间之事。指昏迷不醒,失去知觉。也指不明事理,不懂人情世故。

【不修边幅】bùxiū-biānfú

边幅:布帛的边,借指衣着、仪表。不修饰衣着。指不注意仪表。也指不拘小节。

【不朽之功】bùxiǔzhīgōng

永不磨灭的功绩。

【不虚此行】bùxū-cǐxíng

虚:空,白白地。没有白走这一趟。指这一次出行有所收获。

【不宣而战】bùxuān'érzhàn

没有宣布就突然发动战争。

【不学无术】bùxué-wúshù

术:道术,学术,技能。原表示不学习而没有学问。后又指不学习而没有学问技能。

【不徇私情】bùxùn-sīqíng

徇:顺从,曲从。不曲从私人交情。指不顾私人交情而秉公办事。

【不言不语】bùyán-bùyǔ

不说话不谈论。指一句话也不说。

【不言而喻】bùyán'éryù

喻:了解,明白。不用说就能明白。形容显而易见。

【不厌其烦】bùyàn-qífán

厌:厌恶,嫌。不嫌其中的麻烦。指极有耐心而不怕麻烦。

【不厌其详】bùyàn-qíxiáng

不嫌它详细。指越详细越好。

【不一而足】bùyī'érzú

足:充足,完备。不是单靠这一样就能使它完备的。指类似的事物或情况还有很多而不止这一种。表示多得不胜枚举。

【不遗余*力】 bùyí-yúlì

　　遗：留下。不留剩余的力量。即毫无保留地把全部力量都使出来。等于说"竭尽全力"。

【不以规矩，不成方圆】 bù yǐ guījǔ,bù chéng fāngyuán

　　矩：曲尺，画方形的工具。不用圆规曲尺，就不能画成方形和圆形。比喻要把事情办好，必须按照规矩办事。

【不以为耻】 bùyǐwéichǐ

　　不把它当作可耻。指不知羞耻。

【不以为奇】 bùyǐwéiqí

　　不把它当作奇异的事。指习以为常而不觉得奇怪。

【不以为然】 bùyǐwéirán

　　然：是，对。不认为是对的。表示不同意或不重视。

【不以为意】 bùyǐwéiyì

　　意：思虑。不把它当作心中考虑的事。即不放在心上。

【不义之财】 bùyìzhīcái

　　不义：不合乎道义，即不正当。通过不正当途径而得到的钱财。

【不亦乐乎】 bùyìlèhū

　　不也很快乐吗？原用来表示自得其乐的自慰之情。后用来劝人做某事，表示做该事可使对方感到满意。也用在"得""个"之后形容某种事态的发展程度，表示非常厉害。

【不易之论】 bùyìzhīlùn

　　易：改变。不可改变的言论。形容论点完全正确。

【不翼而飞】 bùyì'érfēi

　　没长翅膀而忽然飞去。比喻言论或消息迅速传播。也比喻东西忽然失去。也作"无翼而飞"。

【不阴不阳】 bùyīn-bùyáng

　　不暗又不明。形容态度不明朗，阴险狡诈。

【不由分说】 bùyóu-fēnshuō

　　由：随，依从，听凭。不听任其分辩说明。即不让其辩解。

【不由自主】 bùyóu-zìzhǔ

　　由：依从，听凭。不听凭自己作主。即自己作不了主。指自己控制不了自己。

【不虞之誉】 bùyúzhīyù

　　虞：预料。没有意料到的赞誉。

【不远千里*】 bùyuǎn-qiānlǐ

　　不以千里为远。指不怕长途跋涉。

【不约而同】 bùyuē'értóng

　　没有事先约定而彼此的看法或言行完全相同。

【不在话下】 bùzài-huàxià

　　不在下面所说的话里面。即下面暂且不提了。它原是话本（宋元以后说书人的底本）中的套语，用在某一故事情节结束时，表示此事暂不往下说了。后用来表示理所当然或不成问题而不必再说，也用来表示微不足道而不值得一提。

【不在其位，不谋其政】bùzài-qíwèi,bùmóu-qízhèng

不在那个职位上，就不去谋划它的政务。

【不择手段】bùzé-shǒuduàn

不选择方法。指无论什么手段都采用。特指采取卑鄙肮脏、野蛮残酷而不合乎道义的手段。

【不折不扣】bùzhé-bùkòu

折、扣：原为商业用语，减价销售叫"打折扣"，减至原标价的十分之×或百分之××叫作×折（×扣）或××折（××扣）。不打折扣，原指按定价出售，不减价。后多用来表示十足、完全，丝毫不差。

【不正之风】bùzhèngzhīfēng

不合乎正道的风气。即歪风邪气。

【不知不觉】bùzhī-bùjué

没有认识到，没有感觉到。

【不知端倪】bùzhī-duānní

端倪：头绪边际。不知道头绪边际。

【不知凡几*】bùzhī-fánjǐ

凡：总共。不知道总共有多少。指多得不可胜数。

【不知甘苦】bùzhī-gānkǔ

不知道什么是甜、什么是苦。比喻不懂得别人办事时的艰辛。

【不知高低】bùzhī-gāodī

不知道是高是低。喻指分不清尊卑、上下、强弱等等。也指说话或做事时不知深浅轻重，不能掌握分寸。

【不知好歹】bùzhī-hǎodǎi

不知道什么是好、什么是坏。即分不清好坏。

【不知进退】bùzhī-jìntuì

不知道应该前进还是应该后退。形容张皇失措。也比喻说话做事时没有分寸。

【不知其所以然】bùzhī-qí-suǒyǐrán

不知道它为什么会这样。即不知道某一事物得以形成的原因或内在规律。

【不知轻重】bùzhī-qīngzhòng

不知道哪个轻、哪个重。指分不清轻重缓急。形容说话或做事时不知高低，没有分寸。

【不知去向】bùzhī-qùxiàng

不知道去的方向。即不知道到哪里去了。

【不知人间有羞耻事】bùzhī-rénjiān yǒu xiūchǐ shì

不知道人间有羞耻这回事。形容无耻到了极点。

【不知深浅】bùzhī-shēnqiǎn

不知道是深是浅。喻指分不清高低、善恶、强弱等等。也指说话或做事时不能掌握分寸。

【不知世务】bùzhī-shìwù

不知道当代的事务。指不了解当代的情势和潮流。

【不知死活】bùzhī-sǐhuó

不知道是死是活。又喻指不知利害。

【不知所措】bùzhī-suǒcuò

措:安放,处置。不知道怎么处置。指恐惧、慌乱、紧张、激动时不知如何是好。

【不知所以】bùzhī-suǒyǐ

所以:事情的根由。不知道缘由。即不知道是怎么回事。也指不省人事。

【不知所云*】bùzhī-suǒyún

云:说。不知道说的是什么。形容语无伦次或晦涩难懂。

【不知所终】bùzhī-suǒzhōng

不知道最后的情况。即不知道结局或下落。

【不知天高地厚】bù zhī tiān gāo dì hòu

不知道天的高度和地的厚度。比喻不知道人或事物的高深。形容幼稚无知或狂妄自大。

【不忮不求】bùzhì-bùqiú

忮:嫉妒。不嫉妒也不贪求。形容淡泊无求。

【不治之症*】bùzhìzhīzhèng

无法治好的病症。也比喻无法挽救的弊病。

【不置可否】bùzhì-kěfǒu

置:放置,指措辞。不说可以也不说不可以。指不明确表态。

【不着边际】bùzhuó-biānjì

着:接触。边际:边缘。不触及边缘。指游离在外。后形容言论空泛,不切实际或与主题不沾边。

【不自量力】bùzìliànglì

不能自己估量自己的力量。指过高地估计了自己的力量。形容冒失地去干自己力不能及的事。

【不足齿数】bùzú-chǐshǔ

齿:齿及,说到。数:数说,列举叙述。不值得提起。指微不足道。

【不足挂齿】bùzú-guàchǐ

不值得挂在嘴上。指不值得提起。表示微不足道。

【不足介意】bùzú-jièyì

介意:在意,把不愉快的事记在心里。不值得放在心上。指令人不愉快的人或事物微不足道而无须重视。

【不足为据】bùzú-wéijù

足:足够。不能够作为依据。

【不足为凭】bùzú-wéipíng

不能够作为凭据。

【不足为奇】bùzú-wéiqí

足:值得。不值得当作奇怪的事。指事物很平常或完全正常,不值得奇怪。

【不足为训】bùzú-wéixùn

训:规范,准则。不能够作为规范或准则。即不值得效法或遵循。

【不足为外人道】bù zú wèi wàirén dào

不值得给外面的人说。后多用

于要求别人保守秘密,不要把某事宣扬出去。

【不足与谋】bùzú-yǔmóu

不值得和他(或他们)商量。

【布*帛菽粟】bùbó-shūsù

麻布丝绸,豆类谷子。指日常生活必需品。后比喻非常实用的事物。

【布*恩施德】bù'ēn-shīdé

布、施:施予。恩、德:恩惠。给予恩惠。即把财物施舍给人。

【布*衣蔬食】bùyī-shūshí

布衣:麻布之衣。蔬食:草菜之食。穿麻布制成的粗糙衣服,吃草菜之类的低劣食物。形容贫苦或俭朴。

【布*衣之交】bùyīzhījiāo

布衣:用布做的衣服,借指平民。平民之间的交往。指贫贱时的朋友。也指平民身份的朋友,即贫贱的朋友。

【步步高升*】bùbù-gāoshēng

一步一步地向上升。形容职务、地位、身价等直线上升。

【步步为营】bùbù-wéiyíng

军队每前进一步就建立一道营垒。形容稳扎稳打。也比喻做事谨慎,每成功一步再向前推进一步。

【步调一致】bùdiào-yīzhì

走路时脚步的大小快慢一致。比喻行动的方式、步骤相同。形容行动协调统一。

【步履蹒跚】bùlǚ-pánshān

步履:迈步。蹒跚:行走时缓慢摇晃的样子。迈起步来摇摇摆摆。即脚步不稳。

【步履如飞】bùlǚ-rúfēi

步履:迈步。迈起步来像飞似的。形容脚步轻快。

【步履维艰】bùlǚ-wéijiān

步履:迈步。维:助词。迈起步来非常艰难。形容腿脚不灵便,行动困难。也比喻办事时为某些不利的条件所限而进展十分困难。

【步人后*尘】bùrénhòuchén

步:踩,踏。后尘:走路的人身后扬起的尘土。踩着别人身后的尘土走。即跟着别人走。比喻追随或模仿别人。

C

【擦肩而过】 cājiān'érguò

　　和别人的肩膀相摩擦而走了过去。也比喻和某事物已经很靠近而最终远离了。

【才长识寡】 cáicháng-shíguǎ

　　长(旧读 zhàng)：富余。才学富余而见识缺少。多指善于治学而不善于立身处世。

【才短思涩】 cáiduǎn-sīsè

　　涩：不顺畅。才学短缺而思路不畅。指文思迟钝。

【才高八斗*】 cáigāo-bādǒu

　　八斗：喻指多才(参见"八斗之才")。文才高得有八斗。形容富有才华。

【才华盖世】 cáihuá-gàishì

　　盖：超过，压倒。才华超过了社会上所有的人。形容文艺才能出众。

【才华横溢】 cáihuá-héngyì

　　横溢：水不按照河道流去而向旁侧溢出，形容水势大。才华向四旁溢出。形容极有文艺才能并得到充分的展示。

【才怀隋和】 cáihuáisuíhé

　　隋：指隋侯珠，春秋时的宝珠。和：指和氏璧，春秋时的宝玉。怀有像隋侯珠、和氏璧那样宝贵难得的才能。形容才能非凡。

【才兼文武】 cáijiānwénwǔ

　　同时具备文武两个方面的才能。

【才尽词穷】 cáijìn-cíqióng

　　才学用尽，词儿用完。指才学浅薄而无力应对。

【才貌双全】 cáimào-shuāngquán

　　才华、相貌两方面齐全。

【才气过人】 cáiqì-guòrén

　　才能气概超过别人。

【才疏学浅】 cáishū-xuéqiǎn

　　疏：稀，少。才能贫乏，学问肤浅。多用作谦辞。

【才疏意广】 cáishū-yìguǎng

　　疏：稀，少。意：意愿，意图。才能贫乏而抱负很大。

【才望高雅】 cáiwàng-gāoyǎ

　　才学声望不同凡俗。

【才艺卓绝】 cáiyì-zhuójué

　　才能技艺卓越无比。

【才子佳人】 cáizǐ-jiārén

　　有才学的男子和美丽的女子。

多指有婚姻、爱情关系的青年男女。

【材大难用】 cáidà-nányòng

材：通"才"。才能很大就难以被使用。指才能非凡的人常常被埋没，难以充分发挥作用。形容怀才不遇。

【财大气粗】 cáidà-qìcū

钱财多了，口气也大了。指依仗自己财力雄厚而不可一世。

【财迷心窍】 cáimí-xīnqiào

心窍：心脏中用于思维的孔洞（古人认为人心是思维的器官，有七个孔，其思维就是依靠了这些孔洞）。钱财迷住了心窍。指贪财的欲望使其失去了正常的思维能力。

【财运亨通】 cáiyùn-hēngtōng

亨：顺利。发财的运气顺利通达。指运道好而赚钱顺利。

【采*兰赠芍】 cǎilán-zèngsháo

采摘兰花，赠送芍药。喻指男女相爱时互赠礼品。

【采*薪之忧】 cǎixīnzhīyōu

打柴的担忧。指病得无力打柴而直发愁。后用来表示自己有病。

【彩*凤随鸦】 cǎifèng-suíyā

彩色的凤凰跟了只乌鸦。比喻美女嫁了个粗俗的男子。

【餐风饮露】 cānfēng-yǐnlù

吃风喝露水。形容日夜跋涉的辛苦。

【残杯冷炙】 cánbēi-lěngzhì

杯：借指酒。炙：烤肉。残剩的酒，冷的烤肉。指别人吃剩的酒菜。

也比喻权贵施舍之物。

【残兵败将】 cánbīng-bàijiàng

残存的士兵和失败的将领。指被击溃的军队或组织。也用来戏称竞赛中失败的一方。

【残茶剩饭】 cánchá-shèngfàn

残留的茶水和吃剩的饭。

【残冬腊月】 cándōng-làyuè

将到尽头的冬季和阴历十二月。指岁末严冬时节。

【残羹冷饭】 cángēng-lěngfàn

羹：用肉或菜做成的带糊状厚汁的食物。残剩的羹和冷的饭。指吃剩的饭菜。

【残花败柳】 cánhuā-bàiliǔ

残破的花朵和破败的杨柳。喻指受到过摧残或姿色已失的女子。

【残缺不全】 cánquē-bùquán

残破短少而不完备。指不完整。

【残山剩水】 cánshān-shèngshuǐ

残留的山和剩下的水。指残留下来的山河国土。也指残破衰败的山水景物。也比喻残存的事物。

【残垣破壁】 cányuán-pòbì

垣：矮墙，围墙。残存的围墙和破损的墙壁。形容房屋遭到破坏后的凄凉景象。也作"残垣断壁"。

【残渣余*孽】 cánzhā-yúniè

残存的渣滓和剩余的妖孽。指残存的坏人。

【蚕食鲸吞】 cánshí-jīngtūn

像蚕吃桑叶一样逐渐吃掉，像鲸

鱼吞食一样一口吞下。指侵略时或逐步侵占，或一下子侵吞。

【惨不忍睹】 cǎnbùrěndǔ

悲惨得使人不忍心看。指情景极其悲惨。

【惨不忍闻】 cǎnbùrěnwén

悲惨得使人不忍心听。指声音极其凄惨。

【惨淡经营】 cǎndàn-jīngyíng

惨淡：凄凉暗淡，原指景色之凄凉苍白，引申指境地的凄苦艰辛。经：筹划。营：治理，从事。在凄苦艰辛的境况下筹划并从事某事。指煞费苦心地做某事。

【惨绝人寰】 cǎnjuérénhuán

惨：残酷，狠毒。绝：没有过的，无与伦比的。人寰：人间。残酷得人间无与伦比。指残酷到了极点。

【惨无人道】 cǎnwúréndào

惨：残酷，狠毒。人道：人类的道德，指爱护人、尊重人的道德规范。狠毒得不顾人类的道德。形容极其残暴，灭绝人性。

【灿烂辉煌】 cànlàn-huīhuáng

明亮耀眼，光辉炽目。常形容光辉的成就或光明的前途。

【灿若繁星】 cànruòfánxīng

明亮耀眼得像众多的星星。常形容出众的人才很多。

【粲然可观】 cànrán-kěguān

光辉灿烂，值得观看。

【仓皇失措】 cānghuáng-shīcuò

措：处置，措施。匆忙慌张而不知该怎么处置。

【苍翠欲*滴】 cāngcuì-yùdī

青绿色将要滴出来。形容草木生长茂盛，绿油油地十分鲜明可爱。

【沧海横流】 cānghǎi-héngliú

沧：青绿色。沧海：大海（大海水深而呈青绿色，故称"沧海"）。横：纵横杂乱。大海泛滥而到处乱流。喻指社会动荡混乱。

【沧海桑田】 cānghǎi-sāngtián

桑田：种植桑树的田地，泛指田地。大海变成田地，田地变成大海。喻指社会发生了巨大的变化。

【沧海一粟】 cānghǎi-yīsù

大海中的一粒谷子。比喻相形之下显得极为渺小的人或事物。

【藏垢纳污】 cánggòu-nàwū

包藏脏物，容纳污水。原比喻容忍耻辱。后比喻包容坏人坏事。也作"藏污纳垢"。

【藏龙卧虎】 cánglóng-wòhǔ

隐藏着龙又躺着虎。喻指潜藏着各种非凡的人才。

【藏器待时】 cángqì-dàishí

器：才能，本领。藏起才能等待时机。指有了本领不炫耀，等有了合适的机会再施展。

【藏头露尾】 cángtóu-lùwěi

藏起了头却露出了尾巴。喻指竭力遮掩真相而又不免露出马脚。形容言行躲躲闪闪。

【藏形匿影】 cángxíng-nìyǐng

藏起身体,隐匿影子。指躲起来不露形迹。

【藏之名山,传之其人】 cángzhī--míngshān,chuánzhī-qírén

其人:理想的人,指意趣相同的人。把它收藏在著名的大山之中,将它传给那意趣相同的人。多指收藏著作而言。

【操奇计赢】 cāoqí-jìyíng

奇:奇货,珍奇难得的货物。计:盘算,谋划。赢:盈利,利润。掌握奇货来谋取暴利。

【操之过急】 cāozhī-guòjí

操办事情或处理问题过于急躁。

【草草了*事】 cǎocǎo-liǎoshì

草率地了结事情。即马马虎虎地将事情办完。

【草创未就】 cǎochuàng-wèijiù

草:起草,引申指开始。创:初次做。开始做了而尚未完成。

【草菅人命】 cǎojiān-rénmìng

菅:一种多年生的野草。把人的生命看作野草一般。指轻视人命,任意杀戮。

【草木皆兵】 cǎomù-jiēbīng

野草树木都被看作敌军的士兵。形容极度惊恐时疑神疑鬼,产生错觉。

【草率从事】 cǎoshuài-cóngshì

马虎轻率地去做。

【草行露宿】 cǎoxíng-lùsù

在野草中行走,在露天过夜。形容行旅的急迫艰苦。

【草长莺飞】 cǎozhǎng-yīngfēi

青草生长,黄莺飞舞。形容春意盎然的美景。

【厕足其间】 cèzú-qíjiān

厕:置,插入。插足于那中间。指参与那件事。

【侧目而视】 cèmù'érshì

斜着眼去看。即不敢正视。形容恐惧或敢怒不敢言的样子。

【侧足而立】 cèzú'érlì

偏重于一只脚站着。指不敢正立。形容敬畏的样子。

【恻隐之心】 cèyǐnzhīxīn

恻隐:悲伤,引申为怜悯、同情。怜悯同情的心肠。指看到别人痛苦不幸时因悲伤而产生的同情心。

【参差不齐】 cēncī-bùqí

参差:长短、高低、大小等不一致的样子。齐:整齐,一致。长短高低等不一致。形容事物之间有或大或小的差别。

【参差错落】 cēncī-cuòluò

参差:长短、高低、大小等不一致的样子。错落:交错零落,形容疏密相间的样子。高低不一,交错零落。形容事物没有秩序地交织在一起。

【层出不穷】 céngchū-bùqióng

层:重叠,一个接一个,接连。穷:尽。接连不断地出现而没有穷尽。

C

【层次分明】céngcì-fēnmíng

　　一层层的次序清清楚楚。形容说话、作文条理清楚。

【层峦叠嶂】céngluán-diézhàng

　　层、叠：重叠，接连。峦：尖峭的山。嶂：陡峭矗立形似屏障的山。连绵不断的尖峰与层见叠出的峭壁。形容山峰多而险峻。也作"重峦叠嶂"。

【层见叠出】céngxiàn-diéchū

　　层、叠：重叠，一个接一个，接连。见：通"现"，出现。接连不断地出现。

【曾几*何时】céngjǐhéshí

　　曾：曾经，过去。几何：多少。过去才多少时候。指没过多久或不久以前。

【曾经沧海】céngjīng-cānghǎi

　　曾：曾经。经：经历。沧：青绿色。沧海：大海（大海水深呈青绿色，故名）。曾经经过大海。比喻见过大世面。

【差强人意】chāqiáng-rényì

　　差：比较，略微。强：增强。还算能增强人的意志。后多表示大致能使人满意。

【差三错四】chāsān-cuòsì

　　差：错误。三、四：泛指多。一会儿错了这个，一会儿错了那个。指差错很多。

【差之毫厘，谬以千里*】chāzhīháolí, miùyǐqiānlǐ

　　毫厘：很小的长度，十毫为一厘。谬：差错。开始时差错一毫一厘，结果会差错上千里。比喻开始时有一点点失误，结果会造成极大的错误。也作"失之毫厘，差之千里"。失：失误。

【插翅难飞】chāchì-nánfēi

　　插上翅膀也难以飞走。形容无法逃脱。

【插科打诨】chākē-dǎhùn

　　科：古典戏曲中演员所表演的动作或表情，以及舞台人员所做的场景变动。打：从事。诨：诙谐逗趣的话。原指演员穿插表演说笑话。后也泛指耍滑稽，开玩笑。也作"撒科打诨"。撒：施展，做出。

【茶余*饭后*】cháyú-fànhòu

　　喝茶以后的余暇或吃饭以后的休息时间。也泛指闲暇休息之时。

【查无实据】cháwúshíjù

　　调查后没有发现确凿的证据。

【察言观色】cháyán-guānsè

　　审察其言语，观察其脸色。指根据别人的说话表情来揣摩其心思。

【姹紫嫣红】chàzǐ-yānhóng

　　姹：美丽。嫣：娇美。美丽的紫花和娇艳的红花。泛指各种鲜艳美丽的花。

【拆东补西】chāidōng-bǔxī

　　拆掉东边的（墙）来修补西边的（墙）。比喻用权宜的方法来救急。

【柴米油盐】chái-mǐ-yóu-yán

　　柴草、大米、食油、食盐。指日常生活必需品。

【豺狼成性】chái láng-chéng xìng

豺:一种形状像狼的野兽,贪食,凶残。像豺和狼一样凶残已成为其习性。形容人残忍凶恶。

【豺狼当道】chái láng-dāng dào

豺和狼占着道路。比喻残忍的坏人当权或称霸一方。

【馋涎欲*滴】chán xián-yù dī

贪馋的口水要滴下来了。形容十分想吃。比喻贪得的欲望非常强烈。

【缠绵悱恻】chán mián-fěi cè

缠绵:缠绕连绵,指萦绕心中而永无休止,表示情意深长。悱:抑郁,痛苦得说不出来。恻:忧伤。情意深长而郁结忧伤。形容痛苦悲伤而无法解脱。

【谄上欺下】chǎn shàng-qī xià

谄:奉承,巴结。讨好上级,欺压下属。

【长此以往】cháng cǐ-yǐ wǎng

以:助词。往:去。长期这样下去。多用来假设不好的情况延续下去。

【长歌当哭】cháng gē-dàng kū

当:抵,代替。用悠长的歌咏代替痛哭。也指用诗文来抒发心中的悲愤。

【长话短说】cháng huà-duǎn shuō

把很长的一席话简短地说出来。

【长江后*浪推前浪】Cháng Jiāng hòu láng tuī qián làng

长江中后面的波浪推着前面的波浪向前奔流。比喻后者推动前者不断发展。表示一代胜过一代。多喻指一代新人超过或接替了前一代人。也喻指后起的新生事物替代先前的陈旧事物。

【长久之计】cháng jiǔ-zhī jì

长远的打算。也指考虑深远的策略。

【长林丰*草】cháng lín-fēng cǎo

高高的树林与茂盛的野草。指禽兽栖息的山林草野。又借指隐士所居之处。

【长命百岁】cháng mìng-bǎi suì

有很长的寿命而活到一百岁。常用作祝福语。

【长年累*月】cháng nián-lěi yuè

长:长久。累:累积,连续。年复一年,月复一月。指很长时间。

【长篇大论】cháng piān-dà lùn

篇:首尾完整的文章。很长的文章,宏大的议论。多指冗长的发言或文章。

【长驱直入】cháng qū-zhí rù

驱:赶马快跑。长距离地赶马奔跑而径直进入。形容顺利进军。

【长生不老】cháng shēng-bù lǎo

长久地活着而不衰老。

【长生久视】cháng shēng-jiǔ shì

视:活。长久地活着。

【长途跋涉】cháng tú-bá shè

跋:走(陆路或山路),翻越。涉:

C

蹚(水),(在水中)走。经历长远路途的跋山涉水。形容行程遥远而艰辛。

【长袖善舞】chángxiù-shànwǔ

善:好,容易。袖子长好跳舞。比喻条件有利或资本实力雄厚则容易办成事。

【长吁短叹】chángxū-duǎntàn

吁:叹气。又是长声叹气,又是短声叹气。指苦闷忧伤时不断地叹息。

【长夜难明】chángyè-nánmíng

漫长的黑夜难以明亮。比喻社会长期处在黑暗的统治之下而不见光明。

【长治久安】chángzhì-jiǔ'ān

治:治理得好,太平。长期太平,永久安定。

【肠肥脑满】chángféi-nǎomǎn

肠子肥肥的,脑子满满的。指肚子吃得饱饱的,脑子不通窍。即饱食终日,无所用心。也指大腹便便、肥头大耳的样子。也作"脑满肠肥"。

【尝鼎一脔】chángdǐngyīluán

鼎:古代烹煮器具。脔:切成小块的肉。品尝鼎中的一小块肉(可以知道整个鼎中的肉味)。比喻了解事物的一部分(可以推知其全部的情况)。

【常备不懈】chángbèi-bùxiè

经常防备而不松懈。形容警惕性高。

【偿其大欲*】chángqídàyù

偿:满足。满足他最大的欲望。

【敞胸露怀】chǎngxiōng-lùhuái

敞开胸前的衣襟而露出胸部。指衣着不整。形容不修边幅。

【怅然若失】chàngrán-ruòshī

怅然:不如意、不痛快的样子。惆怅地像丢了什么似的。形容心情沮丧的样子。

【畅所欲*言】chàngsuǒyùyán

畅:通,指尽情地说。畅快地说出所要说的话。

【畅通无阻】chàngtōng-wúzǔ

畅:通畅,顺畅。顺利通行而没有阻碍。也作"畅行无阻"。

【唱对台*戏】chàng duìtáixì

对台:戏曲术语,旧时旗鼓相当的两个剧团在同一时期、相近的地点演出相同或相近的剧目来一争高下叫"打对台"。在对面的戏台上唱类似的戏。比喻针锋相对地另搞一套。

【超尘拔俗】chāochén-bású

尘、俗:尘世,人间。拔:高出。超出尘世,高于世俗。原形容佛教修行功夫深。后多形容人的思想品德、言行等不同凡俗,高于一般人。也作"超尘脱俗"。

【超度众生】chāodù-zhòngshēng

超度:佛教用语,超越度过,指通过念经或做佛事使人或鬼脱离苦难。使众人逾越苦海。泛指帮助众人脱离痛苦。

【超凡入圣】chāofán-rùshèng

超过了平常的人而进入了圣人的境界。形容品德修养、学识技艺等达到了极高的程度。

【超凡脱俗】 chāofán-tuōsú

超过了平凡的而脱离了世俗。形容与众不同。

【超今冠古】 chāojīn-guàngǔ

冠:位居第一。超过现代而胜过古代。

【超绝尘寰】 chāojué-chénhuán

绝:没有过的,无与伦比的。尘寰:尘世寰宇,人间。高超得在人间无与伦比。指高超到了极点。

【超前绝后】*** chāoqián-juéhòu

绝:断绝,没有。超过了以前,以后也不会有。指世间少有,独一无二。多用来形容极不平常的成就。

【超群绝伦】 chāoqún-juélún

绝:断绝,没有。伦:同类。超过众人而没有同类。形容人才出类拔萃,无与伦比。

【超然物外】 chāorán-wùwài

超然:超出脱离的样子。物:事物,指世事。超脱于世事之外。指不沉溺于世俗社会,对世事不感兴趣,不关心。后也指置身事外。

【超然自得】 chāorán-zìdé

超然:超出脱离的样子。自得:自己感到舒适满足。超脱地自己感到很得意。指超脱于世俗而自得其乐。

【超世绝俗】 chāoshì-juésú

世、俗:人间。绝:断绝,没有。超过世人而冠绝人间。形容人的思想品德、言行等不同凡俗,高于一般人。

【嘲风咏月】 cháofēng-yǒngyuè

嘲弄风而歌咏月。指以风云月露等自然景物为题材来写作。

【车到山前必有路】 chē dào shān qián bì yǒu lù

车子到了山的跟前一定会有可行的路。比喻事到临头总会有办法渡过难关。常用来宽慰面临困境者。

【车水马龙】 chēshuǐ-mǎlóng

车像流水,马像游龙。指车马来往不绝。形容热闹繁华。

【车载斗*量】 chēzài-dǒuliáng

用车装,用斗量。形容数量很多。

【彻头彻尾】 chètóu-chèwěi

彻:贯通。贯通头尾。即从头到尾都如此。表示完完全全。

【尘埃落定】 chén'āi-luòdìng

飞扬的尘土掉下来稳定不动。比喻事情已成定局。

【沉博绝丽】 chénbó-juélì

绝:没有过的,无与伦比的。深沉广博,华丽无比。指文章含意深厚,内容广博,文辞华美无比。

【沉默寡言】 chénmò-guǎyán

沉默:沉静不出声。寡:少。不声不响,很少说话。形容深沉文静,不爱谈笑。

【沉吟不决】 chényín-bùjué

沉吟:沉重地叹息,形容遇到复杂或疑难的事时反复思考而犹豫不决的样子。沉重地叹息而不能决定。即迟疑不决。

【沉鱼落雁】 chényú-luòyàn

使鱼沉没,使雁跌落。形容女子美貌绝伦,使鱼害怕和她相比而沉入水底,使雁吃惊得掉下来。

【沉郁*顿挫】 chényù-dùncuò

深沉郁闷,停顿转折。指文艺作品的思想内容深沉而蕴藉,语调、音律等抑扬有致。

【沉冤莫白】 chényuān-mòbái

压下的冤屈无法辩白。指时间已久的冤案得不到昭雪。

【沉渣泛起】 chénzhā-fànqǐ

下沉的渣滓又漂浮起来。比喻已打压下去的腐朽事物又出现了。

【陈陈相因】 chénchén-xiāngyīn

因:因袭,重复。陈旧的和陈旧的相重。原形容粮食的累积,指陈粮上加陈粮,逐年递增。后指因袭陈旧的一套,毫无创新与改进。有时也泛指不断累积。

【陈词滥调】 chéncí-làndiào

陈旧的言词,空泛的论调。指不切实际的老话、套话。

【陈规陋习】 chénguī-lòuxí

陋:鄙陋,粗野,不文明。陈旧的规矩和粗野的习俗。

【陈善闭邪】 chénshàn-bìxié

陈说善道以堵塞邪念。指提倡好的去杜绝坏的。

【陈言务去】 chényán-wùqù

陈旧的言辞务必去掉。指写作时必须创新。

【称心如意】 chènxīn-rúyì

称:适合。如:按照,符合。合乎心愿,符合意图。指完全合乎心意。形容心满意足。

【趁火打劫】 chènhuǒ-dǎjié

趁:随,利用。打劫:抢夺。趁人家失火去抢劫。比喻乘人之危去侵犯别人权益、捞取好处。

【趁热打铁】 chènrè-dǎtiě

趁铁烧热的时候去锤打它。比喻利用有利时机及时采取行动。

【称孤道寡】 chēnggū-dàoguǎ

孤、寡:古代君主自称“孤”或“寡人”。道:称说。自称孤,自言寡。指居于君主之位。也比喻妄自尊大,以首脑自居。

【称奇道绝】 chēngqí dàojué

道:说。绝:没有过的,无与伦比的。既称赞说奇异,又说无与伦比。表示对奇特罕见的事物极为赞赏。

【称王称霸】 chēngwáng-chēngbà

霸:霸主,诸侯联盟的首领。自称为帝王,自称为霸主。比喻凭借势力,独断专行,飞扬跋扈。也比喻妄自尊大,以首脑自居。

【称兄道弟】 chēngxiōng-dàodì

称呼别人为兄,自称为弟。也泛指彼此以兄弟称呼。表示关系亲密,情同手足。也指不顾原则地讲哥儿们义气,带有贬义。

【瞠乎其后*】 chēnghūqíhòu

瞠:瞪。乎:于,在。在那人后面干瞠眼。指无力赶上其人。

【瞠目结舌】 chēngmù-jiéshé

瞠:瞪。结:打结,扎住,指动弹不得。瞠着眼睛而动不了舌头。即说不出话而干瞠眼。形容窘迫或惊呆的样子。

【成败得失】 chéngbài-déshī

成功或失败,得到或失去。

【成败利钝】 chéngbài-lìdùn

利:锐利,引申为顺利,进展快。钝:不锐利,引申指不顺利,进展慢。成功或失败,顺利或不顺利。

【成败论人】 chéngbài-lùnrén

论:评判,判断。根据成功或失败来评判人物。指不顾道义而褒扬成功者、贬低失败者。

【成何体统】 chénghétǐtǒng

体统:体制规矩。还成什么体制规矩? 像什么样子? 是"不成体统"的反问强调式。

【成家立业】 chéngjiā-lìyè

组成家庭,创立家业。指男子结婚并从事某种职业而开始独立生活。

【成年累*月】 chéngnián-lěiyuè

成:形成,整。累:连续。整年多月。指很长时间。

【成千上万】 chéngqiān-shàngwàn

成:形成,满。上:达到。满了千又达到了万。形容数量极多。也作"成千成万""成千累万"。

【成群结队】 chéngqún-jiéduì

聚集成群体,结合成队伍。指集合在一起(行动)。

【成人之美】 chéngrénzhīměi

成全别人的好事。

【成仁取义】 chéngrén-qǔyì

是"杀身成仁""舍生取义"的缩略语。成全仁德而择取道义。指为了仁义而不惜牺牲自己的生命。也泛指为了高尚正义的事业而不惜牺牲一切。

【成事不足,败事有余*】 chéngshì-bùzú,bàishì-yǒuyú

办成事情能力不够,败坏事情却有多余的能力。指那些不怀好意或办事拙劣的人不但不能办成事,反而会把事情搞糟。

【成事在人】 chéngshì-zàirén

办成事情取决于人。

【成双作对】 chéngshuāng-zuòduì

配成两个做成一对。多指结成配偶。也作"成双成对"。

【成也萧何,败也萧何】 chéng yě Xiāo Hé,bài yě Xiāo Hé

萧何:汉高祖刘邦的丞相。成功由于萧何,失败也由于萧何。洪迈《容斋随笔·续笔·卷八·萧何给韩信》[27-P.312]:"韩信爲人告反,吕后欲召,恐其不就,乃與蕭相國謀,詐令人稱陳豨已破,紿信曰:'雖病,強入賀。'信入,即被誅。信之爲大將軍,實蕭何所薦;今其死也,又出其謀。故俚語有'成也蕭何,敗也蕭何'之語。"后比喻事情的得失成败同出于一人或一物。

【成则为王，败则为寇】 chéngzé-wéiwáng，bàizéwéikòu

　　成功了就被称为帝王，失败了就被称为强盗。指以成败论人。

【成竹在胸】 chéngzhú-zàixiōng

　　成型的竹子在胸中。原指画竹之前心里已有了竹子的完整形象。比喻做事前已有通盘的考虑或周到的准备。形容做事有把握。

【诚惶诚恐】 chénghuáng-chéngkǒng

　　实在惊慌，实在恐惧。指非常害怕，惶恐不安到了极点。

【诚心诚意】 chéngxīn-chéngyì

　　诚：真实。真心实意。形容非常真挚诚恳。

【承前启后】* chéngqián-qǐhòu

　　承：承接，接续。启：开启，引发。承接前面的而引发后面的。指在学问、事业等方面继承前人而启发后人。也指文辞承接前文而引起后文。也作"承先启后"。

【承上启下】 chéngshàng-qǐxià

　　接续上面的而引起下面的。形容起桥梁过渡作用的人物或文辞。

【城门失火，殃及池鱼】 chéngmén-shīhuǒ，yāngjí-chíyú

　　池：护城河。城门着火，护城河中的水因救火而用完，因而灾殃波及护城河中的鱼。后比喻某种祸害连累了人或事物。

【城下之盟】 chéngxiàzhīméng

　　敌军已攻到城下而签订的盟约。

泛指被迫签订的屈辱性条约。

【乘风破浪】 chéngfēng-pòlàng

　　乘：凭借，利用。凭借风力，冲破浪头。形容船只在风浪中豪迈疾驶。比喻在远大理想的鼓舞下，克服困难，奋勇前进。也比喻凭借有利的条件或形势迅猛向前发展。

【乘龙快婿】 chénglóng-kuàixù

　　乘龙：骑龙升天，形容前途无量。《太平广记》卷四[28-P.25]"萧史"条引《神仙传拾遗》："秦穆公有女弄玉，善吹箫。公以弄玉妻之，遂教弄玉作凤鸣。……一旦，弄玉乘凤，萧史乘龙，昇天而去。"后世便以"乘龙"来称代前途无量的女婿。快：心中喜悦，称心满意。骑龙上天而令人称心满意的女婿。是对女婿的美称。

【乘其不备】 chéngqíbùbèi

　　乘：凭借，利用。利用别人没有防备。即趁别人没防备时去袭击或侵害。

【乘人之危】 chéngrénzhīwēi

　　乘：趁，利用。利用别人的危难。即趁别人危难时去要挟或侵害。

【乘兴而来，败兴而返】 chéngxìng'érlái，bàixìng'érfǎn

　　败兴：败坏兴致，即在高兴的时候遇到了不愉快的事情而使兴致低落。趁一时高兴而来，却扫兴而归。

【乘兴而来，兴尽而返】 chéngxìng'érlái，xìngjìn'érfǎn

　　趁一时兴致而来，兴致满足了便返回。

【乘虚而入】chéngxū'érrù

趁其空隙时侵入。

【程门立雪】chéngmén-lìxuě

程:指程颐,宋代著名学者。门:指代家。据《二程集》[29-P.429]与《宋史·杨时传》[30-P.12738]载,杨时、游酢求学初见程颐时,看到程颐闭目而坐,便恭敬地侍立在旁,过了好久,程颐才睁开眼睛让他们走,他们出门,门外已积雪一尺。后化为成语,意谓在程颐家伫立守候师长于大雪纷飞的严寒时节。后喻指恭敬地就学师门。

【惩恶扬善】chéng'è-yángshàn

惩治邪恶,颂扬善良。

【惩忿窒欲】chéngfèn-zhìyù

惩:儆戒,警惕戒备,从意识上来防止。窒:阻塞,堵住。防止愤怒而抑制欲望。

【惩前毖后*】chéngqián-bìhòu

惩:儆戒,警惕戒备,从意识上来防止。毖:小心谨慎。警惕以前的事而小心以后的事。指防止重犯以前的错误而谨慎地对待以后的事情。

【惩一儆百】chéngyī-jǐngbǎi

惩:惩罚。儆:警戒,戒备。惩罚一个人来警戒上百人。指惩处少数人来使多数人警惕戒备而不为非作歹。

【逞强好胜】chěngqiáng-hàoshèng

逞:显示,炫耀。炫耀自己本领高强而喜欢胜过别人。

【逞性妄为】chěngxìng-wàngwéi

逞:放任。妄:胡乱。放任自己的性子胡作非为。

【逞凶*肆虐】chěngxiōng-sìnüè

逞:放任。放纵行凶,肆意残害。

【吃不了*兜着走】chībuliǎo dōuzhe zǒu

了:完结。吃不完的东西装起来带走。形容吃的东西极多。比喻责任大得担当不起或苦头多得吃不完。

【吃苦耐劳】chīkǔ-nàiláo

经受艰苦,忍耐劳累。

【吃里*爬外】chīlǐ-páwài

爬:抓着东西攀登,引申为巴结。吃着家里的东西,却去巴结外人。比喻享受着这一方的好处,却为另一方尽力。

【吃力不讨好】chīlì bù tǎohǎo

费了很大力气却不能取得良好的效果。

【吃一堑,长一智】chī yī qiàn, zhǎng yī zhì

堑:壕沟,引申指挫折。跌了一次到沟中,就长一分才智。泛指经受一次挫折,就增长一分智慧。

【嗤之以鼻】chīzhī-yǐbí

嗤:讥笑。用鼻子哼声来讥笑它。表示蔑视。

【痴人说梦】chīrén-shuōmèng

痴:傻。原指对傻子说梦话而傻子信以为真。释惠洪《冷斋夜话》卷九[31-P.53]:"僧伽,龙朔中游江淮间,其迹甚异。有问之曰:'汝何姓?'答曰:'姓何?'又问:'何国人?'答曰:'何国人?'唐李邕作碑,不晓其言,乃书传曰：'大师姓何，何国人。'此正所谓对痴人说梦耳。李邕遂以梦为真，真痴绝也。"后多指不明事理的人胡思乱想，说荒唐话。

【痴人呓语】chīrén-yìyǔ
傻子说梦话。比喻胡说八道。

【痴心妄想】chīxīn-wàngxiǎng
痴：沉迷，极其迷恋。妄：胡乱。沉迷的心思与胡乱的想法。指失去理智、脱离实际而无法实现的胡思乱想。

【魑魅魍魉】chīmèi-wǎngliǎng
魑：山神，兽形。魅：怪物。魍魉：水神。山神精怪和水神。喻指各种各样的坏人。

【驰骋疆场】chíchěng-jiāngchǎng
奔驰于战场。形容冲锋陷阵，英勇作战。

【驰名于世】chímíngyúshì
驰：传扬。名声传扬于当代。

【驰名中外】chímíng-zhōngwài
驰：传扬。名声传扬于中国外国。即闻名世界。

【迟疑不决】chíyí-bùjué
犹豫而不能决定。

【持平之论】chípíngzhīlùn
主张公正的议论。

【持盈保泰】chíyíng-bǎotài
盈：满，指富裕鼎盛。保持鼎盛的状态而维持平安的局面。指保持已有的富贵安泰而避免招祸。形容谨慎守成。

【持之以恒】chízhī-yǐhéng
依靠恒心来坚持它。指长久坚持下去。

【持之有故，言之成理】chízhī-yǒugù, yánzhī-chénglǐ
持之：指持论，提出并坚持其主张。故：过去的事，指根据。提出并坚持其主张有根有据，论说其主张能使之成为道理法则。

【踟蹰不前】chíchú-bùqián
踟蹰：徘徊。犹豫徘徊而不前进。

【尺寸之功】chǐcùnzhīgōng
尺寸：指很小。很小的功劳或功效。

【尺幅万里*】chǐfú-wànlǐ
一尺见方的画幅画出了方圆万里的景象。形容篇幅不大而内容丰富，意境深远。

【齿颊生香】chǐjiá-shēngxiāng
牙齿面颊产生出香甜之味。原形容吃了美味食物后的感觉。后又形容诵读优美诗文或谈论美好事物及美人后的感觉。

【齿亡舌存】chǐwáng-shécún
亡：不存在。牙齿没有了而舌头还存在。比喻刚硬的容易遭殃，柔顺的常能保全。这是一种谦退保身的处世哲学。

【叱咤风云*】chìzhà-fēngyún
叱咤：大声怒喝。大声怒喝而使风云发生变化。形容威势极大，能左右局势的发展。

【赤膊上阵】chìbó-shàngzhèn

　　光着上身冲上阵地作战。形容不顾一切猛打猛冲。现多形容坏人不加掩饰地进行破坏捣乱。

【赤诚相见】chìchéng-xiāngjiàn

　　赤:纯净不杂。极其真诚地会见。指真诚相待。

【赤胆忠心】chìdǎn-zhōngxīn

　　赤胆:纯净不杂的胆量,指不顾个人安危的胆量。不怕牺牲的胆量与忠诚的思想感情。形容极其忠诚。

【赤地千里*】chìdì-qiānlǐ

　　赤:空。光光的土地上千里。指大片土地寸草不生。形容自然灾害异常严重,或战乱频仍而荒无人烟。

【赤口毒舌】chìkǒu-dúshé

　　赤:红色。赤口:血口。带血的嘴巴与带毒液的舌头。形容嘴巴恶毒,出言即伤人。

【赤贫如洗】chìpín-rúxǐ

　　赤:空。一无所有的贫穷,就像被水冲洗过一样。形容极其贫穷。

【赤身裸体】chìshēn-luǒtǐ

　　光着身子露出躯体。指一丝不挂。

【赤手空拳】chìshǒu-kōngquán

　　赤:空。光着手空握拳。指两手空空,不拿武器。也指一无所有,没有凭借的东西。

【赤县神州】chìxiàn-shénzhōu

　　中国的别称。《史记·孟子荀卿列传》[9-P.389]载邹衍之说云:"中國名曰

赤縣神州,赤縣神州内自有九州。"

【赤心报国】chìxīn-bàoguó

　　赤:纯净不杂,真诚。诚心报效国家。

【赤心相待】chìxīn-xiāngdài

　　赤:纯净不杂,真诚。真心诚意地互相对待。

【赤子之心】chìzǐzhīxīn

　　初生婴儿的心。比喻纯洁无邪的善良心灵。

【冲*锋陷阵】chōngfēng-xiànzhèn

　　陷:攻破,指深入。冲击敌人前锋,深入敌人阵地。形容英勇作战。也泛指为正义事业英勇斗争而勇往直前。

【冲*口而出】chōngkǒu'érchū

　　冲:很快地向前突破。很快地突破嘴巴而说出来。指不假思索随口说出。形容草率发言。

【冲*云*破雾】chōngyún-pòwù

　　冲:很快地向前突破。冲出云层突破迷雾。指冲破云雾快速飞行。也作"穿云破雾"。

【充耳不闻】chōng'ěr-bùwén

　　充:塞住。塞住耳朵不听。形容存心不听别人的话。

【重操旧业】chóngcāo-jiùyè

　　重新干以前的行当。

【重蹈覆辙】chóngdǎo-fùzhé

　　蹈:踏。覆:翻倒。辙:车轮的行迹。再一次踩上了翻过车的老路。比喻不吸取失败的教训,重犯过去的

错误。

【重见天日】chóngjiàn-tiānrì

重新看见了天上的太阳。比喻脱离了黑暗的环境,重新见到了光明。

【重峦叠嶂】chóngluán-diézhàng

见"层峦叠嶂"。

【重温旧梦】chóngwēn-jiùmèng

温:温习。重新回味过去的梦境。比喻把过去经历的美事再经历或回忆一次。

【重新做人】chóngxīn-zuòrén

重新做一个人。指痛改前非,重新做一个正派的人。

【重整旗鼓】chóngzhěng-qígǔ

旗鼓:古时军中发号令的用具,作战时摇旗指挥,击鼓进兵。重新整顿战旗战鼓。比喻失败后重新组织力量与指挥系统。

【重足而立】chóngzú'érlì

重:叠。双脚叠起来站立。即不敢走动。形容非常恐惧,不敢放纵。

【崇论闳议】chónglùn-hóngyì

崇高的立论,宏大的提议。指见解高明、思路开阔的议论。

【崇山峻岭】chóngshān-jùnlǐng

峻:高而陡峭。高大而峻峭的山岭。

【崇洋媚外】chóngyáng-mèiwài

崇:崇尚。媚:谄媚。崇拜外国的事物而讨好外国人。

【宠辱不惊】chǒngrǔ-bùjīng

宠:荣耀。无论获得荣耀还是遭受耻辱都不惊讶。即已把荣辱得失置于度外,能泰然处之。

【宠辱若惊】chǒngrǔ-ruòjīng

宠:荣耀。得到尊荣或蒙受耻辱就像受到惊骇一样。指把荣辱得失看得很重,十分计较。形容患得患失。

【抽筋剥皮】chōujīn-bōpí

抽掉筋剥去皮。是野蛮的酷刑。

【抽丝剥茧】chōusī-bōjiǎn

抽取蚕丝,把蚕茧一层层地剥去。比喻分析事物十分细致,而且条理清晰、层次清楚。

【抽薪止沸】chōuxīn-zhǐfèi

薪:柴火。抽掉锅下柴火来制止锅中之水沸腾。比喻从根本上解决问题。

【仇人相见,分外眼红】chóurén-xiāngjiàn,fènwài-yǎnhóng

眼红:眼睛充血布满血丝,指愤怒的样子。冤家对头相互碰头,格外愤怒。

【仇深似海】chóushēn-sìhǎi

仇恨深得像大海。指仇恨极深。

【稠人广众】chóurén-guǎngzhòng

稠:多而密。广:众多。稠密的人群,很多民众。指人很多的场合。

【愁肠百结】chóucháng-bǎijié

忧愁的肠子好像打了上百个结。指忧愁的心中有很多疙瘩。形容愁绪郁结,难以解脱。

【愁眉不展】chóuméi-bùzhǎn

　　因忧愁而紧皱的眉头舒展不开。形容心事重重的样子。

【愁眉苦脸】chóuméi-kǔliǎn

　　因忧愁而紧皱着眉头，因痛苦而哭丧着脸。形容愁容满面、痛苦万分的样子。

【愁眉锁眼】chóuméi-suǒyǎn

　　锁：拴住。因忧愁而紧皱的眉头把双眼拴在一起。形容发愁、苦恼的样子。

【愁云*惨雾】chóuyún-cǎnwù

　　忧愁的乌云与凄惨的迷雾。形容愁闷凄惨的景象或气氛。

【踌躇不决】chóuchú-bùjué

　　踌躇：来回走动，表示犹豫。犹豫而不能决定。

【踌躇不前】chóuchú-bùqián

　　踌躇：来回走动，因犹豫而徘徊。犹豫徘徊而不前进。

【踌躇满志】chóuchú-mǎnzhì

　　踌躇：来回走动，形容得意的样子。满：满足。志：心意。从容得意地来回走动而心满意足。后泛指愿望实现或取得成就后十分得意。

【丑*态百出】chǒutài-bǎichū

　　百：泛指多。丑恶的样子出现了很多。指大出洋相。形容言行丑陋可笑或不道德。

【丑*态毕露】chǒutài-bìlù

　　丑恶的样子完全暴露出来。

【臭不可当】chòubùkědāng

　　当：承受。臭得不能忍受。形容极臭。也作"臭不可闻"。

【臭名远扬】chòumíng-yuǎnyáng

　　扬：传扬。坏名声传得很远。

【臭名昭著】chòumíng-zhāozhù

　　丑恶的名声明白显著。指人人都知道其丑恶。

【臭味相投】chòuwèi-xiāngtóu

　　投：投合，合得来。难闻的气味互相合得来而不会有什么抵触不协调。比喻有同样坏志趣、坏作风的人互相聚在一起，很合得来。

【出尔反尔】chū'ěr-fǎn'ěr

　　尔：你。反：通"返"。《孟子·梁惠王下》[8-P.2681]："曾子曰：'戒之，戒之！出乎爾者，反乎爾者也。'"意谓从你那里施出的一套，会回报给你。就是你怎样对待别人，别人就会怎样回报你。后化为成语，除表示原义外，又用来表示一会儿从你那里施出来，一会儿又被你收回去。即指言行前后不一，反复无常。

【出乖露丑*】chūguāi-lùchǒu

　　乖：乖谬，违背常理。显现出乖谬，暴露出丑恶。指在众人面前出丑丢脸。

【出乎意料】chūhū-yìliào

　　乎：同"于"。超出了主观预料。指想象不到。

【出将入相】chūjiàng-rùxiàng

　　出朝为将军，入朝为丞相。指担任文武要职。形容文武兼备的人才。

【出口成章】chūkǒu-chéngzhāng

C

话说出口就成为文章。形容学识渊博，文思敏捷。也形容口才好，能说会道。

【出口伤人】 chūkǒu-shāngrén

说出话来伤害人。指污辱别人。

【出类拔萃】 chūlèi-bácuì

拔：高出。萃：草丛生的样了，喻指聚集在一起的人或物。超出同类，高出群体。指人或物超群出众，特别优秀。

【出没无常】 chūmò-wúcháng

出现和隐没没有常规。

【出谋划策】 chūmóu-huàcè

想出计谋，筹划策略。也指一般的出主意，想办法。

【出其不意】 chūqíbùyì

《孙子·计篇》[32-P.7]："攻其無備，出其不意。"意谓在对方没有意料到的时候出兵攻击。后用为成语，指（行动）超出人的意料。

【出奇制*胜】 chūqí-zhìshèng

奇：指奇兵，出乎敌人意料而突然袭击的军队。《孙子·势篇》[32-P.25]："凡戰者，以正合，以奇勝。故善出奇者，無窮如天地，不竭如江河。"出动奇兵夺取胜利。后喻指施展别人意料不到的新奇办法来取胜。

【出人头地】 chūréntóudì

头地：一头之地。超出别人一头的距离。指高人一等。

【出人意表】 chūrényìbiǎo

表：外。出于人们意料之外。也作"出人意外"。

【出神入化】 chūshén-rùhuà

神：神奇，指万物变化神奇莫测。化：造化，指自然界对万物的创造化育，这是一种比"神"更为玄妙的高超境界。超出了神奇的变化而进入到玄妙的造化境界。形容技艺极其高超，达到了融会贯通、创造自如、可与造化媲美的玄妙境界。

【出生入死】 chūshēng-rùsǐ

从出生到死去。后用作成语，表示出入于生死之间。形容冒着生命危险。

【出师不利】 chūshī-bùlì

师：军队。军队刚出战就没胜利。比喻事情一开始就遇到困难。

【出水芙蓉】 chūshuǐ-fúróng

刚长出水面的荷花。常用来形容清新秀丽的诗文语句或清秀美丽的女子。

【出头露面】 chūtóu-lòumiàn

伸出头露出面孔。指在外人面前或大庭广众之下出现。形容公开活动。现也用来表示出风头。

【出头之日】 chūtóuzhīrì

露出头面的日子。比喻从非人的生活处境中摆脱出来的日子。也喻指从困苦或压迫中获得解放的日子。

【出言不逊】 chūyán-bùxùn

说话不谦让。指说话不客气，冲撞人。

【出言无状】 chūyán-wúzhuàng

说话不像样。指说话放肆，没有

礼貌。

【出以公心】 chūyǐgōngxīn

从大公无私的思想出发。指考虑或处理问题时，公正无私，完全为公众利益着想。

【出淤泥而不染】 chū yūní ér bù rǎn

出自烂泥却没被污染。原指莲花的品性。后比喻出自污浊的环境而没有沾染坏习气。

【初出茅庐】 chūchū-máolú

茅庐：草屋。东汉末，诸葛亮隐居于隆中(在今湖北省襄阳市西)草屋之中(见《三国演义》第三十七回[33-P.411])，应刘备邀请后出山，首战用计火烧博望坡，大败曹兵，人称"初出茅庐第一功"(见《三国演义》第三十九回[33-P.442])，意谓刚走出茅屋就立了大功。后用为成语，比喻刚离开家庭或学校而进入社会参加工作。形容缺乏经验。

【初来乍到】 chūlái-zhàdào

第一次来而刚刚到。

【初露锋芒】 chūlù-fēngmáng

锋芒：刀、剑等锐利或尖锐的部分，喻指锐气或出众的才干。初次显露锐气或出众的才干。

【初露头角】 chūlù-tóujiǎo

头角：头顶左右的突出之处，比喻才华。初次显露出额角。比喻初次显露其才华。

【初生之犊不怕虎】 chūshēng zhī dú bù pà hǔ

犊：小牛。刚出生的小牛不怕老虎(因为它不知道老虎的厉害)。比喻刚进入社会或刚出道的年轻人什么也不怕。指青年人没有顾虑而敢作敢为。

【除暴安良】 chúbào-ānliáng

铲除强暴之徒，安抚善良之民。

【除残去秽】 chúcán-qùhuì

铲除残暴之徒，除去邪恶之人。

【除恶务尽】 chú'è-wùjìn

铲除邪恶务必彻底。

【除旧布*新】 chújiù-bùxīn

布：铺开，推行。废除旧的，推行新的。

【除邪惩恶】 chúxié-chéng'è

铲除奸邪，惩处坏人。

【锄强扶弱】 chúqiáng-fúruò

铲除强暴之徒，扶助弱小之人。

【处变不惊】 chǔbiàn- bùjīng

处在变故之中毫不惊慌。形容能镇静地应对事变或灾难。

【处心积虑】 chǔxīn-jīlù

处：居，存，安置。积：积累。放在心上长期考虑。多形容费尽心机干坏事。

【处之泰然】 chǔzhī-tàirán

处：处置，对待。泰然：安然，从容不迫、安闲平静的样子。对待它从容不迫。形容遇到困难、窘迫时毫不在意，碰到紧急情况时镇定沉着。也作"泰然处之"。

【楚材晋用】 chǔcái-jìnyòng

楚国的人才被晋国使用。比喻本国的人才被别国使用。

【楚楚动人】 chǔchǔ-dòngrén

楚楚:鲜明的样子。鲜明美丽的样子使人心动。

【楚楚可怜】 chǔchǔ-kělián

鲜明美丽的样子很可爱。后也表示凄苦的样子使人怜悯。

【楚馆秦楼】 chǔguǎn-qínlóu

楚馆:楚地馆舍,指江南名妓谢娘的馆舍,所以又作"谢馆",后泛指寻欢作乐的歌舞场所或妓院。秦楼:北方美女秦娥的楼阁,后泛指歌舞所。楚地馆舍与秦氏楼阁。泛指歌舞娱乐场所或妓院。也作"谢馆秦楼""秦楼楚馆""秦楼谢馆"。

【楚囚对泣】 chǔqiú-duìqì

楚囚:本指春秋时被俘到晋国的楚国人钟仪,后泛指囚徒。楚国的囚犯相对哭泣。比喻处境窘迫的人束手无策空悲泣。

【触机便发】* chùjī-biànfā

机:弓弩上发射箭的机关。一触动扳机箭就射出。比喻暴躁的人一碰到不如意的事便发火。

【触景生情】 chùjǐng-shēngqíng

触:接触。看到眼前的景物而产生某种感情。

【触类旁通】 chùlèi-pángtōng

触:接触,遇。旁:旁边,近侧。接触某一类事物后,与它相近的事物也就能通晓了。指认识了某一事物后能推知同类的其他事物。

【触目皆是】 chùmù-jiēshì

接触其视线的都是这种东西。即映入眼帘的都是如此。指到处都是。形容多而显眼。

【触目惊心】 chùmù-jīngxīn

眼睛一接触就使其内心震惊。指某种情景一被人看到就使人吃惊。形容情况不同寻常或事态十分严重。

【触物伤情】 chùwù-shāngqíng

碰到某种事物而使心情悲伤。

【触物兴怀】 chùwù-xīnghuái

碰到某种景物而产生某种情怀。

【川流不息】 chuānliú-bùxī

川:河流。像河水流动那样不停息。形容事物运动连续不停。现多形容行人、车辆、船只等来往不停。

【穿云*裂石】 chuānyún-lièshí

穿过云层,震裂石头。形容乐器声或歌声高亢嘹亮。

【穿凿附会】 chuānzáo-fùhuì

穿凿:用人为的手段凿通,比喻人为地把讲不通的东西牵强地讲通。附会:归合,指牵强扯合,把没有关系的硬说成有关系,把没有这种意思的硬说成有这种意思。人为地说通与牵强地扯合。指主观地生拉硬扯,强作解释,把本来没有的意思硬加进去以求说通。

【穿针引线】 chuānzhēn-yǐnxiàn

使针穿过布帛而把线引过去。比喻进行撮合、介绍。

【传经送宝】 chuánjīng-sòngbǎo

送宝:赠送珍宝,比喻传授宝贵的经验。传授成功的经验,送来宝贵的精神财富。

【传闻异辞】 chuánwén-yìcí

在口耳相传的过程中听到的事有不同的说法。原指《春秋》在处理传闻时有不同的措辞。后泛指不同的传说。

【传檄而定】 chuánxí'érdìng

檄:古代用来征召、声讨的文书。传布一道檄文就可以平定。指不动用武力就能降服敌人、安定局势。形容征伐者声威极其巨大。

【传宗接代】 chuánzōng-jiēdài

使宗族传下去,使一代代接连不断。指繁育子息。

【船到桥头自会直】 chuán dào qiáotóu zì huì zhí

船到了桥边自然会垂直地通过桥孔。比喻事到临头总会有办法渡过难关。常用来宽慰面临困境者。

【舛讹百出】 chuǎn'é-bǎichū

讹:因相似而导致的错误。百:泛指多。错乱讹误出现很多。指书中文字有很多颠倒错误的地方。

【喘息未定】 chuǎnxī-wèidìng

急促地呼吸,还没有平静下来。又泛指紧张地活动,还没有休息下来。形容情势紧迫。

【串通一气】 chuàntōng-yīqì

串连勾通一鼻孔出气。指互相勾结配合,采取一致的说法或行动。

【创巨痛深】 chuāngjù-tòngshēn

创伤巨大,痛苦深重。形容受到的打击或损害非常严重。

【创痍未瘳】 chuāngyí-wèichōu

瘳:病愈。创伤还没有康复。比喻战争或灾害所造成的破坏还没有得到完全的整治而复原。

【疮好忘痛】 chuānghǎo-wàngtòng

创伤好了就忘记了当时的痛苦。比喻情况好转后就忘记了过去的苦难或沉痛的教训。

【疮痍满目】 chuāngyí-mǎnmù

创伤充满了视野。指睁眼看到的都是遭到破坏的景象。形容战争或灾害所造成的破坏极其严重。

【窗明几*净】 chuāngmíng-jījìng

窗子明亮,小桌干净。形容屋内明亮整洁。

【床头金尽】 chuángtóu-jīnjìn

床头的黄金用完了。指身边的钱财耗尽。形容陷入了贫困的境地。

【创业垂统】 chuàngyè-chuítǒng

垂:传下。统:纲纪,准则。创立基业,传下准则。

【创业守成】 chuàngyè-shǒuchéng

创立基业,保持已取得的成就。指开创帝王统治大业,保持已有的统治地位。

【吹灰之力】 chuīhuīzhīlì

吹动灰烬的力气。比喻很小的力量。

【吹毛求疵】 chuīmáo-qiúcī

疵:小毛病。吹开皮上的毛来寻

找小毛病。比喻硬找差错，苛刻地挑剔别人的缺点。

【吹牛拍马】 chuīniú-pāimǎ

吹牛皮，拍马屁。即夸口吹嘘，谄媚奉承。

【吹气如兰】 chuīqì-rúlán

呼出的气息像兰花一样清香。形容美女的呼吸。

【垂帘*听政】 chuílián-tīngzhèng

垂挂帘子后听取臣子意见来处理政事。古代皇后或太后临朝听政，常垂挂帘子遮隔，所以把女后掌握朝政称为"垂帘听政"。后也喻指幕后操纵。

【垂暮之年】 chuímùzhīnián

将近黄昏的年纪。指晚年。

【垂手可得】 chuíshǒu-kědé

垂着双手就可以得到。即不动手就能得到。形容容易得到，不用费一点力气。

【垂死挣扎*】 chuísǐ-zhēngzhá

接近死亡时的竭力支撑。指最后的活动。也指敌人将要彻底失败时的顽抗。

【垂头丧气】 chuítóu-sàngqì

低着头，失去了神气。形容懊丧的样子。

【垂涎三尺】 chuíxián-sānchǐ

挂在嘴上的口水有三尺长。指非常想吃。比喻贪得的欲望非常强烈。

【垂涎欲*滴】 chuíxián-yùdī

挂在嘴上的口水要滴下来了。指非常想吃。比喻贪得的欲望非常强烈。

【捶胸顿足】 chuíxiōng-dùnzú

用拳头敲打胸膛，跺着双脚。形容悲愤、痛苦、悔恨、焦急或无奈时的样子。也作"顿足捶胸"。

【椎心泣血】 chuíxīn-qìxuè

椎：通"捶"。用拳头敲打心口，哭得眼中要流血。形容极其悲痛。

【春风得意】 chūnfēng-déyì

得意：适合心意，称心如意。春天的和风适合人意。孟郊《登科后》[34-P.4219]："昔日龌龊不足夸，今朝放荡思无涯。春风得意马蹄疾，一日看尽长安花。"原形容如愿以偿后的欢快心情。后用作成语，取其诗意而指进士及第，功成名就。现用来形容称心如意，心情畅快。

【春风化雨】 chūnfēng-huàyǔ

春天的和风与化育万物的及时雨。比喻良好的教化。

【春风满面】 chūnfēng-mǎnmiàn

春天的和风吹满脸。比喻和颜悦色布满脸上。形容十分高兴。

【春风一度】 chūnfēng-yīdù

春天的和风吹过一次。比喻领略了一次美妙的生活情趣。多指男女偷情苟合。

【春光明媚】 chūnguāng-míngmèi

春天的风光明丽可爱。

【春寒料峭】 chūnhán-liàoqiào

料：估量，指感觉。峭：严厉，尖

利,指刺骨。春天的寒冷使人感到刺骨。

【春花秋月】chūnhuā-qiūyuè
　　春天的花朵和秋天的月色(特指中秋的月亮)。泛指春秋美景。

【春华秋实】chūnhuá-qiūshí
　　华:同"花"。春天开花,秋天结果。比喻通过努力而有了成果。

【春回*大地】chūnhuídàdì
　　春天回到大地。指严冬已过,温暖和生机又重返人间。也比喻黑暗时期已过去,光明又重照人间。

【春兰秋菊】chūnlán-qiūjú
　　春天的兰花和秋天的菊花。比喻不同时期、不同领域中各擅其美的出色人物。

【春满人间】chūnmǎnrénjiān
　　春意充满人间。比喻社会呈现出一片生机勃勃、欣欣向荣的景象。

【春梦无痕】chūnmèng-wúhén
　　春夜的梦境不留痕迹。比喻世事如梦境一般容易消逝。

【春暖花开】chūnnuǎn-huākāi
　　春天温暖而百花盛开。形容春色优美。也比喻黑暗时期过去后社会所出现的大好时机。

【春秋笔法】chūnqiū-bǐfǎ
　　《春秋》的写作方法。《春秋》是鲁国史官所撰的一部编年体史书,相传孔子修订时行文十分谨严,常于一字之中暗寓褒贬之意,即所谓微言大义。后人便把这种文笔严谨曲折而暗含褒贬之意的写作方法称为"春秋笔法"。

【春秋鼎盛】chūnqiū-dǐngshèng
　　春秋:春季和秋季,指代一年,引申指年龄。鼎:正,正当。年龄正当旺盛时期。指正值精力旺盛的壮年。

【春色撩人】chūnsè-liáorén
　　撩:撩拨,招惹。春天的景色挑逗人。指春天的美景勾起人们的情思与兴致。

【春色满园】chūnsè-mǎnyuán
　　春天的景色充满了整个园子。

【春意盎然】chūnyì-àngrán
　　盎然:充满而洋溢的样子。到处洋溢着春天的意味。指春天的气象正盛。

【春意阑珊】chūnyì-lánshān
　　阑珊:衰落的样子,将尽。春天的意味衰落了。指春天的气象快完了。形容春天就要过去了。

【唇齿相依】chúnchǐ-xiāngyī
　　嘴唇和门牙相互依存。比喻关系密切,相互依存。

【唇红齿白】chúnhóng-chǐbái
　　嘴唇红润,门牙雪白。形容相貌俊秀。

【唇焦舌敝】chúnjiāo-shébì
　　嘴唇干而舌头破。形容说话极多,费尽唇舌。也作"舌敝唇焦"。

【唇枪*舌剑】chúnqiāng-shéjiàn
　　嘴唇像枪,舌头如剑。形容辩论时针锋相对,言辞激烈犀利。

【唇亡齿寒】chúnwáng-chǐhán

嘴唇没有了,门牙就会受寒。比喻关系密切,利害与共。

【蠢蠢欲[*]**动】** chǔnchǔn-yùdòng

蠢蠢:缓慢蠕动的样子。慢慢地要活动了。原指冬眠动物从蛰伏中苏醒过来而开始蠕动。后也形容其他动物或人缓慢活动。又比喻敌人或坏人将开始进攻或进行捣乱。

【踔厉风发[*]**】** chuōlì-fēngfā

踔厉:腾越跳起。腾越跳跃像风刮起来一样。形容发表意见时见识高超,雄辩有力。也指精神奋发,斗志昂扬。

【绰绰有余[*]**】** chuòchuò-yǒuyú

绰绰:宽裕的样子。宽绰得有多余。形容时间、空间、人才、钱财、才能等十分宽裕。

【绰有余[*]**裕】** chuòyǒuyúyù

裕:宽。宽绰得有多余的地方。原形容空间十分宽裕。后也形容能力、财力等十分宽裕。

【绰约多姿】 chuòyuē-duōzī

绰约:舒缓屈曲,形容姿态柔美的样子。舒缓屈曲而千姿百态。形容女子或花木等姿态柔曲妩媚,风韵无限。

【词不达意】 cíbùdáyì

言词不能确切地表达所要说明的意思。

【辞不获命】 cíbùhuòmìng

命:命令,指对方的许可。推辞而没有获得准许。指勉强接受委任、馈赠等。

【辞旧迎新】 cíjiù-yíngxīn

辞别旧年而迎接新年。

【辞尊居卑】 cízūn-jūbēi

推辞尊贵的官位而甘居卑下的地位。形容对高官厚禄无动于衷。

【慈眉善目】 címéi-shànmù

慈祥的眉毛与善良的眼睛。形容慈祥和善的面容。

【此地无银三百两】 cǐ dì wú yín sānbǎi liǎng

民间传说,有人将银子埋在地里而怕人偷走,就在上面竖了块木板写明“此地无银三百两”。隔壁阿二因此将银子掘了去,也怕人发觉而在木板上添了一句“隔壁阿二不曾偷”。后用作成语,比喻拙劣的掩饰反而暴露了其真相。

【此呼彼应】 cǐhū-bǐyìng

这边呼唤那边答应。形容互相配合。

【此起彼伏】 cǐqǐ-bǐfú

时而在这边高起来,时而在那边低下去。形容既有变化又接连不断。也作“此起彼落”“此伏彼起”。

【此一时,彼一时】 cǐ yī shí, bǐ yī shí

这时是一个时代,那时又是一个时代。表示现在与过去的情况不同。

【刺刺不休】 cìcì-bùxiū

刺刺:急躁多言的样子。叽叽喳喳说个不停。

【刺股悬梁[*]**】** cìgǔ-xuánliáng

见"悬梁刺股"。

【聪明才智】cōngmíng-cáizhì

聪:灵敏的听觉。明:敏锐的视觉。聪明:指很高的天资。聪明的天资与才能智慧。指先天与后天形成的智慧和才干。

【聪明反被聪明误】cōngmíng fǎn bèi cōngmíng wù

聪明:有智慧。有智慧的人反而被自己的智慧损害了。原为愤世嫉俗的反辞。苏轼《洗儿戏作》诗[35-P.2535]:"人皆養子望聰明,我被聰明誤一生。惟願孩兒愚且魯,無災無難到公卿。"后化作成语,又用来讽刺自作聪明的人反被自己的小聪明所误而办了蠢事,吃了亏。

【聪明伶俐】cōngmíng-línglì

聪:听觉灵敏。明:视觉敏锐。伶俐:灵活的样子。耳聪目明,十分灵活。指聪颖机灵,活泼乖巧。

【聪明睿智】cōngmíng-ruìzhì

睿:通达,英明。耳聪目明,通达明智。指具有很高的天资与智慧。

【聪明一世,懵懂一时】cōngmíng-yīshì,měngdǒng-yīshí

懵懂:糊涂。聪明了一辈子,却在某一时间糊涂了。指一向很聪明的人偶然做了傻事、犯了错误。也作"聪明一世,糊涂一时"。

【从长计议】cóngcháng-jìyì

从长远的观点来筹划商议。即根据长远的利益来谋划商议。形容处理事情时认真仔细、谨慎周到。

【从谏如流】cóngjiàn-rúliú

谏:直言规劝。听从下级的规劝就像流水那样自然顺畅。形容君主、尊长乐于接受下面的意见。

【从令如流】cónglìng-rúliú

服从命令就像流水那样自然顺畅。形容乐于服从命令。

【从容不迫】cóngróng-bùpò

从容:舒缓自在、不慌不忙的样子。迫:急促。悠然自在而不急促。形容沉着镇静。

【从容就义】cóngróng-jiùyì

就:趋向。不慌不忙地舍弃自己的生命而趋向正义。指毫不畏惧、神态自若地为正义事业而牺牲。

【从容自若】cóngróng-zìruò

从容不迫地像自己平常时一样。形容在不正常的情况下态度镇定,从容自然。

【从善如登,从恶如崩】cóngshàn-rúdēng,cóng'è-rúbēng

依从好的就像登山一样,依从坏的就像山崩塌一样。指学好很难而且慢,学坏很容易而且很快但不可收拾。

【从善如流】cóngshàn-rúliú

依从好的就像流水那样自然顺畅。形容乐于接受好的意见。

【从天而降】cóngtiān'érjiàng

从天上掉下来。形容突然出现或出人意料地来临。

【从头至尾】cóngtóu-zhìwěi

从开头到末尾。也作"从头到底"。

【从心所欲*】cóngxīnsuǒyù

从:随,依从。欲:想要。依从心中的想法。指按自己的想法去做,想怎样就怎样。原用于褒义,指做事得心应手。后用于贬义,指任意妄为。

【从一而终】cóngyī'érzhōng

从:跟随,指嫁给。跟随一个丈夫而直到死。指女子一辈子只嫁一个男人,丈夫死了也不改嫁。

【从中斡旋】cóngzhōng-wòxuán

斡旋:周旋,调解。在其中周旋调解。

【从中作梗】cóngzhōng-zuògěng

作梗:设置障碍。在其中进行阻碍。指在办事过程中进行捣乱,使事情不能顺利进行。

【粗茶淡饭】cūchá-dànfàn

粗:不精。淡:不浓。茶不是精挑细拣的,饭不是喷香扑鼻的。指粗劣简单的饮食。

【粗服乱头】cūfú-luàntóu

粗劣的衣服与乱蓬蓬的头发。形容不修边幅。后喻指诗文绘画出笔自然,不加雕琢修饰。

【粗手笨脚】cūshǒu-bènjiǎo

鲁莽的手与笨拙的脚。指手脚不灵巧。形容干活不精明。也作"粗手粗脚"。

【粗通文墨】cūtōng-wénmò

粗:略,大致。文墨:文章。粗略地懂得文章。指学问不精不深。

【粗心大意】cūxīn-dàyi

不细心,不注意。指马马虎虎不谨慎。

【粗枝大叶】cūzhī-dàyè

粗大的树枝与宽阔的树叶。比喻简略不细致或粗犷不细腻。也比喻粗心马虎不认真。

【粗制*滥造】cūzhì-lànzào

滥:泛滥漫溢,引申指违反规矩。粗糙地制作,胡乱地制造。指制作东西马虎草率,不顾质量。

【粗中有细】cūzhōng-yǒuxì

粗糙中有精细的地方。指粗犷的言行中有着精细的用心。形容人表面上大大咧咧,实际上细心得很。

【促膝谈心】cùxī-tánxīn

促:紧迫,引申指紧靠,贴近。膝盖紧靠着谈心里话。指亲密地交谈。

【猝不及防】cùbùjífáng

猝:突然。因为太突然而来不及防备。

【蹿房越脊】cuānfáng-yuèjǐ

跳上房屋,跨过屋脊。形容在房顶上飞快行走。

【摧锋陷阵】cuīfēng-xiànzhèn

摧:摧毁。锋:前锋。陷:攻破。挫败敌人先头部队,攻破敌人阵地。形容勇猛善战,攻无不克。

【摧枯拉朽】cuīkū-lāxiǔ

摧:折断。拉:折断。折断干枯的树和腐烂的木头。形容摧毁之势极其迅猛且轻而易举。

【摧眉折腰】cuīméi-zhéyāo

摧:摧折,弯曲。摧眉:使眉毛弯曲,指装出笑脸(人笑时眉毛弯曲,参见"横眉怒目"条)。折:弯曲。弯曲眉毛陪笑脸,并弯腰鞠躬行礼。形容点头哈腰、阿谀奉承的样子。

【摧陷廓清】cuīxiàn-kuòqīng

廓:使空荡。摧毁攻破敌阵并扫荡肃清残敌。比喻彻底破除肃清陈腐的东西。

【翠绕珠围】cuìrào-zhūwéi

翡翠缠绕,珍珠围着。指妇女戴满首饰。也指代戴满首饰的女子。

【村野匹夫】cūnyě-pǐfū

乡村野外的平民百姓。指鄙野无知、地位卑微的人。

【存而不论】cún'érbùlùn

保留起来不谈论。

【存亡继绝】cúnwáng-jìjué

绝:指绝嗣,断世后嗣,无子接代。使灭亡的国家重新存在下去,使断绝的世系重新延续下去。

【存亡绝续】cúnwáng-juéxù

存在或灭亡,断绝或延续。形容国家处在生死存亡的危急关头。

【存亡未卜*】cúnwáng-wèibǔ

卜:预测。是生是死还无法预料。

【寸兵尺铁】cùnbīng-chǐtiě

一寸长的兵器与一尺长的铁器。指微不足道的武器。

【寸步不离】cùnbù-bùlí

连极小的一步也不离开。指紧相陪伴。形容感情融洽,关系亲密。

【寸步不让】cùnbù-bùràng

连极小的一步也不退让。指毫不退让。

【寸步难行】cùnbù-nánxíng

一寸长的步子都难以跨出。指走路十分困难。也比喻陷入困境而活动十分艰难。

【寸草不留】cùncǎo-bùliú

一寸长的小草也不留下。指不留一点草。后比喻斩尽杀绝或烧光抢光。

【寸草不生】cùncǎo-bùshēng

一寸长的小草也不能生长。形容土地贫瘠或灾情严重。

【寸土必争】cùntǔ-bìzhēng

一寸土地也一定去争夺。指极小的土地也不让敌人轻易占领。形容对敌作战毫不退让。

【蹉跎岁月】cuōtuó-suìyuè

蹉跎:(光阴)白白地失去。虚度光阴。

【厝火积薪】cuòhuǒ-jīxīn

厝:通"措",放置。把火放到堆积的柴草下面。比喻埋下了极大的祸根。

【措手不及】cuòshǒu-bùjí

措手:着手处理,应付。连应付也来不及。

【措置失宜】cuòzhì-shīyí

处置不合适。

【措置裕如】cuòzhì-yùrú

　　裕如:丰富充足的样子,指能力充足办法很多。处理事务时能力办法绰绰有余。形容做事从容不迫,胜任愉快。

【错彩*镂金】cuòcǎi-lòujīn

　　错:镶嵌。彩:指颜色美丽的装饰品。镂:雕刻。镶嵌过的彩色装饰品与雕刻成的黄金饰品。比喻词藻绚丽多彩的诗文。

【错落不齐】cuòluò-bùqí

　　交错零落不整齐。形容事物没有秩序地交织在一起。

【错落有致】cuòluò-yǒuzhì

　　致:情趣。交错零落极有情趣。形容事物布局疏密得体,使人看了有好感。

【错综复*杂】cuòzōng-fùzá

　　交错综合,重复杂乱。形容极其繁杂。

D

【达官贵人】dáguān-guìrén

显达的大官和高贵的人物。指地位高、名声大的官员与重要人物。

【答非所问】dáfēisuǒwèn

回答的并不是所问的问题。

【打抱不平】dǎbàobùpíng

打:打击,用言论或行动进行攻击。抱:怀有。不平:由不公平的事引起的愤怒和不满。看见别人受到不公平的待遇而满怀愤怒并出面打击施暴者。即挺身而出为受欺压的人说话或动武。

【打草惊蛇】dǎcǎo-jīngshé

打:指割。割草而惊动了草中的蛇。原比喻惩处甲方而使有所关联的乙方也惊骇警觉了。后多比喻行动不慎密,刚采取某些行动便惊动了对方。

【打成一片】dǎchéng-yīpiàn

搞成一个整体。指紧密结合在一起,融为一体。

【打得火热】dǎde-huǒrè

搞得像火一样热。形容关系亲密,来往频繁,非常亲热。

【打凤捞龙】dǎfèng-lāolóng

擒捉凤凰捕捞龙。比喻挑选搜罗宝贵的人才。

【打个照面】dǎge-zhàomiàn

照:对。撞了一个面对面。指意外地正面相遇。

【打躬作揖】dǎgōng-zuòyī

弯身鞠躬,合手行礼。形容恭顺的样子。

【打狗看主】dǎgǒu-kànzhǔ

打狗要看看它主人的面子。比喻惩处坏人要顾及其后台的情面。

【打滚撒泼】dǎgǔn-sǎpō

在地上翻滚,不顾一切地哭闹胡说。

【打鸡骂狗】dǎjī-màgǒu

打骂鸡狗。指冲着自己不满意的人不指名道姓地乱骂一通,以发泄自己的不满。

【打家劫舍*】dǎjiā-jiéshè

打:攻打,袭击。劫:强取,抢夺。舍:住房。袭击人家而抢夺屋中财物。

【打街骂巷】dǎjiē-màxiàng

在街头巷尾打架骂人。泛指寻衅闹事乱骂人。

D

【打开天窗说亮话】dǎkāi tiān-chuāng shuō liànghuà

打开房顶上的窗子说明白话。指不再躲躲闪闪而把要说的话公开直接地说明白。

【打落水狗】dǎ luòshuǐgǒu

殴打掉在水里的狗。比喻打击已失败的坏人。

【打闷葫芦】dǎ mènhúlu

敲打密闭的葫芦。比喻打听猜测奥秘费解而令人纳闷的事情或话语。

【打破砂锅璺到底】dǎpò shāguō wèn dào dǐ

璺:陶瓷器皿上的裂痕。把砂锅打破后裂痕一直通到底部。因"璺"与"问"同音,所以用作成语而取义于"问到底",指追问到底。也作"打破沙锅问到底"。

【打情骂俏】dǎqíng-màqiào

打:动作不规矩。情:风情,情欲。骂:说话不规矩。俏:俏皮,风趣。用不规矩的动作调情,用不规矩的话语逗趣。泛指用轻佻的动作、言语挑逗调情。

【打入冷宫】dǎrù-lěnggōng

原指把失宠的后妃贬入冷落的宫院。后比喻把不中意的人或事物弃置一边,不再过问。

【打死老虎】dǎ sǐlǎohǔ

打已经死亡的老虎。比喻攻击那些已经丧失权势或实力的人。

【打退堂鼓】dǎ tuìtánggǔ

敲响退出厅堂的鼓声。指打鼓发出信号,表示停止处理公事而官吏退出厅堂。后比喻中途退却。

【大饱眼福】dàbǎo-yǎnfú

饱:吃足,满足。极大地满足了眼睛的福分。指看到了大量难得的珍奇事物或美景。

【大辩若讷】dàbiàn-ruònè

讷:说话迟钝。最善辩的人好像嘴很笨。指善辩的人说话十分谨慎。

【大步流星】dàbù-liúxīng

迈开大步像流星一样飞快。形容走得快。

【大材小用】dàcái-xiǎoyòng

大材料被当作小材料使用。也比喻很有才能的人被安排在不能充分发挥其才能的职位上。也泛指各种原材料或物品未得到恰当的使用而造成浪费。

【大彻大悟】dàchè-dàwù

彻:通达,彻底明白。悟:省悟,明白。非常通晓,十分省悟。即彻底醒悟。指看破红尘,清静寡欲,思想进入到超凡脱俗的境界。

【大吃一惊】dàchī-yìjīng

非常厉害地受了一次惊吓。形容非常吃惊。

【大处落墨】dàchù-luòmò

在重要的地方下笔。指绘画或写文章时注重主要的地方。比喻做事时注重关键之处,在重要的地方下功夫。

【大吹大擂】dàchuī-dàléi

大规模地吹喇叭，大规模地打鼓。泛指大肆奏乐来庆贺炫耀。后比喻大肆吹嘘、炫耀。

【大醇小疵】 dàchún-xiǎocī

醇：通"纯"，"纯"是无疵点的素丝，引申指纯正不杂，善美无瑕。疵：小毛病。大体上纯正完美而只有一些小毛病。

【大慈大悲】 dàcí-dàbēi

悲：怜悯。极其慈爱，极其怜悯。原为佛教用语，博爱众生而与众生同乐为大慈，怜悯众生而解除其痛苦为大悲。后多用来指心地仁慈，乐于施舍救助。

【大错特错】 dàcuò-tècuò

极大地错了，格外地错了。指彻底错了。

【大打出手】 dàdǎchūshǒu

打出手：戏曲表演程式，以一个角色为中心，同其他几个角色相互配合，作抛掷、接踢武器的特技，并配以打击乐烘托气氛，形成种种惊险的武打场面。大规模的武打场面。借指大肆殴打。

【大刀阔斧】 dàdāo-kuòfǔ

宽大的刀和宽阔的斧子。原指舞动这两种兵器，形容军队声势浩大，来势凶猛。后多比喻办事有魄力，着眼于大处而不留意小处。

【大敌当前】 dàdí-dāngqián

当：相对，阻挡。强大的敌人挡在面前。也泛指面对强大的敌人。

【大地回*春】 dàdì-huíchūn

大地又回到了春天。形容初春大地复苏的景象。

【大动干*戈】 dàdòng-gāngē

干：盾。戈：一种侧锋横刃的长柄兵器。干戈：泛指武器。大肆挥动武器。原指大肆发动战争。后也指大肆斗殴争吵。也比喻采取了不必要的大规模行动。

【大度包容】 dàdù-bāoróng

气量很大，能包涵宽容人。

【大恩大德】 dà'ēn-dàdé

恩、德：恩惠。极大的恩惠。

【大而无当】 dà'érwúdàng

当：底。大得没有边际。后指大而不切实用。

【大发*慈悲】 dàfā-cíbēi

悲：怜悯。大大地表现出慈爱怜悯之心。指尽力帮助别人。

【大发*雷霆】 dàfā-léitíng

霆：暴雷，霹雳。雷霆：比喻暴怒。极厉害地表现出雷霆般的怒气。指声音像响雷似地愤怒呵斥。也指大发脾气而采取暴烈的行动。

【大方之家】 dàfāngzhījiā

方：道。家：有学识有专长的人。懂得大道理的专家。泛指学识渊博、造诣很高的专家。

【大放厥辞】 dàfàng-juécí

厥：其。大量铺陈其辞藻。今指夸夸其谈，大发议论。

【大放异彩*】 dàfàng-yìcǎi

大规模地放射出奇异的光彩。

也比喻极大地表现出令人惊异的才能或取得了令人惊异的突出成就。

【大风大浪】dàfēng-dàlàng

猛烈的风和巨大的浪。也比喻社会上的激烈动荡或各种艰难险阻。

【大腹便便】dàfù-piánpián

便便:肥大的样子。大肚子胖胖的。

【大公无私】dàgōng-wúsī

极其公正,毫无偏私。也指完全为国家公众着想而没有自私自利之心。

【大功告成】dàgōng-gàochéng

功:功业,事业。成:完成,成功。巨大的事业宣告成功。也泛指工程或任务胜利完成。

【大海捞针】dàhǎi-lāozhēn

在大海中打捞一根针。比喻极难觅得。

【大汗淋漓】*dàhàn-línlí

淋漓:湿淋淋地往下滴。豆大的汗珠直往下滴。

【大旱望雨】dàhàn-wàngyǔ

大旱的时候盼望下雨。比喻渴望解救自己的人或事物早日来临。

【大红大紫】dàhóng-dàzǐ

紫:红和蓝合成的颜色,此指红、深红。特别红特别紫。指红和紫的程度极深。比喻受人重视的程度极高。多用来形容名声或权势地位极其显赫。

【大呼小叫】dàhū-xiǎojiào

或大声呼喊,或低声叫嚷。指呼叫声或高或低,但都很响。形容乱吵乱嚷。

【大获全胜】dàhuò-quánshèng

大规模地获得了完全的胜利。

【大祸临头】dàhuò-líntóu

极大的灾祸即将落到头上。

【大惑不解】dàhuò-bùjiě

《庄子·大地》[3-P.447]:"知其惑者,非大惑也。大惑者,终身不解。"意为极其迷惑的人,一辈子不觉悟。后化为成语,表示极其迷惑而不能觉悟。也指非常疑惑而不能理解。

【大吉大利】dàjí-dàlì

非常吉利。

【大家风范】*dàjiā-fēngfàn

大家:大户人家或大专家,指有声望地位的人家或学养深厚德高望重的著名文人。风范:风度气派。出身高贵人家或大文人特有的风度气派。

【大家闺秀】dàjiā-guīxiù

大家:大户人家,有钱有势的豪门贵族。闺秀:闺房之秀,才貌双全的女子。大户人家中有才有貌的女子。后多泛指富贵人家的闺女。

【大街小巷】dàjiē-xiǎoxiàng

宽阔的街道和狭小的胡同。泛指城镇中所有的街道里弄。

【大惊失色】dàjīng-shīsè

非常惊恐而失去了正常的脸色。形容极度惊惧。

【大惊小怪】 dàjīng-xiǎoguài

　　非常惊恐或有点奇怪。泛指惊奇诧异。也特指对不足为奇的事物表现出程度不等却毫无必要的惊奇之情。也因惊奇而大叫大嚷。

【大开方便之门】 dà kāi fāngbiàn zhī mén

　　大大地打开便利的门路。指为别人的活动提供极大的方便。

【大开眼界】 dàkāi-yǎnjiè

　　极大地开阔了视野。指大大地扩展了见识的广度。

【大块文章】 dàkuài-wénzhāng

　　大块：大地。李白《春夜宴从弟桃花园序》[36-P.250]："况阳春召我以烟景，大块假我以文章。"意谓大地美景给了我文章(因大地景物提供了写作素材)。后化为成语，指篇幅很大的文章。

【大快人心】 dàkuài-rénxīn

　　使人们的心情非常痛快。形容事情、行动等顺应人心。

【大梦初醒】 dàmèng-chūxǐng

　　从沉睡的梦中刚刚醒来。比喻刚从严重的迷误中醒悟过来。

【大名鼎鼎】 dàmíng-dǐngdǐng

　　鼎鼎：盛，显赫。名声十分显赫。形容名声很大。也作"鼎鼎大名"。

【大谬不然】 dàmiù-bùrán

　　谬：乖谬，差错。然：这样。非常乖谬而并非如此。指事与愿违，差错极大。现又把"谬"理解为"谬误"，把"然"理解为"对"，用"大谬不然"表示大错特错而完全不对。

【大模大样】 dàmú-dàyàng

　　很大的模型，很大的样式。指摆大架子，装出高贵阔绰的样子。形容不可一世或毫无顾忌的样子。

【大难不死】 dànàn-bùsǐ

　　遭遇极大的灾难而没有死。其后常连用"必有后福"。

【大难临头】 dànàn-líntóu

　　极大的灾难降临头上。

【大逆不道】 dànì-bùdào

　　极大地叛逆而违背道德。指犯上作乱或严重违背传统道德准则的行为。

【大起大落】 dàqǐ-dàluò

　　大幅度地起来，又大幅度地落下。形容变化幅度大。

【大气磅礴】 dàqì-pángbó

　　磅礴：广大无边的样子。宏大的气势广阔无边。形容气势恢宏。

【大器晚成】 dàqì-wǎnchéng

　　大的器物要比小的器物晚一些制成(因其花费工时较多)。比喻伟大的人物常常在较晚的时候才功成名就(因为需要长期努力)。

【大千世界】 dàqiān-shìjiè

　　佛教认为一个太阳、一个月亮照耀下的须弥山及诸天是一个小世界，合一千个小世界为小千世界，合一千个小千世界为中千世界，合一千个中千世界为大千世界，也称三千大千世界。后用作成语，泛指广大无边、丰富多彩的世界。

D

【大巧若拙】 dàqiǎo-ruòzhuō

　　最灵巧的人好像笨拙似的。指灵巧的人不逞能。

【大权独揽】 dàquán-dúlǎn

　　处理重大事情的权力由其一个人独自把持着。

【大权旁落】 dàquán-pángluò

　　处理重大事情的权力不掌握在自己手中而落到了旁人手中。

【大权在握】 dàquán-zàiwò

　　处理重大事情的权力掌握在手中。

【大煞风景】 dàshā-fēngjǐng

　　煞:通"杀",损伤,败坏。大大地败坏了美好的自然景象。指严重破坏了风景的自然美而令人扫兴。也比喻严重破坏了人们的美好情趣而令人扫兴。参见"杀风景"。也作"大杀风景"。

【大厦将倾】 dàshà-jiāngqīng

　　高大的房屋将要倒塌。比喻政局动荡,统治集团即将垮台。

【大声疾呼】 dàshēng-jíhū

　　放大嗓音急切地呼喊。比喻大力呼吁。

【大失所望】 dàshī-suǒwàng

　　原来所希望的完全落空了。即极其失望。

【大势所趋】 dàshì-suǒqū

　　整个局势的发展趋向。

【大势已去】 dàshì-yǐqù

　　去:离去,失掉。整个局势已离开自己而去。指有利的形势已经失掉。形容局势已无法挽回。

【大是大非】 dàshì-dàfēi

　　重大的是非问题。指有关政治原则性的是非问题。

【大手大脚】 dàshǒu-dàjiǎo

　　手脚:指行动。大方的手脚。指花钱、用东西毫不吝惜,毫无节制。

【大书特书】 dàshū-tèshū

　　书:写。大规模地写,特别地写。指多花笔墨着重记述。

【大天白亮】 dàtiān-báiliàng

　　广大的天空非常明亮。指早晨天完全亮了。

【大天白日】 dàtiān-báirì

　　广大的天空白日高照。指大白天(不包括早晨、傍晚)。

【大庭广众】 dàtíng-guǎngzhòng

　　庭:通"廷",朝廷。广:多。宽大的朝廷与为数众多的人群。后泛指人很多的公开场合。

【大同小异】 dàtóng-xiǎoyì

　　大体相同而稍有差异。

【大喜过望】 dàxǐ-guòwàng

　　由于现实超过了原来的期望而非常高兴。指意外的美事或收获使之惊喜万分。

【大显身手】 dàxiǎn-shēnshǒu

　　身手:指武艺,泛指本领。充分显示自己的本领。指尽情地施展自己的技能。

【大显神通】 dàxiǎn-shéntōng

神通:佛教用语,指神奇的无所不能的本领。充分显示神奇的本领。也指充分施展其高超的技能。

【大相径庭】dàxiāngjìngtíng

径:小路。庭:庭院。径庭:野外小路与庭院,比喻两者截然不同、差别极大或完全矛盾。大大地相异。即非常不同或十分矛盾。

【大兴土木】dàxīng-tǔmù

大规模地兴建土木工程。多指大规模地建造房屋。

【大言不惭】dàyán-bùcán

说大话而不感到惭愧。

【大言欺人】dàyán-qīrén

说大话骗人。

【大摇大摆】dàyáo-dàbǎi

走路时身体大幅度地左右摇摆。形容洋洋得意、无所顾忌或傲慢的样子。

【大义凛然】dàyì-lǐnrán

大义:重大的道义,指关系到国家利益的重大原则。凛然:态度严肃而令人敬畏的样子。坚持重大原则而令人敬畏。指为了坚持正义或维护国家利益而坚强不屈。

【大义灭亲】dàyì-mièqīn

大义:重大的道义,指关系到国家利益的重大原则。坚持重大的原则而灭掉了自己的亲人。指为了维护正义或国家的利益而把犯罪的亲属绳之以法。

【大有可为】dàyǒu-kěwéi

可:可以,值得。有很多值得做

的地方。指学说有价值而值得实行或事情有价值而值得做。也表示可以有很大的作为。指人可以充分发挥其才能而取得重大的成就。形容很有发展前途。

【大有其人】dàyǒu-qírén

有很多那样的人。

【大有起色】dàyǒu-qǐsè

起色:兴起的情景,好转的样子。有很多兴起的情景。指明显地呈现出好转的样子。

【大有人在】dàyǒu-rénzài

在:存在。有很多人活在世上。后用来表示某一种人有很多,与"大有其人"同义。

【大有文章】dàyǒu-wénzhāng

有很多文章在里面。指言谈、文字或某种现象中含有很多隐晦不明令人捉摸不透的意思或情况。

【大有作为】dàyǒu-zuòwéi

有很大的作为。指能够充分发挥其才能而作出重大的成绩。

【大雨如注】dàyǔ-rúzhù

注:灌入,倾泻。大雨像倾泻似的。形容雨下得又大又猛。

【大展鸿图】dàzhǎn-hóngtú

鸿:大。大规模地铺开巨大的图画。比喻大规模地实施宏伟的计划。也作"大展宏图"。

【大张旗鼓】dàzhāng-qígǔ

张:展开,奏(乐)。旗鼓:古时军中发号令的用具,作战时摇旗指挥,击鼓进兵。大规模地举起战旗、敲击战鼓。后用来比喻大造声势。

【大张挞伐】dàzhāng-tàfá

张：展开。挞：打击。大规模地进行攻击讨伐（指武力上的或舆论上的）。

【大智若愚】dàzhì-ruòyú

最聪明的人好像愚蠢似的。指有智慧的人不露锋芒，不炫耀自己。

【大做文章】dàzuò-wénzhāng

花大力气做文章。指为了达到某种不可告人的目的而借题发挥或胡编乱造以扩大事态。

【呆*若木鸡】dāiruòmùjī

呆：不灵活，死板不动。呆板得像木头雕成的鸡。即像木头鸡一样毫无反应而纹丝不动。原以“木鸡”来形容训练有素的斗鸡能镇定自如。后化为成语，用来形容呆笨或发愣的样子。

【呆*头呆*脑】dāitóu-dāinǎo

呆：傻。傻头傻脑。形容人蠢笨傻气。也形容人不机灵，不活泼。

【代人受过】dàirén-shòuguò

代替别人承担过错的责任。

【待价而沽】dàijià'érgū

沽：卖。等有了好价钱才出售。也比喻等待时机出来做官或等有了好的待遇才出来工作。

【待理不理】dàilǐ-bùlǐ

等待（你或他）理睬而（你或他）不理睬。形容对人态度冷淡。

【待人接物】dàirén-jiēwù

物：人物，众人。招待人或与众人接触。泛指与人相处交往。

【待时而动】dàishí'érdòng

等时机有利再行动。

【戴盆望天】dàipén-wàngtiān

头上顶着盆子来看天。比喻行为和目的相反（而目的不可能达到）。也比喻两种事情互相抵牾（而不可能同时做到）。

【戴罪立功】dàizuì-lìgōng

身负罪责去立功劳。

【担惊受怕】dānjīng-shòupà

担：担负，承受。背负惊恐，承受害怕。即怀有恐惧，提心吊胆。

【单刀直入】dāndāo-zhírù

单独一把刀径直刺入。比喻摆脱依傍直取目标。后多比喻说话作文直截了当，不绕弯子。

【单枪*匹马】dānqiāng-pǐmǎ

单独一根枪一匹马。指单独一个人拿着枪骑着马上阵作战。形容勇敢作战。也比喻单独一个人（行动）。

【殚见洽闻】dānjiàn-qiàwén

殚：尽。洽：广博，周遍。全部见到又广泛地听到。指见闻广博，知识丰富。

【殚精竭虑】dānjīng-jiélǜ

殚：尽。用尽精力，费尽心思。

【箪食壶浆】dānshí-hújiāng

箪：古代盛饭的圆形竹器。浆：古代一种带酸味的饮料，常用来代酒。用饭箩盛了食物,用酒壶盛了饮料。形容老百姓犒劳军队时的情况。

【胆大包天】dǎndà-bāotiān

胆量大得可包住天。即胆量比天还大。现多用来形容坏人的胆子极大。

【胆大妄为】dǎndà-wàngwéi

胆量极大而胡作非为。指肆无忌惮地干坏事。

【胆大心细】dǎndà-xīnxì

胆子很大而用心细密。指做事果断泼辣而考虑周密细致。

【胆小如鼠】dǎnxiǎo-rúshǔ

胆子小得像老鼠一样。形容胆量极小。

【胆战心惊】dǎnzhàn-xīnjīng

战:通"颤",发抖。胆在发抖而心中惊骇。形容惊慌害怕到了极点。也作"心惊胆战"。

【淡泊明志】dànbó-míngzhì

淡泊:冷淡,不热衷于(名利)。以不图名利的行为表明自己的志向。

【淡而无味】dàn'érwúwèi

食物淡得没有味道。比喻极其平淡而缺乏情趣意味。

【淡妆浓抹】dànzhuāng-nóngmǒ

色彩很浅的淡雅化妆和色彩浓艳的涂脂抹粉。指妇女的两种妆饰打扮。也比喻淡雅与浓艳两种美景。

【弹尽粮绝】dànjìn-liángjué

弹药用完,粮食断绝。泛指作战物资用尽。形容无法继续作战的危

险处境。也喻指必需品断绝。形容处境十分困难。

【弹丸之地】dànwánzhīdì

弹丸:供弹弓射击用的铁丸或泥丸。弹子大小的地方。形容地方极小。

【弹无虚发】*dànwúxūfā

子弹没有空射的。即每颗子弹都命中目标。

【澹泊寡欲】*dànbó-guǎyù

恬静冷淡,很少欲望。指不追求名利。也作"淡泊寡欲"。

【当断不断,反受其乱】dāngduàn--bùduàn, fǎnshòu-qíluàn

应该决断时却不能决断,反而会遭受他人或其事引发的祸乱。指处理事情优柔寡断,会使自己遭殃。

【当行出色】dānghángchūsè

当行:与行家相当,指内行。与行家相当而显露异常光彩。指内行出众。

【当机立断】dāngjī-lìduàn

面对时机,立刻作出决断。

【当家作主】dāngjiā-zuòzhǔ

主持家政做主人。比喻在单位或国家中居主人翁地位。

【当局*者迷,旁观者清】dāngjú-zhěmí, pángguānzhěqīng

当:掌管,主持。局:棋局。下棋的人迷惑而在旁看棋的人清醒。比喻当事人因为过多地考虑自己的利害得失而不能冷静、客观地看问题,结果反而糊涂;旁观者因为不涉及自

己的利害得失而不会陷于紧张、主观的境地，结果反而能看得清楚全面。

【当仁不让】 dāngrén-bùràng

《论语·卫灵公》[25-P.2518]："子曰：'當仁，不讓於師。'"意谓面对仁德，对老师也不谦让。后化为成语，指面对应做的事，积极承担而不推却。

【当头棒喝】 dāngtóu-bànghè

正对着头棒打喝斥。佛教禅宗的禅师接待来学的人，常用棒对着头敲击一下或大喝一声，以促使其领悟。后化为成语，比喻促使人猛醒的警告。

【当头一棒】 dāngtóu-yībàng

对着头一棍子。原指禅宗和尚接待来学者时用棒敲一下他的头以促其领悟。后化为成语，比喻一次严厉的警告或一次突然而沉重的打击。

【当务之急】 dāngwùzhījí

当：应当。《孟子·尽心上》[8-P.2771]："知者無不知也，當務之爲急。"意谓聪明的人没有什么不知道，但急于了解应当从事的事务。（"当务之为急"是"急当务"之变式。）后化为成语，指应当从事的事务中最紧急的事。

【当之无愧】 dāngzhī-wúkuì

承受它而毫不惭愧。指得到的荣誉称号或奖励褒扬与其功德或才能相称，不会因为名实不符而使承受者感到惭愧。

【党*同伐异】 dǎngtóng-fáyì

党：袒护，偏袒。偏袒同党而攻击异己。

【当耳边风】 dàng'ěrbiānfēng

（把别人的话）当作耳朵边吹过的风。指听不进别人的话（多指劝告、嘱咐），不把别人的话放在心上。

【荡*检逾闲*】 dàngjiǎn-yúxián

荡：放纵。闲：规范。放纵于法度之外而越过了应遵守的规矩。指行为放荡越轨，不守礼法。也作"逾闲荡检"。

【荡*气回*肠】 dàngqì-huícháng

荡：动荡。回：旋转。使呼吸起伏，使肠子转动。形容歌曲、诗文的情调或艺术表演十分动人。也作"回肠荡气"。

【荡*然无存】 dàngrán-wúcún

荡：荡涤，清除，弄光。好像被彻底清除过一样，空荡荡的，没有什么东西存在了。

【刀耕火种】 dāogēng-huǒzhòng

用刀与火来进行耕种。即用刀砍倒地上的树木，用火把草木烧掉，然后再翻耕播种。这是古代山地的耕作方法。后用作成语，泛指原始的耕作方法。也作"火耨刀耕"。耨：锄草。

【刀光剑影】 dāoguāng-jiànyǐng

刀的闪光和剑的影子。指刀剑在挥动。形容激烈厮杀的场面或杀气腾腾的氛围。

【刀山火海】 dāoshān-huǒhǎi

布满尖刀的山和像海一样一望无边的大火。喻指极其危险和艰苦的地方。

【蹈常袭故】 dǎocháng-xígù

蹈:踩,引申为遵循。遵循常规而沿袭旧的一套。指按老规矩办事。也作"袭故蹈常"。

【倒背如流】 dàobèi-rúliú

倒过来背诵也像流水一样顺畅。形容背诵诗文极其熟练。

【倒打一耙】 dàodǎ-yīpá

转过身来打上一钉耙。比喻自己有了过错或罪行后,不但不接受别人的指责,还反咬指责自己的人一口。

【倒果为因】 dàoguǒwéiyīn

反过来把结果当作原因。即颠倒了因果关系。

【倒行逆施】 dàoxíng-nìshī

倒、逆:相反。行、施:做事。违反常理行事。后泛指违背正道行事或违背时代进步方向干反动的事。

【悼心失图】 dàoxīn-shītú

悼:悲伤。图:谋划。因伤心而不能谋划。指心情极其悲痛而失去了主张,不知所措。

【道不拾遗】 dàobùshíyí

遗:失物。在路上人们不拾取别人丢失的东西占为己有。形容社会风气良好。也作"路不拾遗"。

【道不同,不相为谋】 dào bù tóng, bù xiāng wéi móu

道:思想原则,主张。主张不同,不互相商量。指观点或志趣不同的人因没有共同的语言而无法在一起谋划事情。

【道高一尺,魔高一丈】 dàogāo-yīchǐ, mógāoyīzhàng

道:道行,修行得道的程度。魔:梵语 māra 音译为"魔罗",简称"魔",意译则为"障碍",音译与意译相结合则称"魔障",指扰乱身心、妨碍修行、破坏佛法的障碍,包括一切烦恼、疑惑、迷恋等思想障碍。道行一尺而魔障高一丈。这原是佛家告诫修行者警惕外界诱惑的话,指修行得道的程度每提高一些,妨碍修行的障碍(包括外界的诱惑与内心的迷惑等)会成倍地增长。后比喻取得一定成就后,会遇到更大的障碍。也比喻一种势力胜过与之相对的另一种势力或某一方的本领胜过其对方的本领。

【道貌岸然】 dàomào-ànrán

道貌:有道者(包括学者、方士、僧人、道士等)的容貌。岸然:高傲严肃的样子。有道者的容貌高傲严肃。又泛指人的神态庄重严肃。今多用来形容虚伪的人在表面上故作正经,像有道者似地摆出一副高傲严肃的样子。

【道听途说】 dàotīng-túshuō

道、途:路。在路上听见又在路上宣扬。指路上听来的话。后泛指没有根据的传闻。

【得不偿失】 débùchángshī

所得到的不能抵偿所失去的。

【得寸进尺】 décùn-jìnchǐ

得到了一寸就想进一步得到一

尺。形容贪得无厌。

【得道多助，失道寡助】dédào-duōzhù, shīdào-guǎzhù

奉行道义，就会有很多人来帮助；丧失道义，就很少有人来帮助。

【得而复失】dé'érfùshī

得到了却又失去了。

【得过且过】déguò-qiěguò

能过下去就暂且这样过下去。指过一天算一天，不作长远打算。形容苟且度日，或是精神上不求上进，无远大志向；或是物质上勉强维持生计；或是工作上敷衍塞责，马虎了事。

【得陇望蜀】délǒng-wàngshǔ

陇：指陇西郡，战国秦汉时郡名，在今甘肃省东部临洮、陇西县一带。蜀：指蜀郡，战国秦汉时郡名，在今四川省成都市一带。取得了陇西郡，就企望得到蜀郡。后比喻得寸进尺。形容贪得无厌。

【得其所哉】déqísuǒzāi

其：指理想的。所：处所。得到了理想的处所啦。指得到了合适妥当的安排。也指某种愿望得到了满足。

【得饶人处且饶人】dé ráo rén chù qiě ráo rén

能够饶恕别人的地方就姑且饶恕别人。指能宽容别人的地方就不要再揪住不放。

【得胜回＊朝】déshèng-huícháo

打仗获得胜利而返回朝廷。现泛指胜利而归。

【得失参半】déshī-cānbàn

参：并，相等。得到的和失去的并列一半。即得与失相等。

【得天独厚】détiān-dúhòu

得到的天然条件独特而优厚。指体魄、智力等天资或自然条件与众不同而特别优越。

【得心应手】déxīn-yìngshǒu

即"得之于心而应之于手"。得：得到，指想到。应：顺应，适应。心里得到某种想法，手里就会顺应它。即心里想到什么，手里就能做到。指操作顺手，完全与心意相合。形容技艺娴熟，运用自如。

【得意门生】déyì-ménshēng

得意：称心如意，满意。门生：学生。称心如意的学生。

【得意忘形】déyì-wàngxíng

形：形体，指身体外观。满足了心意后忘记了形体。指实现了某种心愿后高兴得不顾仪表端正而失去了常态。现多用来形容浅薄之人的狂妄姿态。古代也用来表示文学艺术创作方面取其精神意趣而舍弃外在的形式。

【得意忘言】déyì-wàngyán

《庄子·外物》[3-P.944]："言者所以在意，得意而忘言。"意谓言语是用来表达意思的，得到了其旨意，就可以忘却言语了。后化为成语，指领会其旨意而略其言辞。也指彼此默契而不再多说。

D

【得意扬扬】déyì-yángyáng

扬扬：神气十足的样子。称心如意而表现出神气十足的样子。形容心满意足而极其高兴的样子。也作"得意洋洋"。

【得鱼忘筌】déyú-wàngquán

筌：捕鱼用的竹器。捕到了鱼而忘掉了筌。比喻达到目的后忘记了原来的凭借。也比喻在文学艺术创作方面吸取前人的精神旨趣而舍弃其外在的形式。也比喻喜新厌旧而忘却前妻的恩爱之情。

【德薄才疏】débó-cáishū

疏：稀，少。德行浅薄而才能贫乏。多用作谦辞。

【德才兼备】décái-jiānbèi

品德和才能同时具备。指品德好，有才能。

【德高望重】dégāo-wàngzhòng

道德崇高，名望被人看重。指道德高尚而威望极高。

【灯红酒绿】dēnghóng-jiǔlǜ

灯烛红通通，酒杯绿澄澄。形容夜饮聚会、寻欢作乐的情景。

【灯火辉煌】dēnghuǒ-huīhuáng

灯火光辉炽盛。指灯火通明，光亮耀眼。

【登峰造极】dēngfēng-zàojí

造：到。登上顶峰而到达最高点。比喻造诣或成就极高。也比喻干坏事发展到了极点而无以复加。

【登堂入室】dēngtáng-rùshì

堂：厅堂，是宫室的前屋。室：内室，是宫室的后屋。登上厅堂，进入内室。古代以"入门""登堂""入室"来比喻学问、技能所达到的程度。"登堂"比喻已有一定的造诣，"入室"比喻学问或技艺已达到了精深的境界。"登堂入室"连用，则泛喻造诣高深。也作"升堂入室"。

【等而下之】děng'érxiàzhī

即"等之而下之"。等：比较。和它比较而比它更低下的。指比前面所提及的事物或情况更差的。又表示和它相比并由此向下类推。指从前面所提及的情况类推下去。

【等量齐观】děngliàng-qíguān

等：同等，同样。量：衡量。齐：齐一，同等。同样衡量，同等看待。指不管事物的差别而同等看待。

【等米下锅】děngmǐ-xiàguō

等待米拿来放入锅中做饭。指家中无米。形容十分贫穷。也比喻等着钱拿来办事。形容手头拮据。

【等闲*视之】děngxián-shìzhī

等闲：和闲事相等，指寻常，随便。把它作为闲事来看待。指随随便便地对待它而不予重视。

【等闲*之辈】děngxiánzhībèi

等闲：普通，寻常。普普通通的人物。

【低三下四】dīsān-xiàsì

三、四：泛指多。这边低下那边低下。指在很多方面都显得低下。形容地位卑贱，低人一等。也形容没有骨气而卑躬屈膝的样子。

【低声下气】dīshēng-xiàqì

气：气息。压低声音，减弱气息。形容说话时恭顺谦卑的样子。

【滴水不漏】dīshuǐ-bùlòu

一滴水也不漏掉。比喻一点疏漏也没有。形容说话、做事等极为周密细致。也形容钱财控制得极紧。

【滴水成冰】dīshuǐ-chéngbīng

水一滴下就结成冰。形容天气极其寒冷。

【涤瑕荡*秽】díxiá-dànghuì

涤、荡：清洗，清除。瑕：玉上的斑点，比喻缺点、过失。清除斑点与污秽。比喻清除人们的弊病恶习及社会上的各种腐败现象。

【地大物博】dìdà-wùbó

地域广大而物产丰富。指国家疆域辽阔而资源丰富。

【地动山摇】dìdòng-shānyáo

大地在震动，高山在摇摆。形容地震时大地的剧烈震动。也形容声势浩大、场面激烈的情景。

【地广人稀】dìguǎng-rénxī

土地广阔而人烟稀少。

【地利人和】dìlì-rénhé

地形的便利和人民的同心合力。指地理条件优越而人民拥护。

【地主之谊】dìzhǔzhīyì

谊：通"义"。当地主人应尽的道义。指招待外地来客的义务。

【掂斤播两】diānjīn-bōliǎng

掂：用手托着东西上下缓动来估量其轻重。播（旧读 bǒ）：通"簸"，用手把东西不断地向上抛动并承接来估量其轻重。用手掂量一下有多少斤，还要抛动一下看有多少两。形容斤斤计较。也比喻苛细地衡量人或事物，品头论足，判断优劣。也作"掂斤簸两"。

【颠倒黑白】diāndǎo-hēibái

把黑和白颠倒过来。即把黑的说成是白的，把白的说成是黑的。比喻歪曲事实，颠倒是非。

【颠倒是非】diāndǎo-shìfēi

把是和非颠倒过来。即把对的说成是错的，把错的说成是对的。

【颠来倒去】diānlái-dǎoqù

翻过来倒过去。指不断地来回重复。

【颠沛流离】diānpèi-liúlí

颠沛：跌倒漂流，引申指不得志而到处漂荡。跌倒漂流，流亡离散。指十分穷困而到处流浪，与家人分离。也作"流离颠沛"。

【颠扑不破】diānpū-bùpò

颠：使跌倒。扑：敲击。推倒它或打击它都不破裂。比喻理论学说极其正确，无论怎样攻击，它都不会被推翻。

【颠三倒四】diānsān-dǎosì

三、四：泛指多。一会儿颠倒了这个，一会儿颠倒了那个。指颠倒得很厉害。即错乱得很厉害。形容神志错乱或说话做事没有条理。

【点石成金】diǎnshí-chéngjīn

　　用手指在石头上一点，就使它变成了金子。这是古代神仙家所宣扬的仙道。后比喻修改或化用别人诗文时技艺极其高超，使平凡的文字成为闪光的珍品。

【点铁成金】diǎntiě-chéngjīn

　　用灵丹在铁上一点，就使它变成了金子。这是古代佛教禅宗所说的一种法术。后比喻修改或化用别人诗文时手法高超，能使平凡的文字成为闪光的珍品。

【点头哈腰】diǎntóu-hāyāo

　　点着头并稍微弯着腰。形容虚伪地恭顺或过分客气时的姿态。

【刁钻古怪】diāozuān-gǔguài

　　刁钻：狡诈。古怪：古代的怪异，即现在根本见不到的怪异，指极其奇怪。阴险狡猾而极其离奇。

【雕虫小技】diāochóng-xiǎojì

　　雕：同"彫"，彩画，修饰。虫：指虫书，我国古代的一种字体，笔画中有虫形。书写虫书的小技艺。这是秦汉时儿童所学习的技艺。后比喻微不足道的技能。多指修饰文字的作文技巧。也作"雕虫小艺"。

【雕梁*画栋】diāoliáng-huàdòng

　　雕：同"彫"，彩画，装饰。梁：木结构屋架中前后方向的承重构件。栋：脊檩，俗称正梁。用彩画装饰的梁和画有图画的栋。形容房屋装饰华丽。也作"画栋雕梁"。

【雕章琢句】diāozhāng-zhuójù

　　雕：雕刻，引申指仔细修饰。修饰篇章琢磨词句。指刻意修饰文章的字句，使用华丽的辞藻。也作"雕章镂句"。

D

【吊*古伤今】diàogǔ-shāngjīn

　　凭吊古迹而对当今的事情感到悲伤。

【吊*死抚伤】diàosǐ-fǔshāng

　　祭悼死者而抚恤伤者。形容关心百姓疾苦。

【调兵遣将】diàobīng-qiǎnjiàng

　　调动兵力，派遣将领。后也泛指调动布置人力。

【调虎离山】diàohǔ-líshān

　　把老虎调离山中。比喻设法使对方离开原来的有利位置。

【掉以轻心】diàoyǐqīngxīn

　　掉：摆动。以轻率的意念来摆弄。指对待事情不重视，漫不经心。

【跌宕起伏】diēdàng-qǐfú

　　时而跌落，时而放纵，时而上升，时而下降。指变化繁多。

【喋喋不休】diédié-bùxiū

　　喋喋：形容话多。唠唠叨叨地不停止。指说个没完。

【叠床架屋】diéchuáng-jiàwū

　　床上叠床，屋下架屋。比喻重复累赘。

【丁是丁，卯是卯】dīng shì dīng, mǎo shì mǎo

　　丁：天干的第四位。卯：地支的第四位。丁就是丁，卯就是卯。指天干与地支不可相混。喻指是什么东西就是什么东西，不同的东西不可混为一谈。形容为人做事极为认真，一丝不苟，绝不含糊。后又讹为"钉是钉，铆是铆"。

【顶礼膜拜】 dǐnglǐ-móbài

顶礼：一种头顶礼，行礼时跪下俯身，两手按地，用头顶碰及受礼者（所崇敬的佛或人）的脚，是佛教徒最尊敬的礼节，其内涵是用自己身上最高贵的部分去承受对方身上最下贱的部分以表崇敬之情。膜拜：一种跪拜礼，行礼时两掌相合加于额上，长跪而拜，是对自己最敬畏的人或神佛所行的敬礼。又行头顶承受礼，又行合掌加额跪拜礼。形容崇拜得五体投地。后比喻极其崇拜（现多用于贬义）。

【顶天立地】 dǐngtiān-lìdì

头顶青天，脚立大地。形容高大雄伟，能独立支撑。也形容气概豪迈，光明磊落。

【顶头上司】 dǐngtóu-shàngsī

直接领导自己的上级部门或上级领导。

【鼎鼎大名】 dǐngdǐng-dàmíng

见"大名鼎鼎"。

【鼎力相助】 dǐnglì-xiāngzhù

鼎：大。相：偏指性副词，此指我或我们。大力帮助我（我们）。敬辞，多用于请求或感谢对方的帮助。

【鼎足而立】 dǐngzú'érlì

鼎：古代烹煮用的器具，多用青铜制成，一般为圆形，三足两耳，也有方形四足的。像鼎的脚一样站立着。比喻三方面势均力敌地相对而立。

【鼎足三分】 dǐngzú-sānfēn

像鼎的脚一样三方分立。形容三股势力对峙抗衡。也作"三分鼎足"。

【鼎足之势】 dǐngzúzhīshì

像鼎脚似的三者对峙的形势。

【定于一尊】 dìngyúyīzūn

由一个最显贵的人来决定。后又指以一个最权威的人或事物作为标准。

【丢盔弃甲】 diūkuī-qìjiǎ

丢掉头盔，抛弃铠甲。形容战败时仓皇逃跑的狼狈相。

【丢三落四】 diūsān-làsì

三、四：泛指多。落：遗漏，遗忘。一会儿丢了这个，一会儿丢了那个。指丢失遗漏的东西很多。也表示遗忘的事情很多。形容人做事马虎，粗心大意，或记忆力不好。

【丢卒保车】 diūzú-bǎojū

舍弃卒而保住车。原为象棋术语。后比喻丢弃次要的，保住主要的。

【东奔西撞】 dōngbēn-xīzhuàng

东、西：虚指不确定的方位。撞：闯。一会儿向这边奔跑，一会儿向那边乱闯。指到处奔走。形容没有目的地乱跑或没有方向地寻求谋生之道。

【东奔西走】 dōngbēn-xīzǒu

走：跑。或向这边奔，或向那边跑。指到处奔走。多形容为了达到某种目的而四处活动。

【东窗事发】[*] dōngchuāng-shìfā

刘一清《钱塘遗事》卷二[37-P.88]："秦桧欲杀岳飞，於東窗下谋其妻王夫人。夫人曰：'擒虎易，放虎難。'其意遂决。後桧遊西湖舟中得疾，見一人被（披）髮周聲曰：'汝誤國害民，我已訴于天，得請于帝矣。'桧遂死。未幾，秦熺亦死。夫人思之，方士伏章，見熺荷鐵枷，因問秦太師所在。熺曰：'吾父見在酆都。'方士如其言而往，果見桧與万俟卨俱荷鐵枷，備受諸苦。桧曰：'可煩傳語夫人，東窗事發矣。'"东窗下商议的事情被发觉了。后比喻阴谋或罪恶被人发觉。

【东倒西歪】 dōngdǎo-xīwāi

或倒向这边，或歪向那边。形容歪斜欲倒的样子。

【东躲西藏】 dōngduǒ-xīcáng

一会儿躲在这儿，一会儿藏在那儿。指到处躲避藏匿。

【东扶西倒】 dōngfú-xīdǎo

从这边扶起来却又倒向那边。形容不能支撑自立，难以扶持。

【东拉西扯】 dōnglā-xīchě

这边抓一点，那边抓一点。指说话、作文时随意乱扯，琐碎繁杂。也指到各处借用或多方挪用钱财。

【东邻西舍】[*] dōnglín-xīshè

这边的邻居，那边的人家。指周围邻居。

【东鳞西爪】 dōnglín-xīzhǎo

这边一片鳞，那边一只爪。原指龙体被云雾所遮而不能看见全身。后比喻零碎不全。

【东拼西凑】 dōngpīn-xīcòu

这儿一点那儿一点地拼凑起来。

【东山再起】 dōngshān-zàiqǐ

东山：山名，在今浙江省绍兴市上虞区西南。东晋谢安少时即已出名，但他屡次拒绝出仕，虽为扬州刺史庾冰敦促而赴召，也只呆了一个多月即告归。他长期隐居在东山，年过四十之再度出任桓温司马，累迁中书监、司徒等职，晋室赖以转危为安。后化为成语"东山再起"，意为从东山再次起用。也泛指退隐后复出任职。后比喻失势后再次得势或失败后再次起来大干。

【东施效颦】 dōngshī-xiàopín

颦：皱眉。《庄子·天运》[3-P.515]载，美女西施因心口疼痛而皱眉，有个丑女人看见后觉得这动作很美，于是仿效西施捂着心口皱眉头，结果丑得把人都吓跑了。后化为成语，把这丑女人称为东施，用东施仿效皱眉之事来比喻胡乱地模仿。形容不明智的人弄巧成拙，令人生厌。

【东逃西窜】 dōngtáo-xīcuàn

窜：飞快地慌不择路地逃跑。或向这边逃跑，或向那边流窜。指四处奔逃。

【东涂西抹】 dōngtú-xīmǒ

这边涂一下，那边抹一下。原指

妇女涂脂抹粉仔细打扮。后比喻用笔乱写或乱画。常用作谦辞。

【东洋大海】dōngyáng-dàhǎi

洋：大海。东方的大海洋。泛指辽阔无边的海洋。也比喻能吞没一切而永远填不满的处所。

【东摇西摆】dōngyáo-xībǎi

向两边摇摆。形容身体不稳定，也形容思想不坚定。

【东张西望】dōngzhāng-xīwàng

这边看看，那边望望。指有一定目的而无具体目标地向四周窥探。形容有所寻求而心神不定的样子。

【冬暖夏凉】dōngnuǎn-xiàliáng

冬天暖和而夏天凉快。形容环境极佳，四季宜人。

【动荡*不定】dòngdàng-bùdìng

剧烈地波动而不稳定。多形容政治形势不稳定。

【动人心弦*】dòngrén-xīnxián

弦：乐器上能振动发声的丝线，比喻会受感动而引起共鸣的思想感情。打动了人的思想感情。多用来形容音乐感动了人。

【动手动脚】dòngshǒu-dòngjiǎo

动动手又动动脚。指不规矩的举动（打人或戏弄人）。

【动辄得咎】dòngzhédéjiù

辄：就，总是。咎：罪过，责怪。一行动就得罪或受到责备。指行为常常与世不合而受到指责。多用来形容与世俗不合者处境困难，常被人无理指责。

【栋梁*之材】dòngliángzhīcái

栋：脊檩，俗称正梁。梁：木结构屋架中前后方向的承重构件。能做脊檩大梁的木材。即能承重的大木。比喻能担负国家重任的人才。

【栋折榱崩】dòngzhé-cuībēng

榱：椽子，放在檩上架屋面板和瓦的木条。正梁折断，椽子崩塌。比喻国家政权倾覆或国家重要人物去世。

【洞察秋毫】dòngchá-qiūháo

洞：透彻。秋毫：秋天鸟兽身上新生的细毛，比喻极其细小的事物。透彻地看清楚了极其细微的东西。形容目光敏锐。

【洞房花烛】dòngfáng-huāzhú

新婚夫妇的卧室里点着彩色蜡烛。后指新房中点着彩烛而新婚夫妇相聚。

【洞见症*结】dòngjiàn-zhēngjié

洞：透彻。症结：胸腹中结块的病灶，比喻事物的疑难之处或问题的关键。透彻地看到了胸腹中结块的病灶。比喻透彻地看到了问题的要害。

【洞若观火】dòngruòguānhuǒ

洞：透彻，明白。明白清楚得像观看火一样。形容观察事物十分透彻。

【洞天福地】dòngtiān-fúdì

洞天：山洞中的天地，道教指神仙居住的地方，传说我国有十大洞天（王屋山洞、委羽山洞、青城山洞、括苍山洞等）、三十六小洞天。福地:幸福安乐之地,道教指神仙所居之地,传说有七十二福地。神仙居住的洞府和宝地。后泛指环境幽美的名山胜地。

【洞烛其奸】dòngzhú-qíjiān

洞:透彻。烛:照见。透彻地察见了他的奸诈邪恶。也作"洞察其奸"。

【斗*酒百篇】dǒujiǔ-bǎipiān

斗:古代酒具。饮一斗酒而作诗一百篇。形容能饮酒而善做诗。

【斗*筲之才】dǒushāozhīcái

斗:容器,能装十升。筲:竹器,能装十二升。斗和筲都是小容器。像斗筲一样的才具。指才识短浅。

【斗*筲之人】dǒushāozhīrén

斗筲:仅能装十升与十二升的小容器。像斗、筲似的人。指气量狭小、才识短浅的人。

【斗*转参横】dǒuzhuǎn-shēnhéng

斗:北斗,在北天排列成斗勺形的七颗亮星,即天枢、天璇、天玑、天权、玉衡、开阳和摇光,属大熊星座。参:参宿,二十八宿之一,即猎户座中的七颗亮星。北斗七星转了方向,参宿七星横了过来。指午夜或天快亮的时候。

【斗*转星移】dǒuzhuǎn-xīngyí

北斗转向,星座移位。指季节变换,岁月流逝。也作"星移斗转"。

【抖擞精神】dǒusǒu-jīngshén

抖擞:振动,引申为振作。振作精神。

【斗*鸡走狗】dòujī-zǒugǒu

走:使奔跑。使公鸡与公鸡搏斗,使狗与狗赛跑。这是古代的两种游戏,常用来赌博。后化为成语,泛指不务正业,嬉戏玩耍。

【斗*志昂扬】dòuzhì-ángyáng

昂扬:高涨。斗争的意志高涨旺盛。

【豆蔻年华】dòukòu-niánhuá

豆蔻:多年生常绿草本植物,又名草果,其尚未大开的花甚美,诗人常用来喻指未嫁少女。年华:美好的年龄。像尚未盛开的豆蔻花那样的妙龄。指少女十三四岁时。语本杜牧《赠别》诗[38-P.6035]:"娉娉袅袅十三余,豆蔻梢头二月初。"

【毒蛇猛兽】dúshé-měngshòu

有毒的蛇和凶猛的野兽。泛指对人类生命有威胁的动物。也喻指危害人民的凶狠残暴者。

【独霸一方】dúbà-yīfāng

独自霸占某一个地方。

【独步当时】dúbù-dāngshí

独步:独自一个人行走,独往独来,指其无敌于天下,没有人能阻挡他,引申指才能出众,没有对手,无与伦比。在当时独往独来。指在当时无与伦比。多形容才能出众。也作"独步当世""独步一时"。

【独步天下】dúbù-tiānxià

在天下独往独来。指在天下没有对手。也指才能出众,无与伦比。

D

【独出心裁】dúchū-xīncái

裁:剪裁,取舍安排。心裁:内心的剪裁,指深思熟虑的取舍安排。独自作出深思熟虑的取舍安排。常形容独特的构思、设计或做法。

【独当一面】dúdāng-yīmiàn

单独担当一个方面的重要任务。指单独承担或领导某一方面的各项工作。

【独到之处】dúdàozhīchù

独自涉及(想到、看到、提到、做到等)的地方。即与众不同的地方。

【独断专行】dúduàn-zhuānxíng

专:单独,独自。单独决断而独自行事。指处理事情时只凭个人意志,从不考虑别人的意见。也作“独断独行”。

【独夫民贼】dúfū-mínzéi

独夫:与“寡妇”相对,指无妻而孤独的男子,后转指众叛亲离的君主。贼:杀人者。孤独无助的君主,杀害人民的强盗。指暴虐无道、残害人民的统治者。

【独具匠心】dújù-jiàngxīn

匠心:技工的心思,引申指巧妙的构思。单独具有一番巧妙的构思。形容文学、艺术等方面的创造性构思。

【独揽大权】dúlǎn-dàquán

独自把持着处理重大事情的权力。

【独立王国】dúlì-wángguó

立:存在,生存。依靠自己的力量而独自存在的君主制国家。比喻不服从上级领导而自搞一套的地区、部门或单位。

【独立自主】dúlì-zìzhǔ

立:立足,存在,生存。依靠自己的力量生存而自己作主。多指在政治、经济、军事、外交等方面自己作主,既不依赖他人,又不受别人的控制或支配。

【独木不成林】dú mù bù chéng lín

单独一棵树不可能成为树林。比喻一个人或局部的力量不可能形成强有力的群体力量,因而办不成大事。

【独木难支】dúmù-nánzhī

刘义庆《世说新语·任诞》[39-P.395]:“或谓和峤曰:‘卿何以坐视元裒(任愷)败而不救?’和曰:‘元裒如北夏門拉攞自欲壊,非一木所能支。’”后化为成语,表示单独一根木头难以支撑住(将要倒塌的大厦)。比喻一个人的力量难以维持危急的局势。也比喻一个人的力量难以承担极其艰巨的任务。也作“一木难支”。

【独辟*蹊径】dúpì-xījìng

蹊径:踩踏出来的小路,引申指新路,比喻新路子、新门径。独自开辟一条新路。比喻独创一种新的方法、思路或风格。

【独善其身】dúshàn-qíshēn

单单使其自身善良。指独自搞好自身修养,保持个人节操。后也指只顾自己好而不管其他人。

【独守空房】 dúshǒu-kōngfáng

独自一人守候在空空的房间里。指妇女没有丈夫陪伴。

【独树一帜】 dúshù-yīzhì

单独树立起一面旗帜。比喻风格独特，自成一家。

【独往独来】 dúwǎng-dúlái

单独一个人走过去走过来。形容其行动自由，没有阻碍。也形容其力量强大而没有对手能阻挡他，或风格独特而自成一家。后又指独自来往而没有伴侣。

【独行其是】 dúxíng-qíshì

是：对，正确。独自去做自己认为是对的事。指做事时自作主张，固执己见而不考虑别人的意见。

【独一无二】 dúyī-wú'èr

独：唯独，单单。只有这一个而没有第二个。指唯一的。形容无与伦比。

【独占鳌头】 dúzhàn-áotóu

鳌：传说中的一种海中大龟。鳌头：指刻有鳌的头部形状的浮雕。古代的宫殿前有石阶，其两侧的石阶为一级一级的台阶，台阶中间为斜坡形的压阶石，压阶石上刻有飞升的龙形或巨鳌形的浮雕。宋代科举殿试后唱名结束，考中状元的由赞礼官引至殿前台阶而独自居前立于刻有鳌头形浮雕的压阶石正中迎榜，所以把考中状元称作"独占鳌头"。后也泛指单独占据首位，名列第一。

【读书百遍，其义自见】 dúshū--bǎibiàn，qíyì-zìxiàn

见：同"现"。把书读到上百遍，它的意思就自然而然地显现出来了。指反复把书读熟以后，就能明白其中的意思。

【笃志好学】 dǔzhì-hàoxué

笃：忠实，坚定。志：意志。专心致志，爱好学习。

【睹物伤情】 dǔwù-shāngqíng

看到（与离别的或死去的亲友有关的）东西而使自己的感情十分悲伤。

【睹物思人】 dǔwù-sīrén

看到（与离别的或死去的亲友有关的）东西便思念这个人。

【杜渐防萌】 dùjiàn-fángméng

杜：堵住。渐：渐进，逐步发展。萌：萌发，开始发生。阻止其发展而防止其萌生。指严加防范，把错误、祸患等消灭于萌芽状态中而不让其蔓延发展。

【杜绝后*患】 dùjué-hòuhuàn

防止根绝未来的祸害。

【杜门不出】 dùmén-bùchū

关闭大门不外出。指不与外人交往。

【肚里*蛔虫】 dùlǐ-huíchóng

蛔虫：寄生于肠内的一种长条形虫。肚子中的蛔虫。比喻透彻了解别人心思的人。

【妒贤嫉能】 dùxián-jínéng

D

忌妒贤者，怨恨能人。指对德望、才能胜过自己的人心怀怨恨。也作"嫉贤妒能"。

【度日如年】dùrì-rúnián

过一天像过一年似的。指主观上感到一天的时间像一年那样长。形容处境困苦而日子很难过。

【蠹国害民】dùguó-hàimín

蠹：蛀蚀，损害。侵蚀国家，残害人民。

【端本正源】duānběn-zhèngyuán

端正根本，整治源头。比喻从根本上加以整顿治理。

【短兵相接】duǎnbīng-xiāngjiē

短的兵器互相接触。指作战时用刀、剑等进行面对面的搏斗。也比喻面对面地进行针锋相对的斗争。

【短小精悍】duǎnxiǎo-jīnghàn

身材矮小而精明强悍。也形容言论或文章简短而有力。

【断壁颓垣】duànbì-tuíyuán

断裂的墙壁和坍塌的矮墙。形容建筑物倒塌残破的景象。也作"断壁残垣"。

【断编残简】duànbiān-cánjiǎn

编：古代串联竹简的绳子或皮筋。简：竹简，古代书写用的竹片。断掉的编绳与残剩的竹简。指残缺不全的古籍或文章字画。也作"断简残编"。

【断发*文身】duànfà-wénshēn

断：剪断。文：刺花纹。剪短头发，在身上刺花纹。这是古代吴、越一带的习俗，主要是为了便于下水捕鱼，装饰自己，避免水中蛟龙之害。

【断根绝种】duàngēn-juézhǒng

根：比喻命根，指子孙后代。断掉了根而没了种子。比喻断了命根而没了后代。指没有子息而不能传宗接代。

【断梗飘蓬】duàngěng-piāopéng

梗：植物的枝或茎。蓬：一种草，枯后根折，遇风飞旋，故又名"飞蓬"。折断的木枝草茎与飘荡飞旋的蓬草。比喻漂泊不定的生涯。也作"断梗飞蓬"。

【断鹤续凫】duànhè-xùfú

截断鹤的长腿去接长野鸭的短腿。比喻做事违反自然规律，生搬硬套。

【断井颓垣】duànjǐng-tuíyuán

井：指井栏。断裂的井栏和坍塌的矮墙。形容庭院破败荒凉的景象。

【断线风筝】duànxiàn-fēngzhēng

断了线的空中风筝。比喻一去不返、不知其踪迹的人或物。也作"断线鹞子"。

【断线珍珠】duànxiàn-zhēnzhū

断了线的成串珍珠。比喻一连串滴落的泪珠。

【断雨残云*】duànyǔ-cányún

隔绝的雨与残剩的云。比喻夫妻、情人之间因身受阻隔而不能合欢或很少相聚的爱情生活。

【断章取义】duànzhāng-qǔyì

断：截断。章：歌曲诗文的段落。

割下一段诗文而取用其中的意义。原指截取《诗经》中某一章诗,利用该章所具有的某一种字面意义来表达自己的意思,而不去顾及其在整篇诗中的原意。后泛指不顾全篇诗文或谈话的内容,只截取其中的片断,并利用该片断所具有的某种字面意义,而不顾其原意。

【断子绝孙】 duànzǐ-juésūn

子孙断绝。即没有子孙后代。多用作诅咒语。

【堆积如山】 duījī-rúshān

堆叠积聚得像山一样。形容东西很多而堆得很高。

【堆金积玉】 duījīn-jīyù

黄金宝玉多得堆积起来。指占有的财富极多。

【对簿公堂】 duìbù-gōngtáng

对:回答。簿:文书,指起诉书之类。公堂:官府的厅堂。在官府的厅堂上回答起诉书中的问题。指在官府接受审问。现泛指原告与被告在法庭上进行诉讼答辩和对质。

【对床夜雨】 duìchuáng-yèyǔ

两人相对坐在或卧在床上听着夜晚的雨声而亲切交谈。指朋友或兄弟在雨夜相聚一室,倾心交谈。多用来描述久别重逢或临别之前的深情景象。也作"对床听雨""夜雨对床"。

【对答如流】 duìdá-rúliú

见"应对如流"。

【对号入座】 duìhào-rùzuò

查对号码进入座位。指在影剧院或车船里根据票上的号码查对座位号就座。比喻将自己的言行与有关的准则或意见相对照后归入一定的品类。

【对牛弹琴】 duìniú-tánqín

对着牛弹奏琴。比喻对不懂道理的人讲精深微妙的道理或对外行人说行话。含有讥笑说话对象的意思。也用来讥笑人说话不看对象。

【对症*下药】 duìzhèng-xiàyào

症:疾病。针对疾病用药。比喻针对具体情况来采取相应的措施。

【顿开茅塞】 dùnkāi-máosè

顿时开通了被茅草堵塞的道路。比喻一下子打开了闭塞不通的心窍。指受到某种启发后一下子想通了某种道理。也作"茅塞顿开"。

【顿足捶胸】 dùnzú-chuíxiōng

见"捶胸顿足"。

【遁名匿迹】 dùnmíng-nìjì

遁:隐。隐姓埋名而藏起踪迹。指避世隐居而不露面。

【遁入空门】 dùnrù-kōngmén

遁:逃避。逃避尘世而进入佛门。

【遁世离群】 dùnshì-líqún

逃避现实社会而远离众人。

【多才多艺】 duōcái-duōyì

具有多方面的才能和技艺。

【多财善贾】 duōcái-shàngǔ

善:好,容易。钱财多好做买卖。

比喻条件有利或资本实力雄厚则容易办成事。也作"多钱善贾"。

【多藏厚亡】duōcáng-hòuwáng

大量地收藏财货就一定会有巨大的散亡。指在家中或墓中收藏大量财宝,常会发生被抢被盗之事而使财宝大量散失。

【多愁善感】duōchóu-shàngǎn

善:容易。经常发愁,容易感伤。形容人感情脆弱,容易动情而多忧愁之感。

【多此一举】duōcǐyījǔ

毫无必要地多了这一举动。指所采取的某一行动或所做的某一件事纯属多余,毫无必要。

【多多益善】duōduō-yìshàn

益:更加。多了又多更加好。指不厌其多,越多越好。

【多快好省】duōkuài-hǎoshěng

数量多,速度快,质量好,成本省。

【多历*年所】duōlì-niánsuǒ

所:通"许",表示大约的数量。经历的年数很多。

【多谋善断】duōmóu-shànduàn

能想出很多计谋,又善于决断。

【多难兴邦】duōnàn-xīngbāng

邦:国家。多灾多难能使国家兴盛。指多灾多难能促使人们发愤图强,结果反能使国家强盛起来。

【多如牛毛】duōrúniúmáo

多得像牛身上的毛。形容极多。

【多事之秋】duōshìzhīqiū

秋:年,指时期。事变很多的时期。形容社会不安定。

【多闻阙疑】duōwén-quēyí

阙:空,指不置一辞。多听别人的话,对疑惑不解的问题不发表意见。形容谦虚谨慎。

【多行不义必自毙】duō xíng bùyì bì zì bì

毙:倒下。多做不合道义的事必将自行垮台。

【多一事不如少一事】duō yī shì bùrú shǎo yī shì

多干一件事还不及少干一件事。指做事越多,越容易失误,或者越容易引起麻烦,所以还不如少做或不做事为好。多用来劝人明哲保身,不要多管分外之事。

【多嘴多舌】duōzuǐ-duōshé

过多地使用嘴和舌头。指说话过多,说了不该说的话。也指多管闲事而搬弄是非。也作"多嘴饶舌"。

【咄咄逼人】duōduō-bīrén

咄咄:叹词,表示呵叱,转指锋利的言语。锋利的言语逼迫人。指话锋犀利而令人难堪。也指说话时气势汹汹,盛气凌人。又指诗文字画等成就出众而威胁到大师。现也用来指形势发展迅速而催人奋进。

【咄咄怪事】duōduō-guàishì

咄咄:叹词,表示惊叹。使人连声惊叹的怪事情。

【咄嗟便办】duōjiē-biànbàn

咄嗟:叹词,表示呼唤。主人一声吩咐,仆人就办好了。后泛指立刻办到。也作"咄嗟立办"。

【掇菁撷华】 duōjīng-xiéhuá

掇、撷:摘取。菁、华:精华。摘取其精华。

【夺眶而出】 duókuàng'érchū

冲开眼眶流出来。指很多眼泪一下子涌出眼眶。形容极其悲伤的样子。

【夺胎换骨】 duótāi-huàngǔ

夺取人的胚胎而换一副骨骼。这原是道教的说法,指修道者利用凡人的躯体,经过服丹修炼而换上仙骨,于是便超凡脱俗而获得新生,即所谓得道成仙。后比喻写作诗文时取用前人作品加以改造更新,从而达到超凡脱俗的境界。

D

【度德量力】 duódé-liànglì

估计一下自己的德行,衡量一下自己的力量。指做事前对自己的德行、能力作正确的估量。

【堕云*雾中】 duòyúnwùzhōng

掉进浓云迷雾之中。比喻陷入了迷惑之中。

E

【阿弥陀佛】Ēmítuófó

梵语 Amitābha 的音译。梵语 amita 是"无量"的意思,所以也意译为无量寿佛、无量光佛等。佛教净土宗以阿弥陀佛为西方"极乐世界"的教主,所以信佛者常念诵其名号,以便临终时由佛接引到西方极乐世界。平时念诵此佛号,多表示对神灵的祈祷或感谢。

【阿其所好】ēqísuǒhào

阿:偏袒;曲从,迎合。偏袒自己喜爱的人。后多表示迎合别人的爱好。

【阿谀逢迎】ēyú-féngyíng

阿谀:曲意恭维。谄媚恭维,迎合别人。也作"阿谀奉承"。

【婀娜多姿】ēnuó-duōzī

柔美摇曳而千姿百态。

【鹅毛大雪】émáo-dàxuě

雪花像鹅毛似的大雪。形容雪下得又大又猛。

【蛾眉皓齿】éméi-hàochǐ

蛾眉:形状像蚕蛾触须似的眉毛,指弯曲而细长的眉毛。蚕蛾触须似的眉毛和洁白的牙齿。形容女子容貌美丽。也借来指称美女。也作"皓齿蛾眉"。

【扼吭拊背】èháng-fǔbèi

拊:通"抚",按。掐住喉咙,按住背脊。比喻控制了对方的要害之处。

【扼腕长叹】èwàn-chángtàn

握住手腕长声叹气。形容惋惜、悲愤时的样子。

【恶贯满盈】èguàn-mǎnyíng

贯:穿铜钱的绳子。盈:满。罪恶就像穿钱的绳子上已穿满了钱一样。指罪恶累累,已达到了极点。

【恶梦初醒】èmèng-chūxǐng

从可怕的梦中刚刚醒来。比喻刚从灾难性的迷误中醒悟过来。也比喻灾难过后惊慌失措的心情刚开始好转,既感到幸运又心有余悸。

【恶人先告状】èrén xiān gàozhuàng

坏人抢先告状。泛指犯了罪或犯了错误的人抢先诬赖好人。

【恶语伤人】èyǔ-shāngrén

用恶毒的言语伤害人。指用令人难堪的话污辱咒骂人。

【恶语中伤】èyǔ-zhòngshāng

中伤:攻击陷害。用恶毒的言语

攻击陷害人。

【饿虎扑食】èhǔ-pūshí

　　饥饿的老虎扑向食物。比喻凶猛而迅速地向目标扑去。

【饿殍遍野】èpiǎo-biànyě

　　饿死的人遍布野外。

【恩爱夫妻】ēn'ài-fūqī

　　恩爱:情爱,亲爱。在感情上相亲相爱的夫妻。指感情十分融洽的夫妻。

【恩断义绝】ēnduàn-yìjué

　　恩:恩爱。恩爱、情义彻底断绝。多指夫妻之间的感情彻底破裂。

【恩恩爱爱】ēn'ēn-ài'ài

　　在感情上深深地相爱。形容夫妻感情深厚融洽。

【恩恩相报】ēn'ēn-xiāngbào

　　对别人给予的恩惠用恩惠来报答。

【恩将仇报】ēnjiāngchóubào

　　对别人给予的恩惠用仇恨来报答。

【恩深义重】ēnshēn-yìzhòng

　　恩爱深而情义重(指夫妻之间)。也表示恩情深而道义重。

【恩同父母】ēntóngfùmǔ

　　恩情深得和父母一样。

【恩同再造】ēntóngzàizào

　　恩惠大得如同给了第二次生命。多用来表示对重大恩惠的感激。

【恩威并*行】ēnwēi-bìngxíng

　　恩德和威势两种手段同时使用。指同时采用奖赏感化与刑罚威慑两种办法来治理臣民。也作"恩威并施""恩威并用"。

【恩重如山】ēnzhòng-rúshān

　　恩德重得像山一样。形容恩德极大。

【儿女情长】érnǚ-qíngcháng

　　青年男女之间的爱情缠绵深长。现也指子女与父母之间的亲情十分深厚。

【儿女心肠】érnǚ-xīncháng

　　青年男女的感情。指谈情说爱的柔情。

【儿女之情】érnǚzhīqíng

　　青年男女之间的感情。指爱情。

【而立之年】érlìzhīnián

　　而:连词。立:站住,指能立足于社会。能立足于社会的年龄。《论语·为政》[25-P.2461]:"子曰:'吾十有五而志于学,三十而立,四十而不惑,五十而知天命,六十而耳顺,七十而從心所欲,不踰矩。'"后便用"而立之年"指代三十岁。

【尔虞我诈】ěryú-wǒzhà

　　尔:你。虞:欺骗。你欺骗我,我欺骗你。也作"尔诈我虞"。

【耳边风】ěrbiānfēng

　　从耳朵旁边吹过去的风。比喻听过后不放在心上的话(指劝告、嘱咐、消息等)。

【耳鬓厮磨】ěrbìn-sīmó

　　厮:互相。耳朵和鬓发互相摩擦。形容彼此亲密相处的情景。

【耳聪目明】ěrcōng-mùmíng

　　聪:听觉灵敏。明:视觉敏锐。

耳朵灵敏，眼睛明亮。指资质好。形容头脑清楚，感觉灵敏。

【耳根清净】ěrgēn-qīngjìng

耳根：佛教所说的"六根"之一，耳为听根，是一种罪孽的根源，所以把耳叫做"耳根"。清净：清洁干净，佛教指没有欲念，远离"六尘"，一尘不染。此原为佛教语，指耳朵洁净而没有欲念，不沉迷于音乐（参见"六根清净"）。后也指耳朵没有欲念，不听尘世间有关功名利禄的话。形容清静寡欲，不受外界干扰。后又借指耳朵边清洁干净，听不到嘈杂的声音。形容身边安静，无人絮叨打扰。末一义项也作"耳边清净"。

【耳目一新】ěrmù-yīxīn

一：一时，一下子。耳朵、眼睛的感觉一下子新了。指面前的东西一下子使人产生一种新鲜感。形容感觉与以往大不相同，令人欣喜舒畅。

【耳濡目染】ěrrú-mùrǎn

濡：浸润，比喻受熏陶。染：感染，比喻受陶冶。耳朵、眼睛受到熏陶感染。指由于经常听到看到而在不知不觉中受到了很大的影响。

【耳软心活】ěrruǎn-xīnhuó

耳朵软，心思活。指容易听信别人的话而改变自己的想法。形容没有主见。

【耳熟能详】ěrshú-néngxiáng

听得熟透了，能详尽地说出来。

【耳顺之年】ěrshùnzhīnián

顺：顺当，不别扭。耳朵听起话来很顺当的年龄。即无论听到别人什么话都能顺从其意去了解他而不感觉别扭的年龄。指代六十岁（参见"而立之年"）。

【耳提面命】ěrtí-miànmìng

把他的耳朵拉起来当面教导他。泛指严肃认真地当面进行教导。

【耳闻不如目见】ěrwén bùrú mùjiàn

耳朵听到不如眼睛看到。指亲眼看见的情况比耳朵听来的传闻更可靠。

【耳闻目睹】ěrwén-mùdǔ

亲耳听见，亲眼看见。

【二话不说】èrhuà-bùshuō

不说第二句话。指除了答应之外不说别的话。表示没有任何不同的意见。形容毫不犹豫地立刻去做某事。

【二人同心，其利断金】èrrén-tóngxīn，qílì-duànjīn

两个人一条心，他们的锋利能斩断金属。比喻齐心合力则无坚不摧。

【二一添作五】èr yī tiān zuò wǔ

珠算除法口诀之一，表示用2除1（1除以2）时拨去原有的算盘子而在横梁上方添上一个算盘子使该档成为5，其意为2除1等于0.5。后用作成语，表示二分之一或双方各一半。多用来指对半平分。

【二者必居其一】èr zhě bì jū qí yī

在两种情况中必定占有一种。

F

F

【发*凡起例】fāfán-qǐlì

发:揭示。凡:概略,要略。起:拟定。揭示要略而拟定体例。指编写书籍时,总编或作者先阐明全书的大旨,拟定编撰的体例。

【发*愤图强】fāfèn-túqiáng

发愤:发泄愤懑,引申指因为愤激而勤奋努力。图:谋求。激愤地勤奋努力来谋求强盛。

【发*愤忘食】fāfèn-wàngshí

激愤地勤奋努力而忘记了吃饭。形容全身心地扑在工作或学习上。

【发*号施令】fāhào-shīlìng

号:号令,命令。施:给予,下达。发出号召,下达命令。现多用来形容自己不动手而自作主张地指挥别人。

【发*聋振聩】fālóng-zhènkuì

见“振聋发聩”。

【发*蒙解惑】fāméng-jiěhuò

开导蒙昧而解除迷惑。即对昏昧不明的地方进行开导,对迷惑不解的地方进行解释。

【发*人深思】fārénshēnsī

启发人深入思考。形容言论或事情所包含的意义意义深远而值得进一步思索。

【发*人深省】fārénshēnxǐng

省:醒悟,明白。启发人深刻地醒悟。形容言论或事情所包含的内容有深刻的启示作用。现也用来表示启发人深入地思索,与“发人深思”同义。

【发*扬蹈厉】fāyáng-dǎolì

发:奋发,奋起。扬:举起。蹈:踏。厉:跳起。奋发举起手来,用脚踏地并跳起。原为舞蹈动作,表现姜太公辅佐周武王伐纣时奋勇向前的斗志。后用来表示奋勇作战或气势昂扬。也作“发扬踔厉”。踔(chuō):腾越。

【发*扬光大】fāyáng-guāngdà

发扬:奋发举起,引申指大力提倡和发展。大力提倡和发展它,使它辉煌而盛大。

【伐功矜能】fágōng-jīnnéng

伐、矜:夸耀。夸耀自己的功劳和才能。指自以为有功有才而骄傲自大,目空一切。形容自负。

【罚不当罪】fábùdāngzuì

当:相当。惩罚与所犯罪行不相

当。多指惩处过重。

【罚不责众】fábùzézhòng

虽有惩罚，但并不责罚很多人。指某种行为虽应惩处，但如果犯者众多，也就不好采取责罚的办法了。也作"法不责众"。

【法不阿贵】fǎbù'ēguì

阿：偏袒。法律不偏袒权贵。形容执法公正，法律面前人人平等。

【法不徇情】fǎbùxùnqíng

徇：依从，曲从。情：人情，私情。法律不曲从私情。指执法公正，不依私人情感办事。

【发*短心长】fàduǎn-xīncháng

头发短而心路长。指年老了头发短缺稀少，但足智多谋，考虑深远。

【发*秃齿豁】fàtū-chǐhuō

豁：缺。头发秃了，牙齿缺了。形容衰老的样子。

【发*指眦裂】fàzhǐ-zìliè

指：直竖。眦：眼眶。头发竖起向上直指，眼睛瞪得眼眶开裂。形容愤怒到了极点。

【翻覆无常】fānfù-wúcháng

覆：翻，倒。翻过来倒过去没有定准。形容社会形势、人生环境等变化不定。也形容人狡诈多变。也作"反复无常"。

【翻江倒海】fānjiāng-dǎohǎi

使江海翻过来倒过去。指水势汹涌，波浪翻滚。后又用来形容声势浩大，场面激烈，动作勇猛而力量巨大。也用来形容骚扰厉害，场面混乱，鸡犬不宁。也作"倒海翻江"。

【翻空出奇】fānkōng-chūqí

翻：飞。翻空：在天空中飞翔，比喻凭空施展想象。凭空施展想象而显得异乎寻常。形容文学艺术作品以独特的想象取胜。后也指诗文等不落前人窠臼，有所创新而显得奇特。

【翻来覆去】fānlái-fùqù

覆：翻。翻过来翻过去。指来回翻动身体。形容难以入睡。也指重复多次。又表示翻覆无常。

【翻然改图】fānrán-gǎitú

翻然：迅速而彻底地（改变）。迅速而彻底地改变计划。指迅速转变，另作打算。

【翻然悔悟】fānrán-huǐwù

迅速而彻底地懊悔并醒悟过来。指思想上很快地认识到自己的过错而转变过来。也作"幡然悔悟"。

【翻山越岭】fānshān-yuèlǐng

翻过高山，越过峻岭。指翻越了很多山头。形容不怕劳苦长途跋涉。也比喻历尽千辛万苦。

【翻天覆地】fāntiān-fùdì

覆：翻。使天和地都翻了过来。形容变化极大。也形容秩序大乱。也作"天翻地覆"。

【翻箱倒柜】fānxiāng-dǎoguì

使箱子翻了过来，使柜子倒了下去。指彻底翻找搜查箱子、柜子中的东西。现也比喻毫无保留地拿出自己的东西或发表自己的意见。

【翻云*覆雨】 fānyún-fùyǔ

"翻手为云，覆手为雨"的略语。覆：翻。把手翻过来手心向上就成云，把手翻过去手心向下就成雨。原指神仙、道士等施展法术使天上一会儿布云，一会儿下雨。后用来比喻玩弄权术，施展手段，反复无常。

【凡夫肉眼】 fánfū-ròuyǎn

凡夫：平凡的人，佛教指不能排除情欲的世俗之人。肉眼：佛教指人间肉身之眼，为五眼（肉眼、天眼、慧眼、法眼、佛眼）之一，肉眼、天眼仅能见事物幻相，慧眼、法眼能见实相，佛眼则无所不见而无所不识，所以"肉眼"被用来指短浅的眼光。平凡之人的肉质眼睛。指缺乏眼力的俗人。形容人眼光短浅，缺乏辨识能力，不识货。

【凡夫俗子】 fánfū-súzǐ

夫、子：指男人。平凡庸俗的男人。

【凡事预则立，不预则废】 fán shì yù zé lì, bù yù zé fèi

预：事先准备。立：成。所有的事情，事先有准备就能办成，不事先准备就会败坏。

【烦心倦目】 fánxīn-juànmù

烦闷的心情，疲倦的眼睛。形容人愁闷颓丧。

【烦言碎辞】 fányán-suìcí

烦：烦杂，又多又乱。烦杂、琐碎的言辞。形容遣词造句、说话作文繁冗杂沓，不精练。也作"烦言碎语"。

【繁花似锦】 fánhuā-sìjǐn

锦：用彩色经纬丝织出的有各种图案花纹的丝织品，其色彩鲜艳华美。繁多的花朵像鲜艳华丽的锦缎。形容美丽的景色或美好的前景与局面。

【繁礼多仪】 fánlǐ-duōyí

礼节仪式繁多。指过分讲究礼节。

【繁荣昌盛】 fánróng-chāngshèng

繁荣：繁茂盛多，欣欣向荣。欣欣向荣，昌明兴盛。形容兴旺发达、蓬勃发展的景象。

【繁荣富强】 fánróng-fùqiáng

欣欣向荣，富足强盛。形容兴旺发达、国力强大。

【繁文缛节】 fánwén-rùjié

文：礼仪制度。缛：繁琐。繁多的礼仪制度与繁琐的礼节。指过多的礼节仪式。也比喻繁琐多余的规定或手续。

【反败为胜】 fǎnbàiwéishèng

反：使……反转过来。扭转败局，变为胜利。

【反唇相讥】 fǎnchún-xiāngjī

反过口来讥讽对方。指受到指责不服气而回嘴讽刺对方。

【反唇相稽】 fǎnchún-xiāngjī

稽：计较，争辩。反过口来和对方计较。指受到指责不服气而回嘴和对方争辩。

【反复*无常】 fǎnfù-wúcháng

见"翻覆无常"。

【反戈一击】 fǎngē-yījī

戈:一种侧锋横刃的长柄兵器。击:古代用戈、剑的横刃劈杀叫击。掉转戈的锋刃一劈。指转身向自己原来所属的阵营进攻。

【反攻倒算】 fǎngōng-dàosuàn

被攻击者反过来打击进攻者,并倒过来向进攻者算账。指受到打击的坏人进行反扑与报复。

【反躬自问】 fǎngōng-zìwèn

反:指反求。躬:自身。反过来责求自身,问问自己。指出了问题后从自己身上找原因。

【反躬自省】 fǎngōng-zìxǐng

反:指反求。躬:自身。反过来责求自身,反省自己。指出了问题后从自己身上找原因,作自我反省。

【反躬自责】 fǎngōng-zìzé

反:指反求。躬:自身。反过来责求自身,责备自己。指出了问题后从自己身上找原因,并作自我检讨。

【反客为主】 fǎnkèwéizhǔ

转变客人的地位而成为主人。比喻变被动为主动。

【反面教员】 fǎnmiàn-jiàoyuán

从坏的或消极的一面使人受到教育的坏人。

【反面文章】 fǎnmiàn-wénzhāng

从事情的另一面立言的文章。指带有反话的讽刺文字。

【反面无情】 fǎnmiàn-wúqíng

反面:翻脸,客气的脸色变得不客气。无情:没有情义,不顾情面。完全变了脸色而毫不留情。指态度一下子变得十分冷酷,根本不念旧情。也作"翻脸无情"。

【反目成仇】 fǎnmù-chéngchóu

反目:转动眼珠使青眼变成白眼,指其内心由喜爱变为憎恨。由青眼相视转变为以白眼相向而成了仇敌。多指夫妻之间感情破裂,由相爱变为相憎而誓不两立。

【反其道而行之】 fǎn qí dào ér xíng zhī

采取与对方相反的方法行事。也表示违反对方的主张去行事。

【反其意而用之】 fǎn qí yì ér yòng zhī

按照与它原意相反的意思来使用它。常指把成语、警句、典故的意义从反面加以引用,即引用它们来表达与其原意相反的意思。

【反求诸己】 fǎnqiúzhūjǐ

求:寻找,追究。诸:之于。反过来从自己身上寻找原因。指出了问题后追究自己的责任。

【反手可得】 fǎnshǒu-kědé

翻转手掌就可以得到。形容不费力气,极易得到。

【返老还童】 fǎnlǎo-huántóng

返:使……返回,扭转。还:返回,回到。扭转衰老而回到童年。这原是道教所宣扬的使老人变为儿童的一种道术。后用来形容老年人恢复了青春的健康或精神状态而充满了活力。

【返璞归真】fǎnpú-guīzhēn

　　璞：未经雕琢加工的玉石，比喻质朴自然的状态。真：本性，本来面目，天真自然的状态。返回到像璞玉一样的原始质朴状态，回归到天真自然的本性中。指去掉一切外表的做作装饰而恢复到质朴自然的状态。也作"归真反璞"。

【犯而不校】fàn'érbùjiào

　　校：计较。被人触犯而不加计较。即受到欺侮或侵犯后不去报复。

【犯上作乱】fànshàng-zuòluàn

　　作乱：搞动乱，指造反。触犯上级，制造动乱。指起来造反。

【饭来张口】fànlái-zhāngkǒu

　　人家把饭端来，自己只要张开嘴巴吃。指吃现成饭。形容什么事也不做或不操劳家务而坐享其成的享乐生活。

【泛泛而谈】fànfàn'értán

　　泛泛：浮浅，不深入。浮浅地讲一讲。指讲话或写文章不深入细致，只作一般性的论述。

【泛泛之交】fànfànzhījiāo

　　浮浅的交往。指交情不深的朋友。

【泛滥成灾】fànlàn-chéngzāi

　　大水溢出江河湖泊无限制地乱流而造成了灾难。也比喻某些东西数量过多而成了祸害，或不良的思想言行、文章书籍等到处传播而造成了很坏的影响。

【方便之门】fāngbiànzhīmén

　　原为佛家语，指因人施教、灵活变通而使人便于领悟佛法的门径。后泛指使人便利的门路。

【方寸已乱】fāngcùn-yǐluàn

　　方寸：一寸见方，指心。内心已经紊乱。指心绪纷乱，烦躁不安。

【方枘圆凿】fāngruì-yuánzáo

　　方形的榫头与圆形的榫眼。比喻互不相合、格格不入的人或事物。也作"圆凿方枘"。

【方兴未艾】fāngxīng-wèi'ài

　　方：正在。艾：终止。正在兴起，还没有完结。指事物正处于蓬勃发展时期，一时不会终止。

【芳华虚度】fānghuá-xūdù

　　芳：草香，引申为美好。虚：空。美好的年华白白地度过了。指青年时期一事无成。

【防不胜防】fángbùshèngfáng

　　胜(旧读 shēng)：尽。防备了也不能完全防守住。指即使做了多方面的防备，还是防备不过来。

【防患未然】fánghuàn-wèirán

　　然：如此，形成。在祸患还没有形成的时候去防止它。也作"防患于未然"。

【防民之口，甚于防川】fángmín-zhīkǒu, shènyúfángchuān

　　防：堤坝，引申指堵住。堵住人民的嘴巴而不准他们批评，比堵住河流导致溃决而造成的祸害还要厉害。

指不让人民自由发表言论,必有大祸。

【防微杜渐】fángwēi-dùjiàn

杜:堵住。渐:渐进,逐步发展。防止微小的苗头萌生而阻止其逐步发展。指严加防范,把错误、祸患等消灭于萌芽状态而不让其蔓延发展。

【放长线钓大鱼】fàng chángxiàn diào dàyú

放出很长的钓鱼线以便钓取大鱼。比喻作出长远的安排以便猎取重大的利益或抓住重要的人物。

【放荡*不羁】fàngdàng-bùjī

羁:马笼头,引申指约束。放纵而不可束缚。指性情豪放,言行由己而不受世俗礼法的约束。多用来形容豪侠倜傥之人。

【放虎归山】fànghǔ-guīshān

放走老虎,让它回到山里。比喻放走落网的敌人,让他(他们)回到有所凭借而能得势的地方,从而给自己留下后患。也作“纵虎归山”。

【放浪形骸】fànglàng-xínghái

放浪:放荡。形骸:人的形体骨骼,指身体。放任自己的身体。指行为由己而不受世俗礼法的束缚。

【放任自流】fàngrèn-zìliú

放任:放纵听凭,指不加管束。自流:自己流动,比喻自由地发展。放手不管而任凭其自由发展。指不加以正确的引导与必要的管束。

【放下屠刀,立地成佛】fàngxià-túdāo,lìdì-chéngfó

立地:立刻。放下屠宰刀,马上成为修行圆满的僧徒。即停止杀生,马上就能修成正果。这原为佛教劝人改恶从善的话。后广泛用来劝人改邪归正,意谓作恶的人只要决心悔改,不再作恶,就成了好人。

【放心托胆】fàngxīn-tuōdǎn

放下了心而托住了胆。指心里没有牵挂和顾虑,胆了也有所依托而不再害怕什么。形容毫无顾虑。

【放言高论】fàngyán-gāolùn

畅所欲言而高谈阔论。形容发表言论时毫无拘束。

【放之四海而皆准*】fàng zhī sìhǎi ér jiē zhǔn

四海:指天下,全国各地。准:准则。把它放置在任何地方它都是人们应该遵行的准则。后用来指具有普遍性的真理放在任何地方都适用。

【飞短流长】fēiduǎn-liúcháng

飞:宣扬。短、长:指是非善恶。流:流传,散布。宣扬散布别人的是非善恶。指散布流言蜚语,添枝加叶地说人坏话。

【飞蛾投火】fēi'é-tóuhuǒ

飞舞的蛾跳进火中。比喻采取某种行动的人投身于有生命危险的地方。多用来形容自取灭亡。也作“飞蛾赴火”“飞蛾扑火”。

【飞黄腾达】fēihuáng-téngdá

飞黄:传说中的神马,状如狐,背上有角。神马飞黄腾空飞奔。比喻官职地位飞快地上升。现多用来形容政客发迹。

【飞来横祸】fēilái-hènghuò

　　横:意外的。飞过来的意外的灾祸。指突然降临的出乎意料的灾祸。

【飞禽走兽】fēiqín-zǒushòu

　　飞翔的鸟和奔跑的野兽。泛指鸟类和兽类。

【飞砂走石】fēishā-zǒushí

　　走:跑。使砂子飞扬,使石块奔跑。形容风力极大。

【飞檐走壁】fēiyán-zǒubì

　　走:跑。飞也似地跳上屋檐,在墙壁上奔跑。指武艺高强的人身体灵巧,动作轻捷,善于跳跃腾飞,蹿房越脊,在屋顶与围墙上奔走如飞。

【飞扬跋扈】fēiyáng-báhù

　　飞扬:向上飘起,比喻意气昂扬,高傲放纵。跋扈:横行。高傲放纵,肆意横行。多用来指目空一切,为所欲为,践踏礼法,横行霸道。古代也用来表示精神振奋,意气昂扬,豪放不羁,不拘礼法。

【飞灾横祸】fēizāi-hènghuò

　　飞来的灾难和意外的祸患。指凭空而来的意想不到的灾祸。

【飞针走线】fēizhēn-zǒuxiàn

　　走:跑。针飞快地穿来穿去,线也跟着奔跑。形容刺绣或缝纫的技术十分熟练,操作速度极快。

【非分之财】fēifènzhīcái

　　不是分内的钱财。指本身不应该取得的钱财。

【非分之想】fēifènzhīxiǎng

　　不是分内的想法。即超出本分的想法。指妄想得到本分以外的好处。

【非君莫属】fēijūn-mòshǔ

　　不归属于您,就无所归属了。指只能属于您,否则就不合适。

【非驴非马】fēilǘ-fēimǎ

　　不是驴也不是马。原指驴马杂交而生的骡。比喻不伦不类的东西。

【非亲非故】fēiqīn-fēigù

　　故:故旧,老相识。既不是亲属,也不是老朋友。指彼此之间没有关系。

【非同儿戏】fēitóng-érxì

　　不同于小孩子做游戏。表示事关重大,必须认真对待。

【非同小可】fēitóng-xiǎokě

　　小可:轻微,指寻常的、一般的。不同于轻微的或寻常的事。表示事关重大,必须认真对待。也表示非同寻常,超过了一般。

【肥头大耳】féitóu-dà'ěr

　　肥胖的脑袋,大大的耳朵。形容人肥胖的样子。也形容小孩长得肥胖可爱,有福相。

【匪夷所思】fěiyísuǒsī

　　匪:通“非”。夷:通“彝”,常道。不是根据常理所能想象到的。形容非常离奇,不可思议。

【斐然成章】fěirán-chéngzhāng

　　斐然:五色交错的样子,形容有

文采。章:古代把赤色与白色相错杂而形成的花纹称为章,泛指彩色的花纹,比喻有文采的文章。五色交错而成为彩色的花纹。比喻连缀辞藻而成为很有文采的文章。形容诗文富有文采。

【吠形吠声】fèixíng-fèishēng

“一犬吠形,百犬吠声”的略语。一条狗看见了奇怪陌生的形体才会叫起来,很多狗听到了这狗叫声就跟着乱叫起来。比喻不去考察事实真相而盲目地随声附和。也作“吠影吠声”。

【肺腑之言】fèifǔzhīyán

肺腑:等于说“胸腹”,相当于“心知肚明”中的“心”“肚”(中医学把胃、胆、肠、膀胱等称作“腑”,参见“五脏六腑”条,所以“腑”相当于“肚”)。胸腹之言。即心里肚里的话。指真诚之言。

【废话连篇】fèihuà-liánpiān

废话连接成篇。指文章或话语中不必要的话太多。

【废寝忘食】fèiqǐn-wàngshí

放弃睡觉而忘记吃饭。指把所有的心思都放在某件事上而顾不得睡觉、吃饭。形容专心致志地做事或学习。也形容一心思念所恋之人。

【沸反盈天】fèifǎn-yíngtiān

像水沸腾翻滚似的,声浪充满天空。形容极度喧闹。

【沸沸扬扬】fèifèi-yángyáng

水不停地沸腾翻滚而蒸气不断

地飞升上扬。比喻议论纷纷,到处传扬。

【费尽心机】fèijìn-xīnjī

机:机关,比喻周密而巧妙的计谋。用尽了心中的机谋。指挖空心思进行谋划。

【分崩离析】fēnbēng-líxī

分裂离散。形容国家、集团等四分五裂而不能保持统一和团结。

【分别部居】fēnbié-bùjū

分门别类,按部处置。指按照部类分别排列。

【分道扬镳】fēndào-yángbiāo

镳:马嚼子。扬镳:向上拉起马嚼子,指驱马前进。将道路纵向剖分为二,各在自己的路上驱马前进。后用来比喻志趣、目的不同而各走各的路,各自向不同的目标前进。也比喻在诗文创作方面各有造诣,各占一席之地而不相上下。也作“分路扬镳”。

【分工合作】fēngōng-hézuò

既分别从事各种不同的具体工作,又互相配合着进行工作。指在某项目标一致的工作中既有所分开,又有所配合。

【分化瓦解】fēnhuà-wǎjiě

分化:分裂而使之发生变化。分裂改变之,使之像瓦坠地一样碎裂。多用来表示使统一的有组织的团体分裂离散。

【分斤掰两】fēnjīn-bāiliǎng

掰:用两手把东西分开,泛指分开。就是一斤、一两,也还要把它们分开。比喻过分地计较小事。也比喻精细地分类算账。

【分门别类】 fēnmén-biélèi

门：类别。别：分别。分别门类。指根据事物的性质特点进行整理，把它们分成若干门，区别为若干类。

【分秒必争】 fēnmiǎo-bìzhēng

一分钟、一秒钟也必定去争夺。即一点点时间也不放过。形容时间抓得很紧，充分利用每一秒钟。

【分庭抗礼】 fēntíng-kànglǐ

庭：堂前的庭院。抗：对等，相当。分别站在堂前庭院的两边，地位平等地互相行礼。原指宾主相见时，主人站在庭院东边，宾客站在庭院西边，地位平等地互相行礼。后用来比喻地位、成就等相当或平起平坐，平等相待。也比喻互相对立，以对等的关系和对方相处而不肯处于低下的地位。

【分文不取】 fēnwén-bùqǔ

一分钱、一文钱也不收取。即不收钱。形容无偿地给人物品或提供服务而不接受任何报酬。

【分文不直】 fēnwén-bùzhí

直：同"值"。不能和一分钱或一文钱相当。形容毫无价值。

【纷纷扬扬】 fēnfēn-yángyáng

纷乱又飘扬。形容雪、花、叶等多而杂乱地飘落。也指议论纷纷而到处传扬。

【纷乱如麻】 fēnluàn-rúmá

杂乱得像一团乱麻。

【纷至沓来】 fēnzhì-tàlái

纷：多而杂乱。沓：多而重复。众多而没有秩序地到来或接连不断地到来。

【焚膏继晷】 féngāo-jìguǐ

膏：油脂。晷：日影。燃烧灯油来接续日光。即夜以继日。

【焚书坑儒】 fénshū-kēngrú

焚烧书籍，掘坑活埋儒生。指公元前 213 年秦始皇下令烧毁《诗》《书》等典籍，第二年又活埋了四百六十多个儒生。后又用来泛指焚毁典籍，杀害书生文人。

【粉墨登场】 fěnmò-dēngchǎng

用白粉搽脸、用黑墨画眉后登上戏场。指化妆后登台演戏。现多用来比喻坏人乔装打扮后登上政治舞台。

【粉身碎骨】 fěnshēn-suìgǔ

使身体、骨头成为粉末碎片。指十分悲惨地死去。形容受到严厉的惩处或遭遇危险而丧失生命。也形容为了达到某种目的而勇于冒险牺牲。又比喻彻底惨败。

【粉饰太平】 fěnshì-tàipíng

粉饰：粉刷装饰，指美化其外表而掩盖其污点或缺点。涂饰成太平。指掩盖黑暗混乱的社会状况而把社会美化为太平盛世。

【粉装玉琢】 fěnzhuāng-yùzhuó

好像是用白粉装饰过、用白玉雕琢成的。形容皮肤白嫩或冰天雪地的洁白晶莹。也作"粉妆玉琢"。

F

【奋笔疾书】fènbǐ-jíshū

举起笔来快速书写。指精神振奋地挥动笔杆,把想写的东西很快地写出来。

【奋不顾身】fènbùgùshēn

奋勇向前而不考虑自身安危。

【奋发*图强】fènfā-túqiáng

精神振作、斗志昂扬地谋求强盛。

【奋发*有为】fènfā-yǒuwéi

精神振作、斗志昂扬而有所作为。

【奋起直追】fènqǐ-zhízhuī

振作起来一直追上去。指鼓劲来迎头赶上。

【奋勇当先】fènyǒng-dāngxiān

当:在。鼓起勇气冲在前面。

【愤愤不平】fènfèn-bùpíng

不平:不服气,认为不公平而心中不满。非常气愤而心怀不满。

【愤世嫉俗】fènshì-jísú

愤恨当时的社会,憎恨当时的习俗。指对社会现状与世风习俗极为不满。

【丰*富多彩*】fēngfù-duōcǎi

彩:精彩出色的花样。丰盛富足而花样繁多。形容内容与花色品种多而出色。

【丰*功伟绩】fēnggōng-wěijì

丰:大。伟大的功劳,宏伟的业绩。

【丰*肌弱骨】fēngjī-ruògǔ

丰润的肌肤和柔弱的骨骼。形容女子或花朵艳丽娇嫩。

【丰*取刻与】fēngqǔ-kèyǔ

丰:多。刻:削减。大量地收取而克扣着付出。指统治者对人民搜刮得多而给得少。形容统治者贪婪自肥而不把取之于民的钱财用之于民。

【丰*衣足食】fēngyī-zúshí

衣服丰富而食物充足。形容生活富裕。

【风不鸣条,雨不破块】fēngbù-míngtiáo,yǔbùpòkuài

风不把树枝吹响,雨不把土块打破。指没有狂风暴雨。形容太平盛世风调雨顺的祥瑞景象。

【风餐露宿】fēngcān-lùsù

在风中吃饭,在露天过夜睡觉。形容野外生活的辛苦。

【风尘仆仆*】fēngchén-púpú

风尘:大风扬起的尘土。仆仆:劳累的样子。在大风扬起的尘土中十分劳累。指旅途奔波而十分艰辛劳累。

【风驰电掣】fēngchí-diànchè

掣:猛拉,急抽,猛烈而快速地抽拉,指闪电一击即逝。像大风一样奔驰,像闪电一样快速抽去。形容速度极快,一闪而过。

【风吹草动】fēngchuī-cǎodòng

风吹过而草摆动。比喻发生了轻微的变故或动荡。

【风吹浪打】fēngchuī-làngdǎ

大风吹刮，大浪冲击。也比喻险恶的摧残或严峻的考验。

【风吹雨打】fēngchuī-yǔdǎ

狂风吹刮，暴雨冲击。也比喻粗暴的摧残迫害或严峻的考验。

【风刀霜剑】fēngdāo-shuāngjiàn

寒风像刀，严霜似剑。形容气候寒冷。也比喻环境恶劣。

【风度翩翩】fēngdù-piānpiān

风度：风范，气派。翩翩：举止洒脱的样子。气派潇洒。形容青年男子在神情、举止、态度、风貌等方面自然大方，文雅洒脱。

【风风火火】fēngfēng-huǒhuǒ

风阵阵紧吹，火熊熊燃烧。形容轰轰烈烈的样子。也形容急急忙忙的样子。

【风风雨雨】fēngfēng-yǔyǔ

风刮了一阵又一阵，雨下了一场又一场。比喻不断降临的艰难困苦。也比喻议论纷纷。

【风光旖旎】fēngguāng-yǐnǐ

风景柔美。

【风和日丽】fēnghé-rìlì

风力柔和，太阳明丽。多形容微风轻拂、阳光明媚的春景。

【风和日暖】fēnghé-rìnuǎn

风力柔和，阳光温暖。形容天气晴朗暖和。

【风花雪月】fēnghuā-xuěyuè

夏风春花，冬雪秋月。泛指四季的景色。转指描写自然景色而缺乏社会内容的诗文。喻指男女恋爱方面的风流韵事或花天酒地、寻欢作乐的荒淫生活。

【风华绝代】fēnghuá-juédài

绝：没有过的，无与伦比的。风采才华在当代无与伦比。

【风华正茂】fēnghuá-zhèngmào

风采才华正处于旺盛时期。指风采动人而才华横溢。形容年轻人青春焕发而富有文才。

【风卷*残云*】fēngjuǎncányún

风卷走了残剩的云彩。比喻将残余的人或物一扫而光。多用来形容一下子歼灭残敌、吃喝干净或挥霍一空。

【风口浪尖】fēngkǒu-làngjiān

山上通风的口子和大海波浪的尖峰。比喻激烈、尖锐的社会斗争前沿。

【风流才子】fēngliú-cáizǐ

风流：气派潇洒而不拘礼法。潇洒不羁而富有才华的男子。指风度翩翩的年轻文人。

【风流人物】fēngliú-rénwù

气派非凡而才能杰出的著名人士。也指风度翩翩而才华出众的人或行为放荡而惯于男女调情的人。

【风流倜傥】fēngliú-tìtǎng

倜傥：远离世俗的样子。气派潇洒而不拘礼法，远离世俗而卓越不凡。形容为人洒脱而与众不同。

【风流云*散】fēngliú-yúnsàn

像风一样流动，像云一样飘散。

比喻原来常在一起的人零落离散。

【风流韵事】 fēngliú-yùnshì

韵：富有情趣。潇洒而富有情趣的事。旧指文人墨客赋诗作画、弹琴下棋之类的风雅之事。今多指男女私情之事。

【风流蕴藉】 fēngliú-yùnjiè

潇洒而含蓄。形容人风度翩翩而气质稳重。也形容诗文等格调非凡而耐人寻味。

【风马牛不相及】 fēng mǎ niú bù xiāng jí

风：放，指发情相诱。使马和牛发情互相引诱，它们因不同类而不会互相触及。比喻彼此间毫不相干。

【风靡一时】 fēngmǐ-yīshí

靡：倒下。风吹过而使野草在一段时间里向一边倒下。比喻某种事物在一个时期内占了上风而使人们为之倾倒。形容某种事物受到推崇而风行一时。

【风平浪静】 fēngpíng-làngjìng

风平息而浪静止。指没有风浪。也比喻太平无事。

【风起云*涌】 fēngqǐ-yúnyǒng

涌：猛烈地向上升腾。风刮起来而云向上升腾。形容雄伟壮观而不断变化的自然景色。比喻人们的运动相继兴起或某些事物相继涌现，声势浩大。

【风清月朗】 fēngqīng-yuèlǎng

微风清凉而月色明朗。

【风趣横生】 fēngqù-héngshēng

横：充溢。横生：洋溢而出，层出不穷。幽默或诙谐的趣味层出不穷。形容十分幽默或诙谐。

【风生水起】 fēngshēng-shuǐqǐ

风刮起来，水面掀起波澜。比喻有起色，兴旺发达。

【风声鹤唳】 fēngshēng-hèlì

唳：鹤鸣声。风吹的响声和鹤叫的声音。《晋书·谢玄传》[24-P. 2082] 载，苻坚率兵攻打东晋而在淝水大败，"餘衆棄甲宵遁，聞風聲鶴唳，皆以爲王師已至"。后便用来指极度惊恐时疑神疑鬼，产生错觉，听到一点风声便心惊肉跳。形容疑惧惊慌。

【风调雨顺】 fēngtiáo-yǔshùn

顺：顺应，指适合农时。风调匀而雨适时。指天气适合农作物生长的需要。

【风土人情】 fēngtǔ-rénqíng

风土：一个地方特有的风俗习惯和自然环境（土地、山川、气候、物产等）。风俗环境和人的习性。

【风行一时】 fēngxíng-yīshí

在一段时期内像刮风一样地普遍流行。形容某种事物在某一段时间内非常盛行。

【风言风语】 fēngyán-fēngyǔ

像风一样来无影去无踪的言语。即毫无根据的议论。多指凭空捏造的恶意中伤之辞或带有讥讽性的言论。也用作动词，表示制造谣言恶意中伤，或道听途说私下议论，或故意散布某些带有讥讽性而话中有话的言论。

【风雨交加】fēngyǔ-jiāojiā

交:一起。加:施加。狂风和暴雨一齐袭来。形容天气十分恶劣。

【风雨飘摇】fēngyǔ-piāoyáo

在狂风暴雨里飘荡摇晃。比喻动荡不安或岌岌可危。

【风雨如晦】fēngyǔ-rúhuì

晦:黑夜。风雨交加,天色昏暗得像夜晚一样。指白天的天气十分恶劣。比喻社会黑暗,环境险恶。

【风雨同舟】fēngyǔ-tóngzhōu

在狂风暴雨中同乘一条船。指共同与风雨搏斗。比喻在患难中共同奋斗,以渡过难关。

【风雨无阻】fēngyǔ-wúzǔ

刮风下雨也无法阻止。指无论天气如何,都按计划照常进行。

【风月无边】fēngyuè-wúbiān

清风吹拂,明月朗照,无边无际。形容景色无限美好。

【风云*变幻】fēngyún-biànhuàn

幻:奇异地没有规则地变化。风起云涌,变化莫测。比喻局势动荡,复杂多变。

【风云*莫测】fēngyún-mòcè

风和云的变化无法测度。比喻变幻动荡的局势没法估计。

【风云*人物】fēngyún-rénwù

风云变幻中的著名人士。指在变幻不定的形势中十分活跃而很有影响力的人物。

【风烛残年】fēngzhú-cánnián

像风中蜡烛似的残余年岁。指晚年。形容人到暮年随时可能死亡,就像风中的蜡烛随时可能熄灭一样。

【封官许愿】fēngguān-xǔyuàn

封:古代帝王把土地或爵位赐给臣子。官:授予官职。许愿:答应事成之后愿意给对方某种酬谢。封爵授官,许诺愿心。指为了拉拢别人替自己卖力而事先答应将给以种种好处。

【封妻荫子】fēngqī-yìnzǐ

荫:封建时代子孙因先代有功勋官爵而得到封赏官职。使妻子得到封号,使儿子享有做官受赏的特权。这是封建时代有功勋的官吏所得到的待遇,所以用来指代建功立业,做官任职。

【封豕长蛇】fēngshǐ-chángshé

封:大。大猪长蛇。比喻贪婪狠毒的人。

【峰回路转】fēnghuí-lùzhuǎn

山峰回旋,道路曲折。也比喻事情经历曲折后出现新的转机。

【烽火连天】fēnghuǒ-liántiān

烽火:古代边防据点用来报警的烟火,白天烧的烟叫"烽",夜里点的火叫"火"或"燧"。报警的烟火与天空相连。指战火燃烧不息。

【锋芒逼人】fēngmáng-bīrén

锋芒:刀、剑等锐利或尖锐的部分。刀剑的刃口或尖锋逼迫人。比喻尖锐的言词咄咄逼人。也比喻威

F

严锐利的气势使人感到威胁。

【锋芒毕露】 fēngmáng-bìlù

锋芒:刀、剑等锐利或尖锐的部分,喻指人的锐气或才干。锐气和才干完全显露出来。形容人气盛逞强,爱表现自己。

【锋芒不露】 fēngmáng-bùlù

见"不露锋芒"。

【锋芒所向】 fēngmáng-suǒxiàng

锋芒:刀、剑等兵器的锋刃,喻指斗争的矛头。矛头所指向的地方。

【蜂虿有毒】 fēngchài-yǒudú

虿:蝎子一类的毒虫,短尾的叫蝎,长尾的叫虿,其尾部有毒刺。胡蜂虿蝎等有毒。形容毒虫虽小,也能害人。比喻狠毒的人或物,不论其大小,都有危害性。

【蜂缠蝶恋】 fēngchán-diéliàn

蜜蜂纠缠不清而蝴蝶恋恋不舍。比喻被恋人所困扰。

【蜂拥而来】 fēngyōng'érlái

像蜂群似地拥挤着跑过来。形容众多的人乱哄哄地到来。也作"蜂拥而至"。

【蜂拥而上】 fēngyōng'érshàng

像蜂群似地拥挤着冲上去。形容人多势众,一拥而上。

【逢场作戏】 féngchǎng-zuòxì

遇到戏场就进行表演。原指卖艺人遇到合适的演出场地就即兴表演一下。后比喻处在某种场合为了不令人扫兴而姑且应酬一下。表示凑凑热闹而并不认真。

【逢凶*化吉】 féngxiōng-huàjí

遇到凶险而转化为吉利。这原是迷信的说法,认为运气好或有神灵保佑,就能化险为夷。后也指通过自己的努力或别人的帮助而消除了不幸。

【讽一劝百】 fěngyī-quànbǎi

讽:用委婉含蓄的话规劝。劝:劝勉,鼓励。百:泛指多。《史记·司马相如列传》[9-P.515]:"相如虽多虚辞滥说,然其要归,引之節儉,此與《詩》之風諫何異? 揚雄以爲靡麗之賦勸百風一,猶馳騁鄭衛之聲,曲終而奏雅,不已虧乎?"原意指司马相如的赋,鼓励帝王追求奢侈的效果远远大于规劝其节俭的效果。后化为成语"讽一劝百",表示讽谏劝阻的作用只有一份而鼓励诱导的作用有上百倍。也作"劝百讽一"。

【凤凰于飞】 fènghuángyúfēi

凤凰:传说中的百鸟之王,雄的叫凤,雌的叫凰。于:语助词。凤和凰一起飞翔。比喻夫妻关系和谐。

【凤毛麟角】 fèngmáo-línjiǎo

麟:传说中的珍异动物。凤凰的羽毛和麒麟的角。比喻极为珍贵而罕见的人才或事物。

【奉公守法】 fènggōng-shǒufǎ

即"奉守公法"。奉:奉行,遵守。公:国家的。奉行遵守国家法令。形容人规矩老实,行为端正。

【奉命唯谨】 fèngmìng-wéijǐn

奉:奉行,遵守。唯:语助词,帮

助判断,加强语气。遵守命令十分小心谨慎。

【奉若神明】 fèngruòshénmíng

奉:尊重,崇奉。神明:神。崇奉得像信奉神一样。形容对某人或某事物极其崇拜。也作"奉如神明"。

【奉为圭臬】 fèngwéiguīniè

奉:尊重。圭臬:即圭表,我国古代的天文仪器,圭是石座上平放着的尺,臬(表)是圭之南北两端所树立的标杆,人们依靠它们来测量日影的长短,从而确定时令节气等,因此"圭臬"被用来比喻标准或准则。尊奉为圭臬。比喻把某些言论、学说尊奉为准则。

【奉为楷模】 fèngwéikǎimó

奉:崇奉。楷模:法式,模范,榜样。尊奉为榜样。

【奉为至宝】 fèngwéizhìbǎo

尊奉为最珍贵的宝物。

【奉行故事】 fèngxíng-gùshì

奉行:遵照实行。故事:旧日的事例,先例。遵行先例。即遵照老规矩来行事。

【佛口蛇心】 fókǒu-shéxīn

像佛一样的嘴巴,像毒蛇一样的心肠。指满口大慈大悲而内心极其狠毒。形容嘴甜心毒,阴险狡诈。

【夫唱妇随】 fūchàng-fùsuí

唱:领唱,倡导。丈夫倡导而妻子顺从。这原是封建礼教中夫为妻纲的具体表现。后也用来形容夫妻关系十分融洽和谐。

【敷衍了*事】 fūyǎn-liǎoshì

了:了结。表面上应付一下来了结事情。形容做事不负责任。

【敷衍塞责】 fūyǎn-sèzé

表面上应付一下来搪塞责任。形容做事马虎,不尽心尽力。

【扶老携幼】 fúlǎo-xiéyòu

携:带领。搀着老人,领着小孩。形容男女老少一齐出动或对老人、幼童的爱护照顾。

【扶危济困】 fúwēi-jìkùn

扶:扶持,帮助。支援处境危急的人,接济生活贫困的人。也作"济困扶危"。

【扶摇直上】 fúyáo-zhíshàng

扶摇:飙("飙"为"扶摇"的合音),暴风。凭借暴风笔直上升。比喻凭借某种力量快速地直线上升。形容地位、物价等上升迅速。

【拂袖而去】 fúxiù'érqù

拂:掸,引申指甩。一甩衣袖(古代衣袖较长,故可甩)就走了。形容生气地不辞而别。

【怫然不悦】 fúrán-bùyuè

怫然:愤怒的样子。满脸怒气,很不高兴。

【怫然作色】 fúrán-zuòsè

愤怒地变了脸色。形容生气的表情。

【浮光掠影】 fúguāng-lüèyǐng

浮在水面的反光和一掠而过的影子。比喻治学、做事等浮浅粗略而不深入细致。

【浮想联翩】fúxiǎng-liánpiān

浮现在脑海中的想象像鸟连续拍打翅膀快速飞翔一样。形容很多想法连续不断地涌现出来。

【浮云*蔽日】fúyún-bìrì

飘浮在天空中的乌云遮住了太阳。比喻奸邪之臣蒙蔽君主而埋没了贤人。也比喻小人当道,一手遮天,致使社会一片黑暗。

【桴鼓相应】fúgǔ-xiāngyìng

桴:鼓槌。鼓槌和鼓互相应和。指鼓槌和鼓相互配合,相辅相成,鼓槌靠了鼓而发挥作用,鼓靠了鼓槌而发出响声。后用来比喻此呼彼应,配合紧密。

【福如东海】fúrúdōnghǎi

福气像东海一样大。旧时祝颂用语,常与"寿比南山"连用。

【福星高照】fúxīng-gāozhào

能给人带来幸福的星宿在头顶上高高照耀。这是一种迷信的说法,表示好运当头,鸿福齐天。

【福至心灵】fúzhì-xīnlíng

福:福气,好运气。运气来了,脑子也灵巧了。这是一种迷信的说法。

【抚躬自问】fǔgōng-zìwèn

躬:身体。抚摩着自己的身体问问自己。指平心静气地作自我反省。

【抚今追昔】fǔjīn-zhuīxī

抚:抚摩,引申为接触,仔细体察。追:追忆,回想。仔细看看现在,又回头想想过去。指面对眼前事而引起对往事的追思。

【抚掌大笑】fǔzhǎng-dàxiào

抚:通"拊",拍。拍手大笑。形容非常高兴得意。

【俯拾即是】fǔshí-jíshì

俯:面向下方,低头弯身。即:就是。是:此。只要低下头去一拾,便是这种东西。形容极多,随处可见。

【俯首帖耳】fǔshǒu-tiē'ěr

俯:低下。帖:通"贴",贴近。帖耳:使耳朵贴近脸,指狗奄拉着耳朵。低着头奄拉着耳朵。这原是狗见到人时的驯服乞怜之状。后用来形容人驯服恭顺、屈己从命的丑态。也作"俯首贴耳"。

【俯首听命】fǔshǒu-tīngmìng

低着头听从命令。指驯服地顺从别人的指使。形容唯命是从。

【俯仰无愧】fǔyǎng-wúkuì

低头无愧于人,抬头无愧于天。指未做亏心事而问心无愧。形容人心地纯正,襟怀坦白,大公无私。

【俯仰由人】fǔyǎng-yóurén

低头抬头都由人支配。指行动由不得自己,一切受人支配。

【俯仰之间】fǔyǎngzhījiān

低头和抬头之间。指头一低一抬的时间。形容时间极短。也指一辈子(着眼于人生短暂)。

【釜底抽薪】fǔdǐ-chōuxīn

釜:古代的炊具,相当于现在的锅。从锅底下抽出柴火。这是一种使锅中之水停止沸腾的根本办法。

比喻从根本上解决问题。也比喻暗中破坏。

【辅车相依】 fǔchē-xiāngyī

辅：车箱下两边的两根方木，下压车轴，上托车箱，用以增强车箱的载重能力，对车箱有辅助作用，故称"辅"；因在车箱下似仆人，故又称"䡮"（bú）；因与车箱底部的轸木相重，故又称"輹"（fù）；因其形状如趴着的兔子，故又叫"伏兔"。车：指车舆，即车箱。辅木与车箱相互依赖。比喻两者关系密切，互相依存。

【父母之邦】 fùmǔzhībāng

父母所在的国家。指祖国。

【付之东流】 fùzhī-dōngliú

付：给予。把它交给了向东流去的水。即把它投进了一去不复返的流水中。比喻前功尽弃。也作"付诸东流""付与东流"。

【付之一炬】 fùzhī-yījù

炬：火把。把它交给了一把火。即用一把火把它烧掉。也作"付诸一炬"。

【付之一笑】 fùzhī-yīxiào

把它交给了一笑。即用笑一下来对待它。表示不屑一顾。

【负荆请罪】 fùjīng-qǐngzuì

负：背。荆：荆条，古时鞭打人的刑具。罪：惩处。背着荆条请求惩处。《史记·廉颇蔺相如列传》9·P.407载，赵国的老将廉颇因官位次于蔺相如而不服，蔺相如为了国家利益而处处避让廉颇，结果廉颇十分惭愧，负

荆向蔺相如谢罪。后化为成语，泛指认识到自己的过错后诚恳地向对方认错赔罪，表示愿意接受对方的责罚。

【负屈含冤】 fùqū-hányuān

负：背，蒙受。含：含在嘴里，引申指怀有。蒙受委屈而怀着冤枉。指蒙受冤屈而得不到伸雪。也作"含冤负屈""负屈衔冤""衔冤负屈"。

【负薪救火】 fùxīn-jiùhuǒ

背着柴草去救火。比喻采取使祸害扩大的办法去消灭祸害。形容方法不对头。

【负隅顽抗】 fùyú-wánkàng

负：背靠着，依靠。隅：通"嵎"，山湾，即三面有山而无需防备、仅一面有通道而需要阻挡的险要地势。背靠着山湾进行顽强抵抗。现泛指坏人依靠险要的地势或某种条件进行顽固的抵抗。形容坏人不甘心失败而作垂死挣扎。

【妇人之见】 fùrénzhījiàn

女人的见解。旧时轻视妇女，所以用来指目光短浅的平庸之见。

【妇人之仁】 fùrénzhīrén

妇女的仁慈。旧时轻视妇女，所以用来指姑息优柔、不识大体的仁爱之心。

【妇孺皆知】 fùrú-jiēzhī

妇女和小孩都知道。指知识不多的人都知道。形容道理或事实极其简单明了，任何人都知道。

【附庸风雅】 fùyōng-fēngyǎ

附庸:附属于诸侯的小国,引申指附属,依傍。风雅:本指《诗经》中的《国风》和《大雅》《小雅》,后泛指文化方面的事。依附于文化。指文化水平不高的人摆出一副有文化素养的样子去从事有关的文化活动。

【附赘悬疣】fùzhuì-xuányóu

附生在皮肤上的肉瘤与悬挂在皮肤上的瘊子。比喻多余无用的东西。

【赴汤蹈火】fùtāng-dǎohuǒ

汤:开水。奔向沸水中,脚踩烈火上。形容奋不顾身,不避艰险。

【傅粉施朱】fùfěn-shīzhū

傅(旧读 fū):通"敷",搽上。施:施加。朱:红,指胭脂。搽上白粉,涂上红胭脂。指修饰面容,美化容貌。现也比喻文过饰非,美化丑恶的东西,与"涂脂抹粉"同义。

【富贵不能淫】fùguì bù néng yín

富:钱财多。贵:地位高。淫:迷乱,迷惑。富裕高贵不能迷惑他。指不为金钱、地位所迷惑。

【富国安民】fùguó-ānmín

使国家富有,使人民安定。

【富国强兵】fùguó-qiángbīng

使国家富有,使兵力强大。

【富丽堂皇】fùlì-tánghuáng

堂皇:宽大的殿堂,喻指气势宏大。十分美丽又雄伟盛大。形容建筑物或陈设之类豪华又壮观。也形容诗文辞藻华丽。

【腹背受敌】fùbèi-shòudí

前面后面都受到敌人的攻击。

【缚鸡之力】fùjīzhīlì

绑住鸡的力气。指很小的力气。

【覆巢无完卵】fù cháo wú wán luǎn

翻倒在地的鸟巢里没有完整的蛋。比喻人或事物所赖以存在的条件被摧毁后,无一可以幸免于难。也作"覆巢之下无完卵"。

【覆水难收】fùshuǐ-nánshōu

倒在地上的水难以回收。比喻话已说出或事情已成定局而难以挽回。多指夫妻之间彻底决裂后难以重新结合。

G

【该当何罪】gāidānghézuì

　　当:判处。应该判什么罪？常用来斥责人有罪。

【改朝换代】gǎicháo-huàndài

　　朝、代:一个王朝统治的时代。改变了王朝而换了个时代。指推翻旧王朝而建立新政权。也泛指政权更替或时代观念的更替。

【改恶从善】gǎi'è-cóngshàn

　　改掉坏的而顺从好的。

【改过迁善】gǎiguò-qiānshàn

　　迁:迁移,趋向。改正过错,向好的方向转变。

【改过自新】gǎiguò-zìxīn

　　改正过错,更新自己。指重新做人。

【改名换姓】gǎimíng-huànxìng

　　改掉了原来的名字而换个姓。多指隐瞒原来的身份。

【改天换地】gǎitiān-huàndì

　　改变更换了天地。指改造自然界或社会,使其面貌发生了彻底的变化。

【改头换面】gǎitóu-huànmiàn

　　改变了头的形状而换了一副面孔。这原是佛教的说法,指人死去生来、重新投胎而改变了容貌。后用来比喻只改变了形式,其实质内容并未改变。也用来指乔装改扮。

【改弦*更张】gǎixián-gēngzhāng

　　改:改变。更:更换。张:绷弦,把弦安装到弓或乐器上绷紧。去掉原来的弦,更换后再绷上。指调换琴弦。比喻改变制度、策略、措施、方法等。

【改弦*易辙】gǎixián-yìzhé

　　易:更换,改变。辙:车轮的行迹,指车道。改换琴弦,变更行车道路。比喻改变方向、方法、态度等。

【改邪归正】gǎixié-guīzhèng

　　改掉邪恶的行为而回到正道上来。指不再为非作歹。

【盖棺论定】gàiguān-lùndìng

　　盖上了棺材盖,其结论才能确定。指人死后,才能对他的是非功过作出定论。也指在人死后对他的是非功过作出结论。后一义也作"盖棺定论",意为盖上棺材盖后给他下结论。

【盖世无双】gàishì-wúshuāng

盖:压倒,胜过。压倒当代而独一无二。指在当代位居第一而无与伦比。

【概莫能外】gàimònéngwài

一概不能除外。指所有的人或事物都在所指的范围以内。

【干*柴烈火】gānchái-lièhuǒ

干燥的柴草和猛烈的火。比喻性欲旺盛的一对男女。也作"烈火干柴"。

【干*净利落】gānjìng-lìluò

干净:纯净,没有杂质污染。利落:利索落下,引申指敏捷或有条不紊。纯净而利索。指环境清洁整齐。也指动作、话语等简洁利索而不拖泥带水。

【甘拜下风】gānbài-xiàfēng

下风:风向的下方,比喻下位或劣势。甘愿在风向的下方跪拜。后表示甘心居于下位。指真心佩服别人而自认不如。形容服输。

【甘处下流】gānchǔ-xiàliú

甘愿处于下游。比喻甘居落后。

【甘心情愿】gānxīn-qíngyuàn

甘心:心里觉得甜甜的,十分乐意。内心十分乐意,真正出于感情上的自愿。指完全出于自愿,没有一点儿勉强。也作"心甘情愿"。

【肝肠寸断】gāncháng-cùnduàn

肝脏和肠子断成一寸一寸。形容内心极其悲痛。

【肝胆相照】gāndǎn-xiāngzhào

肝胆:比喻内心。用肝和胆互相照射。比喻以真诚的心互相对待。形容彼此知己之情。

【肝胆照人】gāndǎn-zhàorén

用肝和胆照射人。比喻以真诚的内心去对待别人。形容其心地坦白,忠诚无私。

【肝脑涂地】gānnǎo-túdì

肝血脑浆涂抹在地上。指悲惨地死去。后也表示牺牲生命,形容献身效忠。也作"肝胆涂地"。

【赶尽杀绝】gǎnjìn-shājué

尽、绝:没有。驱逐干净,统统杀光。形容穷追猛打,彻底消灭。也比喻对人狠毒,打骂处置时极其所能,毫不留情。

【敢怒而不敢言】gǎn nù ér bùgǎn yán

敢生气而不敢说话。指慑于威势而不敢发泄自己的愤怒。

【敢为人先】gǎnwéirénxiān

敢于做别人的先驱。指敢于带头去做别人没有做过的事。

【敢作敢当】gǎnzuò-gǎndāng

当:承担。有胆量做事,又勇于承担责任。

【敢作敢为】gǎnzuò-gǎnwéi

为:作。敢做敢干。指做事大胆,无所顾忌,不怕风险。

【感恩戴德】gǎn'ēn-dàidé

戴:爱戴,尊崇。感激别人给予恩惠,并敬仰其德行。指对别人的帮助提携极其感激。现多用于讽刺。

【感恩图报】gǎn'ēn-túbào

感激别人的恩德而谋求报答他。

【感激不尽】gǎnjī-bùjìn

感激个没完。指无限感激，永远感激。

【感激涕零】gǎnjī-tìlíng

涕：泪。零：落。感激得眼泪都掉下来了。形容极其感动。现多用于讽刺。

【感今怀昔】gǎnjīn-huáixī

有感于当今而怀念过去。指因目前的事物或情景引起感触而怀念逝去的人或旧时的情景。

【感情用事】gǎnqíng-yòngshì

用事：行事。根据个人好恶或一时的感情冲动来处理事情。

【感人肺腑】gǎnrénfèifǔ

肺腑：见"肺腑之言"条。感动了人的胸腹。也就是使人内心深受感动。

【感天动地】gǎntiān-dòngdì

感动了天地。指人间赤诚忠信、可歌可泣的言行事迹使天地都感动了。

【感同身受】gǎntóngshēnshòu

心里感激得如同亲身受到对方的恩惠一样。多用于代人请求时向对方表示感激之情。

【刚愎自用】gāngbì-zìyòng

愎：固执任性。自用：任用自己，按自己的想法行事。倔强固执而自以为是地独断专行。

【刚柔相济】gāngróu-xiāngjì

济：成，成全，帮助。坚硬和柔软相辅相成。也指刚强和柔和互相成全、配合。又指强硬与温和两种手段互相配合使用。

【刚正不阿】gāngzhèng-bù'ē

刚强正直，不曲从迎合。

【纲举目张】gāngjǔ-mùzhāng

渔网的总绳被提起来了，所有的网眼就都张开了。比喻抓住了事物的主要环节，其从属部分的问题就非常分明而容易解决了。常用来指读书时抓住其要旨，而其余的地方就明白易解了。也比喻文章条理分明。

【高不成，低不就】gāo bù chéng，dī bù jiù

想要高档的，但不能成功；对于低档的，又不肯迁就。指选择配偶或工作时没有自知之明而要求过高，结果耽误了自己。

【高不可攀】gāobùkěpān

攀：抓住东西往上爬。高得无法攀登。指高得无法达到或接近。

【高步云*衢】gāobù-yúnqú

衢：大路，四通八达的道路。高高地行走在云中大路上。比喻身居高官或科举登第。

【高才捷足】gāocái-jiézú

捷：迅速。才能高而脚走得快。指本领大而行动敏捷。也指代这样的人。也作"高材疾足"。

【高唱入云*】gāochàng-rùyún

高声歌唱，声音直入云霄。形容

歌声嘹亮。也形容文辞的格调高昂激越,不同凡响。

【高飞远翔】 gāofēi-yuǎnxiáng

高高地飞起,翱翔到远方。即飞得既高又远。比喻前程远大。

【高风亮节】 gāofēng-liàngjié

风:风范,风度气派。亮:通"谅",诚信。高尚的风范,诚信的节操。即品格高,有节操。形容道德和行为都很高尚。

【高高在上】 gāogāo-zàishàng

高高地处在上面。形容所处的位置极高。原指上天处在极高的位置上。后用来指人身居高位,形容领导者高居群众之上,脱离群众,不了解下情,不关心民众疾苦。

【高歌猛进】 gāogē-měngjìn

高声歌唱,勇猛前进。形容斗志昂扬、声势浩大地快速前进。

【高官厚禄】 gāoguān-hòulù

高贵的官位,优厚的俸禄。即官职高,薪水多。

【高节清风】 gāojié-qīngfēng

高尚的节操,清廉的风范。形容人品高洁。

【高楼大厦】 gāolóu-dàshà

高耸的楼宇与宏伟的房子。

【高朋满座】 gāopéng-mǎnzuò

高贵的朋友坐满了席位。形容贵宾众多。

【高人一筹】 gāorényīchóu

筹:筹码,计数的用具,引申指筹划。比别人多一根筹码。指其筹划高人一等。形容其心计胜过别人。

【高人一等】 gāorényīděng

比别人高出一个等级。现多用来形容自高自大。

【高山景行】 gāoshān-jǐngxíng

景行(旧读 háng):大路。高山和大路。比喻崇高的品德与光明正大的行为。

【高山流水】 gāoshān-liúshuǐ

《列子·汤问》[40-P.178]:"伯牙善鼓琴,锺子期善听。伯牙鼓琴,志在登高山。锺子期曰:'善哉!巍巍兮若泰山!'志在流水。锺子期曰:'善哉!洋洋兮若江河!'伯牙所念,锺子期必得之。"后化为成语"高山流水",指高雅精妙的琴曲。也比喻高洁的情怀。常用在知音相赏或知音难遇的语境中。

【高深莫测】 gāoshēn-mòcè

高深得无法测度。形容极其高深。

【高视阔步】 gāoshì-kuòbù

眼睛向高处看,大步向前走。形容目中无人、大摇大摆的傲慢姿态。也形容气势非凡。

【高抬贵手】 gāotái-guìshǒu

高、贵:敬辞。请高高抬起您高贵的手。指把自己或某人放过去。用来恳求对方饶恕或宽容的客套话。

【高谈阔论】 gāotán-kuòlùn

见地高超、范围广泛地谈论。也指自以为高明而脱离实际地谈说,漫无边际地议论。形容大发议论。现多用于贬义。

【高屋建瓴】 gāowū-jiànlíng

建(旧读 jiǎn):通"瀽",倾倒,泼出。瓴:盛水的瓶子。在高高的屋顶上倾倒瓶子里的水。比喻势不可挡。也比喻居高临下。

【高瞻远瞩】 gāozhān-yuǎnzhǔ

瞻:向前或向上远望。瞩:注视。向高处望,向远处看。指看得既高又远。形容目光远大。

【高枕而卧】 gāozhěn'érwò

垫高枕头睡觉。指安心地睡大觉。形容没有忧虑。也形容放松警惕,盲目乐观。

【高枕无忧】 gāozhěn-wúyōu

垫高枕头睡觉而没有忧患。形容太平无事。也表示垫高枕头睡觉而没有忧虑。指安心地睡大觉。形容没有心事或盲目乐观。

【高足弟子】 gāozú-dìzǐ

高人一等的学生。即才能出众的学生。为称呼别人学生的敬辞。

【膏粱子弟】 gāoliáng-zǐdì

膏粱:肥肉和细粮,泛指精美的食物。吃美味饭菜的子弟。指饱食终日、无所用心的富贵人家的年轻后辈。

【膏腴之地】 gāoyú-zhīdì

膏腴:肥肉,引申为肥沃。肥沃的土地。

【槁木死灰】 gǎomù-sǐhuī

枯槁的树木和没有活力的灰烬。比喻毫无生气、冷淡麻木,对一切都无动于衷的人或死气沉沉的事物。

【告老还乡】 gàolǎo-huánxiāng

告:报告某种情况而请求休息。因年老而辞官回到家乡。泛指年老退休回家。

【割鸡焉用牛刀】 gē jī yān yòng niúdāo

杀鸡哪里用得着宰牛的刀。比喻做小事不必大动干戈、花大力气。

【歌功颂德】 gēgōng-sòngdé

歌唱其功绩,颂扬其德行。指歌颂统治者或领导人的功德。现多用于贬义。

【歌台*舞榭】 gētái-wǔxiè

台:土筑的高坛。榭:建筑在高土台上的敞屋。唱歌跳舞的高台房屋。泛指寻欢作乐的歌舞场所。

【歌舞升*平】 gēwǔ-shēngpíng

升平:富足太平。唱歌跳舞来庆祝富足太平。多指粉饰太平。

【革故鼎新】 gégù-dǐngxīn

革:改变,除去。鼎:古代的一种烹饪器,能使食物由生变熟,所以引申为变更的意思。革除旧的而更换成新的。多指改朝换代或进行重大改革。现泛指除掉旧的,建立新的。

【格格不入】 gégé-bùrù

格:阻碍,抵触。入:进入,被容纳,合。阻碍重重而不能进入。指抵触很大而不能合拍。

【格杀勿论】 géshā-wùlùn

格:格斗,击打。论:判罪。捕人

者打死拒捕者,一律不判罪。也指把正在行凶或犯禁的人当场打死而不以杀人论罪。

【格物致知】 géwù-zhìzhī

格:推究。致:取得。推究事物来获得知识。

【隔岸观火】 gé'àn-guānhuǒ

隔着一条河在对岸观看火烧。比喻置身事外而袖手旁观。形容对别人的事情漠不关心或幸灾乐祸。

【隔行如隔山】 gé háng rú gé shān

隔了一个行业就像隔了一座山。指非本行业的人不了解该行业的情况与底细。

【隔年皇历*】 génián-huánglì

隔了一年或多年的历书。比喻过时的事物或经验。形容其不合时宜,没有用。

【隔墙有耳】 géqiáng-yǒu'ěr

隔着一道墙有耳朵在听。指墙外有人偷听。形容即使暗中商量,秘密也会外泄。也作"隔窗有耳"。

【隔靴搔痒】 géxuē-sāoyǎng

隔着靴子挠痒痒。即在靴子外抓脚上的痒处。比喻认识不深刻,说话、作文等不中肯、不贴切,没有抓住要害。也比喻做事未触及要害。

【各奔前程】 gèbèn-qiánchéng

各自奔走前面的路程。指根据自己的志向各走各的路以实现自己的人生目标。多指分手后不再相干而各奔各的前途。

【各持己见】 gèchí-jǐjiàn

各人坚持自己的意见。

【各从其志】 gècóng-qízhì

各人顺从自己的意志。指各人依自己的志向行事。

【各得其所】 gèdé-qísuǒ

原指各自得到所需要的东西。后多指各自得到合适的安排或处置。

【各个击破】 gègè-jīpò

一个一个地攻破。指将人或集团逐个打败。也比喻将问题逐个解决。

【各尽所能】 gèjìn-suǒnéng

各自竭尽自己的能力。即各人都把自己的能力全部使出来。

【各就各位】 gèjiù-gèwèi

就:走近,到。各人走到各自的位置上。

【各人自扫门前雪,莫管他人瓦上霜】 gè rén zì sǎo mén qián xuě, mò guǎn tārén wǎ shàng shuāng

各人自己扫除家门前的雪,而不要去管别人家瓦上的霜。比喻各人管好自己就行了,不要去管闲事。也比喻只顾自己不顾别人的个人主义、本位主义行为。

【各抒己见】 gèshū-jǐjiàn

各人发表自己的意见。

【各行其是】 gèxíng-qíshì

是:对,正确,用作意动词。各人按照自己认为是正确的一套去做。形容各人的思想不一致而行动不统一。

【各行其志】gèxíng-qízhì

　　各人按照自己的志向去做。

【各有千秋】gèyǒu-qiānqiū

　　千秋：千年，指长久。各有长久存在的价值。指各有优点而将久传不朽。泛指各有所长，各有特色。

【各有所长】gèyǒu-suǒcháng

　　各有各的长处。

【各有所好】gèyǒu-suǒhào

　　各人有各人的爱好。

【各执己见】gèzhí-jǐjiàn

　　各人坚持自己的看法。形容意见不一致。

【各执一词】gèzhí-yīcí

　　各自坚持一种说法。形容说法不一致。

【各自为战】gèzì-wéizhàn

　　各人或各方独自进行战斗。也比喻各干各的，互不通气。

【各自为政】gèzì-wéizhèng

　　各人或各方独自处理政事。指各人或各方按自己的主张办事。形容各干各的，不互相配合，不顾全局。

【根深柢固】gēnshēn-dǐgù

　　根、柢：树根，"柢"指树干底下未分叉的基部，古代又称"直根"；"根"则指"柢"以下分叉的部分，古代又称"曼根"。根须很深而根柢牢固。比喻基础稳固，不易动摇。也作"根深蒂固"。蒂(dì)：花或瓜果跟茎、枝相连的部分。

【根深叶茂】gēnshēn-yèmào

　　树根很深而树叶茂盛。形容树木苗壮茂盛。也比喻事物因基础深厚而繁荣兴旺。

【亘古未有】gèngǔ-wèiyǒu

　　亘：连接，贯串。贯穿整个古代都没有过。即从古到今还没有过。形容某事物的出现是空前的。

【更深人静】gēngshēn-rénjìng

　　更：古代夜晚计时的单位，一夜分五更，每更约两小时。深：距离开始的时间很久。离初次打更的时间很久，而人们都静悄悄的，没有响声了。形容深夜非常寂静。

【更新换代】gēngxīn-huàndài

　　改成新的而换了一辈。指改去陈旧的一套而变成新的一套。

【耿耿于怀】gěnggěngyúhuái

　　耿：通"梗""鲠"，阻塞，卡住。耿耿：老是有疙瘩阻塞在心中的样子。怀：心胸。老是有疙瘩在心里。指某些引起自己烦闷、怨恨或不满的事情老是萦绕心头而不能忘怀。

【绠短汲深】gěngduǎn-jíshēn

　　绠：汲水器上的绳子。汲：打水。吊桶的绳子很短，却去打深井里的水。比喻才识短浅而难以理解深奥的道理。也比喻才力不够而难以胜任大事。

【更待何时】gèngdàihéshí

　　更：再。再要等到什么时候？指已经到了该说或该干的时候，不必等待了。

【更上一层楼】gèng shàng yī céng

lóu

再登上一层楼。王之涣《登鹳雀楼》[41-P.2841]:"欲穷千里目,更上一层楼。"意为要想看得更远,就要登得更高。后用作成语,多比喻在原来的基础上再提高一步。常用来勉励人。有时也用于比较,表示某事物比另一事物高出一等。

【工力悉敌】 gōnglì-xídí

悉:完全。敌:匹敌。功夫和才力完全相当。指程度相等,不相上下。

【工欲*善其事,必先利其器】 gōng yù shàn qí shì, bì xiān lì qí qì

工匠要做好他的工作,必须先磨利他的工具。原用来比喻要在某个国家立足,必须先结交贤能的官员。《论语·卫灵公》[25-P.2517]:"子曰:'工欲善其事,必先利其器。居是邦也,事其大夫之贤者,友其士之仁者。'"后多用来比喻要把事情做好,必须先做好准备工作。

【公报私仇】 gōngbào-sīchóu

借公事来报复自己的仇人。指以操办公事的名义,暗中玩弄手段,对自己的仇敌进行打击报复。

【公而忘私】 gōng'érwàngsī

一心为公而不考虑私利。

【公事公办】 gōngshì-gōngbàn

公家的事按公家的制度办理。指不讲私人情面。

【公私兼顾】 gōngsī-jiāngù

公家的利益和私人的利益同时照顾到。

【公正廉明】 gōngzhèng-liánmíng

公平正直,廉洁明察。形容官员有德才。

【公正无私】 gōngzhèng-wúsī

公道正直而没有私心。

【公之于众】 gōngzhīyúzhòng

在众人面前把它公开。指向社会公开某事。

【公诸同好】 gōngzhūtónghào

诸:之于。把自己所喜爱的东西向有共同爱好的人公开。

【公子王孙】 gōngzǐ-wángsūn

公:指诸侯。诸侯帝王的子孙。后泛指官僚、贵族、富家子弟。

【功败垂成】 gōngbài-chuíchéng

功:事业,事情。垂:临近。事情失败于将要成功的时候。多含惋惜之意。

【功成不居】 gōngchéng-bùjū

居:占有。事情办成后不把功劳占为己有。

【功成名就】 gōngchéng-míngjiù

就:成就。事业成功了,名声也确立了。也作"功成名遂""功成名立"。遂:成就。

【功成身退】 gōngchéng-shēntuì

功业建成后自己就引退了。指大功告成以后不贪图名利地位而主动辞去官职归隐。

【功到自然成】 gōng dào zìrán chéng

功夫到家了,自然而然地会成功。多用来劝人认真踏实地去下苦功,而不要急于求成。

【功德无量】gōngdé-wúliàng

功德:功业德行,佛教指行善布施、诵经念佛、为死者做佛事等。量:限度。原为佛教语,指功业德行无限。后用来称颂人的功劳和恩德无限。指做了非常有益于社会、有益于人民的事。

【功德圆满】gōngdé-yuánmǎn

圆满:佛教指忏悔事毕。本指佛教徒的修行达到了完满的程度。后也比喻任务胜利完成或事情圆满结束。

【功亏一篑】gōngkuī-yīkuì

功:事情,工作。亏:欠缺,短少,不完满,指未完成。篑:盛土的竹筐。《尚书·旅獒》[42-P.195]:"爲山九仞,功虧一篑。"意为堆九仞高的土山,工作未完成只在于差了一筐土。后用来比喻一件大事未能完成只在于差了最后一点人力或物力。含有对前功尽弃深表惋惜之意。

【攻城略地】gōngchéng-lüèdì

攻占城池,夺取土地。指大举进攻。也作"掠地攻城"。

【攻其无备】gōngqí-wúbèi

在对方没有防备的时候发动进攻。

【攻守同盟】gōngshǒu-tóngméng

同盟:由缔结条约而形成的联盟。为了在进攻与防守方面采取共同行动而缔结条约的联盟。即攻守一致的联盟。现多喻指共同作案的人为了应付追查或审讯而事先所作的统一口径的约定。

【攻无不克*】gōngwúbùkè

克:攻克,攻破。攻打敌人,没有攻不破的。形容百战百胜,所向无敌。常与"战无不胜"连用。

【供不应求】gōngbùyìngqiú

供给不能适应需求。指供应的东西不能满足需要。

【恭敬不如从命】gōngjìng bùrú cóngmìng

恭敬地推让不如听从命令。指受到别人款待、馈赠或推荐时,与其客气谦逊地推让拒绝,还不如顺从对方听其安排。多用作谦辞,表示接受对方的意见或安排,并含有恭敬致谢之意。也用于劝人接受别人的意见或安排。

【恭喜发*财】gōngxǐ-fācái

恭敬地道喜,祝贺获得大量钱财。是祝贺人的客套话。

【躬逢其盛】gōngféng-qíshèng

亲自遇见了那种盛况。指亲自参加了那一次盛会或盛典。也指亲自经历了那个盛世。也作"恭逢其盛"。恭:恭敬。

【觥筹交错】gōngchóu-jiāocuò

觥:古代一种酒器。筹:行酒令用的筹码。酒杯和酒筹交叉错杂。形容相聚宴饮时的热闹欢乐。

【拱肩缩背】gǒngjiān-suōbèi

耸着双肩，蜷着脊背。形容人怕冷或因衰老不健康而蜷缩的样子。

【拱手听命】 gǒngshǒu-tīngmìng

双手在胸前相抱向对方作揖行礼并听从对方的命令。指恭敬地顺从别人的指使。

【供认不讳】 gòngrèn-bùhuì

供：受审者陈述、交代案情。讳：避开不说。陈述某一事实并予以承认，毫不避忌。多用来指受审者对自己所做的事直言不讳而全部承认。

【勾魂摄魄】 gōuhún-shèpò

魂、魄：人的精神，能离开身体而存在的精神叫魂，依附于形体而不能独立存在的精神叫魄；魂用于思维想象，魄用于感觉运动。摄：吸引。勾引灵魂而吸引心魄。形容某种事物或人具有极大的魅力，令人着迷，动人心魄。

【勾肩搭背】 gōujiān-dābèi

甲方的手臂弯曲地勾在乙方的肩膀上，乙方的手臂搭在甲方的脊背上。指互相用手臂搂着。形容亲昵之态。

【钩深致远】 gōushēn-zhìyuǎn

钩取深处的，招致远方的。原形容卜筮之道博大精深。后用来指钻研获取深奥广博的道理、义蕴。

【钩心斗*角】 gōuxīn-dòujiǎo

心：心脏，比喻中心或事物的主要部分，此指房屋内木料制成的栋梁屋架。角：戗角，屋檐两头斜对着墙角向上弯曲翘起的构件。内部屋架交错相钩，檐角水戗相对如斗。形容宫室建筑的内部结构错综复杂而精巧细致，外部造型雄健壮观而气势非凡。后用来比喻诗文的构思精巧出奇。也比喻费尽心机，巧施手段，明争暗斗，互相倾轧。也作"勾心斗角"。

【钩玄提要】 gōuxuán-tíyào

钩：钩取。探取微妙的道理，举出书中的要点。

【苟合取容】 gǒuhé-qǔróng

容：容纳。苟且迎合来博取容身。

【苟且偷安】 gǒuqiě-tōu'ān

苟且：姑且，暂且，只顾眼前。偷：指无原则地求取。姑且图个安逸。指只图眼前安逸，不管将来如何。

【苟且偷生】 gǒuqiě-tōushēng

姑且图个活命。指只图眼前活着，不管其他。

【苟全性命】 gǒuquán-xìngmìng

苟且保全生命。

【苟延残喘】 gǒuyán-cánchuǎn

喘：急促地呼吸。苟且延续残剩的喘气。指勉强维持其生存。也作"苟延残息"。

【狗急跳墙】 gǒují-tiàoqiáng

狗被追得急了会跳墙。比喻人走投无路时会不顾一切地铤而走险。

【狗拿耗子】 gǒuná-hàozi

狗捉老鼠。比喻人多管闲事。

【狗屁不通】gǒupì-bùtōng

　　像狗放的屁一样不能连接起来。指话或文章语无伦次，不合逻辑，违反事理，根本讲不过去。是骂人的话。

【狗头军师】gǒutóu-jūnshī

　　长着狗脑袋的军中参谋。指脑子灵敏、善出主意但谋划并不高明的智囊人物。常用来讥称爱在背后出坏主意的人。

【狗尾续貂】gǒuwěi-xùdiāo

　　貂：一种毛皮珍贵的动物，古代君主的侍从官员用貂尾作帽子的装饰。用狗的尾巴来接替貂的尾巴。原指封官太滥，貂尾不够用而以狗尾来补充。后比喻拿不好的东西接在好的东西后面。多用来指斥文学作品中拙劣的续作，也用来谦称自己续写别人的著作。

【狗血喷头】gǒuxuè-pēntóu

　　把狗的血喷在别人头上。这原是迷信传说中的一种镇妖之术，据说妖人被狗血喷淋头部后，其妖法即失灵，不能施展其妖术。后比喻用非常厉害的话骂人，使被骂的人像妖人被狗血喷淋头部一样失了神，无话可说。形容破口大骂，言辞刻毒。

【狗仗人势】gǒuzhàngrénshì

　　狗倚仗主人的势力。比喻走狗、奴才等倚仗主子的势力。常用来指斥有靠山的坏人仗势欺人。

【狗彘不如】gǒuzhì-bùrú

　　彘：猪。连猪狗都不如。指斥人的品行极其卑劣。也作“狗彘不若”。

【狗彘不食】gǒuzhì-bùshí

　　连狗和猪也不要吃他的肉。指该人极其卑鄙肮脏。

【狗嘴里*吐不出象牙】gǒuzuǐli tǔ bù chū xiàngyá

　　狗的嘴巴里吐不出象的牙齿。比喻坏人嘴里说不出好话来。常用来指斥讥讽人。

【沽名钓誉】gūmíng-diàoyù

　　沽：买，指用某种东西去换取。钓：用诱饵鱼钩取鱼，比喻骗取。换取名声，骗取赞誉。指用种种手段谋取名誉。

【孤儿寡妇】gū’ér-guǎfù

　　死了父亲的孩子和死了丈夫的妇女。指失去男主人而孤独无依的母子。也作“孤儿寡母”。

【孤芳自赏】gūfāng-zìshǎng

　　芳：香花。把自己看成独一的香花而自我欣赏。即认为只有自己一个人具有高尚纯洁的品德而自我赞赏。指孤立于众人之外而自命清高，十分自得。

【孤家寡人】gūjiā-guǎrén

　　古代君主自称“孤”或“寡人”，谦称自己是孤独无依的人。后化为成语，比喻孤立无助的人。

【孤军奋战】gūjūn-fènzhàn

　　孤立无援的军队奋力作战。也比喻一个人或一个集体在没有支援的情况下努力从事某种斗争或某项事业。

【孤苦伶仃】gūkǔ-língdīng

伶仃：同"零丁"，孤零零地一个人。孤单困苦，零落一人。形容孤独无依，十分困苦。也作"伶仃孤苦"。

【孤立无援】gūlì-wúyuán

立：存在，生存。单独生存而无人援助。

【孤陋寡闻】gūlòu-guǎwén

孤：孤单，指没有交往。陋：见识少。寡：少。孤身独处而所见不多，听到的也很少。指见闻贫乏，学识浅薄。

【孤掌难鸣】gūzhǎng-nánmíng

单独一只手掌很难发出响声。比喻孤立无援的力量难以成事。

【孤注一掷】gūzhù-yīzhì

孤注：唯一的赌注，指赌徒的所有钱财。掷：掷骰子。把赌注全部押上，最后掷一次骰子。比喻在危急时投入全部力量作最后一次冒险。

【姑妄听之】gūwàngtīngzhī

姑且随便听听这些话。表示不必完全相信这些话，但还是值得一听。形容某些话不一定可靠，但也可能有些道理。

【姑妄言之】gūwàngyánzhī

姑且随便地说说它。表示自己只是随便说说，内容不一定可靠（含有自谦之意）。也用于劝人，表示说话时不必太认真，说错了也没关系。

【姑息养奸】gūxī-yǎngjiān

息：繁殖，增长。姑且让其生息发展而护养了邪恶之人。即一味纵容而培植了坏人。

【古道热肠】gǔdào-rècháng

上古时代的道德与热心肠。指淳朴真诚又十分热情。

【古色古香】gǔsè-gǔxiāng

古香：古书画的绢或纸因年代久远而产生的特殊气味。古物的色彩和古书画的香味。泛指古雅的色彩和情调。多用来形容器物、书籍、艺术品及室内陈设。

【古往今来】gǔwǎng-jīnlái

从古代到现在。

【古为今用】gǔwéijīnyòng

古代的东西被现在利用。指借鉴与吸收古代有益的东西。

【古稀之年】gǔxīzhīnián

稀：少。自古以来少有的年龄。杜甫《曲江》诗[19-P. 2413]："人生七十古来稀。"后便以"古稀之年"指代七十岁。

【谷*贱伤农】gǔjiàn-shāngnóng

粮食价格低则损害农民的利益。

【骨鲠在喉】gǔgěng-zàihóu

鱼骨头卡在喉咙里。比喻话已到喉部。形容非说不可，否则就十分难受。

【骨肉离散】gǔròu-lísàn

骨肉：比喻父母兄弟子女等关系十分密切的亲人。亲人之间别离分散而不能团聚。也作"骨肉分离"。

【骨肉团圆】gǔròu-tuányuán

父母兄弟子女之类的亲人团聚。多指亲人散而复聚。

【骨肉相残】gǔròu-xiāngcán

近亲之间互相残杀。

【骨肉相连】gǔròu-xiānglián

像骨头和肉一样互相连着。比喻关系十分密切。

【骨肉至亲】gǔròu-zhìqīn

像骨头和肉一样关系最密切的亲属。指有直接血缘关系的亲属。

【骨软筋酥】gǔruǎn-jīnsū

骨头发软,筋肉酥麻。指感到四肢酸软、全身乏力。多形容心慌、受惊吓、疲惫、酒醉时的情形。

【骨瘦如柴】gǔshòu-rúchái

瘦得像木柴似的只有骨头。形容极其消瘦。

【蛊惑人心】gǔhuò-rénxīn

蛊:一种害人的毒虫,引申指毒害、诱惑。毒害迷惑人心。指用谣言、诡辩等大造舆论来毒害迷惑人心。

【鼓乐喧天】gǔyuè-xuāntiān

喧:喧闹,声音大。敲鼓声和奏乐声响彻天空。

【固若金汤】gùruòjīntāng

金汤:“金城汤池”的略语。坚固得好像是金属铸成的城墙、沸水形成的护城河一般。形容守备极为坚固,牢不可破。

【固执己见】gùzhí-jǐjiàn

顽固地坚持自己的意见。

【故步自封】gùbù-zìfēng

故:旧。封:封闭。按过去的步伐行走,把自己限制在一定的范围内。指因循守旧而不求革新进取。也作“固步自封”。

【故技重演】gùjì-chóngyǎn

把过去的技艺重新表演一番。比喻把原来的伎俩重新施展一次。即再耍一次老花招。也作“故伎重演”。

【故弄玄虚】gùnòng-xuánxū

故意玩弄玄妙虚无的东西。指有意玩弄使人迷惑不解的词语或花招,把某些东西搞得高深莫测、不可捉摸。

【故态复*萌】gùtài-fùméng

老样子又萌生了。指原来的习气、毛病等重新冒头。

【顾此失彼】gùcǐ-shībǐ

顾了这个,丢了那个。形容头绪纷繁,无法全面照顾。

【顾名思义】gùmíng-sīyì

顾:看。看到名称而联想到它的含义。

【顾盼生姿】gùpàn-shēngzī

顾:回头看。盼:注视,睁大眼睛看。一回首,一注目,都表现出美妙的姿态。形容目光动人,极有风韵。也形容文章遣词造句精彩生动,极有风致。

【顾盼自雄】gùpàn-zìxióng

左顾右盼而自以为雄健不凡。形容得意忘形的样子。

【顾全大局*】gùquán-dàjú

全:保全。照顾保全整个局面。指为整体利益着想,使之不受损害。

【顾小失大】gùxiǎo-shīdà

顾全了小利而丧失了大利。

【顾影自怜】gùyǐng-zìlián

看看自己的身影而怜悯自己。形容孤独失意的情态。也表示看着自己的影子而非常怜爱自己。形容自我欣赏。

【瓜熟蒂落】guāshú-dìluò

瓜熟后瓜蒂自然脱落。比喻条件或时机成熟后事情自然而然成功了。

【瓜田李下】guātián-lǐxià

《乐府诗集》[43-P.467]卷三十二载乐府古辞《君子行》:"君子防未然,不处嫌疑间。瓜田不纳履,李下不正冠。"意谓走过瓜田时不弯下身体拔鞋跟,经过李树下不举手扶正帽子,以避免偷瓜、摘李之嫌。后便用"瓜田李下"比喻容易引起嫌疑的地方或偷窃等不轨行为的嫌疑。

【刮目相看】guāmù-xiāngkàn

相:偏指性副词,指他人或某事物。擦擦眼睛来看待某人或某事物。指去掉老看法而用新眼光来看待。形容被看待者今非昔比,有了非凡的进步。也作"刮目相待"。

【寡不敌众】guǎbùdízhòng

寡:少。敌:对抗,抵挡。人少敌不过人多。

【寡恩少义】guǎ'ēn-shǎoyì

少恩德少道义。形容人冷酷无情、刻薄自私。

【寡廉鲜耻】guǎlián-xiǎnchǐ

寡:少。鲜:通"尟"(xiǎn),少。极少廉洁的操守,极少羞耻的感觉。指既不廉洁,又不知羞耻。

【挂羊头卖狗肉】guà yángtóu mài gǒuròu

挂着羊头作招牌,实际上卖的是狗肉。羊头狗颈是传统的美味佳肴,但狗肉只是一般的食物。后用作成语,比喻用好货作招牌来兜售次货。也比喻用好的名义做幌子来宣扬不好的思想学说或干奸邪的勾当。

【挂一漏万】guàyī-lòuwàn

挂:通"罣",网罗住。网罗住了其中之一而漏掉了上万。指只抓住或说到了其中的一点而遗漏了很多。形容记忆、观察、记载或论述中有大量遗漏。多用作谦辞。

【拐弯抹角】guǎiwān-mòjiǎo

抹:紧挨着绕过。又是拐弯,又是紧挨着犄角绕过。原指走曲折的路。也形容道路弯曲。又比喻说话或写文章绕弯子,不直截了当。也作"转弯抹角"。

【怪诞不经】guàidàn-bùjīng

经:常道。奇怪荒诞而不合常理。指言语离奇荒唐,不合情理。

【怪模怪样】guàimú-guàiyàng

模、样:长相或装束打扮的样子。样子怪里怪气。

【关门大吉】guānmén-dàjí

关闭大门就十分吉利了。是"开门大吉"的反话,用来指商店或工厂倒闭歇业,也用来泛指其他机构停

G

业,含有讥讽之意。

【关山迢递】 guānshān-tiáodì

迢递:遥远而又连绵不断的样子。关口山岭十分遥远又连绵不绝。形容路途遥远,险阻重重。

【观者如堵】 guānzhě-rúdǔ

堵:墙。观看的人像围墙一样。指观看的人很多。

【官逼民反】 guānbī-mínfǎn

官吏逼迫而致使民众造反。

【官官相护】 guānguān-xiānghù

官吏和官吏互相庇护。指当官的互相包庇袒护。也作"官官相为""官官相卫"。

【官样文章】 guānyàng-wénzhāng

官:官府,朝廷。具有官方模样、带有朝廷气派的文章。指朝中台省馆阁等部门的官员奉皇帝命令所写的格调典雅的诏令诗文之类。形容其文辞雍容高雅,写得好,大手笔。后转指具有固定套式、袭用古代公文言辞的官方文书。又泛指形式内容雷同或虽有条文却不付诸实施的例行公文。又比喻打着官腔、形式死板的文章或徒具形式、只在表面上进行敷衍应付的言词或措施。

【冠冕堂皇】 guānmiǎn-tánghuáng

冠冕:古代官吏、帝王所戴的礼帽,喻指正规体面。堂皇:宽大的殿堂,喻指庄重严肃、光明正大。在宽大的殿堂里戴着礼帽。比喻表面上正正规规、十分体面、庄重严肃、光明正大的样子。

【鳏寡孤独】 guān-guǎ-gū-dú

原指鳏夫寡妇孤儿孤老。《孟子·梁惠王下》[8-P.2676]:"老而無妻曰鳏,老而無夫曰寡,老而無子曰獨,幼而無父曰孤。此四者,天下之穷民而無告者。"后泛指没有劳动力又无人赡养的人。

【管窥蠡测】 guǎnkuī-lícè

"以管窥天,以蠡测海"的略语。窥:从小孔或缝隙里看。蠡:贝壳做的瓢。从竹管里看天,用瓢测量海水。比喻用狭窄的眼光去观察、用浅短的见识去衡量。表示所见、所测极为有限而片面。

【管窥之见】 guǎnkuīzhījiàn

从竹管里看天似的见识。指狭窄片面的见识。多用作谦辞。

【管中窥豹】 guǎnzhōng-kuībào

从竹管里看豹。比喻片面地观察事物。有时与"可见一斑"等语连用,表示虽只看到事物的一小部分,但从中可以见其大略。

【冠绝一时】 guànjué-yīshí

冠:居第一位。绝:没有过的,无与伦比的。在当时的一段时期内位居第一,无与伦比。

【光彩*夺目】 guāngcǎi-duómù

光泽色彩引人注目。形容事物光亮鲜艳,十分耀眼。

【光彩*照人】 guāngcǎi-zhàorén

光泽色彩照射人。指外貌十分耀眼而引人注目。多形容容貌艳丽或辞章华丽。

【光风霁月】guāngfēng-jìyuè

　　霁：雨停止。阳光明媚时的和风与雨过天晴后的明月。形容雨后天晴时的明净景象。比喻社会政治清明。也比喻心胸开阔，襟怀坦白。

【光复*旧物】guāngfù-jiùwù

　　恢复旧有的东西。指收复失去的国土或恢复原有的事业。

【光怪陆离】guāngguài-lùlí

　　陆离：繁杂的样子。光彩奇异而繁杂。形容色彩斑斓纷繁，形状十分奇特。也形容事迹或现象十分出奇而纷繁复杂。

【光辉灿烂】guānghuī-cànlàn

　　光芒四射，明亮耀眼。也用来形容事业的辉煌、前程的美好。

【光芒万丈】guāngmáng-wànzhàng

　　光线长达上万丈。形容光线强烈，极其明亮。也形容事物灿烂辉煌或文学作品的奇光异彩引人注目。

【光明磊落】guāngmíng-lěiluò

　　磊落：分明的样子，引申指直率。心地明朗而没有阴谋，胸怀坦白而没有隐瞒。

【光明正大】guāngmíng-zhèngdà

　　心地明朗而没有阴谋，正派大方而不卑鄙猥琐。多用来形容合乎社会道德规范的思想品德与言行。

【光天化日】guāngtiān-huàrì

　　阳光普照的晴天和化生万物的太阳。喻指皇帝德泽普施天下、教化大行的太平时代。又指大天白日。前一义着眼于社会条件，后一义着眼于自然条件，其后常连用"之下"。

【光阴荏苒】guāngyīn-rěnrǎn

　　光阴：时间。时间渐渐过去。指时光在不知不觉中渐渐流逝。

【光阴似箭】guāngyīn-sìjiàn

　　光阴：时间。时光像射出去的箭。比喻时间流逝迅速。

【光宗耀祖】guāngzōng-yàozǔ

　　使宗族光荣，使祖先显耀。指子孙取得功名，给祖宗增添了光彩。

【广结良缘】guǎngjié-liángyuán

　　广泛结成美好的因缘。原为佛家语。后转指多行善事，广泛地和别人搞好关系。

【广开言路】guǎngkāi-yánlù

　　广泛打开进言的途径。指尽量给下面提供向上级提意见的机会。

【广阔天地】guǎngkuò-tiāndì

　　广大宽阔的天地。指可以充分发挥作用、作出成就的广大领域。

【广种薄收】guǎngzhòng-bóshōu

　　大面积的种植，微薄的收成。指播种范围广而单位产量低。

【归根结底】guīgēn-jiédǐ

　　底：底端，根基，基础。归结到根本上。也作"归根到底""归根结柢""归根结蒂"。柢：树干底下未分叉的根基。蒂：花或瓜果跟茎、枝相连的部分，引申为本原。

【归心似箭】guīxīn-sìjiàn

　　回家的心思像射出去的箭。指希望自己飞速到家。形容想回家的心情十分急切。

【归真反璞】 guīzhēn-fǎnpú

见"返璞归真"。

【规行矩步】 guīxíng-jǔbù

规、矩:圆规、曲尺(画方形的工具),比喻规定、准则或惯例。行、步:走。按规矩走路。比喻严格按照准则法度行事。形容言行谨慎,一丝不苟。也比喻墨守成规,不知变通。

【诡计多端】 guǐjì-duōduān

端:头,项,方面。狡诈的计谋多种多样。形容人狡猾阴险,坏主意很多。

【鬼斧神工】 guǐfǔ-shéngōng

工:作。鬼用斧砍削而神动手制作。即由鬼神制作。形容建筑、器物或文学艺术作品等的制作极其精巧神妙,好像是鬼神制作出来的,而不像是人为的。也作"神工鬼斧"。

【鬼鬼祟祟】 guǐguǐ-suìsuì

祟:作怪。好像是鬼作怪似的。指行动躲躲闪闪。形容行动诡秘,偷偷摸摸,不光明正大。

【鬼哭狼嚎】 guǐkū-lángháo

像鬼一样啼哭,像狼一样嚎叫。形容坏人悲惨地哭叫,声音十分凄厉。也作"鬼哭狼号"。

【鬼哭神号】 guǐkū-shénháo

鬼啼哭,神号叫。形容哭叫声十分怪异凄厉。也形容声音大而杂乱,令人惊恐。也作"神号鬼哭"。

【鬼迷心窍】 guǐmí-xīnqiào

鬼怪迷惑了心窍。指思想糊涂。

【鬼使神差】 guǐshǐ-shénchāi

好像是鬼指使的、神差遣的。表示不是人的故意行为。指不由自主地做了某件事情或出乎意料地发生了某件事,好像是鬼神在暗中指使似的。也作"神差鬼使"。

【鬼头鬼脑】 guǐtóu-guǐnǎo

有鬼的头又有鬼的脑。指为人阴险狡猾。又表示像鬼一样探头探脑。指行动躲躲闪闪,不正派。

【鬼蜮伎俩】 guǐyù-jìliǎng

蜮:传说中一种能含沙射人的水中怪物。鬼和蜮的伎俩。即害人精的恶毒手段。指用心险恶、暗中害人的坏人所施展的卑劣手段。

【贵人多忘】 guìrén-duōwàng

地位高贵的人往往健忘。指地位显赫的人不念旧交。也用来讥讽人健忘,委婉地批评对方忘记了故人或往事。也作"贵人多忘事"。

【滚瓜烂熟】 gǔnguā-lànshú

烂熟:极熟,熟透。像脱蒂而滚下的瓜那样熟透了。形容朗读、背诵、讲述等十分熟练流利。

【国富兵强】 guófù-bīngqiáng

国家富足,兵力强大。

【国计民生】 guójì-mínshēng

计:生计。国家的财政经济和人民的生活。

【国破家亡】 guópò-jiāwáng

国家残破,家庭灭亡。指国土沦丧,家人离散。

【国色天香】guósè-tiānxiāng

国内最美的颜色,自然界最佳的香气。原指色香俱佳的牡丹花。后泛指艳丽的香花。也用来比喻美丽绝伦的女子。

【国泰民安】guótài-mín'ān

泰:安宁。国家太平,人民安乐。形容社会安定。

【国无宁日】guówúníngrì

国家没有一天安宁的日子。形容社会混乱动荡。

【果不其然】guǒbùqírán

然:意动用法,表示认为如此,指预料到会如此。果然不出其所料。即果然如此。指事实跟预料的完全一样。强调判断准确。

【果如所料】guǒrúsuǒliào

果然像所预料的那样。指事实和预料相符。形容判断准确。

【裹足不前】guǒzú-bùqián

裹:包、缠住。缠住双脚不前进。指有所顾虑而不敢迈步前往。也比喻在危难面前有所畏惧而不敢进一步做某事。

【过河拆桥】guòhé-chāiqiáo

过了河就把桥拆了。比喻达到目的后就把帮助其达到目的人或事物一脚踢开。

【过街老鼠】guòjiē-lǎoshǔ

经过大街的老鼠。比喻人人痛恨并喊打的坏人。

【过目不忘】guòmù-bùwàng

一经过眼睛就不忘记。即看了一遍就记住了。形容记忆力极强。

【过目成诵】guòmù-chéngsòng

看过一遍就能完成背诵。形容记忆力极强。

【过甚其词】guòshèn-qící

把那话说得过分厉害。指话说过了头,超过了实际情形。

【过五关,斩六将】guò wǔ guan, zhǎn liù jiàng

闯过五个关口,杀掉六员守将。这原为关羽的故事,指他单枪匹马护送刘备夫人时闯过曹操控制的五个关口:东岭关、洛阳、沂水关(当作“汜水关”,即虎牢关,在今河南省荥阳市西北汜水镇)、荥阳和黄河渡口;斩杀六员守将:孔秀、孟坦、韩福、卞喜、王植和秦琪(见《三国演义》第二十七回[33-P. 292~297])。现比喻克服重重困难,战胜了许多竞争对手。

【过眼云*烟】guòyǎn-yúnyān

在眼前掠过的云和烟。比喻很容易消失的事物。也比喻不值得重视的身外之物。也作“过眼烟云”。

【过意不去】guòyìbùqù

心里过不去。指心中有歉意而感到不安。

【过犹不及】guòyóubùjí

犹:如同、像。过分就像没有达到一样。指做事过了头,就像做得不够一样,都不好。表示做事要恰如其分,不可过头。

H

【海底捞月】hǎidǐ-lāoyuè

到海底打捞月亮。海中只有月亮的倒影，根本没有月亮，所以用来比喻白费力气，根本达不到目的。也作"海中捞月""水中捞月"。

【海底捞针】hǎidǐ-lāozhēn

在海底打捞一根针。比喻极难找到或很难达到目的。

【海枯石烂】hǎikū-shílàn

烂：破烂，指风化后破碎。大海干枯，石头破烂成土。指经历了很长的时间，世间发生了很大的变化。常用来反衬心意坚定，永远不变，或事迹永垂不朽。也比喻干净彻底。

【海阔凭鱼跃，天空任鸟飞】hǎi kuò píng yú yuè, tiān kōng rèn niǎo fēi

大海辽阔听凭鱼儿跳跃，上天空旷任凭鸟儿飞翔。形容天地广阔，动物可以自由自在地活动。比喻在广阔的天地里人可以充分发挥自己的作用、施展自己的抱负。

【海阔天空】hǎikuò-tiānkōng

大海辽阔，上天空旷。形容自然界的广阔旷远。也形容心胸开阔，气度豁达。又形容想象或说话漫无边际。

【海内存知己，天涯若比邻】hǎinèi cún zhījǐ, tiānyá ruò bǐlín

海内：指国境之内，古人认为我国疆土四面被海所环抱，所以称国境之内为"海内"。比：并列，挨着。在国境之内有了知心朋友，即使他在天涯海角也好像紧挨着的邻居一样。泛指知己朋友之间即使身处异地，也永远保持着深厚的相互关怀之情。形容最大的距离也隔不断知己之间的深情厚谊。

【海市蜃楼】hǎishì-shènlóu

蜃：大蛤蜊，传说它能吐气形成楼台城观。海上云气形成的都市与大蛤蜊吐气形成的楼台。古人认为是海旁蜃气所致，所以称为"海市蜃楼"。实际上是光线经过不同密度的空气层而发生折射，从而把远处景物显示在空中或地面所形成的一种奇异幻景（多出现在海边或沙漠地带）。后用来比喻虚无缥缈的事物。也用来形容变幻莫测。

【海水不可斗*量】hǎishuǐ bùkě

dǒu liáng

斗：容积为十升的量器。大海之水不可用斗来测量。比喻雄才大略之人不可用狭窄的眼光去衡量,学问渊博的人不可用浅短的见识去测度。

【海外奇谈】hǎiwài-qítán

有关海外各国稀奇古怪的谈论。《山海经》一书中有《海外南经》《海外西经》《海外北经》《海外东经》,记述了异国远方的奇人怪物,十分荒诞。后便用"海外奇谈"指荒诞的传说或无中生有的奇谈怪论。

【海啸山崩】hǎixiào-shānbēng

大海呼啸奔腾,高山崩裂倒塌。形容来势凶猛,不可阻挡。

【骇人听闻】hàirén-tīngwén

骇：惊吓,震惊。使人听了非常吃惊。

【害群之马】hàiqúnzhīmǎ

危害群体的马。比喻危害集体或国家的坏人。

【害人不浅】hàirén-bùqiǎn

对别人危害不小。

【酣畅淋漓*】hānchàng-línlí

酣：喝酒尽兴,又泛指尽情。淋漓：液体充足后下滴,喻指极其充分。尽情畅快而极其充分。原指喝酒尽兴痛快而酒浆洒落。后用来形容书画文章等挥洒自如,笔墨充分饱满,非常痛快地极尽其情。

【憨状可掬】hānzhuàng-kějū

憨：朴实,天真。状：情态。掬：捧。憨厚的样子可以捧取。指天真朴实的情态充溢在外,似乎只要双手一捧,便会掉到手中。形容单纯幼稚得可爱。也作"憨态可掬"。

【邯郸学步】hándān-xuébù

在邯郸学走路。《庄子·秋水》[3-P.601]载,有个燕国青年到赵国都城邯郸,见赵国人步姿优美,便跟着学,结果没学会,却把自己原来的走法给忘了,于是只好爬回家。后用来比喻模仿不成,反而把自己原来的长处丢失了。

【含苞待放】hánbāo-dàifàng

苞：花没开时紧包在花蕾外面的花萼。包含在花苞中等待开放。指花朵即将开放。也比喻少女即将成年而初露青春美姿。

【含垢忍辱】hángòu-rěnrǔ

含：嘴里含着,引申指心里怀着,容忍。垢：耻辱。忍受耻辱。形容为了某种目的委曲求全。也作"忍辱含垢"。

【含糊*其辞】hánhú-qící

含糊：模糊,不清楚。辞：言辞。把自己的话说得含混而不明确。形容有所顾虑而不敢明确直说,故意说些模棱两可的话来敷衍。

【含情脉脉】hánqíng-mòmò

脉脉：通"眽眽",默默地用眼神表达情意的样子。饱含深情而默默地用眼神来表达情意。形容要向人倾诉情意的样子。也作"脉脉含情"。

【含沙射影】hánshā-shèyǐng

口含沙子喷射人的影子。这是

古代传说中的水中怪物蜮的伤人手段。后比喻暗中诽谤伤人。也比喻用指责某人某事的方法来攻击其他的人或事，即影射。

【含笑九泉】 hánxiào-jiǔquán

九:泛指多。九泉:地下最深的泉水，指人死后葬身之处。在地下深处带着笑容。形容死而无憾。

【含笑入地】 hánxiào-rùdì

带着笑容埋入地下。形容死而无憾。

【含辛茹苦】 hánxīn-rúkǔ

含:嘴里含着，引申指忍受。辛:辣，比喻劳苦。茹:吃，引申指承受。忍受着辛劳，吃尽苦头。

【含血喷人】 hánxuè-pēnrén

口含鲜血喷到别人身上。比喻把血案咬到别人身上或捏造事实污蔑别人。

【含饴弄孙】 hányí-nòngsūn

嘴里含着麦芽糖逗弄小孙子。形容老年人的闲适生活。

【含英咀华】 hányīng-jǔhuá

英、华:花，比喻精华。把花含在嘴里咀嚼。比喻慢慢品味诗文的精华。也比喻文学艺术作品蕴含精华。

【含冤负屈】 hányuān-fùqū

见"负屈含冤"。

【寒冬腊月】 hándōng-làyuè

寒冷的冬天中的农历十二月。这是一年中最冷的月份。也泛指严寒的冬季。

【寒来暑往】 hánlái-shǔwǎng

暑:炎热。寒冷的冬天来临而炎热的夏天过去了。泛指岁月变迁，时光流逝。

【寒酸落魄】 hánsuān-luòpò

贫寒迂腐，潦倒失意。形容文人不得志时穷困、颓丧的样子。

【寒心酸鼻】 hánxīn-suānbí

心里打寒颤而鼻子发酸。指心里害怕而又辛酸欲哭。

【喊冤叫屈】 hǎnyuān-jiàoqū

大声喊叫，说自己被冤枉、受委屈了。

【汗流浃背】 hànliú-jiābèi

浃:湿透，流遍。汗多得流下来，湿透了脊背。原形容极度恐惧、紧张或惭愧，以致满身冷汗。后也形容因天气炎热或剧烈运动后浑身大汗。

【汗马功劳】 hànmǎ-gōngláo

汗马:使马出汗，指驱马进行运输或征战而使马累得出汗。使马出汗的功劳。指驱马奔驰征战的战功。后也泛指出力出汗立下的功劳或勤奋工作所作出的成绩。

【汗牛充栋】 hànniú-chōngdòng

汗牛:使牛出汗。栋:房屋的脊檩，俗称正梁。书籍搬运时使拉车的牛累得出汗，收藏时则充满了屋子而堆到正梁。形容书籍极多。

【汗如雨下】 hànrúyǔxià

汗水像雨点般落下。形容出汗多。

H

【汗颜无地】hànyán-wúdì

颜:额。额上出汗而无地自容。形容极其羞愧。

【旱涝保收】hànlào-bǎoshōu

不论干旱或雨水过多,都能保持稳定的收成。形容土地灌溉及排水情况良好,因而保证了产量。也泛指没有风险的事情,不论遇到什么情况都能获利。

【悍然不顾】hànrán-bùgù

凶狠蛮横地不顾一切。

【行行出状元】hángháng chū zhuàngyuán

状元:科举时代获殿试第一名的人,比喻成绩最好的人。每个行业都会产生成绩最好的人。指无论干哪一行,都能创造出优异的业绩而成为名家能手。

【沆瀣一气】hàngxiè-yīqì

沆瀣:半夜时的水气。沆和瀣是同一种气体。据钱易《南部新书·戊集》[44-P.71]载,唐僖宗乾符二年(公元875年)崔沆主考,录取了崔瀣,他们的名字字义正好是同一种气体,于是人们取笑说:"座主(主考官)门生(被某一考官录取的考生即为该考官的门生),沆瀣一气。"后比喻气味相投,因思想作风、情趣习性等相合而串通一气,彼此配合。原褒贬兼用,现多用作贬义。

【号啕大哭】háotáo-dàkū

号啕:大声哭。放声大哭。也作"号咷大哭""嚎啕大哭"。

【毫发*不爽】háofà-bùshuǎng

毫:细毛。爽:差错。连细毛头发似的细微之物都没有差错。指一点不差。形容非常准确。

【毫无二致】háowúèrzhì

丝毫没有两样的情致。指旨趣、情态等完全一致。现也泛指两种事物在某一方面完全相同。

【毫无逊色】háowúxùnsè

逊:差,不及。丝毫没有及不上的样子。即比得上。

【毫无疑义】háowúyíyì

丝毫没有可以怀疑的道理。即一点可疑的地方也没有。指确凿可靠,没有问题,不容置疑。

【豪放不羁】háofàng-bùjī

羁:马笼头,引申为束缚。豪爽奔放而不受拘束。指人的性格豪迈开朗,不拘泥于世俗礼法。也形容诗文风格豪迈奔放,不受传统体制束缚。

【豪情壮志】háoqíng-zhuàngzhì

豪迈的情怀和伟大的志向。形容理想远大。

【豪言壮语】háoyán-zhuàngyǔ

豪迈雄壮的言语。指气魄很大的话。

【好汉不吃眼前亏】hǎohàn bù chī yǎnqián kuī

有胆识有作为的男子不去承受眼前的损失。指识时务的聪明人能见机而行,不硬拼蛮干,暂时避开不利的处境,免得先吃亏受辱。

H

【好好先生】hǎohǎo-xiānsheng

对什么事情都说"好""好""好"的人。指一团和气、与人无争、只图太平而不问是非曲直的人。

【好景不长】hǎojǐng-bùcháng

好光景不长久。

【好景不常】hǎojǐng-bùcháng

美好的光景不能永远存在。多用于对世事变迁的感慨。

【好人好事】hǎorén-hǎoshì

品行好的人,有益于公众的事。

【好事不出门,恶事行千里*】hǎoshì bù chū mén,èshì xíng qiān lǐ

好事不会传出家门,坏事会传到千里之外。指人们喜欢传播恶事。多用来劝人别做坏事。

【好事多磨】hǎoshì-duōmó

磨:磨难,挫折。好事情在办成的过程中往往会有许多磨难挫折。

【好说歹说】hǎoshuō-dǎishuō

从好的方面说,又从坏的方面说。指从正反两方面反复劝说。也指用各种理由或方式反复请求。

【好自为之】hǎozìwéizhī

好好地自己去干事吧! 用于劝人尽力把事情办好。

【好吃懒做】hàochī-lǎnzuò

只喜爱吃喝而不愿意动手做事。

【好大喜功】hàodà-xǐgōng

爱好做大事,喜欢立大功。多指追求立功成名而不顾得失地大动干戈。现多指爱出风头,从而不自量力地去追求过高的目标。

【好高骛远】hàogāo-wùyuǎn

骛:通"务",追求。喜欢高级的而追求远大的。指不切实际地追求过高、过远的目标。

【好谋善断】hàomóu-shànduàn

勤于谋划,善于判断。

【好色之徒】hàosèzhītú

徒:人(含贬义)。爱好女色的家伙。

【好善嫉恶】hàoshàn-jí'è

爱好善行,憎恨邪恶。

【好事之徒】hàoshìzhītú

爱管闲事或爱惹事的人。

【好为人师】hàowéirénshī

喜欢做别人的老师。指人不谦虚,喜欢以教育别人的姿态出现。

【好为事端】hàowéishìduān

喜欢制造事端。指喜欢惹是生非,引起纠纷。

【好问则裕】hàowènzéyù

喜欢向人请教,知识就丰富。

【好行小惠】hàoxíngxiǎohuì

行:施,给予。喜欢给人小恩小惠。

【好学深思】hàoxué-shēnsī

爱好学习,又能深入思考。

【好逸恶劳】hàoyì-wùláo

喜欢安逸而厌恶劳累。现多指贪图安逸而不愿劳动。

【浩浩荡荡*】hàohào-dàngdàng

水势浩大汹涌。也形容声势浩

大或气势磅礴。

【浩然之气】hàoránzhīqì

浩然：盛大的样子。雄大的气魄。指伟大刚正的精神和气概。

【浩如烟海】hàorúyānhǎi

浩：浩繁，多。浩繁得像烟雾弥漫的大海。形容书籍、文献、资料等极其丰富。

【皓齿蛾眉】hàochǐ-éméi

见"蛾眉皓齿"。

【皓齿明眸】hàochǐ-míngmóu

眸：瞳人，泛指眼睛。洁白的牙齿和明亮的眼珠。形容女子容貌美丽。也借来指称美女。也作"明眸皓齿"。

【皓首穷经】hàoshǒu-qióngjīng

穷：寻根究底，深入透彻地研究。年老白了头还在深入钻研经籍。形容勤勉好学，至老不倦。

【合而为一】hé'érwéiyī

合并成一个整体。

【合情合理】héqíng-hélǐ

合乎人之常情，也符合通常的道理。

【何乐不为】hélè-bùwéi

为什么对这种事情感到快乐而不去做呢？表示很乐意做。也作"何乐而不为"。

【何去何从】héqù-hécóng

去：离开，抛弃。从：跟随，依从。离开哪里往哪里去？抛弃什么依从什么？指走什么道路或对于有严重分歧的重大问题采取什么态度。

【何足挂齿】hézú-guàchǐ

足：够得上，值得。挂齿：挂在嘴上，提起。哪里值得一提？即不值得一提。表示对他人他事的轻蔑或客气的自谦。

【和蔼可亲】hé'ǎi-kěqīn

蔼：树木茂盛，比喻感情炽盛，热情。温和热情，容易亲近。形容态度和善。

【和璧隋珠】hébì-suízhū

和氏之璧和隋侯之珠。是古代珍贵的宝玉和明珠。后用来比喻极其珍贵难得的东西。

【和而不同】hé'érbùtóng

和谐相处而不一味苟同。

【和风丽日】héfēng-lìrì

温和的微风和明丽的阳光。形容春天天气晴好。

【和风细雨】héfēng-xìyǔ

温和的微风和细小的雨丝。指春天宜人的风雨。比喻和缓而不粗暴的教育方式。

【和光同尘】héguāng-tóngchén

柔和自身的光芒而混同于尘俗。指不露锋芒而迎合世俗。也指一团和气而与人无争。

【和睦相处】hémù-xiāngchǔ

睦：亲密。和谐亲密地互相对待。

【和盘托出】hépán-tuōchū

和：连同。连同盘子一起端出

来。比喻把东西全部拿出来。也比喻把真情或义蕴全部说出。

【和气生财】 héqì-shēngcái

温和的态度会产生财富。指做生意时待人和善会使生意兴隆,增加收入。

【和气致祥】 héqì-zhìxiáng

和气:中和之气,是阴阳二气通过交感激荡达到某种和谐程度时生成的一种具有相对稳定性的物质基因,它是我国古代的一个哲学概念。中和之气导致吉祥。后又表示人与人之间和和气气会导致吉祥幸福。

【和颜悦色】 héyán-yuèsè

颜:额,引申为面容。和蔼的面容,喜悦的脸色。形容态度温和可亲。

【和衣而卧】 héyī'érwò

和:连同。穿着衣服睡觉。

【和衷共济】 hézhōng-gòngjì

和:和谐,协同。衷:内心。和衷:同心。济:渡河。同心协力,一起渡过河去。比喻同心协力,共同克服困难而完成某事。

【荷枪*实弹】 hèqiāng-shídàn

实:充实,充满。扛着枪,枪里装满了子弹。形容全副武装,已作好战斗准备。

【赫赫有名】 hèhè-yǒumíng

赫赫:十分显著的样子。极其显著,很有名气。指名声极大。

【鹤发*童颜】 hèfà-tóngyán

颜:额,引申为面容。鹤羽般的白色头发,儿童似的红润脸色。形容老年人气色好,精神矍铄,十分清健。也作"童颜鹤发"。

【鹤立鸡群】 hèlìjīqún

鹤站在鸡群中。比喻仪表或才能超群出众。

【黑白不分】 hēibái-bùfēn

黑色和白色不加区分。比喻不辨是非善恶。

【黑白分明】 hēibái-fēnmíng

黑色和白色区分得清清楚楚。比喻是非善恶的界限分辨得很清楚。也表示黑色和白色十分清楚。形容字迹、画面等十分清晰。

【黑云*压城城欲*摧】 hēiyún yā chéng chéng yù cuī

乌云压在城邑上,城墙似乎要被摧毁了。比喻反动势力嚣张一时而局面十分危急。

【恨铁不成钢】 hèn tiě bù chéng gāng

恨铁炼不成钢。比喻对所期望的人不上进成才而感到不满。形容对心爱的人要求严格,急切地希望他变好。

【恨相知晚】 hènxiāngzhīwǎn

恨:遗憾。知:认识,了解。为互相认识得太晚而感到遗憾。形容新结识的朋友之间情投意合。今多作"相知恨晚",也作"相见恨晚"。

【恨之入骨】 hènzhīrùgǔ

恨他恨到了骨头里。形容极其痛恨。也作"恨入骨髓"。

H

H

【横冲*直撞】 héngchōng-zhízhuàng

横向猛冲，纵向撞击。指毫无顾忌地乱冲乱撞。形容人向前乱闯。也形容心脏乱跳。

【横眉怒目】 héngméi-nùmù

横眉：使眉毛横平，形容严厉的神态（人笑时则眉毛弯曲不平）。怒：通"努"，凸起。横着眉毛，瞪着眼睛。形容严厉强横的神态。也作"横眉努目""横眉立目"。

【横七竖八】 héngqī-shùbā

……七……八：表示多而杂乱。有些横着，有些竖着。形容纵横交错，多而杂乱。

【横扫千军】 héngsǎo-qiānjūn

横向扫除千军万马。指势如破竹地击溃了大量敌人，犹如扫地一般。

【横生枝节】 héngshēng-zhījié

树木横向生出了树枝节子。比喻解决问题时意外地发生了一些与之有关而又不利于解决主要问题的别的问题。

【横说竖说】 héngshuō-shùshuō

横向说又竖向说。指变换角度反复阐述或劝说。

【横行霸道】 héngxíng-bàdào

横行：横向行走，指不沿着道路走，比喻不依正道法规行动而任意妄为。霸道：称霸诸侯之道，指某国诸侯凭借武力、权势等强力来取得诸侯盟主地位的方法，比喻依仗实力或权势而蛮不讲理的强暴行径。不依正道法规行动而采取强力措施。指任意妄为而强横不讲理。

【横行不法】 héngxíng-bùfǎ

不遵循正道行动而违反法律。指任意妄为而触犯法律。

【横行无忌】 héngxíng-wújì

任意妄为而无所顾忌。

【横征*暴敛】 héngzhēng-bàoliǎn

横：横向，指不遵循正道法度。滥加收税，残暴搜括。指统治者不遵循常规，巧立名目，乱征苛捐杂税，依仗其权力凶暴地搜刮人民的财富。

【轰动一时】 hōngdòng-yīshí

轰：通"哄"，许多人同时发出声音。人声鼎沸而惊动了这一时期的人。指在这一个时期内人们到处传扬，影响极大。也作"哄动一时"。

【轰轰烈烈】 hōnghōng-lièliè

轰轰：象声词，形容众多车子经过时发出的巨大声响，后也形容其他的巨大声响。烈烈：火势猛烈旺盛的样子。众车隆隆，大火熊熊。形容声势浩大，气派雄伟。

【哄堂大笑】 hōngtáng-dàxiào

哄：许多人同时发出声音。据赵璘《因话录》卷五[45-P.160]载，唐御史台以一御史主管杂事，称为杂端，平时在公堂上会餐，杜绝说笑，而当杂端失笑时，在座的其他人也可跟着笑，称为"烘堂"，可不受处罚。原指在公堂上许多人同时发出声音而大笑起来。后泛指满屋的人同时大声笑起来。

【烘云*托月】hōngyún-tuōyuè

　　烘:烤,引申为渲染,点染。托:衬托。这原为中国画的一种画月法,指用水墨或浅淡的色彩点染月边的云彩,以衬托出不施水墨的明月。后常比喻文学艺术作品中的一种创作手法,指不从正面描绘,而从侧面加以点染来衬托出所要描绘的事物。

【红白喜事】hóngbái-xǐshì

　　红色和白色的喜事。指以红色为基调来布置(如贴红双喜剪纸、挂红灯笼、点红烛等)的婚事和以白色为基调来操作(如穿白戴孝之类)的高寿者逝世的丧事(俗称老喜丧)。

【红得发*紫】hóngdefāzǐ

　　紫:红和蓝合成的颜色,此指紫红、深红。红得呈现出紫红色。指红的程度极深。比喻受人重视的程度极高。多用来形容名声或权势地位极其显赫。

【红男绿女】hóngnán-lǜnǚ

　　穿红着绿的男男女女。指穿着各种漂亮服装的青年男女。多用来形容游人。

【红杏出墙】hóngxìng-chūqiáng

　　红色的杏花伸出墙头。形容春意盎然。比喻出人头地。现又比喻有夫之妇有外遇。

【红颜薄命】hóngyán-bómìng

　　红颜:红润的面容,指女子的美貌,也指代美女。美貌的女子命运不好。指美女往往福分浅薄,不是早死就是婚姻不美满。

【洪福齐天】hóngfú-qítiān

　　洪:大。齐:等同。大福气和天一样大。指福气极大。

【洪水横流】hóngshuǐ-héngliú

　　能造成灾害的大水不沿着河道乱流。即洪水泛滥。比喻邪恶势力到处横行。

【洪水猛兽】hóngshuǐ-měngshòu

　　暴涨的大水和凶猛的野兽。比喻极大的祸害。

【鸿鹄之志】hónghúzhīzhì

　　鸿鹄:天鹅。天鹅的志向。即飞向高空远方的志向。比喻远大的志向。

【鸿篇巨制*】hóngpiān-jùzhì

　　鸿:大。篇:首尾完整的文章。制:制作,指著作。篇幅很大的文章和规模巨大的著作。

【侯门似海】hóumén-sìhǎi

　　公侯家的门庭像海一样深。指显贵人家的深宅大院门禁森严,一般人难以进入。也指显贵人家的人地位高贵,一般人难以接触。也作“侯门深如海”。

【猴年马月】hóunián-mǎyuè

　　猴、马:都是生肖。古代以干支纪年,又配以十二生肖(子鼠、丑牛、寅虎、卯兔、辰龙、巳蛇、午马、未羊、申猴、酉鸡、戌犬、亥猪),“猴年”即申年,但生肖不用来纪月,所以“马月”是没有的。因此,猴年的马月是一个不存在的日期。用来表示渺不可知的年月。也作“驴年马月”。“驴年”

也是没有的(十二生肖中无驴)。

【后*发*制*人】 hòufā-zhìrén

发:出发,发动进攻,开始行动。后开始行动来制服别人。指比敌人后出发来麻痹敌人,然后快速行军出其不意地战胜敌人。也指先让对方动手,等其暴露弱点后再一举制服对方。

【后*顾之忧】 hòugùzhīyōu

顾:回头看。需要回头向后看的忧患。指前进或外出时对后方或家中之事的担忧。即后方或家中可能发生的问题。也指将来的忧患。

【后*患无穷】 hòuhuàn-wúqióng

以后的祸患没有个完。

【后*悔莫及】 hòuhuǐ-mòjí

后悔:事后懊悔。到后来懊悔也来不及了。指做事或说话不当,事后即使悔悟,也已无可挽回。也作"后悔无及"。

【后*会无期】 hòuhuì-wúqī

期:一定的时间期限。以后相会没有一定的时间期限。即以后不知什么时候才能再相见。

【后*会有期】 hòuhuì-yǒuqī

以后相会是有一定的时间期限的。即以后还有见面的时候。

【后*继无人】 hòujì-wúrén

没有人在后面继承。即没有继承的人。

【后*继有人】 hòujì-yǒurén

有人在后面继承。即有接班人。

【后*来居上】 hòulái-jūshàng

较晚来的处在上面。原指堆柴草时,后搬来的堆在上面。比喻圣人谦退在后,反能处于众人之上。也比喻较晚提拔的资历较浅的官员位居老资格的旧臣之上。又泛指后起的人或事物胜过了先前的。

【后*浪推前浪】 hòulàng tuī qiánlàng

江河中后面的波浪推着前面的波浪向前奔流。比喻后者推动前者而不断发展。表示一代胜过一代。多喻指一代新人超过或接替了前一代人。也喻指新生事物替代陈旧事物。

【后*起之秀】 hòuqǐzhīxiù

后来出现的或新成长起来的优秀人物。

【后*生可畏】 hòushēng-kěwèi

年轻的后辈是可怕的。指年轻人年富力强,有潜力,有可能超越前人,值得老一辈人敬畏。多用来称赞有志气、有作为的年轻后辈。

【厚此薄彼】 hòucǐ-bóbǐ

重视或优待这个,鄙薄或冷淡那个。形容对待人或事物有偏向,不能平等地看待而给以公平的待遇。

【厚古薄今】 hòugǔ-bójīn

尊崇古代的,鄙薄现代的。多指学术研究者看重古代、轻视当代的思想倾向。

【厚积薄发*】 hòujī-bófā

深厚地积累,微薄地输出。指积

累的学问非常深厚而只发表少量的精辟成果。多用来形容人功底深厚而学风严谨。也形容经过长期的积累和准备而一举成功。

【厚今薄古】 hòujīn-bógǔ

看重现代的,鄙薄古代的。

【厚颜无耻】 hòuyán-wúchǐ

颜:脸面。厚着脸皮,不知羞耻。

【呼风唤雨】 hūfēng-huànyǔ

叫来风,唤来雨。指神仙、道士召唤上天,使之刮风下雨。这原为一种神妙的法力。后比喻支配自然或社会而左右其发展。

【呼牛呼马】 hūniú-hūmǎ

称呼我牛也好,称呼我马也好。比喻别人骂也好,称赞也好。形容毁誉由人,听之任之,不加计较。

【呼朋引类】 hūpéng-yǐnlèi

叫来同党,招来同类。指聚集臭味相投的人。

【呼天抢地】 hūtiān-qiāngdì

抢:碰,撞。呼喊上天,用头撞地。形容极其悲痛。

【呼幺喝六】 hūyāo-hèliù

幺:一,指骰子上只有一点的那一面。六:指骰子上有六点的那一面。大叫幺,大喊六。指赌徒掷骰子时的高声呼喊。也比喻粗暴地大声呵斥。形容盛气凌人的样子。

【呼之即来,挥之即去】 hūzhī-jílái,huīzhī-jíqù

一呼唤他,他马上就来;对他一挥手,他马上就去。指可以任意支使别人。形容支配力很强。

【呼之欲*出】 hūzhī-yùchū

叫他一声,他就要走出来了。形容人像画得很逼真。也形容文学作品中的人物描写非常生动。

【忽忽不乐】 hūhū-bùlè

心中空虚恍惚而很不高兴。形容若有所失而心神不定的样子。

【囫囵吞枣】 húlún-tūnzǎo

囫囵:浑然一体,整个儿。不加咀嚼、不辨滋味地把枣子整个儿吞下去。比喻不加分析、不求甚解地笼统接受书面知识。也比喻不加区别地笼统接受某些人或事物。

【狐假虎威】 hújiǎhǔwēi

假:借。狐狸凭借老虎的威势。《战国策·楚策一》[46-P.711]:"虎求百兽而食之,得狐。狐曰:'子无敢食我也。天帝使我长百兽,今子食我,是逆天帝之命也。子以我不信,我为子先行,子随我后,观百兽之见我而敢不走乎?'虎以为然,故遂与之行,兽见之,皆走。虎不知兽畏己而走也,以为畏狐也。"后比喻凭借别人的威势吓唬人或欺压人。

【狐狸尾巴】 húli-wěiba

传说狐狸精能改变自己的形状来迷惑人,但不管变成什么,它的尾巴总变不掉,藏不住,所以用"狐狸尾巴"比喻尽力掩盖但终究要暴露的坏思想或坏行为。

【狐群狗党*】 húqún-gǒudǎng

成群的狐狸与结伙的狗。比喻

H

勾结在一起的坏人。

【狐死首丘】húsǐ-shǒuqiū

　　首:头向着。狐狸死的时候头总是对着它出生的土丘。比喻人死于异地后要归葬故乡。表示不忘本。也比喻人到死也不忘祖国或故乡。

【狐死兔泣】húsǐ-tùqì

　　狐狸死了而兔子哭泣。比喻因同类的灭亡而感到悲伤。

【狐疑不决】húyí-bùjué

　　像狐狸那样多疑而不能决断。指疑虑很多而拿不定主意。

【胡编乱造】húbiān-luànzào

　　胡乱地编制捏造。指凭空编造。

【胡猜乱想】húcāi-luànxiǎng

　　胡乱地猜测想象。

【胡搅蛮缠】hújiǎo-mánchán

　　胡乱地搅扰与蛮横地纠缠。指不讲道理地缠磨人。

【胡说八道】húshuō-bādào

　　八:泛指面广。道:说。胡乱地瞎说,海阔天空地乱扯。指没有道理、没有根据地随意乱说。

【胡思乱想】húsī-luànxiǎng

　　胡乱地思考设想或思念想象。指不切实际地瞎想。

【胡言乱语】húyán-luànyǔ

　　胡乱地说话。指没有根据地随意乱说。

【胡作非为】húzuò-fēiwéi

　　非:不对,不合理。胡乱地做,错误地干。指违背常理肆意妄为。也

指不顾法纪,肆无忌惮地干坏事。

【湖光山色】húguāng-shānsè

　　湖上风光与山中景色。形容有山有水,风景秀丽。

【虎背熊腰】hǔbèi-xióngyāo

　　老虎似的脊背,熊一样的腰。指背圆腰粗。形容身材魁梧,粗壮有力。也作"熊腰虎背"。

【虎踞龙盘】hǔjù-lóngpán

　　像老虎蹲着,像龙盘绕着。形容地势雄伟险峻。也作"龙盘虎踞"。

【虎口拔牙】hǔkǒu-báyá

　　到老虎嘴里拔牙齿。比喻深入危险的境地去铲除有害的人或物。也比喻冒极大的危险去做某事。

【虎口余*生】hǔkǒu-yúshēng

　　余:遗留,剩下。老虎嘴里剩下的生命。比喻逃脱极其危险的境地而侥幸保存下来的生命。

【虎落平川】hǔluò-píngchuān

　　平川:地势平坦的地方。老虎下山到了平地。比喻有势者或有力者失去了有利的凭借。

【虎入羊群】hǔrùyángqún

　　老虎进入羊群。比喻强大者冲入弱小者之中。形容以强凌弱,为所欲为而势不可当。

【虎视眈眈】hǔshì-dāndān

　　眈眈:直盯着而一眼不眨的样子。像老虎注视猎物那样一眼不眨。比喻贪婪凶狠地直盯着。表示存心不良而欲伺机攻击或攫取。

【虎头虎脑】hǔtóu-hǔnǎo

像老虎似的脑袋。形容孩子长得健壮憨厚。

【虎头蛇尾】hǔtóu-shéwěi

虎似的头,蛇一样的尾巴。指头大而尾巴细小。比喻开头声势大而后来劲头小,前紧后松,有始无终,有好的开头而没有好的结尾。

【互通有无】hùtōng-yǒuwú

通:流通,交换。使自己有而别人无、自己无而别人有的东西互相流通。指相互交换商品。

【互相标榜】hùxiāng-biāobǎng

标榜:写在榜上,引申为揭示,宣扬。互相宣扬吹捧。

【怙恶不悛】hù'è-bùquān

怙:依仗,依靠。悛:悔改。倚仗其邪恶而不肯悔改。指明知其邪恶而仍然顽固地坚持作恶。

【花好月圆】huāhǎo-yuèyuán

花开得正美而月亮正圆的时候。比喻美好圆满的生活。多用作新婚颂辞。

【花红柳绿】huāhóng-liǔlǜ

花儿鲜红而柳树碧绿。形容春天的美景。也用来形容布帛衣服的颜色,表示色彩鲜艳而纷繁,花花绿绿。

【花花公子】huāhuā-gōngzǐ

穿得花花绿绿的公子。指衣着华丽、不务正业、只知吃喝玩乐的富贵人家的子弟。

【花花绿绿】huāhuā-lǜlǜ

原指众多的鲜艳多彩的花儿草木。后泛指颜色艳丽而纷繁。也指颜色错杂而乱七八糟。

【花花世界】huāhuā-shìjiè

五彩缤纷的世界。指繁华的地方。也指灯红酒绿、寻欢作乐的地方。也泛指人世间。

【花街柳巷】huājiē-liǔxiàng

花、柳:指代娼妓。妓女聚居的街巷。

【花前月下】huāqián-yuèxià

花树之前,月亮底下。原指夜晚优美的游玩环境。后多指男女幽会的地方。也作"月下花前"。

【花容月貌】huāróng-yuèmào

如花似月的容貌。指女子的面容美丽而洁白。

【花天酒地】huātiān-jiǔdì

花:比喻美女或妓女。沉迷于女色与酒的天地里。多用来形容吃喝嫖赌、荒淫腐化的生活。

【花团锦簇】huātuán-jǐncù

团:聚集。锦:用彩色经纬丝织出各种图案花纹的丝织品。簇:聚集。像鲜艳的花朵与华丽的锦缎聚集在一起。表示五彩缤纷,华美艳丽。多用来形容景色、服饰、辞藻、前程等的华丽或美好。

【花香鸟语】huāxiāng-niǎoyǔ

花儿飘香扑鼻,鸟儿鸣叫如同说话一般悦耳。形容春天美丽动人的景象。也作"鸟语花香"。

H

【花言巧语】huāyán-qiǎoyǔ

　　巧:巧饰,外表巧妙而实质欺诈。浮华巧饰的言语。指经过精心修饰而美妙动听却虚假不实的话语。也指说美妙动听而虚假不实的话。

【花朝月夕】huāzhāo-yuèxī

　　鲜花盛开的早晨和明月高照的夜晚。指良辰美景。也特指阴历二月十五(花朝)与八月十五(月夕)。

【花枝招展】huāzhī-zhāozhǎn

　　招展:摆动舒展。花儿枝条摆动舒展。形容花枝摇曳而引人注目的样子。比喻女子打扮得艳丽招摇而引人注目。

【华而不实】huá'érbùshí

　　华:花,用作动词。开花而不结果实。比喻外表形式华美而没有实在的内容。

【哗众取宠】huázhòng-qǔchǒng

　　哗:虚夸。宠:尊崇。在众人面前虚夸来博取尊崇。指用虚浮的言论或行动去迎合众人,以博取众人的称赞与尊崇。

【化腐朽为神奇】huà fǔxiǔ wéi shénqí

　　把陈腐衰败的东西转化成神妙奇特的东西。多指妙用古语而收到了出奇的效果。

【化干*戈为玉帛】huà gāngē wéi yùbó

　　干:盾。戈:一种侧锋横刃的长柄兵器。干戈:泛指武器,借指战争。玉帛:玉器和丝织品,古代国与国间交际时用作礼物,借指友好交往。把干戈等兵器转变为玉帛之类的礼物。指把兵戎相见的战争转变为互相赠送礼物的友好交往。也泛指把争端转变为和平相处。

【化为泡影】huàwéi-pàoyǐng

　　变成水泡和影子。指变成了马上会破灭或虚无的东西。比喻破灭或落空。多用来指事情或希望全部落空。

【化为乌有】huàwéi-wūyǒu

　　乌有:何有,即没有。变成没有。指全部丧失或完全落空。

【化险为夷】huàxiǎnwéiyí

　　夷:平坦。把险阻转变为平坦。比喻把危险转化为平安。

【化整为零】huàzhěngwéilíng

　　把整体转变成零散的。

【划一不二】huàyī-bù'èr

　　划一:划一条杠,引申为一致,采取同一标准。采取同一标准而没有第二个标准。指买卖时按照统一的定价而不打折扣。也指做事、写文章等按同一种规矩程式而不作变通,刻板一律。

【画饼充饥*】huàbǐng-chōngjī

　　充饥:填塞饥饿的肚子,解饿。画个饼子来解饿。言外之意是解不了饿。比喻用空虚的东西如虚名之类去解决实际问题。言外之意是虚名等不能解决实际问题。后多比喻用空想来安慰自己。

【画地为牢】huàdì-wéiláo

在地上画个圈作为牢狱。相传上古刑轻,犯罪者站在地上所画的圈中,即表示受到了坐牢的惩罚。后化为成语,也比喻划定某种框框或限定某种范围。形容把活动局限在某个范围内而不得逾越。

【画虎类狗】 huàhǔ-lèigǒu

类:似,像。画老虎画得像狗。比喻好高骛远而弄巧成拙,留下笑柄。也作"画虎类犬""画虎不成反类狗"。

【画龙点睛】 huàlóng-diǎnjīng

睛:眼珠。张彦远《历代名画记》卷七[47-P. 150]载梁代画家张僧繇的故事云:"武帝崇饰佛寺,多命僧繇画之……金陵安乐寺四白龙不点眼睛,每云'点睛即飞去',人以为妄诞,固请点之。须臾,雷电破壁,两龙乘云腾去上天,二龙未点眼者见在。"后化为成语"画龙点睛",意谓画好龙身后点上眼睛可使龙活起来。比喻写作诗文或讲话时,在关键之处用精辟的词句一点,使内容更加精彩生动。

【画蛇添足】 huàshé-tiānzú

《战国策·齐策二》[46-P. 545]:"楚有祠者,赐其舍人卮酒。舍人相谓曰:'数人饮之不足,一人饮之有余;请各画地为蛇,先成者饮酒。'一人蛇先成,引酒且饮,乃左手持卮,右手画蛇,曰:'吾能为之足。'足未成,一人之蛇成,夺其卮曰:'蛇固无足,子安能为之足?'遂饮其酒,为蛇足者终亡其酒。"后化为成语,意谓画好蛇之后再给蛇加上原本没有的脚,反而把事情搞糟了。比喻多此一举而把事情搞糟。

【话不投机】 huàbùtóujī

话不能投合对方或自己的心机。即说的话不合对方或自己的心意。指彼此之间见解情趣不同而话说不到一起。

【话不虚传】 huàbùxūchuán

话并不是凭空传来的。指传说的事情是有事实根据的。即名实相副。

【话中有话】 huàzhōng-yǒuhuà

话的里面还有话。即说的话除了表面的意思外,还含有另外的意思。形容语带双关,意在言外。

【怀才不遇】 huáicái-bùyù

遇:逢遇,碰到机遇或知遇。怀有才能而碰不到机遇。指有了才学而得不到赏识,因而没有施展的机会。形容人不得志。

【怀恨在心】 huáihèn-zàixīn

怀:心里藏着。把怨恨藏在心里。指牢记仇恨而力图报复。

【怀冤抱屈】 huáiyuān-bàoqū

怀着冤枉而抱着委屈。指蒙受冤屈而得不到伸雪。

【怀珠抱玉】 huáizhū-bàoyù

怀抱着珍珠宝玉。比喻人具有高贵的品德和难得的才能。

【欢蹦乱跳】 huānbèng-luàntiào

高兴活泼地乱蹦乱跳。形容欢乐、活泼到了极点。也形容青少年或儿童健康灵活、精力旺盛、体力充沛的样子。也作"活蹦乱跳"。

【欢呼雀跃】 huānhū-quèyuè

欢乐地呼喊，像麻雀似地跳跃着。形容非常欣喜兴奋。

【欢声雷动】 huānshēng-léidòng

动：动作，震动。欢呼的声音像雷打一样。形容热烈欢呼的宏大场面。

【欢声笑语】 huānshēng-xiàoyǔ

欢乐的说笑声。

【欢天喜地】 huāntiān-xǐdì

欢乐的天和喜悦的地。指人完全沉浸在欢乐喜悦的氛围中。形容人非常高兴。

【欢喜若狂】 huānxǐ-ruòkuáng

欢乐欣喜得像发了疯似的。形容欣喜兴奋到了极点。也作"欢欣若狂"。

【欢喜冤家】 huānxǐ-yuānjiā

心中喜爱的冤家。指非常喜爱却又往往给自己增添苦恼或怨恨的人。多用来指心爱的丈夫、妻子、恋人或情人。

【欢欣鼓舞】 huānxīn-gǔwǔ

鼓舞：击鼓跳舞，引申为欢乐地跳跃，激动振奋。欢乐欣喜而激动振奋。

【还淳反朴】 huánchún-fǎnpǔ

反：同"返"。回归到淳厚朴实的状态。指恢复人类原始的淳朴本性而去掉智谋诈伪。也比喻文学艺术作品不作华美的修饰而回复到质朴自然的境界。

【环肥燕瘦】 huánféi-yànshòu

唐玄宗贵妃杨玉环体胖丰满而汉成帝皇后赵飞燕体瘦苗条。后用来泛指美女各具风韵的不同体态。也比喻艺术作品各擅其美的不同风格。

【环环相扣】 huánhuán-xiāngkòu

链子一环一环互相紧扣。比喻工作环节或故事情节紧密相连。

【缓兵之计】 huǎnbīngzhījì

延缓敌兵进军的计策。后比喻拖延时日来缓和事态以便设法对付的策略。

【缓不济急】 huǎnbùjìjí

济：帮助，救济。缓慢的行动救助不了当前的危急。指迟缓的措施对于紧急的需要毫无帮助。

【宦海浮沉】 huànhǎi-fúchén

官场如同大海波涛一样起伏升降。指官场坎坷，仕途升降无常。

【换汤不换药】 huàn tāng bù huàn yào

更换了煎药的水而没有更换药材。也指更换了汤剂的名称而没有更换药材。比喻形式有了改变，但内容或实质并没有改变。

【涣然冰释】 huànrán-bīngshì

涣然：流散的样子。释：融化，消融。像冰块消融一样流散消失。比喻疑虑、误会、隔阂、患难等一下子完全消除。

【患得患失】 huàndé-huànshī

患:忧虑,担心。《论语·阳货》25-P. 2525:"其未得之也,患得之;既得之,患失之。"后化为成语,意谓没有得到时,担心能不能得到它;得到了,又担心会不会失掉它。指非常计较个人的利害得失。

【患难夫妻】huànnàn-fūqī

共同经受过忧患灾难的考验而没有变心的夫妻。

【患难与共】huànnàn-yǔgòng

与:和。忧患灾难和他共同经受。指彼此团结一致渡过难关。

【患难之交】huànnànzhījiāo

共同经受忧患灾难的朋友。

【焕然一新】huànrán-yīxīn

焕然:鲜明光亮的样子。一:一时,一下子。鲜明光亮,一时呈现出崭新的面貌或气象。

【荒诞不经】huāngdàn-bùjīng

经:常道。荒唐离奇而不合常理。指言行虚妄荒谬,不合情理。

【荒诞无稽】huāngdàn-wújī

稽:查考。荒唐离奇而无法查考。即虚妄而毫无根据。

【荒郊旷野】huāngjiāo-kuàngyě

荒凉空旷的郊野。

【荒谬绝伦】huāngmiù-juélún

绝:没有。伦:同类。绝伦:没有同类,无可类比。荒唐谬误无与伦比。即荒唐错误到了极点。

【荒无人烟】huāngwúrényān

荒凉得没有人和炊烟。指极其荒凉,没有人家。

【荒淫无耻】huāngyín-wúchǐ

放荡淫乱而不知羞耻。指沉湎酒色而不思悔改。

【荒淫无道】huāngyín-wúdào

沉湎酒色而不顾道义。多指君主生活腐化而没有德政。

【荒淫无度】huāngyín-wúdù

放荡淫乱没有个限度。指纵情酒色而不加节制。

【慌不择路】huāngbùzélù

心慌时顾不得选择道路。指情势急迫时慌忙万分,见路就走,根本不去辨别其方向。也比喻为生活环境所迫而顾不得选择正确的人生道路。

【慌手慌脚】huāngshǒu-huāngjiǎo

慌张地动手动脚。即手脚忙乱。形容惊慌失措的样子。

【皇亲国戚*】huángqīn-guóqī

国戚:王国的外戚,即后妃的家族。皇帝的亲属和后妃的家族。泛指皇帝的家族和亲戚。多用来强调其地位的高贵。

【皇天不负有心人】huángtiān bù fù yǒuxīnrén

老天爷不辜负有诚心或有坚强意志的人。指有诚心或有坚强意志的人总会成功。

【皇天后*土】huángtiān-hòutǔ

后:帝王。后土:土地神。天神地祇。

H

【黄道吉日】huángdào-jírì

　　黄道:古人认为太阳绕地而行,黄道即太阳一年中绕地而行的轨道;后来的星象家又把太阳运行的轨道分为九道,居中一条为黄道,其东南西北四方各有两条青道、两条赤道、两条白道、两条黑道;后世术数家便将黄道与黑道相对,把不吉利的凶日称为"黑道日",把青龙、明堂、金匮、天德、玉堂、司命等六位吉神值日的吉利之日称为"黄道日"或"黄道吉日"。由于迷信术数之说有多种,所以后世各家确定的黄道吉日并不一致,旧时黄历多加标明。大凡黄道吉日,诸事皆宜而不避凶忌,是办事的好日子。

【黄金时代】huángjīn-shídài

　　像黄金一样珍贵而又闪光的时代。指人一生中最宝贵的时期。也指国家在历史发展中政治、经济或文化最为光辉灿烂、繁荣兴盛的时期。

【黄粱一梦】huángliáng-yīmèng

　　黄粱:小米。煮小米饭时的一场美梦。据沈既济《枕中记》[48-P.30]载,卢生在邯郸旅店遇道士吕翁而自叹穷困,吕翁借给他一个青瓷枕,他枕着睡觉而入梦,在梦中享尽荣华富贵,而醒来时,旅店主人的一锅小米饭还没有煮熟。后化为成语,泛指虚幻的梦境。也比喻得失无常或得而复失的荣华富贵生活。又比喻虚幻美好而不切实际的梦想。多用来指变幻无常的世事或落空的理想追求犹如

虚幻的一梦。也作"黄粱美梦""一枕黄粱"。

【黄袍加身】huángpáo-jiāshēn

　　黄色的龙袍穿到身上。指被拥戴为皇帝。

【黄童白叟】huángtóng-báisǒu

　　黄发儿童和白发老人。泛指老老少少。

【惶惶不可终日】huánghuáng bùkě zhōngrì

　　惊慌恐惧得不能过完一天。形容惊恐到了极点。

【惶恐不安】huángkǒng-bù'ān

　　惊慌恐惧而心神不定。

【恍然大悟】huǎngrán-dàwù

　　恍然:猛然明白的样子。忽然明白而彻底醒悟。

【恍如隔世】huǎngrúgéshì

　　恍:仿佛。仿佛隔了一个时代。形容人事、景物变迁很大,表示一种感慨之情。

【灰飞烟灭】huīfēi-yānmiè

　　灰烬飞散而烟消失。原形容木材燃烧以后的情形。后比喻人或事物的灭亡消失。

【灰头土面】huītóu-tǔmiàn

　　沾满灰尘泥土的头和脸。形容肮脏而不注意清洁。也形容垂头丧气的神态。也作"灰头土脸"。

【灰心丧气】huīxīn-sàngqì

　　心像死灰一样冷了,完全失去了神气。指意志消沉而情绪低落。形

H

容遭受挫折后丧失信心而不能振作。

【挥汗成雨】huīhàn-chéngyǔ

挥:手挥动。用手把汗水抹下后一甩就成了雨。形容人很多。也形容气温高而出汗多。

【挥汗如雨】huīhàn-rúyǔ

挥洒汗水,像下雨一样。形容气温高而出汗很多。

【挥霍无度】huīhuò-wúdù

挥:手,甩。霍:通"攉"(huò),手反覆。挥霍:手挥舞翻动,引申为随意出手,任意花钱。任意花钱而没有限度。指浪费钱财而不加节制。

【挥金如土】huījīn-rútǔ

挥:甩,散出。花钱像甩泥土一样。指不爱惜金钱而任意挥霍。原多形容不吝啬钱财。后多形容浪费钱财。

【挥洒自如】huīsǎ-zìrú

如:依从。自如:依从自己,随心所欲,指没有拘束,不受阻碍。挥笔洒墨顺从己意。指写作诗文或写字绘画时得心应手,毫无阻碍。

【恢廓大度】huīkuò-dàdù

恢廓:开阔,宽宏。心胸开阔而气量宏大。

【辉煌夺目】huīhuáng-duómù

光辉炽盛引人注目。指光彩耀眼。

【回*肠荡*气】huícháng-dàngqì

见"荡气回肠"。

【回*肠九转】huícháng-jiǔzhuǎn

回:旋转。九:泛指多。使肠子转动了好多转。形容极其焦虑、忧伤、痛苦而无法排遣。

【回*光返照】huíguāng-fǎnzhào

反射的光线回过来照射。指太阳刚落下去时,因光线反射而使天空短时间发亮。比喻自我反省,省察自己。也比喻使自己的精神回归凝聚而不散失。多比喻人临死前精神忽然兴奋、神志忽然清醒的短暂现象。也比喻衰微的事物灭亡前暂时的繁荣兴旺现象。

【回*天乏术】huítiān-fáshù

回:旋转。要使天旋转实在缺乏方法。比喻要扭转整个局势或病情实在缺乏有效的措施。多指无法挽回严重的局势或病情。

【回*天之力】huítiānzhīlì

使天旋转的力量。比喻能扭转整个局势的巨大力量。现也泛指能克服重大困难的巨大力量。

【回*头是岸】huítóu-shì'àn

佛教有"苦海无边,回头是岸"的话,意谓有世俗欲念的人苦恼万分,如同掉进了无边无际的苦海,但只要回过头来领悟佛法,使自己六根清净,就能获得超度而登上彼岸。后用"回头是岸"比喻作恶者只要彻底悔改,就有出路。

【回*味无穷】huíwèi-wúqióng

进食后所感觉到的味道没有个穷尽。比喻事后在回忆琢磨中所体会到的意味没有穷尽。即事后越想越觉得有意思。

【回*心转意】huíxīn-zhuǎnyì

回:掉转。转变心意。指改变原来的想法和态度。

【悔不当初】huǐbùdāngchū

当初:起初,指过去发生某件事情的时候。后悔当初没有采取另一种行动。用于事情的结局与愿望相违时对过去所做的事表示悔恨。

【悔过自新】huǐguò-zìxīn

悔改过错,更新自己。即认识并改正自己的错误而重新做人。

【悔过自责】huǐguò-zìzé

悔改过错而督促责求自己。

【悔之无及】huǐzhī-wújí

对所做的事或所说的话感到后悔也已来不及了。指事后懊悔,已无法补救。也作"悔之莫及"。

【毁*家纾难】huǐjiā-shūnàn

毁家:毁坏家庭,指耗尽家产。纾:缓和,解除。倾家荡产来解救困难。

【毁*于一旦】huǐyúyīdàn

在一天之间毁掉了。泛指在短时间内被毁坏或毁灭掉。多形容来之不易的东西被一下子毁掉了。

【毁*誉参半】huǐyù-cānbàn

参:并,相等。诋毁的和赞誉的各占一半。

【讳疾忌医】huìjí-jìyī

讳:隐讳,因有所顾忌而隐瞒不说。忌:畏惧。隐瞒疾病,害怕医治。

比喻掩饰自己的缺点和错误,不喜欢别人批评规劝。

【讳莫如深】huìmòrúshēn

讳:隐讳,因有所顾忌而隐瞒不说。要隐瞒,就不如瞒得深一些。指紧紧地隐瞒着。

【诲人不倦】huìrén-bùjuàn

教导别人,从不厌倦。形容耐心教人,不厌其烦。

【诲淫诲盗】huìyín-huìdào

诲:教导,诱导。淫:奸淫。《周易·系辞上》[49-P.80]:"慢藏诲盗,冶容诲淫。"意谓怠慢收藏财物,无异于诱导别人来偷盗;女子把容貌打扮得妖冶,无异于引诱别人来奸淫。表示祸由自招。后化为"诲淫诲盗",指引诱人去干淫乱、盗窃等坏事。

【绘声绘色】huìshēng-huìsè

描绘出声音,描绘出颜色。形容描写或叙述生动逼真。

【惠而不费】huì'érbùfèi

惠:给人好处。给人好处但并不耗费钱财。后也指有好处而并不破费很多钱财。

【昏昏沉沉】hūnhūn-chénchén

神志不清、头脑迷糊的样子。也指光线昏暗、令人压抑的样子。

【昏昏欲*睡】hūnhūn-yùshuì

欲:想。头脑迷迷糊糊只想睡觉。形容精神萎靡不振或脑子十分疲劳。也用来形容诗文、讲话等内容枯燥乏味而令人厌倦。

【昏天黑地】hūntiān-hēidì

H

昏暗的天地。形容天色昏暗不明或某个空间黑暗无光。比喻社会黑暗,秩序混乱。也比喻神志不清,昏昏沉沉,糊里糊涂。也比喻生活荒唐,纵情于乌七八糟的事。

【昏头昏脑】hūntóu-hūnnǎo

头脑糊里糊涂。形容头脑昏沉或晕头转向。

【浑浑噩噩】húnhún-è'è

浑浑:浑厚质朴的样子。噩噩:通"谔谔",说话正直而不阿谀逢迎的样子。原表示浑厚质朴而正直不阿。后表示浑沌无知而不通窍。多用来形容愚昧糊涂而什么事也不懂。

【浑然天成】húnrán-tiānchéng

浑然:融合不分的样子。完全融合在一起,好像是天生的。形容诗文的结构安排、用典造句等圆满自然而无雕琢的痕迹,如同天然生成的一般。

【浑然一体】húnrán-yītǐ

浑然:融合不分的样子。完全融合而成了一个整体。形容结构和谐紧密。

【浑身是胆】húnshēn-shìdǎn

浑:满、全。全身都是胆。形容胆量极大,无所畏惧。也作"一身是胆"。一:全。

【浑身解数】húnshēn-xièshù

解数:武术的架势、路数,泛指手段、本事。全身的本事。即所有的本领。

【浑水摸鱼】húnshuǐ-mōyú

在浑浊的水里摸鱼。比喻趁混乱的时机捞取不正当的利益。

【魂不附体】húnbùfùtǐ

灵魂不依附在躯体上。即精神离开了肉体。形容受惊吓后极度惊恐而身不由主,失去常态。也形容受某种刺激或诱惑(如美女勾引)后极其沉迷而心不在焉,不能控制自己。

【魂不守舍*】húnbùshǒushè

舍:居室,比喻容纳灵魂的躯壳。灵魂不守候在躯壳内。即精神离开了肉体。形容人将死时没有了精神。也形容精神分散而思念外物,或心神极度不安。

【魂飞魄散】húnfēi-pòsàn

魂、魄:人的精神,能离开身体而存在的精神叫魂,依附于形体而不能独立存在的精神叫魄;魂用于思维想象,魄用于感觉运动。灵魂飞走而心魄分散。形容惊恐万状,失去常态。

【魂飞天外】húnfēi-tiānwài

灵魂飞到了天空外。形容受惊吓后极度恐惧而身不由主,失去常态。也形容受某种刺激(如见到美女)后心思外越,不能控制自己。

【魂牵梦萦】húnqiān-mèngyíng

魂:精神。萦:缠绕。心中老是牵挂着,连梦中也被缠着而不能摆脱。形容万分思念,无法排遣。

【混世魔王】hùnshì-mówáng

使世界混乱的恶魔。原是小说《西游记》[50-P.18]中的一个妖魔。后比喻扰乱世界、危害极大的坏人。也比喻到处捣蛋、任意胡闹的年轻后辈（多为戏称）。

【混为一谈】 hùnwéiyītán

混：混合，掺杂。混合成一种说法。原指将不同的说法或学说混同起来，把它们看作为同一种说法或学说。后泛指将不同的事物混同起来，把它们当作同样的事物来谈论。

【混淆黑白】 hùnxiáo-hēibái

混淆：使混杂不清。使黑的和白的混杂不清。指故意把黑的说成白的，把白的说成黑的。比喻混淆是非。

【混淆视听】 hùnxiáo-shìtīng

使人们看到的和听到的都混杂不清。指用假象、谎言来迷惑人，使人们分不清真假是非。

【混淆是非】 hùnxiáo-shìfēi

使正确的和错误的混杂不清。指故意把正确的说成错误的，把错误的说成正确的。形容故意颠倒是非，制造混乱，使人分辨不清。

【活龙活现】 huólóng-huóxiàn

龙：古代传说中的一种灵异动物。像活的龙活生生地出现在面前。形容把事物叙述或描绘得十分生动逼真，使人如同亲眼看见了真的活的一样。也作"活灵活现"。灵：神灵。

【火光冲＊天】 huǒguāng-chōngtiān

火焰的光芒冲向天空。形容火势极大。

【火冒三丈】 huǒmàosānzhàng

冒：冲破阻力向上升。火一下子上升了三丈。比喻怒火一下子猛增。形容发怒。

【火耨刀耕】 huǒnòu-dāogēng

见"刀耕火种"。

【火上浇油】 huǒshàng-jiāoyóu

往火上倒油。或火上又倒上了油。比喻别人发怒时，又用一些言行使其恼怒的情绪更为激烈。或人发怒时，又听到某些话或见到某人、某事物而更加愤怒。也作"火上加油"。

【火烧火燎】 huǒshāo-huǒliǎo

燎：烘烤。好像火在烧、火在烤。比喻身上灼热难受或心中十分焦急。

【火烧眉毛】 huǒshāo-méimao

火烧到眉毛上。比喻危急的事情已在眼前，十分紧迫。也作"火烧眉睫"。

【火树银花】 huǒshù-yínhuā

火光闪烁的树和银白色的花。指挂着灯彩的树或木竿和雪白的灯。形容灿烂的灯彩。后也形容绚丽的焰火。

【火星乱冒】 huǒxīng-luànmào

迸出的小火点杂乱地冲出来。比喻怒气横生。形容非常焦躁气愤。

【火眼金睛】 huǒyǎn-jīnjīng

经过火烧、像黄金一样不怕火炼的眼睛。原指《西游记》[50-P. 54]中孙悟空被八卦炉里的烟熏红了的眼睛。因它能识别妖魔鬼怪，所以后来借指敏锐过人、能洞察一切、识别真伪的眼光。

【货真价实】 huòzhēn-jiàshí

货物是地道的而不是假冒的,价钱是实在的而不是宰人的。这原是商人招揽生意的用语。后也喻指实实在在。

【祸不单行】huòbùdānxíng

灾祸不单一地到来。指不幸的事接二连三地发生。

【祸不旋踵】huòbùxuánzhǒng

灾祸的到来用不了转动一下脚跟的时间。指灾祸马上到来。

【祸从口出】huòcóngkǒuchū

灾祸从嘴巴中产生出来。指说话不慎会招致灾祸。

【祸从天降】huòcóngtiānjiàng

灾祸从天上降落下来。原指人违背了天意而上天使灾祸降临到人的头上。后指意想不到的灾祸突然来临。

【祸福无门】huòfú-wúmén

灾祸和福气没有固定的出入口。指灾祸或幸福并不固定地降临到某人头上。多与"唯人所召"之类的话连用,表示祸福都是人们自己造成的。

【祸福相倚】huòfú-xiāngyǐ

倚:靠着。灾祸和幸福互相紧挨着。指灾祸和幸福可以互相转化。也作"祸兮福所倚,福兮祸所伏"。《老子》第五十八章[1-P.487]:"祸兮,福之所倚;福兮,祸之所伏。"意为灾祸啊,是幸福紧靠着的地方;幸福啊,是灾祸潜伏的地方。

【祸国殃民】huòguó-yāngmín

使国家受害,使人民遭殃。

【祸起萧墙】huòqǐxiāoqiáng

萧墙:门屏,古代宫室内用来分隔内外的当门小墙,人臣至此肃然起敬,故称"萧墙"("萧""肃"古代音近义通)。灾祸产生于门屏之内。喻指祸乱产生于内部。也作"萧墙祸起"。

【祸在旦夕】huòzàidànxī

旦夕:早晨和傍晚,指早晚之间。灾祸就在早晚之间。指灾祸在很短的时间内就要发生。

【祸至无日】huòzhì-wúrì

灾祸到来已没有几天了。即灾祸很快就要发生了。

【豁达大度】huòdá-dàdù

豁达:心胸开阔通达。大度:气量大。心胸开阔通达,气量宽宏。形容人通达开朗,能容人。

【豁然贯通】huòrán-guàntōng

豁然:开阔的样子。贯通:贯穿通达,也喻指从头到尾全部通晓。开阔地沟通了。比喻思路一下子开阔而全部透彻地明白了。

【豁然开朗】huòrán-kāilǎng

豁然:开阔的样子。开朗:开通明朗,也喻指开窍明白。开阔地通达明朗了。指地方由狭窄昏暗一下子变得开阔明亮。也喻指思路一下子开阔而明白了某种道理。

【豁然开悟】huòrán-kāiwù

豁然:开阔的样子。开悟:开窍领悟。思路一下子开阔而通达领悟了。

J

【击节叹赏】jījié-tànshǎng

　　节:一种用竹编成的用来调节乐曲节奏的打击乐器,又引申指节拍。打着拍子感叹赞赏。表示高度赞赏。也作"击节称赏"。

【击其不意】jīqíbùyì

　　在对方没有意料到的时候进行袭击。

【饥*不择食】jībùzéshí

　　饥饿时不再选择食物。指饿极了什么都要吃。也比喻迫切需要时,就顾不得细加考虑和选择。

【饥*肠辘辘】jīcháng-lùlù

　　辘辘:象声词,原形容车轮滚动的声音,此形容肠鸣声。饥饿的肠子咕噜噜直发响。形容很饿。

【饥*寒交迫】jīhán-jiāopò

　　交:一起。饥饿和寒冷一齐逼来。形容缺吃少穿,生活极其贫困。

【饥*火中烧】jīhuǒ-zhōngshāo

　　饥饿得好像有把火在腹中燃烧。形容饥饿不堪,难以忍受。也作"饥火烧肠"。

【机变如神】jībiàn-rúshén

　　随机应变像神灵一般。形容神通广大,善于应付。

【机不可失】jībùkěshī

　　失:失去,错过。时机不可错过。指机会难得,必须抓住。

【机关用尽】jīguān-yòngjìn

　　机关:指心机,计谋。计谋都用光了。指费尽心机。多用于贬义。也作"机关算尽"。算:谋划。

【鸡飞蛋打】jīfēi-dàndǎ

　　鸡飞走了,蛋打破了。比喻全部落空,一无所得。

【鸡飞狗跳】jīfēi-gǒutiào

　　鸡乱飞,狗乱跳。形容惊慌失措,乱成一团。也作"鸡飞狗走"。走:跑。

【鸡零狗碎】jīlíng-gǒusuì

　　鸡、狗屠宰后被挖出来的内脏。比喻零碎细小的东西或琐碎的事情。也形容事物零碎琐细。

【鸡毛蒜皮】jīmáo-suànpí

　　鸡的羽毛和大蒜的表皮。比喻细小无用的东西或无关紧要的琐事。

【鸡鸣而起】jīmíng'érqǐ

　　鸡报晓就起床。形容勤奋不怠。

【鸡鸣狗盗】jīmíng-gǒudào

学鸡啼叫，装狗盗窃。据《史记·孟尝君列传》[9-P.391]载，齐国的孟尝君到秦国被扣留，一个门客装狗偷出了他从前献给秦王的狐皮袍子而转献给秦王宠妃，使他获得释放。秦王反悔追捕，他的另一门客装鸡叫，骗开了函谷关的城门，使他得以逃脱。后以"鸡鸣狗盗"比喻卑下而微不足道的本事。也用来指具有卑微技能的人。也喻指偷偷摸摸的行为。

【鸡犬不惊】 jīquǎn-bùjīng

连鸡狗都没受惊动。指平安无事。常用来形容军纪严明，不骚扰百姓。

【鸡犬不留】 jīquǎn-bùliú

连鸡狗都不留下。形容斩尽杀绝或掳掠一空。

【鸡犬不宁】 jīquǎn-bùníng

连鸡狗都不得安宁。形容骚扰得很厉害。

【鸡犬升天】 jīquǎn-shēngtiān

鸡狗登上了天。比喻平庸之人靠了某种权势而发迹。参见"一人得道，鸡犬升天"。

【鸡鹜争食】 jīwù-zhēngshí

鸡鸭争夺食物。比喻平庸小人争权夺利。

【积草屯粮】 jīcǎo-túnliáng

屯：聚集。积聚草料、粮食。形容进行战争准备。

【积非成是】 jīfēi-chéngshì

长时间积累下来的错误成了正确的东西。指错误的东西被纠正，

时间一长就被人们认可了。

【积谷防饥】 jīgǔ-fángjī

积储粮食来防备饥荒。

【积劳成疾】 jīláo-chéngjí

积累疲劳而形成了疾病。指长期劳累过度而得病。

【积年累月】 jīnián-lěiyuè

积累年月。指经过很多年月。也表示长时期。

【积少成多】 jīshǎo-chéngduō

积累少的而变成多的。指逐渐积累而由少变多。

【积习难改】 jīxí-nángǎi

长期积累下来的习惯很难改掉。

【积忧成疾】 jīyōu-chéngjí

积累忧郁而形成了疾病。指长期忧愁不解而得病。

【积重难返】 jīzhòng-nánfǎn

长期积累而达到了严重的程度，已经很难返回了。指长期形成的陋习或弊端等达到了极深的程度，已难以扭转改变了。即积习积弊极深而难以改变。

【畸轻畸重】 jīqīng-jīzhòng

畸：偏。或偏轻或偏重。形容两种事物处于不均衡状态，或人对事物的态度有所偏倚。

【激浊扬清】 jīzhuó-yángqīng

冲去污浊的水而掀起清澈的水。比喻抨击或清除坏的，赞扬或奖励好的。

【及锋而试】 jífēnq'érshì

及:趁。试:用。趁锋利的时候使用它。比喻趁士气高涨的时候使用军队。也比喻趁自己能力强的时候去施展才能。

J

【及时行乐】jíshí-xínglè

及时:赶上时候,不失时机。抓紧时机寻欢作乐。

【吉光片羽】jíguāng-piànyǔ

吉光:传说中的一种神兽,其毛入水不湿。神兽的一小片皮毛。比喻残存的极其珍贵的诗文、字画或其他文物。

【吉人天相】jírén-tiānxiàng

吉人:善人。相:辅助。善良的人会得到上天帮助。多用作对别人遭遇危险或困难时的安慰语或逢凶化吉时的祝贺语。

【吉日良辰】jírì-liángchén

吉利的日子,美好的时辰。也统指吉利的日子。

【吉祥如意】jíxiáng-rúyì

如:依从,合乎。吉利幸运,称心满意。多用作祝颂语。

【吉星高照】jíxīng-gāozhào

吉祥的星宿在头顶上高高照耀。这是一种迷信的说法,表示好运当头,一切顺利。

【吉凶*未卜*】jíxiōng-wèibǔ

卜:占卜,预测。吉利和凶险还不能预测。往往用来指凶多吉少。

【岌岌可危】jíjí-kěwēi

岌岌:山高欲崩的样子。可:正当,正在。像陡峭的高山将要崩塌似地正处于危险之中。形容极其危险,行将覆灭。

【极乐世界】jílè-shìjiè

极其快乐的世界。佛教指阿弥陀佛所居住的国土,该国众生没有一切痛苦,只享受各种欢乐,所以称为"极乐世界"。后也借指极其安乐、没有任何烦恼忧虑的生活环境。

【极目四望】jímù-sìwàng

用尽眼力向四方眺望。

【极目远眺】jímù-yuǎntiào

用尽眼力向远方眺望。

【极天际地】jítiān-jìdì

极:至,达到最高点。际:交接,接触。上顶天,下接地。形容极大。

【即景生情】jíjǐng-shēngqíng

即:就,靠近,随。靠近某种景物而产生某种思想感情。也指诗文写作中紧随某种景物描写来抒发当时的感情。

【即以其人之道,还治其人之身】jí yǐ qí rén zhī dào,huán zhì qí rén zhī shēn

见"以其人之道,还治其人之身"。

【佶屈聱牙】jíqū-áoyá

佶屈:也作"诘屈",曲折,指不通畅。聱:不听从。聱牙:不听从牙齿的支使,即拗口。曲折不通畅而别扭不顺口。形容文句艰涩难读。

【急不可待】jíbùkědài

急得不能等待。形容心情急切或形势紧迫。

【急风暴雨】jífēng-bàoyǔ

急剧的风和猛烈的雨。比喻来势凶猛的事物或声势浩大的运动。

【急公好义】jígōng-hàoyì

急：为……着急，急切地关心。急切地关心公众的事而爱好道义。指热心公益而仗义疏财。

【急功近利】jígōng-jìnlì

急：急切地关心。近：接近，引申为追求。急切地关心功效而追求物质利益。指急于追求眼前的功效和利益。

【急来抱佛脚】jí lái bào fójiǎo

"平时不烧香，急来抱佛脚"的略语，指平时不去烧香拜佛，危急的事来临了就去抱住佛像的脚苦苦哀求。比喻事到临头才去想办法。

【急流勇退】jíliú-yǒngtuì

在湍急的流水中勇敢地向后退。指在飞泻直下的河流中果敢地掉转船头逆水而行。比喻在仕途得意或事情顺利时为避免将来可能遇到的灾祸而果断地及时引退。

【急起直追】jíqǐ-zhízhuī

快速行动起来，一直追赶上去。

【急人之难】jírénzhīnàn

急：为……着急，急切地关心。为别人的灾难着急。指热心帮助别人摆脱患难。

【急如星火】jírúxīnghuǒ

星火：流星的光。急得像流星快速划过的光。形容十分急迫。

【急于求成】jíyúqiúchéng

急：着急，急切。急切地求取成功。指想马上取得成功。

【急中生智】jízhōng-shēngzhì

急迫之中产生了智谋。指在紧急时猛然想出了好主意。

【急转直下】jízhuǎn-zhíxià

急速转变，并一直发展下去。指情况或话题等突然转变，并很快地顺势发展下去。也指态度迅速转变。

【疾恶如仇】jí'è-rúchóu

疾：憎恨。痛恨坏人坏事就像痛恨仇敌一样。形容正义感极强。

【疾风扫落叶】jífēng sǎo luòyè

疾：急速，猛烈。猛烈的秋风把落叶一扫而光。比喻强大的力量迅猛而轻易地摧毁衰败的势力。也作"秋风扫落叶"。

【疾风知劲草】jífēng zhī jìngcǎo

疾：急速，猛烈。在猛烈的大风中，才能知道哪些是强劲有力的草。比喻在严峻的考验下，才能明白谁是最坚强的人。

【疾言厉色】jíyán-lìsè

疾：急速。说话急切，脸色严厉。指愤怒地说话。

【集思广益】jísī-guǎngyì

思：思谋，想法。广：扩大。益：增益，帮助。《三国志·董和传》[51-P. 979] 载诸葛亮之言曰："夫参署者，集众思、广忠益也。"后化为成语，指集中众人的想法，扩大忠诚的帮助。现也指广泛吸取各种有益的意见。

【集腋成裘】 jíyè-chéngqiú

聚集许多狐狸腋下的毛皮可缝成皮袍。比喻积少成多。

【几*次三番】 jǐcì-sānfān

三:泛指多。番:次,回。好几次,好多回。形容次数很多。

【己所不欲*,勿施于人】 jǐsuǒ-bùyù,wùshīyúrén

勿:不要。施:加。自己不想要的,就别强加给别人。

【挤眉弄眼】 jǐméi-nòngyǎn

挤:推,聚拢。弄:摆弄。皱眉毛,动眼睛。指用皱眉眨眼等动作向人暗示。

【济济一堂】 jǐjǐ-yītáng

济济:众多的样子。人多得挤满了整个大厅。形容聚会的人很多。

【计穷力竭】 jìqióng-lìjié

计策穷尽,力量用完。形容一点办法一点能力都没有了。

【计日程功】 jìrì-chénggōng

计:计算。程:衡量,考核。可以计算日子来考核其功效。指发展进度有保障,每一段时间都有可靠的成效。形容进展快,事业的成功指日可待。

【计日而待】 jìrì'érdài

计算日子来等待。指等待的时日屈指可数。形容达到预期的目的已为时不远。

【记忆犹新】 jìyì-yóuxīn

犹:像,如同。记得起来,并像新近发生的一样。指对往事的印象还很清晰。

【济世安民】 jìshì-ānmín

济:救助。拯救社会,使人民安定。

【既成事实】 jìchéngshìshí

既:已经。已经成为事实或已经形成的事实。多指用武力或某种手段强行造成的局面。

【既来之,则安之】 jì lái zhī, zé ān zhī

《论语·季氏》[25-P. 2520]:"故远人不服,则修文德以来之。既来之,则安之。"表示已经使他们来了,就要使他们安定。后多表示既然来了,就安下心来。

【既往不咎】 jìwǎng-bùjiù

既:已经。咎:责怪。对已经过去的事不再责怪。多指不追究以往的过错。也作"不咎既往"。

【既有今日,何必当初】 jìyǒu-jīnrì,hébì-dāngchū

既然有今天这样的事,何必当初那样做呢?

【继往开来】 jìwǎng-kāilái

继承过去而开辟未来。指继承前人的事业而为后人开辟道路。

【寄人篱下】 jìrén-líxià

寄:寄寓,依附。依附于别人的篱笆下。原指鸟雀的生活。后比喻在文学艺术创作上模仿别人而不能独创或在生活上依附别人而不能自立。

【寂然不动】 jìrán-bùdòng

寂：安静。非常安静，一动也不动。

【加官进爵】 jiāguān-jìnjué

加：增加，指提升。提高官职，晋升爵位。也作"加官晋爵"。

【加人一等】 jiārén-yīděng

加：超过。超过别人一个等级。形容品德、才能、学问等超过常人。

【夹道欢迎】 jiādào-huānyíng

众多的人排列在道路两边很高兴地迎接。

【夹七夹八】 jiāqī-jiābā

夹：夹杂。……七……八：表示多而杂乱。夹杂着很多乱七八糟的东西。形容言语或动作十分杂乱，没有条理。也指话中有话。

【家长里*短】 jiācháng-lǐduǎn

家里的长长短短。指家庭日常琐事。

【家常便饭】 jiācháng-biànfàn

便：方便，指制作方便、简单。家庭日常的简单饭食。也比喻常见习闻的事情或言语。

【家丑*不可外扬】 jiāchǒu bùkě wàiyáng

家中丑恶的事不可以向外面宣扬。比喻内部不光彩的事不宜向外泄露。

【家大业大】 jiādà-yèdà

家庭庞大，家业富厚。指大户人家，家产又多。

【家道中落】 jiādào-zhōngluò

家境中途衰落。指家业衰败，由富转贫。也作"家道中衰"。

【家给人足】 jiājǐ-rénzú

给：丰足。家家生活优裕，人人丰衣足食。

【家贫如洗】 jiāpín-rúxǐ

家里贫穷得像被大水冲洗过一样。指家中一无所有。形容极其贫穷。

【家破人亡】 jiāpò-rénwáng

家庭遭到破坏，家人死亡逃离。

【家徒四壁】 jiātúsìbì

徒：只。家里只有四周的墙壁。形容穷得一无所有。也作"家徒壁立"。

【家学渊源】 jiāxué-yuānyuán

渊：深。渊源：很深的水源，比喻深厚的来源。家中世代相传的学问有深厚的来源。指继承家学而功底深厚。

【家喻户晓】 jiāyù-hùxiǎo

喻：明白，知道。晓：知道。家家户户都知道。形容人所共知。

【家贼难防】 jiāzéi-nánfáng

家庭内部的小偷难以防范。比喻隐藏在内部的坏人很难防范。

【嘉言懿行】 jiāyán-yìxíng

嘉：美好，善。懿：美好。美好的言论和行为。指有益的话与高尚的行为。

J

【戛然而止】jiárán'érzhǐ

戛:象声词,形容声音突然中止。然:副词后缀。戛的一声便停止了。形容声音一下子中止了。也形容文章一下子收笔,干净利落而不拖泥带水。

【假公济私】jiǎgōng-jìsī

假:借。济:助,成,补益。借公家的或办公事的名义来帮助自己谋取私利。

【假仁假义】jiǎrén-jiǎyì

假借仁德,假借道义。指借仁义的名义(来行事)。后多指虚假伪装的仁义道德,假装对人仁慈善良。

【假手于人】jiǎshǒuyúrén

假:借。向别人借只手。指利用别人的力量为自己做事。也作"假力于人"。

【假戏真做】jiǎxì-zhēnzuò

虚构的戏剧情节当作真实的来做。指戏演得很逼真。又泛指作假时动真格或弄假成真。

【价廉物美】jiàlián-wùměi

价钱便宜,货物很好。也作"物美价廉"。

【价值连城】jiàzhí-liánchéng

值:相当。价格相当于连成一片的许多个城邑。形容事物价值极高,十分珍贵。

【驾轻就熟】jiàqīng-jiùshú

驾:使马拉车,也指马拉车。就:趋向,走上。马拉着轻便的车走在熟悉的路上。比喻做轻松熟悉的事,做起来熟练又省力。

【嫁祸于人】jiàhuòyúrén

嫁:转嫁,转移。把祸害转嫁到别人身上。

【嫁鸡随鸡,嫁狗随狗】jiàjī-suíjī,jiàgǒu-suígǒu

嫁给了鸡就跟着鸡飞,嫁给了狗就跟着狗跑。比喻女子嫁人后,不论丈夫好坏,都要随从他。

【尖酸刻薄】jiānsuān-kèbó

尖锐而使人心酸,苛刻而冷酷无情。形容说话带刺,挖苦别人,毫无仁慈之心,一点也不厚道。

【尖嘴薄舌】jiānzuǐ-bóshé

尖尖的嘴巴,很薄的舌头。表示能说会道。形容好管闲事,搬弄口舌。又形容说话尖酸刻薄。

【尖嘴猴腮】jiānzuǐ-hóusāi

尖尖的嘴巴,猴子似的腮帮子。指嘴尖而面颊瘦削。用于讥讽人丑陋难看。

【奸淫掳掠】jiānyín-lǔlüè

掳掠:抢劫人或财物。奸污妇女,大肆抢劫。

【坚壁清野】jiānbì-qīngyě

坚:使……坚固。壁:壁垒,军营的围墙,泛指防御工事。加固壁垒,清除郊野。指加固防御工事,使敌人攻不破;转移四周的人口、财物、粮食等,使敌人抢不到东西。

【坚不可摧】jiānbùkěcuī

坚固得不可摧毁。

J

【坚持不懈】jiānchí-bùxiè

　坚定地进行下去而毫不松懈。

【坚持不渝】jiānchí-bùyú

　坚持到底不改变。

【坚定不移】jiāndìng-bùyí

　移：转移，改变。坚决确定而不转移。指毫不动摇。

【坚甲利兵】jiānjiǎ-lìbīng

　坚固的铠甲，锋利的兵器。泛指精良的军事装备。也借指装备精良的精锐军队。

【坚苦卓绝】jiānkǔ-zhuójué

　坚忍刻苦卓越无比。形容人意志坚强，刻苦耐劳，超出寻常。

【坚强不屈】jiānqiáng-bùqū

　坚定刚强而不屈服。

【坚韧不拔】jiānrèn-bùbá

　韧：柔软而结实牢固，形容顽强。拔：改变。坚定又有韧性，不可改变。形容意志坚强，不可动摇。也作"坚忍不拔"。忍：忍耐，有耐性。

【坚如磐石】jiānrúpánshí

　坚固得像大石头一样。形容极其坚固，不可动摇。

【坚信不移】jiānxìn-bùyí

　移：转移，改变。坚决相信不动摇。

【坚贞不屈】jiānzhēn-bùqū

　贞：有操守。坚定而有节操，不向敌人屈服。

【间不容发*】jiānbùróngfà

　中间不能容纳一根头发。比喻安排或结构十分严密。也比喻与灾祸相距极近，或形势、时间非常紧迫。

【艰苦奋斗*】jiānkǔ-fèndòu

　在艰难困苦中奋力拼搏。

【艰苦朴素】jiānkǔ-pǔsù

　忍受艰难困苦，生活俭朴而保持本色。

【艰苦卓绝】jiānkǔ-zhuójué

　艰难困苦又卓越无比。形容斗争极其艰苦又很不平凡。

【艰难竭蹶】jiānnán-jiéjué

　竭蹶：力尽跌倒，比喻资财匮乏而不能维持生计。生活十分困难，穷得不能维持生计。

【艰难困苦】jiānnán-kùnkǔ

　处境困难，生活艰苦。

【艰难曲折】jiānnán-qūzhé

　十分困难而经过很多周折。形容极不顺利。

【艰难险阻】jiānnán-xiǎnzǔ

　险阻：险恶阻塞的地方，也比喻艰苦困厄的处境。指前进道路（包括人生道路）上的种种困难、险恶阻碍。

【艰深晦涩】jiānshēn-huìsè

　深奥难懂而隐晦不畅达。形容文章笔调古僻，含意费解。

【监守自盗】jiānshǒu-zìdào

　监守：看管。看管时自己行窃。指盗窃自己所看管的公家财物。

【兼程而进】jiānchéng'érjìn

　兼程：使所走的路程加倍，一天走两天的路。以加倍的速度前进。

【兼而有之】jiān'éryǒuzhī

同时占有它们或同时具备它们。

【兼济天下】jiānjì-tiānxià

济:救助。同时救济全社会的人。

【兼容并*包】jiānróng-bìngbāo

同时容纳而一起包含。指把各种各样的人或事物都收容包括进来。形容不挑剔,能宽容人或不弃物。

【兼收并*蓄】jiānshōu-bìngxù

蓄:储藏,保存。同时收罗而一起保存。指不论好坏优劣而把各种各样的人或事物都吸收进来。

【兼听则明,偏信则暗*】jiāntīng-zémíng,piānxìnzé'àn

多方面听取意见就英明,片面地相信某种意见就昏庸。

【缄口结舌】jiānkǒu-jiéshé

缄:封。封住嘴巴,扎住舌头。指紧闭嘴巴,不动舌头。即不开口说话。形容慑于淫威不敢讲话。也形容理屈词穷而说不出话来。

【拣佛烧香】jiǎnfó-shāoxiāng

拣:挑选。选择佛来烧香。指对大小不同的佛烧不同的香。比喻待人有厚薄之分,不一视同仁。

【简单明了*】jiǎndān-míngliǎo

简略单纯,明白清楚。

【简明扼要】jiǎnmíng-èyào

简单明白,抓住要点。

【见财起意】jiàncái-qǐyì

看见人家的钱财而产生了坏念头。

【见多识广】jiànduō-shíguǎng

见过的多,知道的广。形容阅历深,经验多。

【见风使舵】jiànfēng-shǐduò

看风向使用舵。指根据风向的变化而转舵。比喻观察情势而随机应变。现多用于贬义。也作"看风使舵"。

【见缝插针】jiànfèng-chāzhēn

看见缝隙就插进针。比喻抓紧时机,尽量利用一切可以利用的狭小空间或短暂时间去做某事。

【见怪不怪】jiànguài-bùguài

见到怪异的事物或现象时不以为怪异。泛指见到不同寻常的东西时不大惊小怪。形容遇事镇静,能泰然处之。也指怪事见多了而不觉得奇怪。

【见机而作】jiànjī'érzuò

机:通"几"(jī),隐微,指事情的苗头。一看见细微的苗头就行动。指一发现细微的动向就采取措施。也作"见几而作"。

【见机行事】jiànjī-xíngshì

机:通"几"(jī),事情的苗头。看苗头办事。指根据情势灵活处理。

【见利思义】jiànlì-sīyì

看到物质利益时想到道义。指碰到有利可图的事便用道义来衡量一下是否应该去做。形容人廉洁自守。

【见利忘义】jiànlì-wàngyì

看到了物质利益,就忘记了道义。指有利可图时便不顾一切地去夺取。形容人贪婪卑鄙。

【见猎心喜】jiànliè-xīnxǐ

嗜好打猎的人看见打猎而心中高兴起来。比喻看到了自己爱好的事而心中高兴起来。形容某事引起自己的共鸣而跃跃欲试。

【见钱眼开】jiànqián-yǎnkāi

看到金钱眼睛就睁大了。指人贪财好利,看到钱就兴奋起来,恨不得马上弄到手。

【见仁见智】jiànrén-jiànzhì

"仁者见仁,智者见智"的略语。仁慈的人看见仁德,聪明的人看见智慧。泛指不同的人由于立场观点的不同而对同一事物有不同的看法。也作"仁者见仁,智者见智"。

【见神见鬼】jiànshén-jiànguǐ

好像真的看见了神和鬼。多用来形容精神紧张错乱,自相惊扰。

【见势不妙】jiànshì-bùmiào

看到形势不好。指情况对自己不利。

【见死不救】jiànsǐ-bùjiù

看见别人已陷于死亡的境地也不去援救。也指看到别人陷于难以克服的困难之中而不去帮助。

【见所未见】jiànsuǒwèijiàn

看到了从来没有看到过的东西。形容看到的事物十分希罕。

【见危授命】jiànwēi-shòumìng

看到国家有危难就把自己的生命交给国家。指在危难关头勇于献身。

【见微知著】jiànwēi-zhīzhù

微:隐微,指隐约不明的苗头。著:显著,指已发展成熟而显著可见的事物。看到了隐隐约约的苗头,就能知道它将发展演变成怎样一种显而易见的事物。指从事物的苗头可推测其发展趋势。

【见贤思齐】jiànxián-sīqí

齐:同等。看到德才兼备的人就想和他一样。

【见义勇为】jiànyì-yǒngwéi

看到合乎道义的事就勇敢地去做。

【见异思迁】jiànyì-sīqiān

迁:迁移,离开此地到彼地,舍此取彼。看见了不同的工作或事物就想舍此取彼。形容意志不坚定或喜好不专一。

【建功立业】jiàngōng-lìyè

建立功勋业绩。

【建瓴之势】jiànlíngzhīshì

建(旧读 jiǎn):通"瀽",倾倒,泼出。瓴:盛水的瓶子。建瓴:"高屋建瓴"的略语。从高高的屋顶上倾倒瓶中之水的形势。比喻居高临下、不可阻挡的形势。

【剑拔弩张】jiànbá-nǔzhāng

弩:一种利用机械力量发射箭的强弓。张:弓拉开。剑已拔出,弩已拉开。指已作好了战斗准备。形容形势紧张,一触即发。也用来形容书法或诗文的风格,表示其笔力雄健遒劲,气势豪放而咄咄逼人。

【剑戟森森】jiànjǐ-sēnsēn

戟:一种既有直刃又有横刃的兵器。森森:林木繁多密集的样子,此形容兵器像茂密的林木一样竖立着。剑和戟密密地竖立着。形容戒备森严。比喻为人阴险深沉,不露心机,犹如剑戟林立而戒备森严一样。

【健步如飞】jiànbù-rúfēi

迈着矫健有力的步伐行走,像飞一样快。

【渐入佳境】jiànrù-jiājìng

逐渐进入美好的境界。也指兴味逐渐浓厚或境况日益好转。

【鉴往知来】jiànwǎng-zhīlái

鉴:镜子,引申为审察,借鉴。审察过去的事情,可以知道未来的发展。

【箭不虚发】jiànbùxūfā

虚:空,没有结果。箭从不白射。即每发必中。形容射箭技术十分高超。也比喻言行、计策都有结果。

【箭在弦*上,不得不发*】jiànzài-xiánshàng,bùdébùfā

箭已搭在弦上,不能不射了。比喻迫于事势,不得不做某些事或不得不说某些话。

【江东父老】jiāngdōng-fùlǎo

长江东边的故乡长者。语本《史记·项羽本纪》[9-P.58]所载项羽的话:"且籍与江东子弟八千人渡江而西,今无一人还,纵江东父兄怜而王我,

我何面目见之?"后泛指故乡的长者。多用于有愧而无颜面相见的场合。

【江河日下】jiānghé-rìxià

江河的水一天天向下流去。比喻事物一天天衰落或情况一天天坏下去。

【江郎才尽】jiānglángcáijìn

江郎:指南朝文学家江淹。才尽:才能用光,才思枯竭。《梁书·江淹传》[52-P.251]:"淹少以文章显,晚節才思微退,時人皆謂之才盡。"后用"江郎才尽"喻指才思枯竭或本领使尽。

【江山如画】jiāngshān-rúhuà

山河像图画。形容自然景色十分美丽。

【江山易改,禀性难移】jiāngshān-yìgǎi,bǐngxìng-nányí

山河的自然面貌容易改变,而人的天赋本性很难转变。强调人的本性难改。也作"江山易改,本性难移"。

【江心补漏】jiāngxīn-bǔlòu

船到了江河中心才去填补漏洞。比喻补救太迟。也作"船到江心补漏迟",并常与"临崖勒马收缰晚"连用。

【江洋大盗】jiāngyáng-dàdào

江湖海洋上实力和影响颇大的强盗。

【将错就错】jiāngcuò-jiùcuò

将:顺从。就:将就,迁就。顺从其错误,迁就其错误。指发生错误后,索性顺着错的做下去。

【将功补过】jiānggōng-bǔguò

将:拿。用功劳来补偿所犯的过错。

【将功赎罪】 jiānggōng-shúzuì

赎:抵偿。拿功劳来抵消所犯的罪过。也作"将功折罪"。折(zhé):抵偿。

【将计就计】 jiāngjì-jiùjì

将:顺从。就:迁就。顺从其计策,迁就其计策。指顺着对方的计策做下去而假装未识破以麻痹对方。也指顺从别人的计划或设想。

【将勤补拙】 jiāngqín-bǔzhuō

用勤奋来弥补自己的愚笨。

【将心比心】 jiāngxīn-bǐxīn

拿自己的心情去比照别人的心情。即设身处地地为别人着想,体谅别人的心情。

【将信将疑】 jiāngxìn-jiāngyí

将:且,又。又相信又怀疑。形容有疑虑而把握不准,不敢轻信。

【匠心独运】 jiàngxīn-dúyùn

匠心:技工的心思,引申指巧妙的构思。单独运用巧妙的构思。指文学艺术作品的构思与众不同,具有独创性。

【降格以求】 jiànggéyǐqiú

格:规格,标准。降低标准去寻求。

【降心相从】 jiàngxīn-xiāngcóng

降:压低,贬抑。压抑自己的心志去服从别人。

【降志辱身】 jiàngzhì-rǔshēn

降:降低,压抑。降低自己的志气,辱没自己的人格。指委曲自己去迎合世俗。

【将遇良才】 jiàngyùliángcái

良才:优秀的人才,指本领高的人。大将遇上了武艺高强的人。指两雄争斗,本领相当。

【交口称誉】 jiāokǒu-chēngyù

交:一齐。一齐开口称赞。指众口一辞,一致称赞。

【交浅言深】 jiāoqiǎn-yánshēn

交情不深而言谈很深入。指与人接触不多便和他说毫不避讳的心里话。

【交头接耳】 jiāotóu-jiē'ěr

交:接触。头紧靠着别人的头,嘴巴接触他的耳朵。指彼此在耳边低声私语,说一些不让旁人听见的话。

【交相辉映】 jiāoxiānghuīyìng

互相映照。形容各种色彩、光亮等互相配合,非常美丽。

【娇生惯养】 jiāoshēng-guànyǎng

娇:宠爱,溺爱。惯:对习惯姑息迁就,纵容不管。生下后受到过分的宠爱,养育时受到姑息而没有得到管教。指孩子在溺爱纵容中长大。

【娇小玲珑】 jiāoxiǎo-línglóng

娇:娇嫩美丽。玲珑:孔穴明晰的样子,转指聪明伶俐。娇嫩美丽、身材小巧又聪明伶俐。形容女子灵活可爱。

【骄傲自满】 jiāo'ào-zìmǎn

自高自大而十分傲慢，满足于自己已有的成绩。

【骄兵必败】jiāobīng-bìbài

自高自大而看不起别人的军队必定打败仗。

【骄兵悍将】jiāobīng-hànjiàng

骄横的士兵和凶暴的将军。指不服从指挥的军队。

【骄奢淫逸】jiāoshē-yínyì

骄横奢侈，荒淫放荡。

【骄阳似火】jiāoyáng-sìhuǒ

酷烈的阳光像火一样。形容阳光非常炽热。

【胶柱鼓瑟】jiāozhù-gǔsè

用胶粘住瑟上调节弦音高低的短柱去弹瑟。瑟柱被胶住了，就不能转动它来变调，所以比喻拘泥固执，不知变通。

【蛟龙得水】jiāolóng-déshuǐ

蛟龙：古代传说中的一种水中动物，能兴风作浪，神通广大。蛟龙得到了水。指它得到了施展神通的凭借。比喻有才能的人得到了施展本领的机会。

【焦金铄石】jiāojīn-shuòshí

铄：熔化。把金属烧焦，使石头熔化。形容烈日灼热，温度极高。也作"焦金流石"。

【焦虑不安】jiāolǜ-bù'ān

焦急忧虑而心中不安宁。

【焦头烂额】jiāotóu-làn'é

烧焦了头，烧烂了额。形容头部

被火烧成重伤后的狼狈相。也比喻极为狼狈窘迫的情状或境遇。

【焦躁不安】jiāozào-bù'ān

焦急烦躁而心中不安宁。

【狡兔三窟】jiǎotù-sānkū

狡猾的兔子有三个藏身的洞穴。比喻避祸藏身的地方或安身立命的工作场合有多处。

【绞尽脑汁】jiǎojìn-nǎozhī

把脑浆都拧光了。指费尽心机。

【矫矫不群】jiǎojiǎo-bùqún

矫矫：通"佼佼"，比一般人高出一等的样子。高出一等而与众不同。形容人才高超出众，不同凡俗。

【矫揉造作】jiǎoróu-zàozuò

矫：使弯的变成直的。揉：使直的变成弯的。矫直弄弯制造做作。原意为加工木材制作器物。后比喻故意做作，很不自然。

【矫枉过正】jiǎowǎng-guòzhèng

矫：使曲变直，纠正。枉：弯曲。扭直弯曲的东西而超过了正常的平直度。指扭直弯曲而扭过了头。比喻纠正偏差过了分或纠正错误超过了适当的限度。

【脚不点地】jiǎobùdiǎndì

点：同"踮"，脚尖着地。脚不踮到地上。指脚尖不着地。形容走得很快或忙得奔来奔去，好像腾空在飞而脚尖没有着地。

【脚踏两只*船】jiǎo tà liǎng zhī chuán

两只脚分别踩在两只船上。比

喻拿不定主意，又想干这一行，又想干那一行，于是两边都占着。也比喻存心投机取巧而与两个方面都保持着关系。

【脚踏实地】 jiǎotà-shídì

脚踩在结实的地上。比喻做事踏实认真。

【叫苦不迭】 jiàokǔ-bùdié

迭：及。喊一声苦也来不及。即有苦处而来不及诉说。

【叫苦连天】 jiàokǔ-liántiān

连：连带，和……一起。喊苦又连带呼喊上天。形容非常痛苦（因为人痛苦时往往会呼娘喊天）。

【教学相长】 jiàoxué-xiāngzhǎng

长：增长。教和学两方面互相增进提高。指师生在教学中能相互促进，共同提高。《礼记·学记》[13-P.1521]："是故學然後知不足，教然後知困。知不足，然後能自反也；知困，然後能自强也。故曰教學相長也。"

【皆大欢喜】 jiēdàhuānxǐ

都很高兴。指大家都满意。

【接二连三】 jiē'èr-liánsān

承接二连着三。指接连不断。表示一个紧接着一个。

【接风洗尘】 jiēfēng-xǐchén

迎接来人裹挟的风而洗去其身上的尘土。指设宴款待远来的客人。

【接连不断】 jiēlián-bùduàn

承接连着不间断。指一个紧接着一个。

【接踵而至】 jiēzhǒng'érzhì

踵：脚跟。后者的脚尖接着前者的脚跟来到。形容来人很多，一个紧跟着一个。也比喻事情连续不断地发生。也作"接踵而来"。

【揭竿而起】 jiēgān'érqǐ

揭：高举。竿：竹竿，指旗杆。起：起事，起义。高举旗帜，起来进行武装斗争。

【嗟悔无及】 jiēhuǐ-wújí

嗟：叹息。叹息后悔也来不及了。

【嗟来之食】 jiēláizhīshí

嗟：不礼貌的招呼声，相当于现在的"喂"。说一声"喂！来吃"的食物。指以不礼貌的方式施舍给人的食物。《礼记·檀弓下》[13-P.1314]："齊大饑，黔敖爲食於路，以待餓者而食之。有餓者蒙袂輯屨，貿貿然來。黔敖左奉食，右執飲，曰：'嗟！來食。'揚其目而視之曰：'予唯不食嗟來之食，以至於斯也。'從而謝焉，終不食而死。"后用作成语，泛指带侮辱性的施舍。

【街谈巷议】 jiētán-xiàngyì

在大街小巷谈说议论。形容议论纷纷。也指大街小巷中人们的言谈议论。指民间的舆论。

【街头巷尾】 jiētóu-xiàngwěi

大街小巷的顶头或末端。即街巷的交接处或深处。也泛指大街小巷。

【孑然一身】 jiérán-yīshēn

孑：孤单。孤单单的一个人。形

容无亲无友。

【节哀顺变】 jié'āi-shùnbiàn

变:变故,指父母去世。节制悲哀,顺应变故。用于劝慰死者家属。

【节节败退】 jiéjié-bàituì

节:竹节,引申指阶段。一步步失败后退。指连连吃败仗。

【节节胜利】 jiéjié-shènglì

节:阶段。一步步胜利。指每一个阶段都胜利,一个胜利接着一个胜利。

【节外生枝】 jiéwài-shēngzhī

节:植物分枝的地方,即枝与干交接的部位。在萌生树枝的树节之外又长出树枝。比喻在原有问题之外又岔出了新问题。也用来指人故意制造麻烦或累赘。

【节衣缩食】 jiéyī-suōshí

节省穿的,缩减吃的。形容非常节俭。

【节用裕民】 jiéyòng-yùmín

节约费用,使民众富裕。

【劫富济贫】 jiéfù-jìpín

强夺富人的财产来救济贫穷的人。

【劫后*余*生】 jiéhòu-yúshēng

劫:佛教用语,梵语 kalpa 的译音"劫波"的略语。据古印度神话,梵天的一个白天是一个劫(劫波),等于人间的四十三亿二千万年(一说四百三十二万年),劫后有劫火出现,烧毁一切,然后重创一切,所以"劫"又引申指灾难。余:剩下,遗留。灾难之后

残留的生命。

【洁身自好】 jiéshēn-zìhào

洁:使……纯洁。自好:自爱。保持自身纯洁,自己珍爱自己。指保持高尚的品德而不与世俗同流合污。

【结草衔*环】 jiécǎo-xiánhuán

结草:缠结野草。据《左传·宣公十五年》[16-P. 1888]载,春秋时晋国大夫魏颗在父亲死后未把父亲的爱妾殉葬而把她嫁了,后与秦军作战时,见一老人结草绊倒秦国力士杜回,因而擒获杜回,夜里梦见这老人说:"我是你所嫁女子的父亲,今特来报恩。"衔环:口衔玉环。据《后汉书·杨震传》[11-P. 1759]李贤等注引《续齐谐记》载,东汉杨宝九岁时救了一只黄雀,后有黄衣童子前来赠送玉环四枚以报答。后来这两个传说合为"结草衔环"的成语,喻指感恩图报。

【结党*营私】 jiédǎng-yíngsī

结成朋党谋求私利。

【结发*夫妻】 jiéfà-fūqī

结发:把头发扎起来。古代习俗,男女初婚时,在成婚之夜把新婚夫妇的头发合起来扎成一个发髻。后便用"结发夫妻"指第一次结婚的夫妻。即原配夫妻。

【桀骜不驯】 jié'ào-bùxùn

骜:通"傲",傲慢。凶暴傲慢而不驯服顺从。

【桀犬吠尧】 jiéquǎn-fèiyáo

桀:夏朝末代暴君。尧:远古时代的圣明帝王。夏桀的狗对着尧乱

叫。比喻走狗奴才不问善恶好坏而一心为其主子效劳。

【捷报频传】 jiébào-pínchuán

胜利的消息频繁地传来。

【捷足先得】 jiézú-xiāndé

捷:迅速。腿脚快的人首先得到。指行动敏捷的人先达到目的。也作"捷足先登"。

【截长补短】 jiécháng-bǔduǎn

截:割断。割下长的部分来补充短的。比喻取多余以补不足。也比喻用长处来补短处。

【截然不同】 jiérán-bùtóng

截然:断然,界限分明得像割断似的。好像割断了似的明显不同。指彼此完全不同。

【截趾适屦】 jiézhǐ-shìjù

屦:用麻、葛等制成的鞋子。切断脚指头来适应鞋子的大小。比喻本末倒置,不合理地一味迁就。

【竭诚相待】 jiéchéng-xiāngdài

竭尽真诚来对待。

【竭尽全力】 jiéjìn-quánlì

用尽全部力量。

【竭泽而渔】 jiézé'éryú

竭:使干涸。搞干湖泽来捕鱼。比喻尽量搜刮而不留余地。形容只图眼前利益而不顾将来。也作"涸泽而渔"。

【竭智尽忠】 jiézhì-jìnzhōng

用尽才智,竭尽忠诚。

【解放思想】 jiěfàng-sīxiǎng

使思想摆脱各种束缚而自由地发展。

【解甲归田】 jiějiǎ-guītián

脱下铠甲回家种田。指将士退伍回乡。

【解铃还须*系*铃人】 jiě líng hái xū xì líng rén

要解下老虎脖子上的铃,还得由缚铃的人。比喻谁惹的事,还得由谁去了结。

【解民倒悬】 jiěmín-dàoxuán

倒悬:头向下脚向上地倒挂着,比喻处境困苦。把民众从困境中解救出来。

【解囊相助】 jiěnáng-xiāngzhù

囊:袋子,古代用来装粮食钱物等,外出时背在肩上,以备旅途所用。相:偏指性副词,指别人。解开袋子拿出钱物来帮助别人。

【解衣推食】 jiěyī-tuīshí

推:推让。脱下衣服给别人穿,让出食物给别人吃。形容深切关怀别人。后也泛指慷慨地施舍衣食。

【戒备森严】 jièbèi-sēnyán

警戒防备得极为严密。

【戒骄戒躁】 jièjiāo-jièzào

戒:防备,警惕。谨防骄傲与急躁。

【借刀杀人】 jièdāo-shārén

借用别人的刀杀人。比喻自己不动手,只是挑拨或利用别人去害人。

J

【借端生事】jièduān-shēngshì

　　端:事情的开头。生:使……产生。借助某件已发生的事来惹事。即利用某事作为借口来制造纠纷。

【借古讽今】jiègǔ-fěngjīn

　　借用古代的事情来讥讽当今的现实。

【借古喻今】jiègǔ-yùjīn

　　喻:说明。借用古代的事情来说明当今的事。即用历史事实及其经验教训来阐发现实生活中的道理。

【借花献佛】jièhuā-xiànfó

　　借用别人的花去献给佛。比喻拿别人的东西做人情。

【借酒浇愁】jièjiǔ-jiāochóu

　　用酒来浇灭愁闷。即依靠喝酒来排遣自己的忧愁。也作"以酒浇愁"。

【借尸*还魂】jièshī-huánhún

　　还魂:使灵魂返回,指死而复活。借用别人的尸体使灵魂复活。就是使死者的灵魂附在别人的尸体上再活过来。现比喻已经死亡或已被打倒的东西又以另一种名义或形式出现。

【借题发*挥】jiètí-fāhuī

　　假借某一题目来阐发与该题稍有联系而并不密切相关的自己的意见。也指假借某事为由,去做自己想做的另外一些事。也指顺着某事随便做一些其他的事或说一些其他的话。

【巾帼英雄】jīnguó-yīngxióng

　　巾帼:妇女的头巾,指代妇女。女英雄。指女中豪杰。

【斤斤计较】jīnjīn-jìjiào

　　斤斤:十分明察而任何细小的事物都能看清的样子,引申为琐碎细小。连一丝一毫也要计算比较。指对无关紧要的琐屑小事或蝇头微利都十分在乎。

【斤斤自守】jīnjīn-zìshǒu

　　斤斤:十分明察的样子,引申为小心拘谨。谨小慎微地自己约束自己,保持操守。

【今非昔比】jīnfēixībǐ

　　现在不是过去所能比的了。形容变化很大。

【今生今世】jīnshēng-jīnshì

　　世:人的一生,一辈子。现在这一生,现在这一辈子。指在自己活着的年月里。

【今是昨非】jīnshì-zuófēi

　　昨:昨天,指过去。现在做对了而过去做错了。含有悔悟之意。

【今朝有酒今朝醉】jīnzhāo yǒu jiǔ jīnzhāo zuì

　　今朝:今日。今天有酒今天就尽情地喝醉。比喻得过且过,只图眼前而不顾将来。

【金榜题名】jīnbǎng-tímíng

　　金榜:科举时代称殿试后揭晓录取名单所用的黄榜。题:写上。金榜上写上其名字。指通过殿试而被录取。殿试是科举时代最高一级的考试,通过殿试而金榜题名是读书人取得功名禄位的大喜事。现则用来指考试合格而榜上有名。也喻指在比赛或评比中获得名次而榜上有名。

【金碧辉煌】jīnbì-huīhuáng

碧:青绿色的玉。黄金、青玉光辉炽盛。原指珍贵的饰物上金、玉的光彩交相辉映。后多指建筑物上的金铜饰物、所涂的金黄色和青绿色的琉璃瓦交相辉映,光彩夺目。也泛指各种建筑物的装饰、室内陈设、衣冠饰物等十分华美,富丽堂皇,光彩耀眼。

【金蝉脱壳】jīnchán-tuōqiào

金蝉:蝉的美称。蝉体坚硬,又居高饮洁,所以古代常仿蝉形制成黄金饰物,称为"金蝉",后便用"金蝉"来称蝉。壳:坚硬的外皮。蝉在变为成虫时要脱去幼虫时的壳。后比喻趁对方来不及注意时,用一些与自己外表形式相似的东西作掩护来脱身。

【金城汤池】jīnchéng-tāngchí

汤:沸水。金属铸成的城墙,沸水形成的护城河。形容极为坚固、牢不可破的城防设施。也用来比喻极为严密而无懈可击的防守。

【金刚怒目】jīngāng-nùmù

金刚:佛教中的护法降魔之神,因手执金刚杵而得名,佛寺山门内常可见到其塑像。怒:通"努",凸起。金刚瞪着眼睛而眼珠凸出。形容面目严厉威猛。

【金戈铁马】jīngē-tiěmǎ

戈:一种侧锋横刃的兵器,用青铜或铁制成,装在长柄上。金属制成的戈,披有铁甲的马。指将士手执长戈,身骑战马。形容将士在战场上威武豪迈的英姿与气概。也指强壮的兵马。

【金鸡独立】jīnjī-dúlì

金鸡:指公鸡。像公鸡似地用一只脚站立。原为武术中的一种姿势。后也指用一只脚站立。

【金科玉律】jīnkē-yùlù

金、玉:黄金与宝玉,比喻美好珍贵。科:法律条文。律:法令中具体的规则、条文。像黄金宝玉似的法律条文。指珍贵完善的法律条文。也比喻永远正确、不可变更而必须信守的准则。

【金口玉言】jīnkǒu-yùyán

金、玉:黄金与宝玉,比喻美好珍贵。黄金似的口所说出的宝玉似的话。旧时用以指天子之言。后泛指必须服从的话。也指珍贵而有价值的话。

【金迷纸醉】jīnmí-zhǐzuì

迷:使沉迷。醉:使陶醉。金色的纸使人沉迷陶醉。陶穀《清异录·居室·金迷纸醉》[53-P.71]:"痈医孟斧,昭宗时常以方药入侍。唐末审居蜀中。以其熟于宫,故治居宅,法度奇雅。有一小室,窗牖焕明,器皆金纸,光莹四射,金采夺目。所亲见之,归语人曰:'此室暂憩,令人金迷纸醉。'"后用作成语,形容令人沉迷的豪华奢侈的装饰或环境。现多用来形容贵族豪富的奢侈生活。也作"纸醉金迷"。

【金童玉女】 jīntóng-yùnǚ

黄金般的男童与美玉似的女孩。道家用来指侍奉仙人的童男童女。后泛指天真无邪美丽可爱的男女儿童。

【金屋藏娇】 jīnwū-cángjiāo

金屋：黄金之屋，喻指极其华贵富丽的房屋。娇：指汉武帝刘彻的表妹陈阿娇。据班固《汉武故事》[54-P.164]载，刘彻年幼时，姑母馆陶长公主想把女儿阿娇许配给他，就问他："阿娇好(美)不？"他回答说："好！若得阿娇作妇(做妻子)，当作金屋贮之也。"后化为成语，喻指以华丽的房屋让所爱的妻妾居住。又转指另筑香巢，娶小纳妾或暗养情妇。

【金无足赤，人无完人】 jīnwú-zúchì, rénwúwánrén

赤：纯净，指纯金。金子没有十足纯净的金子，人也没有完美无缺的人。指世界上没有十全十美的东西，不能苛求别人毫无缺点。

【金相玉质】 jīnxiàng-yùzhì

金、玉：比喻美好珍贵。相：质地，也兼指其外表。质：质地，本质。像黄金宝玉似的质地。形容文章的内容和形式都十分完美。也比喻资质相貌都完美的人。也作"玉质金相"。

【金玉良言】 jīnyù-liángyán

黄金宝玉似的好话。指具有宝贵价值、能使人得到教益的言论。也作"金玉之言"。

【金玉满堂】 jīnyù-mǎntáng

黄金宝玉堆满了堂屋。形容财富极多。也比喻人富有才学。

【金玉其外，败絮其中】 jīnyù-qíwài, bàixù-qízhōng

它的外表像黄金美玉，它的里面都像破棉絮。原指柑橘储藏过久，外表虽保存完好，而瓤子已失去水分。比喻人或事物徒有美好的外表，而本质却很低劣。

【金针度人】 jīnzhēn-dùrén

金针：黄金之针。度：越过，引申指授与。把黄金之针授给别人。据严子休《桂苑丛谈·史遗》[55-P.192]载，唐肃宗时郑侃的女儿采娘在七夕祭织女乞巧，夜里在梦中得织女所赠金针一根，织女告诫她："三日勿语，汝当奇巧。"后化为成语，比喻把珍贵的秘法或诀窍传授给别人。

【金枝玉叶】 jīnzhī-yùyè

金、玉：比喻美好珍贵。黄金似的枝条与碧玉似的叶子。形容花木枝叶极美。后比喻高贵的帝王子孙。也泛指富贵人家的子孙。现也用来比喻娇嫩柔弱的女子。

【金字招牌】 jīnzì zhāopái

商店里用金粉涂字的招牌。象征商店资金雄厚，信誉卓著。也比喻冠冕堂皇、可以用来向人炫耀的名义或称号。

【津津乐道】 jīnjīn-lèdào

津:口水。津津:口水很多的样子,引申指味道浓厚或趣味浓厚的样子。感到趣味浓厚而喜欢谈论。

【津津有味】 jīnjīn-yǒuwèi

津津:趣味浓厚的样子。趣味浓厚而很有滋味。

【矜才使气】 jīncái-shǐqì

矜:自夸,自负。自恃有才能而意气用事。

【矜持作态】 jīnchí-zuòtài

矜:拘谨。保持拘谨而故作姿态。形容虚伪做作的样子。

【矜功自伐】 jīngōng-zìfá

矜:自夸,自负。伐:夸耀。自恃有功劳而自我夸耀。

【筋疲力尽】 jīnpí-lìjìn

筋骨疲惫,力气用完。指疲劳得一点力气也没有了。

【襟怀坦白】 jīnhuái-tǎnbái

胸怀坦荡纯洁。指为人光明正大,正直无私。

【紧锣密鼓】 jǐnluó-mìgǔ

锣和鼓敲打得又紧又密。这是传统戏剧开场前的所谓闹场,用来吸引观众,为戏剧正式开场制造气氛。比喻事前的准备工作进行得既积极又紧凑。

【锦囊妙计】 jǐnnáng-miàojì

锦缎做成的袋子中所藏的巧妙计策。古代小说中常描写足智多谋的人将可能发生的事变和应付办法预先写好放在锦囊中,让有关人员在危急时拆看而按计行事。后比喻精心策划好的能有效解决问题的好办法。

【锦上添花】 jǐnshàng-tiānhuā

锦:用彩色经纬丝织出各种图案花纹的丝织品。添:加。在锦缎上加绣花。比喻在美好的事物上再加上美好的成分。

【锦心绣口】 jǐnxīn-xiùkǒu

锦:用彩色经纬丝织出各种图案花纹的丝织品。绣:用彩色丝线在布帛上刺出各种图案的工艺品。锦缎似的心和刺绣似的口。指精巧的文思和华丽的措辞。形容人极有文才,做起诗文来构思精巧,词藻华美。

【锦绣前程】 jǐnxiù-qiánchéng

锦绣:鲜艳华美的锦缎和刺绣,比喻美好的事物。锦缎、刺绣似的前途。指无限美好的前途。

【锦绣山河】 jǐnxiù-shānhé

锦缎、刺绣似的山山水水。指美丽的祖国疆土。也作"锦绣河山""锦绣江山"。

【锦衣玉食】 jǐnyī-yùshí

锦缎之类做成的服装,宝玉似的食物。指华美的服装和珍贵的食物。也指穿华丽的衣服,吃珍贵的食物。形容豪华奢侈的富贵生活。

【谨小慎微】 jǐnxiǎo-shènwēi

谨慎于小微。即小心谨慎地对待微小的事情。原形容十分谨慎。现也形容过分谨慎而胆小怕事。

【谨言慎行】 jǐnyán-shènxíng

小心地说话,谨慎地行动。

J

【尽力而为】 jìnlì'érwéi

竭尽全力去做。

【尽其所长】 jìnqísuǒcháng

全部发挥出自己所擅长的技能。

【尽其所有】 jìnqísuǒyǒu

全部拿出自己所拥有的东西。

【尽人皆知】 jìnrén-jiēzhī

所有的人都知道。

【尽如人意】 jìnrúrényì

如:依从,符合。完全合乎人的心意。

【尽善尽美】 jìnshàn-jìnměi

尽:极,达到顶点。极其完善,极其美好。指完美无缺。

【尽释前嫌】 jìnshì-qiánxián

完全消除了过去的嫌怨。

【尽收眼底】 jìnshōu-yǎndǐ

全部收拢在眼睛底下。指全部都在视野之中。

【尽心竭力】 jìnxīn-jiélì

用尽心思,竭尽全力。即施展出全部的智慧和力量。

【尽忠报国】 jìnzhōng-bàoguó

竭尽忠诚,报效国家。指把自己的一切献给国家。

【进谗害贤】 jìnchán-hàixián

进奏谗言来陷害贤人。即在上级面前毁谤诬陷德才兼备的人,使他们遭殃。

【进德修业】 jìndé-xiūyè

业:大的书版,引申指学业。增进道德而研修学业。

【进退两难】 jìntuì-liǎngnán

前进和后退两者都难。形容处境困难,进退不得。

【进退失据】 jìntuì-shījù

据:依靠,凭借。前进和后退都失去了凭借。指进退都无所依靠。形容无安身之处,进退维谷。

【进退维谷*】 jìntuì-wéigǔ

维:句中语助词,帮助判断。前进和后退都是山谷。比喻无论前进还是后退,都处于困境之中。即进退两难。

【进退无门】 jìntuì-wúmén

前进和后退都没有出路。

【近水楼台*】 jìnshuǐ-lóutái

“近水楼台先得月”的略语。靠近水边的高楼台榭先得到月光。比喻因接近某些人或事物而首先得到某种便利或好处。也作“近水楼台先得月”。

【近悦远来】 jìnyuè-yuǎnlái

附近的人得到恩惠而喜悦,远方的人听说了前来归附。也表示使附近的人喜悦,使远方的人前来归附。指政治清明,远近归附。

【近在眉睫】 jìnzàiméijié

近得就在眉毛、眼睫毛边上。即近在眼前。形容距离极近或事情十分紧迫。

【近在咫尺】 jìnzàizhǐchǐ

咫、尺:古代长度单位,周代以八寸为咫,十寸为尺。近得就在八寸一尺之间。形容距离极近。

【近朱者赤，近墨者黑】 jìnzhū-zhěchì，jìnmòzhěhēi

朱：朱砂，红色颜料。靠近朱砂的变红，靠近黑墨的变黑。比喻接近好人的人会变好，接近坏人的人会变坏。指外界环境与人员接触对人的影响极大。

【嚜若寒蝉】 jìnruòhánchán

嚜：闭口，不说话。蝉：知了，炎夏多鸣，到深秋天寒时就不再鸣叫。一声不响，就像天寒时的知了。形容有所顾忌而不说话。

【泾渭不分】 jīngwèi-bùfēn

泾：泾河，发源于宁夏，经甘肃流入陕西入渭，其水清澈。渭：渭河，发源于甘肃，经陕西流入黄河，其水混浊。清澈的泾河和混浊的渭河不加分辨。比喻是非、好坏不分。

【泾渭分明】 jīngwèi-fēnmíng

泾河与渭河在陕西境内合流时，清浊两股水分得很清楚。比喻事物的界限或是非好坏等分得很清楚。

【经风雨，见世面】 jīng fēngyǔ，jiàn shìmiàn

经受风风雨雨，看看社会面貌。指在艰难困苦中磨练，在社会实践中了解社会情况。

【经国大业】 jīngguó-dàyè

经：治理。治理国家的伟大事业。

【经久不息】 jīngjiǔ-bùxī

经过很长时间不停止。多用来形容掌声或欢呼声。

【经年累*月】 jīngnián-lěiyuè

经过了一年又一年，积累了一月又一月。指经过很多年月。也表示长时期。

【经世奇才】 jīngshì-qícái

经：治理。治理社会的非凡人才。

【经天纬地】 jīngtiān-wěidì

经、纬：织物的纵线叫经，横线叫纬，引申指规划治理。治理天地。即治理天下。常用来形容政治才识卓越不凡。

【经一事，长一智】 jīng yī shì，zhǎng yī zhì

经历一件事情，就长一分才智。指多一次经验或教训，就增长一分智慧。

【荆棘丛生】 jīngjí-cóngshēng

荆：一种落叶灌木，其枝条柔韧，可用来作鞭或编制筐篮。棘：一种丛生的有刺小枣树，即酸枣树。荆棘：泛指野外丛生的各种灌木。丛：聚集，成团。荆树和带刺灌木等成团地长出来。比喻问题成堆，困难很多。

【荆棘载途】 jīngjí-zàitú

荆树和带刺灌木等充满道路。比喻前进道路上困难很多，障碍重重。也作“荆棘满途”。

【荆天棘地】 jīngtiān-jídì

荆棘充满了天地间。比喻处境困难，到处是障碍。

【惊弓之鸟】 jīnggōngzhīniǎo

听到弓弦声也会惊慌失措的鸟。

原指受过箭伤而提心吊胆的鸟。《战国策·楚策四》[46-P. 845]:"更嬴與魏王處京臺之廊下,仰見飛鳥,更嬴謂魏王曰:'臣能爲王引弓虛發而下鳥。'魏王曰:'然則射可至此乎?'更嬴曰:'可。'有間,雁從東方來,更嬴以虛弓發而下之。魏王曰:'然則射之精乃至於此乎?'更嬴曰:'此孽也。'王曰:'先生何以知之?'對曰:'其飛徐,其鳴悲。飛徐者,故瘡痛也;鳴悲者,久失群也。故瘡未息而驚心未去,聞弦音引而高飛,故瘡裂而隕也。'"后化为成语,比喻受过打击伤害而心有余悸、一见到什么动静就惊慌害怕的人。

【惊慌失措】 jīnghuāng-shīcuò

　　紧张慌乱得不知所措。指精神紧张而举止失常,不知怎么办才好。形容非常恐惧害怕的样子。也作"惊惶失措"。惶:恐惧。

【惊慌失色】 jīnghuāng-shīsè

　　紧张慌乱得失去了正常的脸色。形容极度惊惧。

【惊惶不安】 jīnghuáng-bù'ān

　　惊慌恐惧而心神不定。

【惊魂未定】 jīnghún-wèidìng

　　受惊的灵魂还没有安定下来。指受惊以后心神尚未安宁。

【惊恐万状】 jīngkǒng-wànzhuàng

　　万状:许许多多种样子。惊慌恐惧得表现出各种情态。指极其恐惧而丑态百出。

【惊世骇俗】 jīngshì-hàisú

使世俗之人惊骇。指言行等不同于流俗而使世人震惊。

【惊叹不已】 jīngtàn-bùyǐ

　　已:止。惊讶赞叹个不停。形容非常钦佩欣赏。

【惊涛骇浪】 jīngtāo-hàilàng

　　使人惊恐害怕的狂涛巨浪。也比喻十分险恶而令人恐惧的遭遇、环境、斗争等。

【惊天动地】 jīngtiān-dòngdì

　　惊动了上天而震撼了大地。形容声势或影响十分巨大,令人震惊或十分感动。

【惊喜交集】 jīngxǐ-jiāojí

　　惊讶喜悦之情交织聚集在一起。即又惊又喜。

【惊喜若狂】 jīngxǐ-ruòkuáng

　　惊讶喜悦得像发了疯似的。指过于惊异兴奋而不能自持。形容喜出望外的样子。

【惊心动魄】 jīngxīn-dòngpò

　　惊动了心神,震撼了魂魄。形容某种事物(多指诗文、音乐、技艺等)或人(多指罕见的美女、武将等)具有极大的魅力或感染力,令人看后惊讶不已而心情不能平静。也形容某些惊险的事物或场面具有震撼人心的力量而令人胆战心惊。

【兢兢业业】 jīngjīng-yèyè

　　兢兢:小心谨慎的样子。业业:担心害怕的样子。小心谨慎,不敢懈怠。

【精兵简政】 jīngbīng-jiǎnzhèng

精简人员与行政机构。

【精兵强将】jīngbīng-qiángjiàng

精锐的士兵与强有力的将军。也泛指精选出来的能人。

【精诚所至，金石为开】jīngchéng-suǒzhì, jīnshíwéikāi

精：挑选出来的上等好米，引申指甚，极。精诚：至诚。极其真诚所到达的地方，金属石头为之开裂。《韩诗外传》卷六[4-P.230]："昔者楚熊渠子夜行，见寝石，以爲伏虎，彎弓而射之，没金飲羽，下視，知其石也。因復射之，矢躍無迹。熊渠子見其誠心而金石爲之開，而況人乎?"后用作成语，指极其真诚具有极强的力量，即使是极顽固的人也会被它感动，即使是极艰难的问题也能解决。

【精诚团结】jīngchéng-tuánjié

极其真诚地团结一致。

【精打细算】jīngdǎ-xìsuàn

打：考虑，规划。精密地规划，详细地计算。指在使用人力、物力、财力方面盘算十分精细而不使其有丝毫浪费。

【精雕细琢】jīngdiāo-xìzhuó

精密细致地雕刻（玉石等）。也比喻精心细致地创作文艺作品、修饰字句。也比喻认真细致地做某事。也作"精雕细刻"。

【精耕细作】jīnggēng-xìzuò

精心细致地耕作。指精心耕种庄稼。

【精力充沛】jīnglì-chongpèi

精神和体力充足而旺盛。

【精美绝伦】jīngměi-juélún

绝：没有。伦：同类。精致美妙无与伦比。

【精明强干*】jīngmíng-qiánggàn

精细明察而力强能干。又泛指聪明能干。

【精疲力竭】jīngpí-lìjié

精神疲劳而力气用完。指精神和体力都已疲惫不堪。也作"精疲力尽"。

【精神抖擞】jīngshén-dǒusǒu

抖擞：振动，引申为振作。精神振奋。

【精神焕发*】jīngshén-huànfā

焕发：光亮四射，引申指旺盛振作。精神旺盛振作。形容人心情愉快，精神饱满，神采飞扬，情绪高涨。

【精神恍惚】jīngshén-huǎnghū

恍惚：若有若无、模糊不清的样子。精神状态糊里糊涂。

【精卫填海】jīngwèi-tiánhǎi

精卫：古代神话中的鸟名。据《山海经·北山经》[22-P.81]载，炎帝的女儿名女娃，在东海淹死后化为精卫鸟，常衔西山上的木头、石头去填塞东海。后化为成语，比喻有了深仇大恨，必尽一切力量去报复。也比喻不畏艰难，奋斗不懈。

【精益求精】jīngyìqiújīng

精：完美，好。益：更加。完美了又进一步追求完美。又泛指好了追求更好。

【精忠报国】 jīngzhōng-bàoguó

精:见"精诚所至,金石为开"条。极其忠诚地报效国家。指把自己的一切献给国家。

【井底之蛙】 jǐngdǐzhīwā

井底的青蛙。即只能看见井口那么大的一块天的青蛙。比喻眼界狭窄、见识短浅的人。

【井井有条】 jǐngjǐng-yǒutiáo

井井:整齐,合乎规矩。整整齐齐,很有条理。

【井然有序】 jǐngrán-yǒuxù

井然:整齐的样子。整整齐齐地很有次序。

【井水不犯河水】 jǐngshuǐ bù fàn héshuǐ

井水不侵犯河水。比喻彼此毫无关系,根本不会发生冲突。

【井蛙之见】 jǐngwāzhījiàn

井底青蛙的见识。即只能看见井口那么大的一块天的见识。比喻狭隘短浅的见识。

【径情直遂】 jìngqíng-zhísuì

径:直,即。径情:随意。遂:成功。随着自己的意愿而没有曲折地获得成功。

【竞新斗*巧】 jìngxīn-dòuqiǎo

斗:比赛争胜。争新奇,比巧妙。

【敬陈管见】 jìngchén-guǎnjiàn

管见:从竹管里看到的,指狭隘浅陋的见识。恭敬地陈述自己的浅陋见解。用作谦辞。

【敬而远之】 jìng'éryuǎnzhī

尊敬他而远离他。指表面上尊敬他,实际上不愿接近或亲近他。

【敬老慈幼】 jìnglǎo-cíyòu

尊敬老人,疼爱儿童。

【敬老尊贤】 jìnglǎo-zūnxián

尊敬老人和德才兼备的人。

【敬谢不敏】 jìngxiè-bùmǐn

谢:道歉,推辞。敏:聪明,机智。因自己不聪明而恭敬地向对方道歉。指自己由于愚笨、能力差而只得推辞对方的请求。是推辞做某事的婉辞,多用于能做而不愿做或不肯做的场合。

【敬业乐群】 jìngyè-lèqún

慎重地对待学业,乐于与同学们相处切磋。

【静如处女,动如脱兔】 jìngrúchǔnǚ, dòngrútuōtù

静止时像未出嫁的少女,行动时像脱身逃走的兔子。指未行动时十分端庄稳重,行动时十分敏捷迅速。

【镜花水月】 jìnghuā-shuǐyuè

镜中之花,水中之月。比喻可望不可即的虚幻景象。也比喻诗文的空灵意境。

【迥然不同】 jiǒngrán-bùtóng

迥:远。差得很远而根本不相同。

【炯炯发*光】 jiǒngjiǒng-fāguāng

炯炯:明亮的样子。明亮得发出光。

【炯炯有神】jiǒngjiǒng-yǒushén

炯炯：明亮的样子。明亮得很有精神。用于形容眼睛。

【鸠形鹄面】jiūxíng-húmiàn

斑鸠似的体形，黄鹄似的脸。指腹部低陷、胸骨突起似斑鸠，脸颊无肉似黄鹄。形容人因饥饿而瘦得皮包骨头的样子。也指代瘦削的饥民。

【九九归一】jiǔjiǔ-guīyī

归：归结，在珠算中用来称一位除数的除法，"九归"即用九除。九除九归结为一。这原为"九归"珠算口诀之一，或叫"逢九进一"，指把九个算盘珠拨去而在前面一档拨上一个算盘珠，表示九除九得一。后取义于其字面意义，指算到最后的大数又回到了起始的"一"，因而表示归根结底的意思。

【九牛二虎之力】jiǔ niú èr hǔ zhī lì

九头牛和两只老虎的力气。比喻很大的力气。

【九牛一毛】jiǔniú-yīmáo

九头牛身上的一根毛。比喻极大的数量中微不足道的一点点。

【九泉之下】jiǔquánzhīxià

九：泛指深。九泉：很深的地下泉，指人死后埋葬的地方（古代深葬及泉）。在很深的泉水之下。即在阴间。

【九死一生】jiǔsǐ-yīshēng

九：泛指多。有很多死亡的危险而只有一线生存的希望。指所处的环境极其危险，死去的可能性极大而

活着的可能性极小。也指多次陷于死亡的境地而死里逃生，侥幸地活了下来。

【九霄云*外】jiǔxiāo-yúnwài

霄：天空。九霄：九重天，指天的极高处。在九重天的云外面。比喻无限高远的地方。引申为无影无踪。

【久别重逢】jiǔbié-chóngféng

长时间地分离后再次碰头。

【久病成医】jiǔbìng-chéngyī

长期患病的人会成为医生。指患病一久，就会熟悉病情的发展变化及用药，能像医生一样去指导医治其他病人。也比喻对某些事情经历得多了而成了这方面的行家。

【久而久之】jiǔ'érjiǔzhī

过了很久而随之又过了很久。指连续地经过了相当长的时间。

【久负盛名】jiǔfù-shèngmíng

长久地享有很大的名望。

【久旱逢甘雨】jiǔ hàn féng gānyǔ

干旱了很久而遇到一场甜美的雨。比喻渴望已久的事情如愿以偿。

【酒逢知己千杯少】jiǔ féng zhījǐ qiān bēi shǎo

喝酒时碰到了知心朋友即使喝了上千杯也嫌少。形容和志趣相投的人在一起喝酒酒兴极浓。后常连用"话不投机半句多"。

【酒酣耳热】jiǔhān-ěrrè

酒喝得很痛快而耳朵也发热了。形容酒意正浓，非常兴奋。

【酒后*失言】jiǔhòu-shīyán

酒醉后说了不该说的话。

【酒囊饭袋】jiǔnáng-fàndài

囊:袋子。装酒和饭的袋子。比喻只会吃喝的无能之人。

【酒肉朋友】jiǔròu-péngyou

不务正业而只在一起吃喝玩乐的朋友。

【酒色财气】jiǔ-sè-cái-qì

嗜酒贪杯、迷恋女色、贪图钱财、盛气凌人。旧时以此为人生四戒。

【酒色之徒】jiǔsèzhītú

嗜酒贪杯、迷恋女色的人。

【酒足饭饱】jiǔzú-fànbǎo

酒喝够了,饭吃饱了。

【旧病复*发*】jiùbìng-fùfā

老毛病又发作了。常指原来的不良习气、嗜好等又重新抬头而占了上风。

【旧仇宿怨】jiùchóu-sùyuàn

宿:旧有的,很久以前就有的。很久以前就结下的仇恨。

【旧愁新恨】jiùchóu-xīnhèn

原有的忧愁与新近产生的遗憾。形容惆怅苦闷不断累积而无法排遣。也作"旧恨新愁"。

【旧地重游*】jiùdì-chóngyóu

重新来到过去居住或游览过的地方。

【旧瓶装新酒】jiù píng zhuāng xīn jiǔ

原来的瓶子里装进了新的酒。比喻用旧的形式来表现新的内容(多指文艺作品)。

【旧事重提】jiùshì-chóngtí

过去的事情又重新提起。多用于因某人某事而勾起回忆的场合。

【咎由自取】jiùyóuzìqǔ

咎:灾祸。灾祸或遭受责备、侮辱、惩处等是由自己招致的。

【咎有应得】jiùyǒuyīngdé

咎:罪过,过失。有:占有,得到。犯了罪而得到了应该得到的惩罚。也指有了过失而得到了应有的处理。

【救急不救穷】jiùjí bù jiùqióng

只能救助一时的急难而不可能援助长时间的贫穷。

【救苦救难】jiùkǔ-jiùnàn

拯救陷于痛苦和灾难之中的人。

【救命稻草】jiùmìng-dàocǎo

漂浮于水面似乎可以拯救溺水者生命的稻草。比喻貌似有用而实际上不能解救危难的东西。

【救死扶伤】jiùsǐ-fúshāng

抢救临近死亡的人,扶助受伤的人。

【救亡图存】jiùwáng-túcún

拯救祖国的危亡而谋求其生存。

【就地取材】jiùdì-qǔcái

就:随,即。即在原地选取材料或人材。

【就地正法】jiùdì-zhèngfǎ

就:随,即。正法:端正法制,引申指依法处决犯人。即在原地依法处决犯人。指在犯罪的地方或当时罪犯所在的地方执行死刑。

【就事论事】 jiùshì-lùnshì

就：随，根据。根据事情本身的情况来评论这件事情。多指撇开该事的根源、影响以及与之有关的其他事情来评论其是非得失。也指只泛泛而谈事情的现象而不触及其本质。

【就正有道】 jiùzhèng-yǒudào

就：接近。有道：有道德和学问的人。《论语·学而》[25-P.2458]："子曰：'君子食無求飽，居無求安，敏於事而慎於言，就有道而正焉。'"意谓接近有德才的人来端正自己。后化为成语"就正有道"，指向有德才的人请求指正。

【居安思危】 jū'ān-sīwēi

处在安定的环境里而想到可能会出现的危难。

【居高临下】 jūgāo-línxià

居：处于。临：俯视。处在高处俯视下方。指处于有利的地势或地位。

【居功自傲】 jūgōng-zì'ào

居：占有。把功劳占为己有而骄傲自大。

【居官守法】 jūguān-shǒufǎ

处在官位上维护已成的法制。也指为官清廉，奉公守法而不违法乱纪。

【居心不良】 jūxīn-bùliáng

存心不善。指内心怀有恶意或阴谋。

【居心叵测】 jūxīn-pǒcè

居心：存心。叵：不可。怀有某种念头而不可推测。多指存心险恶。

【鞠躬尽瘁，死而后*已】 jūgōng--jìncuì, sǐ'érhòuyǐ

鞠躬：弯身，表示恭敬谨慎。瘁：劳苦。已：停止。恭敬小心，尽力劳累，到死了以后才止息。指赤胆忠心，不辞劳苦地奋斗终生。

【局*促不安】 júcù-bù'ān

局促：拘束，窘迫。举止拘谨不自然，心神忐忑不安宁。

【蹐天蹐地】 jútiān-jídì

蹐：弯曲，指弯腰曲身。蹐：前脚跟紧靠后脚尖地小步走。《诗经·小雅·正月》[10-P.443]："謂天蓋高，不敢不局；謂地蓋厚，不敢不蹐。"后化为成语"蹐天蹐地"，表示"蹐于高天而蹐于厚地"，即在高大的天空下却不得不弯着腰，在宽厚的大地上却不得不小步走。形容处境险恶而局促不安，或心中恐惧而不敢行动。也作"局天蹐地"。

【举案齐眉】 jǔ'àn-qíméi

案：有短脚的盛食物用的木托盘。《后汉书·梁鸿传》[11-P.2768]："（鸿）爲人賃舂。每歸，妻爲具食，不敢於鸿前仰視，舉案齊眉。"把盛食物的木托盘举到和自己的眉毛一样高。这是孟光对丈夫梁鸿表示尊敬的行为。后用作成语，指夫妻相敬。

【举不胜举】 jǔbùshèngjǔ

胜（旧读 shēng）：尽。列举的

话,不能全部列举出来。形容数量极多。

【举步维艰】jǔbù-wéijiān

维:助词。迈起步来非常艰难。形容腿脚不灵便,行动困难。也比喻办事时为某些不利的条件所限而进展十分困难。

【举措失当】jǔcuò-shīdàng

措施不得当。

【举国若狂】jǔguó-ruòkuáng

举:全。全国上下像发疯似的。指全国之人纵情欢乐而不能自持,狂热地忘记了一切。

【举国上下】jǔguó-shàngxià

举:全。全国的上层人士和下层民众。即全国各方面的人。

【举目无亲】jǔmù-wúqīn

抬起眼来看不到一个亲人。形容只身在外,人地生疏,孤独无依。

【举棋不定】jǔqí-bùdìng

拿起棋子而不能决定放在哪里。比喻临事犹豫不决。

【举世闻名】jǔshì-wénmíng

举:全。全世界都知道其名字。形容名望极大。

【举世无敌】jǔshì-wúdí

举:全。敌:匹敌,指敌手。全世界没有与之相匹敌的对手。形容极其强大。

【举世无双】jǔshì-wúshuāng

全世界没有与之相配对的第二个。形容超群出众,独一无二。

【举世瞩目】jǔshì-zhǔmù

全世界都注视着。形容事物或事件十分重大,受到世人的普遍关注。

【举手之劳】jǔshǒuzhīláo

抬一下手的劳动。指毫不费力的操作。形容其能力绰绰有余而办起此事来轻而易举。

【举贤使能】jǔxián-shǐnéng

选拔贤士,任用能人。

【举一反三】jǔyī-fǎnsān

“举一隅而以三隅反”的略语。反:类推。举出方形的一个角,能类推出另外三个角的样子。后泛指接触了某一事物,能推知与它相类的许多事物。形容善于类推,能触类旁通。

【举止不凡】jǔzhǐ-bùfán

举动姿态不平凡。指行为动作等很有风度。

【举止大方】jǔzhǐ-dàfāng

举动姿态很有风度。指行为动作等自然洒脱而不拘束。

【举止失措】jǔzhǐ-shīcuò

行动不知所措。指精神紧张而举止失常,不知怎么办才好。形容慌张失态的样子。

【举足轻重】jǔzú-qīngzhòng

提起脚向左或向右跨一步就会影响到两边的轻重。比喻处于两强之间有实力的人无论投向哪一方都会影响到整个局势。后又比喻一举一动足以影响大局。形容有实力的人处于重要的地位,其行为具有极其重大的关键作用。

【句斟字酌】 jùzhēn-zìzhuó

见"字斟句酌"。

【拒谏饰非】 jùjiàn-shìfēi

拒绝别人的规劝,掩饰自己的错误。

【拒人于千里*之外】 jù rén yú qiān lǐ zhī wài

拒:抵挡,拒绝。把人挡在千里之外。即不让人接近。形容极其傲慢而使人无法接近。也形容不愿与人接近,拒绝与人商量。

【拒之门外】 jùzhī-ménwài

拒:抵挡,拒绝。把人挡在门外。即拒绝见面,不愿在一起。指拒绝协商或共事。

【具体而微】 jùtǐ'érwēi

体:身体,引申指事物的主要组成部分。微:小。具备了主要的组成部分,但规模较小。指事物大体完备,只是规模小一些。

【据理力争】 jùlǐ-lìzhēng

根据道理尽力争辩或争取。

【据为己有】 jùwéijǐyǒu

据:占据。把本不属于自己的东西占据为自己所有。

【聚精会神】 jùjīng-huìshén

会:使会合,集中。集中精神。原指集中众人的智慧。后多指集中注意力。

【聚沙成塔】 jùshā-chéngtǎ

积聚沙土堆成佛塔。原指儿童的一种游戏。后比喻聚集微不足道的东西能成为可观的事物。也泛指积少成多。

【聚讼纷纭】 jùsòng-fēnyún

聚:聚集。讼:争论,争辩。纷纭:多而杂乱。聚集在一起争辩而意见又多又乱。指大家对某一问题的看法很不一致,各执一词而争论不休。

【涓埃之报】 juān'āizhībào

涓:极少的水,一点点水。像点滴之水和尘埃似的报答。喻指极微薄的报答。

【涓滴归公】 juāndī-guīgōng

涓滴:一点一滴的水,比喻极微小或极少的东西。一点一滴都交给公家。指不是自己应当得到的东西,即使极小极少,也都交给公家而不占为己有。形容廉洁奉公。

【卷*土重来】 juǎntǔ-chónglái

人马奔跑卷起尘土而重新到来。指失败后整顿力量重新反扑过来。

【卷*帙浩繁】 juànzhì-hàofán

卷:书籍的卷数;古代的书写在帛或纸上,将一定的篇幅卷成一卷,因此书的篇幅论卷。帙:装书的布套,书函,指书籍的函数;古代将若干册书装在一个书函中称一帙,因此书的数量论帙。浩繁:众多。书籍的卷数和函数极多。即书籍的篇幅和数量极大。

【决一雌雄】 juéyīcíxióng

雌雄:动物交配时雌的位于下而雄的位于上,所以用"雌雄"来比喻高下,又引申指胜败。决定一下高低胜败。指较量一下来确定谁输谁赢。也作"一决雌雄"。

【决一死战】juéyīsǐzhàn

决:决定最后胜负。进行一次决定最后胜败的拼死战斗。

【绝处逢生】juéchù-féngshēng

在没有出路的地方遇到了生路。指在走投无路的绝境中碰上或找到了解救自己的人或事物。

【绝代佳人】juédài-jiārén

绝:没有过的,无与伦比的。当代无与伦比的美女。

【绝口不谈】juékǒu-bùtán

绝:断绝,杜绝。绝口:断绝于口,即始终不提及。在嘴中杜绝不说。指有意回避某事而时时戒备不去提及它。也作"绝口不提"。

【绝妙好辞】juémiào-hǎocí

极其美妙的好文章或极其巧妙的好词句。

【绝世超伦】juéshì-chāolún

绝:没有过的,无与伦比的。伦:同类。在当代从未有过而超过了同类的人。形容人才出类拔萃。

【绝无仅有】juéwú-jǐnyǒu

绝对没有其他的而只有这一个。也泛指极其少有。

【倔强倔傲】juéjiàng-jù'ào

执拗强硬而又自大傲慢。

【崛地而起】juédì'érqǐ

崛:突出,高耸挺立。在平地上高耸挺立起来。也比喻某人或某事物很快很猛地兴起。

【倔头倔脑】juètóu-juènǎo

倔:固执强硬。头脑固执,态度强硬。

【军法从事】jūnfǎ-cóngshì

按照军队中的法规处理。形容制裁严格而厉害。

【军令如山】jūnlìng-rúshān

军队中的命令像山一样不可动摇。指军事命令十分严肃,不得违抗。

【君子固穷】jūnzǐ-gùqióng

君子:指道德高尚的人。固:本来。《论语·卫灵公》[25-P. 2516]:"子曰:'君子固穷,小人穷斯滥矣。'"意为君子本有穷困之时,但不会像小人那样穷困了就胡作非为。后用作成语,指道德高尚的人即使穷困也信守道义。

【君子之交淡如水】jūnzǐ zhī jiāo dàn rú shuǐ

君子:指道德高尚的人。君子之间的交情清淡得像水。指道德高尚的人结交时以道义为基础,虽没有得利的甜头而清淡无味,却纯洁而稳固。

K

【开诚布*公】 kāichéng-bùgōng

开:敞开,袒露。布:陈列,展示。袒露诚心,展示公正。指发表或交换意见时态度诚恳,坦白无私。

【开诚相见】 kāichéng-xiāngjiàn

袒露诚心与人相见。指与人接触时真诚坦率。

【开怀畅饮】 kāihuái-chàngyǐn

敞开胸怀畅快地喝酒。指无所拘束地尽情喝酒。

【开卷*有益】 kāijuàn-yǒuyì

打开书本有好处。指读书大有裨益。

【开路先锋】 kāilù-xiānfēng

开辟道路的先遣部队或将领。比喻集体行动中前去了解情况的先遣人员或某项工作中开拓新领域的带头人。

【开门见山】 kāimén-jiànshān

打开门就看见山。比喻写文章或说话一开头即进入正题,不拐弯抹角。

【开门揖盗】 kāimén-yīdào

揖:拱手行礼。打开大门恭敬地迎接强盗。比喻引进坏人,给自己带来祸患。

【开山祖师】 kāishān-zǔshī

开:开始,创始。祖师:一派学术、技艺或宗教的创始人。原指在某山创建寺院的第一代住持。后泛指宗教、学术、技艺等方面某一派别的创始人或首创某项事业的人。也作"开山老祖""开山鼻祖"。

【开台*锣鼓】 kāitái-luógǔ

戏曲开场时的敲锣打鼓。比喻工作或运动的开头。

【开天辟*地】 kāitiān-pìdì

开辟天地。《艺文类聚》卷一[56-P.2]引徐整《三五历纪》曰:"天地混沌如雞子,盤古生其中,萬八千歲。天地開闢,陽清爲天,陰濁爲地,盤古在其中,一日九變,神於天,聖於地。"后化为成语"开天辟地",多用来表示"开天辟地以来",即有史以来或前所未有。也比喻开创新局面。

【开物成务】 kāiwù-chéngwù

揭开万物奥秘,使人办成事务。指使人通晓万物之理,并根据它把事情办成。

【开心见诚】 kāixīn-jiànchéng

K

开:敞开,袒露。见:显现。披露真心,显现诚意。形容坦白直率,真心诚意地与人接触。

【开源节流】kāiyuán-jiéliú

开辟水源而节制水流。比喻在财政经济上增加收入,节省开支。

【开云*见日】kāiyún-jiànrì

拨开乌云,见到太阳。比喻消除隔阂而了解真情。也比喻打破黑暗而迎来光明。

【开宗明义】kāizōng-míngyì

揭示宗旨,说明意义。这原为《孝经》第一章[57-P.2545]的标题。后用来泛指说话、写文章时一开头即说明主旨。

【看家本领】kānjiā-běnlǐng

守护自家的本领。指自己特别擅长、别人难以胜过从而能保护自己地位或生存条件的高超本领。也指不轻易使用而只在万不得已时才动用的招数或事物。也作"看家本事"。本事:本领。

【坎坷不平】kǎnkě-bùpíng

坑坑洼洼不平坦。形容道路路面差。也比喻人生道路上有许多艰难曲折而并不一帆风顺。

【侃侃而谈】kǎnkǎn'értán

侃侃:刚直而和乐的样子。理直气壮又从容不迫地谈话。原形容直抒己见。今多形容善于言谈。

【看菜吃饭】kàncài-chīfàn

看菜的好坏来吃饭。即菜好就多吃饭,菜不合胃口就少吃饭或不吃

饭。形容挑食。也比喻根据具体情况来办事。

【看风使舵】kànfēng-shǐduò

见"见风使舵"。

【看破红尘】kànpò-hóngchén

红尘:佛教称人世间为红尘。看透了人间。指看透了人生和世态人情,认为世俗的一切追求都毫无意义,从而对世间的一切持超脱的态度。旧时常用来形容出家为僧的人。今多用来指无意进取而消极避世的人生态度。

【看人眉睫】kànrénméijié

看别人的眉毛和眼睫毛。指看别人的冷眼,表示受到别人的冷遇。也指看别人的眼色行事。

【看人行事】kànrén-xíngshì

看别人的具体情况来做事。指不按规矩办事,处理问题因人而异。

【康庄大道】kāngzhuāng-dàdào

康庄:泛指四通八达的道路。《尔雅·释宫》[58-P.2598]:"一達謂之道路,二達謂之歧旁,三達謂之劇旁,四達謂之衢,五達謂之康,六達謂之莊。"四通八达的大路。比喻光明大道或正确而易于遵循的途径。

【慷慨陈词】kāngkǎi-chéncí

慷慨:热烈而充满正气。情绪激动、义正辞严地陈述自己的意见。

【慷慨激昂】kāngkǎi-jī'áng

高亢热烈,激动昂扬。形容精神振奋,情绪高涨。

【慷慨解囊】kāngkǎi-jiěnáng

慷慨:热情豪爽而不吝啬。囊:袋子,古代用来装粮食钱物等。热情豪爽地解开装钱物的袋子。指毫不吝啬地拿出钱物来帮助别人。

【慷慨就义】kāngkǎi-jiùyì

就义:为了正义事业不屈不挠而被处以死刑。充满正气而意气高昂地为正义事业受刑献身。

【慷他人之慨】kāng tārén zhī kǎi

慷慨:不吝啬。不吝啬别人的财物。指乱花别人的钱财来做人情或摆阔气。

【抗尘走俗】kàngchén-zǒusú

抗:举,引申为表现。走:跑。孔稚珪《北山移文》[59-P.613]:"抗塵容而走俗狀。""抗尘走俗"即其略语,意为表现出一副世俗的面容,而奔走忙碌完全是一副俗人的样子。后泛指热于名利而忙碌奔走。

【靠山吃山,靠水吃水】kàoshān-chīshān,kàoshuǐ-chīshuǐ

住处靠近山就利用山上的东西来生活,靠近水就利用水中的东西来生活。比喻利用自己身边的有利条件来生活或积聚财富。

【苛捐杂税】kējuān-záshuì

捐:赋税。苛刻繁杂的捐税。

【科班出身】kēbān-chūshēn

科班:旧时招收儿童培养戏曲演员的组织。出身:自身之所出,指个人早期的经历或身份。自身从正式的戏班子中出来。比喻自身从专门和正规的教育训练机构中培养出来。指其具有受过正规的教育或训练的资历。

【磕头碰脑】kētóu-pèngnǎo

磕:碰撞。不断地碰头碰脑袋。形容人多得十分拥挤,以致不断碰撞。也形容东西多得处处碰人。

【可乘之机】kěchéngzhījī

可以利用的机会。

【可歌可泣】kěgē-kěqì

泣:流泪。可以使人歌颂,可以使人流泪。形容事迹英勇悲壮,使人极为赞赏和感动。

【可见一斑】kějiàn-yībān

可以看见一点斑纹。比喻可以了解一部分情况。也比喻看到了一些可推测整体情况的局部情形。

【可圈可点】kěquān-kědiǎn

可以加圈,可以加点。指书或文稿上的语句精彩、重要,值得圈点。也比喻行为、事迹等非常出色,值得赞扬。

【可望不可即】kě wàng bùkě jí

即:接近。可以望见而不能接近。也指看得见但不能得到。又比喻可以预想但不能实现。

【可想而知】kěxiǎng'érzhī

可以通过想象来获知。指事物或事理极为简单明了,不用亲眼看见或详细说明就能推想出来。

【可心如意】kěxīn-rúyì

可:适合。如:依从,符合。合乎心愿,符合意图。指完全合乎心意。

【可有可无】kěyǒu-kěwú

可以有,也可以没有。指有或没有都无关紧要。

【克*敌制*胜】kèdí-zhìshèng

攻克敌人,夺取胜利。

【克*己奉公】kèjǐ-fènggōng

奉公:奉守公法,遵守国家法令。克制自己而奉公守法。形容廉洁自守。现多指严于律己而一心为公。

【克*勤克*俭】kèqín-kèjiǎn

克:能。能勤劳又能节俭。

【刻不容缓】kèbùrónghuǎn

一刻也不容许拖延。形容情势紧迫,必须立刻行动。

【刻骨铭心】kègǔ-míngxīn

铭:铭刻,在石碑或金属器物上刻字,比喻深刻记住。铭刻在骨头和心上。比喻铭记在心,永不忘怀。多用于对别人的恩情表示感激。也作"铭心刻骨"。

【刻舟求剑】kèzhōu-qiújiàn

《吕氏春秋·察今》[60-P. 936]:"楚人有涉江者,其剑自舟中坠於水,遽契其舟,曰:'是吾劍之所從墜。'舟止,從其所契者入水求之。舟已行矣,而劍不行,求劍若此,不亦惑乎?"后化为成语"刻舟求剑",意为在船上刻记号来寻找掉到河里的剑。比喻刻板拘泥而不知变通。

【恪尽职守】kèjìn-zhíshǒu

恪:谨慎,恭敬。认真地尽到应尽的职责。

【恪守不渝】kèshǒu-bùyú

恪:谨慎,恭敬。严格遵守而不改变。

【溘然长逝】kèrán-chángshì

突然永远离去。指突然去世。

【坑蒙拐骗】kēngmēng-guǎipiàn

坑害人,蒙骗人,用欺骗的手段拐走人或财物。指用各种手段害人。

【铿锵有力】kēngqiāng-yǒulì

铿锵:敲击金石所发出的响亮而有节奏的声音。原指金石乐器的声音响亮分明而有力量。也用来形容文辞或言语声音响亮,节奏明快而有力。

【空洞无物】kōngdòng-wúwù

空荡荡没有东西。原形容心胸开阔,能容人。现多用来指文章或言论空话连篇,没有切实的内容。

【空谷*足音】kōnggǔ-zúyīn

空旷的山谷中的脚步声。比喻极为难得的音信、言行、事物或难得来访的人物。

【空话连篇】kōnghuà-liánpiān

空洞的话连接成篇。指文章或言论缺乏具体切实的内容。

【空空如也】kōngkōngrúyě

如:然,……的样子。空荡荡的样子啊。原形容腹中空空、茫然无知的样子。后泛指空空的什么也没有。

【空口说白话】kōngkǒu shuō báihuà

光光的一张嘴说些没有结果的话。指光是口头说说而没有实在的东西或行动。

【空口无凭】 kōngkǒu-wúpíng

　　光光的一张嘴而没有真凭实据。指单是嘴说而没有其他的实物证据。

【空前绝后*】 kōngqián-juéhòu

　　空、绝：没有。以前没有，以后也不会有。指世间少有，独一无二。多用来形容极不平常的成就或盛况。

【空头支票】 kōngtóu-zhīpiào

　　票面额超过实际存款额而不能兑现的支票。比喻不准备实现的诺言。存心

【空穴来风】 kōngxué-láifēng

　　宋玉《风赋》[61-P.191]：“臣闻於师：‘枳句来巢，空穴来风。’其所託者然，则风气殊焉。”来：使……来。空的洞穴会招来风。比喻自身有了缺陷或虚弱的地方才会使流言蜚语、病菌等乘隙而入。多用来表示消息、传说等的传播并非完全没有根据，而是事出有因。

【空中楼阁】 kōngzhōng-lóugé

　　天空中的楼阁。指高耸入云的楼阁；比喻崇高的人格，高远的见识。也指海市蜃楼；比喻虚构的事物或脱离实际的空想。

【口碑载道】 kǒubēi-zàidào

　　载：充满。人们口头称颂所形成的具有碑刻文字作用的固定评价充满道路。即满路都是赞誉之声。指受到人们的普遍称赞。

【口耳相传】 kǒu'ěr-xiāngchuán

　　口说耳听，递相传授。

【口干*舌燥】 kǒugān-shézào

　　嘴巴舌头都干燥了。形容话说得很多。

【口口声声】 kǒukǒushēngshēng

　　一次次张开同样的口，一次次发出同样的声音。即一次又一次地重复着意思相同的话。形容把某种说法挂在嘴上，不断地加以表白强调。

【口蜜腹剑】 kǒumì-fùjiàn

　　嘴上好像涂了蜜，肚子里好像藏着剑。指嘴上甜言蜜语，而心地凶残狠毒。形容人虚伪阴险。

【口若悬河】 kǒuruòxuánhé

　　悬河：悬挂的河流，指瀑布。嘴像瀑布一样。指说起话来滔滔不绝，倾泻而出。形容能说会道。

【口尚乳臭】 kǒushàngrǔxiù

　　嘴里还有奶的气味。用于讥笑人年轻无知又无能。

【口是心非】 kǒushì-xīnfēi

　　嘴里肯定而心里否定。泛指说的和想的不一致。

【口说无凭】 kǒushuō-wúpíng

　　光靠嘴说不足为凭。即嘴里说的不能作为证据。

【口诵心惟】 kǒusòng-xīnwéi

　　惟：思考。口中朗读而心里思考。指一边读一边想它的义理。

【口血未干*】 kǒuxuè-wèigān

　　古代歃血为盟，即订立盟约时，要杀牲饮血或含血，以示誓死守信。口上沾着的血还没有干。指订立盟

约后不久。多用于责备随即毁约的场合。

【口燥唇干】 kǒuzào-chúngān

口腔嘴唇都很干燥。指劳神费力过度或说话过多而嘴里发干、嘴唇干裂。

【口诛笔伐】 kǒuzhū-bǐfá

诛：谴责。用嘴谴责，用笔讨伐。指用语言文字进行谴责声讨。

【扣人心弦】 kòurénxīnxián

扣：拨动。弦：乐器上能振动发声的丝线。心弦：像弦似的受感动便会引起共鸣的心境。打动了人的心境。多用来形容精彩的情节、出色的表演等使人心情激动。

【枯木逢春】 kūmù-féngchūn

干枯的树木遇到了春天。指枯树又获得了再生的机会。比喻濒临绝境的人或物重获生机。

【枯木生花】 kūmù-shēnghuā

干枯的树木又复活开花。比喻人或物获得新生。

【枯木死灰】 kūmù-sǐhuī

身如干枯的树木，心如燃尽的灰烬。比喻漠视一切而无动于衷，或心灰意冷而无欲无求。

【枯木朽株】 kūmù-xiǔzhū

干枯的树木和腐烂的树桩。比喻老朽无能或了无生气的人或事物。

【枯燥无味】 kūzào-wúwèi

干巴巴而没有味道。指死板不生动而没有趣味。

【哭丧着脸】 kūsāngzheliǎn

哭丧：为丧事而啼哭。脸上像哭死人似的。指脸上流露出沮丧或不高兴的表情。

【哭笑不得】 kūxiào-bùdé

哭也不能，笑也不能。形容又可笑，又可悲，处境尴尬。

【苦不堪言】 kǔbùkānyán

堪：能。苦得没法说。形容极其痛苦或困苦。

【苦大仇深】 kǔdà-chóushēn

经受的苦难极大，对迫害者的仇恨极深。

【苦海无边】 kǔhǎi-wúbiān

痛苦的海洋无边无际。原为佛教语，指有世俗欲念的人苦恼万分而没有尽头。后喻指苦难的处境没有尽头。

【苦尽甘来】 kǔjìn-gānlái

甘：甜。痛苦的岁月结束而甜蜜的日子来临。也作"苦尽甜来"。

【苦口婆心】 kǔkǒu-póxīn

苦口：使口辛苦，指苦苦相劝，不辞烦劳地反复规劝。婆心：老婆婆的心肠，指仁慈的热心肠。满怀仁慈的热心肠苦苦地再三劝说。

【苦心孤诣】 kǔxīn-gūyì

诣：到。孤诣：独到。刻苦用心而达到了别人所达不到的境地。也指非同寻常地煞费苦心。

【苦心经营】 kǔxīn-jīngyíng

刻苦用心筹划料理。指煞费苦

心地筹划管理某事或构思撰写作品。

【苦中作乐】kǔzhōng-zuòlè

在困苦或痛苦中勉强地自寻欢乐。

【夸*大其词】kuādà-qící

把那话说得夸张而过了头。指用语过分,超过了实际情形。

【夸*多斗靡】kuāduō-dòumǐ

斗:比赛争胜。靡:华丽。夸耀作文篇幅众多,竞相比赛用辞华丽。

【夸*父逐日】kuāfù-zhúrì

夸父追逐太阳。《山海经·海外北经》[22-P.214]:"夸父与日逐走,入日。渴,欲得饮,饮于河、渭。河、渭不足,北饮大泽。未至,道渴而死。弃其杖,化为邓林。"后化为成语,比喻人征服自然的壮举。也比喻不自量力的行为。

【夸夸*其谈】kuākuā-qítán

把自己的话说得浮夸广远。指说话、写文章时夸大其词而不切实际,滔滔不绝地乱说一通。

【快刀斩乱麻】kuàidāo zhǎn luànmá

用锋利的刀斩断纷乱的麻。比喻用果断爽利的办法解决纷乱复杂的问题。

【快马加鞭】kuàimǎ-jiābiān

给快跑的马再加上几鞭子。指让快跑的马跑得更快。比喻快上加快。

【快人快语】kuàirén-kuàiyǔ

爽快的人说爽快的话。

【脍炙人口】kuàizhì-rénkǒu

脍:细切的肉。炙:烤肉。细切的肉、烤肉常在人的口中。指美味佳肴为人嘴所喜爱。比喻美好的诗文或事物等被人们赞美传诵。

【宽大为怀】kuāndà-wéihuái

把宽大作为自己的胸怀。指以宽容的态度对待人。

【宽宏大量】kuānhóng-dàliàng

胸襟开阔度量大。指待人宽厚,能容人。也作"宽洪大量""宽宏大度"。

【宽猛相济】kuānměng-xiāngjì

济:接济,救助。宽厚和严厉互相补救。指政治措施宽严结合,相辅而行。

【匡俗济时】kuāngsú-jìshí

匡正流俗而拯救时势。

【狂风暴雨】kuángfēng-bàoyǔ

又急又猛的大风大雨。也比喻猛烈的社会风波。也作"狂风骤雨"。

【狂风恶浪】kuángfēng-èlàng

猛烈的风和险恶的浪。比喻惊险的遭遇或险恶的政治风波。

【狂妄自大】kuángwàng-zìdà

疯狂而胡乱地自以为高大。指不自量力而自以为了不起。

【旷古未闻】kuànggǔ-wèiwén

旷古:空前,自古以来所没有的。自古以来所没有而从未听说过。

【旷日持久】kuàngrì-chíjiǔ

旷:荒废。持:保持。荒废时日

而持续了很长时间。指耽搁或花费了很长时间。

【旷世奇才】kuàngshì-qícái

旷世：绝世，在当代无与伦比。当代独一无二的非凡人才。

【岿然不动】kuīrán-bùdòng

岿然：高大独立的样子。像高山屹立似地毫不动摇。形容高大而稳固。

【岿然独存】kuīrán-dúcún

像高山屹立似地单独保存下来。形容经过时间考验或变乱而唯一存留的人或事物。

【揆情度理】kuíqíng-duólǐ

揆、度：揣测，估量。按照常情来推测，按照事理来估量。

【跬步千里】kuǐbù-qiānlǐ

跬：也作"蹞"，行走时两脚之间的距离，等于现在所说的一步、古人所说的半步。步：左右脚都向前迈一次的距离，等于现在所说的两步。《荀子・劝学》[20-P.8]："不积跬步，无以至千里。"意谓不积累起一步两步，就无法到达千里之外。后化为成语"跬步千里"，指一步两步累积起来，也能行至千里。比喻只要逐步积累，坚持不懈，就能达到目的。

【溃不成军】kuìbùchéngjūn

溃：水冲破堤坝而出，比喻被打得大败而四处奔逃。溃败散乱得不成个军队的样子。形容惨败。

【困兽犹斗】* kùnshòu-yóudòu

被围困的野兽尚且要搏斗。比喻陷于绝境中的人还要挣扎抵抗。

L

【拉帮结派】lābāng-jiépài

　　拉拢一帮人结成派别。指搞帮派活动。

【拉大旗作虎皮】lā dàqí zuò hǔpí

　　扯来大的旗帜当作老虎皮。比喻打着权威的旗号作为吓唬人的招牌。

【拉拉扯扯】lālāchěchě

　　用手牵牵拉拉。形容彼此之间非常亲热。也比喻互相拉拢勾结。

【来历*不明】láilì-bùmíng

　　来源经历不清楚。

【来龙去脉】láilóng-qùmài

　　古代堪舆家把山脉的起讫走势比作龙头与龙的脉络；其主山为龙脉的来源，叫作"来龙"，相当于龙头，其地吉利，人死后葬于此可使其后代兴旺发达；由主山延绵而去的山脉叫"去脉"。山脉起点的龙头与延展而去的脉络。比喻人或事物的来历和发展，或事情的前因后果。

【来去分明】láiqù-fēnmíng

　　来来去去非常清楚。指在人情交往方面光明磊落或在财物出纳方面手续清楚，毫不含糊。

【来日方长】láirì-fāngcháng

　　方：正。未来的日子还长得很。表示事情还大有可为，或将来还会有机会。

【来势汹汹】láishì-xiōngxiōng

　　汹汹：大水奔腾上涌的样子。到来的气势像大水奔腾汹涌似的。形容气焰炽盛，势头凶猛。多用于贬义。

【来者不拒】láizhě-bùjù

　　对前来求教的人不加拒绝。后也指对别人送来的东西一概接受而不拒绝。

【来者不善】láizhě-bùshàn

　　来的人不怀善意。

【来之不易】láizhī-bùyì

　　来之：使它来。使它来到很不容易。指得来很不容易。多表示应该珍惜。

【来踪去迹】láizōng-qùjì

　　来去的踪迹。指人的来历、行踪或行动所留的痕迹。

【癞蛤蟆想吃天鹅肉】làiháma xiǎng chī tiān'é ròu

　　蟾蜍想吃天鹅的肉。比喻平庸

之人追求过高的目标。形容人无自知之明而徒作痴心妄想。

【兰摧玉折】láncuī-yùzhé

摧、折：折断，毁掉。香兰折断了，美玉毁掉了。比喻贤人或美人不幸夭折。

【兰桂齐芳】lánguì-qífāng

栽培的木兰和桂花一齐吐出芳香。比喻培育的子孙功成名就，荣华富贵。

【烂熟于心】lànshúyúxīn

烂：指程度极深。在心里熟透了。指心里记得清清楚楚。

【烂醉如泥】lànzuì-rúní

烂：稀烂松软，指人体瘫软。因酒醉而瘫软得像烂泥一样。指喝酒喝得大醉，以致肢体绵软而难以动弹。

【滥竽充数】lànyú-chōngshù

滥：失实，作假。竽：一种簧管乐器。假装吹竽来凑满人数。《韩非子·内储说上》[14-P.569]："齐宣王使人吹竽，必三百人。南郭处士请为王吹竽，宣王说之，廪食以数百人。宣王死，湣王立，好一一听之，处士逃。"后化为成语，比喻没有真本领的人混在行家中凑数，或指伪劣的东西混在好的里面冒充好货。有时也用于自谦，表示自己没有什么真本事，只是凑数而已。

【郎才女貌】lángcái-nǚmào

男的有才学，女的有美貌。指男女双方很般配。这是一种传统的婚配择偶观。

【狼狈不堪】lángbèi-bùkān

狼狈：传说狈是与狼相类的野兽，前腿极短，行走时要趴在狼身上，否则就寸步难行，所以用"狼狈"表示困厄窘迫的样子。困厄窘迫得不能忍受。指极其窘迫。

【狼狈为奸】lángbèi-wéijiān

狼狈：狈的前腿极短，行走时必须趴在狼身上面与狼一起行动，所以用"狼狈"来比喻互相勾结。奸：邪恶。像狼和狈那样互相勾结在一起做坏事。

【狼奔豕突】lángbēn-shǐtū

突：猛冲。像狼一样奔跑，像猪一样猛冲。比喻坏人乱冲乱闯，胡作非为。也用来形容敌人仓皇逃窜。也作"豕突狼奔"。

【狼奔鼠窜】lángbēn-shǔcuàn

窜：飞快地慌不择路地逃跑。像狼一样奔跑，像老鼠一样逃窜。形容四处奔逃。也作"鼠窜狼奔"。

【狼吞虎咽】lángtūn-hǔyàn

像狼一样吞食，像老虎一样咽下去。指大口吞食东西，吃得又猛又急。也作"虎咽狼吞"。

【狼心狗肺】lángxīn-gǒufèi

心、肺：比喻内心。像狼和狗一样的心肠。指心肠凶狠毒辣，根本不讲情义。

【狼烟四起】lángyān-sìqǐ

狼烟：烧狼粪而形成的烟，古代边防据点用以报警。狼粪燃起的烟从四面八方升起来。指战火到处燃烧，战争遍及各地。也作"烽烟四起"。

【狼子野心】 lángzǐ-yěxīn

　　狼崽子也有野蛮凶残的心肠。比喻残暴的人难改其凶残狠毒的本性。也指具有狼崽子那样的贪欲和狠心。

【琅琅*上口】 lángláng-shàngkǒu

　　琅琅：玉石的叩击声，比喻清脆响亮的读书声。上口：顺口。清脆响亮地顺口而出。形容人诵读诗文非常熟练。也形容作品文句十分畅达而便于诵读。

【锒铛入狱】 lángdāng-rùyù

　　锒铛：金属撞击时发出的当啷声，指代铁锁链，并用作动词。被带上铁锁链关进监狱。泛指被捕入狱。

【浪迹江湖】 làngjì-jiānghú

　　浪迹：踪迹像水浪似的不固定，指流浪漂泊。江湖：江河湖泊，泛指各地。漂泊于江河湖泊。指到处流浪。

【浪迹天涯】 làngjì-tiānyá

　　漂泊于天边。指到处流浪，足迹遍及天涯海角。

【浪子回*头】 làngzǐ-huítóu

　　浪子：浪荡的青年人，到处游荡而不务正业的年轻人，俗称二流子。浪荡的青年人改邪归正。也指误入歧途的人悔过自新。

【劳而无功】 láo'érwúgōng

　　费了力气而没有功效。

【劳苦功高】 láokǔ-gōnggāo

　　劳累辛苦而功劳卓越。指出了大力、吃了大苦而立了大功。

【劳民伤财】 láomín-shāngcái

　　使民众劳苦，又伤耗钱财。指滥用人力，浪费财力。

【劳师动众】 láoshī-dòngzhòng

　　使军队劳苦，使众人出动。指调遣大批军队。现指动用很多人力，多指不必要地滥用人力。

【劳燕分飞】 láoyàn-fēnfēi

　　伯劳鸟和燕子分别向不同方向飞去。比喻别离。多用于夫妻、情侣的分别。

【劳逸结合】 láoyì-jiéhé

　　劳苦与安逸互相结合。指在紧张的工作阶段也要适当地安排休息。

【牢不可破】 láobùkěpò

　　牢固得不可摧毁。

【牢骚满腹】 láosāo-mǎnfù

　　见"满腹牢骚"。

【老成持重】 lǎochéng-chízhòng

　　老练成熟，矜持稳重。指阅历多、经验丰富，处事谨慎，稳重可靠。

【老成练达】 lǎochéng-liàndá

　　老练成熟，谙练通达。指阅历多，经验丰富，熟悉社会，通晓人情世故。

【老大无成】 lǎodà-wúchéng

　　年纪老了还没有成就。

【老当益壮】 lǎodāngyìzhuàng

　　《后汉书·马援传》[11-P.828]："丈夫

爲志,窮當益堅,老當益壯。"年纪老了应当更加壮志满怀。现多表示年纪老了而干劲更大。

【老调重弹】 lǎodiào-chóngtán

旧的曲调重新拿来弹奏。比喻把陈旧的论调重新搬出来鼓吹。

【老虎屁股摸不得】 lǎohǔ pìgu mō bùde

老虎的臀部不可摸。比喻凶暴的人不可惹。也比喻自以为了不起,不容他人触犯。

【老骥伏枥,志在千里 *】 lǎojì-fúlì, zhìzàiqiānlǐ

老龄的良马低头伏在马槽上吃食,而其志向则在于驰骋千里。比喻有操守的人虽然年老,但雄心壮志丝毫不减。

【老奸巨猾】 lǎojiān-jùhuá

老:老练,富有经验。巨:大。老于世故而奸诈,又非常狡猾。也指老于世故而极其奸诈狡猾的人。

【老泪纵横】 lǎolèi-zònghéng

老人的泪水竖着横着流下来。指老人哭泣或激动时泪水顺着皱纹流淌不止。形容老年人十分悲痛或激动,以致泪流满面。

【老马识途】 lǎomǎ-shítú

老龄的马认识曾经走过的路。《韩非子·说林上》[14-P.421]:"管仲、隰朋从于桓公而伐孤竹,春往冬反,迷惑失道。管仲曰:'老马之智可用也。'乃放老马而随之,遂得道。"后化为成语,比喻阅历多的人富有经验,熟悉情况。

【老谋深算】 lǎomóu-shēnsuàn

老:老练,富有经验。谋划老练而打算深远。形容人办事精明老练,周密可靠。

【老牛破车】 lǎoniú-pòchē

衰老的牛拉破旧的车。表示行走缓慢。比喻做事缓慢,效率低。

【老牛舐犊】 lǎoniú-shìdú

老牛舔小牛。比喻父母疼爱子女。

【老气横秋】 lǎoqì-héngqiū

老年的气概横亘高远的秋空。形容年老而意气风发的样子。后又表示衰老的气色中充溢着秋天似的萧索气象。形容人缺乏朝气而暮气沉沉。也形容人观念陈旧或脸色衰老。

【老弱残兵】 lǎoruò-cánbīng

年老、体弱、受伤的士兵。后比喻由于年老、体弱或伤残等原因而工作能力较差的人。

【老生常谈】 lǎoshēng-chángtán

老年书生经常谈及的话。原指老书生经常称说的古书中的言论事迹。后比喻听惯了的老话。

【老实巴交】 lǎoshí-bājiāo

规矩诚实而胆小谨慎。

【老鼠过街,人人喊打】 lǎoshǔ-guòjiē, rénrén-hǎndǎ

老鼠经过大街,每个人都喊打。比喻坏人坏事一出现,便遭到人们的一致谴责。

L

【老死不相往来】lǎosǐ bù xiāng wǎnglái

到老死也不互相来往。指一辈子不交往。

【老态龙钟*】lǎotài-lóngzhōng

龙钟：行动不便的样子。体态衰老而行动不便。

【老羞成怒】lǎoxiū-chéngnù

老：很，极。极其羞愧而变成了愤怒。指羞愧得下不了台而发怒。也作"恼羞成怒"。恼：气恼，恼恨。

【老于世故】lǎoyúshìgù

老：经历多，老练，富有经验。世故：世间的事。经历了很多世事。指阅历深，处世经验丰富。

【乐不可言】lèbùkěyán

快乐得没法说了。形容快乐到了极点。

【乐不可支】lèbùkězhī

快乐得不能支撑。形容快乐到了极点。

【乐不思蜀】lèbùsīshǔ

蜀：三国时蜀汉，为刘备所建，在今四川一带。《三国志·蜀书·后主传》[51-P.902]裴松之注引《汉晋春秋》："王问禅曰：'颇思蜀否？'禅曰：'此间乐，不思蜀。'"指蜀汉后主刘禅投降司马昭被带到洛阳后，快乐得不思念故土蜀国。后比喻乐而忘返或乐而忘本。

【乐此不疲】lècǐ-bùpí

乐意干此事而不觉疲倦。形容对某事特别爱好而沉溺其中。

【乐而不淫】lè'érbùyín

淫：过分，无节制；淫荡。快乐而不过分。指诗歌、音乐等表达的情感快乐而有节制。后也表示快乐而不淫荡。

【乐而忘返】lè'érwàngfǎn

快乐得忘了回去。形容迷恋于某一场合而不愿离开。

【乐极生悲】lèjí-shēngbēi

快乐到极点而产生了悲哀的事情。原指物极必反，快乐到极点会转向悲哀。后多指乐极之时发生了令人悲伤的事。

【乐善好施】lèshàn-hàoshī

乐意行善，喜欢施舍。指乐于拿钱财接济人。也作"好施乐善"。

【乐天知命】lètiān-zhīmìng

乐意服从上天，懂得顺应命运。指乐于接受天命运的安排而安于自己的处境。

【乐在其中】lèzàiqízhōng

快乐就在那中间。指从某事中得到了乐趣。

【雷打不动】léidǎ-bùdòng

就是雷打下来也一动不动。形容意志或态度非常坚决，不可动摇。也形容严格遵守制度或规矩，始终坚持而绝不因为某种原因进行变动。

【雷厉风行】léilì-fēngxíng

厉：猛烈。像雷一样猛烈，像风一样刮过。形容行动迅猛。

【雷霆万钧】léitíng-wànjūn

雷霆:霹雳。钧:古代重量单位,古代以三十斤为一钧。像迅猛的霹雳,像上万钧的压力。形容威势极猛,力量极大。

【泪干*肠断】lèigān-chángduàn

　　眼泪流完而肠子断裂。形容悲伤到了极点。

【泪如泉涌】lèirúquányǒng

　　眼泪像泉水一样涌出来。形容极其悲痛地哭泣。

【泪如雨下】lèirúyǔxià

　　眼泪像雨水一样流下来。形容极其悲痛。

【累*死累*活】lèisǐ-lèihuó

　　累得死去活来。

【冷嘲热讽】lěngcháo-rèfěng

　　冷:不热情温和,冷峻而尖刻。热:灼热,引申为辛辣。尖刻辛辣地嘲笑和讽刺。

【冷暖自知】lěngnuǎn-zìzhī

　　水的冷暖,饮水的人自己知道。比喻学问的深浅,学者自己知道。

【冷若冰霜】lěngruòbīngshuāng

　　冷得像冰和霜一样。形容态度冷淡而毫无热情。也形容态度严厉而不可接近。

【冷言冷语】lěngyán-lěngyǔ

　　冷冰冰的言语。指带有讽刺意味的刻薄话。也指冷冰冰地说刻薄讥讽的话。

【冷眼旁观】lěngyǎn-pángguān

　　用冷淡的眼光在旁边看。指对某事不热情,不愿介入。也表示以冷静的态度在旁边观察。

【离经叛道】líjīng-pàndào

　　背离了经典,背叛了大道。指没有信从儒家的经书及其学说。后也泛指背离了正统的学派或学说。

【离群索居】líqún-suǒjū

　　索:孤独。离开同伴,单独居住。也指离开众人而孤独地生活。

【离题万里*】lítí-wànlǐ

　　离开题目上万里。指讲话或作文远离主题。

【离心离德】líxīn-lídé

　　离:分散,不合。心:思想。德:信念。思想不合,信念不一。指某一群体中的人各怀异心,不团结。

【礼崩乐坏】lǐbēng-yuèhuài

　　礼:礼制,古代社会中规范人们行为的各种制度和仪式的总称。礼制崩溃而音乐败坏。指儒家提倡的礼乐教化被破坏殆尽。

【礼轻情意重】lǐ qīng qíngyì zhòng

　　礼品虽然轻微,其蕴涵的感情却十分深厚。

【礼尚往来】lǐshàngwǎnglái

　　礼:礼制,古代社会中规范人们行为的各种制度和仪式的总称。尚:崇尚,注重。礼制注重有来有往。《礼记·曲礼上》[13-P.1231]:"禮尚往來。往而不來,非禮也;來而不往,亦非禮也。"后也用来指彼此同等相待,你怎样对我,我也怎样对你。

【礼贤下士】lǐxián-xiàshì

礼:以礼相待,敬重。下:卑下,指降低身份,谦卑。士:具有某种品质或某种学问、技能的人。敬重贤人,谦卑地对待有才能的人。指君主或达官贵人降低身份,谦恭地对待地位较低的有德有才之人。形容其重视人才。

【礼义廉耻】lǐ-yì-lián-chǐ

遵行礼制,奉行道义,廉洁奉公,有羞耻心。指贵贱尊卑要分明,做事要适宜,为官要廉洁,做人有修养而不无耻。这是传统的道德规范。

【里*通外国】lǐtōng wàiguó

暗里与外国交往。指暗中勾结外国,进行背叛祖国的活动。

【里*应外合】lǐyìng-wàihé

应:接应。合:交战。外面的人攻打而里面的人接应。也泛指内部的人和外部的人互相配合干某事。也作"外合里应"。

【理屈词穷】lǐqū-cíqióng

屈(旧读 jué):尽,短。穷:尽。道理没有了,话也没有了。指理短而无话可说。

【理所当然】lǐsuǒdāngrán

当:应当。然:这样。按照道理应当这样。

【理直气壮】lǐzhí-qìzhuàng

直:正。气:人的精神状态,气概。壮:强盛,豪壮。道理正确而气概豪迈雄壮。

【力不从心】lìbùcóngxīn

力量不能依从心思。即心里想做而力量不够。

【力排众议】lìpái-zhòngyì

竭力排除众人的议论。指尽力排除各种异议,使自己的主张占上风。

【力所能及】lìsuǒnéngjí

及:达到。自己的力量所能做到的。

【力透纸背】lìtòu-zhǐbèi

力量渗透到纸的反面。形容书法笔锋遒劲有力。后也形容诗文立意深刻而描绘有力。

【力挽狂澜】lìwǎn-kuánglán

竭力挽回猛烈汹涌的大浪。比喻竭力挽救险恶的局势或扭转盛行的歪风。

【力争上游*】lìzhēng-shàngyóu

竭力争取到达江河的上游。比喻尽力争取高水平或先进的地位。

【历*尽沧桑】lìjìn-cāngsāng

沧桑:"沧海桑田"的缩略语,喻指社会的巨大变化。经历了所有的世事巨变。指经历了各种各样的曲折坎坷。

【历历*可辨】lìlì-kěbiàn

历历:一个一个清清楚楚的样子。一个个清清楚楚地可以辨别出来。

【历历*可数】lìlì-kěshǔ

一个个清清楚楚地可以数出来。

【历历*在目】lìlì-zàimù

一个个清清楚楚地呈现在眼前。

【厉兵秣马】lìbīng-mòmǎ

厉:同"砺",磨。秣:用草料喂。磨快兵器,喂饱战马。指作好了战斗准备。也比喻其他方面的斗争准备。

【厉行节约】lìxíng-jiéyuē

严格地实行节约。

【立此存照】lìcǐ-cúnzhào

照:对照,查考。立下这个字据,保存以备查考。是文书字据(契约、照会等)中的习惯用语。

【立竿见影】lìgān-jiànyǐng

在阳光下树立竹竿,可立即看到它的影子。比喻立刻见效。

【立功赎罪】lìgōng-shúzuì

赎:抵偿。建立功劳来抵消所犯的罪过。

【立国安邦】lìguó-ānbāng

邦:国家。建立国家,并使国家安定。

【立身处世】lìshēn-chǔshì

立:站,生存。立身:使自己站住脚,自立。处:居住,生活。使自己独立生存而生活在社会上。指人在社会上自立以及与人们相处交往的种种活动。

【立身扬名】lìshēn-yángmíng

立身:使自己站住脚。使自己在社会上有相当的地位,使自己的名声到处传扬。

【立时三刻】lìshí-sānkè

立时:立刻。三刻:三刻钟,泛指极短的时间。"立时三刻"即"立即"

的意思。

【立于不败之地】lì yú bù bài zhī dì

处在不会失败的境地。

【立锥之地】lìzhuīzhīdì

树立锥子的地方。即放置锥尖的一丁点地方。指极小的地方。多用作"无"的宾语。也作"置锥之地"。

【立足之地】lìzúzhīdì

站脚的地方。指容身的地方。多用作"无"的宾语。

【励精图治】lìjīng-túzhì

励:奋勉。图:谋求。治:治理得好,太平。振奋精神,想办法治理好国家或地方。

【利国利民】lìguó-lìmín

有利于国家,又有利于人民。

【利害得失】lìhài-déshī

好处和害处,得益和损失。

【利令智昏】lìlìngzhìhūn

令:使。利益使理智昏乱。指贪图得利而使头脑发昏,失去理智。

【利欲*熏心】lìyù-xūnxīn

熏:侵蚀。贪图财利的欲望侵蚀了其思想。指贪利的欲望迷住了心窍。

【例行公事】lìxíng-gōngshì

例:惯例。行:做,执行。按照惯例来办理的公务。现多指只按惯例或某些规定而不考虑实际需要和效果的形式主义的工作。

【连绵不断】liánmián-búduàn

连续而不间断。

【连篇累*牍】liánpiān-lěidú

　　累:堆积。牍:古代写字用的狭长木板。一篇接着一篇,积累起很多书版。指用了很多篇幅。形容文辞冗长。

【连中三元】liánzhòng-sānyuán

　　在科举考试中连续考中乡试、会试和殿试的第一名——解元、会元和状元。今泛指接连三次获得第一名。

【怜香惜玉】liánxiāng-xīyù

　　见“惜玉怜香”。

【联翩而至】liánpiān'érzhì

　　联翩:鸟连续拍打翅膀快速飞翔的样子,比喻连续不断。接连不断地到来。

【廉洁奉公】liánjié-fènggōng

　　廉:行为正直,不贪污。洁:纯洁,清白。奉公:奉守公法,遵守国家法令。廉正清白而奉公守法。现多指一心为公而不损公肥私。

【恋恋不舍*】liànliàn-bùshě

　　舍:舍弃,放手,指分开。非常留恋而不忍分离。

【良辰美景】liángchén-měijǐng

　　美好的时刻和优美的景色。

【良工心苦】liánggōng-xīnkǔ

　　优秀的工匠用心良苦。比喻优秀的文学艺术家煞费苦心。

【良家妇女】liángjiā-fùnǚ

　　善良人家的清白女子。

【良师益友】liángshī-yìyǒu

　　优秀的老师,有益的朋友。指能使人受到教益和帮助的好老师、好朋友。

【良药苦口】liángyào-kǔkǒu

　　有疗效的好药吃到嘴里很苦。比喻有利于改正缺点错误的直言规劝或尖锐批评,虽然听起来使人难受,却有很好处。

【良莠不齐】liángyǒu-bùqí

　　良:指好人。莠:狗尾草,比喻坏人。齐:整齐,一致。好人坏人参差不齐。指在某一群体中好人坏人混杂在一起。现也指事物混杂而有好坏之别。

【梁*上君子】liángshàng-jūnzǐ

　　《后汉书·陈寔传》[11-P. 2067]载,有个窃贼夜里到陈寔家偷东西,躲在梁上,陈寔发现后呼命子孙,正色训之曰:“夫人不可不自勉。不善之人未必本恶,习以性成,遂至於此。梁上君子者是矣。”该窃贼大惊,自投于地谢罪。后便用“梁上君子”指称窃贼。

【两败俱伤】liǎngbài-jùshāng

　　败:毁坏。俱:一起。双方被毁坏,一起受损伤。指争斗的双方都受到损害。

【两虎相斗*】liǎnghǔ-xiāngdòu

　　两只老虎互相搏斗。比喻两个强者互相争斗。

【两肋插刀】liǎnglèi-chādāo

　　插:刺入。胸部两侧肋骨处被刀刺入。指牺牲自己的生命,相当于“赴汤蹈火”。形容奋不顾身,不避艰险。

【两面三刀】liǎngmiàn-sāndāo

正面反面三把刀。指当面一套，背后一套，处处暗藏害人的心机。形容人居心不良而要两面手法。

【两全其美】liǎngquán-qíměi

两方面都顾全，使他们都美满。指做某件事圆满地顾及了两方面。

【两手空空】liǎngshǒu-kōngkōng

两只手里空空的。指手头一个钱也没有。

【两厢情愿】liǎngxiāng-qíngyuàn

两厢：两方面。双方都真心愿意。多用于婚姻、交易等涉及切身利益的场合。

【两小无猜】liǎngxiǎo-wúcāi

猜：猜疑，不放心。两个小孩没有猜疑。指男女儿童在一起天真无邪地融洽相处而不避男女之嫌。

【两袖清风】liǎngxiù-qīngfēng

两袖子的清风。形容喝酒后舒畅飘逸的感觉。也形容潇洒飘逸的姿态。又形容为官清廉，表示只有两袖子的清风而别无所有。现也形容穷得一无所有。

【量才录用】liàngcái-lùyòng

衡量才能收录任用。指根据各人才能的大小安排适当的工作。也作“量材录用”。

【量力而行】liànglì'érxíng

估量了自己的力量去做。指根据自己的力量行事。

【量入为出】liàngrù-wéichū

衡量收入的多少来确定支出的限度。

【量体裁衣】liàngtǐ-cáiyī

测量身体大小来裁剪衣服。比喻根据实际情况来办事。

【聊表寸心】liáobiǎo-cùnxīn

聊：略微。略微表达一下自己微小的心意。也作“略表寸心”。

【聊胜于无】liáoshèngyúwú

聊：略微。胜：超过。比没有稍好一些。

【聊以塞责】liáoyǐsèzé

聊：姑且。姑且用来搪塞自己应负的责任。指因有某种责任而姑且做某事来敷衍一下。今多用作谦辞。

【聊以自慰】liáoyǐzìwèi

姑且用来安慰自己。

【聊以卒岁】liáoyǐzúsuì

卒：终。岁：年。姑且用来过完一年。原指悠闲地过日子。后也形容生活艰难，勉强度日。

【寥寥无几*】liáoliáo-wújǐ

寥：稀少。稀稀落落没有几个。形容极少。

【寥若晨星】liáoruòchénxīng

寥：稀疏。稀疏得像早晨的星星。形容数量很少。

【燎原烈火】liáoyuán-lièhuǒ

燎：延烧，不断蔓延地燃烧。延烧原野的熊熊大火。比喻不断发展、壮大的群众运动。

【了*如指掌】liǎorúzhǐzhǎng

了:明了,清楚。指掌:指着手掌。明了得像指着手掌上的东西给人看。指了解得非常清楚。

【料事如神】liàoshì-rúshén

预料事情像神仙一样。指预测事情的发生、发展和结局非常准确。

【林林总总】línlínzǒngzǒng

林:聚在一起的很多树。总:聚在一起的很多丝(所以繁体字作"總")。聚在一起的很多很多树与丝。泛指很多很多。

【临渴掘井】línkě-juéjǐng

临:到。到口渴的时候才去挖井。比喻事先不作准备,事到临头才想办法。

【临深履薄】línshēn-lǚbó

"如临深渊,如履薄冰"的略语。好像面临深渊,好像脚踩薄冰。比喻小心谨慎,有危机感。也作"如临深渊,如履薄冰"。

【临时抱佛脚】línshí bào fójiǎo

事到临头才去抱住佛像的脚苦苦哀求。比喻事到临头才去想办法。参见"急来抱佛脚"。

【临危不惧】línwēi-bùjù

临:面临,遇到。面临危险毫不惧怕。

【临危受命】línwēi-shòumìng

面临危难接受任命或命令。

【临危授命】línwēi-shòumìng

面临危难献出生命。

【临阵磨枪*】línzhèn-móqiāng

临:到。枪:红缨枪之类的旧式兵器。到了阵地上才去磨枪头。比喻事到临头才作准备。

【临阵脱逃】línzhèn-tuōtáo

临:到。到了阵地上脱离队伍逃跑。指军人临战时逃跑。比喻事到临头便退缩不前或逃避。

【淋漓*尽致】línlí-jìnzhì

淋漓:液体充足后下滴,喻指极其充分。尽:极。致:极致,极点。液体湿淋淋地往下滴达到了极点。比喻充分饱满达到了极点。形容做事或叙说、论述等极其充分,痛快而彻底。

【琳琅*满目】línláng-mǎnmù

琳琅:美玉。美玉充满了视野。比喻满眼都是优秀的人材。后多比喻眼前到处是珍美的物品或出色的书画文章。

【鳞次栉比】líncì-zhìbǐ

次:按顺序排列。栉:梳子、篦子的总称。比:紧靠,挨着。像鱼鳞那样依次排列,像梳子篦子的齿那样紧紧挨着。形容房屋、物品等密集地依次排列。

【伶牙俐齿】língyá-lìchǐ

伶、俐:灵活。牙、齿:指口齿。口齿灵活。指能说会道。

【灵丹妙药】língdān-miàoyào

丹:精炼而成的中成药。灵验奇妙的丹药。指能有效地医治百病的好药。比喻能解除心病的言行或能解决一切问题的好办法。

【灵机一动】língjī-yīdòng

　　灵巧的心思动了一下。即动了一下聪明的脑子。形容急中生智的情形。

【玲珑剔透】línglóng-tītòu

　　玲珑：孔穴明晰的样子，转指东西精巧细致，或人思想开窍、精明灵巧。剔透：凿通，通透。孔穴明晰而通透。形容带孔的太湖石或镂空的工艺品结构奇特，灵巧可爱。也比喻人聪明灵巧。

【零敲碎打】língqiāo-suìdǎ

　　零零碎碎地敲打。指七拼八凑或断断续续地进行。

【另当别论】lìngdāng-biélùn

　　当：看待，判决。论：评定，判决。另外看待而分开评判。

【另立门户】lìnglì-ménhù

　　另外建立家庭。比喻另外建立派别。指脱离原来的集体另搞一套。

【另辟*蹊径】lìngpì-xījìng

　　蹊径：踩踏出来的小路，引申指新路，比喻新路子、新门径。另外开辟一条新路。比喻另创一种新的方法、思路或风格。

【另起炉灶】lìngqǐ-lúzào

　　另外造起炉灶。比喻重新做起或另搞一套。也比喻另立门户以自成局面。

【另眼相看】lìngyǎn-xiāngkàn

　　相：偏指性副词，指他人或某事物。用另一种眼光来看待某人或某事物。形容特别重视。也作"另眼相待"。

【令人齿冷】lìngrén-chǐlěng

　　齿冷：门齿发冷，指长时间地张口发笑而使门齿感到寒冷，表示耻笑。使人长时间地发笑而使门齿都感到寒冷了。表示使人耻笑。

【令人发*指】lìngrén-fàzhǐ

　　指：直竖。使人头发竖起向上直指。指令人极其愤怒。

【令人喷饭】lìngrén-pēnfàn

　　使人把口中的饭都喷了出来。指吃饭时一下子碰到了特别可笑的事而突然发笑。泛指令人突然发笑。形容事情非常可笑。

【令人捧腹】lìngrén-pěngfù

　　使人捧着肚子。指使人笑得极其厉害，以致腹部都笑痛了而只得用手捂着。泛指令人笑得不能自抑。形容事情非常可笑。

【令人神往】lìngrén-shénwǎng

　　使人心神向往。

【令人咋舌】lìngrén-zéshé

　　使人咬舌头。指使人说不出话或不敢说话。形容令人吃惊或害怕。

【令人瞩目】lìngrén-zhǔmù

　　使人注目。即引人关注。

【令人作呕】lìngrén-zuò'ǒu

　　作：出现，产生。使人产生呕吐的感觉。即令人恶心。比喻使人厌恶。

【令行禁止】lìngxíng-jìnzhǐ

　　命令一下达就立即执行去做，禁

令一发布就立即停止不做。形容法令通畅而严明,不折不扣地得到实行。

【溜须*拍马】liūxū-pāimǎ

捋胡须拍马屁。即表示同意并说好话。比喻谄媚奉承。

【溜之大吉】liūzhī-dàjí

溜:偷偷走掉。从那里偷偷地跑掉就算是十分吉利了。指从不利的场合中平安地逃走了。

【留有余*地】liúyǒuyúdì

有所保留而有回旋的地方。指说话、办事等不走极端。

【流芳百世】liúfāng-bǎishì

芳:香,比喻美好的名声。百:泛指多。使美好的名声流传上百代。指使自己永远为后人所称颂。

【流芳千古】liúfāng-qiāngǔ

千古:上千个古代,指长远的年代。使美好的名声流传千年万代。指使自己永远为后人所称颂。

【流风余*韵】liúfēng-yúyùn

余:遗留。韵:风度,韵致。流传下来的风尚和遗留下来的韵致。指前人的美好风范。

【流光溢彩*】liúguāng-yìcǎi

流动的光亮和洋溢的色彩。形容光彩明亮华丽,跳动闪烁。

【流离颠沛】liúlí-diānpèi

见“颠沛流离”。

【流离失所】liúlí-shīsuǒ

流亡离散而失去了安身之处。

指到处流浪而无处安身。

【流连忘返】liúlián-wàngfǎn

流连:顺流向下而不想返回叫“流”,逆流向上而不想返回叫“连”,后泛指十分留恋而不想离去。原指游山玩水而不想返回。后也泛指留恋某些景致或事物而不愿离去。

【流水不腐,户枢不蠹】liúshuǐ-bùfǔ, hùshū-bùdù

流动的水不会腐败发臭,门的转轴不会被虫蛀蚀。比喻经常运动的东西不易被侵蚀。

【流言蜚语】liúyán-fēiyǔ

蜚:通“飞”。流传的话和凭空飞来的话。指没有根据的话。多指背后散布的诬蔑不实之词或挑拨离间的话。

【柳暗*花明】liǔ'àn-huāmíng

暗:阴暗,指树荫。柳树成荫,鲜花明媚。原形容春天的景色。如王维《早朝》诗[62-P.1266]:“柳暗百花明,春深五凤城。”后因陆游《游山西村》[63-P.63]中有两句诗:“山重水複疑无路,柳暗花明又一村。”于是取其诗意,用“柳暗花明”比喻经过一番曲折以后所出现的新局面生机勃勃。

【六根清净】liùgēn-qīngjìng

六根:佛教所说的六种罪孽的根源,其中眼为视根,耳为听根,鼻为嗅根,舌为味根,身为触根,意为念虑根;这六根与色、声、香、味、触、法等六尘相接,就会产生种种嗜欲而导致种种烦恼与罪孽。清净:清洁干净,佛教指远离"六尘",一尘不染而没有嗜欲。六种罪孽的根源清洁干净而远离六尘。指思想及各种感官极其纯正而没有任何欲念。后也指思想纯正而没有私心杂念。

【六亲不认】liùqīn-bùrèn

六亲:六种亲属,具体所指古说不一,较为流行的一种说法是指父、母、兄、弟、妻、子,后也泛指家中亲人。对家中亲人都否认有亲属关系。形容不通人情而断绝亲情。也形容铁面无私而不讲情面。

【六亲无靠】liùqīn-wúkào

家中亲人中没有可以依靠的。形容家破人亡,孤独无依。

【六神无主】liùshén-wúzhǔ

六神:道教指主宰心、肺、肝、肾、脾、胆等六种脏腑的神灵。六腑的神灵没有主宰。指心慌意乱而不知所措。

【龙飞凤舞】lóngfēi-fèngwǔ

龙:传说中一种有鳞有须的神异动物。像龙在飞,像凤凰在跳舞。形容山势蜿蜒起伏,雄伟壮观。也形容书法笔势飘逸,灵活舒展。

【龙凤呈祥】lóngfèng-chéngxiáng

龙和凤凰一起来临而呈现出祥瑞。泛指吉利的征兆。

【龙肝豹胎】lónggān-bàotāi

龙的肝和豹的胎。喻指极其珍贵难得的美味佳肴。

【龙马精神】lóngmǎ-jīngshén

龙马:高大的骏马。龙马的精神。比喻旺盛的精神。

【龙盘虎踞】lóngpán-hǔjù

见"虎踞龙盘"。

【龙蛇混杂】lóngshé-hùnzá

龙和蛇混杂在一起。比喻好人坏人混在一起。也比喻能人与庸才混在一起。

【龙潭虎穴】lóngtán-hǔxué

龙潜居的深水潭,老虎居住的洞穴。比喻极其凶险的地方。也作"虎穴龙潭"。

【龙腾虎跃】lóngténg-hǔyuè

像龙一样飞腾,像虎一样跳跃。形容跑跳时动作矫健有力,生气勃勃。也比喻奋起行动,大显身手。

【龙吟虎啸】lóngyín-hǔxiào

像龙一样鸣叫,像老虎一样长吼。形容声音洪亮。也形容诗词声律豪放雄健。《文选·归田赋》[18-P.223]李善注引《淮南子》:"龍吟而景雲至,虎嘯而谷風臻。"所以后来"龙吟虎啸"与"风""云"连用时,也表示相关事物的互相感应。

【龙争虎斗*】lóngzhēng-hǔdòu

像龙与虎在一起争斗。比喻力量强大的各方进行争斗。形容战斗、斗争或竞赛十分激烈。也作"虎斗龙争"。

【笼中之鸟】lóngzhōngzhīniǎo

笼子中的鸟。比喻受到束缚而失去自由的人。

【笼络人心】lǒngluò-rénxīn

笼络:原指笼头,是羁绊牲口的

工具,引申为拉拢控制。拉拢控制人们的心。指施展手段使人们忠诚地拥护他。

【漏洞百出】 lòudòng-bǎichū

百:泛指多。漏洞出现了很多很多。指说话、作文、办事或措施办法等很不周密,破绽很多。

【漏网之鱼】 lòuwǎngzhīyú

从网中漏掉的鱼。比喻侥幸逃脱的罪犯或敌人。

【露出马脚】 lòuchū-mǎjiǎo

伪装成麒麟的马从披着的麒麟皮下露出了马的脚。比喻用伪装竭力隐藏的事实真相露出了破绽。

【庐山真面目】 Lú Shān zhēn miànmù

庐山:在江西省九江市南。庐山的真正面貌。比喻事物或人物的本来面目。也比喻事情的真相。

【炉火纯青】 lúhuǒ-chúnqīng

炉中的火焰成纯粹的青色。这是古代冶炼青铜时炉温达到最高点时的成功火候。《周礼·考工记·氏》[64-P.917]:"凡鑄金之狀:金與錫,黑濁之氣竭,黃白次之;黃白之氣竭,青白次之;青白之氣竭,青氣次之;然後可鑄也。"后比喻条件成熟、能取得成功的有利时机。也比喻技术或学问达到了成熟、完美的境界。

【鲁莽灭裂】 lǔmǎng-mièliè

鲁莽:也作"卤莽",粗鲁莽撞,轻率冒失。灭裂:草率粗略有疏漏。粗鲁莽撞而草率疏漏。形容做事冒失或治学、作文粗疏。

【鲁鱼亥豕】 lǔyú-hàishǐ

把"鲁"写成了"鱼",把"亥"写成了"豕"。泛指书籍、文稿中的文字讹误。

【鹿死谁手】 lùsǐshuíshǒu

鹿死在谁的手里。比喻争逐猎取的东西(如政权、名次、荣誉等)落在谁的手中。即胜利由谁获得。

【绿林好汉】 lùlín-hǎohàn

绿林:山名,即今湖北省荆门市东北的大洪山,公元17年,王匡、王凤在此组织饥民起义反对王莽政权,称绿林军。绿林山的英雄。后泛指聚众抗官或劫富济贫的造反者。

【碌碌无为】 lùlù-wúwéi

碌碌:极为平庸的样子。庸庸碌碌而无所作为。

【路不拾遗】 lùbùshíyí

见"道不拾遗"。

【路见不平,拔刀相助】 lùjiàn-bùpíng,bádāo-xiāngzhù

在路上遇见别人受到不公平的待遇,便拔出刀来帮助他(她)。形容见义勇为,乐于助人。

【路遥知马力,日久见人心】 lù yáo zhī mǎlì, rì jiǔ jiàn rénxīn

路走得远了可以知道马的脚力大小,相处时间长了可以看出人的心地好坏。也比喻经过长期的考验,可以识别事物的真实情况。

【勠力同心】 lùlì-tóngxīn

勠力:并力,合力。共同努力而同心同德。原作"戮力同心"。

【屡次三番】lǚcì-sānfān

屡次:一次又一次。三:表示多。接连好多次,又反复好多次。

【屡见不鲜】lǚjiàn-bùxiān

见"数见不鲜"。

【屡教不改】lǚjiào-bùgǎi

多次教育而仍不悔改。

【屡试不爽】lǚshì-bùshuǎng

爽:差错,违背。多次试验都不差。

【绿草如茵】lǜcǎo-rúyīn

茵:草垫子,草褥子。绿草像草垫子。指地上的绿草长短整齐而茂密,犹如一层厚厚的褥子。

【绿肥红瘦】lǜféi-hóngshòu

绿叶肥大而红花瘦削。形容晚春时节绿叶茂盛而花朵凋零的景象。

【绿水青山】lǜshuǐ-qīngshān

碧绿的河水青翠的山。泛指风光秀美的山河。也作"青山绿水"。

【绿叶成阴】lǜyè-chéngyīn

绿色的树叶遮住日光而形成了阴影。辛文房《唐才子传》卷六[65-P. 205]载:杜牧游湖州时见到一个十余岁的少女很美,便给其母亲聘金,约定十年后来娶她;如果届时不来,就任其出嫁。结果他十四年后任湖州刺史到来时,该女已出嫁三年而生了两个孩子,杜牧因作诗曰:"自恨寻芳去较迟,不须惆怅怨芳时。如今风摆花狼藉,绿萼成阴子满枝。"所以后人又用此成语比喻女子已经出嫁并生了几个孩子。也作"绿叶成荫"。

【乱臣贼子】luànchén-zéizǐ

贼:杀害。叛逆作乱的大臣和杀害父亲的儿子。指不忠不孝而谋反篡位的人。后也指破坏统治秩序、扰乱社会的人。

【乱点鸳鸯】luàndiǎn-yuānyāng

点:指定,选派。鸳鸯:一种鸟,外形似野鸭而稍小,雌雄多成对生活在一起,所以比喻夫妻。胡乱指定婚姻。又比喻胡乱选派人。也作"乱点鸳鸯谱"。

【乱箭攒心】luànjiàn-cuánxīn

攒:聚集。像杂乱的箭集中射到心上。比喻内心受到打击或折磨后极其痛苦、难过。

【乱七八糟】luànqī-bāzāo

七、八:表示多而杂乱。杂七杂八乱糟糟。形容混乱得一塌糊涂。

【掠地攻城】lüèdì-gōngchéng

见"攻城略地"。

【掠人之美】lüèrénzhīměi

掠取别人的美名。也指把别人的功劳或成果窃为己有。

【略表寸心】lüèbiǎo-cùnxīn

见"聊表寸心"。

【略见一斑】lüèjiàn-yībān

略微看见一点斑纹。比喻稍微了解了一部分情况。也比喻看到了一些可推测整体情况的局部情形。

【略胜一筹】lüèshèng-yīchóu

略:稍微。筹:筹码,计数的用具。略微胜过一根筹码。指稍微强一点。也作"稍胜一筹"。

【略识之无】 lüèshí-zhīwú

稍微认识一些"之""无"之类的简单文字。指识字不多。形容文化水平低。

【略知一二】 lüèzhī-yī'èr

稍微知道一点点。

【轮流坐庄】 lúnliú-zuòzhuāng

庄：庄家，打牌或赌博时每一局的主持人。轮流做庄家。也比喻轮流掌权。

【论功行赏】 lùngōng-xíngshǎng

论：评定。评定功劳大小来进行奖赏。

【论资排辈】 lùnzī-páibèi

讲资历，排辈分。指首先优待资格老、辈分高的人。

【锣鼓喧天】 luógǔ-xuāntiān

喧：喧闹，声音大。锣鼓声响彻天空。形容军队作战时场面紧张激烈。也形容欢乐喜庆的气氛或热烈的场面。

【荦荦大者】 luòluò-dàzhě

荦荦：非常明显的样子。非常显著的大的方面。也作"荦荦大端"。

【洛阳纸贵】 luòyáng-zhǐguì

《晋书·左思传》[24-P.2377] 载，左思作《三都赋》，为张华推崇，"於是豪贵之家竞相傳寫，洛陽爲之紙貴"。由于抄书而使洛阳的纸也涨价了。后化为成语，用来称誉著作风行一时。

【络绎不绝】 luòyì-bùjué

络绎：前后相连。连接不断。多用来形容过往的人、马、车、船等。

【落花流水】 luòhuā-liúshuǐ

落下的花随着流水飘走。形容暮春衰败的景象。后又比喻残破零落。形容衰败或惨败。

【落花有意，流水无情】 luòhuā-yǒuyì, liúshuǐ-wúqíng

落下的花有意随着流水飘走，而流水对落花并无情意。比喻一方有意，一方无情。多用于男女爱情方面。

【落荒而走】 luòhuāng'érzǒu

走：跑。进入荒野逃跑。现也比喻狼狈地逃跑。也作"落荒而逃"。

【落井下石】 luòjǐng-xiàshí

井：原指陷阱。见人掉入陷阱，又把石头扔下去。比喻乘人危急的时候加以打击陷害。也作"投井下石"。

【落落大方】 luòluò-dàfāng

落落：坦率舒缓的样子。大方：不拘束。坦率而不拘谨。形容举止、仪态潇洒自然而不局促做作。

M

【麻痹大意】 mábì-dàyi

麻痹：肢体失去知觉的一种神经系统疾病，比喻失去警觉。失去警觉，不小心注意。指不加警惕而疏忽大意。

【麻木不仁】 mámù-bùrén

不仁：不动心，没感觉。肢体麻木而没有知觉。比喻对外界事物反应迟钝或漠不关心。

【马不停蹄】 mǎbùtíngtí

马不停止脚步。比喻不停地行进或工作。

【马齿徒增】 mǎchǐ-túzēng

马齿：马的牙齿，马齿随年龄的增长而增添，所以用来喻指年龄。年龄白白地增加了。指虚度年华而无所成就。多用作自谦之辞。

【马到成功】 mǎdào-chénggōng

战马一到战场就成功获胜。比喻人一到就把事情办成了。形容迅速取得成功。

【马革裹尸*】 mǎgé-guǒshī

用马皮包裹尸体（运回埋葬）。指军人战死沙场。

【马首是瞻】 mǎshǒushìzhān

是：结构助词，助成宾语前置。"马首是瞻"即"瞻马首"。作战时看主将马头的方向（去行动）。比喻跟随某人（去行动）。

【马仰人翻】 mǎyǎng-rénfān

仰：脸向上。马脸向上而人翻倒在地。形容军队在骑马交战时被打得惨败的样子。也比喻混乱不堪或忙乱得一塌糊涂。也作"人仰马翻"。

【骂不绝口】 màbùjuékǒu

绝：断，停。不停口地骂。

【埋头苦干*】 máitóu-kǔgàn

一直低着头刻苦地干。指专心致志地刻苦读书或辛勤工作。

【买椟还珠】 mǎidú-huánzhū

椟：木匣子。买了装珍珠的匣子而退还了珍珠。《韩非子·外储说左上》[14-P.654]："楚人有卖其珠於郑者，为木兰之柜，薰桂椒之櫝，缀以珠玉，饰以玫瑰，辑以翡翠。郑人买其櫝而还其珠。此可谓善卖櫝矣，未可谓善鬻珠也。"韩非着眼于批评卖珠者本末倒置。后人用为成语，则从买珠者的角度出发，比喻舍本逐末，取舍失当。

【买空卖空】 mǎikōng-màikōng

买进非实物,卖出非实物。是一种对股票、债券、期货等非实物或非现货进行炒买炒卖的投机交易。这种交易不以购进或卖出实物为目的,而是通过交易所或经纪人买进或卖出非实物来赚取其在一定时期内价格升降变化造成的差价。用作成语,也比喻进行招摇撞骗的投机活动。

【卖儿鬻女】mài'ér-yùnǚ

鬻:卖。出卖自己的儿女。指生活极其贫困而无法维持,被迫出卖子女。

【卖官鬻爵】màiguān-yùjué

鬻:卖。出卖官职、爵位。这是掌权者聚敛钱财的一种手段。

【卖国求荣】màiguó-qiúróng

出卖国家利益来谋求个人的荣华富贵。

【卖弄风骚】màinong-fēngsāo

风骚:指《诗经》里的《国风》和屈原所作的《离骚》,指代诗文或文学。兜售炫耀自己的文学才华。比喻女子兜售炫耀自己的姿色而故意装出娇媚的姿态。

【卖身投靠】màishēn-tóukào

出卖自身来投奔依靠别人。指出卖自己的清白、人格等,甘心当别人的奴才而听从其支使。

【脉络分明】màiluò-fēnmíng

脉络:中医对经络的统称,比喻条理或头绪。条理或头绪清清楚楚。

【蛮不讲理】mánbùjiǎnglǐ

蛮横而不讲道理。

【瞒上欺下】mánshàng-qīxià

瞒骗上级,欺压下属和人民。

【瞒天过海】mántiān-guòhǎi

蒙骗上天,偷渡大海。比喻用欺骗众人的手段来实现自己的阴谋目的。为传统的三十六计之一。

【瞒心昧己】mánxīn-mèijǐ

瞒、昧:隐瞒,欺骗。昧着良心,欺骗自己。指违背自己的良心干坏事。

【满不在乎】mǎnbùzàihu

满:完全。完全不放在心上。即毫不在意。

【满城风雨】mǎnchéng-fēngyǔ

全城都在刮风下雨。原形容城中雨景。后比喻令人震动的消息或事情(多指坏事)传扬开来而到处议论纷纷。

【满腹狐疑】mǎnfù-húyí

狐疑:狐性多疑,所以用"狐疑"表示多疑。整个肚子里有很多疑惑。即心里充满着疑惑。

【满腹经纶】mǎnfù-jīnglún

经纶:整理蚕丝,理出丝绪叫经,编丝成绳叫纶,统称经纶,比喻筹划治理国家大事,也指政治谋略。满肚子都是政治谋略。形容人极有政治才能。后也泛指人很有学问。

【满腹牢骚】mǎnfù-láosāo

一肚子的牢骚。即心中充满着烦闷不满的情绪。也作"牢骚满腹"。

【满腹疑团】mǎnfù-yítuán

疑团：纠缠成团而不能解决的疑问。一肚子的疑团。即心里充满着百思不解的疑问。

【满面春风】mǎnmiàn-chūnfēng

整个脸都被春天的和风吹拂着。也比喻满脸和颜悦色或满脸笑容。

【满目疮痍】mǎnmù-chuāngyí

满眼创伤。指睁眼看到的都是遭到破坏的景象。形容战争或灾害所造成的破坏极其严重。

【满腔热忱】mǎnqiāng-rèchén

满胸膛的热情。即心中充满热情。

【满园春色】mǎnyuán-chūnsè

整个园子都是春天的景色。常用来比喻到处都是欣欣向荣的景象。

【满载而归】mǎnzài'érguī

载：装。装得满满的回来。形容收获很大。

【满招损，谦受益】mǎn zhāo sǔn, qiān shòu yì

自满会招致损失，谦虚能得到益处。

【满纸空言】mǎnzhǐ-kōngyán

整张整张的纸上写的都是空话。形容文章内容空洞，不切实际。

【漫不经心】mànbùjīngxīn

漫：随便。经：经过。随随便便，不加注意。

【漫山遍野】mànshān-biànyě

漫、遍：满。满山满野。指布满了所有的山冈，充满了整个原野。也

指全部的山冈和田野。

【漫天要价】màntiān-yàojià

漫天：布满天空，比喻不着边际。没有边际地索要高价。也比喻接受任务或举行谈判时向对方提出过高的条件或要求。

【漫无边际】mànwúbiānjì

漫：水涨泛流，比喻广阔，广泛大水泛流而无边无岸。比喻广阔无边。也喻指想象、谈话、写文章等海阔天空，十分广泛而不着边际。

【慢条斯理】màntiáo-sīlǐ

斯：析。慢慢地分析条理。指说话一板一眼，慢慢腾腾。也形容行动从容不迫，有条有理或很有规矩。

【芒刺在背】mángcì-zàibèi

芒：谷类植物种子外壳上的针状物。像尖芒和利刺扎在背上。形容极其惶恐而坐立不安。

【忙里＊偷闲＊】mánglǐ-tōuxián

在忙碌中抽出一点空闲的时间（做别的事）。

【盲人摸象】mángrén-mōxiàng

瞎子触摸大象。《大般涅槃经》卷三十二[66-P. 360]：“尒（尔）時大王即唤眾盲各各問言：‘汝見象耶？’眾盲各言：‘我已得見。’王言：‘象為何類？’其觸牙者言象形如蘆菔（萝卜）根，其觸耳者言象如箕，其觸頭者言象如石，其觸鼻者言象如杵，其觸脚者言象如木臼，其觸脊者言象如床，其觸腹者言象如甕，其觸尾者言象如繩。”又有传说，摸到象腿的瞎子说象如

柱,摸到象身的说象如墙,摸到尾巴的说象如蛇。后化为成语,比喻对事物未作全面了解就妄加论断,以偏概全。也作"瞎子摸象"。

【盲人骑瞎马】mángrén qí xiā mǎ
盲人骑着瞎了眼的马。比喻乱闯瞎撞,极其危险。

【茫然不解】mángrán-bùjiě
茫然:迷糊不知的样子。迷迷糊糊地很不理解。

【茫然若失】mángrán-ruòshī
茫然:迷惘失意的样子。精神恍惚,像丢了什么似的。

【茫无头绪】mángwútóuxù
茫:模糊不清。模模糊糊没有一点头绪。形容事情没有一点眉目,令人摸不着边。

【毛骨悚然】máogǔ-sǒngrán
悚然:因恐惧而耸立的样子。恐惧得毛发竖起、骨头向上紧缩。形容极其恐惧。后也形容冷得毛发竖起而骨头向上紧缩。

【毛手毛脚】máoshǒu-máojiǎo
粗手粗脚。指做事粗心大意或举止粗野不规矩。

【毛遂自荐】*máosuì-zìjiàn
毛遂:战国时期赵国平原君的门客,秦国围攻赵国都城邯郸时,他自我推荐,与平原君一起到楚国求救(见《史记·平原君虞卿列传》[9-P.393])。后化为成语,喻指自告奋勇,自我推荐。

【茅塞顿开】máosè-dùnkāi

见"顿开茅塞"。

【冒名顶替】màomíng-dǐngtì
假冒别人的名字来代替他做事或充任其角色。也指以假的东西去冒充真的东西。

【冒天下之大不韪】mào tiānxià zhī dà bù wěi
冒:硬顶着,冒犯。韪:是,对,肯定。冒犯了天下人认为是最不对的禁忌。即不顾天下人的极力反对。

【貌合神离】màohé-shénlí
表面关系融洽而内心完全不同。指彼此相交不真诚。后也指事物或诗文之间表面相似而精神实质完全不同。前一义也作"貌合心离"。

【没大没小】méidà-méixiǎo
没有大小。指不分尊卑、长幼。形容辈分小或地位低的人对尊长不礼貌。

【没精打采】*méijīng-dǎcǎi
精,采:精神,神采,指面部表现出来的神气和光彩。没有精神而强打起精神。形容心中不快而情绪低落、精神不振。也作"没精打彩""无精打采""无精打彩"。

【没轻没重】méiqīng-méizhòng
没有轻重。即不注意分量。指说话做事没有分寸而过了头。

【没头没脑】méitóu-méinǎo
没有头脑。指没有起头或没有头绪。也指没有来由,不明不白。也指没有主张,不知所措。又指打人不顾头脸或行为不顾一切。

【眉飞色舞】 méifēi-sèwǔ

色：脸色。眉毛上扬如飞，脸部表情活跃像在跳舞。与紧锁双眉、板着脸的表情相反。形容异常喜悦或得意的神态。

【眉开眼笑】 méikāi-yǎnxiào

眉头舒展，眼含笑意。形容非常高兴的样子。也作"眉花眼笑"。

【眉来眼去】 méilái-yǎnqù

眉毛的动作传过来，眼色送过去。指以眉目传情。多指男女间互通情意。也形容暗中勾结。

【眉目不清】 méimù-bùqīng

眉目：眉毛和眼睛，比喻文章或文件的纲目，也比喻事情的头绪。文章或文件的纲要、条理不清楚。也指事情的头绪没理清。

【眉目传情】 méimù-chuánqíng

用眉毛眼睛的活动来传递情意。多指男女之间眉来眼去。

【眉清目秀】 méiqīng-mùxiù

眉毛清楚，眼睛秀丽。指容貌长得清秀俊美。也指仪表端正。

【眉头不展】 méitóu-bùzhǎn

眉头紧锁不舒展。形容闷闷不乐。

【眉头一皱，计上心来】 méitóu-yīzhòu, jìshàngxīnlái

眉头一皱：动脑筋的样子。脑筋一动，主意便想出来了。形容急中生智，突然想出一个办法。

【每况愈下】 měikuàng-yùxià

况：情况。每一次的情况更差。即情况越来越坏。

【每下愈况】 měixià-yùkuàng

况：情况，状况。每向下一些就更能明了其情况。即越向下就越能显示其状况。《庄子·知北游》[3-P. 750]载，东郭子问庄子道在什么地方，庄子说"无所不在"，并具体地说道存在于蝼蚁、稊稗、砖瓦乃至大小便之中，越说越低下，又打了个比方说，就像用脚踏猪来估量其肥瘦一样，"每下愈况"。意为越踏在猪的下部（不易长肉的脚上），就越能明了它肥瘦的情况，所以越是从低下的事物去观察，就越能明了"道""无所不在"的状况。后用作成语，与"每况愈下"同义而和原义不同。

【美不胜收】 měibùshèngshōu

胜（旧读 shēng）：尽。美好的事物多得不能全部接受。指优美的诗文多得不能全部收录，或美好的东西、景色多得欣赏不过来。

【美轮美奂】 měilún-měihuàn

轮：轮廓。奂：通"焕"，光彩。美妙的轮廓，美丽的光彩。多形容建筑物轮廓高大而雄伟壮观、色彩缤纷而富丽堂皇。也形容场面宏大而亮丽华美。

【美中不足】 měizhōng-bùzú

美好之中还有点不够。指大体美好而稍有欠缺。

【门当户对】 méndāng-hùduì

门：住宅对外的两扇大门，引申

指门第,家庭的社会地位。户:家中单扇小门,引申指家中的经济情况。家庭的社会地位相当而经济情况对等。指婚配的男女双方的家庭条件相当。

【门户之见】ménhùzhījiàn

门户:比喻派别。见:成见。囿于某一派别的成见。

【门可罗雀】ménkěluóquè

罗:捕鸟的网,引申指张网捕捉。大门前可以张网捕雀。即大门前静得鸟雀不惊。指门庭冷落,无人登门拜访。

【门庭若市】méntíng-ruòshì

门前和院子里像集市一样。形容来人很多。

【扪心自问】ménxīn-zìwèn

扪:摸。摸着心口问问自己。指平心静气地作自我反省。

【闷闷不乐】mènmèn-bùlè

十分烦闷而不快乐。形容心事重重,非常抑郁。

【蒙头转向】mēngtóu-zhuànxiàng

蒙:昏迷。头脑昏乱,不能确定方向。

【蒙混过关】ménghùn-guòguān

蒙:掩盖。混:混充。掩盖真相、冒充好的来通过关口。指用欺骗的手段来应付某种审查或测试以求通过。

【蒙昧无知】méngmèi-wúzhī

糊涂愚昧,没有知识。指没有开化,不明事理。

【蒙在鼓里】*méngzàigǔlǐ

被包在鼓里。比喻被人蒙蔽而对有关事情毫无所知。

【梦笔生花】mèngbǐshēnghuā

梦见所用的笔头上生出花来。王仁裕《开元天宝遗事・卷下・梦笔头生花》[67-P.19]:"李太白少时,梦所用之笔头上生花,后天才赡逸,名闻天下。"后用作成语,比喻受到某种写作上的启示而写作能力大增。也比喻文笔极其出色。

【梦幻泡影】mènghuàn-pàoyǐng

梦境、幻觉、水泡、影子。原为佛教语,用来比喻空虚,认为世上一切皆空,所有的事物都像梦幻泡影一样空虚。后比喻变化无常而不能长期存在的事物。也比喻极其渺茫而容易破灭的幻想。

【梦寐以求】mèngmèiyǐqiú

寐:睡着。睡梦中也在追求。形容日夜追求,迫切期望。

【弥留之际】míliúzhījì

弥:终。留:也作"流",留连。际:时候,多指情况发生变化、前后交接的时候。最终留连不舍的时候。指人将要死的时候。

【弥天大谎】mítiān-dàhuǎng

弥:满。弥天:整个天,形容极大。像整个天一样大的谎话。即天大的谎话。

【弥天大罪】mítiān-dàzuì

像整个天一样大的罪行。即天大的罪恶。

【迷途知返】 mítú-zhīfǎn

　　迷失了道路知道回来。比喻犯了错误知道改正。

【米珠薪桂】 mǐzhū-xīnguì

　　米贵得像珍珠，柴贵得像桂木。形容物价昂贵。

【靡靡之音】 mǐmǐzhīyīn

　　颓废淫荡而萎靡不振的音乐。也指香艳的诗歌。

【靡颜腻理】 mǐyán-nìlǐ

　　靡：美丽。颜：面容。腻：润滑。理：皮肤的纹理，指皮肤。美丽的容貌，光滑的皮肤。

【秘而不宣】 mì'érbùxuān

　　宣：泄漏。使之成为秘密而不泄露出去。也作"秘而不露"。

【密不通风】 mìbùtōngfēng

　　严密得连风也透不过。形容包围、防守、封锁、隐瞒等十分严密。也形容事物之间的空隙极小。

【绵里*藏针】 miánlǐ-cángzhēn

　　丝绵中藏着针。比喻外表温柔，实则厉害。形容为人深沉。也比喻诗文、书法等柔中有刚。

【绵延不断】 miányán-bùduàn

　　接连延续不间断。

【绵延起伏】 miányán-qǐfú

　　延续不断而时高时低。形容山势雄伟多变。

【免开尊口】 miǎnkāi-zūnkǒu

　　免：免除。省得再张开您尊贵的口。用来制止对方说话，表示不愿听

对方的话或不会答应对方提出的要求。多用作客气话，有时也带有讽刺意味。

【勉为其难】 miǎnwéi-qínán

　　勉强做自己难以做到或认为很难的事。即勉强去做力不能及或不愿做的事。

【面不改色】 miànbùgǎisè

　　脸上不改变神色表情。形容从容镇定。

【面红耳赤】 miànhóng-ěrchì

　　赤：红。脸红了，耳朵也红了。形容发热、用力、着急、激动、羞愧、发怒等情况下脸部充血的样子。

【面黄肌瘦】 miànhuáng-jīshòu

　　脸色发黄，肌体瘦削。形容人营养不良或有病的样子。

【面面俱到】 miànmiàn-jùdào

　　俱：全，都。各方面都照顾到。

【面面相觑】 miànmiàn-xiānggù

　　觑：用异常的眼光看。面对面地互相偷看着。指神色慌张地互相观望而不说话。形容所有当事人惊惧或束手无策的样子。

【面目可憎】 miànmù-kězēng

　　憎：厌恶。相貌令人厌恶。指容貌丑陋或神态猥琐。

【面目全非】 miànmù-quánfēi

　　面貌完全不同了。指相貌或事物的样子变化极大，完全失去了原貌。多用于贬义，含有被毁坏的意思。

【面目一新】miànmù-yīxīn

　　一:一时,一下子。面貌一下子变新了。指事物改变了破旧的原貌,一时呈现出良好的崭新面貌或气象。

【面如土色】miànrútǔsè

　　脸上的颜色像泥土的颜色。指脸色灰白。形容惊恐到了极点而脸上毫无血色。

【面授机宜】miànshòu-jīyí

　　当面授予适合时机的策略与办法。

【面无人色】miànwúrénsè

　　脸上没有人的气色。形容极其恐惧或身体非常虚弱。

【面有菜色】miànyǒucàisè

　　菜色:因长期用野菜充饥而出现的营养不良的脸色。脸上有营养不良的脸色。形容饥民的脸色。

【面有难色】miànyǒunánsè

　　脸上有为难的表情。

【苗而不秀】miáo’érbùxiù

　　只长苗而不吐穗开花。比喻人资质聪慧而不幸夭折。也比喻孜孜好学,有了本领而未能充分发挥。也比喻外表像模像样,而实际上腹中空空,掏不出什么货色。

【渺无人烟】miǎowúrényān

　　渺茫一片而没有人和炊烟。指极其荒凉,没有人家。

【渺无音信】miǎowúyīnxìn

　　渺茫而没有消息与信件。指音信全无,难以预期。

【妙笔生花】miàobǐ-shēnghuā

　　神妙的笔头上生出花来。比喻文才奇特而写出了优美出色的诗文。

【妙不可言】miàobùkěyán

　　美妙得不能说。指美妙到了极点而无法用言语来形容。有时也用于贬义,表示巧妙得异常而无法形容,含有不可思议的意思,带有诙谐的意味。

【妙趣横生】miàoqù-héngshēng

　　横:充溢。横生:洋溢而出,层出不穷。美妙的意趣层出不穷。指戏剧、曲艺、讲话、文章或美术作品等洋溢着美妙的情趣。

【妙手回*春】miàoshǒu-huíchūn

　　巧妙的能手使春天重返。比喻技术高明的医师使生机重返。即救活了生命垂危的病人。

【妙语解颐】miàoyǔ-jiěyí

　　颐:面颊。解颐:使面颊松动,指笑得合不拢嘴。美妙风趣的语言使人大笑。

【妙语惊人】miàoyǔ-jīngrén

　　妙趣横生的语言使人震惊。

【妙语连珠】miàoyǔ-liánzhū

　　美妙的语言像接连成串的珍珠。指词美意深而富于情趣的言语接连不断地出现。

【灭此朝食】miècǐ-zhāoshí

　　消灭这些敌人再吃早饭。后泛指迫不及待地去消灭敌人。

【灭顶之灾】mièdǐngzhīzāi

水淹没头顶的灾难。即被淹死的灾难。比喻毁灭性的灾难。

【灭绝人性】mièjué-rénxìng

完全丧失了人的理性。形容极其野蛮残暴，违背了人类最起码的道德规范与人之常情。

【民安物阜】mín'ān-wùfù

阜：多。人民安康，物资丰富。形容社会安定，百业兴旺，民众富足。也作"民康物阜"。

【民不聊生】mínbùliáoshēng

聊：依靠，依赖。人民不能赖以生存。指社会黑暗或动荡，使民众失去了赖以生存的条件而无法生活。

【民富国强】mínfù-guóqiáng

民众富裕，国家强盛。

【民穷财尽】mínqióng-cáijìn

民众贫穷而家中财产已耗尽。

【民生凋敝】mínshēng-diāobì

凋敝：衰落，破败，日趋贫困。人民生活趋于贫困。

【民为邦本】mínwéibāngběn

人民是国家赖以存在的根本。

【民以食为天】mín yǐ shí wéi tiān

天：古人以天为万物的主宰，比喻主宰自己命运的东西，即自己赖以生存的最重要的东西。民众把粮食作为命根。形容粮食在人民生活中具有极其重要的地位。

【民怨沸腾】mínyuàn-fèiténg

民众的怨恨像沸水翻腾一样。形容广大人民对统治者极其愤恨，怨声载道。

【民脂民膏】mínzhī-míngāo

脂、膏：动物脂肪，比喻人用血汗换来的财富。人民的脂膏。比喻广大民众通过辛勤劳动而得到的财富。

【名不副实】míngbùfùshí

副：相称，符合。名声不符合实际。指徒有虚名而无其实，或名声很大而实际与之不相称。也作"名实不副"。

【名不见经传】míng bù jiàn jīngzhuàn

经：经典。传：解释经文的著作。名字在经典和解释经典的著作中都见不到。形容名气不大。

【名不虚传】míngbùxūchuán

虚：不真实。名声并不是虚假地传开来的。指流传开来的名声是真实的，与实际相符。多用于见到事实的场合，表示确实很好，过去听到的名声一点不假。

【名不正，言不顺】míng bù zhèng,yán bù shùn

名：名分，名义。顺：顺畅，合理。名分不端正，说起话来就不顺畅。指没有合适的身份，说起话来就显得别扭而不合理。

【名垂千古】míngchuíqiāngǔ

垂：流传。千古：上千个古代，指长远的年代。名声流传千年万代。形容功德杰出而永垂不朽。也作"名垂千秋"。秋：年。

【名垂青史】míngchuíqīngshǐ

垂：流传。青史：史书，因古代史

事记载在竹简上，所以称"青史"。姓名流传于史籍中。形容功德杰出而永垂不朽。也作"名标青史""青史留名"。标：写明，记载。

【名存实亡】míngcún-shíwáng

名：名称，名义。名义上存在，实际上已消亡。指只有空名而无实际内容或实际上已不起作用。

【名副其实】míngfùqíshí

副：相称，符合。名称或名声与它的实际内容或实际情况相符合。

【名过其实】míngguòqíshí

名称或名声超过了它的实际内容或实际情况。

【名利双收】mínglì-shuāngshōu

名声和财利两方面都有收获。即既得名声，又获钱财。

【名列前茅】mínglièqiánmáo

茅：通"旄"，用牦牛尾装饰竿顶的旗。前茅：前锋，前面的队伍。古代行军时，前锋备有旗帜，有敌情则举旗作为信号来通知后面的部队，所以称作"前茅"。名字排列在前面的队伍中。比喻名次排在前面。

【名落孙山】míngluòsūnshān

孙山：人名，他参加乡试（解试）时考中了最后一名举人。名字落在孙山的后面。比喻参加考试或选拔后未被录取。范公偁《过庭录·名落孙山》[68-P. 353]："吴人孙山，滑稽才子也。赴举他郡，鄉人託以子偕往。鄉人子失意。山綴榜末，先歸。鄉人問其子得失，山曰：'解名盡處是孫山，

賢郎更在孫山外。'"

【名满天下】míngmǎntiānxià

满：充满，遍布。名声传遍天下。形容名声极大。

【名目繁多】míngmù-fánduō

事物的名称又杂又多。

【名山大川】míngshān-dàchuān

川：河流。著名的大山、大河。

【名声扫地】míngshēng-sǎodì

扫地：扫除地上脏物，比喻完全被清除。名气声望像扫地一样被清除。指名誉完全丧失而影响很坏。

【名胜古迹】míngshèng-gǔjì

著名的胜地和古代的文化遗迹。多指著名的优美风景区和古代留传下来的建筑物等。

【名师出高徒】míngshī chū gāotú

著名的师傅教出高明的徒弟。指学识经验丰富的名人能培养出非同一般的人才。

【名实相副】míngshí-xiāngfù

副：符合。名称或名声和实际内容或实际情况相符合。

【名士风流】míngshì-fēngliú

著名文人的风度气派。指才华出众、名望很高而不做官的人所具有的不拘礼法、潇洒不羁的风范。

【名闻天下】míngwéntiānxià

名字被天下人听说。即名声传遍天下。形容名声极大。

【名闻遐迩】míngwénxiá'ěr

遐：远。迩：近。远处近处都听

说其名。形容名声很大。也作"遐迩闻名"。

【名扬四海】míngyángsìhǎi

四海:古人认为中国四面有海环绕,所以用"四海"指全中国,现又泛指海内外。名声传扬于天下。形容名声极大。

【名噪一时】míngzàoyīshí

噪:喧哗,很多人在一起大声说。名字在一个时期内被大家大声谈论。指名声很响,在当时引起轰动。

【名正言顺】míngzhèng-yánshùn

名:名分,名义。顺:顺理。名分端正了,那么说话也就顺理成章了。后指名义正当而说起来也合理。形容所做的事合乎社会规范而理由十分充足,含有理直气壮之意。

【名重一时】míngzhòngyīshí

名声在一个时期内被看重。

【明辨是非】míngbiàn-shìfēi

清楚地分辨对和错。指分清谁对谁错或什么是对的、什么是错的。

【明察暗*访】míngchá-ànfǎng

察:仔细看。访:询问,查访。明里仔细观察,暗中调查打听。指用各种方式了解情况。

【明察秋毫】míngchá-qiūháo

明:视力;明白。察:看清楚。秋毫:秋天鸟兽身上新生的细毛,比喻极其细小的事物。视力能看清楚极其细微的东西。形容目光敏锐。后也表示明白地看清极细微的东西。形容洞察一切。

【明火执仗】mínghuǒ-zhízhàng

仗:兵器。点亮火把,手拿兵器。形容公开抢劫。后也形容肆无忌惮地做坏事。

【明镜高悬】míngjìng-gāoxuán

明亮的镜子高高挂着。比喻人目光敏锐,明察秋毫。多用来称说官吏能洞察一切,明辨是非,公正严明地审判案件。也作"秦镜高悬"。秦镜:秦始皇所拥有的能照见别人内脏的神镜。葛洪《西京杂记》卷三[69-P. 26]:"(咸阳宫)有方镜,广四尺,高五尺九寸……人有疾病在内,则掩心而照之,则知病之所在。又女子有邪心,则胆张心动。秦始皇常以照宫人,胆张心动者则杀之。"

【明媒正娶】míngméi-zhèngqǔ

公开托媒人说亲而正规地娶过来。指按照正式手续结成的婚姻。

【明眸皓齿】míngmóu-hàochǐ

见"皓齿明眸"。

【明目张胆】míngmù-zhāngdǎn

明目:使眼睛明亮,即睁大眼睛,形容激愤的样子。张:张开,放大。睁大眼睛,放开胆量。指奋发大胆。形容敢作敢为。后多形容公开地、大胆地做坏事而无所顾忌。

【明枪*暗*箭】míngqiāng-ànjiàn

明处刺来的枪,暗中射来的箭。比喻明里暗里的种种攻击。

【明枪*易躲,暗*箭难防】míngqiāng-yìduǒ, ànjiàn-nánfáng

明处刺来的枪容易躲避,暗中射

来的箭难以防备。比喻公开的攻击容易对付，暗中的伤害难以防范。

【明日黄花】 míngrì-huánghuā

明日：第二天，指重阳节后的一天，即九月初十。黄花：菊花。重阳节后一天的菊花。古人在重阳节赏菊，所以用"明日黄花"比喻过时的事物或未得到赏识重用而衰老的人才。

【明效大验】 míngxiào-dàyàn

明显重大的效验。

【明修栈道，暗*度陈仓】 míngxiū-zhàndào, àndù-chéncāng

栈道：在悬崖绝壁上凿孔架木而成的道路。度：又作"渡"，越过。陈仓：秦汉时县名，在今陕西省宝鸡市东陈仓区，是关中与汉中之间的交通要道。《史记·高祖本纪》[9-P.64]载：公元前206年，刘邦率兵攻下咸阳，但项羽负约，自立为西楚霸王，封刘邦为汉王而让他统辖巴、蜀、汉中。刘邦前往汉中时，用张良之计，边走边烧毁栈道，表示无意东还关中，以麻痹项羽。随后，他采用韩信之计，暗地里从陈仓打回关中，入咸阳。这"明烧栈道，暗度陈仓"的史实后来讹为"明修栈道，暗度陈仓"的故事，元杂剧《汉高皇濯足气英布》第一折[70-P.196]："孤家用韩信之计，明修栈道，闇度陈仓，攻定三秦。"这是说刘邦用了韩信之计，表面上去修复被烧毁的栈道，暗中却从陈仓打回关中。后作为成语，指表面上做某事作为幌子，暗地里采取其他行动以达到自己

的目的。

【明哲保身】 míngzhé-bǎoshēn

明哲：明智。明智地保住自身。原指明智地遵行大道、依理而行来保住自身。后指不顾大道、不坚持原则而只顾个人得失、苟且地趋利避害来保住自身。

【明争暗*斗*】 míngzhēng-àndòu

明里暗里都在争斗。指内部之人勾心斗角，利用各种场合，千方百计地压制对方，抬高自己。

【明知故犯】 míngzhī-gùfàn

明明知道不对而故意违犯。指明知该事不合法规或常理，却有意去做。

【明知故问】 míngzhī-gùwèn

明明知道了，还故意发问。

【明珠暗*投】 míngzhū-àntóu

明珠：明月珠，像明月一样发光的夜光珠。明亮的夜光珠向黑暗中投去。比喻珍贵的东西落到了不识货的人手中。也比喻有才能的人误入歧途。

【鸣金收兵】 míngjīn-shōubīng

金：金属之器，指锣，古代军中把鼓声作为前进的信号，把锣声当作后退的信号。敲响锣来撤回士兵。指结束战斗。也比喻结束斗争、运动或竞赛。

【鸣锣开道】 míngluó-kāidào

鸣锣：敲响锣，是让人后退的信号。敲响锣让行人后退来开通道路。这是古代官吏出行时前面差役所做

的事。现比喻为某一事物的出现制造舆论,开辟通道。多用于贬义。

【鸣冤叫屈】míngyuān-jiàoqū

　　鸣:叫。喊冤枉,叫委屈。指为自己或别人大喊冤枉。

M

【冥思苦想】míngsī-kǔxiǎng

　　冥:幽深。深深地思索,苦苦地想象。指绞尽脑汁,竭力思考。也作“苦思冥想”“冥思苦索”。

【冥顽不灵】míngwán-bùlíng

　　冥:昏昧,不明事理。顽:愚笨,迟钝。昏昧愚蠢而不灵巧。指愚昧无知,脑子转不过弯。

【酩酊大醉】mǐngdǐng-dàzuì

　　酩酊:醉得糊里糊涂的样子。糊里糊涂地醉得很厉害。

【命中注定】mìngzhōng-zhùdìng

　　注:记载,登记。命运中早就记载确定了的。迷信的人认为人生的一切遭遇(包括生死)都是命运决定的,早就记载在生死簿上,生下后根本不能改变命运的安排,所以人们碰到无法摆脱的困境或意想不到的巧合时常常归之于“命中注定”。

【谬种流传】miùzhǒng-liúchuán

　　种:种子,比喻能延续某种事物存在的东西。荒谬错误的种根(多指谬误的做法、学说、书籍、学术流派等)流传不绝。

【模棱两可】móléng-liǎngkě

　　模棱:同“摸棱”,摸棱角;摸着棱角可同时把握两个面,所以比喻执持两端,不明确表示可否。《旧唐书·

苏味道传》71-P. 2991载:苏味道“前后居相位数载,竟不能有所发明,但脂韦其间,苟度取容而已。尝谓人曰:‘处事不欲决断明白,若有错误,必贻咎谴,但摸棱以持两端可矣。’时人由是号爲‘蘇摸棱’。”原意为摸着棱角来把持两个方面就可以了。后化为“模棱两可”,表示摸着棱角,对接触到的两个方面都认可。比喻没有明确的态度或主张而执持两端,这样也可以,那样也可以。

【摩肩接踵】mójiān-jiēzhǒng

　　摩:擦。踵:脚跟。肩膀和肩膀相摩擦,后者的脚尖接着前者的脚跟。形容人多。

【摩拳擦掌】móquán-cāzhǎng

　　拿拳头和手掌互相摩擦。形容精神振奋、急于动手的样子。

【磨杵成针】móchǔ-chéngzhēn

　　杵:铁制兵器,形如舂米用的杵(棒槌)。把铁棒磨成针。祝穆《方舆胜览》卷五十三72-P. 948:“磨鍼溪:在象耳山下。世傳李太白讀書山中,未成棄去,過是溪,逢老媼方磨鐵杵,問之,曰:‘欲作針。’太白感其意,還卒業。”后化为成语,比喻做事持之以恒,必能成功。也作“铁杵磨成针”。

【磨刀霍霍】módāo-huòhuò

　　霍霍:磨刀的声音。把刀磨得霍霍作响。原形容宰杀猪羊前磨刀的情形。后比喻坏人在动手杀人或发动战争之前正在做紧张的准备工作。

【没齿不忘】mòchǐ-bùwàng

没:终。齿:牙齿,比喻年龄。没齿:终身。终身不会忘记。

【莫测高深】mòcè-gāoshēn

无法测度其高深的程度。形容极其高深或故弄玄虚。

【莫此为甚】mòcǐwéishèn

即"莫甚于此"。莫:没有什么。为:助词。甚:厉害,严重。没有什么比这个更厉害的了。指这种事情的性质极其严重。

【莫可名状】mòkě-míngzhuàng

名:称说,用言语说出。状:形容。不能说出,无法形容。指美丽、微妙、复杂、恶劣、奇怪等程度达到了极点而无法用语言来称说形容。

【莫名其妙】mòmíngqímiào

莫:不。名:说出。不能说出它的奥妙。多用来表示事情奇怪,不合常理,或说话含混,行为反常,使人无法理解。也用来表示事情、言行等并不难以理解,而由于人蠢笨或不明底细而无法理解。

【莫明其妙】mòmíngqímiào

莫:不。不能明白它的奥妙。指事情奇怪,不合常理而使人无法理解。

【莫逆之交】mònìzhījiāo

逆:违逆,抵触。交:交往,指朋友。没有抵触的朋友。指志同道合或情投意合的好朋友。

【莫须*有】mòxūyǒu

或许有。这原是奸相秦桧陷害岳飞父子的话。《宋史·岳飞传》[30-P. 11394]:"狱之将上也,韩世忠不平,诣桧诘其实。桧曰:'飞子云与张宪书虽不明,其事體莫须有。'世忠曰:'"莫须有"三字,何以服天下?'"后用来表示凭空捏造。

【莫衷一是】mòzhōng-yīshì

衷:折衷,调和。是:对,正确。不能折衷为一个正确的说法。指不能调和而得出一个一致公认的结论。形容意见分歧,说法不一。

【漠不关心】mòbùguānxīn

漠:冷漠。态度冷淡而毫不关心。

【漠不相关】mòbùxiāngguān

漠:冷淡。关系冷淡而毫不相干。

【漠然置之】mòrán-zhìzhī

冷漠地把它搁置在一边。指对人或事物十分冷淡,放在一边而不予理睬。

【墨迹未干*】mòjì-wèigān

用墨汁写的字迹还没有干。指协定、条约、合同、规章等刚刚订立不久或决议、声明等刚刚作出不久。多用于谴责某一方不讲信用,很快地违背了自己作出的承诺。也作"墨汁未干"。

【墨守成规】mòshǒu-chéngguī

墨守:墨翟之守,战国时墨翟善于守城,所以把牢固的防守称为墨翟之守;后又以"墨守"喻指牢固地坚持。牢固地坚持现成的规矩。形容思想保守,因循守旧而不肯变通。

【默不作声】 mòbùzuòshēng

　　沉默而不出声。指不说话。

【默默无闻】 mòmò-wúwén

　　默默:不出声。没有声音,没听说过。指不出名,没有人知道。

【默默无言】 mòmò-wúyán

　　沉默不响,没有一句话。

【谋财害命】 móucái-hàimìng

　　谋取钱财而害人性命。也作"图财害命"。图:谋取。

【谋事在人,成事在天】 móushì-zàirén,chéngshì-zàitiān

　　谋划事情取决于人,事情的成功取决于上天。这本是一种宿命论。后也表示做事靠人的主观努力,至于能否达到目的,还要看客观条件或时机是否成熟。

【木本水源】 mùběn-shuǐyuán

　　树的根,水的源头。比喻事物的根本。

【木已成舟】 mùyǐchéngzhōu

　　木头已经做成了船。比喻事情已成定局,无法挽回了。

【目不交睫】 mùbùjiāojié

　　交:交接,接触。眼睛没有使睫毛互相接触。即没有合上眼皮。指没有睡觉。

【目不识丁】 mùbùshídīng

　　丁:指最简单易识的字。眼睛不认识"丁"字。指一个字也不识。形容文化水平极低。

【目不暇给】 mùbùxiájǐ

　　暇:空闲。给:供给,供应。眼睛无暇应付。指眼睛来不及看。形容眼前美好事物极多或变化极快。也作"目不暇接"。接:接受。

【目不斜视】 mùbùxiéshì

　　眼睛不斜着看。即眼睛不偷偷地往旁边看。形容人行为端正(此义也作"目不邪视","邪"通"斜")。也形容注意力集中。

【目不转睛】 mùbùzhuǎnjīng

　　睛:眼珠。眼睛睁着不转动眼珠。指眼睛死死盯着。形容看的时候注意力高度集中或看得出了神。

【目瞪口呆*】 mùdèng-kǒudāi

　　眼睛睁大,嘴巴不灵。指干瞪着眼直发愣,一句话也说不出来。形容受到惊吓或欺负后一时没了主张而直发愣的样子。也形容着急而没了主意或感到奇怪而不可思议时的情态。

【目光如豆】 mùguāng-rúdòu

　　眼光像豆子一样小。形容眼界狭窄,目光短浅。

【目光如炬】 mùguāng-rújù

　　炬:火把。眼光像火把一样亮。形容激愤时眼光炯炯逼人的样子。后也形容目光炯炯有神,或见解高明,独具慧眼。

【目空一切】 mùkōngyīqiè

　　空:虚无,里面没有。眼睛里没有一切。指不把一切放在眼里。形容妄自尊大。

【目迷五色】 mùmíwǔsè

五色:泛指各种颜色。眼睛被各种颜色迷惑了。即面对各种颜色而花了眼。比喻面对错综复杂的事物而眼花缭乱,分不清是非优劣。

【目无法纪】mùwúfǎjì

眼中没有法规纪律。即不把法纪放在眼里。指公然做违法乱纪的事或无法无天的事。形容人肆意妄为。

【目中无人】mùzhōng-wúrén

眼中没有别人。即不把别人放在眼里。形容狂妄自大,看不起人。

【幕天席地】mùtiān-xídì

幕:帐篷。把天当作帐篷,把地当作席子。形容胸怀广阔,放荡不羁。也指在野外饮酒作乐或露宿。

【慕名而来】mùmíng'érlái

仰慕盛名而来。

【暮气沉沉】mùqì-chénchén

沉沉:浓重下沉的样子。傍晚的雾气浓重而下沉。比喻精神萎靡不振,意志衰退。

M

N

【拿手好戏】 náshǒu-hǎoxì

拿手:擅长。演员擅长的精彩节目。也比喻擅长的本领或熟练的技巧。

【纳谏如流】 nàjiàn-rúliú

谏:直言规劝。接受下级的规劝就像流水那样自然顺畅。形容君主、尊长乐于接受下级的意见。

【耐人寻味】 nàirénxúnwèi

耐:经得起。寻味:探索体味。经得起人们的探索玩味。形容意味深长,值得思索体会。

【男盗女娼】 nándào-nǚchāng

男的做盗贼去偷窃,女的做娼妓去卖淫。指男女都做坏事。也比喻行为、思想卑鄙肮脏。

【男耕女织】 nángēng-nǚzhī

男的耕种,女的织布。这是小农经济时代的劳动分工。常用来形容农家分工合作,辛勤劳动。

【男婚女嫁】 nánhūn-nǚjià

男的结婚,女的出嫁。指婚姻大事。

【男女老少】 nánnǚ-lǎoshào

男的、女的、老的、小的。泛指所有人。也作"男女老幼"。

【男女有别】 nánnǚ-yǒubié

男的和女的之间要有区别。指男子与女子互相交往时要有限度而不能越轨。

【男尊女卑】 nánzūn-nǚbēi

男的地位高而女的地位低。这是传统的封建礼教。

【南柯一梦】 nánkē-yīmèng

当南柯太守的一个梦。李公佐《南柯太守传》[73-P.66]载:淳于棼酒醉入梦,到了大槐安国,娶了公主,做了南柯太守,享尽荣华富贵,公主死后他被遣还家,忽然梦醒,寻求梦境,原来大槐安国是其宅南大槐树下的蚁穴,南柯郡是槐树南枝的一个蚁穴。(柯:树枝。)后化为成语"南柯一梦",比喻一场大梦或一场空欢喜。

【南来北往】 nánlái-běiwǎng

朝南朝北来来往往。泛指来来往往。形容行人或来往的车马船只很多。

【南腔北调】 nánqiāng-běidiào

腔、调:戏曲的曲调,也指语音语调。南方戏和北方戏的腔调。泛指各种地方戏的曲调。也泛指各种方言的语音语调。形容人说话口音不纯,掺杂着方音。

【南辕北辙】nányuán-běizhé

辕:车前驾牲口的两根直木。辙:车轮的行迹。车头向南却要使车轮的行迹向北。比喻行动和目的相反。又表示向南行与向北行或各奔东西。

【南征*北战】nánzhēng-běizhàn

到南方、北方征战。指转战各地。形容经历了许多战斗。

【难解难分】nánjiě-nánfēn

很难分解开来。指双方争斗相持不下而难以分开。也指患难、冤仇等十分深重而难以排解消除。也指双方关系十分亲密而难以分离。也作"难分难解"。

【难能可贵】nánnéng-kěguì

能:及,指做到或得到。很难做到或十分难得而值得珍视。指不容易做到的事做到了,或不容易得到的东西得到了,非常可贵。

【难舍*难分】nánshě-nánfēn

舍:舍弃,放手。难以放手,难以分开。指彼此感情极深,舍不得分离。

【难兄难弟】nánxiōng-nándì

兄、弟:用作动词。一个难以做兄长,一个难以做弟弟。指兄弟两人不相上下,难分高低。后也泛指同类的人或事物不相上下,难分高低。参见"难(nàn)兄难弟"。

【难言之隐】nányánzhīyǐn

难以明说的隐情。指不愿告诉人而埋藏在内心深处的事情或缘由。

【难以为继】nányǐ-wéijì

很难使之继续下去。

【难以置信】nányǐ-zhìxìn

置:放置。难以放置一点儿相信。即很难让人相信。

【难兄难弟】nànxiōng-nàndì

难:患难。患难兄弟。指共度患难的兄弟(或情同兄弟者)。也指处于同样的困难境地而辈分相当于兄弟的人。

【囊空如洗】nángkōng-rúxǐ

囊:袋子,古代用来装钱物等,外出时背在肩上供旅途所用。袋子里空空的像被水冲洗过一样。指没有钱物。多用来形容身上一点钱也没有。

【恼羞成怒】nǎoxiū-chéngnù

见"老羞成怒"。

【脑满肠肥】nǎomǎn-chángféi

见"肠肥脑满"。

【内外交困】nèiwài-jiāokùn

交:一起。内部和外部一起受困。指内部和外部的困难交织在一起。

【内省不疚】nèixǐng-bùjiù

疚:内疚,心中经常感到忧虑痛苦或惭愧不安。内心进行反省而不感到内疚。指没有做伤天害理或见不得人的亏心事。

N

【内忧外患】nèiyōu wàihuàn

忧:忧患,使人忧虑的事。内部的忧患和外部的灾祸。多指国内动乱和外敌入侵。也指个人家中的困难和外来的不幸。

【能工巧匠】nénggōng-qiǎojiàng

技能高超、心灵手巧的工匠。

【能屈能伸】néngqū-néngshēn

能弯曲也能伸直。比喻人失意时能容忍委屈,在得志时能施展抱负。

【能说会道】néngshuō-huìdào

能、会:擅长,善于。道:说,讲。擅长言谈,很会说话。形容人善于辞令。

【能言善辩】néngyán-shànbiàn

能:擅长,善于。擅长言谈,善于辩论。

【能者多劳】néngzhě-duōláo

能干的人多劳累。指能力强的人总是多做一些事。多用来赞誉或奉承人。

【能者为师】néngzhě-wéishī

会的人做老师。指谁会就向谁学习。

【泥牛入海】níniú-rùhǎi

泥塑的牛进入海中。泥牛遇水会化掉,所以用来比喻一去不复返。

【泥沙俱下】níshā-jùxià

泥土和沙子一起随着河水流下来。比喻好坏不同的人或事物一起出现。

【你死我活】nǐsǐ-wǒhuó

使你死,使我活。形容斗争极其激烈,不共戴天。也用来形容拼命角逐,争取胜利。

【泥古不化】nìgǔ-bùhuà

拘泥于古代的一套而不知变通。

【逆来顺受】nìlái-shùnshòu

逆:不顺。不顺利的事情来了而顺从地接受它。指遇到逆境或不合理的待遇时一味忍受而毫不抗争。

【逆水行舟】nìshuǐ-xíngzhōu

逆:迎,方向相反。迎着水流行船。即向水流的反方向行船。比喻处境艰难,做事有阻力。又常和“不进则退”连用,比喻处在社会的发展潮流中,必须克服困难努力前进,否则就会落伍。

【拈花惹草】niānhuā-rěcǎo

拈:用两三个手指抓取。惹:招引,牵扯。拈取花而招惹草。比喻男女调情,挑逗、勾引异性。多指男子勾引玩弄女性。也作“惹草拈花”。

【拈轻怕重】niānqīng-pàzhòng

抓取轻的,怕挑重担。比喻做事时挑拣轻松的而逃避繁重的。

【年富力强】niánfù-lìqiáng

富:富裕,多。未来的年岁多而力量强壮。指年轻而精力旺盛。

【年高德劭】niángāo-déshào

劭:美好。年纪大,品德好。

【年老体弱】niánlǎo-tǐruò

年纪老,身体衰弱。也作“年老

体衰"。

【年轻力壮】niánqīng-lìzhuàng

年纪轻而体力强。

【年深日久】niánshēn-rìjiǔ

深:距离开始的时间久。经历的年岁很久,时间很长。

【年逾古稀】niányúgǔxī

稀:少。古稀:自古以来少有。杜甫《曲江》诗[19-P. 2413]:"人生七十古来稀。"后便以"古稀"指代七十岁。年龄已超过七十岁。

【念念不忘】niànniàn-bùwàng

时时想念而不忘记。

【念念有词】niànniàn-yǒucí

念念:念了又念。不断地念诵已有的词语。原指连续而小声地念佛、念经或念咒语。后又泛指不断地小声嘟囔。

【鸟尽弓藏】niǎojìn-gōngcáng

飞鸟没有了,弓弩就藏起来不用了。比喻敌人被消灭后,功臣被废弃不用或被囚禁杀死。参见"兔死狗烹"。

【鸟枪*换炮】niǎoqiāng-huànpào

打鸟用的火枪换成了大炮。比喻设备或物质条件等有了很大的改善。

【鸟语花香】niǎoyǔ-huāxiāng

见"花香鸟语"。

【袅袅婷婷】niǎoniǎotíngtíng

苗条柔美,亭亭玉立。形容女子体态轻盈,身材秀美。

【蹑手蹑脚】nièshǒu-nièjiǎo

蹑:轻踩,引申为放轻。放轻手脚。即轻手轻脚,尽量不弄出声响。

【宁缺毋滥】nìngquē-wúlàn

滥:泛滥,大水溢出河道乱流,引申指越轨,不合规格。宁可缺少,也不要不合格的。形容重视质量而不一味贪多。

【宁死不屈】nìngsǐ-bùqū

宁可死去而绝不屈服。多用于被捕后受到胁迫的场合。

【宁为鸡口,无为牛后*】nìngwéi-jīkǒu, wúwéiniúhòu

宁愿做鸡的嘴巴,也不要做牛后面的肛门。比喻宁可在小单位当头,也不要在大单位受人支使。

【宁为玉碎,不为瓦全】nìngwéi-yùsuì, bùwéiwǎquán

宁可做玉器被打碎,也不愿做陶器而得到保全。比喻宁可做道德高尚的人而死,也不愿做卑鄙微贱的人苟且偷生。

【牛刀割鸡】niúdāo-gējī

用宰牛的刀来杀鸡。比喻大材小用。

【牛刀小试】niúdāo-xiǎoshì

宰牛的刀稍微试用了一下。比喻有大本事的人先在小事情上略显身手。也作"小试牛刀"。

【牛鬼蛇神】niúguǐ-shéshén

牛头鬼、蛇身神。泛指奇形怪状的鬼神。后比喻虚幻荒诞、离奇古怪的人或事物。又比喻形形色色的坏人或丑恶事物。

【牛郎织女】 niúláng-zhīnǚ

牵牛耕地的郎君和织布的妻子。后由银河两边的牵牛星和织女星将牛郎和织女衍化成了神话传说中的人物名。相传织女为天上仙女，下凡嫁给牛郎，被天帝发现后召回，牛郎紧追上天，被王母用天河将他们隔开，只准每年农历七月初七相会一次（即七夕鹊桥相会）。《古诗十九首》之十[74-P.411]："迢迢牵牛星，皎皎河漢女。纖纖擢素手，札札弄機杼。終日不成章，泣涕零如雨。河漢清且淺，相去復幾許？盈盈一水閒，脉脉不得語。"现常用来比喻分居两地的夫妻。

【牛头不对马嘴】 niútóu bù duì mǎzuǐ

牛头和马嘴对不上号。比喻彼此不相符合，根本对不上号，或答非所问。

【牛头马面】 niútóu-mǎmiàn

牛头鬼和马脸鬼。原为佛教中语，为地狱中的狱卒。后比喻丑陋凶恶的坏人。

【扭扭捏捏】 niǔniǔniēniē

扭扭：使身体左右摇摆。捏捏：捏手捏脚，即"蹑手蹑脚"。身体扭来扭去，轻手轻脚。形容装腔作势或故作娇态。也指羞羞答答，言谈举止不大方。

【忸怩作态】 niǔní-zuòtài

忸怩：怕羞的样子。怕羞似地装模作样。指装出羞羞答答的样子。

形容故作娇态。

【浓眉大眼】 nóngméi-dàyǎn

又黑又密的眉毛和大大的眼睛。

【浓墨重彩】* nóngmò-zhòngcǎi

浓重的黑墨和色彩。指描绘时花了很多笔墨。

【浓妆艳抹】 nóngzhuāng-yànmǒ

浓重地化妆，艳丽地涂抹。形容女子打扮得很妖艳。

【弄假成真】 nòngjiǎ-chéngzhēn

弄：玩。玩假的而成了真的。指本是假装做某事，结果变成了真事。

【弄巧成拙】 nòngqiǎo-chéngzhuō

弄：搞，做。本想搞得巧妙一些，结果反而成了拙劣的。多指卖弄聪明而做了蠢事。

【弄神弄鬼】 nòngshén-nòngguǐ

装神做鬼。指暗中捣鬼，玩弄花招。

【弄虚作假】 nòngxū-zuòjiǎ

弄、作：搞。玩弄玄虚，制造假的。指搞虚假的一套来骗人。

【奴颜婢膝】 núyán-bìxī

奴才的脸色和婢女的膝盖。指满脸谄媚的奴才相和一身卑躬屈膝的婢女样。形容讨好别人时阿谀逢迎、低三下四的样子。

【奴颜媚骨】 núyán-mèigǔ

骨：骨头，比喻品质。奴才的脸色和谄媚的筋骨。指讨好别人的奴才嘴脸和阿谀奉承的软骨头。

【怒不可遏】 nùbùkě'è

遏:遏止,抑制。愤怒得不能抑制。形容极端愤怒。

【怒发*冲*冠】 nùfà-chōngguān

愤怒得头发直竖,顶起帽子。形容愤怒到了极点。

【怒火中烧】 nùhuǒ-zhōngshāo

中:内心。愤怒的火焰在心中燃烧。形容极其愤怒而不能平静。

【怒目而视】 nùmù'érshì

怒:通"努",凸起。瞪着眼睛看。形容严厉威猛或愤怒的样子。

【怒气冲冲*】 nùqì-chōngchōng

冲冲:激动、高涨的样子。愤怒的情绪不断向上涌动。形容怒气十足的样子。

【怒气冲*天】 nùqì-chōngtiān

愤怒的情绪直冲上天。形容愤怒到了极点。

【怒形于色】 nùxíngyúsè

形:显现。愤怒的情绪显现在脸色上。形容非常愤怒而不可抑制。

【诺诺连声】 nuònuò-liánshēng

诺:表示服从或同意的答应声。"是是是"地一声连一声。表示非常同意或极端服从。形容十分恭顺。

O

【呕心沥血】ǒuxīn-lìxuè

　　呕:吐。沥:滴。吐出心来,滴出血来。比喻费尽心血。

【偶一为之】ǒuyī-wéizhī

　　为:做。偶尔做它一次。

【藕断丝连】ǒuduàn-sīlián

　　藕折断了,它的丝还连着。比喻表面上断绝关系,实际上仍有牵连。古诗中多以"藕"谐"偶"字,以"丝"谐"思"字,所以"藕断丝连"多用来指一对的男女断绝关系后双方或一方的情思尚未断绝。这是一种双关的修辞手法。后泛指其他事物之间似断非断的情况。

P

【爬罗剔抉】páluó-tījué

　　爬:发掘。罗:收罗。剔:挑,剔除。抉:选择。搜罗挑选。原形容广招人才。现多用于对著作的搜集整理。

【拍案而起】pāi'àn'érqǐ

　　案:一种狭长的桌子。一拍桌子站起来。形容非常激动或愤慨。

【拍案叫绝】pāi'àn-jiàojué

　　绝:无与伦比,极妙。手拍桌子大喊极妙。形容极为赞赏。

【拍板成交】pāibǎn-chéngjiāo

　　拍打木板完成交易。旧时在交易所或拍卖行进行买卖时,当买卖成功即拍木板告知公众,表示交易成立,所以叫"拍板成交"。用作成语,泛指交易成立。也比喻达成协议(多用于政治交易或罪恶勾结)。

【拍手称快】pāishǒu-chēngkuài

　　拍着手喊痛快。形容对某事的结局非常满意。

【排斥异己】páichì-yìjǐ

　　排挤清除跟自己意见不同的人。

【排除万难】páichú-wànnán

　　消除无数困难。

【排难解纷】páinàn-jiěfēn

　　排除危难,解决纠纷。后多指调解纠纷,平息事端。

【排山倒海】páishān-dǎohǎi

　　排:推开。把高山推开,把大海翻过来。形容来势凶猛,力量强大。

【排忧解难】páiyōu-jiěnán

　　排除忧虑,解决困难。

【排忧解难】páiyōu-jiěnàn

　　排除忧患,解除危难。

【攀龙附凤】pānlóng-fùfèng

　　攀:抓着东西往上爬,比喻向上投靠。扬雄《法言·渊骞》[75-P.417]:"攀龍鳞,附鳳翼。"意为抓着龙鳞往上升,依附凤凰的翅膀向上飞。原比喻投靠依附圣人(而扬名)。后比喻攀附帝王与权贵(以求飞黄腾达)。后也泛指投靠有权势的人。

【盘根错节】pángēn-cuòjié

　　盘绕的树根与交错的枝节。指难以砍伐的树木。比喻错综复杂而极难处理的事情。也比喻根深蒂固而极难铲除的恶势力。

【盘根究底】pángēn-jiūdǐ

　　盘问根由,追究底细。也作"盘

根问底"。

【判若鸿沟】pànruòhónggōu

判：区别。鸿沟：战国魏惠王时所开凿的一条运河，自今河南省荥阳市北引黄河，东流至开封市南而转弯向南流，至周口市淮阳区东南注入颍水。秦末项羽与刘邦相约中分天下，以鸿沟为界，东面属楚，西面属汉（见《史记·项羽本纪》[9-P. 58]）。（彼此的）区别像隔着鸿沟一样。指其区别非常明显。形容界限分明。

【判若两人】pànruòliǎngrén

判：区别。（前后的）区别像两个人一样。指一个人的言行、态度或精神面貌前后截然不同。

【庞然大物】pángrán-dàwù

庞然：高大的样子。外形高大的大东西。柳宗元《黔之驴》[76-P. 326]载，有人将驴运至黔，老虎一看，是个庞然大物，以为神，后来发现它并无本领，就把它吃了。后用作成语，用来指外形巨大而实际虚弱的东西。现多用来指体积大而笨重的东西。

【旁门左道】pángmén-zuǒdào

旁边的门和偏侧的道路。即不是正门、正道。也就是歪门邪道。比喻不正派的学术流派或宗教派别。也泛指不正派的东西。

【旁敲侧击】pángqiāo-cèjī

在旁边和侧面敲敲打打。比喻说话、写文章不从正面直截了当地说明本意，而从侧面委婉曲折地来讽刺抨击有关的人或事物。

【旁若无人】pángruòwúrén

身旁好像没有人似的。指不把旁边的人放在眼里。形容态度从容，神色自若。也形容态度傲慢，目中无人。

【旁征*博引】pángzhēng-bóyǐn

旁：多方面，广泛。征、引：引证，引用。多方面地引证，广博地引用。指讲话、作文时大量引用各种材料作为依据和例证。

【抛头露面】pāotóu-lùmiàn

抛：扔，丢。伸出头露出面孔。指在外人面前或大庭广众之下出现。原指妇女不顾体面而出现在公开场合(封建道德认为是丢脸的事，所以说"抛")。后泛指人在公开场合露面。多用于贬义。

【抛砖引玉】pāozhuān-yǐnyù

扔出砖头来招引宝玉。比喻自己先发表粗浅的诗文或不成熟的意见，来引出别人的佳作或高见。多用作谦辞。

【刨根问底】páogēn-wèndǐ

刨根：挖掘树根，比喻追问根由。追究根由，盘问底细。

【咆哮如雷】páoxiào-rúléi

大声吼叫如同雷鸣一般。形容人暴怒时的大声喊叫。

【炮火连天】pàohuǒ-liántiān

炮弹的火光在天空中接连不断。形容战斗激烈。

【赔了*夫人又折兵】péile fūrén yòu zhébīng

赔:做买卖损失本钱,白白地花掉。折:损失。白白送给了刘备一个夫人,又损失了军队。三国时,东吴孙权想向蜀汉刘备索回荆州,都督周瑜设计,假称将孙权之妹嫁给刘备,等刘备到东吴后扣作人质以要回荆州;刘备按诸葛亮的计策行事,到东吴成婚后偕夫人逃出东吴,周瑜带兵追赶,被诸葛亮的伏兵打败,因而被嘲笑为"周郎妙计安天下,陪(赔)了夫人又折兵"(见《三国演义》第五十四回、五十五回[33-P. 602~621])。后用作成语,比喻本想占便宜,结果却受到双重损失或吃了大亏。

【配套成龙】 pèitào-chénglóng

配合成一整套,形成一条龙。喻指把若干相关的事物搭配组合成一个完整的系统。也作"成龙配套"。

【喷薄欲*出】 pēnbó-yùchū

喷薄:气势磅礴地涌起。气势磅礴地涌起而将要出来。形容太阳即将跃出地平线。

【怦然心动】 pēngrán-xīndòng

怦:象声词,形容心跳的声音。怦怦怦的,心在激烈地跳动。指受到某种事物的吸引或刺激后内心产生波动。

【朋比为奸】 péngbǐ-wéijiān

朋比:朋党比周,结党联合。奸:邪恶,狡诈。结成死党联合起来干邪恶的事。

【蓬荜生辉】 péngbì-shēnghuī

蓬:蓬草。荜:通"筚",竹爿荆条

之类的东西。蓬荜:"蓬门荜户"的略语,用蓬草、竹爿、荆条等编的门,指贫穷人家住的草房。穷人的门户里产生光辉。喻指贫寒之家来了高贵的客人或接到了珍贵的东西而给其家门增添了光彩与荣耀。多用作谦辞,表示对别人的来访或馈赠十分看重与感谢。也作"蓬荜增辉""蓬荜生光"。

【蓬头垢面】 péngtóu-gòumiàn

头发蓬乱,满脸污垢。形容仪容极不整洁或不修边幅。

【鹏程万里*】 péngchéng-wànlǐ

鹏:传说中的大鸟。大鹏的行程远达万里。比喻前程远大。

【捧腹大笑】 pěngfù-dàxiào

捧着肚子大笑。指笑得极其厉害,以致腹部都笑痛了而只得用手捂着。形容遇到极可笑的事而笑得不能自抑。

【披肝沥胆】 pīgān-lìdǎn

披:剖开。沥:滴。剖开肝脏,滴出胆汁。比喻开诚相见,倾吐真心话。

【披挂上阵】 pīguà-shàngzhèn

披上铠甲、挂上箭袋等装备后走上战场。比喻穿戴好以后来到正式的活动(如比赛、劳动等)现场。

【披红戴花】 pīhóng-dàihuā

披着红绸,戴着红花。表示喜庆或光荣。

【披红挂彩*】 pīhóng-guàcǎi

披着红绸,挂上彩帛。表示光

P

荣、慰劳或喜庆。

【披坚执锐】 pījiān-zhíruì

身穿坚固的铠甲,手拿锐利的兵器。形容全副武装。

【披荆斩棘】 pījīng-zhǎnjí

披:分开。荆:一种落叶灌木,其枝条柔韧。棘:一种丛生的有刺小枣树,即酸枣树。劈开荆丛,斩断棘树。形容开辟荒山野地。比喻在创业的过程中或前进的道路上克服种种困难,扫除各种障碍。

【披麻戴孝】 pīmá-dàixiào

麻:指粗麻布做的丧服,儿子与未嫁女为父母、媳妇为公婆、妻子为丈夫等守丧时所穿,是一种最重的孝服。戴孝:头戴一种用长条形白布做成的兜头带;这种兜头带在脑后缝合一针,带子的两头则拖挂于身后,也是一种最重的孝服,为父母、公婆、丈夫等守丧时所戴。身穿麻布丧服,头戴白布孝带。指为父母等至亲服重孝。

【披沙拣金】 pīshā-jiǎnjīn

披:分开。拨开沙子挑拣金子。比喻在大量的事物中剔除糟粕,择取精华。

【披头散发*】 pītóu-sànfà

披:分开。使头发分开散乱。指头发不扎住而弄得乱蓬蓬。形容仪容不整。多用来指妇女长发。

【披星戴月】 pīxīng-dàiyuè

身披星光,头顶月色。形容早出晚归地在夜色中辛勤劳动或通宵在外赶路奔波。

【被发*文身】 pīfà-wénshēn

被:通"披",分散。散着头发不扎发髻,在身上刺花纹。这是古代吴越一带的风俗。用来形容未步入文明时代。

【劈头盖脸】 pītóu-gàiliǎn

劈:正对着。盖:覆盖,笼罩。冲着头,罩住脸。指完全正对着头和脸。形容来势凶猛,毫不留情。也作"劈头劈脸""劈头盖脑"。

【皮开肉绽】 píkāi-ròuzhàn

绽:裂开。皮、肉裂开。形容被打后外伤严重。

【皮里*阳秋】 pílǐ-yángqiū

阳秋:即"春秋"(晋简文帝司马昱之母郑太后名阿春,避讳"春"字而改称"阳"),孔子修订《春秋》时常于一字之中暗寓褒贬之意,所以用"春秋"表示褒贬。表皮之内的褒贬。指表面锋芒不露而隐含在骨子里的褒贬。

【皮笑肉不笑】 pí xiào ròu bù xiào

表皮在笑而皮下的肌肉不笑。指表里不一的假笑。

【皮之不存,毛将焉附】 pízhībùcún, máojiāngyānfù

皮都没有了,毛还能附着在哪里?比喻人或事物失去了赖以存在的基础,就无法存在下去。

【蚍蜉撼树】 pífú-hànshù

蚍蜉:大蚂蚁。蚂蚁去摇大树。比喻力量很小的人试图动摇伟人的地位或强大的事物。形容不自量力。

【疲于奔命】 píyúbēnmìng

奔命:逃命,引申指拼命奔走;后也指奉命奔走,引申指忙于应付。因逃命或奉命奔走而疲惫不堪。也指拼命奔走或忙于应付而疲惫不堪。

【匹夫匹妇】 pǐfū-pǐfù

匹:单独。单独的男子和单独的女子。指没有权势的平民百姓。

【匹夫之勇】 pǐfūzhīyǒng

匹:单独。单独一个人的勇敢。指不讲策略,不联合他人而只凭个人血气体力的蛮勇。

【否极泰来】 pǐjí-tàilái

否、泰:是《周易》的两个卦名,否象征天气地气不相交而万物不通顺[49-P.29],所以后用来指命运不好、事情不顺利;泰象征天气地气相交而万物通顺[49-P.28],所以后用来指命运好、事情顺利。坏运或逆境发展到极点,好运气或顺境就来了。指情况从极坏转好。多着眼于运气而言。

【屁滚尿流】 pìgǔn-niàoliú

滚:大水不断奔流。屁不断涌出,尿失禁流淌。形容惊恐、紧张或高兴到极点而不知所措的样子。

【偏听偏信】 piāntīng-piānxìn

片面地听取、片面地相信某一种意见。指只听信某一方面的意见而排斥其他方面的意见。形容态度不公正。

【翩翩起舞】 piānpiān-qǐwǔ

像鸟连续拍打翅膀而快速飞翔似地跳起舞来。形容轻快地跳舞。

【翩若惊鸿】 piānruòjīnghóng

轻快飘忽地飞过就像受惊的鸿雁。形容女子走路时体态轻盈快捷。

【片甲不留】 piànjiǎ-bùliú

甲:铠甲。一片铠甲上的金属片也不留下。指军队全部被消灭,一个士兵也没留下。也作"片甲不存"。

【片瓦不存】 piànwǎ-bùcún

一块完整的瓦也不存在了。指房屋全部被毁。也作"片瓦无存"。

【片言只*语】 piànyán-zhǐyǔ

片:零星的。只:单独的。零星而简短的一两句话。

【片言只*字】 piànyán-zhīzì

片:零星的。只:单独的。零星的几句话与孤零零的几个字。指很少的文字材料。

【片纸只*字】 piànzhǐ-zhīzì

片:零星的。纸:指文稿、信笺或书页等。零星的一两张纸与孤零零的几个字。指零碎的文字材料或简短的书信。

【漂洋过海】 piāoyáng-guòhǎi

漂渡越过汪洋大海。指乘船到海洋彼岸的远方陆地。

【飘飘欲*仙】 piāopiāo-yùxiān

轻飘飘地要成仙了。形容一种轻松洒脱、远离尘世的感觉。也比喻诗文、书法等的情致轻逸洒脱。

【瓢泼大雨】 piáopō-dàyǔ

像用瓢泼水似的大雨。形容雨

很大很猛。

【拼死拼活】pīnsǐ-pīnhuó

不顾死活地拼搏。

【贫病交迫】pínbìng-jiāopò

交：一起。贫穷和疾病一齐逼来。也作"贫病交加"。加：施加。

【贫贱不能移】pínjiàn bù néng yí

移：改变。贫穷和下贱不能改变他的志向。形容意志坚定。

【贫嘴贱舌】pínzuǐ-jiànshé

贫：絮叨乏味。贱：卑劣。乏味卑劣的口舌。形容说话啰嗦尖刻而令人厌恶。也作"贫嘴薄舌"。薄：刻薄。

【品头论足】pǐntóu-lùnzú

品：评论。品评头，谈论脚。指评论妇女的体态容貌。后也喻指对人或事物说三道四，多方挑剔。也作"评头品足""评头论足"。

【品学兼优】pǐnxué-jiānyōu

品德学业都优秀。

【品竹弹丝】pǐnzhú-tánsī

品：口吹。吹奏管乐器，弹奏弦乐器。泛指演奏乐器。

【平安无事】píng'ān-wúshì

太平安全，没有事故。

【平白无故】píngbái-wúgù

平白：凭空。无缘无故。

【平步青云】píngbù-qīngyún

青云：指青天，高空。从平地步入高空。比喻仕途得意，一下子达到了很高的地位。古代多指科举考中。

【平淡无奇】píngdàn-wúqí

平常而乏味，没有奇特之处。

【平地风波】píngdì-fēngbō

平坦的土地上产生的风浪。比喻突然发生的意外的纠纷或事故。

【平地一声雷】píngdì yī shēng léi

平坦的空地上响起了一声春雷。比喻突然发生了一件令人震动的大喜事。多指突然传来令人振奋的大喜讯。

【平分秋色】píngfēn-qiūsè

平均分占秋天的景色。指中秋或秋分时昼夜各占有一半秋景。后比喻双方各占一半。

【平铺直叙】píngpū-zhíxù

铺：铺陈，展开叙述。没有起伏地铺陈，没有曲折地叙述。指把事情或道理简单直接地陈述出来。形容文章不加修饰，极为明了畅达。也形容说话、写文章平淡无奇，缺乏起伏变化，重点不突出。

【平起平坐】píngqǐ-píngzuò

平等地起身，平等地就座。指起身行走登阶和就座的等次均相同。比喻地位或权力相等。也形容以平等的地位或礼节待人。

【平心而论】píngxīn'érlùn

平心：使心情平静，不动感情。心情平静地来评论。即不意气用事而以冷静客观的态度进行评价。

【平心静气】píngxīn-jìngqì

使心情平和，不动气。即心情平静而不激动，态度镇静而不生气。

【平易近人】píngyì-jìnrén

平：平常，引申指不高人一等，谦逊。易：简易，引申指不高深莫测，坦诚。原指政令平常简易而接近民众。后指人谦逊坦率而与人亲近。也指诗文平凡易懂，与民众口语接近。

【评头品足】píngtóu-pǐnzú
　　见"品头论足"。

【凭空捏造】píngkōng-niēzào
　　凭借没有实际根据的虚构去编造。

【萍水相逢】píngshuǐ-xiāngféng
　　像浮萍在流水中漂泊而偶然相遇。比喻素不相识的人偶然在旅途相遇。也比喻漂泊在外的亲友偶然相遇。

【泼妇骂街】pōfù-màjiē
　　撒泼凶悍的女人在街上谩骂。比喻蛮不讲理地攻击谩骂。

【婆婆妈妈】pópomāmā
　　像老婆婆老妈妈一样。形容做事、说话不爽快利索。也形容人感情脆弱。多用来指男人没有男子气概。

【迫不得已】pòbùdéyǐ
　　已：止。不得已：不能停止，不得不做。被逼迫得不得不做。指被情势所迫而无可奈何，只得去做。

【迫不及待】pòbùjídài
　　急迫得不能等待。形容心情急切。

【迫在眉睫】pòzàiméijié
　　迫：近。近得就在眉毛、眼睫毛边上。即近在眼前。形容事情十分紧迫。

【破除迷信】pòchú-míxìn
　　去掉迷信思想。原指从信仰神仙、鬼怪、命运的思想束缚中解放出来。后也指去掉一切盲目的信仰崇拜。

【破釜沉舟】pòfǔ-chénzhōu
　　釜：一种锅。砸破锅子，沉掉渡船。指去掉退路，背水一战。《史记·项羽本纪》[9-P.54]："项羽乃悉引兵渡河，皆沈船，破釜甑，烧庐舍，持三日粮，以示士卒必死，无一遷心。"后化为成语，比喻豁出生命，投入全部力量拼一下。

【破罐破摔】pòguàn-pòshuāi
　　破了的罐子再往破里摔。即把破罐子进一步摔破。比喻犯了错误不思改正，反而自暴自弃，一错到底。

【破镜重圆】pòjìng-chóngyuán
　　打破的镜子重新圆合。孟棨《本事诗·情感》[77-P.91]："陈太子舍人徐德言之妻，后主叔宝之妹，封乐昌公主，才色冠绝。时陈政方乱，德言知不相保……乃破一镜，人执其半，约曰：'他日必以正月望日卖于都市，我当在，即以是日访之。'及陈亡，其妻果入越公杨素之家，宠嬖殊厚。德言流离辛苦，仅能至京，遂以正月望日访于都市。有苍头卖半镜者大高其价，人皆笑之。德言直引至其居，设食，具言其故，出半镜以合之，仍题诗曰：'镜与人俱去，镜归人不归。无复嫦娥影，空留明月辉。'陈氏得诗，涕泣不食。素知之，怆然改容，即召德言还其妻，仍厚遗之。"后化为成语，比喻夫妻失散或关系破裂后重新团圆。

【破旧立新】pòjiù-lìxīn

破除旧的,建立新的。

【破口大骂】pòkǒu-dàmà

破口:破嘴,尽说坏话的嘴。张开破嘴大声谩骂。指用污秽恶劣的话高声辱骂。

【破涕为笑】pòtì-wéixiào

破:突破。涕:眼泪。冲破眼泪,化作欢笑。指由哭泣转为欢笑。形容在悲愁中遇到可乐之事而一时转悲为喜。

【破天荒】pò tiānhuāng

荒:荒芜,没有开辟。天荒:天地没有开辟。打破了天地未开辟的局面。即开天辟地。比喻前所未有,第一次出现。据王定保《唐摭言·海述解送》[78-P.11]和孙光宪《北梦琐言·破天荒解》[79-P.81]载,唐朝时荆州每年解送举人入京考试多考不取,时称"天荒",至大中四年(公元 850 年),刘蜕由荆州解送而考中了进士,被称为"破天荒"。所以,后来也用"破天荒"特指某一地区长年以来第一次有人应考及第。

【破绽百出】pòzhàn-bǎichū

破绽:衣服上的破洞裂缝,比喻漏洞。百:泛指多。漏洞出现了很多很多。

【扑朔迷离】pūshuò-mílí

扑朔:通"爬搔",脚乱动。迷离:通"眯瞇""瞇矇",眼眯着。《乐府诗集》卷二十五[43-P.374]载《木兰诗》:"雄兔脚撲朔,雌兔眼迷離;雙兔傍地走,安能辨我是雄雌?"兔子发情时,雄的四脚乱动,雌的两眼半闭,但它们一起在地上跑的时候却难辨雌雄。后化为成语,比喻事物错综复杂,模糊不清,特征不明显,不易辨识。

【铺天盖地】pūtiān-gàidì

铺满天空,覆盖大地。即充满了天地,到处都是。形容规模大,来势猛或数量多。也作"遮天盖地"。遮:遮住。

【铺张浪费】pūzhāng-làngfèi

铺:陈设。张:大。排场极大而浪费人力物力。

【铺张扬厉】pūzhāng-yánglì

铺张开张大,上扬举起。指诗文大肆铺陈,极力宣扬。后也指讲究排场,气势昂扬。

【蒲柳之姿】púliǔzhīzī

蒲柳:水杨,是一种秋天早凋的树木。姿:资质。水杨似的资质。比喻衰弱的体质。多用作自谦之辞。

【璞玉浑金】púyù-húnjīn

浑:融合不分,未分剖。未经雕琢的玉与未经提炼的金子。比喻人的品质质朴完美,未受过不良影响。也比喻诗文质朴自然,具有天然之美。

【朴实无华】pǔshí-wúhuá

质朴实在而不浮华。

【普天同庆】pǔtiān-tóngqìng

普:遍,全。遍天下的人共同庆祝。

Q

【七步成章】qībù-chéngzhāng

　　章：音乐的一个段落，即一曲，由于《诗经》的每一个段落与一曲相配，所以"章"又指诗篇的一个段落。行走七步就写成一章诗（参见"相煎何急"条）。形容文思敏捷。

【七步之才】qībùzhīcái

　　行走七步就能创作出诗来的才能。原指曹植的文才（见"七步成章"）。也用来泛指敏捷的写作才能。

【七长八短】qīcháng-bāduǎn

　　七……八……：表示多而杂乱。长长短短。形容长短或高低参差不齐。也指话题多而杂乱。又用来表示意外的灾祸或死亡，相当于"三长两短"。

【七尺之躯】qīchǐzhīqū

　　七尺长的躯体。指成人的身躯。多用来指男子汉大丈夫的身躯。

【七颠八倒】qīdiān-bādǎo

　　七……八……：表示多而杂乱。颠颠倒倒。形容极乱。

【七高八低】qīgāo-bādī

　　高高低低。形容高低不平。

【七拉八扯】qīlā-bāchě

　　多而杂乱地拉扯。指说话、作文时随意乱扯，琐碎繁杂。

【七老八十】qīlǎobāshí

　　老得七八十岁。形容年纪很大，已经步入高龄阶段。

【七零八落】qīlíng-bāluò

　　零零落落。指零碎地分散在各处而不集中，或破裂零乱而不统一。

【七拼八凑】qīpīn-bācòu

　　把多方面的人或物拼凑在一起。

【七窍生烟】qīqiào-shēngyān

　　七窍：七孔，指两眼、两耳孔、两鼻孔和口。眼、耳、鼻、口要冒出烟来。形容极其气愤而怒火中烧，也形容着急、紧张。

【七情六欲】*qīqíng-liùyù

　　七情：喜、怒、哀、惧、爱、恶、欲；中医指喜、怒、忧、思、悲、恐、惊。六欲：生、死、耳、目、口、鼻；佛教指色欲、形貌欲、威仪姿态欲、言语音声欲、细滑欲、人想欲。"七情六欲"连言，则泛指喜怒哀乐等各种感情和食欲、色欲、贪欲等各种欲望。

【七上八下】qīshàng-bāxià

　　上上下下。指心跳失常，忐忑不

安。也指上不上、下不下而十分尴尬。

【七手八脚】qīshǒu-bājiǎo

很多手很多脚。也指很多人一起动手。形容人多手杂,动作忙乱。

【七损八伤】qīsǔn-bāshāng

损伤的地方很多。也指受到很大伤害。

【七折八扣】qīzhé-bākòu

打了很多折扣。

【七嘴八舌】qīzuǐ-bāshé

很多嘴,很多舌头。形容很多人纷纷议论。

【妻离子散】qīlí-zǐsàn

妻子儿女分离四散。形容一家人被迫分离而四处逃散。

【凄风苦雨】qīfēng-kǔyǔ

凄凉的风和使人痛苦难受的雨。指寒冷刺骨的风和久下成灾的雨。形容天气恶劣。也用来比喻凄凉悲苦的境遇。也作"凄风冷雨""苦雨凄风"。

【期期艾艾】qīqī'ài'ài

《史记·张丞相列传》[9-P.449]载,周昌口吃,把"期"说成"期期"。刘义庆《世说新语·言语》[39-P.42]载,邓艾口吃,将"艾"说成"艾艾"。后用"期期艾艾"表示口吃。也形容人没有口才或说话不流利。

【欺行霸市】qīháng-bàshì

欺压同行,称霸市场。

【欺人太甚】qīrén-tàishèn

甚:厉害。欺负人太厉害。指欺负人达到了令人难以容忍的程度。

【欺人之谈】qīrénzhītán

骗人的话。

【欺软怕硬】qīruǎn-pàyìng

欺负软弱的,害怕强硬的。也指欺负无权势的而害怕有权势的。

【欺上瞒下】qīshàng-mánxià

欺骗上级,瞒哄下属和民众。指用欺骗的手段来博取上面的信任和下面的支持。

【欺世盗名】qīshì-dàomíng

欺骗世人,窃取名誉。

【漆黑一团】qīhēi-yītuán

一片漆黑。比喻腐败黑暗而没有一点光明。也比喻对人对事毫无了解。也作"一团漆黑"。

【齐东野语】qídōng-yěyǔ

齐国东部乡下人的话。比喻毫无根据的道听途说。

【齐头并*进】qítóu-bìngjìn

几支队伍排头整齐并列前进。比喻几件事情不分先后同时进行。

【齐心协力】qíxīn-xiélì

协:合。思想一致,共同努力。也作"齐心合力"。

【其乐融融】qílè-róngróng

融融:温暖和谐的样子。那里面的乐趣温暖而和谐。形容和睦而快乐的气氛。

【其乐无穷】qílè-wúqióng

那里面的乐趣无穷无尽。指对

自己所处的境地或所做的事情感到无比快乐。

【其貌不扬】 qímào-bùyáng

扬：眉毛舒展上扬、额角丰满的样子，形容相貌神气。他的相貌不神气。原指人外貌平平。现也指物不漂亮。

【其势汹汹】 qíshì-xiōngxiōng

汹汹：大水奔腾上涌的样子。他的气势像大水奔腾汹涌似的。形容气焰炽盛，势头凶猛。多用于贬义。

【其味无穷】 qíwèi-wúqióng

那里面的味道无穷无尽。指含义深刻、情趣浓厚、意味深长而使人回味不尽。

【奇耻大辱】 qíchǐ-dàrǔ

奇：异常的。异常的极大的耻辱。

【奇光异彩】* qíguāng-yìcǎi

奇妙异常的光亮和色彩。

【奇花异草】 qíhuā-yìcǎo

奇异的花草。

【奇货可居】 qíhuò-kějū

居：占据，囤积。奇异难得的东西可以囤积起来。因为难得的东西可以等待时机卖高价而获利。比喻珍奇难得的人或物可以占有并保存起来（以便将来获利）。现也比喻某种独特的技艺、成果或事物可以依仗来博取名利地位。

【奇谈怪论】 qítán-guàilùn

奇怪的言论。指不合情理或不合时宜的言谈议论。

【奇文共赏】 qíwén-gòngshǎng

奇特的文章共同来欣赏。原用于褒义，现多用于贬义。

【奇形怪状】 qíxíng-guàizhuàng

稀奇古怪的形状。指形状奇怪而非同寻常。

【奇珍异宝】 qízhēn-yìbǎo

稀奇难得、非同寻常的珍宝。

【奇装异服】 qízhuāng-yìfú

奇异的服装。指式样、颜色等与众不同的服装。

【骑虎难下】 qíhǔ-nánxià

骑在老虎背上难以下来。因为中途下来会被老虎咬死。比喻做事途中发现事情烦难，但半途而废又损失重大，因而不能下马，只得继续做下去。

【骑马找马】 qímǎ-zhǎomǎ

骑着马再去找马。比喻某种事物就在身边却达不到处去找。也比喻占着现有的职位，又去寻找更好的工作。

【棋逢敌手】 qíféngdíshǒu

敌：匹敌，相当。下棋碰到了本领相当的对手。比喻做事时碰到了能力、技艺等不相上下的对手。也作"棋逢对手"。

【旗鼓相当】 qígǔ-xiāngdāng

旗鼓：军旗战鼓，古代军队中的传令工具（作战时摇旗指挥，击鼓进兵），借指兵力。兵力相当。也比喻双方势均力敌。

Q

【旗开得胜】 qíkāi-déshèng

发号令的战旗一展开就取得了胜利。指一投入战斗就取得了胜利。后比喻事情一开始就取得了成功。

【旗帜鲜明】 qízhì-xiānmíng

旗帜的色彩鲜艳明丽。比喻人的态度、立场、观点等十分明确。

【乞哀告怜】 qǐ'āi-gàolián

哀：怜悯。告：请求。乞求别人怜悯，请求别人同情。

【岂有此理】 qǐyǒucǐlǐ

哪有这种道理？即没有这种道理。指完全不合情理，荒谬之极。表示对某事极端不满与愤慨。

【杞人忧天】 qǐrén-yōutiān

《列子·天瑞》[40-P.30]："杞國有人憂天地崩墜。"杞国（在今河南省杞县）人担心天要塌下来。比喻毫无必要或毫无根据的担忧。

【起承转合】 qǐ-chéng-zhuǎn-hé

开头、承接、转折、结束。这是传统诗文的结构模式。"起"为开头破题，"承"为承接破题之笔加以申述，"转"为变换角度进行论述，"合"为收拢起来结束全文。后也用"起承转合"泛指诗文作法。也比喻固定、呆板的发言、写作模式。

【起死回*生】 qǐsǐ-huíshēng

使死人起身，使生机重返。指救活了濒临死亡的人。形容医术高明。也比喻扭转危局或僵局，使陷于绝境或毫无生气的人或事物获得了生路或恢复了生机。

【起早贪黑】 qǐzǎo-tānhēi

起身很早，还贪图黑夜。指一大早起来干活，到天黑了还不肯休息。形容人勤劳。也作"起早摸黑"。

【气冲*牛斗】 qìchōngniúdǒu

牛斗：二十八宿中的牛宿和斗宿，指天空。气势冲天。形容剑的杀气、人的豪气或怒气等极盛。也作"气冲斗牛"。

【气冲*霄汉】 qìchōngxiāohàn

霄：高空的云气。霄汉：云霄和天河，指天空极高处。气势冲天。形容人的豪气或怒气极盛。

【气喘吁吁】 qìchuǎn-xūxū

吁吁：象声词，形容呼吸的声音。呼吸急促得吁吁发响。形容大声喘气。

【气贯长虹】 qìguàncánghóng

气势贯穿长长的虹。形容豪气或浩气极盛。

【气急败坏】 qìjí-bàihuài

呼吸急促而神色被毁坏。指上气不接下气而样子十分狼狈。多用来形容紧张慌忙地快跑或恼羞成怒时的神态。

【气势磅礴】 qìshì-pángbó

磅礴：广博充溢的样子。气势广博充溢。形容气势雄伟盛大。

【气势汹汹】 qìshì-xiōngxiōng

汹汹：大水奔腾上涌的样子。气势像大水奔腾汹涌似的。形容气焰炽盛，势头凶猛。多用于贬义。

【气吞山河】 qìtūnshānhé

气势能吞没高山大河。形容气魄极大。

【气味相投】 qìwèi-xiāngtóu

气味:比喻思想作风、情趣习性。思想作风、情趣习性互相投合。指彼此的脾气志趣等相同而很合得来。原多用作褒义,现多用作贬义。

【气息奄奄】 qìxī-yǎnyǎn

奄奄:气息微弱的样子。呼吸非常微弱。形容生命垂危,即将断气。也比喻事物衰败没落,即将灭亡。

【气象万千】 qìxiàng-wànqiān

气象:景象。景象很多很多。形容景色或事物呈现的情景千姿百态,丰富多彩。

【气焰嚣张】 qìyàn-xiāozhāng

气焰:像火焰一样令人难以接近的气势。嚣张:猖獗。气势十分猖獗。指态度狂妄,言行放肆。

【气宇轩昂】 qìyǔ-xuān'áng

气宇:气概,风度。轩:高。气度高昂。指精神饱满,风度翩翩。形容男子气概不凡。也作"器宇轩昂"。器宇:仪表风度。

【气壮山河】 qìzhuàngshānhé

气:人的精神状态,气概。壮:强盛,豪壮。气概豪迈雄壮得像高山大河一样。

【弃暗*投明】 qì'àn-tóumíng

背弃黑暗,投向光明。比喻脱离黑暗的邪恶势力而投身于前途光明的进步阵营。

【弃甲曳兵】 qìjiǎ-yèbīng

丢掉铠甲,拖着兵器。形容被打败后仓皇逃跑的样子。

【弃旧图新】 qìjiù-túxīn

抛弃旧的,谋求新的。指舍弃旧的一套而寻求新的途径。也指改掉以往的坏习惯而争取重新做人。

【弃瑕录用】 qìxiá-lùyòng

弃:舍弃。瑕:玉上的斑点,比喻人的缺点错误。不计较其缺点错误而录取任用他。

【弃之可惜】 qìzhī-kěxī

抛弃它觉得可惜。

【弃如敝屣】 qìrúbìxǐ

敝:破。屣:鞋。抛弃它就像扔掉破鞋子一般。比喻毫不可惜地抛弃掉。

【泣不成声】 qìbùchéngshēng

泣:有泪而无声或低声地哭。成:完成。哭泣得不能发出完整的声音。形容极度悲伤地抽噎。

【泣下如雨】 qìxià-rúyǔ

泣:眼泪。眼泪像雨水一样落下来。形容极其悲伤。

【掐头去尾】 qiātóu-qùwěi

掐:用指甲切断。切掉头除去尾。指截取主干。也指除去不重要的部分而留下重要的部分。

【恰到好处】 qiàdào-hǎochù

恰:正好。正好达到合适完美的地步。

【恰如其分】 qiàrúqífèn

恰:正好。如:按照,适合。其分:他(它)的本分,指人或事物本身所达到的程度。正好适合他(它)本身所具有的程度。指正好适合其本身或合乎分寸。形容说话、办事等恰当而不过分。

【千变万化】 qiānbiàn-wànhuà

变化上千上万次。指变化极多。

【千差万别】 qiānchā-wànbié

成千上万的差距与区别。指多种多样的差别。

【千疮百孔】 qiānchuāng-bǎikǒng

见"百孔千疮"。

【千锤*百炼】 qiānchuí-bǎiliàn

锤:用锤子敲打。炼:用火提炼。打铁时锤打千百次,炼钢时提炼千百次。比喻诗文字句经过无数次的推敲提炼。也比喻人经过无数次的锻炼和考验。

【千刀万剐】 qiāndāo-wànguǎ

剐:五代以后设立的一种最残酷的死刑,也叫"凌迟",即把犯人的肉一块块地割下来而缓慢地处死。割成千上万刀。指处以剐刑。后也用于骂人,意谓对方罪大恶极,不得好死。

【千叮万嘱】 qiāndīng-wànzhǔ

叮咛嘱咐千万次。指反复叮嘱。形容对嘱咐的事情极其重视。

【千方百计】 qiānfāng-bǎijì

使用成百上千种方法和计谋。指想尽一切办法,用尽一切计谋。

【千夫所指】 qiānfū-suǒzhǐ

被众人所指责。形容做了触犯众怒的事情。

【千古绝唱】 qiāngǔ-juéchàng

千古:上千个古代,指久远的年代。绝:无与伦比的。唱:歌唱,歌吟,指诗歌,也泛指文学作品。千年万代无与伦比的作品。

【千古罪人】 qiāngǔ-zuìrén

千年万代公认的罪恶之人。

【千呼万唤】 qiānhū-wànhuàn

呼唤千万次。指再三呼唤。形容多次邀请或催促。

【千家万户】 qiānjiā-wànhù

成千上万家人家。

【千娇百媚】 qiānjiāo-bǎimèi

娇:柔美可爱。媚:姿态妩媚可爱。千百种娇柔妩媚的姿态。指无比娇美可爱。形容女子姿态之美。也作"千娇百态"。

【千军万马】 qiānjūn-wànmǎ

成千上万的将士和战马。指无数的兵马。也比喻声势浩大的队伍。

【千钧一发*】 qiānjūn-yīfà

见"一发千钧"。

【千里*鹅毛】 qiānlǐ-émáo

千里之外送鹅毛。俗语说:"千里送鹅毛,礼轻情意重。"所以用"千里鹅毛"表示礼物虽轻而情意深厚。也作"千里送鹅毛"。

【千里*迢迢】 qiānlǐ-tiáotiáo

迢迢:遥远。上千里的遥远。指相距极远或路途遥远。

【千里*之堤，溃于蚁穴】qiānlǐzhī-dī,kuìyúyǐxué

上千里长的大堤，由于有了蚂蚁洞而溃决。比喻疏忽小问题会酿成大祸。

【千里*之行，始于足下】qiānlǐzhī-xíng,shǐyúzúxià

上千里的行程，是从脚下第一步开始的。比喻远大的目标不可能一蹴而就，必须从小处着手，逐步积累，才能取得伟大的成就。

【千虑一得】qiānlǜ-yīdé

一得：一点收获。《晏子春秋·内篇杂下》[80-P.411]："聖人千慮，必有一失；愚人千慮，必有一得。"后化为成语"千虑一得"，指愚者考虑上千次必有一点收获。即愚者的意见也有得当可取之处。多用来谦指自己反复考虑后所获得的见解。

【千难万险】qiānnán-wànxiǎn

成千上万的艰难险阻。也指无数的困难和危险。

【千年万载】qiānnián-wànzǎi

载：年。成千上万年。指久远的年代。

【千篇一律】qiānpiān-yīlǜ

上千篇诗文都是一个样子。指作品模式化。也比喻言谈、行事等互相雷同，没有变化。

【千奇百怪】qiānqí-bǎiguài

成百上千种奇怪。指各种各样稀奇古怪的事物。也指非常奇怪。

【千秋万代】qiānqiū-wàndài

秋：每过一个秋季就是一年，所以用"秋"指代年。上千年，上万代。指世世代代。

【千人一面】qiānrén-yīmiàn

上千人都是一样的面孔。指文艺作品中的人物形象雷同。

【千山万水】qiānshān-wànshuǐ

成千上万的高山河流。指无数的山水或险阻。多用来形容路途艰险或遥远。也作"万水千山"。

【千丝万缕】qiānsī-wànlǚ

缕：线。上千根丝，上万根线。即无数根丝线。原多用来喻指数不清的柳丝或鬓发。也用来喻指难以割断的无限情思（古代以"丝"字双关"思"）。现多用来喻指彼此间的关系极其繁杂而难以割断。

【千头万绪】qiāntóu-wànxù

绪：丝头，比喻事情的开端。成千上万个头绪。即无数的头绪。形容事情纷繁复杂。也作"千端万绪"。

【千辛万苦】qiānxīn-wànkǔ

很多很多的艰辛劳苦。也指极其辛苦。

【千言万语】qiānyán-wànyǔ

成千上万句话。指许许多多的话。

【千载难逢】qiānzǎi-nánféng

载：年。过一千年也难以碰到。指极其难得。

【千载一时】qiānzǎi-yīshí

一千年才有这样一次时机。形容极其难得的大好时机。

【千真万确】qiānzhēn-wànquè

确:确实。千万分地真实可靠。指极其真实可靠。

【千姿百态】qiānzǐ-bǎitài

成百上千种姿态。指各种各样的姿势和形状。形容姿态丰富多彩。

【牵肠挂肚】qiāncháng-guàdù

肠、肚:肠子、肚子,比喻内心。牵动了肠子,挂在肚子里。比喻牵挂在心头。即时刻挂念而放心不下。形容对某人极爱或对某事极关心而时时惦念着。

【牵强附会】qiānqiǎng-fùhuì

牵强:勉强牵扯,指把没有关系或关系很远的事物硬扯在一起。附会:归合,指人为地扯合,把没有关系的硬说成有关系,把没有这种意思的硬说成有这种意思。生拉硬扯,勉强比附。形容解说不实事求是。

【牵线搭桥】qiānxiàn-dāqiáo

牵线:拉线,即俗语所说的“千里姻缘一线牵”的牵线,传说月下老人用一根红线来系结男女之足使他们成为夫妻(参见“月下老人”条),后来便用“牵线”表示介绍、撮合。搭桥:架桥,指每年七夕喜鹊在天河上成群衔接架成桥梁让牛郎、织女相会,后便用“搭桥”表示为双方的联系提供条件。拉线架桥。比喻介绍双方相识,并为其联系(结合或合作)提供条件。

【牵一发*而动全身】qiān yī fà ér dòng quánshēn

拉一根头发能使全身都动起来。比喻动了一个极小的部分会影响到全局。

【谦谦君子】qiānqiān-jūnzǐ

非常谦虚的有德之人。

【谦虚谨慎】qiānxū-jǐnshèn

谦逊虚心,小心慎重。指待人谦虚,做事谨慎。

【前车之鉴】qiánchēzhījiàn

鉴:镜子,引申指可资借鉴的教训。前面车子倾覆的教训。比喻前人失败的教训。

【前程似锦】qiánchéng-sìjǐn

前途像华美的锦缎。指前途美好。

【前程万里*】qiánchéng-wànlǐ

前程有万里远。比喻前途远大。

【前赴后*继】qiánfù-hòujì

赴:奔赴。前面的人冲上去,后面的人紧跟着。形容人们连续不断地向前,为某种事业而英勇奋斗。

【前功尽弃】qiángōng-jìnqì

以前的功绩全都丢掉了。指以前的工作全部白做。

【前呼后*拥】qiánhū-hòuyōng

前面的人吆喝开路,后面的人簇拥保护。形容达官贵人出行时随从众多、声势显赫的样子。

【前倨后*恭】qiánjù-hòugōng

起先傲慢,后来恭敬。指对人的态度由坏转好。多用来形容人势利,见别人富贵了便恭敬起来了。

【前怕狼，后*怕虎】qián pà láng, hòu pà hǔ

　　前面怕狼，后面怕虎。比喻恐惧不安或胆小怕事。形容环境险恶而顾虑重重或害怕风险而畏缩不前。

【前仆*后继】qiánpū-hòujì

　　仆：倒下。前面的倒下了，后面的接上去。形容不怕牺牲，坚持斗争，勇往直前。

【前人栽树，后*人乘凉】qiánrén-zāishù, hòurén-chéngliáng

　　前代人种树，后代人在树下乘凉。比喻前人创业而后人得福。

【前事不忘，后*事之师】qiánshì-bùwàng, hòushìzhīshī

　　师：老师，指导者。以前的事情不忘记，可以成为以后工作的指导。

【前思后*想】qiánsī-hòuxiǎng

　　往前想想，又退后一步想想。指反复考虑。

【前所未闻】qiánsuǒwèiwén

　　以前从来没有听说过。

【前所未有】qiánsuǒwèiyǒu

　　以前从来没有过。

【前无古人】qiánwúgǔrén

　　回顾以前，没有看到古代的人也这样。即从前没人做过或达到过。指空前未有。

【前言不搭后*语】qiányán bù dā hòuyǔ

　　前面的话和后面的话连接不上。指说的话前后不连贯，不能自圆其

说。形容心慌意乱或思绪混乱而乱说。

【前仰后*合】qiányǎng-hòuhé

　　仰：脸向上。又是前面脸向上，又是后背向前弯腰使身体合拢。指身体大幅度地前后晃动。多形容大笑、酒醉、困倦时身体难以支撑的样子。

【前因后*果】qiányīn-hòuguǒ

　　起先的原因和后来的结果。也泛指事情的整个过程。

【钱可通神】qiánkětōngshén

　　钱可以买通神灵。指金钱的诱惑力极大，能买通一切。

【钳口结舌】qiánkǒu-jiéshé

　　夹住嘴巴，扎住舌头。指紧闭嘴巴，不动舌头。即不开口说话。形容慑于淫威而不敢讲话。

【潜移默化】qiányí-mòhuà

　　潜：隐蔽，不露形迹。移：改变。默：不说话，没有声音。化：感化。在无形之中改变人，在不言之中感化人。指在不知不觉之中使人心发生变化。

【黔驴技穷】qiánlú-jìqióng

　　黔：黔州，治所在今重庆市彭水苗族土家族自治县，辖今湖北省清江上游与湖南省沅江上游，贵州省桐梓县、金沙县、纳雍县、兴义市以东，重庆市綦江、彭水与广西壮族自治区西林、凌云、南丹等县地。穷：尽。黔州的驴本领使尽。柳宗元《黔之驴》[76-P.326]载，黔州本无驴，有人用船

运入一头,老虎看到驴是个庞然大物,吼声吓人,很怕它,但逗弄它,它却只会用脚踢,老虎见它只有这一点本领,就把它吃了。后化为成语,比喻人仅有的一点点本领也用完了。多用于贬义或自谦。

【黔驴之技】 qiánlǘzhījì

　　黔州之驴的技能。比喻有限的一点点本领或拙劣的技能。多用于贬义或自谦。参见上条。

【浅尝辄止】 qiǎncháng-zhézhǐ

　　辄:就。肤浅地尝一尝就停止了。比喻略微接触一下而不再深入下去。

【浅斟低唱】 qiǎnzhēn-dīchàng

　　斟:少量地筛酒(大量地筛酒叫酌)。浅浅地在杯中倒一些酒,听人轻声歌唱。原形容饮酒狎妓的生活。后也形容悠然自得地消闲享乐。

【遣词造句】 qiǎncí-zàojù

　　调遣词语造成句子。指选择和运用词语,组织句子。

【枪*林弹雨】 qiānglín-dànyǔ

　　枪杆像树林,子弹像下雨。形容炮火密集,战斗激烈。

【强加于人】 qiángjiāyúrén

　　强横地施加给别人。指蛮横无理地硬把某些观点或罪名加到别人头上。

【强奸民意】 qiángjiān-mínyì

　　强行奸污民众的意愿。指把自己的意志强加于人民,硬把自己的图谋说成是人民的意愿。

【强弩之末】 qiángnǔzhīmò

　　弩:一种利用机械力量发射箭的强弓。强劲的弓弩射出的箭到了最后的阶段。比喻原来强大但已衰微的力量。

【墙倒众人推】 qiáng dǎo zhòng-rén tuī

　　墙壁歪倒后很多人会来推一把。比喻人一旦失势跌倒,就会有许多人来乘机打击而使他彻底垮台。

【强词夺理】 qiǎngcí-duólǐ

　　强:勉强。夺:强取。用勉强的话抢理。指竭力辩说,硬把无理说成有理。

【强聒不舍*】 qiǎngguō-bùshě

　　强:竭力。聒:喧嚷。舍:舍弃。竭力喧嚷个不停。指不管别人听不听,硬在别人耳边没完没了地絮叨。

【强人所难】 qiǎngrénsuǒnán

　　勉强别人去做为难的事。指硬要别人去做没有能力做或不愿做的事。

【强颜欢笑】 qiǎngyán-huānxiào

　　颜:面容。勉强自己的面容装出欢笑的样子。指心中不痛快而竭力装出笑容。

【敲骨吸髓】 qiāogǔ-xīsuǐ

　　敲开骨头吮吸骨髓。比喻残酷地搜刮民财。

【敲诈勒索】 qiāozhà-lèsuǒ

　　敲诈:硬逼讹诈,指依仗势力或抓住对方的把柄进行威胁欺骗来索取财物。勒索:强行索取钱财。四字连文,泛指用威胁强暴的手段逼取别人钱财。

【乔迁之喜】 qiáoqiānzhīxǐ

乔:高。乔迁:鸟儿向高大的树上迁移,语本《诗经·小雅·伐木》[10-P.410]:"伐木丁丁,鸟鸣嘤嘤,出自幽谷,迁于乔木。"比喻搬迁到好地方或职位高升。向好地方搬迁或晋升的喜事。多用来祝贺人搬迁新居。

【乔装打扮】 qiáozhuāng-dǎbàn

乔:做假。装:服装。打扮:化装。改穿服装并修饰容貌。指进行伪装来掩饰其原貌。隐瞒身份也作"乔装改扮"。

【翘首以待】 qiáoshǒuyǐdài

抬起头来等待。指热切地期待。

【翘足而待】 qiáozú'érdài

一抬起脚就可等到。指很快就能等到。

【巧夺天工】 qiǎoduó-tiāngōng

夺:强取,指胜过。工:作。精巧的人工胜过了上天的创造。多形容人的技艺精妙。

【巧妇难为无米之炊】 qiǎofù nán wéi wú mǐ zhī chuī

就是心灵手巧的妇女,没有米也难做饭。比喻即使是本领很大的人,如果缺少了必要条件,也难以把事情办成。

【巧立名目】 qiǎolì-míngmù

巧:巧饰,外表巧妙而实质欺诈。巧妙而欺骗性地设立名称和条款。形容玩弄欺诈手段,以种种借口来达到不正当的目的。

【巧取豪夺】 qiǎoqǔ-háoduó

巧:巧妙地欺骗。巧妙地骗取又强行抢夺。指用欺诈或强暴的手段夺取(他人财物或权利等)。现也泛指用各种手段谋取。

【巧舌如簧】 qiǎoshé-rúhuáng

灵巧的舌头像乐器中的簧片一样。指花言巧语十分动听。

【巧言令色】 qiǎoyán-lìngsè

巧:巧饰,外表巧妙而实质欺诈。令:善。花言巧语,脸色和善。指虚伪地说好话、装笑脸来讨好人。

【切磋琢磨】 qiēcuō-zhuómó

切:把骨头加工成器物。磋:把象牙加工成器物。琢:把璞玉加工成器物。磨:把石头加工成器物。对骨头、象牙、璞玉、石头等进行精细加工。比喻在学习研究中对各种观点、结论、主张、学说等进行商榷讨论与修正。

【切齿拊心】 qièchǐ-fǔxīn

切:贴近,密合。拊:拍,敲。咬紧牙齿,拍打心口。表示痛恨到了极点。也作"切齿腐心"。腐:通"拊"。

【切齿痛恨】 qièchǐ-tònghèn

咬牙切齿地极其憎恨。

【切肤之痛】 qièfūzhītòng

切:贴近。切肤:贴近皮肤,即切身。切身的痛苦。即亲身感受到的痛苦。形容痛苦的感受极为深切。

【切骨之恨】 qiègǔzhīhèn

切:贴近。深入到骨头里的怨

恨。指极深的仇恨。

【切中时弊】 qièzhòng-shíbì

切:切合。正好击中当时社会的弊病。形容批评时事的言论能击中要害。

【窃窃私议】 qièqiè-sīyì

窃窃:也作"切切",形容声音细小。悄悄地私下议论。

【窃窃私语】 qièqiè-sīyǔ

窃窃:也作"切切",形容声音很低。小声地私下谈话。

【锲而不舍*】 qiè'érbùshě

舍:放弃,停止。镂刻不停。比喻坚持不懈。

【钦差大臣】 qīnchāi-dàchén

钦:旧时把皇帝所做的事尊称为"钦"。元、明时由皇帝临时派遣出外办理重大事件的官员称为"钦差"。清代沿袭,而其中由皇帝特命大臣(清代官号)并颁授关防(一种官印)的称为"钦差大臣"。现用来喻指上级机关派来的、握有大权而又带有官僚主义作风的人。

【亲密无间】 qīnmì-wújiàn

间:缝隙,引申指隔阂。亲密得没有一点隔阂。

【亲如手足】 qīnrúshǒuzú

亲密得如同自己的手和脚。形容兄弟之间的亲密情谊。也形容朋友之间情谊深厚,表示亲密得如同亲兄弟一般。

【亲痛仇快】 qīntòng-chóukuài

使亲人痛心、仇人高兴。也作"亲者痛,仇者快"。

【亲自出马】 qīnzì-chūmǎ

亲自骑着战马出阵作战。比喻亲自去做某事。

【秦晋之好】 qínjìnzhīhǎo

秦国和晋国的喜事。指春秋时秦、晋两国国君数代互相通婚。后泛指两姓联姻。

【秦楼楚馆】 qínlóu-chǔguǎn

见"楚馆秦楼"。

【琴棋书画】 qínqí-shūhuà

弹琴、下棋、书法、绘画。又借来泛指艺术技能。

【勤工俭学】 qíngōng-jiǎnxué

辛勤地工作而节俭地学习。指学生利用课余时间打工来维持生活、完成学业。现也泛指学生参加劳动。

【勤俭持家】 qínjiǎn-chíjiā

勤劳节俭地操持家务。

【勤能补拙】 qínnéngbǔzhuō

勤奋能够弥补天资的笨拙。

【勤学苦练】 qínxué-kǔliàn

勤奋学习,刻苦练习。

【擒贼擒王】 qínzéi-qínwáng

贼:强盗,古代用作对敌人的蔑称。捉拿强盗要先捉强盗头子。原指剿灭敌人要先擒获其统帅。后也泛指抓坏人要先抓首恶。也比喻做事要先抓住关键。也作"擒贼先擒王"。

【寝不安席】 qǐnbù'ānxí

寝:睡。睡在席子上不安定。形

容心事重重而睡不着。常和"食不甘味"连用。也作"卧不安席"。

【寝食不安】 qǐnshí-bù'ān

睡觉吃饭不安稳。形容心事重重而烦躁不安。

【沁人肺腑】 qìnrénfèifǔ

沁:渗入。肺腑:见"肺腑之言"条。渗入人的胸腹。指吸入芳香、新鲜的空气或喝了清凉的饮料,心里感到十分舒服。也指优美的文学艺术作品深深地感染了人的心灵。

【沁人心脾】 qìnrénxīnpí

与"沁人肺腑"同义。心脾:心脏与脾脏,比喻内心。

【青出于蓝】 qīngchūyúlán

《荀子·劝学》[20-P.1]"青取之於藍而青於藍"的浓缩语。青:靛蓝,一种深蓝色的有机染料。出:产生;超出。蓝:蓼蓝,一年生草本植物,其叶经过发酵后可以提炼出靛蓝。靛蓝从蓼蓝中提取出来而颜色比蓼蓝更深。比喻学生胜过老师或后人超过前人。

【青红皂白】 qīnghóng-zàobái

皂:黑色。青和红、黑和白。原是对比分明的两对颜色。用来比喻事情的是非曲直或前因后果。

【青黄不接】 qīnghuáng-bùjiē

青:指青苗,未成熟的庄稼。黄:指成熟的谷物。庄稼还青,黄熟的谷物接不上。指陈谷已吃完而青苗还未熟。多指春季而言。也比喻人力、财力、物力的接续或事情的进展等暂时中断而接不上。

【青梅竹马】 qīngméi-zhúmǎ

青梅:青的梅子。竹马:孩子玩耍时当马骑的竹竿。女孩玩弄青梅而男孩骑着竹马。指男童女孩天真无邪地在一起玩耍。引申指男女之间早在儿时就已常在一起玩耍而具有亲密的情谊。

【青面獠牙】 qīngmiàn-liáoyá

獠牙:露在嘴外的长牙。面孔铁青,长牙外露。形容相貌狰狞可怕。

【青山不老】 qīngshān-bùlǎo

青翠的山永不衰老。比喻事物永存不衰。

【青山绿水】 qīngshān-lùshuǐ

青翠的山和碧绿的水。指秀丽的山河。形容风景如画。

【青史留名】 qīngshǐ-liúmíng

见"名垂青史"。

【青天白日】 qīngtiān-báirì

碧蓝的天空,明亮的太阳。指大白天。也比喻光天化日,世道清明。也比喻光明正大,显而易见。

【青云*直上】 qīngyún-zhíshàng

青云:指青天,高空。向着高空笔直升上去。比喻人的官职、地位升得很快很高。

【轻财好施】 qīngcái-hàoshī

看轻钱财,喜欢施舍。指乐于拿自己的钱财周济人。

【轻车熟路】 qīngchē-shúlù

拉着轻便的车走在熟悉的路上。比喻做轻松熟悉的事,做起来很容易。

【轻而易举】 qīng'éryìjǔ

分量很轻而容易举起来。比喻轻松而容易办到。

【轻歌曼舞】 qīnggē-mànwǔ

轻快的歌曲和柔美的舞蹈。

【轻举妄动】 qīngjǔ-wàngdòng

举、动:行动。妄:胡乱。轻率而胡乱地采取行动。

【轻描淡写】 qīngmiáo-dànxiě

轻:用力小。描:照底样摹画。淡:颜色浅。写:临摹,绘画。原义为轻轻地用浅淡的颜色来绘画。比喻作文时不着力用笔、不浓墨重彩地进行描写而是一笔带过。也比喻说话时不加强调地轻轻带过,把关键或重要的事情说成寻常或轻微的事。也比喻做事时毫不费力,轻而易举。

【轻诺寡信】 qīngnuò-guǎxìn

寡:少。轻率地许诺别人而很少守信用。

【轻手轻脚】 qīngshǒu-qīngjiǎo

轻轻地动手,轻轻地挪脚。指动作很轻。

【轻于鸿毛】 qīngyúhóngmáo

比大雁的毛还轻。比喻毫无价值或微不足道。

【轻重倒置】 qīngzhòng-dàozhì

置:放置。把轻的和重的放颠倒了。比喻把事情的主次弄颠倒了。

【轻重缓急】 qīngzhòng-huǎnjí

轻微的和重要的,迟缓的和急迫的。指事情中所存在的不重要的和重要的、次要和主要的、可暂缓的和必须急办的种种区别。也作“缓急轻重”。

【轻装上阵】 qīngzhuāng-shàngzhèn

穿着轻便的服装(即不穿金属片制成的铠甲)冲上阵地作战。比喻放下思想包袱去工作。

【轻嘴薄舌】 qīngzuǐ-bóshé

轻浮的嘴巴,刻薄的舌头。指说话随便,言语刻薄。

【倾巢而出】 qīngcháo'érchū

倾:倒出,竭尽。巢:鸟窝,比喻坏人盘踞之处。倾倒整个鸟窝而全部出动。比喻使巢穴里的人全部出动。只用来指坏人(敌寇、匪徒、盗贼等)全部出动。也作“倾巢出动”。

【倾城倾国】 qīngchéng-qīngguó

使城邑倾覆,使国家倾覆。指女子姿色极美,足以使人迷恋而亡家亡国。后用来形容女子极美。也作“倾国倾城”。

【倾耳而听】 qīng'ěr'értīng

倾:歪,侧。侧着耳朵听。指认真注意地听。

【倾家荡*产】 qīngjiā-dàngchǎn

倾:倒出,竭尽。荡:荡涤,引申为清除,弄光。弄光了全部家产。

【倾盆大雨】 qīngpén-dàyǔ

像倾倒盆中之水似的大雨。形容雨势又大又急,像翻转水盆倒水一样。

【倾箱倒箧】 qīngxiāng-dàoqiè

篋:小箱子。倒出大小箱子里的东西。指彻底翻找搜查所有箱子里的东西。也比喻尽其所有,毫无保留地拿出自己的东西或发表自己的意见。

【卿卿我我】qīngqīngwǒwǒ

卿:本为古代高级官名,后用作对人的尊称,又用作夫妻之间的昵称。卿卿:原为动宾词组,表示"称卿为卿";后凝固为一个代词,用作夫妻或恋人之间的昵称;后又作为并列词组与"我我"构成成语,形容夫妻或恋人之间亲爱地相称,表示"你你"。你啊你,我啊我。指夫妻或恋人在一起十分亲密地交谈。

【清茶淡饭】qīngchá-dànfàn

清:纯净,不杂。淡:不浓。只有清一色的茶水而没有糖果点心,饭也不是喷香扑鼻的。指简单的饮食。

【清规戒律】qīngguī-jièlǜ

清规:佛教内部订立的旨在使佛教徒六根清净的规则。戒律:佛教所制订的佛教徒必须遵守的禁止性条律,如不杀生、不偷盗、不淫、不妄语、不饮酒食肉、不涂饰香鬘、不歌舞观听、不眠坐高广庄丽床座、不食非时食、不蓄金银宝等。原指佛教的规则和戒条。后比喻繁琐不合理的成规惯例或束缚人的死板的规章制度。

【清平世界】qīngpíng-shìjiè

清明而不污浊、太平而不动乱的社会。指太平盛世。

【清水衙门】qīngshuǐ-yámen

清水:纯净而没有杂质的水,比喻单纯而没有额外利益的薪水。衙门:旧时官吏的办公机关,比喻工作部门。只有单纯薪水而没有额外收入的工作部门。多指收入微薄的单位。

【清汤寡水】qīngtāng-guǎshuǐ

寡:少。纯净而没有其他东西或只有少量东西在内的汤水。形容粥很稀或汤里的肉、菜和作料等很少而没有味道。

【清心寡欲】qīngxīn-guǎyù

使心地清净,使欲望减少。

【蜻蜓点水】qīngtíng-diǎnshuǐ

蜻蜓用尾部碰一下水面。这原是雌蜻蜓产卵于水中的一种快捷动作。后比喻浮浅或短暂地接触一下,不深入下去或保持下去。

【情不可却】qíngbùkěquè

情面上不能推却。

【情不自禁】qíngbùzìjīn

禁:抑制,忍住。感情激动而不能自我控制。

【情窦初开】qíngdòu-chūkāi

窦:孔穴。情欲的思路刚刚打开。指少男少女刚有追求异性的欲望。

【情急智生】qíngjí-zhìshēng

心情着急而智谋产生。指着急时猛然想出了好主意。

【情景交融】qíngjǐng-jiāoróng

感情和景物互相融合。指文艺作品中的感情抒发和景物描写紧密地结合在一起。

【情理难容】qínglǐ-nánróng

根据人之常情和道理都难以宽容。指做了违背道德或法律的事而令人不能容忍。

【情人眼里*出西施】qíngrén yǎn lǐ chū Xīshī

西施:春秋时著名的美女。相爱的人眼中会出现西施般的美女。比喻爱上对方以后会觉得对方很美。

【情深似海】qíngshēn-sìhǎi

感情深得像大海。指感情极深。

【情深义重】qíngshēn-yìzhòng

感情深而道义重。指感情很深,又很有义气。

【情随事迁】qíngsuíshìqiān

思想感情随着事情的变化而改变。

【情同骨肉】qíngtónggǔròu

骨肉:骨头和肉,比喻父母与子女之间的亲密关系。感情深得如同父母与子女一样。

【情同手足】qíngtóngshǒuzú

手足:比喻兄弟。感情深得像兄弟一样。

【情投意合】qíngtóu-yìhé

投:合得来。感情融洽而心意相同。

【情文并*茂】qíngwén-bìngmào

茂:草木繁盛的样子,引申为富美好。诗文的思想感情和文辞都丰美。

【情意缠绵】qíngyì-chánmián

缠绵:缠绕连绵,指萦绕心中而永无休止。情意深长而难以解脱。

【情有独钟*】qíngyǒudúzhōng

钟:集中。感情有了独特的集中。指感情专注于某一人或某一事物。

【情有可原】qíngyǒukěyuán

从人之常情上来考虑,有可以原谅的地方。

【情真意切】qíngzhēn-yìqiē

感情真实,心意确切。

【情至意尽】qíngzhì-yìjìn

至:极。感情的奉献达到了顶点,心意也尽到了。指对人的关怀、爱护、教育等已尽了最大的心力。

【晴天霹雳】qíngtiān-pīlì

霹雳:落雷,是云和地面之间发生的一种强烈的雷电现象,响声很大。晴朗的天空中打下霹雳。比喻突然发生了令人震惊的意外事件。也作"青天霹雳"。

【请君入瓮】qǐngjūn-rùwèng

瓮:一种腹部较大的坛子。请您进入此瓮。据《资治通鉴·唐纪·则天皇后·天授二年》[81-P.6472]载,有人告周兴,武则天命来俊臣去审问,来俊臣与周兴一起用餐时问他:"因犯多不认罪,怎么办?"周兴说:"这很容易。只要让囚犯进入大瓮中,四周用炭一烧,还会有什么事不肯承认?"来俊臣便让人搬来大瓮,四周点上炭火,对周兴说:"有人告你,请兄进入

Q

此瓮。"后化为成语,比喻用他处理别人的办法去处理他。

【庆父不死,鲁难未已】 qìngfù-bùsǐ,lǔnàn-wèiyǐ

庆父:春秋时鲁庄公的庶兄,曾一再制造鲁国内乱,先后杀死两个国君,齐国的仲孙说:"不去庆父,鲁难未已。"(见《左传·闵公元年》16-P.1786) 已:止。庆父不死掉,鲁国的灾难就没个完。比喻制造内乱的罪魁祸首不除掉,祸乱就没个完。

【馨竹难书】 qìngzhú-nánshū

馨:尽。竹:古代用竹简写字,竹是制造竹简的原料。书:写。用尽竹子也难以写完。本指事情多得难以写尽。后多指罪行多得写不完。

【穷兵黩武】 qióngbīng-dúwǔ

穷:尽。黩:轻慢,滥用。竭尽兵力,胡乱动武。指使用全部军队,任意发动非正义战争。形容极其好战。

【穷而后*工】 qióng'érhòugōng

穷:不得志。文人失意后写的诗歌文章才工巧精妙。

【穷极无聊】 qióngjí-wúliáo

穷:困窘。聊:依靠,依托。困窘到极点而无可依托。指极其贫困而生活上没有依靠或极其潦倒失意而精神上没有寄托。

【穷寇勿追】 qióngkòu-wùzhuī

穷:走投无路。濒临绝境的敌人不要去追赶。因为走投无路的敌人会拼死反扑而使自己遭受损失。

【穷困潦倒】 qióngkùn-liáodǎo

贫穷困窘而失意颓丧。

【穷年累*月】 qióngnián-lěiyuè

穷:尽。累:累积,连续。过完了一年又一年,持续了一月又一月。指经过很多年月。也表示长时期。

【穷山恶水】 qióngshān-èshuǐ

贫穷的山和作恶的水。即没有资源的荒山和经常泛滥成灾的河流。指自然条件很差的山区。

【穷奢极欲*】 qióngshē-jíyù

穷:极。极:尽。极端奢侈,尽其欲望。指任意挥霍,尽量享受。也作"穷奢极侈"。侈:奢侈,浪费。

【穷途末路】 qióngtú-mòlù

穷:尽。走到尽头的路和最后一段路。即路的尽头。比喻陷入了无路可走的绝境。

【穷乡僻壤】 qióngxiāng-pìrǎng

穷:尽,指荒远而闭塞不通。壤:地。荒远而闭塞的乡村和偏僻的地方。

【穷形尽相】 qióngxíng-jìnxiàng

穷:尽。竭尽其形状相貌。也就是使所有的样子都显露出来。形容描写刻画得细致入微、淋漓尽致而形象生动。现也用来指丑态毕露。

【穷凶*极恶】 qióngxiōng-jí'è

穷:极。极其凶残,极其恶毒。

【穷源竟委】 qióngyuán-jìngwěi

穷、竟:终极,追究到底。委:积聚,指水汇聚的地方。根据水流的源头,追究水流的归宿。比喻彻底探究事物的始末。也作"穷原竟委"。原:

同"源"。

【穷源溯流】qióngyuán-sùliú

穷:追究到底。溯:逆着水流而上,比喻向上推求。根究水源而追溯水流。比喻追究事物的根源并探寻其发展过程。

【穷则思变】qióngzésībiàn

穷:尽,困厄。人陷入困境就会想办法改变现状。

【茕茕孑立】qióngqióng-jiélì

茕:孤独无依的样子。孑:孤单。立:站立,引申指生存。孤零零地一个人活着。

【琼浆玉液】qióngjiāng-yùyè

琼:美玉,形容美好。玉:形容洁白晶莹。像琼玉似的浆液。比喻晶莹洁白的美好饮料或美酒。也作"玉液琼浆"。

【琼楼玉宇】qiónglóu-yùyǔ

琼:美玉。宇:房屋。琼玉似的楼宇。原指天上神仙的住所。多指月中明丽精巧的宫殿。后也指明净华丽的楼宇。

【秋风过耳】qiūfēng-guò'ěr

像秋风吹过耳边。比喻漫不经心或毫不在乎。

【秋风扫落叶】qiūfēng sǎo luòyè

见"疾风扫落叶"。

【秋高气爽】qiūgāo-qìshuǎng

秋季天空明净而显得高远,天气爽朗宜人。

【秋毫无犯】qiūháo-wúfàn

秋毫:秋天鸟兽身上新生的细毛,比喻极其细微的东西。丝毫没有侵犯。形容军纪严明或为人廉洁,不侵占损害别人一点东西。

【秋毫之末】qiūháozhīmò

秋天鸟兽身上新长出来的细毛的末梢。比喻极其细微的东西。

【秋后算账】qiūhòu-suànzhàng

秋收以后清算欠账。比喻事情有了结果或时机成熟后去追究当事者的责任。多用来指反攻倒算。

【求全责备】qiúquán-zébèi

全:齐全,完整无缺。责:要求。要求齐全,要求完备。即要求十全十美,毫无缺陷。

【求神拜佛】qiúshén-bàifó

乞求神灵,跪拜佛像。指迷信的人为了乞求神灵和菩萨的保佑或赐福所进行的迷信活动。

【求同存异】qiútóng-cúnyì

求:寻找。找出彼此的共同之处(以便加强合作),保留彼此的不同意见(以免不必要的争执)。

【求贤若渴】qiúxián-ruòkě

寻求贤人就像口渴时找水一样。形容招揽人才很迫切。

【求之不得】qiúzhī-bùdé

寻求或追求他(她、它)而不能得到。表示急切企求的东西未能得到。引申指想求都求不到。表示某种已成或将成的事情正是自己或别人梦寐以求而未能实现的愿望。

【曲尽其妙】qūjìn-qímiào

曲:曲折周到。尽:竭尽。曲折周到地竭尽其微妙之处。指诗画文章的表达技巧极高,能曲折周到地把事物的微妙之处全部展现出来。也指技艺纯熟,能曲折周到地把技巧的微妙之处全部掌握。

【曲径通幽】qūjìng-tōngyōu

弯曲的小路通过幽深僻静之处。形容风景胜地环境幽雅。

【曲意逢迎】qūyì-féngyíng

委屈自己的意愿去迎合别人。

【屈打成招】qūdǎ-chéngzhāo

屈:委屈,冤枉。冤枉地被严刑拷打而被迫作了招供。指无辜的人受不了重刑毒打而承认了被诬陷的罪名。

【屈指可数】qūzhǐ-kěshǔ

弯下手指就能数出来。指寥寥无几。形容极少。

【趋利避害】qūlì-bìhài

趋:奔向,追逐。追求利益而逃避祸害。

【趋炎附势】qūyán-fùshì

趋:奔向。炎:热,比喻炙手可热的权贵。投靠炙手可热的权贵,依附有势力的人。

【趋之若鹜】qūzhī-ruòwù

趋:奔向。像野鸭一样奔向他(它)。比喻成群地争先恐后地纷纷投靠某人或追逐某一事物。多用于贬义。

【曲高和寡】qǔgāo-hèguǎ

和:和谐地跟着唱。寡:少。曲调高雅,和谐地跟着唱的人就少了。比喻德行高尚不俗的人难以为众人所理解和支持。后多比喻作品或言论等高深而不通俗,因而理解并喜爱它的人很少,或难以使人酬答附和。

【取长补短】qǔcháng-bǔduǎn

吸取别人的长处来弥补自己的短处。

【取而代之】qǔ'érdàizhī

夺取别人的权力、地位而由自己来替代他。后也泛指某一事物取代了另一事物。

【取信于民】qǔxìnyúmín

取得人民的信任。

【取之不尽,用之不竭】qǔzhī-bùjìn,yòngzhī-bùjié

拿它拿不完,用它用不光。形容极其丰富,无穷无尽。

【去粗取精】qùcū-qǔjīng

去掉粗糙的部分,选取精华。

【去伪存真】qùwěi-cúnzhēn

去掉虚假的,保留真实的。

【权衡轻重】quánhéng-qīngzhòng

权衡:秤砣和秤杆,用作动词而引申为衡量,比喻比较、考虑。用秤砣秤杆衡量一下哪个轻、哪个重。比喻反复考虑事情的利害得失,比较一下哪个重要、哪个不重要。

【权倾天下】quánqīngtiānxià

倾:倒。拥有的权力可以压倒天下所有的人。形容拥有的权力极大。

【权宜之计】quányízhìjì

Q

权:权衡;暂且。权衡时宜而采取的计策。即暂时适宜的办法。指为了适应某种情况而暂时采取的变通措施。

【全军覆没】quánjūn-fùmò

覆没:船翻而沉没,比喻被消灭。整个军队被消灭。也比喻事情彻底失败。

【全力以赴】quánlìyǐfù

赴:奔向。用全部力量扑上去。指竭尽全力去做某事。

【全神贯注】quánshén-guànzhù

贯:用绳穿铜钱。注:灌注,集中流入。全部精神像铜钱穿到一根绳子上一样集中投向某处。指精神高度集中。

【全无心肝】quánwúxīngān

心肝:比喻理智或良心。完全没有理智或良心。

【全心全意】quánxīn-quányì

用全部心意。指极其忠诚而不夹杂任何其他的念头。

【拳不离手,曲不离口】quánbùlí-shǒu,qǔbùlíkǒu

拳术不能离开手,歌曲不能离开口。指打拳的人不停手地练才能打好拳,唱歌的人不停嘴地练才能唱好歌。比喻人的技能离不开苦练,坚持勤学苦练才能功夫到家。

【拳打脚踢】quándǎ-jiǎotī

用拳头打,用脚踢。指凶狠地乱打。

【犬马之劳】quǎnmǎzhīláo

犬马:臣下对君上的自卑之称,表示自己愿做君主的犬马供君主驱使。劳:力。狗马一般的微贱之力。多用作"效""施"的宾语,表示像狗马那样为君主奔走出力;也用于一般人之间而表示愿为对方奔走效劳。

【犬牙交错】quǎnyá-jiāocuò

像狗牙一样交叉错杂。原形容交界线曲折参差。后也指情况错综复杂,或彼此的力量对比呈现出有的地方弱、有的地方强的复杂态势。

【犬牙相制*】quǎnyá-xiāngzhì

像交错的狗牙一样互相牵制。原指地界连接如犬牙交错,互相牵制。后泛指互相制约、牵制。

【劝百讽一】quànbǎi-fěngyī

见"讽一劝百"。

【劝善惩恶】quànshàn-chéng'è

见"惩恶劝善"。

【却之不恭】quèzhī-bùgōng

却:推却。拒绝它(指馈赠、邀请、帮助等)显得不恭敬。多用作接受别人馈赠、邀请、帮助时的客套话,含有恭敬地接受之意。

【确凿不移】quèzáo-bùyí

确确实实而不可动摇。指极其真实可靠。

【群策群力】qúncè-qúnlì

众人一起出谋划策,众人一起出力。也指众人的智谋和力量。

【群龙无首】qúnlóng-wúshǒu

首:头。一群龙没有带头的。比喻一群人当中没有领导人。

【群魔乱舞】qúnmó-luànwǔ

　　一群魔鬼乱蹦乱跳。比喻众多的坏人在猖狂地活动。

【群起而攻之】qún qǐ ér gōng zhī

　　众人一同起来攻击或指责他（它）。

【群威群胆】qúnwēi-qúndǎn

　　凭借群体的威力和群体的胆量。

Q

R

R

【燃眉之急】ránméizhījí

燃:烧。急:急难,紧急而严重的困难。像火烧眉毛那样的急难。多用作"解"或"救"的宾语。

【饶有兴味】ráoyǒu-xìngwèi

饶:多。很有趣味。

【惹火烧身】rěhuǒ-shāoshēn

惹:招引。招惹火而烧到自己身上。比喻自己招来灾祸,自讨苦吃。

【惹是生非】rěshì-shēngfēi

惹:引起,挑起。是非:正确的和错误的,引申指矛盾、争端。挑起是非争端,制造矛盾纠纷。

【热锅上的蚂蚁】règuōshang de mǎyǐ

烧热的锅子上的蚂蚁。比喻急急忙忙胡乱地走来走去的人。多形容陷于困境时惊慌失措、焦躁不安的神态。

【热火朝天】rèhuǒ-cháotiān

炽热的烈火直冲上天。比喻轰轰烈烈。形容气氛热烈,情绪高涨。

【热泪盈眶】rèlèi-yíngkuàng

热泪:热乎乎的眼泪,指刚刚涌出而带有深情的眼泪。热乎乎的眼泪充满了眼眶。形容非常激动或悲伤。

【热气腾腾】rèqì-téngténg

腾:上升。热的空气不断上升。形容热气蒸发的样子。也比喻气氛十分热烈或情绪十分高涨。

【热情洋溢】rèqíng-yángyì

洋:盛大,丰富。溢:满得流出来。热烈的感情充沛得不断流露出来。形容言论或行动等充满了热情。

【热血沸腾】rèxuè-fèiténg

热血像开水一样翻滚蒸腾。比喻热烈的情绪激动高涨到了极点。

【人不可貌相】rén bùkě màoxiàng

相:观察外貌来评判其优劣。人的德行才干不能根据其外貌来评判估量。

【人不知,鬼不觉】rén bù zhī, guǐ bù jué

别人不知道,鬼也没发觉。形容行动极秘密。

【人才辈出】réncái-bèichū

人才一批批地出现。形容有才能的人接连不断地大量涌现。

【人才济济】réncái-jǐjǐ

济济:众多的样子。有才能的人很多很多。

【人财两空】réncái-liǎngkōng

人和钱财两个方面都没有了。指人死了或走了,钱财也全失掉了。

【人存政举】réncún-zhèngjǔ

执政的人在世,他的政治主张就能推行。

【人地生疏】réndì-shēngshū

人和地方都陌生。指初到一地,对当地的人事和地理环境都不熟悉。

【人定胜天】réndìng-shèngtiān

定:指坚定不移的意志和坚持不懈的努力。天:上天;自然。人的坚强决心能胜过上天的意志。也指人的不懈努力能战胜自然。

【人多势众】rénduō-shìzhòng

人员多力量大。

【人多嘴杂】rénduō-zuǐzá

人多而嘴巴杂乱。指人多而复杂,众口难守而有各种闲话、坏话。也指七嘴八舌,意见纷乱不一致。也作"人多口杂"。

【人非草木】rénfēicǎomù

人不是青草树木之类无感情的东西。指人是有感情的。

【人浮于事】rénfúyúshì

浮:超过。事:事情,工作。工作人员的数目超过了工作的需要。即人员过多而事情太少。

【人高马大】réngāo-mǎdà

人的个子高而骑的马也大。后偏指人身材高大。

【人各有志】réngèyǒuzhì

每个人各有不同的志向。多用来强调人的志趣不一,应该尊重其个人的抉择。

【人迹罕至】rénjì-hǎnzhì

人的足迹很少到达。指偏僻荒凉或地势险恶而很少有人去。

【人间地狱】rénjiān-dìyù

地狱:地下的牢狱,佛教指恶人死后灵魂受折磨的地方。人世间的地狱。比喻黑暗的社会或悲惨苦难的生活环境。

【人杰地灵】rénjié-dìlíng

人物杰出,地有灵气。形容一个地方特别好。表示地有灵气使该地人物杰出。有时也用来指人物杰出使其所在之地带上了灵气而成了名胜。

【人尽其才】rénjìnqícái

每个人都能充分发挥自己的才能。

【人困马乏】rénkùn-mǎfá

人和马都困顿疲乏了。形容行军作战或旅途劳累,疲惫不堪。现也单指人疲劳不堪,不一定有马。

【人来人往】rénlái-rénwǎng

有的人来,有的人去。指有不少人络绎不绝地来的来、去的去。形容场面热闹,行人不断。

【人老珠黄】rénlǎo-zhūhuáng

人老了就像珍珠变黄了一样。多指妇女年老后被人看不起,就像珍珠年久变黄后不值钱一样。

【人满为患】rénmǎn-wéihuàn

人多得成了祸患。指人太多而引起了很多难以解决的问题。

【人面兽心】rénmiàn-shòuxīn

虽然长着人的面孔，却怀着野兽一般的心肠。指人狠毒残忍。也指人卑鄙粗野而不懂礼义。

【人面桃花】rénmiàn-táohuā

崔护《题都城南庄》诗[82-P.4146]："去年今日此门中，人面桃花相映红。人面不知何处去，桃花依旧笑春风。"原意为美人的脸和桃花交相辉映而粉红得可爱。后用作成语，指一心爱慕而不能再见到的美丽女子。

【人命关天】rénmìng-guāntiān

人的生命关系到上天。指有关人命的事关系重大而非同小可。也表示涉及人命而关系重大。

【人命危浅】rénmìng-wēiqiǎn

浅：水浅，比喻时间短。人的生命已垂危而活不长了。

【人怕出名猪怕壮】rén pà chūmíng zhū pà zhuàng

人害怕出名后惹麻烦，就像猪害怕肥了要被屠宰一样。

【人弃我取】rénqì-wǒqǔ

别人抛弃我拿来。原指商人廉价收购别人不要的货物（以伺机获利）。后多指志趣或见解不同于人。

【人强马壮】rénqiáng-mǎzhuàng

人强健，马强壮。指军队实力雄厚。

【人情冷暖】rénqíng-lěngnuǎn

人的感情有冷有热。指世俗之人的感情随着别人的财势得失而发生变化，别人贫贱时就对他冷淡，别人富贵时就对他热情。

【人情世故】rénqíng-shìgù

人之常情和世间的事。指世俗之人的一般思想感情和世俗社会的一般情况。

【人情纸薄】rénqíng-zhǐbó

人的感情像纸一样薄。指世俗之人与人相处并无深厚的感情，一涉及其个人利益，其感情就会破裂。也作"人情如纸薄""人情薄于纸"。

【人穷志短】rénqióng-zhìduǎn

短：小，缺少。人穷困时志气也低了。指人穷困时，往往会缺乏自尊心和自信心，做出没有志气的事来。

【人去楼空】rénqù-lóukōng

人已离去，楼中空空。

【人人自危】rénrén-zìwēi

每个人都感到自己有危险。指局势紧张恐怖而使身处其中的人都惶恐不安。

【人山人海】rénshān-rénhǎi

人群像高山大海。形容聚在一起的人极多。

【人生如梦】rénshēng-rúmèng

人的一生如同一场梦。用来慨叹人生短促，飘忽不定。

【人声鼎沸】rénshēng-dǐngfèi

鼎：古代烹煮食物用的器具。人

的声音像锅里的水在沸腾。指众人的声音喧闹、嘈杂。

【人手一册】rénshǒuyīcè

每人手头有一本。形容书的普及面广。

【人寿年丰】rénshòu-niánfēng

人长寿,年成好。指庄稼丰收,人民生活幸福美满。

【人死留名】rénsǐ-liúmíng

人死后留下名声。指生前有业绩,其名声会传于后世。

【人所共知】rénsuǒgòngzhī

人们都知道。

【人同此心,心同此理】réntóng-cǐxīn,xīntóngcǐlǐ

人都会有这种心理,这种心理都合乎这种道理。指对于合乎常理的事,正常的人都会有相同的想法或感受。

【人亡物在】rénwáng-wùzài

人死了,其东西还在。多用于见到遗物后对死者表示怀念和感慨的场合。

【人微言轻】rénwēi-yánqīng

微:卑贱,身份卑下。身份低下而言论不被重视。

【人为刀俎,我为鱼肉】rénwéidāo-zǔ,wǒwéiyúròu

别人成了刀和砧板,我成了鱼和肉。比喻别人掌握了生杀大权,自己处在任人宰割的地位。

【人文荟萃】rénwén-huìcuì

荟萃:草木茂密丛生的样子,引申为众多而聚集在一起。人才和文物众多而聚集在一起。

【人无远虑,必有近忧】rénwú-yuǎnlù,bìyǒujìnyōu

一个人没有长远的考虑,必定会有近期的忧患。

【人心不古】rénxīn-bùgǔ

人的心肠已不像古代那样了。指人心奸诈刻薄,不像古人那样忠厚淳朴。

【人心浮动】rénxīn-fúdòng

民心不稳定。

【人心惶惶】rénxīn-huánghuáng

人们心中非常惊恐。指人人都很惊慌恐惧。

【人心叵测】rénxīn-pǒcè

叵:不可。人的心意不可推测。指人心险恶无常。

【人心如面】rénxīn-rúmiàn

人的思想就像人的面孔一样各不相同。也作"人心不同,各如其面"。

【人心所向】rénxīn-suǒxiàng

众人心中所向往或拥护的。

【人心惟危】rénxīn-wéiwēi

一般人的心地是险恶的。

【人心向背】rénxīn-xiàngbèi

向:归向,指拥护。背:背离,指反对。发自众人内心的拥护或反对。

【人烟稠密】rényān-chóumì

人和炊烟多而密。指住户很多。

R

【人言可畏】rényán-kěwèi

人们的议论是可怕的。指人们的无端指责或风言风语往往会给人以沉重的打击，所以很可怕。

【人仰马翻】rényǎng-mǎfān

见"马仰人翻"。

【人一己百】rényī-jǐbǎi

别人花一分气力，自己用一百分气力。指以百倍的努力来赶上别人。形容不甘落后而刻苦勤奋。

【人以群分】rényǐqúnfēn

群：合群，指在思想作风、情趣习性等方面合得来。人按照合群与否互相分开。指好人与好人结交而与坏人分开，坏人与坏人勾结而与好人分开。

【人欲*横流】rényù-héngliú

横流：横向流动，指水不沿着河道流动而离开河道不受拘束地四处奔流，比喻欲望不按正常的渠道发泄而逾越道德规范与法制不择手段地加以满足。人的欲望放纵地发泄。指人置社会道德于不顾而放纵情欲。形容社会风气败坏，人们无所不为。

【人云*亦云*】rényún-yìyún

云：说。亦：也。别人说什么，也跟着说什么。形容没有主见或创见，只会随声附和。

【人赃俱获】rénzāng-jùhuò

赃：盗窃或贪污所得到的财物。犯罪嫌疑人和赃物都被查获。

【人之常情】rénzhīchángqíng

人们常有的心情或情况。

【人之将死，其言也善】rénzhī-jiāngsǐ, qíyányěshàn

人将要死的时候，他的话是善意的。

【仁义道德】rényì-dàodé

仁爱的品性、合宜的原则、通常的道理、品德的规范。指儒家宣扬的道德学说。

【仁者见仁，智者见智】rénzhě-jiànrén, zhìzhě-jiànzhì

见"见仁见智"。

【仁至义尽】rénzhì-yìjìn

至：极。仁爱的奉献达到了顶点，道义的奉行达到了极点。原指阴历十二月举行的蜡祭是一种竭尽仁义之道的行为，对诸神的报答已达到了极点。后多指对人的关怀、爱护、帮助或对某事的操办已尽了最大的心力，达到了最大的限度。

【忍饥*挨饿】rěnjī-ái'è

挨：遭受，忍受。忍受饥饿。形容生活极其贫苦。

【忍俊不禁】rěnjùn-bùjīn

忍：克制。俊：通"逡"（jùn），退，指收住。禁：抑制，忍住。想克制收住而控制不住。指热衷于做某事而想克制也克制不了。后多指直要发笑，想忍都忍不住。即忍不住要笑。

【忍气吞声】rěnqì-tūnshēng

忍住气息而吞下声音。指竭力抑制内心的委曲、气愤、痛苦等，既不叹息也不说话或痛哭。也作"饮气吞声"。饮：咽下。

【忍辱负重】rěnrǔ-fùzhòng

　　忍受屈辱，担负重任。

【忍无可忍】rěnwúkěrěn

　　忍受得不能再忍受了。指忍耐已达到了极限，无法再忍耐下去了。

【认贼作父】rènzéizuòfù

　　贼：强盗，古代用作对敌人的蔑称。把强盗认作父亲。比喻卖身投靠敌人或坏人。

【任劳任怨】rènláo-rènyuàn

　　任：担当，承受。能承受劳苦与埋怨。指做事不辞辛劳，能容忍别人对自己的埋怨。

【任其自流】rènqízìliú

　　任：听任。听任河水自己流动。指听凭河水自由地泛滥而不加疏导。比喻听凭人或事物自由地发展而不加约束或引导。多用作贬义。也作“听其自流”。

【任人唯亲】rènrén-wéiqīn

　　唯：只。任用人只选用与自己关系亲密的人而不管他的德才如何。

【任人唯贤】rènrén-wéixián

　　任用人只选用德才兼备的人而不管他是否与自己亲近。

【任贤使能】rènxián-shǐnéng

　　任用贤士，使用能人。

【任重道远】rènzhòng-dàoyuǎn

　　担子沉重而路程遥远。比喻任务艰巨、责任重大而奋斗的道路还很长。

【日薄西山】rìbóxīshān

　　薄：通“迫”，逼近。太阳迫近西边的山。即太阳即将落山。比喻人临近死亡或事物即将灭亡。

【日不暇给】rìbùxiájǐ

　　日：时间。暇：空闲。给：供给，供应。时间无暇供给。即没有一点空闲的时间。形容事务极其繁忙。

【日复*一日】rìfùyīrì

　　复：再，又。过了一天又一天。表示时光流逝而岁月虚度。也表示日积月累而时势不断发展。

【日积月累*】rìjī-yuèlěi

　　一天天、一月月地不断积累。指经过长期积累。

【日久天长】rìjiǔ-tiāncháng

　　天：日，日子。日子久，时间长。即时间长久。多指长期延续下去。也作“天长日久”。

【日就月将】rìjiù-yuèjiāng

　　《诗经·周颂·敬之》[10-P.599]：“日就月将，学有缉熙于光明。”就：靠近，趋向，此指就学。将：与“就”对文而义近，是将就、顺从、遵行的意思。诗意为天天追求月月遵行，学习就能积累明智到圣明。后化为成语，指在学习方面日积月累。

【日理万机】rìlǐwànjī

　　机：机要，关键重要的政事。每天处理无数的机要事务。形容国家首脑政务繁忙，十分辛劳。

【日暮途穷】rìmù-túqióng

　　暮：日落的时候。穷：尽。太阳落山了，路也到头了。比喻已到末日而无路可走了。也比喻穷困到了极点或处于衰亡的境地。

【日晒雨淋】rìshài-yǔlín

太阳暴晒,雨水浇淋。

【日上三竿】rìshàngsāngān

太阳升得有三根竹竿那么高了。指时间不早了。也作"日高三竿""日出三竿"。

【日甚一日】rìshènyīrì

一天比一天厉害。

【日新月异】rìxīn-yuèyì

天天更新,月月不同。形容发展、进步很快,新事物、新气象不断涌现。

【日月经天,江河行地】rìyuè-jīngtiān,jiānghé-xíngdì

像太阳月亮经过天空、长江黄河流经大地一样。比喻功业或著作的辉煌有目共睹,历久不衰。

【日月如梭】rìyuè-rúsuō

太阳、月亮像织布的梭子一样。指日月穿梭似地飞快运行。形容时光迅速流逝。

【日中则昃,月满则亏】rìzhōng-zézè,yuèmǎnzékuī

太阳升到正中就要偏西,月亮盈满了就要亏缺。比喻盛极则衰。

【戎马倥偬】róngmǎ-kōngzǒng

倥偬:急迫匆忙。战马匆忙驰骋。比喻紧张作战。

【荣归故里*】róngguī-gùlǐ

故里:过去的里巷,指故居,故乡。荣耀地回到故乡。多指做官后回到家乡。也指获得荣誉后回到家乡。

【荣华富贵】rónghuá-fùguì

荣华:草木开花,比喻兴盛、显赫。荣耀显赫,富裕尊贵。指官大名显,有钱有势。

【荣辱与共】róngrǔ-yǔgòng

与:和。荣耀耻辱与对方共同承受。指彼此关系密切,休戚相关。

【容光焕发*】róngguāng-huànfā

焕发:光亮四射。脸上的光彩光亮四射。形容人身体健康,神采奕奕,精神饱满。

【融会贯通】rónghuì-guàntōng

融合领会,贯穿通达。指综合消化多方面的知识或道理,并把它们前后贯穿起来而得到全面透彻的理解。

【冗词赘句】rǒngcí-zhuìjù

繁杂多余的词语与多余无用的句子。指诗文中多余无用的话。

【柔肠寸断】róucháng-cùnduàn

柔弱的肠子断成一寸一寸。形容内心极其悲痛。

【柔情密意】róuqíng-mìyì

温柔的感情,亲密的心意。多指男女之间的缠绵情意。

【如痴如醉】rúchī-rúzuì

像发傻了,像喝醉了。指陶醉。形容沉迷于某人或某事物而不能自制。也指神志失常或精神恍惚。也作"如醉如痴""如醉如狂"。

【如出一口】 rúchūyīkǒu

像出自一张嘴。形容众口一辞，说法一致。

【如出一辙】 rúchūyīzhé

辙:车轮的行迹。像从一道车辙里出来的。比喻极其相似。

【如椽大笔】 rúchuán-dàbǐ

像椽子一样大的笔。指特大的笔。也指大作家或著名专家的手笔。比喻造诣极高的书画技艺或写作技巧。

【如此而已】 rúcǐ-éryǐ

像这样罢了。表示就这么一些而没有其他的。

【如堕五里*雾中】 rú duò wǔlǐwù zhōng

好像掉进了方圆五里的迷雾中。五里雾传说是古代神仙家施展法术造成的，所以"如堕五里雾中"比喻被别人制造的假象、假话迷惑了。也泛指陷入了迷惑，摸不着头脑，辨不清方向或是非。

【如堕烟雾】 rúduòyānwù

好像掉进了烟雾中。比喻陷入了迷惑。也作"如堕云雾""如堕烟海"。

【如法炮制*】 rúfǎ-páozhì

如:依照。炮制:用烘、炒等方法将药材制成中成药。依照原来的方法来制作中药。比喻按现成的方法办事。现也比喻照已有的样子编造文章(含贬义)。

【如虎添翼】 rúhǔtiānyì

好像老虎加上了翅膀。比喻力量很强的人又增添了新的辅助力量。

【如花似锦】 rúhuā-sìjǐn

锦:用彩色经纬丝织出各种图案花纹的丝织品，其色彩鲜艳华美。像美丽的花朵，像华美的锦缎。形容十分美好或华丽。多用来形容前程、景色等。

【如花似玉】 rúhuā-sìyù

像美丽的花儿，像洁白的宝玉。形容女子容貌美丽、肌肤白嫩。

【如火燎原】 rúhuǒliáoyuán

燎:延烧，不断蔓延地燃烧。像大火延烧原野一样。比喻某种势力或事态不断扩大而难以遏止。

【如火如荼】 rúhuǒ-rútú

荼:茅草的白花。像一片红色的火，像一片白色的茅草花。《国语·吴语》[83-P.608]:"萬人以爲方陣，皆白裳、白旂、素甲、白羽之矰，望之如荼……左軍亦如之，皆赤裳、赤旗、丹甲、朱羽之矰，望之如火。"后化为成语，形容军队阵容整齐强大。后多用来喻指气势蓬勃，气氛热烈，情绪高昂。

【如获至宝】 rúhuòzhìbǎo

至:极，最。像获得了最珍贵的宝物。形容获得了极其心爱的人或物之后大喜过望而极为珍视的心情。

【如饥*似渴】 rújī-sìkě

像饥饿了要吃饭，像干渴了要喝水。比喻愿望非常迫切。

【如见其人】 rújiànqírén

像看见了那个人。指看见了某人的作品，好像见到了他本人。也指作品描写刻画人物生动逼真，看了作品后，作品中的人物形象好像就在自己眼前。

【如胶似漆】rújiāo-sìqī

像胶像漆一样。即紧紧黏结在一起而不可分离。比喻彼此极其亲密，感情深厚，难舍难分。多用来形容夫妻、情侣之间的恩爱。

【如狼似虎】rúláng-sìhǔ

像狼像虎一样。形容极其凶猛。原为中性词，后多用作贬义词，形容残忍凶狠。

【如雷贯耳】rúléiguàn'ěr

贯：贯穿，通过。像雷声传进耳朵那么响。比喻人的名声极大。多用于恭维对方。也作"如雷灌耳"。

【如临大敌】rúlíndàdí

好像面临强大的敌人。形容戒备森严或过于紧张。

【如临其境】rúlín-qíjìng

临：到。好像进入了那个境地。形容作品的描写刻画生动逼真。

【如临深渊，如履薄冰】rúlínshēn-yuān，rúlǚbóbīng

见"临深履薄"。

【如履平地】rúlǚpíngdì

像走在平坦的地面上。形容在很难走的地方走得很轻松、很平稳。也比喻来去自如，畅行无阻。

【如梦初醒】rúmèngchūxǐng

好像从梦中刚刚醒来。比喻从糊涂或迷误中刚刚醒悟过来。也作"如梦方醒"。

【如鸟兽散】rúniǎoshòusàn

像受惊的鸟和野兽一样四处逃散。形容军队溃散。也比喻集团或组织解体后，其成员各奔东西。也形容一般纷乱的离散。多用作贬义，带有鄙夷之情。

【如牛负重】rúniúfùzhòng

像牛背负着沉重的东西。比喻身上有沉重的负担。

【如泣如诉】rúqì-rúsù

好像在哭泣，又像在诉说。形容声音凄切感人。

【如日方升*】rúrìfāngshēng

像太阳刚刚升起。比喻有远大的发展前途。

【如日中天】rúrìzhōngtiān

像太阳运行到天空正当中。比喻事物正发展到鼎盛时期。也比喻学说、成就等辉煌无比而令人景仰。也作"如日中行"。方：正在，正当。

【如入无人之境】rú rù wú rén zhī jìng

好像进入了没有人的地方。比喻横冲直撞，所向无阻。

【如丧考妣】rúsàngkǎobǐ

丧：死。考：死去的父亲。妣：死去的母亲。好像死了父母一样。形容极其悲伤。今多用作贬义。

【如释重负】rúshìzhòngfù

好像放下了沉重的负担。形容完成繁重任务、卸去重大责任、摆脱压迫困扰或消除紧张心情时顿觉轻松愉快。

【如数家珍】 rúshǔjiāzhēn

数：数说，一一列举。像数说家藏的珍宝一样。形容对列举叙述的事十分熟悉而喜爱。

【如闻其声】 rúwénqíshēng

像听见了他的声音。形容作品描写刻画人物生动逼真。常和"如见其人"或"如见其容"连用。

【如意算盘】 rúyì-suànpán

算盘：一种计算工具，比喻盘算，打算。符合自己心意的盘算。比喻随心所欲的只有利于自己的设想、谋划。

【如影随形】 rúyǐngsuíxíng

像影子跟着形体似的。形容紧紧跟从或紧相呼应。

【如鱼得水】 rúyúdéshuǐ

像鱼获得到了水。比喻获得了赖以生存的条件或有利于自己活动与发展的条件。也比喻得到了合乎自己心意的人。也形容书法运笔灵活自然。

【如鱼似水】 rúyú-sìshuǐ

一个像鱼，一个像水。比喻夫妻或情侣之间十分投合，相亲相爱。

【如愿以偿】 rúyuànyǐcháng

偿：报答，指得到报答。像所希望的那样得到了报答。即愿望实现了。

【如坐针毡】 rúzuòzhēnzhān

像坐在插了针的毡子上。形容

有顾虑而心神不宁、坐立不安。

【茹毛饮血】 rúmáo-yǐnxuè

茹：吃。吃带毛的鸟兽，喝鸟兽的血。指原始人类还不知用火时连毛带血生吃鸟兽的生活方式。

【乳臭未干*】 rǔxiù-wèigān

臭：气味。嘴里的奶腥气还没有干净。即刚断奶，嘴里还有奶的气味。用于讥讽人年轻无知又无能。

【入不敷出】 rùbùfūchū

敷：够。收入不够应付支出。

【入木三分】 rùmù-sānfēn

张怀瓘《书断·王羲之》[84-P.6]："晋帝时，祭北郊，更祝版，工人削之，笔入木三分。"原指王羲之在木板上所写之字的墨迹渗入木头达三分深。后用作成语，形容书法笔力强劲。也用来比喻见解、议论或刻画十分深刻。

【入情入理】 rùqíng-rùlǐ

入：合乎。合乎人之常情，合乎一般的道理。

【入乡随俗】 rùxiāng-suísú

到了一个地方就顺从该地的风俗习惯。

【阮囊羞涩】 ruǎnnáng-xiūsè

阮：指晋代人阮孚。囊：袋子，古代用来装钱物等，外出时背在肩上，以备旅途之用。阮孚的袋子有点难为情。表示袋中空空，没什么钱。吕祖谦《诗律武库后集·卷三·俭约门·一钱看囊》[85-P.781]："晋阮孚，山野自放，嗜酒，日挑一皁（皂）囊遊會稽。

客问：'囊中何物？'孚曰：'俱無物，但一錢看囊，庶免羞澀（涩）爾。'"后化为成语，表示经济困难，手头拮据。

【软硬兼施】 ruǎnyìng-jiānshī

软的硬的手段一起施展。

【锐不可当】 ruìbùkědāng

锐：锋利。原义为兵器锐利，不可抵挡。比喻军队锐气十足，所向无敌。也比喻笔锋、话锋尖刻犀利，令人无法招架。现也泛指锐气不可抵挡。

【瑞雪兆丰*年】 ruìxuě zhào fēngnián

吉祥的冬雪预示着丰收年景。指应时的好雪是来年丰收的预兆。

【若即若离】 ruòjí-ruòlí

即：走近，靠近。好像靠近，又好像离去。指隐隐约约地有一定距离。形容对人不疏远也不亲近，保持一定距离。也形容事物有相似处，又有不同处。也形容文章有实有虚，似乎点到，又似乎未触及。

【若明若暗*】 ruòmíng-ruò'àn

好像明亮，又好像昏暗。比喻认识模糊，有点儿明白，又不很清楚。也形容态度暧昧。

【若无其事】 ruòwúqíshì

好像没有那回事似的。即不把那回事放在心上。形容态度镇定，不动声色。也形容态度轻慢，对事情不重视。

【若隐若现】 ruòyǐn-ruòxiàn

好像隐没，又像显现。指隐约难辨而又依稀可见。

【若有所失】 ruòyǒusuǒshī

好像丢失了什么似的。形容心情怅惘，精神恍惚。

【若有所思】 ruòyǒusuǒsī

好像在思考什么似的。形容沉思发愣的样子。

【弱不禁风】 ruòbùjīnfēng

禁：承受得住。虚弱得禁不起风吹。

【弱不胜衣】 ruòbùshèngyī

胜（旧读 shēng）：能承受。瘦弱得不能承受衣服的重量。形容身体非常单薄瘦弱。

【弱肉强食】 ruòròu-qiángshí

动物中弱者的肉是强者的食物。指动物中弱者被强者吞食。比喻人类社会中的弱者被强者欺凌、吞并。

S

【撒娇撒痴】sājiāo-sāchī

　　撒:尽量施展。痴:傻。尽量做出娇柔可爱的样子,尽量装出傻乎乎不懂事的样子。形容女子故意做作来纠缠男子。

【撒科打诨】sākē-dǎhùn

　　见"插科打诨"。

【塞翁失马】sàiwēng-shīmǎ

　　塞:边界上的险要地方。翁:老头。《淮南子·人间训》[21-P.597]:"近塞上之人有善术者,馬無故亡而入胡,人皆弔之。其父曰:'此何遽不爲福乎?'居數月,其馬將胡駿馬而歸。"后化为成语,比喻虽然暂时有所损失,但结果却因此而得益。也指坏事不一定坏,有时反而变成了好事。常与"安(焉)知非福"连用。

【三百六十行】sānbǎi liùshí háng

　　三百六十:泛指百位数之多。几百个行当。泛指各行各业。

【三长两短】sāncháng-liǎngduǎn

　　三……两……:表示杂乱不确定。长短:比喻异常的变故。这样或那样的异常事故。多指意外的灾祸或死亡。

【三朝元老】sāncháo-yuánlǎo

　　元老:古代对德高望重的年老大臣的尊称。连续为三代皇帝重用的老臣。现也指在某部门任职久、资格老的人。

【三从四德】sāncóng-sìdé

　　未嫁从父、已嫁从夫、夫死从子等三种顺从与品德、辞令、仪容、女工(纺织、缝纫、刺绣等)等四方面的优秀品质。这是封建礼教对妇女的要求。

【三寸不烂之舌】sān cùn bù làn zhī shé

　　三寸长烂不掉的舌头。比喻能言善辩的口才。

【三番五次】sānfān-wǔcì

　　三、五:泛指个位数之多。番:次,回。好几回,好多次。形容次数之多。也作"三番两次"。

【三分鼎足】sānfēn-dǐngzú

　　见"鼎足三分"。

【三复*斯言】sānfù-sīyán

　　三:多次。斯:这。多次反复体会这些话。

【三纲五常】sāngāng-wǔcháng

S

纲：渔网的总绳，比喻起决定作用的主要部分。三个主纲和五种常道。指君为臣纲、父为子纲、夫为妻纲等三纲与仁、义、礼、智、信等五种道德。这是封建礼教所提倡的道德规范。

【三姑六婆】sāngū-liùpó

尼姑、道姑、卦姑（占卦的妇女）与牙婆（介绍人口买卖的妇女）、媒婆、师婆（女巫）、虔婆（鸨母）、药婆（行医的妇女）、稳婆（接生婆）。后用作成语，喻指走门串户、不务正业的妇女。

【三顾茅庐】sāngù-máolú

顾：拜访。茅庐：草屋。东汉末，诸葛亮隐居于隆中（在今湖北省襄阳市西），刘备曾三次去诸葛亮所住的草屋之中拜访，邀请他出山，到最后一次才见到诸葛亮（见《三国演义》第三十七回、三十八回[33-P. 411~423]）。后化为成语，比喻真心诚意地一再至其住处拜访、邀请、求教。多用于感激别人对自己的器重。

【三缄其口】sānjiān-qíkǒu

缄：封。在自己的嘴上加了三道封条。比喻紧闭嘴巴。形容说话十分谨慎，不轻易开口；或一句话也不肯说。

【三教九流】sānjiào-jiǔliú

三种宗教和九个学术流派。指儒教、道教、佛教等三教与儒家、道家、阴阳家、法家、名家、墨家、纵横家、杂家、农家等九个流派。后泛指宗教、学术中的各种流派。也泛指各行各业或江湖上各种各样的人。

【三令五申】sānlìng-wǔshēn

三、五：泛指个位数之多。申：申述，说明。多次命令，多次申述。

【三六九等】sānliùjiǔděng

三、六、九：表示数量级差的虚数。或是第三等，或是第六等，或是第九等。泛指各种等级。

【三年五载】sānnián-wǔzǎi

三、五：泛指个位数之多。载：年。三年五年。指多年。

【三亲六故】sānqīn-liùgù

三、六：泛指多。故：老朋友。各种各样的亲戚朋友。

【三亲六眷】sānqīn-liùjuàn

三、六：泛指多。各种各样的亲眷。也作"三亲四眷"

【三起三落】sānqǐ-sānluò

三次或多次被起用任职，三次或多次被免职下台。

【三人成虎】sānrén-chénghǔ

《韩非子·内储说上》[14-P. 544]："庞恭與太子質於邯鄲，謂魏王曰：'今一人言市有虎，王信之乎？'曰：'不信。''二人言市有虎，王信之乎？'曰：'不信。''三人言市有虎，王信之乎？'王曰：'寡人信之。'庞恭曰：'夫市之無虎也明矣，然而三人言而成虎。'"虽然没有老虎，但经过三个人一说就变成了有老虎。比喻谣言或谎言多次重复，会使人信以为真。

【三日打鱼，两日晒网】sānrì-

-dǎyú, liǎngrì-shàiwǎng

捕三天鱼，晒两天渔网。比喻学习或做事时常中断，不能持之以恒。也作"三天打鱼，两天晒网"。

【三三两两】sānsānliǎngliǎng

或三个或两个地聚集在一起。指局部上只是极少的人或物聚集成伙，而在总体上则显得零零落落。

【三生有幸】sānshēng-yǒuxìng

三生：佛教语，指前生、今生、来生。三生之中特有的幸运。指非常幸运。

【三十而立】sānshí'érlì

立：站住，指能立足于社会。三十岁能立足于社会。指人一般到了三十岁就成熟了。参见"而立之年"。

【三十六计，走为上计】sānshí-liùjì, zǒuwéishàngjì

三十六条计策中，逃跑是最好的计策。指无力抵抗敌人时以逃跑为好。后泛指身处困境、别无良策时一走了之为好。也作"三十六策，走为上策"。

【三十年河东，三十年河西】sānshí nián hédōng, sānshí nián héxī

三十：泛指十位数之多。几十年在黄河东边，几十年又在黄河西边。指黄河改道，变化无常。比喻世事变化或盛衰无常。

【三思而行】sānsī'érxíng

再三考虑以后再去做。

【三天两头】sāntiān-liǎngtóu

三天两次。形容次数极其频繁。

【三头六臂】sāntóu-liùbì

原为佛教用语，指佛的法相有三个头、六条臂膀。后比喻人有非凡的本领。

【三位一体】sānwèi-yītǐ

圣父、圣子、圣灵三位合成一个神体——上帝。这是基督教的教义。后比喻三者紧密地结合成一个整体。

【三五成群】sānwǔ-chéngqún

或三个或五个地聚在一起。

【三心二意】sānxīn-èryì

三……二……：表示纷乱不确定。有很多不确定的心意。即又想这样，又想那样。形容心思不专一，意志不坚定，或拿不定主意。

【三言两语】sānyán-liǎngyǔ

三两句话。形容话少、简短。也作"三言两句"。

【三阳开泰】sānyáng-kāitài

阳：阳爻，即" "（阴爻为" "）。古代把《周易》的卦爻与农历月份相配，十月为坤卦 ，纯阴之象；十一月为复卦 ，一阳生于下；十二月为临卦 ，二阳生于下；正月为泰卦 ，三阳生于下。三个阳爻开始于泰卦。泰卦象征天气地气相交而万物通顺[49-P. 28]，因而用"三阳开泰"指正月吉祥。多用作新年颂辞。

【三灾八难】sānzāi-bānàn

三灾：佛教以水灾、火灾、风灾为大三灾，刀兵、饥馑、疾疫为小三灾（见《法苑珠林·劫量篇》[86-P. 5]）。八难：指八种难于见佛闻法的障碍。

《大乘义章》卷第八《八难义》[87-P. 628~629]："言八難者，一是地獄，二是畜生，三是餓鬼，四盲聾瘖瘂，五世智辯聰，六佛前佛後，七欝單越國，八長壽天。……此之八種，能礙聖道，故名爲難。……一切三塗，盲聾瘖瘂，苦障，故難；長壽、欝單、樂障，故難；世智辯聰，惡增，故難，以其邪見違正道故；佛前佛後，善微，故難。所言地獄、鬼、畜難者，一切三塗，報障深重，無能會聖，是故爲難……；所言盲聾瘖瘂難者，盲不覩聖，聾不聞法，瘂不諮受，不堪入聖，是故爲難……；世智辨者，有人聰利妄執難迴，所以是難；所言佛前佛後難者，佛前佛後，無佛法時，不知出道，無心求聖，所以是難……；欝單越國者，北欝單越，樂報殊勝，覩無苦事，其中衆生，慧力微弱，不知厭離觀過求出，是故爲難……；長壽天者，色無色界命報延長，下極半劫，名長壽天，彼天之中寂靜安穩，凡夫生彼，多謂涅槃，保著情性，又無佛法可依求出，所以是難。"两者连为成语"三灾八难"，泛指多灾多难。多用来指小孩多病多磨难。

【三足鼎立】 sānzú-dǐnglì

鼎：古代烹煮用的器具，多用青铜制成，一般为圆形三足两耳，也有方形四足的。像鼎的三只脚一样站立着。比喻三方面势均力敌地相对而立。

【散兵游勇】 sǎnbīng-yóuyǒng

勇：士兵，清代把战争期间临时招募来的士兵称为勇。零散的、游荡在外的士兵。指无人统率的逃散在外的士兵。也比喻零零散散单独行动的个人。

【丧家之狗】 sàngjiāzhīgǒu

"丧"原读 sāng，"丧家之狗"指守丧人家的狗。由于守丧人家一心守孝而无心喂养其狗，所以用来比喻沦落失意、不受重用的人。后来"丧"读 sàng，"丧家之狗"指丧失了主人家的狗。比喻失去靠山、无处投奔而心慌意乱的人。也作"丧家之犬"。

【丧尽天良】 sàngjìn-tiānliáng

天良：天生的善良本性。战国时孟子认为人的天生本性是善良的（《孟子·滕文公上》[8-P. 2701]："孟子道性善。"），所以后世把善良的人性称为"天良"。完全丧失了天生的善良本性。指不辨是非善恶，极其残忍恶毒，毫无人性。

【丧权辱国】 sàngquán-rǔguó

丧失主权，使国家蒙受耻辱。

【丧心病狂】 sàngxīn-bìngkuáng

病：患病。病狂：患癫狂病，发疯。丧失了理智，发了疯。形容言论极其昏乱荒谬，或行为极其残忍恶毒而毫无人性。

【搔首弄姿】 sāoshǒu-nòngzī

用手挠头梳发而装出妩媚的姿态。指故作娇态卖弄风情。也说"搔头弄姿"。

【搔头摸耳】 sāotóu-mō'ěr

抓抓脑袋，摸摸耳朵。形容一时想不出办法而十分焦急的样子。也作"搔头抓耳"。

【搔着痒处】sāozháoyǎngchù

抓到了痒的地方。比喻言行正中要害，触及关键处。

【骚人墨客】sāorén-mòkè

骚人：诗人（因屈原作《离骚》而得名）。创作骚体辞赋的诗人和舞文弄墨的客人。泛指文人。

【扫地出门】sǎodì-chūmén

打扫室内地面，把垃圾杂物清出门去。比喻把坏东西清除干净。现多喻指把人或物清除出去。特指剥夺人的全部财产而把他赶出家门。

【色厉内荏】sèlì-nèirěn

荏：怯弱，软弱。脸色严厉而内心怯弱。形容人外强中干。

【色艺双绝】sèyì-shuāngjué

姿色和技艺两方面都无与伦比。

【森罗万象】sēnluó-wànxiàng

森：繁密，众多。罗：罗列，分布。万象：宇宙间的各种事物现象。纷繁地罗列各种事物现象。也指宇宙间密布着的各种事物现象。也作"万象森罗"。

【僧多粥少】sēngduō-zhōushǎo

化斋的和尚多而准备的粥少。比喻求取的人多而供应的东西（物品、岗位、职务等）少，不够分配。形容供不应求。也作"粥少僧多"。

【杀风景】shā fēngjǐng

杀：损伤，败坏。败坏了美好的自然景象。指破坏了风景的自然美而令人扫兴。也比喻破坏了人们的美好情趣而令人扫兴。李商隐《杂纂》卷上[88-P.5]曾罗列其事例："殺風景：花間喝道，看花淚下，苔上鋪席，斫卻垂楊，花下曬褌（裤），游春重載，石筍繫馬，月下把火，妓筵說俗事，果園種菜，背山起樓，花架下養雞鴨。"又有人把清泉濯足、烧琴煮鹤作为杀风景之事。也作"煞风景"。煞：通"杀"。

【杀鸡取卵】shājī-qǔluǎn

卵：蛋。把鸡杀了取出里面的蛋（以便早一点得到鸡蛋）。比喻贪图眼前一点点小利而损害了长远的利益。也作"杀鸡取蛋"。

【杀鸡吓猴】shājī-xiàhóu

杀掉鸡来吓唬猴子。比喻惩罚一个人来吓唬警告其他的人。也作"杀鸡给猴看""杀鸡骇猴""杀鸡儆猴"。骇：使害怕。儆：警告。

【杀气腾腾】shāqì-téngténg

腾腾：不断上升，形容气势旺盛的样子。杀人的气势很盛。形容气势凶狠。也指充满了残杀的气氛。

【杀人不见血】shārén bù jiàn xiě

杀了人见不到血迹。形容害人的手段非常阴险毒辣，不露痕迹。多指用造谣中伤、进谗陷害、挑拨离间、公报私仇等手段害人。

【杀人不眨眼】shārén bù zhǎyǎn

杀人时连眼睛都不眨一下。指杀人时直睁着眼看人惨死。形容极其凶狠残忍,嗜杀成性,不把杀人当回事。

【杀人灭口】shārén-mièkǒu

杀掉知情的人以消灭能提供内情的嘴巴。指杀死知情者,以免真相暴露。

【杀人如麻】shārén-rúmá

杀死的人像乱麻一样数不清。指杀人极多。

【杀人越货】shārén-yuèhuò

越:抢劫。杀害人的性命,抢劫人的财物。指强盗土匪的行径。

【杀身成仁】shāshēn-chéngrén

仁:仁爱,是孔子思想的核心,儒家道德的最高准则。牺牲生命来成全仁德。后泛指为了正义的事业或崇高的理想而不惜牺牲自己的生命。

【杀身之祸】shāshēnzhīhuò

自身被杀的祸患。

【杀一儆百】shāyī-jǐngbǎi

儆:警告。杀掉一个人来警戒上百人。指严惩少数人以警戒多数人。

【沙里*淘金】shālǐ-táojīn

淘:放在水中搅动冲洗以汰除杂质。在沙子里淘汰沙砾而选出沙金。比喻费力多而收效小或难以成功。也比喻从大量的材料中选取精华。

【傻头傻脑】shǎtóu-shǎnǎo

笨头笨脑。指头脑不灵活,不懂事。也形容憨厚老实的样子。

【歃血为盟】shàxuè-wéiméng

歃血:杀牲后微饮其血或含其血或涂其血于口旁,这是古代订立盟约时表示誓死守信的一种仪式。杀牲饮血缔结盟约。后也泛指庄严地发誓结盟。

【煞费苦心】shàfèi-kǔxīn

煞:很,极。大大地花费了一番辛苦的心血。指费尽心思,用心良苦。

【煞有介事】shàyǒu-jièshì

江南方言"像煞有介事"的略语。煞:很,极。介:这。好像真有这么回事似的。指装模作样,一本正经,让人感到真有其事。也形容故作姿态,好像很了不起的样子。

【山崩地裂】shānbēng-dìliè

高山倒塌,大地裂开。这原是地震时的情形,古人认为是上天对恶政的报应,预示着人间将有大灾难。后多用来形容声响或声势巨大。也作"山崩地陷""地裂山崩"。

【山长水远】shāncháng-shuǐyuǎn

高山河流长又远。指路途遥远而险阻难通。也作"山长水阔""水远山长""水远山遥"。

【山重水复】shānchóng-shuǐfù

高山河流重重复复。指山峦连绵,溪水盘曲,重复出现。

【山高路险】shāngāo-lùxiǎn

大山高耸,路途艰险。

【山高水长】shāngāo-shuǐcháng

大山高耸,河水长流。比喻人德行崇高如大山高耸,永垂不朽如河水长流。也比喻情谊深厚而经久不衰。

【山高水低】shāngāo-shuǐdī

山水高低不平。比喻异常的事故。多指意外的灾祸或死亡。

【山光水色】shānguāng-shuǐsè

见"水光山色"。

【山盟海誓】shānméng-hǎishì

盟:立誓缔约。指着山和海缔约发誓。也指指着山海发誓而订立的誓约，多指男女相恋时的誓约，表示爱情要像高山大海一样永恒不变。也作"海誓山盟"。

【山明水秀】shānmíng-shuǐxiù

山上风光明媚，水上景色秀丽。形容山水明丽，风景优美。也作"山清水秀"。

【山南海北】shānnán-hǎiběi

在山和海的南边或北边。指遥远的地方。

【山穷水尽】shānqióng-shuǐjìn

穷:尽。山到了尽头，河也到了尽头。指到了极其荒僻、无路可走的地方。比喻陷入了绝境。

【山雨欲*来风满楼】shānyǔ yù lái fēng mǎn lóu

山间暴雨将要到来时满楼都是大风。比喻重大事件将要发生时到处都是紧张的气氛。

【山珍海味】shānzhēn-hǎiwèi

山野出产的珍异食物和海里出产的美味食物。泛指珍贵的美味佳肴。

【删繁就简】shānfán-jiùjiǎn

就:靠近，趋向。删除繁琐的文字内容，使之趋于简明扼要。

【姗姗来迟】shānshān-láichí

姗姗:走起路来缓慢从容的样子。慢吞吞地来晚了。

【煽风点火】shānfēng-diǎnhuǒ

摇扇鼓风，点燃火焰。比喻煽动风潮，挑起激烈的斗争。用于贬义。

【潸然泪下】shānrán-lèixià

潸然:眼泪直淌的样子。眼泪潸潸地直往下流。形容非常悲伤。

【闪烁其辞】shǎnshuò-qící

闪烁:光线忽明忽暗、一闪一闪，引申指说话遮遮掩掩、吞吞吐吐。把自己的话说得躲躲闪闪、不明不白。形容说话遮遮掩掩，不肯说出真相或回避要害。也作"闪烁其词"。

【善罢甘休】shànbà-gānxiū

善:好。罢、休:停止，结束。甘:乐意，情愿。好好地收场，心甘情愿地罢休。多指了结纠纷而不再闹下去。多用于否定句与反问句中。

【善贾而沽】shànjià'érgū

贾:通"价"。沽:卖。有了好价钱才出售。比喻有了赏识重用他的人才肯出来做官，或有了好的待遇才肯出来工作。

【善男信女】shànnán-xìnnǚ

慈善的男子和真诚的女子。原指皈依佛教的男女。后泛指信仰佛教的男女。

【善气迎人】shànqì-yíngrén

以和善的气色、良好的态度对

待人。

【善始善终】shànshǐ-shànzhōng

很好地开始，又很好地结束。指自始至终都做得很好。

【善自为谋】shànzìwéimóu

善于为自己打算。后也指好好地为自己谋划。

【伤风败俗】shāngfēng-bàisú

伤：损害。败：破坏。败坏了社会风气和习俗。多用来谴责道德败坏的行为。

【伤筋动骨】shāngjīn-dònggǔ

损伤了筋，扭了骨头。指伤势较重，已深入到内部筋骨，而不只是外表皮肉。也比喻受到重大伤害或有重大变动。

【伤天害理】shāngtiān-hàilǐ

天理：天然的道理，指传统的伦理道德和善良的人性，古人认为善良的人性是天生的，传统的伦理道德是合乎天道的，所以称为"天理"。伤害天理。指违背道德，灭绝人性。形容极其残忍狠毒。

【伤心惨目】shāngxīn-cǎnmù

使内心悲伤，使眼睛感到凄惨。指触目惊心，惨不忍睹。形容情景极其悲惨。

【赏罚分明】shǎngfá-fēnmíng

奖赏、惩罚不含糊。指严格执法，该赏的就赏，该罚的就罚，处理得清清楚楚。

【赏心乐事】shǎngxīn-lèshì

赏：赞赏。中意的心情和快乐的

事情。

【赏心悦目】shǎngxīn-yuèmù

使内心十分赞赏，使眼睛感到喜悦。指看到美好的景色、诗文后心情十分舒畅，眼睛非常舒服。

【上不着天，下不着地】shàngbù-zháotiān, xiàbùzháodì

上边碰不到天，下边碰不到地。比喻两头都没有着落。

【上窜下跳】shàngcuàn-xiàtiào

窜：乱跑。上上下下乱跑乱跳。比喻十分紧张地到处活动，上下串连。用于贬义。

【上方宝剑】shàngfāng-bǎojiàn

上方：也作"尚方"，掌管制造供应帝王所用器物的官署。上方宝剑即皇帝用的宝剑。大臣持有皇帝所赐的上方宝剑，有先斩后奏的权力。现比喻可以依仗的权势。

【上梁*不正下梁*歪】shàngliáng bù zhèng xiàliáng wāi

上面的屋梁不端正，下面的屋梁也就歪斜了。比喻上面的人（上级或长辈）思想行为不端正，下面的人也就跟着为非作歹。

【上天入地】shàngtiān-rùdì

登上天空，进入地下。指到神仙居住的天宫和鬼所在的阴间。比喻到所有难以到达的地方。形容不怕困难，到处寻找。

【上天无路，入地无门】shàngtiān--wúlù, rùdì-wúmén

登天没有路，进入地下没有门。

即走投无路。形容陷入了绝境。

【上无片瓦，下无立锥之地】shàng wú piànwǎ，xià wú lì zhuī zhī dì

立锥：树立锥子，即放置锥尖。上面没有一片瓦，下面没有放置锥尖的一丁点地方。指没有瓦房与土地。形容极其穷困，无处容身立足。

【上下交困】shàngxià-jiāokùn

交：一起，同时。上面和下面一起受困。指政府和民众都处于困难的境地。

【上下其手】shàngxià-qíshǒu

抬高、放低自己的手。指用手势向人暗示。据《左传·襄公二十六年》[16-P.1989]载，楚国穿封戌活捉了郑国将领皇颉，王子围和他争功，由伯州犁裁决。伯州犁偏袒王子围，让俘虏皇颉作证，他抬高手指着王子围说："那是王子围，是我君的贵弟。"又放低手指着穿封戌说："这是穿封戌，是个县官。是谁抓住了你?"皇颉明白了他的暗示，说自己败于王子围。后化为成语，比喻玩弄手法，串通起来作弊。

【上行下效】shàngxíng-xiàxiào

上面的人做，下面的人效法。多指做坏事。

【稍纵即逝】shāozòng-jíshì

纵：放。逝：去。稍微一放松就离去了。形容时间、机会、灵感等很容易失去。也作"少纵即逝"。

【少安毋躁】shǎo'ān-wúzào

稍微安心一点而不要急躁。多

用于劝人忍耐一下。

【少见多怪】shǎojiàn-duōguài

见识少，感到奇怪的东西就多了。多用来嘲讽人孤陋寡闻，遇到了平常的事物也觉得奇怪。

【少不更事】shàobùgēngshì

更：经历。年纪轻而没有经历过世事。指人年轻而阅历少。

【少年老成】shàonián-lǎochéng

老：经历多，老练。年纪轻轻，为人处事却十分老练成熟。现也指年轻人缺乏朝气和闯劲。

【少壮不努力，老大徒伤悲】shàozhuàng bù nǔlì，lǎodà tú shāngbēi

年轻力壮时不努力，年纪大了只能白白地伤心了。用来劝勉年轻人抓紧时间学习、工作，否则将后悔莫及。

【舌敝唇焦】shébì-chúnjiāo

舌头破了，嘴唇干了。形容说话极多，费尽口舌。

【蛇蝎心肠】shéxiē-xīncháng

像毒蛇和蝎子一样的心肠。比喻狠毒的心肠。

【舍*本逐末】shěběn-zhúmò

舍弃根本而追逐末节。原指放弃具有根本意义的农业而致力于无关紧要的工商业。后泛指放弃主要的事物而追求次要的事物。也比喻做事不抓根本而只在枝节上下功夫。

【舍*己救人】shějǐ-jiùrén

舍：舍弃。不顾自己的安危去拯救别人。

【舍*己为公】shějǐ-wèigōng

为:帮助,维护。舍弃自己的利益去维护公共的利益。

【舍*己为人】shějǐ-wèirén

为:帮助。舍弃自己的利益去帮助别人。

【舍*近求远】shějìn-qiúyuǎn

舍弃近的,追求远的。形容不走捷径而白白多费力气。

【舍*生取义】shěshēng-qǔyì

取:选取。《孟子·告子上》[8-P.2752]:"生,亦我所欲也;义,亦我所欲也。二者不可得兼,舍生而取义者也。"意为在生命与道义不能同时得到的时候,就舍弃生命而选取道义。后泛指牺牲自己的生命以坚持正义。

【舍*生忘死】shěshēng-wàngsǐ

舍弃自己的生命而不把死亡放在心上。即不顾生命危险,把生死置之度外。

【舍*我其谁】shěwǒ-qíshuí

舍弃了我,还有谁呢? 指除了我,没有人能担当。原形容当仁不让,勇于担当重任。后也形容自负。

【设身处地】shèshēn-chǔdì

设想自己处在别人的境地。指考虑别人的事情时把自己放在别人所处的地位或境遇中去推想。形容体贴入微地为别人着想。

【涉笔成趣】shèbǐ-chéngqù

涉:牵涉,触及。涉笔:动笔。一动笔而写成或画成了很有趣味的作品。

【伸手不见五指】shēnshǒu bù jiàn wǔzhǐ

伸出手来看不见五个手指。形容光线极暗,一片漆黑。

【身败名裂】shēnbài-míngliè

身:身份,地位。败:毁坏。裂:破裂。身份丧失而名声败坏。形容彻底失败。

【身不由己】shēnbùyóujǐ

由:依从,听从。身体不能依从自己。指自身的行动不能由自己作主。形容完全听从别人的支使而没有自主权。也形容喝醉、生病、被打等原因引起的身体失去自控能力的情状。也作"身不由主"。

【身怀六甲】shēnhuáiliùjiǎ

六甲:传说是天帝造物的日子,借指刚形成的胎儿。身体怀上了胎儿。指妇女怀孕。

【身家性命】shēnjiā-xìngmìng

自身和全家的生命。

【身价百倍】shēnjià-bǎibèi

身价:本身的价位,指人或物本身的等级地位以及与之相应的价钱。本身的价位上升了上百倍。指人或物本身的等级地位大大地提高了。

【身经百战】shēnjīngbǎizhàn

百:泛指多。亲身经历过无数次战斗。也比喻久经磨练,经验丰富。

【身临其境】shēnlínqíjìng

临:到。亲身到了那个境地。

【身强力壮】shēnqiáng-lìzhuàng
身体强健力气大。

【身手不凡】shēnshǒu-bùfán
身手:技艺,本领。本领不平凡。

【身首异处】shēnshǒu-yìchù
身躯和头在不同的地方。指被砍头。

【身体力行】shēntǐ-lìxíng
体:行,做。亲身实践,尽力实行。

【身外之物】shēnwàizhīwù
身体以外的东西。多指钱财、名誉、地位等。常用来表示其无足轻重。

【身无长物】shēnwúchángwù
长(旧读 zhàng)物:多余的东西。身上没有多余的东西。形容一贫如洗,没有什么财物。

【身无分文】shēnwúfēnwén
身上没有一分钱、一文钱。形容极其贫穷。

【身先士卒】shēnxiānshìzú
士卒:古代战车上的战士叫"士",步兵叫"卒",士兵统称为"士卒"。作战时将帅亲自冲在士兵前面。现也比喻领导带头,走在群众前面。

【身心交瘁】shēnxīn-jiāocuì
交:一起,同时。瘁:劳累。身体、精神都疲劳不堪。也作"身心交病"。病:疲倦,劳累。

【身在曹营心在汉】shēn zài cáo-yíng xīn zài hàn
指东汉末关羽投降曹操后,身体在曹操的军营中而心里怀念着志在复兴汉室的刘备(见《三国志·蜀书·关张马黄赵传》[51-P.940]、《三国演义》第二十五回[33-P.271～273])。后比喻身在此而心在彼。

【莘莘学子】shēnshēn-xuézǐ
莘莘:众多的样子。众多学生。

【深不可测】shēnbùkěcè
深得无法测量。形容水极深。也比喻事物、道理等深奥玄妙而难以捉摸或人的城府极深而难以揣测。

【深藏若虚】shēncáng-ruòxū
虚:空。深深地隐藏,好像空无所有。原指精明的商人把财宝隐藏起来使人看不见。后也泛指把其他的东西(如军队等)深深地隐藏起来而不让人发觉。又比喻有修养有才学的人十分谦虚而不在人面前卖弄。

【深仇大恨】shēnchóu-dàhèn
极深极大的仇恨。

【深孚众望】shēnfúzhòngwàng
孚:使人信服。深深地使众人信服而为众望所归。指在群众中很有威信,人们都把希望寄托在他身上。

【深更半夜】shēngēng-bànyè
深:距离开始的时间很久。更:旧时一夜分为五更,每更约两小时。离初次打更的时间很久而已经半夜了。也泛指深夜。

【深沟高垒】shēngōu-gāolěi
垒:壁垒,军营的围墙。挖深壕

沟(护城河),筑高壁垒。指建立坚固的防御工事。也作"高垒深沟"。

【深居简出】shēnjū-jiǎnchū

简:少。居住在深邃之处而很少外出。指野兽潜藏在深山隐秘之处而很少出来。后多指人隐居家中而很少出门。

【深明大义】shēnmíng-dàyì

深切地明了为人处事的重大原则。指能识大体,顾大局。

【深谋远虑】shēnmóu-yuǎnlǜ

深入地谋划,作长远的考虑。形容谋划周到。

【深情厚谊】shēnqíng-hòuyì

谊:交情,友谊。深厚的感情和友谊。也作"深情厚意"。

【深入浅出】shēnrù-qiǎnchū

在内容上能深刻地挖掘进去,在语言形式上能浅显地表达出来。指文章或言论内容很深刻,而措辞则通俗易懂。

【深入人心】shēnrù-rénxīn

深深地进入人们的心里。指思想、学说、主张等被多数人理解、接受并拥护。

【深山老林】shēnshān-lǎolín

深邃偏僻、人迹罕至的山岭与年代久远、没有开发的森林。

【深思熟虑】shēnsī-shúlù

深入地思索,反复细致地考虑。

【深文周*纳】shēnwén-zhōunà

深:深刻周密,引申为苛刻。深文:苛刻地制定或援用法律条文。周:周密,不放松。纳:收进,使陷入。苛刻地使用法律条文,毫不放松地尽量使人陷入法网。后也泛指毫无事实根据地罗织各种罪状而给人强加罪名。

【深恶痛绝】shēnwù-tòngjué

恶:厌恶,憎恶。痛:彻底地,尽情地,极其。绝:决绝,断绝关系,杜绝。深深地厌恶,彻底地决绝或杜绝。指极其厌恶、痛恨而誓不两立。也作"深恶痛疾"。痛疾:痛恨,极其憎恨。

【深信不疑】shēnxìn-bùyí

非常相信,毫不怀疑。

【深宅大院】shēnzhái-dàyuàn

深邃的住宅,宽大的庭院。多指豪门大户的住宅房屋很多,院落深广。

【神不守舍*】shénbùshǒushè

舍:居室,比喻容纳精神的躯壳。精神不守候在躯壳内。即精神离开了肉体。形容精神分散而思念外物或心神极度不安。

【神不知,鬼不觉】shén bù zhī,guǐ bù jué

神不知道,鬼也没发觉。原形容自己的心事无人知晓。后多形容行动极其诡秘,无人察觉。

【神采*飞扬】shéncǎi-fēiyáng

神采:面部的神气和光彩。神情风采飞舞飘扬。形容人情绪高涨,精神焕发。

【神采*焕发*】shéncǎi-huànfā

　　焕发:光亮四射,引申指旺盛振作。精神旺盛,容光满面。

【神采*奕奕*】shéncǎi-yìyì

　　奕奕:精神焕发的样子。精神旺盛,容光焕发。也用来形容艺术作品生动传神。

【神出鬼没】shénchū-guǐmò

　　没:隐没,消失。像神和鬼那样出现、消失。指变化多端而出没无常,令人不可捉摸。

【神工鬼斧】shéngōng-guǐfǔ

　　见"鬼斧神工"。

【神鬼莫测】shénguǐ-mòcè

　　神灵鬼怪也无法测度。形容人计谋多端或事情诡秘复杂,谁也无法预料或推测出来。

【神乎其神】shénhūqíshén

　　神:神妙。乎:语气词,表感叹。神妙啊他(它)的神妙。指神奇玄妙到了极点。

【神魂颠倒】shénhún-diāndǎo

　　神魂:精神。精神错乱。指对某人或某事物着了迷而精神恍惚,失去常态。

【神机妙算】shénjī-miàosuàn

　　神奇的机谋,巧妙的筹划。指出谋划策极为高明。

【神来之笔】shénláizhībǐ

　　神灵到来时产生的笔墨。指文艺创作中不期而至的精彩文墨。常形容作品的意境和技法奇妙绝伦。

也作"神到之笔"。

【神气活现】shénqì-huóxiàn

　　得意的神情气势生动逼真地显现在外。形容自以为了不起而十分傲慢的样子。

【神气十足】shénqì-shízú

　　得意的神情气势十分充足。形容自以为高人一等而十分傲慢的样子。

【神清气爽】shénqīng-qìshuǎng

　　精神清醒,呼吸轻松。多用来形容幽雅的环境或清香新鲜的空气使人心情舒畅时的感觉。

【神情恍惚】shénqíng-huǎnghū

　　恍惚:若有若无、模糊不清的样子。面部神气所表露出来的精神状态糊里糊涂。

【神色自若】shénsè-zìruò

　　神情脸色像自己平常时一样。形容在不正常的情况下态度镇定,从容自然。

【神思恍惚】shénsī-huǎnghū

　　恍惚:模糊不清的样子。精神思绪模模糊糊。

【神通广大】shéntōng-guǎngdà

　　神通:佛教用语,指神奇的无所不通的法术,后泛指神奇莫测而无所不能的本领。神奇的法术广大无边。泛指本领极大。

【审己度人】shěnjǐ-duórén

　　度:揣度,推测。审察自己来推想别人。

【审时度势】shěnshí-duóshì

度:揣测,估计。审察时势,估计发展趋势。

【甚嚣尘上】shènxiāo-chénshàng

甚:很。嚣:喧哗,吵闹。十分喧嚣,尘土上扬。原形容军队作战前紧张忙乱的准备工作。后转指喧哗声沸反盈天。形容消息、流言盛传而议论纷纷。也形容反动言论十分嚣张。

【慎终如始】shènzhōng-rúshǐ

慎:谨慎。事情结束时谨慎得像开始时一样。指自始至终谨慎从事。

【慎终追远】shènzhōng-zhuīyuǎn

终:死。慎重地对待父母的丧事,追祭远代祖先。

【升*堂入室】shēngtáng-rùshì

升:登上。见"登堂入室"。

【生搬硬套】shēngbān-yìngtào

生:生硬,不成熟。生硬地搬用,勉强地套用。指不从自己的实际情况出发,死板地搬用别人的理论、经验或方法。

【生不逢时】shēngbùféngshí

生下来没有遇上好时辰。即生的不是时候,出生后没有遇上好的世道或时机。多用来慨叹自己运气不好。也作"生不逢辰"。

【生财有道】shēngcái-yǒudào

生:生发,使滋生发展。增加财富有一定的办法。原为中性词语,后又用作贬义,讽刺人发财有手段。

【生财之道】shēngcáizhīdào

发财的办法。

【生儿育女】shēng'ér-yùnǚ

生儿子养女儿。泛指生育抚养子女。也作"生男育女"。

【生而知之】shēng'érzhīzhī

生下来就知道一切。形容天资聪颖。

【生花妙笔】shēnghuā-miàobǐ

笔头上生出花来的神妙之笔。比喻优美出色的文笔。形容写作才能杰出。

【生机勃勃】shēngjī-bóbó

勃勃:旺盛的样子。生命力蓬勃旺盛。形容充满活力,富有朝气。

【生拉硬扯】shēnglā-yìngchě

生硬勉强地拉扯在一起。比喻牵强附会。

【生老病死】shēnglǎo-bìngsǐ

出生、衰老、生病、死亡。佛教认为这是人一生中的四大苦事。后用来泛指人一生中的重大生活现象。现也用来指生育、养老、医疗、殡葬等事。

【生离死别】shēnglí-sǐbié

活人分离好像和死者永别一样。指很难再见面的离别或永远不能再见面的分离。

【生灵涂炭】shēnglíng-tútàn

生灵:生命灵魂,指人民。涂:烂泥。人民好像掉进了泥沼和炭火之中。指人民陷于极端困苦的境地。形容政治黑暗、社会混乱时期民不聊生的情景。也作"生民涂炭"。

【生龙活虎】 shēnglóng-huóhǔ

像活生生的龙和虎。比喻灵活矫健,充满生气和活力。

【生米煮成熟饭】 shēngmǐ zhǔ chéng shúfàn

未煮过的米煮成了可吃的饭。比喻事情已成定局,无法再挽回或更改了。含有不得不认可之意。也作"生米做成熟饭"。

【生气勃勃】 shēngqì-bóbó

生气:生长的元气,指生命力,活力。勃勃:旺盛的样子。生长的元气蓬勃旺盛。形容充满生机活力,富有朝气。

【生擒活捉】 shēngqín-huózhuō

生:活。擒:捉拿。(把人或动物)活着抓住。

【生荣死哀】 shēngróng-sǐ'āi

活着的时候荣耀,死了以后使人悲哀。常用来称颂名望很大、受人崇敬的死者。

【生杀予夺】 shēngshā-yǔduó

生:让人活,指赦免。予夺:给予与剥夺(财物),指赏罚。赦免与处死,奖赏与处罚。指对人的生命和财产进行处置的权力。

【生杀之权】 shēngshāzhīquán

决定人生死的权力。

【生生世世】 shēngshēngshìshì

一生又一生,一世又一世。佛教认为人的灵魂永久不灭,人死后其灵魂可投胎再生,今生今世过了以后有来生来世,如此不断轮回,以至永生永世,所以人会有"生生世世"。现借指世世代代,一代又一代。

【生死存亡】 shēngsǐ-cúnwáng

活着或死去,存在或灭亡。形容事关重大,情势危急,已到了最后关头。

【生死关头】 shēngsǐ-guāntóu

决定其生存或死亡的关键时刻。

【生死相依】 shēngsǐ-xiāngyī

无论是活着还是死去,都互相依靠。指彼此永不分离。形容感情极其深厚。

【生死攸关】 shēngsǐ-yōuguān

攸:是,助词宾语前置的结构助词。关:牵连,关系。关系到生存和死亡。形容十分紧要。

【生死与共】 shēngsǐ-yǔgòng

与:和。无论是生还是死,都和对方在一起。指同命运,共存亡。形容彼此感情深厚,关系密切。

【生死之交】 shēngsǐzhījiāo

生死与共的朋友。

【生吞活剥】 shēngtūn-huóbō

把生的东西直接吞下去,活活地把皮剥下来。比喻生硬地侵吞,原封不动地割取。指抄袭他人诗文。现泛指生搬硬套,即不顾实际情况,生硬地搬用别人的经验、言论、方法或科学文化方面的成果。

【生于忧患,死于安乐】 shēngyú-yōuhuàn, sǐyú'ānlè

人或国家由于忧虑祸患而生存,由于安逸享乐而灭亡。这是因为忧患常会使人发愤抗争而避祸,安乐常会使人骄慢懈怠而遭殃。

【声东击西】 shēngdōng-jīxī

声:声张,宣扬。声称攻打这边,实际上攻打那边。这是一种虚张声势、迷惑敌人而使其产生错觉,然后出其不意、攻其无备以取胜的战术。

【声价十倍】 shēngjià-shíbèi

声价:声望的价位,指名声及其产生的社会地位。十倍:泛指幅度大。名声和社会地位上升了许多倍。指著名的程度以及受人重视的程度大大提高了。

【声泪俱下】 shēnglèi-jùxià

声音和眼泪一起出来。即一边诉说,一边哭泣。形容急于诉说,又极其悲恸。

【声名狼藉】 shēngmíng-lángjí

藉:践踏。狼藉:传说狼群常垫草而卧,起来后把草踩乱以灭迹,因而用"狼藉"来表示乱七八糟、杂乱不堪的样子。名声乱七八糟。指名声极坏。

【声名鹊起】 shēngmíng-quèqǐ

名声像喜鹊猛然飞起来一样。指声誉名望迅速提高而声名大振。也作"声誉鹊起"。

【声气相求】 shēngqì-xiāngqiú

见"声应气求"。

【声情并*茂】 shēngqíng-bìngmào

茂:草木繁盛的样子,引申为丰富美好。声音和情感都丰美。指歌曲唱腔或诗文语言的音色声调优美

动听,而其感情也真挚充沛。

【声如洪钟*】 shēngrúhóngzhōng

洪:大。声音像大钟。指说话或歌唱时声音洪亮。

【声色俱厉】 shēngsè-jùlì

说话时的声音和脸色都很严厉。

【声色犬马】 shēngsè-quǎnmǎ

音乐、女色、狗、马。指观赏歌舞、玩弄女色、驱狗骑马外出畋猎。后泛指纵情享乐荒淫无度的生活。也作"声色狗马"。

【声势浩大】 shēngshì-hàodà

浩大:盛大。声威、气势极盛。

【声嘶力竭】 shēngsī-lìjié

竭:尽。声音嘶哑,力气用尽。形容拼命号哭或叫喊。也作"力竭声嘶"。

【声威大震】 shēngwēi-dàzhèn

名声和威望使人大为震惊。形容威名极大。

【声应气求】 shēngyìng-qìqiú

《周易·乾》[49-P.16]"同聲相應,同氣相求"的略语。应:应和,共鸣。求:寻求,聚合。相同的声音互相共鸣,相同的气味互相融合。比喻意见主张相同的人互相呼应,志趣脾气相同的人自然地结合在一起。也作"声气相求""同声相应,同气相求"。

【声罪致讨】 shēngzuì-zhìtǎo

声:声张,宣布。致:给与。宣布罪状,加以讨伐。指公开对人发动攻击。

【绳锯木断】shéngjù-mùduàn

拿绳子作锯子锯，也能把木头锯断。比喻力量即使很小，只要坚持下去，就能把难办的事情办到。也比喻小问题不断积累会变成大问题。

【绳之以法】shéngzhī-yǐfǎ

绳：墨线，引申为约束，纠正，制裁。用法律来约束或制裁人。

【省吃俭用】shěngchī-jiǎnyòng

节省吃的，节约费用。形容生活上精打细算，尽量节约。

【胜负乃兵家常事】shèngfù nǎi bīngjiā chángshì

胜利或失败是带兵作战的人经常要碰到的事情。常用来宽慰失败者，表示别为了偶然的一次失败而忧心忡忡。也作"胜败乃兵家常事"。

【胜任愉快】shèngrèn-yúkuài

胜（旧读 shēng）：能承担，能承受。任：担子，职务，任务。有能力承担某项工作，而且干起来从容快乐。形容干某项工作游刃有余，轻松得意。

【盛极一时】shèngjí-yīshí

在一段时期内特别流行或强盛到了极点。

【盛况空前】shèngkuàng-kōngqián

盛大热烈的状况以前没有过。

【盛名之下，其实难副】shèngmíng-zhīxià, qíshí-nánfù

盛：大。副：相称，符合。在极大的名声之下，其实际很难与名声相符。原常用来提醒有名望的人或自

己要正确对待名誉，谦虚谨慎，看到自己的缺点与不足。现也用来指斥名声很大的人或物所存在的名不副实的现象。

【盛气凌人】shèngqì-língrén

凌：凌驾，压倒。强烈炽盛的气势压迫人。指骄横傲慢的气势咄咄逼人。

【盛情难却】shèngqíng-nánquè

深厚的情意难以推却。

【盛筵必散】shèngyán-bìsàn

盛大的宴会必定有散场的时候。比喻美好的光景不能永久存在或欢乐的聚会迟早要分手。

【盛筵难再】shèngyán-nánzài

盛大的宴会难以再次碰到。比喻美好的光景或欢乐的聚会不可多得。

【尸*骨未寒】shīgǔ-wèihán

尸体还没有冷。指人刚死不久。

【尸*横遍野】shīhéng-biànyě

横：错杂，横七竖八。尸体交错遍布野外。形容被杀死的人极多。

【尸*位素餐】shīwèi-sùcān

尸：古代祭祀时象征死者神灵而代表死者受祭的人，以臣子或死者的晚辈充任，后世逐渐改用神主、画像。尸位：受祭者呆在位子上，只享用祭品而不做事，比喻身居官位而不做事。素餐：白吃，即不劳而食、无功食禄。像受祭者似地身居官位而吃白食。后也用作谦辞，表示自己占着职位而未能尽到职责，没做什么

事情。

【失败是成功之母】 shībài shì chénggōng zhī mǔ

失败是成功的孕育者。指人们从失败中吸取教训后能变失败为胜利。

【失而复*得】 shī'érfùdé

失去了又重新得到。

【失魂落魄】 shīhún-luòpò

魂、魄：人的精神，能离开身体而存在的精神叫魂，依附于形体而不能独立存在的精神叫魄；魂用于思维想象，魄用于感觉运动。丢了灵魂而掉了心魄。形容极度惊慌忧虑时心神不宁、行动失常的样子。也作"丧魂落魄"。

【失之东隅，收之桑榆】 shīzhī--dōngyú, shōuzhī-sāngyú

东隅：东边，指日出之处，表示早晨。桑榆：日落时余晖照射在桑树、榆树之间，所以用"桑榆"指西方日落之处，并表示傍晚。在早晨失去了它，在傍晚又把它收回了。比喻开始时失败了，但最终取得了胜利。也比喻开始受到了损失，而在后来得到了补偿。

【失之毫厘，差之千里*】 shīzhī--háolí, chàzhī-qiānlǐ

见"差之毫厘，谬以千里"。

【失之交臂】 shīzhī-jiāobì

交：接触。交臂：两人的胳膊互相接触，也比喻两者很靠近。已碰上了别人的臂膀却又失去了他。即擦肩而过。比喻已碰上了好机会却又当面错过了。

【师出无名】 shīchū-wúmíng

师：军队。名：名义，引申为理由。出兵没有正当的理由。后也比喻采取某些行动缺乏正当的理由。

【师出有名】 shīchū-yǒumíng

军队出动有正当的理由。后也比喻采取某些行动有正当的理由。

【师道尊严】 shīdào-zūnyán

原作"师严道尊"。严：威严，有威信，受尊重。老师受尊敬，他所传授的道理知识才能得到尊重。后作"师道尊严"，指为师之道尊贵庄严。表示老师要保持尊严，对待学生要庄重而有威严。

【师老兵疲】 shīlǎo-bīngpí

老：衰竭。军队长期在外而士气衰落，士兵疲劳不堪。

【师心自用】 shīxīn-zìyòng

师心：以心为师，指依从自己的心意，只相信自己。自用：任用自己，即按自己的想法决断行事。师法己意而任用自己。指固执己见而自以为是。

【师直为壮】 shīzhíwéizhuàng

师：军队。直：理直。壮：强盛，有力。军队出兵理由正当便强大有力。

【诗情画意】 shīqíng-huàyì

诗中的情调和画中的意趣。也用来喻指幽美雅致的风景。

【诗中有画】 shīzhōngyǒuhuà

诗作中有图画。指诗作描写景物层次分明，刻画精巧，具有画家构图的匠心而意境十分优美。

【狮子大开口】shīzi dà kāikǒu

狮子大大地张开嘴巴。比喻夸海口，说大话。也比喻要求太高或要价太高。

【十八般武艺】shíbā bān wǔyì

般:样，种。十八种武术技艺。指使用弓、弩、刀、枪、剑、戟、矛、盾、斧、钺、鞭、锏、棍、殳、叉、钯、绵绳套索等武器以及白打(拳击)。或指使用戈、戟、枪、剑、槊、牌、弓、弩、锤、链、鞭、锏、棍、棒、斧、钺、锐、铲等兵器的武艺。古代说法不尽相同。一般多用来泛指各种武艺或比喻各种技能。

【十八层地狱】shíbā céng dìyù

第十八层地狱。是佛教所说的最底下一层的地狱，是鬼魂所受痛苦与折磨最惨烈的地方。据说人在世时作恶多端，死后就被打入十八层地狱受苦，永世不得翻身。后也用来比喻最黑暗、最痛苦而毫无前途的绝境。

【十恶不赦】shí'è-bùshè

十恶:是古代刑律所规定的不可赦免的十种重大罪恶，不同朝代其内容略有不同。《隋书·刑法志》[89-P.706~711]:"(北齐武成帝河清三年)又列重罪十条:一曰反逆，二曰大逆，三曰叛，四曰降，五曰恶逆，六曰不道，七曰不敬，八曰不孝，九曰不

义，十曰内乱。其犯此十者，不在八议论赎之限。""(北周武帝保定三年制成《大律》)不立十恶之目，而重恶逆、不道、大不敬、不孝、不义、内乱之罪。""(隋文帝开皇元年)又置十恶之条，多採后齐之制而颇有损益。一曰谋反，二曰谋大逆，三曰谋叛，四曰恶逆，五曰不道，六曰大不敬，七曰不孝，八曰不睦，九曰不义，十曰内乱。犯十恶及故杀人狱成者，虽会赦，犹除名。"后又以"十恶"泛指重大的罪行。犯有十种罪恶而不可赦免。泛指罪大恶极而不可赦免。

【十行俱下】shíháng-jùxià

十行字同时看下来。形容看书速度很快。

【十里*洋场】shílǐ-yángchǎng

方圆十里洋人活动的地方。指外国人较多的都市。多指旧上海而言。

【十目所视，十手所指】shímù-suǒshì, shíshǒu-suǒzhǐ

十:泛指多。很多眼睛注视着，很多手指点着。指一个人的言行总是有很多人监督着，一有错误便会受到指责。

【十拿九稳】shíná-jiǔwěn

拿:抓，把握。稳:稳妥，可靠。十分之九拿得稳。即基本上把握得住。实表示非常有把握，十分可靠。

【十年寒窗】shínián-hánchuāng

寒:冷，表示清苦。十年在清冷的窗下埋头苦读。原指为了获取功

名而长期闭门苦读。现也泛指学生时代长期的读书生涯。也作"十载寒窗"。载:年。

【十年树木，百年树人】shínián-shùmù, bǎinián-shùrén

树:种植，培植。木:树。为十年以后考虑要种树，为百年以后考虑要培养人才。多用来表示培养人才是百年大计而必须加以重视，或表示人才的培养需要很长时间而很不容易。

【十全十美】shíquán-shíměi

十分完备，十分美好。指极其完美，毫无缺陷。

【十室九空】shíshì-jiǔkōng

室:人家。十户人家九户空。形容人民遭受灾荒、战乱或横征暴敛而家破人亡、流离失所的凄凉景象。

【十万八千里*】shíwàn bāqiān lǐ

指距离极远或差别极大。

【十万火急】shíwàn-huǒjí

十万:表示程度极高。极其紧急。

【十指连心】shízhǐ-liánxīn

十个手指连着心。指心(古人认为是思维的器官、身体的主宰)对手指的疼痛极其敏感。也泛指心对身体上任何部位的疼痛都十分敏感。又比喻对关系极亲密的人的遭遇(多指不幸的遭遇)或变化极为敏感。

【十字街头】shízì-jiētóu

呈"十"字形的街道交叉处。指热闹的街市。也比喻纷繁的现实社会、现实生活。

【十字路口】shízì-lùkǒu

呈"十"字形的道路交叉处。比喻在重大问题上需要对去向作出抉择的境地。

【石沉大海】shíchéndàhǎi

石头沉入大海。比喻一去不复返。形容从此不见踪影，毫无消息。也比喻药物服后毫无效验。

【石破天惊】shípò-tiānjīng

石:指女娲补在苍天上的五色石;传说古代苍天不能全面笼盖大地，女娲炼五色石来填补苍天的缺损处。苍天震惊而补在天上的石头都震破了。原形容激越的箜篌声具有极大的震撼力而震动了上苍。后形容事件、声响、文章、议论等十分出奇，令人大为震惊。

【时不可失】shíbùkěshī

时机不可失去。指时机难得，必须抓住，不可错过。

【时不我待】shíbùwǒdài

不我待:不待我。时光不会等待我们。表示要抓紧时间。参见"岁不我与"。

【时不再来】shíbùzàilái

时机不会再次来到。指时机难得。表示应抓住时机果断行事而不可错过。

【时乖命蹇】shíguāi-mìngjiǎn

时:时机,时运。乖:背离,不顺。命:命运。蹇:困苦,不顺利。时机背离，命运很苦。指时运不济，处境不顺利。也作"时乖运蹇""运蹇时乖"

"运乖时蹇"。运:命运。

【时过境迁】 shíguò-jìngqiān

迁:变迁,改变。一段时间过去了,境况也发生了变化。

【时来运转】 shílái-yùnzhuǎn

时机来了,命运转变了。指遇到了好机会,从逆境转变为顺境。

【时移世易】 shíyí-shìyì

移:变迁。易:改换。时代变迁,社会情况也改变了。

【时运不济】 shíyùn-bùjì

济:成,益,利。一时的运气不利。指运道不好,处境不顺利。

【时运亨通】 shíyùn-hēngtōng

亨:顺利。一时的运气顺利通达。指运道好,处境顺利。

【识才尊贤】 shícái-zūnxián

识别人才而尊重贤人。

【识时务者为俊杰】 shí shíwù zhě wéi jùnjié

时务:当时的大事,指当时的形势或时代潮流。俊杰:才智出众的豪杰。能认清当前形势和时代潮流的人才是才智出众的豪杰。

【识途老马】 shítú-lǎomǎ

认识旧路的老马。比喻年长而富有经验的人。参见"老马识途"。

【实逼处此】 shíbīchǔcǐ

实在是被逼迫而居住在这个地方。指迫于形势而占据其地。后用来表示为情势所迫而不得不这样做。

【实繁有徒】 shífán-yǒutú

实:实在。繁:多。有:助词,无义。徒:同一类的人。这类人实在很多。也作"实繁其徒""其徒实繁"。

【实事求是】 shíshì-qiúshì

是:正确,指揭示本质的正确结论。从实际的事情中求得正确的结论。现也指如实反映情况或按照实际情况办事,不夸大也不缩小。

【拾金不昧】 shíjīn-bùmèi

金:金钱,现泛指各种贵重物品。昧:暗,引申指隐藏,不公开。拾到金钱财物不藏起来据为己有。

【拾人牙慧】 shírényáhuì

牙慧:牙齿中的智慧,指说话中富有智慧的精彩言辞。拾取别人牙缝中掉出来的智慧。比喻袭取、重复别人的精彩言论。现也泛指袭取、重复别人的一般言论。但过去多用"拾人涕唾""拾人唾余"等来表示袭取别人的一般言论。涕唾:鼻涕和唾沫,比喻卑贱庸俗的言论。

【拾遗补缺】 shíyí-bǔquē

拾取遗漏弥补缺失。原指向皇帝进谏以规避过错。现也泛指补充遗漏缺失之处。也作"拾遗补阙"。阙(quē):空缺。

【食不甘味】 shíbùgānwèi

甘:甜美,意动用法。吃东西不觉得味道甜美。形容心事重重、忧虑不安或操劳过度。

【食不果腹】 shíbùguǒfù

果:充实,饱。吃不饱肚子。

【食不下咽】 shíbùxiàyàn

吃东西咽不下去。形容忧心忡忡而不思饮食。

【食而不化】 shí'érbùhuà

吃了东西没有消化。比喻没有深刻透彻地理解所学的东西,不能把所学的知识化为己有来加以灵活运用。

【食古不化】 shígǔ-bùhuà

吃了古代的东西而没有消化。比喻学习了古代的东西后不能透彻理解、灵活运用,而只会盲目地生搬硬套。

【食肉寝皮】 shíròu-qǐnpí

寝皮:剥其皮当褥子睡。吃他的肉,睡在他的皮上。形容极其仇恨。

【食言而肥】 shíyán'érféi

食言:把话吞了,即收回已说出的话,指不履行诺言。吃了很多话而胖了。比喻不履行诺言而只顾自己占便宜。

【食之无味,弃之可惜】 shízhī-wúwèi,qìzhī-kěxī

吃它没有滋味,丢掉它又觉得可惜。比喻取用某事物没有多大意义,舍弃它又觉得可惜。形容事物价值不大。

【史不绝书】 shǐbùjuéshū

书:书写,记载。史籍上不断地记载着。形容过去经常发生的事情。

【史无前例】 shǐwúqiánlì

历史上没有先例。即过去从未有过。

【矢口否认】 shǐkǒu-fǒurèn

矢:通"誓",发誓。发誓咬定,拒不承认。

【矢如雨下】 shǐrúyǔxià

矢:箭。箭像雨一样射下来。形容射出的箭很多。

【矢死不二】 shǐsǐ-bù'èr

矢:通"誓",发誓。立下誓愿,表示至死不生二心。形容意志坚定,一心一意。

【矢志不渝】 shǐzhì-bùyú

矢:通"誓",发誓。渝:改变。立下誓愿,表示其志向永不改变。形容意志坚定。

【豕突狼奔】 shǐtū-lángbēn

见"狼奔豕突"。

【始料不及】 shǐliàobùjí

开始的预料没有涉及。指当初没有料想到。

【始乱终弃】 shǐluàn-zhōngqì

乱:淫乱,发生不正当的男女关系。开始和她乱搞,结果把她遗弃了。指男子玩弄女性的行径。

【始终不懈】 shǐzhōng-bùxiè

自始至终不松懈。

【始终不渝】 shǐzhōng-bùyú

渝:改变。自始至终不改变。形容志向、立场、信仰、态度、感情等十分坚定。多用于褒义。

【始终如一】 shǐzhōng-rúyī

从开始到结束都像一个样子。多指好的品德、行为能坚持到底。

【始作俑者】 shǐzuòyǒngzhě

S

俑：古代用以殉葬的木制或陶制的偶人。开始制作木偶陶俑的人。比喻首开不良先例的人。

【士为知己者死】 shì wèi zhījǐ zhě sǐ
士人为赏识自己的人拼命效劳。

【世代书香】 shìdài-shūxiāng
书香：藏书的香味；古人用芸香草藏书防蛀，所以所藏之书有一种特有的香味；后转指家中有藏书，上辈或世世代代有读书人。世世代代都飘着藏书的香味。指世世代代都有读书人。

【世代相传】 shìdài-xiāngchuán
世世代代传下来。

【世道人心】 shìdào-rénxīn
社会的道德风尚和民众的思想观念。

【世风日下】 shìfēng-rìxià
社会风气一天比一天差。

【世上无难事，只*怕有心人】 shì-shang wú nánshì, zhǐpà yǒuxīnrén
世界上没有难办的事，只怕有决心而肯动脑筋的人。指只要有决心而肯动脑筋，天下没有克服不了的困难，最后总能把事情办成。也作"天下无难事，只怕有心人"。

【世态炎凉】 shìtài-yánliáng
世态：世俗之人的态度。炎：热，比喻态度亲热。凉：冷，比喻态度冷淡。世俗之人的态度或亲热或冷淡。指世俗之人对人的态度随别人的财势得失而发生变化，别人得势富贵时就亲热奉承，别人失势贫贱时就冷淡

疏远。

【世外桃源】 shìwài-táoyuán
现实社会之外的桃花源。陶潜《桃花源记》[90·P. 298]描述了一个与世隔绝、安居乐业而没有祸乱的桃花源社会。后化为成语，比喻摆脱人间纷乱、环境幽美而生活安乐的理想世界。现也喻指脱离现实而纯属幻想的美好世界。

【市井之徒】 shìjǐngzhītú
市井：街市，做买卖的地方。街市中的人。旧指市镇中文化教养不高的商贩或小市民。

【势不可当】 shìbùkědāng
势头不可阻挡。指来势凶猛或气势十足，使人无法抵挡。

【势不两立】 shìbùliǎnglì
势：情势。立：存在，生存。从情势上看，不可能两者并存。形容双方矛盾不可调和，互相对立。

【势均力敌】 shìjūn-lìdí
均：均等，相等。敌：匹敌，相当。权势相等，力量相当。也泛指双方力量相等。

【势倾朝野】 shìqīngcháoyě
倾：倒。势力压倒了朝廷和民间所有的人。形容势力极大。

【势如破竹】 shìrúpòzhú
势头像劈竹子一样。劈竹子时，劈开了开头几节，下面的就顺着刀势迅速裂开了。比喻节节胜利，毫无阻碍。

【势在必行】 shìzàibìxíng

S

势：情势，形势。根据情势而处于必须做的事情之中。指根据客观形势必须这样做。

【事半功倍】shìbàn-gōngbèi

事情只要做一半而功效会加倍。形容遇到有利时机或方法得当，因而做起事来费力小而收效大。

【事倍功半】shìbèi-gōngbàn

事情加倍地做而功效却打对折。形容条件不利或方法不对头，因而做起事来费力大而收效小。

【事必躬亲】shìbìgōngqīn

躬：自身。无论什么事，一定亲自去做或亲自过问。形容对待事情认真负责，勤勤恳恳，毫不懈怠。

【事不宜迟】shìbùyíchí

宜：应该。事情不应该拖延。即事情应该抓紧时间马上做。

【事出意外】shìchūyìwài

事情出乎意料之外。

【事出有因】shìchū-yǒuyīn

事情的发生总有原因。

【事过境迁】shìguò-jìngqiān

迁：变迁，改变。事情过去了，境况也发生了变化。

【事实胜于雄辩】shìshí shèngyú xióngbiàn

事情的真实情况比强劲的辩论更有说服力。

【事无巨细】shìwújùxì

事情无论大小。

【事与愿违】shìyǔyuànwéi

事情和愿望相违背。指事情的发生、发展或结果不称心如意。

【事在人为】shìzàirénwéi

事情怎么样全在于人怎么去做。多指事情的成功在于人的主观努力。

【视而不见】shì'érbùjiàn

睁着眼睛看却没看见。原形容玄妙的"道"无形无色，眼睛看了也看不见。也形容视力有所局限，视线被挡住后即使看了也看不见。后多形容心不在焉，表示由于不注意而看了也没有看见什么。现也形容不重视，表示由于漠不关心而看见了也装作没看见。

【视民如伤】shìmín-rúshāng

看待民众就像对待受伤的人一样。指对民众十分体恤爱护。

【视如敝屣】shìrúbìxǐ

敝：破。屣：鞋。像看待破鞋子一样来看待。即看作破鞋。形容极其鄙视。表示把某物看得毫无价值。

【视如草芥】shìrúcǎojiè

芥：小草。看得如同小草。形容极其轻视。表示把某物看得微不足道，根本不放在眼里。

【视如粪土】shìrúfèntǔ

看得如同脏土。形容极其鄙视与厌恶。表示把某物看得肮脏而下贱。

【视如寇仇】shìrúkòuchóu

像对待敌寇仇人一样来看待。形容极其仇恨。

【视若路人】shìruòlùrén

把亲人或熟人看得像路上经过的陌生人一样。多用来形容人冷酷、势利。

【视若无睹】shìruòwúdǔ

睹:看见。看着就像没看见一样。形容漠不关心。

【视死如归】shìsǐ-rúguī

把死看作像回家一样。形容不怕死。多指为了正义的事业而不惜牺牲自己的生命。

【视同儿戏】shìtóng'érxì

看得如同小孩游戏一样。比喻对待事情极不严肃认真。

【视为畏途】shìwéiwèitú

看作是危险可怕的道路。也比喻看成艰难可怕的事情。

【视险如夷】shìxiǎn-rúyí

夷:平。把险阻看得如同平坦一样。比喻把危险看作平安。形容非常勇敢,不怕艰难危险。

【拭目以待】shìmùyǐdài

拭:擦。擦亮了眼睛等待着。形容十分殷切地盼望着所期待的事情出现。也表示密切注视着事态的发展变化而等着看个究竟。

【是非曲直】shìfēi-qūzhí

曲:弯,引申为不正直,指理亏。直:正直,指有理。正确与错误,无理与有理。

【是古非今】shìgǔ-fēijīn

是:对,意动用法。非:不对,意动用法。认为古代的对,认为现代的不对。即对古代的事物全盘肯定,对

当今的事物全盘否定。

【是可忍,孰不可忍】shì kě rěn, shú bùkě rěn

是:这。忍:忍受,容忍。这种事如果可以忍受,还有哪一种事不可以忍受呢? 指决不能容忍这种事。

【是是非非】shìshìfēifēi

"是是"和"非非"理解为动宾结构时,表示把对的当作对,把错的当作错,指能正确分辨是非。"是是"和"非非"理解为并列结构时,表示各种是非。

【适得其反】shìdé-qífǎn

适:恰好。恰好得到与那愿望相反的结果。即结果与愿望恰恰相反。

【适逢其会】shìféng-qíhuì

恰好碰上那个机会。

【适可而止】shìkě'érzhǐ

适:恰好,刚好。可:合宜,适当。刚好适当就停止下来。指做事恰如其分,不过头。

【恃才傲物】shìcái-àowù

恃:依仗。物:众人,他人。依仗自己的才能而傲视别人。

【恃强凌弱】shìqiáng-língruò

恃:依仗,依靠。凌:欺侮,侵犯。依仗自己的强大去欺凌弱者。也作"恃强欺弱"。

【舐犊情深】shìdú-qíngshēn

老牛舔着小牛,情意深厚。比喻父母疼爱子女的感情很深。

【嗜痂成癖】shìjiā-chéngpǐ

嗜:爱好。痂:疮口或伤口表面由血小板和纤维蛋白凝结成的硬壳。爱吃疮口上的痂成了一种癖好。这原是南朝刘宋时刘邕的癖好(见《宋书·刘穆之传》[91-P.1308])。后化为成语,比喻爱好某种事物成了一种癖性。多形容怪僻的嗜好。

【嗜杀成性】 shìshā-chéngxìng

爱好杀人成了习性。形容极其凶残。

【誓不罢休】 shìbùbàxiū

誓:发誓。立下誓愿,表示决不罢休。指坚决干下去而不肯就此了结。

【誓不两立】 shìbùliǎnglì

誓:发誓。立:存在,生存。立下誓愿,表示决不能两者并存。即坚决不与对方并存于世间。形容双方仇恨极深,不共戴天。

【誓死不二】 shìsǐ-bù'èr

誓:发誓。立下誓愿,表示至死不生二心。形容意志坚定,一心一意。

【誓死不屈】 shìsǐ-bùqū

立下誓愿,表示到死也不屈服。形容很有气节。

【誓同生死】 shìtóngshēngsǐ

发誓要同生共死。形容彼此感情极其深厚。

【收回*成命】 shōuhuí-chéngmìng

收回已经发布的命令或决定。

【手不释卷*】 shǒubùshìjuàn

释:放下。卷:古代的书籍写在帛或纸上,然后卷成一卷一卷,所以"卷"也用来指书。手不放开书。形容读书勤奋或看书入了迷。

【手不停挥】 shǒubùtínghuī

手不停地挥笔写字。形容才思敏捷,写得很快。

【手到病除】 shǒudào-bìngchú

手一到病就除掉了。指医生一动手治病,就能把病人治愈。形容医生医术高明。也比喻工作能力强,一动手就能解决问题。

【手到拿来】 shǒudào-nálái

拿:捉。手一到就捉来了。指作战时一伸手就把敌人擒获了。比喻一动手就能把东西搞来或把事情办成。形容做事很有把握,毫不费力。也作"手到擒来"。

【手疾眼快】 shǒují-yǎnkuài

手的动作迅速,眼的反应敏捷。形容人十分灵活、机警。也作"手急眼快"。急:快。

【手忙脚乱】 shǒumáng-jiǎoluàn

手和脚又忙又乱。即手和脚忙个不停又混乱不堪。形容十分慌张而动作没有条理。

【手无寸铁】 shǒuwúcùntiě

手里没有一寸铁。指手中连极短小的兵器都没有。即手中没有武器。

【手无缚鸡之力】 shǒu wú fù jī zhī lì

手没有捆扎鸡的力气。形容人体质虚弱而没有力气。

【手舞足蹈】 shǒuwǔ-zúdǎo

蹈:顿足,用力踏地。双手挥舞摆动,双脚不断跺地。形容极其高兴而欢蹦乱跳的样子。也指臣下朝贺皇帝时的一种礼仪。

【手下留情】shǒuxià-liúqíng

手底下留点情面。指动手处理事情时照顾到情面而不十分苛刻。

【手足无措】shǒuzú-wúcuò

措:安放。手和脚无处安放。指手脚不知放在哪里才好。比喻无可奈何,不知该怎么办才好。后多形容举动慌乱,不知如何是好。

【手足之情】shǒuzúzhīqíng

手足:比喻兄弟。兄弟之间的亲密感情。

【守道安贫】shǒudào-ānpín

坚守正道,安于贫困。形容有操守,不因贫困而改变崇高的志向。

【守经达权】shǒujīng-dáquán

经:常道,经久不废的原则。达:通晓。权:权变,权宜变通,权衡时宜进行变通,即随机应变。坚守常道而通晓权变。指既坚持通常的原则,又因事制宜灵活变通。

【守口如瓶】shǒukǒu-rúpíng

守住嘴巴就像塞住收紧的瓶口一样。形容说话十分谨慎或严守秘密不泄露。

【守身如玉】shǒushēn-rúyù

身:指自身的品德节操。保持自身的节操,像玉一样洁白无瑕。

【守正不阿】shǒuzhèng-bù'ē

坚守正道,不曲从迎合。

【守株待兔】shǒuzhū-dàitù

株:露在地面上的树桩。守候在树桩边上等兔子来。《韩非子·五蠹》[14-P. 1106]:"宋人有耕田者,田中有株,兔走触株,折颈而死,因释其耒而守株,冀复得兔。兔不可复得,而身为宋国笑。"后化为成语,比喻墨守成规而不知变通。也比喻妄想不劳而获,坐享其成。

【首当其冲*】shǒudāng-qíchōng

当:面对,承受。冲:冲击,攻击。首先承受着他们的攻击。现也把"冲"理解为要冲,用"首当其冲"表示某事物处在人们关注的首要地位。

【首屈一指】shǒuqū-yīzhǐ

首先弯下第一个大拇指。指弯手指头来计数时首先轮上他(它)。表示位居第一。

【首鼠两端】shǒushǔ-liǎngduān

首鼠:也作"首施",犹"踌躇",犹豫不决、欲进又退的样子。端:头。在两者之间犹豫不决、摇摆不定。

【首尾相应】shǒuwěi-xiāngyìng

头和尾互相照应。指作战时部队紧密配合,互相接应。也指诗文的开头和结尾互相呼应,形容其结构严谨。

【寿比南山】shòubǐnánshān

比:类似,像……一样。寿命像终南山一样长久。常用来祝人长寿。

【寿终正寝】shòuzhōng-zhèngqǐn

寿终:寿命完了,指享尽天年。寝:寝室,卧室。在正屋的寝室中享尽天年。指正常地老死在家中。也泛指年老后安然死去。也比喻事物的自然消亡。多含讽刺或诙谐的意味。

【受宠若惊】shòuchǒng-ruòjīng

宠:荣耀,宠爱。得到尊荣或宠爱时就像受到惊骇一样十分不安。

【受用不尽】shòuyòng-bùjìn

享受使用没个完。指永远能享用得益。

【授人口实】shòurénkǒushí

授:给。留给别人话柄。指给了别人某些可以用来攻击和非议自己的借口。也作"贻人口实""予人口实"。贻:留。予:给。

【授人以柄】shòurényǐbǐng

授:给。拿刀剑等兵器的把柄给别人。比喻把权柄交给别人。也比喻给人抓住把柄。

【授受不亲】shòushòu-bùqīn

给予和接受不亲手进行。指男女之间不可以亲手递接物品。这是儒家提倡的封建礼教。

【授业解惑】shòuyè-jiěhuò

传授学业而解除疑惑。指老师传授知识,解释疑难问题。

【兽聚鸟散】shòujù-niǎosàn

像鸟兽一样时聚时散。比喻聚散无常或组织性极差。

【瘦骨嶙峋】shòugǔ-línxún

嶙峋:山石突出不平的样子,比喻骨头突出的样子。消瘦得骨头都突出来了。

【瘦骨伶仃】shòugǔ-língdīng

伶仃:身体单薄。瘦得只有骨头,身材十分单薄。

【瘦死的骆驼比马大】shòusǐ de luòtuo bǐ mǎ dà

饿得很瘦而死去的骆驼比马大。比喻势力大、财富多的人家或个人即使衰落了,也比贫贱的人家或个人要强。

【书不尽言】shūbùjìnyán

书信中没有把要说的话写完。表示意犹未尽。多用于书信末尾,其后常连用"言不尽意"。或缩略为"书不尽意"。

【书剑飘零】shūjiàn-piāolíng

飘零:花叶等凋谢飘落,比喻漂泊流落。背着书籍赶考去谋求官职或仗剑从军以争取功名,因而漂泊流落在他乡。又泛指因求取功名而漂泊在外。

【书声琅琅*】shūshēng-lángláng

琅琅:象声词,形容响亮的读书声。读书的声音清朗响亮。也作"书声朗朗"。

【书香门第】shūxiāng-méndì

书香:藏书的香味;古人用芸香草藏书防蛀,所以所藏之书有一种特有的香气;后转指家中有藏书,上辈或世世代代有读书人。第:官僚或贵族的大住宅。门第:旧指社会地位或文化程度较高的家庭。上辈或世世代代有读书人的家庭。

【殊方异域】shūfāng-yìyù

殊方：异邦，他乡。异域：异国。异国他乡。

【殊途同归】 shūtú-tóngguī

不同的道路，同样的归宿。比喻采取不同的方法而达到同样的目的或得到同样的结果。

【熟门熟路】 shúmén-shúlù

熟悉门和路。比喻十分熟悉。

【熟能生巧】 shúnéngshēngqiǎo

熟练能产生技巧。指做事熟练后会找到窍门，会发现巧妙的方法。

【熟视无睹】 shúshì-wúdǔ

熟视：仔细地看；后也指看熟了，看惯了。睹：看见。仔细地看却没有看见。形容神志昏乱或不加注意。后也指经常看到，却像没有看见一样。形容漠不关心，予不过问。

【蜀犬吠日】 shǔquǎn-fèirì

蜀：周代国名，在今四川省成都市一带。蜀地的狗对着太阳叫。蜀地多雨，很少见到太阳，因此狗见到太阳就奇怪地吠叫起来。后化为成语，比喻少见多怪。

【鼠目寸光】 shǔmù-cùnguāng

像老鼠的眼睛似的只有一寸远的眼光。形容目光短浅，没有远见。

【鼠窃狗盗】 shǔqiè-gǒudào

盗：偷窃。像鼠狗似地盗窃。指小偷小摸。也作"鼠窃狗偷"。

【数不胜数】 shǔbùshèngshǔ

胜（旧读 shēng）：尽。计数的话，不能全部数出来。形容数量极多。

【数典忘祖】 shǔdiǎn-wàngzǔ

数：数说，列举。典：典故，指历史上的文物、制度、事迹等。数说历史上的典章制度与事迹时忘记了自己的祖先。原指数说史实时忘了祖先的事业。后泛指忘本。也比喻对祖国历史的无知。

【数短论长】 shǔduǎn-lùncháng

短、长：短处、长处，比喻是非好坏。数说短处，议论长处。比喻议论别人的是非好坏。形容乱加议论。

【数九天气】 shǔjiǔ-tiānqì

从冬至起每九天是一个"九"，从一"九"、二"九"一直数到九"九"为止，共八十一天，叫作"数九"。"数九天气"是一年中最冷的时期，也说成"数九严寒"。

【数米而炊】 shǔmǐ'érchuī

数清了米粒再做饭。比喻做没多大成效的琐碎小事。也形容生性吝啬或生活困难。

【数往知来】 shǔwǎng-zhīlái

数：查点，清点。弄清楚了过去的事情，就可以推知未来。

【数一数二】 shǔyī-shǔ'èr

数起来是第一或第二。形容名列前茅。也表示先数一，再数二；比喻叙述时按照次序一五一十地逐条列举。

【束手待毙】 shùshǒu-dàibì

束手：捆住自己的手，指不动手，不抵抗。毙：死。捆起手来等死。比喻遇到困难或危险时，不积极地想方设法,却消极地坐等失败或灭亡。

【束手就擒】 shùshǒu-jiùqín

就:趋向,归于。捆住自己的手去让人活捉。指不作抵抗或逃跑而投降被俘。形容主动投降或无力反抗、无法脱身时被迫投降。

【束手束脚】 shùshǒu-shùjiǎo

捆住自己的手脚。比喻行动不大胆,不敢放手去干。

【束手无策】 shùshǒu-wúcè

捆住了手而毫无计策。指惊慌紧张得动弹不得,毫无办法。形容遇到问题或危难时处于一筹莫展的困境。

【束之高阁】 shùzhīgāogé

把它捆起来放在高高的楼阁上。比喻把人或事物弃置一边不用或不管。

【述而不作】 shù'érbùzuò

传述而不创作。指阐述前人的成说而不创立新说。

【树碑立传】 shùbēi-lìzhuàn

树:树立。碑:刻有文字作为纪念物的石碑,指歌功颂德的石碑。立石碑,作传记。指把某人的生平事迹刻在石碑上或写成传记。形容对某人进行颂扬并让其流传久远。现多用作贬义,比喻通过某种途径来吹捧某人,以抬高其威信或声望。

【树大根深】 shùdà-gēnshēn

树木大,根扎得深。比喻势力很大,根基牢固。

【树大招风】 shùdà-zhāofēng

树大会招致风。指树大因挡风会招致风灾。比喻人名声大、地位高或财富多了会惹人注意、嫉妒而招致麻烦或祸患。

【树倒猢狲散】 shù dǎo húsūn sàn

猢狲:猕猴的一种,生活在山林中。树倒了,住在树上的猴子就散开了。比喻靠山一倒台,依附他的人就一哄而散了。

【树高千丈,落叶归根】 shùgāo-qiānzhàng, luòyè-guīgēn

树木即使高至上千丈,落下的树叶还是回到根部。比喻离开故乡虽然很远很久,但最后还是要返回故里。

【树欲*静而风不止】 shù yù jìng ér fēng bù zhǐ

树要静止而风却不停。指由于刮风,树想静止也静不下来。比喻客观情况与主观愿望相违背。也比喻事物的客观存在和发展变化不以个人的意志为转移。

【竖子不足与谋】 shùzǐ bùzú yǔ móu

竖子:对人的蔑称,相当于现在的"小子"。这小子不值得和他谋划。用来指斥人没有头脑,不懂机谋。

【竖子成名】 shùzǐ-chéngmíng

竖子:小子。小子因某种成就而出了名。表示出名者并不是了不起的人物,其取得某种成就而出名不过是靠了时机而已。原是蔑视别人的话,表示对别人的成功不服气。现也用作自谦之辞。

【恕己及人】shùjǐ-jírén

宽恕自己而推及别人。指对别人要像对自己一样宽恕。

【数以万计】shùyǐwànjì

数:数目,数量。数量要用万来计算。形容极多。

【率尔操觚】shuài'ěr-cāogū

率尔:率然,轻率地,不假思索地。操:持,拿。觚:古代写字用的木简,呈棱柱形,其侧面或为六面,或为八面,均可书写,常用来打草稿或记事。不假思索地拿起木简就写。形容文思敏捷。后也形容作文草率,随意落笔,缺乏推敲。

【率由旧章】shuàiyóujiùzhāng

率:由,沿袭,遵循。遵循旧的规章。指完全按老规矩办事。

【双管齐下】shuāngguǎn-qíxià

管:竹管,指毛笔。两管毛笔一齐落于纸。指两手同时握笔作画。后比喻两个方面同时加以描写。也比喻两种办法同时实施或两件事情同时进行。

【双喜临门】shuāngxǐ-línmén

两件喜事同时降临家门。

【爽然若失】shuǎngrán-ruòshī

爽然:空虚怅惘的样子。内心空虚怅惘,好像丢了什么似的。形容心中茫然而百无聊赖。

【水到渠成】shuǐdào-qúchéng

水一流到,渠道就自然地形成了。比喻条件一成熟,要办的事就自然而然成功了。也喻指顺其自然。

【水滴石穿】shuǐdī-shíchuān

水不停地滴下来,能把石头滴穿。比喻力量即使很小,只要坚持不懈,就能克服困难而获得成功。

【水光山色】shuǐguāng-shānsè

水上风光和山中景色。形容有山有水,风景秀丽。也作"山光水色""水色山光"。

【水火不相容】shuǐ huǒ bù xiāng róng

水与火不能互相容纳。比喻彼此对立,不能相容。

【水火无情】shuǐhuǒ-wúqíng

水与火不留情。指水灾火灾不讲情面,会给人造成巨大损失。形容水灾火灾凶猛可怕。

【水落石出】shuǐluò-shíchū

水位降低,水中的石头露了出来。形容水枯时节的自然景色。后比喻事情真相大白。

【水米无交】shuǐmǐ-wújiāo

交:交往,交流。在水和米方面没有往来。指彼此间没有任何往来。也指为官清廉,不碰民众一点东西。

【水木清华】shuǐmù-qīnghuá

池水清澈而树木华美。形容景色清幽。

【水能载舟,亦能覆舟】shuǐnéng-zàizhōu, yìnéngfùzhōu

水能够承载船,也能够使船倾覆。比喻民众能够拥戴君主,也能够推翻君主。也作"水可载舟,亦可覆舟""载舟覆舟"。

【水清无鱼】shuǐqīng-wúyú

水极其清澈就不会有鱼生活在里面了。比喻人过分精明就不会有徒属。表示应该糊涂一些宽容待人，以获得朋友和部属。也作"水至清则无鱼"。

【水乳交融】shuǐrǔ-jiāoróng

水和奶互相融合在一起。比喻彼此结合得十分紧密，思想感情非常融洽。

【水深火热】shuǐshēn-huǒrè

很深的水和很热的火。比喻灾难深重，极为艰难困苦。

【水送山迎】shuǐsòng-shānyíng

河水送行，高山迎接。形容游山玩水，欣赏风景。也指旅途绵长，经过很多山河。

【水天一色】shuǐtiān-yīsè

水和天连成同一种颜色。形容水域苍茫辽阔。

【水土不服】shuǐtǔ-bùfú

水土：泛指气候等自然环境。服：适应。对某地的自然条件不能适应。指新到某地，由于不能适应该地的气候、饮水等，致使身体不适。

【水泄不通】shuǐxiè-bùtōng

泄：流出。水流过去都通不过。形容包围、防守、封锁得非常严密。也形容十分拥挤。

【水性杨花】shuǐxìng-yánghuā

水的特性是随地势流动，杨花（柳絮）则随风飘扬。比喻女子感情不专一，心思像流水、杨花一样浮荡不定。

【水远山长】shuǐyuǎn-shāncháng

见"山长水远"。

【水月观音】shuǐyuè-guānyīn

观音是佛教中的菩萨，据说其示现有三十三身，其中观望水月之状的称水月观音。后用来形容人的容貌清秀。

【水涨船高】shuǐzhǎng-chuángāo

水位上涨，船的位置也随之升高。比喻事物所凭借的基础提高了，它本身也随之提高。

【水中捞月】shuǐzhōng-lāoyuè

见"海底捞月"。

【睡眼惺忪】shuìyǎn-xīngsōng

惺忪：苏醒。沉睡的眼睛刚苏醒。形容刚刚醒来还没有完全清醒时眼神迟钝模糊的样子。

【吮痈舐痔】shǔnyōng-shìzhì

吮：聚拢嘴唇吸。痈：一种毒疮。舐：舔。用嘴吮吸别人毒疮中的脓，用舌头舔别人的痔疮。《史记·佞幸列传》[9-P. 538]："文帝尝病癰，鄧通常爲帝嗽吮之。"《庄子·列御寇》[3-P. 1050]："秦王有病召醫，破癰潰痤者得車一乘，舐痔者得車五乘。所治愈下，得車愈多。"后化为成语，比喻用卑贱无耻的行径去奉承讨好权贵。

【顺理成章】shùnlǐ-chéngzhāng

顺着道理写成文章。指写作时根据情理连缀成篇章。形容说话、作文合乎事理，有条不紊。也比喻做事合乎情理，符合惯例。

【顺手牵羊】 shùnshǒu-qiānyáng

顺便伸出手来牵走人家的羊。比喻趁势将人捉住或带回。也比喻顺势对人施展手段。后多喻指乘人家不注意的时候顺手拿走人家的东西。

【顺水人情】 shùnshuǐ-rénqíng

顺水:顺着水流方向,比喻顺势,趁便。趁便所做的人情。指自己顺便而毫不费力却使人得益而感恩的事情。即顺便给人的恩惠。

【顺水推舟】 shùnshuǐ-tuīzhōu

顺着水流方向推船。比喻顺着当时的情势或乘某种便利条件来说话、行事。也作"顺水行舟""顺水推船"。

【顺藤摸瓜】 shùnténg-mōguā

顺着瓜蔓去找瓜。比喻沿着发现的线索去寻找目标,追根究底。

【顺天应人】 shùntiān-yìngrén

顺从上天而适合民意。也作"应天顺人"。

【顺我者昌,逆我者亡】 shùnwǒ-zhěchāng, nìwǒzhěwáng

顺从我的能昌盛,不顺从我的要灭亡。形容有权势者极其专横残暴。

【顺之者昌,逆之者亡】 shùnzhī-zhěchāng, nìzhīzhěwáng

顺从它的能昌盛,不顺从它的要灭亡。原指遵循时令节气的能昌盛,不遵循它的要遭殃。后也指某种趋势或势力不可抗拒,顺从它的能昌盛,不顺从它的要灭亡。

【瞬息万变】 shùnxī-wànbiàn

瞬:眨眼。息:呼吸。在一眨眼与呼吸一次的时间内有上万次变化。指在极短的时间内有很多的变化。形容变化极快极多。

【说长道短】 shuōcháng-dàoduǎn

长、短:长处、短处,比喻是非好坏。道:说。数说长处,议论短处。比喻议论别人的是非好坏。也作"说短道长""说短论长"。

【说东道西】 shuōdōng-dàoxī

说说这个,说说那个。形容随意谈论各种事物。

【说来话长】 shuōlái-huàcháng

说起来话就长了。指所说的事情(多指不很愉快的事情)很复杂,不是三言两语所能说明白的。

【说三道四】 shuōsān-dàosì

三、四:泛指多。说这说那,说得很多。指乱加议论。

【说一不二】 shuōyī-bù'èr

说是一,就不会是二。比喻说怎样就一定怎样。指说话算数。也作"说一是一,说二是二"。

【硕大无朋】 shuòdà-wúpéng

硕:大。朋:比。大得无与伦比。形容极大。

【硕果仅存】 shuòguǒ-jǐncún

硕:大。仅:只。大的果实之中唯一能留存下来的。后比喻可贵的人或物之中唯一能留存下来的。

【数见不鲜】 shuòjiàn-bùxiān

数：屡次。鲜：新鲜，新杀的鸟兽。《史记·郦生陆贾列传》[9-P.453]："一岁中，往来过他客，率不过再三过，数见不鲜，无久恩公爲也。"意思是如果接连多次来作客相见，就不必用新鲜的鸟兽相款待。后多表示多次见到而并不新奇。也作"屡见不鲜"。屡：一次又一次。

【司空见惯】 sīkōng-jiànguàn

司空：古代官名。惯：习惯，习以为常。司空看得已习以为常了。据孟棨《本事诗·情感》[77-P.95]载，曾做过司空的李绅请曾任和州刺史的刘禹锡喝酒，并让歌妓给他唱歌。刘禹锡在席上作诗一首云："髻梳头宫样妆，春风一曲《杜韦娘》。司空见惯浑闲事，断尽江南刺史肠。"意谓像这样的歌妓，李司空已看惯了而不当一回事，而我这江南刺史却思念得十分难受。于是李绅便把这歌妓送给了他。后用作成语，表示经常见到而不足为奇。

【司马昭之心，路人皆知】 Sīmǎ Zhāo zhī xīn，lùrén jiē zhī

司马昭的心思，路上的行人都知道。这原是三国时魏帝曹髦对司马昭蓄意篡权的激愤之词（原话作"司馬昭之心，路人所知也"，见《三国志·魏书·三少帝纪》[51-P.144]裴松之注引《汉晋春秋》）。后用来比喻人的阴谋野心十分明显，所有的人都知道。

【丝丝入扣】 sīsī-rùkòu

扣：通"筘"，织机上的主要机件之一，形状像梳子，用来固定经线的密度和位置，并把纬线打紧，也叫"杼"。织机上每一根丝（指经丝）都进入筘齿。指织绸的工作做得细致周到，完全合乎标准。比喻每一步都做得十分细致、准确。多用来形容写作或艺术表演。

【私淑弟子】 sīshū-dìzǐ

淑：善。弟子：门徒，学生。私下里认为某人好而把他当作老师看待的学生。指未能亲自受业但敬仰其学术而私下尊之为师的人。

【私心杂念】 sīxīn-zániàn

为自己打算的心思和杂七杂八的念头。

【思前想后*】 sīqián-xiǎnghòu

想想以前的事，又想想以后的事。也指反复考虑某一件事，思考它的前因，设想它的后果。

【思如泉涌】 sīrúquányǒng

文思像泉水一样涌出来。形容文思充沛，源源不绝。也作"思如涌泉"。

【思贤若渴】 sīxián-ruòkě

思慕贤人就像口渴时想喝水一样。形容迫切地想把有德才的人招来辅助自己。也作"思贤如渴"。

【思绪万千】 sīxù-wànqiān

思想的头绪很多很多。常形容感想很多或想象很丰富。

【斯文扫地】 sīwén-sǎodì

斯：这。斯文：这些文化，指传统

文化,后也用来指文人。扫地:扫除地上脏物,比喻完全被清除。这些文化或文人像扫一样被清除。指文化或文人被鄙弃,不受尊重,毫无地位。也指文人丧失文化品位,不知廉耻。

【死不悔改】 sǐbùhuǐgǎi

到死也不悔悟改正。形容极其顽固。也作"死不改悔"。

【死不瞑目】 sǐbùmíngmù

死了也不能闭上眼睛。指人一直到死心里还有放不下的事情。也指目的未达到而死不甘心。

【死不足惜】 sǐbùzúxī

死了也不值得可惜。指不怕死或死者不值得同情。

【死得其所】 sǐdéqísuǒ

人死而得到了合适的处所。指死得有价值、有意义。

【死而复*生】 sǐ'érfùshēng

死了又重新活过来。

【死而后*已】 sǐ'érhòuyǐ

已:停止。到死了以后才止息。指奋斗终生。

【死灰复*燃】 sǐhuī-fùrán

熄灭的灰烬又重新燃烧起来。比喻失去权势者又重新得势当权。现多用来比喻已经消失的恶势力、坏思想或不良现象等又重新活跃起来。

【死记硬背】 sǐjì-yìngbèi

死板地记忆,生硬地背诵。指不通过理解来灵活掌握学习内容,而只是通过背诵去记住书上的东西。

【死里*逃生】 sǐlǐ-táoshēng

从濒临死亡的危险境地中逃脱而获得了生存。

【死马当活马医】 sǐmǎ dàng huómǎ yī

把死亡的马当作活马来医治。比喻明知事物已不可救药,仍抱万一的希望尽力挽救。

【死皮赖脸】 sǐpí-làiliǎn

像死人与无赖一样的脸皮。指厚着脸皮而不顾羞耻、不讲道理。形容死不要脸、胡搅蛮缠的无赖相。

【死乞白赖】 sǐqǐ-báilài

死死地乞求,平白无故地耍赖。形容纠缠不休,不达目的决不放手。也作"死求白赖"。

【死气沉沉】 sǐqì-chénchén

沉沉:浓重下沉的样子。毫无活力的气氛浓重而下沉。形容气氛极端沉闷,一点也不活泼。也形容人意志消沉,精神萎靡不振。

【死去活来】 sǐqù-huólái

昏死过去又苏醒过来。形容极度疼痛或悲哀。

【死生有命,富贵在天】 sǐshēng-yǒumìng, fùguì-zàitiān

死亡与生存有命运来安排,富裕与高贵取决于上天。

【死无对证】 sǐwúduìzhèng

当事人或知情者已死而无法进行核对证实。指事实真相无法澄清。也泛指事情或言论毫无线索或依据而根本无法核实。

S

S

【死无葬身之地】sǐ wú zàngshēn zhī dì

死了没有埋葬尸体的地方。指惨遭杀害或惨死他乡而得不到安葬。形容人不得好死,结局悲惨。

【死心塌地】sǐxīn-tādì

死:不活。心:心意。死心:心不活,不再有别的心思,不三心二意。塌:落下。死死的一颗心落到了地上。原指不再牵挂,心里踏实。后指一心一意,坚持到底。现多用作贬义。

【死有余*辜】sǐyǒuyúgū

辜:罪。处死了也还有剩余的罪。指罪大恶极,处死刑也抵偿不了他的罪恶。

【死于非命】sǐyúfēimìng

非命:不是正常的寿命,指未享尽天年。在未享尽天年时死去。指非正常死亡,如病死、受刑而死、作战而死、遭受意外灾祸而死等等。

【四大皆空】sìdà-jiēkōng

四大:四种重要的东西,佛教以地、水、火、风为"四大",认为此四者作用广大,能产生出世界上的一切(包括人本身)。四种重要的东西都是空虚的。指世界上的一切(包括人本身)都是空虚的。这是佛教的说法。

【四分五裂】sìfēn-wǔliè

从四五个方面来分解割裂。后多表示分裂成很多块或很多方面。形容分散、破裂、不统一、不团结。

【四海鼎沸】sìhǎi-dǐngfèi

四海:古人认为中国四面有海环绕,所以用"四海"指全中国。鼎:古代烹煮食物用的器具。全国像锅里的水在沸腾。比喻天下大乱,政局动荡。

【四海为家】sìhǎi-wéijiā

四海之内成为一个家。原指帝王占有全国,即所谓的"家天下"。引申指天下一统。后也指四处漂泊或志在四方,到处都可以当作自己的家。

【四季如春】sìjì-rúchūn

一年四季都像春天。指气候宜人。

【四脚朝天】sìjiǎo-cháotiān

四肢向天。指仰面跌倒。也比喻躺倒不干。

【四面八方】sìmiàn-bāfāng

四面:东、南、西、北。八方:东、南、西、北、东南、东北、西南、西北。四个方面八个方向。泛指各个方面或各个地方。

【四面楚歌】sìmiàn-chǔgē

四周都是楚国人的歌声。《史记·项羽本纪》[9-P.58]载,楚霸王项羽驻军垓下,兵少粮尽,被汉王刘邦及诸侯的军队层层包围,夜间听到汉军在四周唱楚歌,便十分吃惊地说:"汉军已全部攻取楚地了吗?为什么楚国人这么多呢?"后化为成语,比喻四面受敌而孤立无援,困难重重而走投无路。

【四面受敌】sìmiàn-shòudí

四面都遭受敌人的攻击。

【四平八稳】sìpíng-bāwěn

四面八方都很平稳。形容身体匀称结实,仪表端庄。也形容物体摆得很平稳,或说话、做事、写文章很稳当。现也指发言、行事只求稳妥周到,不出差错而缺乏创新进取精神。

【四书五经】sìshū-wǔjīng

四部书与五部经典。指《论语》《大学》、《中庸》、《孟子》与《周易》、《尚书》、《诗经》、《礼经》(汉时指《仪礼》,后世指《礼记》)、《春秋》。也泛指儒家经典。

【四体不勤,五谷*不分】sìtǐ-bù-qín, wǔgǔ-bùfēn

五谷:指黍、稷(糜子)、菽(豆子)、麦、稻,也泛指各种粮食作物。四肢不劳动,五种谷物不能分辨。指不参加体力劳动,连最基本的生产知识也缺乏。现也用来泛指脱离劳动而缺乏实际知识。

【四世同堂】sìshì-tóngtáng

祖、父、子、孙四代同处一个厅堂。指一家祖孙四代人都健在。

【四通八达】sìtōng-bādá

四面八方都通达。指道路畅通无阻,可到达四面八方。形容交通十分便利。也比喻学问渊博,能贯通各个方面。

【似曾相识】sìcéngxiāngshí

好像曾经认识。指对所见到的人或事物感到熟悉,但印象又不够真切。

【似懂非懂】sìdǒng-fēidǒng

好像懂了,又好像不懂。

【似是而非】sìshì'érfēi

是:之,此;对,正确。表面上类似这个而实际上不是这个。也指好像对而实际上不对。

【似水流年】sìshuǐ-liúnián

流年:流逝的年华。像江水一样流逝的时光。常用来感叹岁月易逝,青春易衰。

【驷不及舌】sìbùjíshé

驷:同拉一辆车的四匹马。及:赶上,追上。四匹马追赶不上舌头。指即使是四匹马拉的快车也追不回已说出的话。即话一说出口就无法收回。表示说话要慎重。

【肆无忌惮】sìwújìdàn

惮:畏惧。十分放肆而毫无顾忌。

【耸肩缩颈】sǒngjiān-suōjǐng

高耸双肩而缩着脖子。形容恐惧或寒冷的样子。

【耸人听闻】sǒngréntīngwén

耸:通"悚",恐惧,使动用法。使人听了感到恐惧。多指夸大或捏造事实来使人听了感到震惊。

【送旧迎新】sòngjiù-yíngxīn

送走旧的,迎来新的。指送走旧官而迎来新官,或送走旧客而迎来新客。也指送旧岁而迎新年。也作"送故迎新"。

S

【送往迎来】sòngwǎng-yínglái

送走离去的人,迎接前来的人。指日常的接待应酬。

【颂古非今】sònggǔ-fēijīn

颂扬古代的,非议当今的。

【搜肠刮肚】sōucháng-guādù

肠、肚:肠子、肚子,比喻内心(参见"牵肠挂肚"条)。搜刮肚肠(古人认为肚里在想,所以说"搜肠刮肚")。比喻费尽心思。

【搜索枯肠】sōusuǒ-kūcháng

肠:肠子,比喻内心。在枯竭的肚肠中搜寻求索(古人认为肚里在想,所以说"搜肠")。比喻在空洞贫乏的脑子里竭力寻找(创作诗文用的语句)。指竭力思索,费尽心思。

【俗不可耐】súbùkěnài

庸俗得使人不能忍耐。指极其庸俗而令人讨厌。

【夙兴夜寐】sùxīng-yèmèi

夙:早。很早起来,很晚睡觉。形容十分勤劳。

【诉诸武力】sùzhūwǔlì

诉:诉求,求助。诸:"之于"的合音,其中的"之"指代某事。把某事求助于武力。指用军事力量来处理某事。

【肃然起敬】sùrán-qǐjìng

肃然:恭敬的样子。端庄地产生出敬佩的心情。

【素不相识】sùbùxiāngshí

素:平素,向来。向来不认识。

【素昧平生】sùmèi-píngshēng

素:向来。昧:不明,不了解。一向不了解平时的生活。指一向不认识。

【速战速决】sùzhàn-sùjué

迅速发动战斗,迅速决出胜负。也比喻迅速行动,尽快解决问题。

【宿学旧儒】sùxué-jiùrú

阅历多而老成的学者和旧时代留下来的读书人。指拥有传统文化知识的饱学之士。

【溯本求源】sùběn-qiúyuán

溯:逆着水流而上,比喻向上推求。本:树木的根,比喻根源。源:水流的源头,比喻根源。追溯根本,寻求源头。比喻寻根究底。

【酸甜苦辣】suān-tián-kǔ-là

酸的甜的苦的辣的。泛指各种不同的味道。也比喻人生中辛酸、幸福、痛苦、磨难等种种遭遇。多偏指辛酸痛苦的遭遇。

【酸文假醋】suānwén-jiǎcù

酸溜溜地故作文雅,实际上像假的醋。指并无多大才学而到处卖弄风雅。形容迂腐而假作正经。

【算无遗策】suànwúyícè

算:谋划。遗:失。谋划没有失策。指谋算精密准确,没有失算之处。也作"谋无遗策"。

【虽死犹生】suīsǐ-yóushēng

虽然死了,如同活着。指为正义事业献身而永垂不朽。也指有功德的人即使死了,而其名声永传。

【随波逐流】suíbō-zhúliú

逐:跟随。随着波浪起伏,跟着流水飘荡。比喻没有主见,只是跟着别人行动。

【随风转舵】suífēng-zhuǎnduò

随着风向转动舵。比喻随着情势的转变而改变自己的言论与行动。形容随机应变。也形容投机取巧或没有主见。也作"随风倒舵""随风使舵"。

【随高就低】suígāo-jiùdī

跟随高的又迁就低的。比喻无论怎么样都可以。

【随行就市】suíháng-jiùshì

跟随行情迁就市场。指根据市场行情来决定价格。

【随机应变】suíjī-yìngbiàn

随着时机应付变故。指顺着情势,抓住时机,灵活机动地应付意外发生的事情。

【随声附和】suíshēng-fùhè

和:跟着唱。附和:依附于别人而跟着说。随着别人的声音跟着说。即别人怎么说,自己就跟着怎么说。指毫无主见地一味盲从。

【随时随地】suíshí-suídì

随便什么时候,随便什么地方。

【随时制*宜】suíshí-zhìyí

宜:适当,指适宜的措施。根据当时的具体情况来制定适宜的措施。

【随心所欲*】suíxīnsuǒyù

随:依从,任凭。欲:想要。依从心中的意愿。按指自己的意愿,想怎样就怎样。形容言行随便而不受拘束或任意妄为。

【随遇而安】suíyù'ér'ān

随:顺从。安:安心,心情平静。顺从遭遇而心情平静。指不论遇到什么处境,都能安然自得,泰然处之。

【岁不我与】suìbùwǒyǔ

与:给予。不我与:不与我。岁月不会再给我(们)。指时间不等人。表示要抓紧时间,或嗟叹时间流逝。也作"时不我与"。

【岁寒三友】suìhán-sānyǒu

每年寒冷时的三位朋友。指松、竹、梅。松、竹在隆冬仍长青不凋,梅花在寒冷中开放,古人认为它们有骨气,因而用来比喻坚贞的朋友而称之为"岁寒三友"。此外,古人也有把松、竹、菊称为"岁寒三友"的,其用意相同。

【岁寒松柏】suìhán-sōngbǎi

每年寒冷时节中的松树柏树。松柏在严寒时也不凋零,所以用来比喻在逆境困难中能保持节操的人。

【岁月如流】suìyuè-rúliú

年月像流水一样。比喻时光迅速流逝。

【遂心如意】suìxīn-rúyì

遂:顺。如:依从,符合。依顺心愿,符合意图。指完全合乎自己的心意。形容心满意足。

【碎尸*万段】suìshī-wànduàn

把尸体切碎成上万段。形容仇

恨极深。

【损兵折将】 sǔnbīng-zhéjiàng

折：损失。损失了士兵和将领。指作战失利，军队有伤亡。

【损公肥私】 sǔngōng-féisī

损害公家的利益而富了个人。

【损人不利己】 sǔnrén bù lìjǐ

损害了别人，对自己也没有好处。

【损人利己】 sǔnrén-lìjǐ

损害别人，使自己得到利益、好处。

【缩手缩脚】 suōshǒu-suōjiǎo

蜷缩着手和脚。形容因寒冷而四肢蜷缩或因恐惧而四肢不敢舒展的样子。也比喻行动不大胆，不敢放手去干。

【缩头缩脑】 suōtóu-suōnǎo

龟缩着脑袋。比喻畏缩不前，或胆小而不敢出头负责。

【所见所闻】 suǒjiàn-suǒwén

所看到的和所听到的。

【所剩无几*】 suǒshèng-wújǐ

剩下来的没有几个。

【所向披靡】 suǒxiàng-pīmǐ

向：趋向，奔向。披靡：散开倒下。原指风吹到的地方，草木都散乱地倒下。比喻将士所到之处，敌人四散溃逃。

【所向无敌】 suǒxiàng-wúdí

向：趋向，奔向。敌：匹敌，指敌手。所到之处没有与之相匹敌的对手。形容极其强大，无往而不胜。

【所向无前】 suǒxiàng-wúqián

向：趋向，奔向。无前：没有在其前面的东西，无所阻挡。所奔向的地方无所阻挡。形容极其强大，势不可当。

【所作所为】 suǒzuò-suǒwéi

作、为：做。所做的事情。

【索然无味】 suǒrán-wúwèi

索：尽，空。索然：枯竭的样子。枯燥而没有味道。多指诗文死板不生动，毫无趣味。也作"索然寡味"。寡：少。

T

【他山之石，可以攻玉】tāshān-zhīshí, kěyǐ-gōngyù

攻：治。别的山上的石头，可以用来打磨玉器。比喻别国的人才可以用来治理本国。也比喻别人的力量、经验、意见等等可用来帮助自己。

【他生未卜*】tāshēng-wèibǔ

卜：预料。另外一生还不能预料。指下一辈子会怎样尚不得而知。

【踏破铁鞋无觅处，得来全不费功夫】tà pò tiěxié wú mì chù, délái quán bù fèi gōngfu

觅：寻找。踩破了铁制的鞋也没能找到的东西，得到时却一点也没花费时间。比喻自己需要的东西费了很大的力气也没能找到，却在无意之中轻而易举地得到了。

【太仓一粟】tàicāng-yīsù

太仓：古代京城储藏谷物的大仓库。粟：谷子，去皮后称小米。大粮仓中的一粒谷子。比喻相比之下显得极其渺小而微不足道的人或事物。也作"太仓稊米"。"稊"是稗子一类的草，其所结之实形似小米，叫"稊米"。

【太公钓鱼，愿者上钩】tàigōng-diàoyú, yuànzhě-shànggōu

太公：即吕尚，姜姓，吕氏，名尚，字子牙，号太公望，俗称姜太公。相传他七十岁时在渭水边钓鱼，用直钩而不设饵，结果被周文王出猎觅得而尊为师，成了周武王伐纣灭商的功臣。姜太公钓鱼，愿意的去吃他的鱼钩。原指姜太公假装钓鱼来等待周文王用他，周文王心甘情愿地上了他的圈套而使他达到了目的。后比喻不刻意强求，让人心甘情愿地上圈套。

【太平盛世】tàipíng-shèngshì

非常安定兴盛的时代。

【太岁头上动土】Tàisuì tóushang dòngtǔ

太岁：古代天文学家把由西向东运行的木星叫作岁星，并用它来纪年。由于岁星的运行方向与黄道所分的十二支方向相反，为了避免这种不方便，就又虚构了一个和岁星运行方向相反，即由东向西运行的假岁星来纪年，这假岁星就叫太岁。古代方士术数家又把太岁附会为神名，并以

T

太岁所在方位为凶方,禁忌动土造房或搬迁,若在太岁头上动土,就会遭殃。动土:破土动工。在太岁所在的方位破土建筑。比喻触犯有权有势或强有力的人。表示将会遭殃。

【泰然处之】 tàirán-chǔzhī

见"处之泰然"。

【泰然自若】 tàirán-zìruò

泰然:安然,从容不迫安闲平静的样子。自若:自然,像自己平常时一样。从容不迫地像自己平常时一样。形容在不正常的情况下态度镇定,从容自然。

【泰山北斗*】 tàishān-běidǒu

泰山:山名,在山东省,古称东岳,是五岳之首,为其他四岳所宗,故又称"岱宗"。北斗:北斗星,古人认为它位于天的中心,众星都围绕着它,为众星之纲维,故又称"维斗"。泰山和北斗星。它们分别为众山、众星所宗,所以用来比喻为众人尊重景仰的人或事物。也省作"泰斗"。

【泰山压顶】 tàishān-yādǐng

泰山:在山东省,古人把它当作大山的代表。泰山压在头顶上。比喻极大的力量或极沉重的东西压到头上。形容压力巨大或打击沉重。

【泰山压卵】 tàishān-yāluǎn

泰山压在蛋上。比喻强者攻击力量悬殊的弱者。形容胜负明显,强者必将摧毁弱者。

【贪财好色】 tāncái-hàosè

贪图钱财,喜爱女色。

【贪大求全】 tāndà-qiúquán

贪图规模巨大,追求内容齐全。指不从实际出发,一味追求大而全。

【贪大求洋】 tāndà-qiúyáng

贪图规模大的,追求外国的。指不从实际出发,一味追求规模巨大和进口设备。

【贪得无厌】 tāndé-wúyàn

厌:同"餍",满足。贪图得利,永不满足。

【贪多嚼不烂】 tān duō jiáo bù làn

贪图一口吃很多食物,结果反而嚼不烂。比喻只图一下子得到很多东西,结果反而照顾不过来而达不到预期的目的。今多用来比喻学习只图数量而不能消化理解。

【贪官污吏】 tānguān-wūlì

贪赃枉法、不廉洁奉公的官吏。

【贪贿无艺】 tānhuì-wúyì

贿:财物。艺:限度。贪污受贿没有止境。

【贪生怕死】 tānshēng-pàsǐ

贪恋生存,害怕死亡。多指只求活命而不顾道义廉耻。

【贪天之功】 tāntiānzhīgōng

贪:通"探",掏取,偷取。偷取上天的功劳。指把上天所成就的功业占为己有。比喻把别人的功劳占为己有。也作"佻天之功"。佻(tiāo):通"偷",窃取。

【贪污腐化】 tānwū-fǔhuà

利用职权非法取得钱财,思想行

为变坏而生活堕落。

【贪小失大】tānxiǎo-shīdà

因贪图小利而失掉了大利。

【贪心不足】tānxīn-bùzú

贪得的欲望永不满足。

【贪赃枉法】tānzāng-wǎngfǎ

赃：通过不正当的途径（如贪污、受贿、抢劫、盗窃等）获得的钱物。枉：歪曲。贪图赃款赃物而歪曲法律禁令。指官吏贪污受贿而违法乱纪。

【昙花一现】tánhuā-yīxiàn

昙花：梵语优昙钵罗（udumbara）花的简称，义译为祥瑞花，是一种白色大花，开放后很快就凋谢。昙花显现一下。比喻高超的人或稀有的事物难得出现一下。后泛喻人或事物显现一下即消失。

【谈古论今】tángǔ-lùnjīn

谈论古代和现在的人和事。

【谈何容易】tánhéróngyì

谈说起来哪里容易？指向人进言或评论事物得失很不容易。后多用来表示"怎么可以说容易"，指所做的事很难。

【谈虎色变】tánhǔ-sèbiàn

一谈到老虎脸色就变了。原指被老虎伤过的人谈到老虎就害怕。后比喻一提到可怕的人或事物就紧张起来。

【谈情说爱】tánqíng-shuō'ài

谈感情，说喜爱。指谈恋爱。

【谈天说地】tántiān-shuōdì

谈论天地。即天上地上无所不谈。指漫无边际地随便谈论。

【谈笑风生】tánxiào-fēngshēng

风生：风刮起来，比喻气势充沛、连续不断。说说笑笑像风刮起来一样。形容又说又笑，兴致勃勃，滔滔不绝。

【谈笑自若】tánxiào-zìruò

又说又笑，像自己平常时一样。形容在不正常的情况下从容自然，照样有说有笑，不失常态。也作"言笑自若"。

【谈言微中】tányán-wēizhòng

微：隐微，暗暗地。中：击中目标。说话时暗暗地击中要害。形容说话委婉而中肯。

【弹冠相庆】tánguān-xiāngqìng

弹去帽子上的灰尘而互相庆贺。本指互相庆贺即将做官。也泛指互相庆贺。多用于贬义。

【弹指之间】tánzhǐzhījiān

弹动手指的一瞬间。指极短的时间。

【忐忑不安】tǎntè-bù'ān

忐忑：心跳得七上八下的样子。心跳得七上八下而不安宁。

【叹为观止】tànwéiguānzhǐ

赞叹而认为看到这里就可以停止了。指看到的事物好到了极点，不用再看下去了。

【探囊取物】tànnáng-qǔwù

探：掏。伸手到口袋中拿东西。形容取某物极容易，极有把握。也形容办某事有把握，能轻而易举地办成。

【探头探脑】tàntóu-tànnǎo

探：伸出去探索。伸出脑袋探望。形容鬼鬼祟祟地进行窥探。

【探赜索隐】tànzé-suǒyǐn

探：探求。赜：幽深玄妙。索：求索，搜求。隐：隐藏不露。探究幽深之理，求索隐秘之处。

【堂而皇之】táng'érhuángzhī

堂皇：宽大的殿堂，喻指气势宏大、庄重严肃、光明正大。而、之：助词。"堂而皇之"与"堂皇"同义，比喻气派大、很体面或光明正大。现又用来形容公开而不加掩饰。

【堂上一呼，阶下百诺】tángshàng-yīhū, jiēxià-bǎinuò

诺：答应的声音。大堂上一声呼唤，台阶下很多人答应。形容权势显赫，侍从和奉承的人很多。也作"一呼百诺"。

【堂堂正正】tángtángzhèngzhèng

堂堂：庄严大方。正正：整整齐齐。原形容军队阵容庄严整齐。后多形容光明正大或仪表不凡。

【糖衣炮弹】tángyī-pàodàn

糖衣：包在苦味药物外面的一层糖质薄膜。用糖皮包着的炮弹。比喻表面上使其舒服而实际上使其堕落毁灭的进攻手段。多指以金钱、美女等为诱饵使当权者腐化堕落的卑劣勾当。

【螳臂当车】tángbì-dāngchē

螳：螳螂。当：阻挡。《庄子·人间世》[3-P.167]："汝不知夫螳蜋乎？怒其臂以当车辙，不知其不胜任也。"螳螂举起前肢来阻挡车子前进。比喻用微小的力量去阻止强者的前进或强大事物的发展。形容不自量力。

【螳螂捕蝉，黄雀在后*】tángláng-bǔchán, huángquè-zàihòu

螳螂一心捕捉知了，不知道黄雀在身后要吃它。比喻一心图谋侵害别人，却不知道有人在算计自己。也比喻只顾追求眼前利益而不知道祸害就在后面。

【滔滔不绝】tāotāo-bùjué

滔滔：大水滚滚的样子。大水滚滚不间断。比喻数量很多而连续不断。多用来形容说话多而不停。有时也用来形容人流大而不断或眼泪不断涌出。

【滔天大罪】tāotiān-dàzuì

滔：弥漫。弥漫到整个天空的大罪。即天大的罪恶。

【韬光晦迹】tāoguāng-huìjì

韬：盛弓的皮套子，比喻隐藏。光：光芒，比喻才华。晦：使……昏暗，隐藏。隐藏才华，不露踪迹。指不露锋芒而隐居起来。也作"韬光养晦"。养晦：将养于暗中，指隐居。

【逃之夭夭】táozhīyāoyāo

《诗经·周南·桃夭》[10-P.279]："桃之夭夭。"指桃树枝叶茂盛。后人因"逃"与"桃"同音，便将"桃之夭夭"用作逃跑的诙谐语，表示人逃跑或溜走。后又索性将"桃"改为"逃"而成了"逃之夭夭"。"夭夭"原表示茂盛，后谐音表示"杳杳"，指无影无踪。逃跑得无影无踪。

【桃红柳绿】táohóng-liǔlù

桃花红，柳枝绿。也泛指春天的美景。

【桃李不言，下自成蹊】táolǐ-bùyán, xiàzìchéngxī

蹊：踩踏出来的小路。桃树李树不会说话，但由于其花果引人而树下自然而然地会踩踏成路。比喻有实实在在的有益于人的东西，不用宣扬，自然会吸引人而受到人们的青睐和尊崇。

【桃李满天下】táolǐ mǎn tiānxià

桃李：桃树、李树，是人们栽培的果树，比喻所培植的优秀人才。所培植的人才布满天下。现多喻指老师教出的学生多得遍布各地。也作"桃李遍天下"。

【讨价还价】tǎojià-huánjià

讨：要，索取。卖方要一个价钱，买方回答他一个自己愿付的价钱。指买卖双方为货物价格的高低进行商议。比喻谈判时与对方反复商议或接受任务时向对方提条件。

【腾云*驾雾】téngyún-jiàwù

腾：乘。乘着云，驾着雾。指凭借云雾在空中飞行。这是神话传说中神仙妖魔所具有的一种法术。也用来形容奔驰迅速或精神恍惚。

【提纲挈领】tígāng-qièlǐng

纲：渔网上的总绳。挈：提起。提起渔网总绳，拎起衣服领子。比喻抓住要领。指处理问题或办事时抓住关键。后多指说话或作文时把主要内容简明扼要地提示出来。

【提心吊*胆】tíxīn-diàodǎn

提起了心，挂起了胆。即既放心不下，又不能放开胆量。指非常担心害怕。

【啼饥*号寒】tíjī-háohán

哭诉肚子饿，叫喊身上冷。形容生活极其贫困，缺衣少食而挨饿受冻。

【啼笑皆非】tíxiào-jiēfēi

哭和笑都不是。即哭也不行，笑也不行，让人哭笑不得。形容事情既可悲又可笑。也形容处境尴尬而不知如何是好。

【醍醐灌顶】tíhú-guàndǐng

醍醐：酥酪上凝聚的油，是牛奶中提炼出来的精华，佛教用来比喻佛法。用酥油浇灌头顶。这本是佛教徒入门时接受的一种仪式。后比喻把智慧灌入头脑。也比喻精辟的言论使人头脑清醒。

【体大思精】tǐdà-sījīng

体：体制，格局。思：思虑，构思。格局宏大，思虑精密。原形容著作规模宏大、构思缜密。后也形容规划宏伟而周密。

【体贴入微】tǐtiē-rùwēi

设身处地地体会忖度人或事物，深入到细微之处。多指关怀、照顾人极其细致周到。

【体无完肤】tǐwúwánfū

身体上没有一块完好的皮肤。指浑身刺有图案或遍体鳞伤。后也用来比喻人或事物(多指文章、论点)被抨击、批驳或糟蹋得不像样。

【倜傥不羁】tìtǎng-bùjī

倜傥:洒脱,远离世俗而卓越不凡。羁:马笼头,引申为束缚。卓越洒脱而不受拘束。指超然出众而不拘泥于世俗礼法。

【天崩地裂】tiānbēng-dìliè

上天崩塌,大地裂开。比喻重大的事变。也用来指地震。后多用来形容巨大的声响或声势。也作"山崩地坼""地坼山崩"。坼(chè):裂开。

【天不怕,地不怕】tiān bù pà, dì bù pà

不怕天神,不怕地祇。指什么都不怕。形容胆量极大,无所畏惧。也形容无所顾忌,好惹事。

【天不作美】tiānbùzuòměi

上天不成全人的美事。指上天不帮人的忙。多指天气不好,不利于人外出活动。也作"天公不作美"。

【天差地远】tiānchā-dìyuǎn

像天和地那样相差极远。

【天长地久】tiāncháng-dìjiǔ

上天长寿,大地悠久。指天地长久地存在着。后用来形容时间悠久得和天地存在的时间一样长。常用来形容爱情长久不变。也作"地久天长"。

【天长日久】tiāncháng-rìjiǔ

见"日久天长"。

【天从人愿】tiāncóngrényuàn

上天顺从人的心愿。指事情的发展恰好符合人的心愿。也作"天随人愿"。

【天打雷劈】tiāndǎ-léipī

天打:雷击。遭电雷打击,被霹雳击毙。指遭到上天的惩罚而不得好死。常用于骂人或赌咒。

【天地不容】tiāndì-bùróng

天地不能容纳。指人罪大恶极。

【天翻地覆】tiānfān-dìfù

见"翻天覆地"。

【天方夜谭】tiānfāng-yètán

天方:中国古代称阿拉伯地区为天方。谭:通"谈",说。阿拉伯地区在夜间讲的故事。指阿拉伯民间故事集《一千零一夜》(旧译为《天方夜谭》)中所载的离奇故事。后用来比喻离奇的不可置信的说法。

【天府之国】tiānfǔzhīguó

天府:天生的仓库。天然的藏有大量财物的国家。指地势险要、土地肥沃、物产丰富的地区。原指地处关中的秦国。后多用来指今四川。

【天高地厚】tiāngāo-dìhòu

天空高远,大地深厚。常用来形容恩情极其深厚。又用作"不知"的宾语,喻指事情的艰巨性、严重性以及关系重大,多用来形容说话不知分寸。

【天高皇帝远】tiān gāo huángdì yuǎn

　　就像天高得远离自己一样皇帝也远离自己。指地处偏远,皇帝或中央的权力控制不了。多指地方势力或下级部门无视中央或上级,不听管束,为所欲为。也指远离中央政权,下面的情况中央难以知道。

【天各一方】tiāngèyīfāng

　　在广大的天底下各处一方。即各在天的一边。指相隔遥远。

【天公地道】tiāngōng-dìdào

　　像天地那样公道。指极其公平合理。

【天寒地冻】tiānhán-dìdòng

　　天空寒冷,大地冰冻。指天气非常寒冷。

【天花乱坠】tiānhuā-luànzhuì

　　天上的香花纷纷落下。原为佛教传说,指法师讲经说法感动了天神而天花纷乱地坠落下来。后比喻说话中所谈到的事物十分美好而又层出不穷。多用来形容言谈浮夸动听而不切实际。有时也用来形容雪花纷纷飘落。

【天荒地老】tiānhuāng-dìlǎo

　　荒:通“亡”,灭亡。上天灭亡,大地衰老。喻指经历的时间极其长久。

【天昏地暗*】tiānhūn-dì'àn

　　天地昏暗。形容天色昏暗不明。也比喻社会黑暗,局势混乱。又比喻神志不清,昏昏沉沉,糊里糊涂。

【天机不可泄露】tiānjī bùkě xièlòu

　　天机:上天的机密,造化的奥秘,指上天对世间万物的安排。上天的机密不可泄露。比喻重要的秘密不可泄露。

【天经地义】tiānjīng-dìyì

　　经:常道,经久不废的道理。义:正理,合宜的道理。天地间永远正确合宜的道理。也比喻理所当然。

【天理良心】tiānlǐ-liángxīn

　　天理:上天的道理,指极其公正的道理。上天公正的道理和人类善良的是非观念。多用来表示其遵行的行为准则极其正确。

【天理难容】tiānlǐ-nánróng

　　天理:天然的道理,上天的原则,指极其公正的道理原则。根据上天的道理难以宽容。指做了伤天害理的事而令人不能容忍。

【天理昭彰】tiānlǐ-zhāozhāng

　　天理:天道,指支配人类命运的天神意志。昭彰:明显,明白。天神意志极其明白。指上天能洞察一切。表示人无论做好事或坏事,上天都明白,到时候都会给予报应。这是一种迷信的说法。也作“天理昭昭”。

【天伦之乐】tiānlúnzhīlè

　　天伦:天然的伦次,指兄弟之间,后也泛指父子、夫妻、兄弟等亲人之间。兄弟或亲人之间在一起生活的快乐。

【天罗地网】tiānluó-dìwǎng

　　罗:捕鸟的网。像天地一样大的罗网。喻指使人无法逃脱的包围圈或监督网。

【天马行空】tiānmǎ-xíngkōng

天马:传说中的天上神马。天上神马奔驰于空中。多用来形容诗文、书法等气势奔放,任意驰骋而自由洒脱。也用来形容车、船等行驶迅速或人物独往独来。

【天南地北】tiānnán-dìběi

天的南边和地的北边;泛指远方。也表示一方在天之南,一方在地之北;指双方相隔遥远。也作"天南海北"。

【天怒人怨】tiānnù-rényuàn

天神发怒,人民怨恨。指作恶多端,为害严重而引起了普遍的愤恨。

【天女散花】tiānnǚ-sànhuā

天上的仙女撒下花。原为佛教故事,天女散花来检验菩萨、大弟子的道行,花至菩萨身上即落去,至大弟子身上则不落去。后用来形容大雪纷飞或绚丽纷呈的景象。

【天壤之别】tiānrǎngzhībié

壤:地。天和地的差别。指极大的差别。

【天外有天】tiānwài-yǒutiān

天的外面还有天。比喻某一境界之外还有别的境界。

【天网恢恢,疏而不漏】tiānwǎng-huīhuī,shū'érbùlòu

恢恢:广大的样子。上天这张网广大无边,网眼虽然稀疏却不会漏掉什么。指天理昭彰,每一个作恶的人都会受到上天的惩罚。比喻法网广大,虽然稀疏不密,却不会放过一个坏人。指作恶者终究难逃法律的制裁。

【天无二日】tiānwú'èrrì

天上没有两个太阳。比喻一个国家不能同时有两个国君。

【天无绝人之路】tiān wú juérén zhī lù

上天不会断绝人的生路。多用于出乎意料地摆脱了困境之时。

【天下本无事,庸人自扰之】tiānxià běn wú shì,yōngrén zì rǎo zhī

天下本来太平无事,是平庸的人自己扰乱了它。指不高明的人无事生非,自惹麻烦;或本来没有问题而自己瞎着急。

【天下第一】tiānxià-dìyī

在天下位居第一。指在当时无人能比得上。

【天下太平】tiānxià-tàipíng

整个社会极其平安稳定。

【天下为公】tiānxiàwéigōng

统治天下的权力是公有的。指天子的统治权不是一家的私有物,只传给贤人而不一定传给儿子。孙中山借来解释"民权主义",指政权为一般平民所共有。

【天下乌鸦一般黑】tiānxià wūyā yībān hēi

天下的乌鸦一样黑。比喻世上同类的人或事物大致有相同的特性。多用来比喻天下的坏人都一样坏。也作"天下老鸹(guā)一般黑"。

【天下无敌】tiānxià-wúdí

敌:匹敌,指敌手。世上没有与之相匹敌的对手。形容强大无比,战无不胜。

【天下无双】tiānxià-wúshuāng

世上没有与之相配对的第二个。形容超群出众,独一无二。

【天下兴亡,匹夫有责】tiānxià-xīngwáng,pǐfū-yǒuzé

匹夫:古代指平民中的男子,也泛指普通百姓。国家的兴盛和灭亡,每个人都负有责任。

【天悬地隔】tiānxuán-dìgé

悬:悬殊,距离远。隔:间隔。悬隔:相隔很远。天地悬隔。像天和地一样相距很远。比喻相差悬殊。

【天旋地转】tiānxuán-dìzhuǎn

天地旋转。比喻时局发生了根本性的改变。后多用来形容眩晕时仿佛天地在旋转的感觉。

【天涯海角】tiānyá-hǎijiǎo

涯:边。天的边际和海的角落。喻指极其遥远偏僻的地方。也表示一方在天涯,一方在海角;指彼此相隔极远。也作"天涯地角""海角天涯"。

【天涯若比邻】tiānyá ruò bǐlín

比:并列,挨着。远在天边的人像紧挨着的邻居一样。指彼此情谊深厚,最大的距离也阻隔不了相互关怀之情。

【天摇地动】tiānyáo-dìdòng

天在摇晃,地在震动。形容地震或其他声响巨大、变动剧烈的情景。也形容声势浩大、场面激烈的情景。

【天衣无缝】tiānyī-wúfèng

天上神仙穿的衣服没有缝。因为天衣并不是用针线缝合的。《太平广记》卷六十八[28-P.420]"郭翰"条引《灵怪集》:"(翰)仰视空中,见有人冉冉而下,直至翰前,乃一少女也。明艳絶代,光彩溢目,衣玄綃之衣……徐视其衣并無縫,翰問之,謂翰曰:'天衣本非針綫爲也。'"后化为成语,比喻诗文写得浑然天成,没有丝毫雕琢的痕迹。也形容诗文挖补贴切自然,没有修补的痕迹。也比喻事情办得完美周到,没有一点破绽;或话说得周密细致,没有一点疏漏与失误。

【天有不测风云*】tiān yǒu bùcè fēngyún

天上有不能预测的风和云。指天气的变化难以预测。比喻人有意料不到的灾祸。常与"人有旦夕祸福"连用。

【天渊之别】tiānyuānzhībié

上天和深水潭的差别。指极大的差别。

【天灾人祸】tiānzāi-rénhuò

自然的灾害和人为的祸患。也比喻害人精(骂人的话)。

【天造地设】tiānzào-dìshè

上天造成,大地设置。指自然生成。形容事物或人配合得当,如同天地自然生成的一般。

【天真烂漫】tiānzhēn-lànmàn

自然纯真，坦白直率。多用来形容儿童心地单纯善良，不虚伪做作。也形容书画诗文等自然洒脱，不刻意雕琢。

【天之骄子】 *tiānzhījiāozǐ*

骄：通"娇"，宠爱。上天的宠儿。汉时认为匈奴的强盛是上天宠爱的结果，所以称之为"天之骄子"。后用来泛指强盛的边疆民族或其首领。也用来指非常勇敢或有杰出贡献的人。现多指得天独厚、特别幸运的人。

【天诛地灭】 *tiānzhū-dìmiè*

天神来杀死，地祇来消灭。指为天地所不容而丧命。多用于赌咒发誓。

【天字第一号】 *tiān zì dì-yī hào*

"天"字是南朝梁代周兴嗣编的《千字文》[92-P.116]第一句"天地玄黄"的第一个字。旧时以《千字文》中的字作次序编号，"天"字即第一号，所以后人以"天字第一号"指第一或第一类中的第一号。后又转指首屈一指的，如最大的、最高的或最强的。

【天作之合】 *tiānzuòzhīhé*

作：制造。上天所造成的配合。指相配十分完美，好像上天安排好似的。常用来指婚姻美满。也用来指朋友间情投意合，关系亲密。

【添油加醋】 *tiānyóu-jiācù*

添加油和醋。比喻叙说时添加一些令人感兴趣的内容。

【添枝加叶】 *tiānzhī-jiāyè*

添加树枝树叶。比喻叙说时添加一些原来没有的内容和细节。

【添砖加瓦】 *tiānzhuān-jiāwǎ*

为建筑物添加一些砖和瓦。比喻为巨大的事业贡献一点力量，做一些工作。

【恬不知耻】 *tiánbùzhīchǐ*

恬：安然，满不在乎。满不在乎，不知羞耻。指做了卑劣可耻的事却心安理得，不感到羞耻。

【甜言蜜语】 *tiányán-mìyǔ*

甜蜜的言语。指讨好人或哄骗人时所说的花言巧语。

【觍颜人世】 *tiǎnyán-rénshì*

觍：通"腆"。觍颜：厚着脸皮。厚着脸皮活在人世间。

【挑肥拣瘦】 *tiāoféi-jiǎnshòu*

一会儿挑选肥肉，一会儿选择瘦肉。比喻为了个人利益，对自己所得到的东西反复挑选。

【挑三拣四】 *tiāosān-jiǎnsì*

三、四：泛指多。一会儿挑选这个，一会儿挑选那个。指反复挑选。形容过分挑剔。

【条分缕析】 *tiáofēn-lǚxī*

缕：丝线。一条条、一丝丝地分析。指很有条理、十分细致地进行剖析。

【调三斡四】 *tiáosān-wòsì*

调：调弄，挑拨。三、四：泛指多。斡：旋转，搬弄。一会儿挑拨这个，一会儿搬弄那个。指挑拨是非，搬弄口舌。也作"挑三窝四""调三窝四"。

窝:通"斡"。

【调嘴弄舌】tiáozuǐ-nòngshé

调、弄:摆弄。摆弄口舌。即耍嘴皮。指说挑逗性的话或说三道四。

【挑拨离间】tiǎobō-líjiàn

离:分离。间:隔。挑动拨弄而使人分离有隔阂。指搬弄是非,使人不团结。

【跳梁*小丑*】tiàoliáng-xiǎochǒu

跳梁:通"跳踉",乱蹦乱跳。丑:类。小丑:地位低微的一类人,指卑劣小人。跳来跳去的小人物。指上窜下跳、到处活动又成不了气候的卑劣小人。

【跳入黄河洗不清】tiào rù Huáng Hé xǐ bù qīng

跳进了黄河洗不干净。比喻无法澄清事实,消除嫌疑。也作"跳进黄河洗不清"。

【铁案如山】tiě'àn-rúshān

铁定的案件像山一样动摇不了。指罪证确凿或已作出最后结论的案件像山一样难以推翻。

【铁板钉钉】tiěbǎn-dìngdīng

像铁板上钉了铁钉。比喻确定而不可更改。

【铁板一块】tiěbǎn-yīkuài

像一块铁板那样。比喻结合紧密的整体。也喻指团结一致而没有分歧。

【铁杵磨成针】tiěchǔ mó chéng zhēn

见"磨杵成针"。也作"铁棒磨成针"。

【铁骨铮铮】tiěgǔ-zhēngzhēng

骨:骨头,比喻品质。铮铮:象声词,形容金属相碰的响声。像钢铁似的硬骨头响当当。比喻刚强的品质经得起考验而非凡出众。

【铁画银钩】tiěhuà-yíngōu

画:书法的横笔。像铁一样坚硬的横,像银一样柔韧的钩。指书法的横画刚劲有力,钩形圆浑柔美。泛指书法遒劲秀美。

【铁面无私】tiěmiàn-wúsī

铁面:铁板着脸,脸像铁板一样,指十分严肃而不动感情,形容公正严明,依法办事。铁板着脸毫无偏私。指秉公办事而不徇私情。

【铁石心肠】tiěshí-xīncháng

像铁和石头一样的心肠。比喻对一切都无动于衷的硬心肠。形容性情刚毅,不易为感情所动。

【铁树开花】tiěshù-kāihuā

铁树:指苏铁,是一种热带常绿乔木,不常开花;有时也指铁做的树。铁树开出花来。比喻非常罕见或很难办成的事。

【铁证如山】tiězhèng-rúshān

铁证:铁一样硬的证据,指确凿的证据。确凿的证据像山一样动摇不了。

【铁中铮铮】tiězhōng-zhēngzhēng

铮铮:象声词,形容金属相碰所发出的响亮声音。铁器中敲起来响当当的材料。比喻才能出众的人。

【听而不闻】tīng'érbùwén

听了却没听见。原形容玄妙的"道"无声无息，耳朵听了也听不见。后多形容心不在焉，表示由于不注意而听了也没有听见什么。现也形容不重视，表示由于漠不关心而听见了也装作没听见。

【听风是雨】tīngfēng-shìyǔ

听到风声就认为是下雨了。比喻听到了一点消息便信以为真而竭力附和、渲染。也作"听见风就是雨"。

【听其言而观其行】tīng qí yán ér guān qí xíng

听了他的话，还要看他的行动如何。也作"听言观行"。

【听其自然】tīngqízìrán

听：任凭。任凭它自己发展。指不去过问，不加干涉。

【听天由命】tīngtiān-yóumìng

由：顺从。听凭天意，顺从命运。原指任凭上天和命运的安排。后多指主观上无能为力或不作任何努力而任凭事态自由地发展下去，含有碰运气的意思。

【听之任之】tīngzhī-rènzhī

听凭它，任凭它。即听任它自由发展而不加干涉与过问。

【亭亭玉立】tíngtíng-yùlì

亭亭：挺拔的样子。挺拔地像玉石一样耸立着。多用来形容女子材苗条或花木等形体挺拔秀美。

【停滞不前】tíngzhì-bùqián

停顿滞留，不再前进。

【挺身而出】tǐngshēn'érchū

挺直身体站出来。指主动地勇敢地站出来。多用来指勇于承担某种重大的责任或干某种带有风险的事情。

【挺胸凸肚】tǐngxiōng-tūdù

胸膛挺起，肚皮凸出。形容身体粗壮或神气活现的样子。

【铤而走险】tǐng'érzǒuxiǎn

铤：快跑的样子。走：跑。快速地奔向险处。指鹿在急迫之际慌不择路而不顾一切地跑向险地。比喻人在走投无路的情况下采取冒险行动。

【通风报信】tōngfēng-bàoxìn

风：风声，比喻消息。通报信息。指把某一方秘密的情报或消息暗中告诉给与之对立的另一方。

【通今博古】tōngjīn-bógǔ

见"博古通今"。

【通力合作】tōnglì-hézuò

共同出力一起做。

【通情达理】tōngqíng-dálǐ

通、达：通晓。通晓人情，明白事理。形容说话、做事合情合理。也作"知情达理"。

【通权达变】tōngquán-dábiàn

通、达：通晓。权、变：权宜变通，权衡时宜进行变通，即随机应变。通晓权宜，知道变通。指不拘泥常规，能随机应变，根据客观情况灵活行事。

【通同作弊】tōngtóng-zuòbì

通同:串通。弊:坏。串通起来做坏事。指互相勾结起来玩弄欺骗手段做违法的或不合规定的事。也作"通同舞弊"。

【通宵达旦】tōngxiāo-dádàn

通:整个,全部。宵:夜。达:到。整整一夜到天亮。

【同病相怜】tóngbìng-xiānglián

患了同样的疾病而互相怜悯。比喻有共同的痛苦或同样的不幸遭遇而互相同情。

【同仇敌忾】tóngchóu-díkài

同仇:共同对付仇敌。敌:抵抗。忾:愤恨,怨怒。共同对付仇敌而抗击痛恨的人。现多指对敌人怀着共同的仇恨和愤怒。

【同床异梦】tóngchuáng-yìmèng

睡在同一张床上而各自做着不同的梦。比喻在一起生活或一起做事而各自怀有不同的打算。

【同恶相济】tóng'è-xiāngjì

济:助。共同作恶而互相帮助。指坏人与坏人狼狈为奸。也作"同恶相助"。

【同甘共苦】tónggān-gòngkǔ

甘:甜。一同尝甜的,一起吃苦的。比喻一起享福,一起受苦。即有福同享,有难同当。

【同归于尽】tóngguīyújìn

一起走到尽头。指一起灭亡。

【同呼吸,共命运】tóng hūxī, gòng mìngyùn

一起呼吸,共同经受命运的考验。指息息相通,同甘共苦,生死与共。

【同流合污】tóngliú-héwū

《孟子·尽心下》[8-P. 2779]:"同乎流俗,合乎汙世。"意谓和流行的习俗一致,和恶浊的世道相合。后化为成语,指言行和卑污的世俗完全一致。又转指与坏人混在一起干坏事。

【同日而语】tóngrì'éryǔ

在同一个日子里谈论。指相提并论。

【同声相应,同气相求】tóngshēng-xiāngyìng, tóngqì-xiāngqiú

见"声应气求"。

【同室操戈】tóngshì-cāogē

同室:同居一室之人,指自家人。操:拿。戈:一种侧锋横刃的长柄兵器。自家人拿着兵器打起来。指家庭内讧。比喻集团或派别的内部纷争。

【同条共贯】tóngtiáo-gòngguàn

条:枝条,比喻条理。贯:穿钱的绳索,比喻系统。长在同一根枝条上,穿在同一根钱串子上。比喻有共同的条理和系统。指事理相通,脉络连贯。

【同心同德】tóngxīn-tóngdé

心:思想。德:道德观念。思想相同,道德观念一致。指某一群体中的人思想观念相同而团结一致。

【同心协力】tóngxīn-xiélì

协:合,共同。思想一致,共同努力。也作"同心合力"。

【同舟共济】tóngzhōu-gòngjì

济:渡,过河。同乘一条船一起过河。比喻联合在一起共同努力以渡过难关。

【铜墙铁壁】tóngqiáng-tiěbì

铜和铁铸成的墙壁。比喻非常坚固而不可摧毁的防御工事或防守。也比喻坚不可摧的防卫力量或事物。也作"铁壁铜墙"。

【童叟无欺】tóngsǒu-wúqī

对儿童老人都不欺骗。指诚信经商。

【童心未泯】tóngxīn-wèimǐn

儿童时的天真之心尚未泯灭。指成年人带有孩子气的爱好与追求。

【童言无忌】tóngyán-wújì

儿童的话没有什么忌讳。指儿童天真直率,即使说了不吉利的话也没关系。

【统筹兼顾】tǒngchóu-jiāngù

统一筹划,同时照顾几个方面。

【痛不欲*生】tòngbùyùshēng

悲痛得不想活下去了。指悲痛到了极点。

【痛定思痛】tòngdìng-sītòng

定:平息。痛苦的事过去之后,追想当时所遭受的痛苦。形容不忘痛苦而心有余悸。今多用来表示从过去的痛苦中吸取教训,含有警惕未来的意思。

【痛改前非】tònggǎi-qiánfēi

痛:彻底地。彻底改正以前的错误。

【痛哭流涕】tòngkū-liútì

涕:眼泪。悲痛地大哭而流下泪水。形容极其伤心。

【痛快淋漓*】tòngkuài-línlí

痛快:舒畅,尽兴。淋漓:见"酣畅淋漓"条。痛快到了极点。

【痛入骨髓】tòngrùgǔsuǐ

痛:悲痛;痛恨。痛恨或痛楚深入到骨髓。比喻痛恨或悲伤到了极点。

【痛心疾首】tòngxīn-jíshǒu

疾:痛。首:头。内心悲痛,头脑疼痛。指极其悲伤或痛恨。

【痛痒相关】tòngyǎng-xiāngguān

疼痛和痒痒互相关联。比喻彼此的利害互相关联。形容彼此关系极为密切。

【偷工减料】tōugōng-jiǎnliào

暗中削减工时和材料。指不按有关规定而粗制滥造。

【偷寒送暖】tōuhán-sòngnuǎn

暗中递送冷暖的问候。指相爱的男女暗中关心对方。也指暗中撮合男女私通。

【偷合苟容】tōuhé-gǒuróng

偷:苟且,马虎。苟:随便,马虎。苟且迎合上司,无原则地求取容身。多指奉承君主来保住自己的官位。

【偷鸡不着蚀把米】tōu jī bù zháo

shí bǎ mǐ

　　偷鸡没偷到，反而亏掉了一把米。比喻想占便宜没占到，反而吃了亏。也比喻损害他人不成，反而害了自己。

【偷鸡摸狗】tōujī-mōgǒu

　　偷鸡偷狗。指小偷小摸。也泛指背地里干不正当的事，如男女偷情苟合之类的勾当。也作"偷鸡盗狗"。

【偷梁*换柱】tōuliáng-huànzhù

　　偷换梁下的柱子。比喻玩弄手法，暗中掉包。

【偷天换日】tōutiān-huànrì

　　偷换天上的太阳。比喻玩弄手法，暗中改变重大事物的真相来欺骗人。

【偷偷摸摸】tōutōumōmō

　　摸：偷。隐秘而不让人知道。

【头昏脑胀】tóuhūn-nǎozhàng

　　头脑发昏发胀。

【头昏眼花】tóuhūn-yǎnhuā

　　头脑昏沉，眼睛发花。也作"头晕目眩"。

【头破血流】tóupò-xuèliú

　　头撞破或被打破而血流出来。形容伤势严重。也比喻遭到惨败而狼狈不堪。

【头疼脑热】tóuténg-nǎorè

　　头疼痛，脑门发热。泛指一般小病。也作"头痛额热"。

【头童齿豁】tóutóng-chǐhuō

　　童：山无草木，比喻人秃顶。豁：

缺。头秃了，牙齿缺了。形容人衰老的容貌。

【头痛医头，脚痛医脚】tóutòng-yītóu, jiǎotòng-yījiǎo

　　头痛就医治头，脚痛就医治脚。比喻什么地方有问题就治理什么地方。后多比喻解决问题时只作局部的应付而没有全局观念，不从根本上着手。

【头头是道】tóutóu-shìdào

　　方方面面都是道。原为佛家语，指道无所不在。后多用来形容说话、做事有条不紊而合乎道理。

【头重脚轻】tóuzhòng-jiǎoqīng

　　头沉重，脚轻飘。形容人昏醉时的感觉。也比喻上面重，下面轻。形容基础不稳固或各部分轻重失调。

【投笔从戎】tóubǐ-cóngróng

　　投：丢弃。从：从事，参加。戎：军队。扔掉笔加入军队。指弃文从武。

【投畀豺虎】tóubì-cháihǔ

　　投：投掷，扔。畀：给予。豺：形状像狼的一种凶残野兽。扔给豺狗老虎吃。指将坏人投饲豺虎，表示对坏人极端憎恨。

【投机倒把】tóujī-dǎobǎ

　　投：迎合。倒：转。把：持。迎合时机倒卖把持商品。指利用物价涨落的机会，为牟取暴利而套购转卖、囤积居奇。也泛指各种欺诈性的非法买卖。用于贬义。

【投机取巧】tóujī-qǔqiǎo

迎合时机,采取巧妙的方法。指利用机会,以狡猾的手段来谋取私利。也指不愿下苦功夫,靠碰运气、玩弄小聪明来争取成功。

T

【投其所好】tóuqísuǒhào

迎合他的爱好。多指为了讨好别人而曲意逢迎。

【投鼠忌器】tóushǔ-jìqì

忌:顾忌,怕。要投掷东西打老鼠,又怕碰坏老鼠旁边的器物。比喻想打击坏人,又有所顾忌而不敢放手去干。

【投桃报李】tóutáo-bàolǐ

他送给我桃子,我报答他李子。比喻友好往来,互相赠答。

【投闲*置散】tóuxián-zhìsǎn

投、置:放。放在闲散的位置上。指不受重用,安排在无关紧要的职位上,或仅给一个空头官衔封号而没有实权。

【突飞猛进】tūfēi-měngjìn

突:急速。快速而猛烈地飞向前方。形容事物发展迅速,势头强劲。

【突然袭击】tūrán-xíjī

快速地出其不意地进行攻击。原指军事上乘人不备而突然进攻。现也比喻突然对毫无防备的人采取某种行动。

【突如其来】tūrú-qílái

突如:突然。他(它)来得很突然。指突然来到或突然发生。

【图财害命】túcái-hàimìng

见“谋财害命”。

【图谋不轨】túmóu-bùguǐ

图谋:谋划。轨:轨道,比喻法度,引申指遵循法度。谋划不守法度的事。指企图造反作乱,干违法越轨之事。

【图穷匕首见】tú qióng bǐshǒu xiàn

穷:尽,完了。见:同“现”,显现。据《战国策·燕策三》[46-P.1653]载,战国时荆轲受燕国太子丹委派,以献燕国督亢地图为名去谋刺秦王。他将匕首卷在地图中而得以接近秦王。他把地图展开至尽头时匕首就显露出来了,便取匕首刺秦王,不中,被杀。后化为成语,比喻事情发展到最后,其真相或当事者的本意完全显露出来。也作“图穷匕见”。

【图文并*茂】túwén-bìngmào

茂:草木繁盛的样子,引申为丰富美好。图画文字都丰美。指书刊作品中有精彩的插图和描写。

【荼毒生灵】túdú-shēnglíng

荼:苦菜,比喻使……受苦。毒:使……遭受毒害。生灵:生命灵魂,指人民。使人民困苦受害。即残害百姓。

【徒费唇舌】túfèi-chúnshé

徒:白白地。白白地浪费口舌。指白说了很多话,毫无效果。

【徒劳无功】túláo-wúgōng

白费力气而没有功效。

【徒劳无益】túláo-wúyì

白白地花费力气而没有一点好处。

【徒托空言】tútuō-kōngyán

徒：只，仅仅。托：托付。仅仅托付于空话。指只说空话，没有实际行动。

【徒有虚名】túyǒu-xūmíng

徒：空。空有一个不符合实际的名声。也作"徒有其名"。

【徒子徒孙】túzǐ-túsūn

徒弟和徒弟的徒弟。指一个祖师的历代传人。也泛指某一帮派首领（多指坏人）的党羽和追随者。

【涂脂抹粉】túzhī-mǒfěn

涂上红胭脂，搽上白粉。指妇女修饰面容，美化容貌。现多用来比喻美化丑恶的东西。

【屠龙之技】túlóngzhījì

宰杀龙的技术。比喻造诣极高而无实际用处的技能。

【土崩瓦解】tǔbēng-wǎjiě

像泥土崩塌、像瓦坠地碎裂一样。比喻彻底崩溃。

【土法上马】tǔfǎ-shàngmǎ

土法：土办法，指民间沿用的办法。上马：跨上马，比喻开始从事某项较大的工作或工程。用土办法创办事业。

【土豪劣绅】tǔháo-lièshēn

某一地方的豪强与品行恶劣的绅士。多用来指仗势欺人的恶霸、地主与退职官僚。

【土生土长】tǔshēng-tǔzhǎng

土：本地的。本地出生，本地长大。指不是外来的。

【吐故纳新】tǔgù-nàxīn

吐出旧的，吸收新的。原为道家养生之术，指呼出胸中陈旧之气而吸进新鲜空气。后比喻淘汰陈旧、落后的，吸收新颖、先进的。

【兔起鹘落】tùqǐ-húluò

鹘：一种凶猛的类似鹰的鸟。兔子刚跳起，鹘就扑下去了。比喻绘画、写字、作文时下笔迅速，能及时捕捉心中浮现的意象和灵感。也比喻动作敏捷。

【兔死狗烹】tùsǐ-gǒupēng

野兔死了，猎狗被煮来吃。比喻敌人被消灭后，功臣被杀掉。常与"鸟尽弓藏"连用。

【兔死狐悲】tùsǐ-húbēi

兔子死了，狐狸悲伤。比喻因同类的灭亡或遭殃而感到悲伤。现多用于贬义。也作"狐死兔悲"。

【推本溯源】tuīběn-sùyuán

推究根本，追溯源头。比喻推求事情发生的根源。

【推波助澜】tuībō-zhùlán

澜：大波浪。推动水波，助长大浪。指风吹波浪，使之更加汹涌。比喻推动某种事物（多指不好的事物）的发展，使其势头更为迅猛。

【推陈出新】tuīchén-chūxīn

推：推掉，除去。除去旧的，出产新的。多指批判地继承文化遗产，剔除糟粕，吸取精华，创造出新的作品来。

T

【推诚相见】tuīchéng-xiāngjiàn

推：向外推移，拿出。拿出真心诚意与人相见。指与人接触时非常真诚。

【推崇备至】tuīchóng-bèizhì

推重崇敬达到了完备周到的地步。指尊崇到了极点。

【推己及人】tuījǐ-jírén

由自己推想到别人。指体谅别人，设身处地地为他人着想。

【推三阻四】tuīsān-zǔsì

阻：阻拦，拒绝。三、四：泛指多。一会儿推托这个，一会儿拒绝那个。即以种种借口推托、拒绝。指再三推托。也作"推三推四"。

【推心置腹】tuīxīn-zhìfù

推：拿出。拿出自己的心放置于别人腹中。比喻真心诚意地对待别人。

【退避三舍*】tuìbì-sānshè

舍：古代行军三十里称一舍。后退回避到九十里之外。据《左传·僖公二十三年、二十八年》[16-P. 1816、1825]载，晋国公子重耳流亡时受到楚王款待，向楚王许下诺言："如果自己能回到晋国，以后与楚国交战，将退避三舍作为报答。"后来重耳回国当了国君，与楚国在城濮交战时后退三舍回避楚军。后化为成语，比喻主动退让回避，不与人相争。

【蜕化变质】tuìhuà-biànzhì

蜕化：虫类脱皮变化，比喻人腐化堕落。像虫类脱皮变化似地腐化堕落而改变了本质。指人的思想品质变坏了。

【吞吞吐吐】tūntūntǔtǔ

又像吞进去，又像吐出来。形容说话不爽快。

【吞云*吐雾】tūnyún-tǔwù

吞进、吐出云和雾。形容山川湖泊的景象。也喻指道家修炼养气。后用来喻指吸食鸦片或吸烟（含有讽刺意味）。

【囤积居奇】túnjī-jūqí

居：占据，积蓄。储存积聚奇异难得的货物。指商人为了牟取暴利而囤积市场紧缺的商品。

【托物言志】tuōwù-yánzhì

假托事物描写来表达其思想。

【拖儿带女】tuō'ér-dàinǚ

拉着儿子带着女儿。指拉扯着未成年的子女。常形容家庭负担重。

【拖泥带水】tuōní-dàishuǐ

拖着烂泥带着水。指在泥水中行走不利索。比喻办事不爽快、不利索。也比喻说话、作文不简洁。

【拖人下水】tuōrén-xiàshuǐ

拉别人到河里去。比喻拉别人一起干坏事。也比喻自己有了错误或罪行后去拖累别人。

【脱缰之马】tuōjiāngzhīmǎ

挣脱了缰绳的马。比喻摆脱了约束的人或事物。

【脱口而出】tuōkǒu'érchū

脱：脱落，掉落。从嘴巴中掉出

来。指不加思考，随口说出。

【脱胎换骨】tuōtāi-huàngǔ

脱去凡胎，换上仙骨。这原是道教的说法，指修道者经过服丹修炼而摆脱了凡胎所生成的俗体俗骨，换上了仙体仙骨，于是便超凡脱俗而获得了新生，即所谓得道成仙。后用来比喻写作诗文时对前人作品加以改造更新，化成超凡脱俗的句子。也比喻彻底改变人的道德品质、立场观念。

【脱颖而出】tuōyǐng'érchū

原作"颖脱而出"。《史记·平原君虞卿列传》[9·P.393]载，毛遂自荐于平原君，"平原君曰：'夫贤士之处世也，譬若锥之处囊中，其末立见。今先生处胜之门下三年於此矣，左右未有所称诵，胜未有所闻，是先生无所有也。先生不能。先生留言。'毛遂曰：'臣乃今日请处囊中耳。使遂蚤得处囊中，乃颖脱而出，非特其末见而已。'"颖：谷穗，此喻指锥针。脱：脱离，落。毛遂的意思是，整个锥针都会从袋子里掉出来，而不只是它的尖端露出来。后化为成语，比喻人的才能全部显示出来。

【唾面自干[*]**】**tuòmiàn-zìgān

别人把唾沫吐到自己脸上，不擦而让它自己干掉。比喻受到侮辱后极度容忍，不加反抗。

【唾手可得】tuòshǒu-kědé

唾手：往手掌里吐唾沫，是一种动手前为了增强手掌的握柄摩擦力而做的准备动作。把唾沫往手里一吐就可以得到。即刚作准备、还没有动手就可以取得。指不花什么力气就可以取得。形容极易取得。也作"唾手可取"。

W

W

【挖空心思】wākōng-xīnsī

掏空了脑子。比喻费尽心机，想尽办法。多用于贬义。

【歪打正着】wāidǎ-zhèngzháo

歪：不正，偏斜。乱打一下却毫无偏差地击中了。比喻方法并不得当，却侥幸取得了成功。也比喻做某事的本意并不在此，却意想不到地与别人的愿望或想法相合。

【歪风邪气】wāifēng-xiéqì

邪：不正。不正派的作风习气。泛指各种不良风气。

【歪门邪道】wāimén-xiédào

邪：不正。不正的门和路。比喻不正当的门路和途径。也比喻不正当的手段或坏主意。也作"邪门歪道"。

【外强中干*】wàiqiáng-zhōnggān

干：干枯，枯竭。外表强壮而心中枯竭。《左传·僖公十五年》[16-P.1806]："乱气狡愤，阴血周作，张脉偾兴，外彊中乾，进退不可，周旋不能。"指马紧张时血液循环加剧，血管扩张，而使其外貌显得很强壮，实际上其心中的血液已枯竭而无力再周旋奔驰了。后用作成语，比喻人或物外貌强大而实质虚弱，或外表好看而实际上很差。

【外圆内方】wàiyuán-nèifāng

外边圆而里边方。比喻人外表随和，实质严正。

【剜肉补疮】wānròu-bǔchuāng

疮：伤口。用刀挖下身上的肉来填补身上的伤口。比喻用有害的办法来救急。形容只图眼前而不顾后果。也作"剜肉医疮"。

【纨袴子弟】wánkù-zǐdì

纨：细绢。袴：裤子。穿着细绢裤子的子弟。指富贵人家的子弟。多指出身富贵、衣着华美而游手好闲的年轻人。

【完璧归赵】wánbì-guīzhào

完整的玉璧归还赵国。据《史记·廉颇蔺相如列传》[9-P.406]载，战国时，赵国得到楚国的和氏璧，秦昭王表示愿以十五座城来换璧。蔺相如奉璧出使秦国，献璧后见秦王无意给赵国城池，便设计取得原璧而派人送回赵国。后用作成语，比喻原物完好无损地归还原主。

【完美无缺】wánměi-wúquē

完备美好而没有缺点。

【玩忽职守】wánhū-zhíshǒu

轻慢忽视本职工作。指对待自己的工作不认真负责。

【玩火自焚】wánhuǒ-zìfén

玩弄火而烧到了自己。比喻干冒险或害人的事,结果自己遭殃。

【玩世不恭】wánshì-bùgōng

轻蔑现实社会而不恭敬。指蔑视当时的礼法,以不严肃的态度对待世间的一切。这是一种既不满现实而又不作反抗的消极的处世态度。

【玩物丧志】wánwù-sàngzhì

玩赏器物会丧失志气。后多用来指沉湎于所喜爱的东西而丧失了进取的志向。

【顽固不化】wángù-bùhuà

保守固执,不肯改变。多指坚持错误的立场观点而不肯改悔。

【顽石点头】wánshí-diǎntóu

顽:愚蠢无知。无知的石头都点头赞同。这原为佛教传说故事。吕祖谦《诗律武库·卷十·释学门·讲经聚石》[93-P.748]:"《十道四蕃志》云:'異僧生公者,即竺道生也,講經於蘇之虎丘寺,人無聽者,乃聚石爲徒,與談至理,石皆點頭。至今寺有生公講堂。'"后作为成语,形容说服力极强,感化力极大,能使愚顽的人心悦诚服。

【宛然在目】wǎnrán-zàimù

仿佛就在眼前。

【万般无奈】wànbān-wúnài

极其无可奈何。指一点办法都没有。

【万变不离其宗】wàn biàn bù lí qí zōng

宗:宗旨,主要的目的和意图。千变万化而并不偏离其宗旨。指形式上变化很多,但其本质与根本目的并没有改变。

【万不得已】wànbùdéyǐ

万:表示程度高,非常,实在,绝对。不得已:不能停止,不得不做。实在不得不做。指实在无可奈何,只得这样做。

【万不失一】wànbùshīyī

一万次中不会失误一次。形容做事有把握。

【万夫不当】wànfū-bùdāng

当:抵挡。一万个人也抵挡不住。形容极其勇猛。

【万古不变】wàngǔ-bùbiàn

万古:上万个古代,指长远的年代。千年万代也不会改变。即永远不会改变。

【万古长存】wàngǔ-chángcún

千年万代长久存在。即永远存在下去。多用来称颂高尚的精神或美好的事物。

【万古长青】wàngǔ-chángqīng

千年万代长久青翠。比喻永远富有生命力而不会衰退。多用来称颂伟大的祖国、深厚的友谊、高尚的精神等。

W

【万古流芳】wàngǔ-liúfāng

芳：香，比喻美好的名声。千年万代都流传其美好的名声。

【万贯家财】wànguàn-jiācái

万贯：古时一千个铜钱为一贯。上万贯铜钱的家庭财产。形容家产很多。

【万家灯火】wànjiā-dēnghuǒ

千家万户都点上了灯。形容城市中灯火通明的夜景。也指入夜点灯的时候。

【万箭攒心】wànjiàn-cuánxīn

攒：聚集。像上万枝箭集中射到心上。比喻内心受到打击或折磨后极其痛苦、难过。

【万劫不复*】wànjié-bùfù

劫：佛教用语，梵语 kalpa 的译音"劫波"的略语，原意为极久远的时节。据古印度神话，梵天的一个白天是一个劫，等于人间的四十三亿二千万年（一说四百三十二万年），劫后有劫火出现，烧毁一切，然后重创一切。万劫：指极长的时间。亿万年也不能恢复。即永远不能恢复。

【万籁俱寂】wànlài-jùjì

籁：古代一种三孔管乐器，引申指孔窍。寂：没有声音。各种物体的孔窍都没有声音。形容四周非常寂静。也作"万籁无声"。

【万里*长城】wànlǐ-chángchéng

上万里长的城墙。指我国北方的长城。也比喻捍卫国家的大将。现也用来比喻捍卫广大国土的军队。

【万里*长征*】wànlǐ-chángzhēng

征：远行。上万里路的长途远行。指极远的征程。多指路程遥远的行军或出征。现也比喻经过长时期的艰苦奋斗才能完成的伟大事业。

【万马奔腾】wànmǎ-bēnténg

上万匹马在奔驰腾跃。形容场面热烈，声势浩大。

【万马齐喑】wànmǎ-qíyīn

喑：哑，引申为沉默不作声。上万匹马一齐沉默不作声。比喻人们全都沉默无语，不敢发表意见。形容社会制度不民主，政治局面十分沉闷，人们不敢说话。

【万念俱灰】wànniàn-jùhuī

所有的念头都像灰烬一样熄灭了。指极其灰心而不再有什么希望和打算。形容失意或遭受沉重打击后完全丧失了信心。

【万全之策】wànquánzhīcè

万无一失、极其周全的计策。

【万人空巷】wànrén-kōngxiàng

成千上万的人都到了某处，使街巷空空荡荡。形容受某处的人或事物吸引而出动观看的人极多。也形容盛大集会或外出欢迎的盛况。

【万世师表】wànshì-shībiǎo

师：学习的榜样。表：表率，榜样。千秋万代的表率。指永远为世人所尊崇效法的榜样。

【万事大吉】wànshì-dàjí

所有的事情都十分吉利。指一切事情都很圆满。也引申指什么事情也不需要做了。

【万事亨通】 wànshì-hēngtōng

亨:顺利。通:通达。所有的事情都很顺利而没有阻碍。

【万事俱备,只*欠东风】 wànshì-jùbèi, zhǐqiàn-dōngfēng

俱:都。欠:缺。所有的事情都齐备,只缺东风了。这原是三国时故事,周瑜想用火攻来破曹操连锁的战船,因缺少东南风而忧闷卧病,诸葛亮给他开一药方曰:"欲破曹公,宜用火攻;万事俱备,只欠东风。"(见《三国演义》第四十九回³³⁻ᴾ·⁵⁴⁸)后用作成语,比喻一切都准备好了,就差一个关键性的条件。

【万事如意】 wànshì-rúyì

如:依从,合乎。所有的事情都合乎心意。多用作祝颂语。

【万寿无疆】 wànshòu-wújiāng

疆:界限,止境。上万岁的寿命而没有止境。指永远生存下去。多用于向帝王祝寿。

【万死不辞】 wànsǐ-bùcí

死一万次也不推辞。表示愿意牺牲自己的一切来实现自己的理想或为人效劳。

【万死一生】 wànsǐ-yīshēng

有一万次死亡的可能,却只有一次生存的机会。指所处的环境极其危险,死去的可能性极大而活着的可能性极小。也指多次陷于死亡的境地而死里逃生,侥幸活了下来。

【万头攒动】 wàntóu-cuándòng

攒:聚集在一起。上万个头聚在一起晃动。指许多人挤在一起争相探头观看。

【万无一失】 wànwúyīshī

一万次中不会有一次失误。形容极有把握,绝对不会出差错。也形容绝对安全而不会有危险。

【万象更新】 wànxiàng-gēngxīn

万:形容多,指所有的。更:变换。所有的景象都变成了新的。也作"万物更新"。

【万应灵丹】 wànyìng-língdān

应:应付。丹:精炼而成的中成药。对所有疾病都能对付的灵验丹药。指能有效地医治百病的好药。比喻适用于任何情况的好办法。多用于讽刺或否定的场合。

【万丈高楼平地起】 wàn zhàng gāolóu píngdì qǐ

上万丈的高楼要从平地建起来。比喻事情都是从基础开始逐步发展起来的,搞事业必须先打好基础。

【万众一心】 wànzhòng-yīxīn

千万个人一条心。形容同心同德。

【万紫千红】 wànzǐ-qiānhóng

千万朵紫色、红色的花。形容春色艳丽,百花盛开。也借指五彩缤纷,景色美好。又比喻事物的丰富多彩。

【汪洋大海】 wāngyáng-dàhǎi

汪洋:水宽广无边的样子。宽广无边的大海。比喻声势浩大的场面。

也比喻无法摆脱的困境。

【汪洋恣肆】 wāngyáng-zìsì

　　汪洋:水势浩大的样子,比喻文章等气势磅礴。恣肆:放纵,无拘束。气势磅礴而豪放不拘。形容诗文、言谈、书法等很有气势,达到了挥洒自如的境界。

【亡国之音】 wángguózhīyīn

　　国家将要灭亡时的音乐。指民众困苦时所歌吟的充满悲哀和愁思情调的音乐。后也指颓废淫荡、使人萎靡不振的音乐。

【亡魂丧胆】 wánghún-sàngdǎn

　　亡:丢失。丢掉了灵魂,失去了胆。形容惊恐害怕到了极点。

【亡命之徒】 wángmìngzhītú

　　亡:逃亡。亡命:逃命。逃亡在外以保全自己生命的人。后转指不顾性命肆意妄为的人。

【亡羊补牢】 wángyáng-bǔláo

　　亡:丢失。牢:关牲畜的栏圈。丢了羊以后修补羊圈。《战国策·楚策四》[46·P.818]:"亡羊而補牢,未爲遲也。"后用作成语,比喻出了问题以后及时进行补救。

【网开三面】 wǎngkāi-sānmiàn

　　把捕禽的网打开三面。《吕氏春秋·异用》[60·P.560]:"湯见祝網者置四面,其祝曰:'從天墜者,從地出者,從四方來者,皆離(通"罹")吾網。'湯曰:'嘻!盡之矣。非桀,其孰爲此也?'湯收其三面,置其一面。"后化为成语,比喻以仁慈宽大的态度去对待

有罪的人,尽量给他们留下可以改过自新的出路。也作"网开一面"。

【枉费心机】 wǎngfèi-xīnjī

　　枉:徒然,白白地。白费心思。

【往日无仇,近日无冤】 wǎngrì-wúchóu, jìnrì-wúyuān

　　过去没有结过仇,现在没有结过冤。指彼此从未有过什么冤仇。

【惘然若失】 wǎngrán-ruòshī

　　惘然:失意的样子。精神恍惚,好像丢失了什么似的。

【妄下雌黄】 wàngxià-cíhuáng

　　妄:胡乱,随便。雌黄:鸡冠石,一种橙黄色矿物,成分是三硫化二砷(As_2S_3),可作颜料;古时写字用黄纸,写错了用雌黄涂抹后重写。胡乱地点下雌黄。指乱改文字。也指乱加评论。

【妄自菲薄】 wàngzì-fěibó

　　菲薄:轻视。胡乱地看轻自己。指过于自卑。

【妄自尊大】 wàngzì-zūndà

　　胡乱地自高自大。指十分狂妄,自以为了不起,把自己看得过分尊贵高大。

【忘恩负义】 wàng'ēn-fùyì

　　忘记了别人的恩德,辜负了别人的情义。指做了对不起恩人、朋友的事。

【忘乎所以】 wànghūsuǒyǐ

　　所以:事情的根由或适宜的举止。忘记了事情的根由或自己应有的举止。多指得意过分或骄傲自满

而忘掉了一切。也作"忘其所以"。

【忘年之交】wàngniánzhījiāo

忘却了相互之间年龄大小悬殊的朋友。

【望尘莫及】wàngchén-mòjí

及：赶上。远望着前面人马奔走时扬起的尘土而追赶不上。比喻远远落后。

【望穿秋水】wàngchuān-qiūshuǐ

秋水：秋天湖中的水，比喻女子清澈明亮的眼睛。把眼睛都望穿了。多用来指女子对意中人的殷切盼望。

【望而却步】wàng'érquèbù

却：退。远远望见便将自己的脚步往后退。指看见了强大而不能胜过、艰难而无法克服、卓越而高不可攀、可怕而令人讨厌的人或事物后怯弱退缩。

【望而生畏】wàng'érshēngwèi

一看到就产生害怕的心理。

【望风而逃】wàngfēng'értáo

风：风头，气势。一看到对方的气势就逃跑了。形容非常怯弱而害怕对手。

【望风披靡】wàngfēng-pīmǐ

望：向，对着。披靡：散开倒下。草木遇到风而散乱地倒下。比喻军队一看到对方的勇猛来势就四散溃逃。

【望梅止渴】wàngméi-zhǐkě

远望梅树林，想象梅子的酸味而流口水，从而止住口渴。刘义庆《世说新语·假谲》[39-P.455]："魏武（曹操）行役，失汲道，军皆渴。乃令曰：'前有大梅林，饶子，甘酸可以解渴。'士卒闻之，口皆出水。乘此得及前源。"后化为成语，比喻用想象或虚构的东西来安慰自己。

【望门投止】wàngmén-tóuzhǐ

望见人家就去投奔留宿。形容逃难或出奔时的窘况。

【望其项背】wàngqíxiàngbèi

项：脖子的后部。能看到他的脖子后部与背脊。比喻赶得上他或比得上他。多用于否定式。

【望文生义】wàngwén-shēngyì

看文字来附会出它的意义。指不顾文字通假与上下文意而只按照字面牵强地作出解释。也作"望文生训"。生训：作出解释。

【望闻问切】wàng-wén-wèn-qiè

看气色、听声息、问症状、切脉象。为中医术语，合称四诊，是中医诊断疾病的方法。

【望眼欲*穿】wàngyǎn-yùchuān

盼望得眼睛都快要望穿了。形容盼望殷切。

【望洋兴叹】wàngyáng-xīngtàn

望洋：也作"望羊""望阳"，抬起头来看的样子。抬头看着发出感叹。指仰望伟大的事物而感叹自己的渺小。后多指面对某事，因力量不够或缺乏条件而无从下手，于是只得发出无可奈何的感叹。

【望子成龙】wàngzǐ-chénglóng

龙：古代传说中的一种神异动物，比喻非凡的人物。希望儿子成为非凡的人物。

【危机四伏】 wēijī-sìfú

机：事物变化的根源。危险的根源潜伏在四处。指到处都隐藏着危险。

【危如累*卵】 wēirúlěiluǎn

累：堆积。危险得像堆起来的蛋一样。堆起来的蛋容易倒下来打碎，所以用来比喻非常危险。

【危言耸听】 wēiyán-sǒngtīng

危：凶险，使动用法。耸：通"悚"，恐惧，使动用法。把话说得很凶险，使听者感到恐惧。多指说一些歪曲事实、吓唬人的话，使人听后感到震惊。

【危在旦夕】 wēizàidànxī

旦夕：早晨和傍晚，指早晚之间。危险就在早晚之间。指危险在很短的时间内就要发生。

【威逼利诱】 wēibī-lìyòu

既用威势胁迫，又用利益引诱。指软硬兼施。也作"威迫利诱""威胁利诱"。

【威风凛凛】 wēifēng-lǐnlǐn

凛凛：令人敬畏的样子。威严的气派令人敬畏。

【威风扫地】 wēifēng-sǎodì

扫地：扫除地上脏物，比喻完全被清除。威严的气派像扫地一样清除。指威风完全丧失。

【威武不屈】 wēiwǔ-bùqū

威势武力也不能使其屈服。形容坚贞刚强。

【威信扫地】 wēixìn-sǎodì

扫地：扫除地上脏物，比喻完全被清除。威望信誉像扫地一样被清除。指威信完全丧失。

【威震天下】 wēizhèntiānxià

声威震动了天下。形容有极大的威势或名望。

【微不足道】 wēibùzúdào

道：说。微小得不值得一提。形容非常微小。

【微服私访】 wēifú-sīfǎng

微：隐微，隐蔽。旧指君王或高官为隐蔽身份而改穿平民的服装后私密地到民间巡访。也作"微服私行"。

【微乎其微】 wēihūqíwēi

乎：于。在那微小之中的微小。即小而又小。指很小很小或很少很少。

【微言大义】 wēiyán-dàyì

精微的言辞和重要的道理。指精要的言辞中具有深远的含义。

【巍然屹立】 wēirán-yìlì

巍然：高大的样子。屹：高耸的样子。高高地耸立。形容山势或建筑物高耸雄伟。也比喻国家、人或事业像高山一样高高地挺立着而不可动摇。

【韦编三绝】 wéibiān-sānjué

韦：熟皮，经去毛加工而制成的柔皮。编：联结竹简使之成篇的绳子。三：泛指多。联结竹简的熟皮绳断了多次。《史记·孔子世家》[9-P.332]："孔子晚而喜《易》……讀《易》，韋編三絕。"后用作成语，泛指读书勤奋。

【为非作歹】 wéifēi-zuòdǎi
　　非：不对的。做不对的事，干坏事。指干各种各样的坏事。

【为富不仁】 wéifù-bùrén
　　为：从事。致力于发财致富就不会仁爱。后多指只顾自己聚敛财富而不为别人着想。形容人唯利是图，不择手段地榨取别人的钱财。

【为期不远】 wéiqī-bùyuǎn
　　为：作为。期：日期，期限。为期：作为日期，即着眼于时间期限。从时间期限方面来看已经不长了。形容某事在不久的将来就会发生。

【为人师表】 wéirénshībiǎo
　　成为人们学习的榜样和表率。指在品德和学问方面成了当代人效法的榜样。

【为所欲*为】 wéisuǒyùwéi
　　为：做。做自己想要做的事。指想干什么就干什么。原为中性词，不含贬义。现多用作贬义，指任意干坏事。

【违法乱纪】 wéifǎ-luànjì
　　违反法令，不遵守纪律。

【违心之论】 wéixīnzhīlùn
　　违背自己心意的言论。

【围魏救赵】 wéiwèi-jiùzhào
　　围攻魏国来解救赵国。据《史记·孙子吴起列传》[9-P.359]载，公元前353年，赵国因都城邯郸被魏国围攻而向齐国求救，齐军用孙膑之计，乘魏国重兵在外而国内空虚之际引兵围攻魏之都城大梁，结果魏军急忙回救本国而在途中遭齐军截击而大败，赵国因而得救。后化为成语，喻指与此类似的作战策略。

【唯利是图】 wéilìshìtú
　　唯：只。是：结构助词，助成宾语前置。"唯利是图"即"唯图利"。只谋求利益。指只顾追求财利而不顾别的方面。也作"惟利是图"。

【唯命是听】 wéimìngshìtīng
　　即"唯听命"。只听从命令。指绝对服从命令或完全听从指使。也作"唯命是从"。

【唯唯诺诺】 wéiwéinuònuò
　　唯、诺：古代表示同意的应答声，急速应答用"唯"，缓慢应答用"诺"。是是是，好好好。表示完全同意。形容十分谦恭地一味顺从别人。

【唯我独尊】 wéiwǒdúzūn
　　唯：只。只有我一个人尊贵。原为佛家语，形容释迦牟尼一出生便与众不同、无比高贵。释静、释筠《祖堂集》卷一[94-P.275]"释迦牟尼佛"："释初生時，放大光明，照十方界，地涌金蓮，自然捧足，東西南北，各行七步，觀察四方，一手指天，一手指地，作師子（狮子）吼：'天上天下，唯我獨尊。'"后用作成语，形容狂妄自大，目空一切。

W

【帷薄不修】wéibó-bùxiū

帷：围在四周的幔。薄：帘子。幔帐帘子内不整饬。即内室不整饬。只用来喻指家中男女无别，生活淫乱。

【惟妙惟肖】wéimiào-wéixiào

惟：语助词。肖：像。又好又像。指描绘或模仿得非常巧妙、十分逼真。也作"维妙维肖"。

【尾大不掉】wěidà-bùdiào

掉：摇摆。尾巴大得不能摆动。比喻下属势力强大而无法调度。现也比喻机构庞大臃肿而调度不灵。

【委靡不振】wěimǐ-bùzhèn

委：通"萎"，衰颓。靡：倒下。衰颓败落而不振作。原多指事情衰败而得不到整治。后多指情绪低落而精神不振作。也作"萎靡不振"。

【委曲求全】wěiqū-qiúquán

委屈自己来求得保全。也指忍让迁就以求成全某事。

【娓娓动听】wěiwěi-dòngtīng

娓：美。非常美妙，能打动听者。形容言谈生动，能吸引感动人。

【娓娓而谈】wěiwěi'értán

娓娓：通"亹亹"（wěiwěi），勤勉不倦的样子。勤奋不懈地谈论。指不知疲倦地连续谈论。

【为国捐躯】wèiguó-juānqū

捐：献。躯：身体。为国献身。指为了国家的事业牺牲自己的生命。

【为虎傅翼】wèihǔ-fùyì

傅：通"附"，附上。给老虎添上翅膀。比喻给凶残强暴者添加势力或给恶人做帮凶。也作"为虎添翼"。

【为虎作伥】wèihǔ-zuòchāng

伥：伥鬼，传说是被老虎吃掉的人所变成的鬼，这种鬼为老虎役使，专门给老虎带路去吃人。给老虎做伥鬼。比喻给恶人做帮凶。

【为民除害】wèimín-chúhài

替老百姓除去祸害。

【为民请命】wèimín-qǐngmìng

替老百姓祈求保全生命。指代表百姓向当权者陈说民众的困苦，请求减轻负担，以解除民众的痛苦，保全其生命。

【为人捉刀】wèirén-zhuōdāo

捉：握。刀：和"笔"一样，是古代的书写工具。古代记事，最早是用刀刻在龟甲或竹木简上，有笔以后，用笔写在竹木简上，如果写错，就用刀刮削后重写。捉刀：握刀，等于说"握笔"。替别人握刀。指代人写作。

【为人作嫁】wèirén-zuòjià

替别人制作出嫁用的衣服。原指贫家女无钱置办嫁妆，却年年为富家女缝制嫁衣。秦韬玉《贫女》95-P.7719："苦恨年年压金线，为他人作嫁衣裳。"后化为成语，比喻白白地为别人辛苦忙碌。

【为渊驱鱼，为丛驱雀】wèiyuān-qūyú，wéicóng-qūquè

给深水潭赶来鱼，给丛林赶来鸟雀。原比喻统治者施行暴政，使自己的民众投奔到别的国家。《孟子·离娄上》[8-P.2721]："故爲淵敺魚者，獺也；爲叢敺爵者，鸇也；爲湯、武敺民者，桀與紂也。"现也比喻把可以团结的人赶到敌对的一方。

【未卜＊先知】wèibǔ-xiānzhī

还没有占卜就预先知道了。形容有先见之明。

【未可厚非】wèikě-hòufēi

厚：重。非：责难。不宜过分责备。表示虽有一些缺点，但情有可原，或一定的道理与长处，不能全盘否定。也作"无可厚非"。

【未老先衰】wèilǎo-xiānshuāi

年纪还没有老而人已提前衰老了。指身体或精神等过早地衰退。

【未能免俗】wèinéng-miǎnsú

没有能够摆脱一般的习俗。指虽然对一般的习俗不以为然，但限于习惯势力的影响而不得不随俗。

【未雨绸缪】wèiyǔ-chóumóu

绸缪：缠绕。《诗经·豳风·鸱鸮》[10-P.395]："迨天之未陰雨，徹彼桑土，綢繆牖戶。"意谓趁天还没有下雨，就把门窗缠缚好。后化为成语，比喻事先做好准备或防备。

【味同嚼蜡】wèitóngjiáolà

味道如同嚼蜡一般。比喻毫无滋味。多用来形容文章、说话等枯燥乏味。也作"味如嚼蜡"。

【畏敌如虎】wèidí-rúhǔ

害怕敌人就像害怕老虎一样。

【畏首畏尾】wèishǒu-wèiwěi

怕头又怕尾。《左传·文公十七年》[16-P.1860]："古人有言曰：'畏首畏尾，身其餘幾？'"后用作成语，比喻怕这怕那。形容瞻前顾后，胆小怕事，顾虑重重。

【畏缩不前】wèisuō-bùqián

畏惧退缩而不敢向前。

【蔚然成风】wèirán-chéngfēng

蔚然：草木茂盛的样子，引申为兴盛。十分兴盛，成为风气。指某种做法十分盛行，形成了一种良好的风尚。

【蔚为大观】wèiwéidàguān

蔚：草木茂盛，也喻指事物的盛大、丰富。观：值得观赏的景物和景象。事物美好繁多而形成了盛大壮丽的景象。也作"蔚为壮观"。

【温故知新】wēngù-zhīxīn

故：旧。原指温习旧的知识而有新的理解，或指温习学过的知识时有新的发现。《论语·为政》[25-P.2462]："子曰：'温故而知新，可以爲師矣。'"后用作成语，也指重温历史，认识现在。

【温良恭俭让】wēn liáng gōng jiǎn ràng

俭：节制，不放纵。温和、善良、恭敬、节制、谦让。这是儒家所倡导的五种德行。后泛指温和而文雅。

【温情脉脉】wēnqíng-mòmò

脉脉：通"眽眽"，默默地用眼神表达情意的样子。满怀温柔的感情而默默地用眼神来表达情意。形容对人或事物怀有很深厚的情意而很想表露的样子。

【温柔敦厚】 wēnróu-dūnhòu

温和柔顺，诚恳宽厚。这是儒家对《诗经》风格的评价。因指诗文风格温柔宽厚。也指人的品格温柔厚道。

【温文尔雅】 wēnwén-ěryǎ

温文：温和而有礼貌。尔：通"迩"，近。雅：正。温和有礼而近于雅正。指态度温和，举止文雅，行为规矩。

【文不对题】 wénbùduìtí

对：应，合。文章内容和题目不合。也指说话不能针对主题或答非所问。

【文不加点】 wénbùjiādiǎn

加点：涂上一点，表示将文字删去。文字上不涂黑点。指文章不作涂改。形容写作技巧成熟，落笔成文而无须修改。

【文从字顺】 wéncóng-zìshùn

从：服从，引申指服帖、妥帖。顺：顺从，引申指通顺畅达。文字妥帖通顺。指文章的用词造句合乎语言规律，行文通顺畅达。

【文房四宝】 wénfáng-sìbǎo

文人书房中的四种宝物。指笔、墨、砚、纸四种文具。

【文风不动】 wénfēng-bùdòng

文：文静。像静止的风那样一点儿也不动。指保持原样，丝毫没有移动或丝毫没有损坏。也作"纹风不动"。纹：通"文"。

【文过饰非】 wénguò-shìfēi

文（旧读 wèn）、饰：掩饰。掩饰过失错误。指用冠冕堂皇的话来掩盖粉饰自己的缺点错误。

【文理不通】 wénlǐ-bùtōng

文句和义理不通顺。指文章在用词造句方面不合语法，在逻辑事理方面也讲不通。

【文人相轻】 wénrén-xiāngqīng

读书人之间互相轻视。指文人之间谁也看不起谁。

【文如其人】 wénrúqírén

文章如同作者本人。指文章的思想内容、风格等往往与作者的思想修养、人品作风等相似。

【文山会海】 wénshān-huìhǎi

文件堆成的山和会议形成的海。指文件堆得像山一样高，会议多得像海一样没有尽头。形容不必要的不能解决实际问题的文件和会议极多。

【文思泉涌】 wénsī-quányǒng

作文的思绪像泉水一样涌出来。形容文思充沛，源源不绝。

【文韬武略】 wéntāo-wǔlüè

韬：指《六韬》，古代兵书，内容分文韬、武韬、龙韬、虎韬、豹韬、犬韬。略：指《三略》，古代兵书。韬略：指用兵的谋略。文的和武的谋略。指用兵方面不动武的政治计谋与动武的军事策略。

【文恬武嬉】 wéntián-wǔxī

恬：心神安然，满不在乎。嬉：玩乐。文官安然，武将玩乐。指文武百官只知安乐嬉戏,不关心军政大事。

【文无定法】wénwúdìngfǎ

写文章没有固定不变的模式。

【文武双全】wénwǔ-shuāngquán

文才和武艺两方面都具备。指能文能武。

【文武之道】wénwǔzhīdào

周文王、周武王的治国方法。《礼记·杂记下》[13-P. 1567]:"张而不弛,文、武弗能也;弛而不张,文、武弗爲也;一张一弛,文、武之道也。"后用作成语,指有宽有严、宽严相济的方法。喻指工作、生活的安排有紧有松,劳逸结合。

【文以载道】wényǐzàidào

文章是用来承载思想学说的。

【文质彬彬】wénzhì-bīnbīn

彬彬:参杂搭配得非常适当的样子。文采和质朴搭配得当。指既文雅又朴实。即虽然文雅但并未失去应有的实质而流于虚伪做作,虽然朴实但并未失去应有的文采而流于鄙陋粗野。《论语·雍也》[25-P. 2479]:"子曰:'質勝文則野,文勝質則史。文質彬彬,然後君子。'"后多用来形容人文雅规矩而有礼貌。

【文治武功】wénzhì-wǔgōng

文德教化方面的政治措施和武力军事方面的功勋业绩。

【纹丝不动】wénsī-bùdòng

纹丝:丝毫。一点儿也不动。指保持原样,丝毫没有移动。

【闻风而动】wénfēng'érdòng

风:风声,指消息。一听到消息就立即行动。也作"闻风而起"。

【闻风而逃】wénfēng'értáo

一听到风声就逃跑。

【闻风而至】wénfēng'érzhì

一听到消息就来到。

【闻风丧胆】wénfēng-sàngdǎn

风:风声,消息。一听到风声就失去了胆量。形容对某人或某事物极端害怕。

【闻过则喜】wénguòzéxǐ

过:过失。听到别人指出自己的过错就高兴。形容乐于接受别人的批评意见。

【闻鸡起舞】wénjī-qǐwǔ

听到鸡叫就起床舞剑。这原是祖逖立志为国效劳而刻苦练武的故事(见《晋书·祖逖传》[24-P. 1694])。后化为成语,比喻有志之士抓紧时机奋起行动。

【闻名不如见面】wénmíng bù rú jiànmiàn

只听到名声不及见上一面。指与该人相见远比听别人介绍要好,见了面才能了解得更为真切深刻。形容见面对了解人物的重要性。有时也用作与人见面时表示仰慕的话。

【闻所未闻】wénsuǒwèiwén

听到了从来没有听到过的东西。形容听到的事新鲜稀罕。

【闻一知十】wényī-zhīshí

听到了一点就能知道很多。形容极其聪明,善于类推。

【刎颈之交】wěnjǐngzhījiāo

　　刎颈：割脖子，指用刀、剑等自杀。可以为对方自杀的朋友。指生死与共的朋友。

【稳操胜券】wěncāo-shèngquàn

　　操：拿。券：契约。稳稳地拿着可以取胜的券契。比喻稳稳地把握住了获胜的条件。表示对获取胜利有绝对的把握。

【稳操左券】wěncāo-zuǒquàn

　　操：拿。券：契约，是古代的一种凭证。古代在竹简或木版上刻上契约文字，刻好后剖为左右两半，左半为左券（为债务人所执），右半为右券（为债权人所执）。验证时将两半相合，如果契合，即为真实凭证，据以履行协议。稳稳地拿着左券。指债权人拿右券去核对债务人的左券，完全契合后手执可以讨还债务的真实凭证"左券"。比喻掌握了主动权，对事情的成功有充分的把握。后演变为"稳操胜券"。

【稳如泰山】wěnrútàishān

　　安稳得像泰山一样。形容非常稳固，不可动摇。

【稳扎*稳打】wěnzhā-wěndǎ

　　扎：驻扎。稳妥地安营驻扎，稳妥地打仗进攻。现也用来比喻稳妥而有把握地进行工作。

【稳坐钓鱼船】wěn zuò diàoyúchuán

　　稳稳地坐在钓鱼的船上。指在风浪之中沉着镇静，毫不惊慌。比喻在社会的动荡之中沉着应付，镇静自若。也比喻对现实斗争漠不关心。也作"任凭风浪起，稳坐钓鱼船"。

【问长问短】wèncháng-wènduǎn

　　长短：比喻好坏。询问什么地方好，又询问什么地方不好。指细致周到地询问各方面的情况。形容对人十分关心。

【问道于盲】wèndàoyúmáng

　　盲：盲人。向盲人问路。比喻向无知的人求教。

【问寒问暖】wènhán-wènnuǎn

　　询问是否寒冷，又询问是否暖和。形容对别人的生活很关心。

【问心无愧】wènxīn-wúkuì

　　问问自己的内心，没有惭愧的地方。指没有做什么对不起人的事情而心安理得。

【问心有愧】wènxīn-yǒukuì

　　扪心自问而感到惭愧。指有对不起他人的地方而于心不安。

【瓮中之鳖】wèngzhōngzhībiē

　　瓮：一种口较小、腹较大的坛子。坛子里的甲鱼。比喻已在掌握之中、无法逃脱的人或动物。

【瓮中捉鳖】wèngzhōng-zhuōbiē

　　在坛子里抓甲鱼。比喻捕捉已在掌握之中而无法逃脱的人或动物。形容捕捉起来既容易又有把握。

【蜗角虚名】wōjiǎo-xūmíng

　　像蜗牛角那么细微的虚名。指微不足道的毫无实际用处的名声。常与"蝇头微利"连用。

【蜗行牛步】wōxíng-niúbù

　　像蜗牛一样爬行,像老牛一样走路。比喻行动或进展非常缓慢。

【我行我素】wǒxíng-wǒsù

　　行:做。素:平素,向来。我还是照我本来的一套去做。指不管别人怎么说而自行其是。

【沃野千里*】wòyě-qiānlǐ

　　肥沃的田野上千里。形容肥沃的土地十分宽广。

【卧不安席】wòbù'ānxí

　　见"寝不安席"。

【卧薪尝胆】wòxīn-chángdǎn

　　薪:柴草。睡在柴草上,经常尝尝苦胆。相传春秋时越王勾践被吴国打败后,"身不安枕席"(《吕氏春秋·顺民》[60-P.479]),"坐卧即仰胆,饮食亦尝胆"(《史记·越王勾践世家》[9-P.298]),以此来督责自己不忘报仇雪耻。后化为成语,比喻不图安乐而刻苦自励,不忘过去的苦难而发愤图强以求报仇雪耻。

【握发*吐哺】wòfà-tǔbǔ

　　哺:口中咀嚼的食物。手握没有洗完的头发,吐出正在咀嚼的食物。西周初年,周公旦唯恐失去贤才,所以一有人来访,洗头时就顾不得把头发洗完,吃饭时也顾不得把口中咀嚼的食物咽下去,而是"一沐三握髪,一飯三吐哺,起以待士"(《史记·鲁周公世家》[9-P.259])。后化为成语,表示殷勤接待贤才。

【握手言欢】wòshǒu-yánhuān

　　握着手说说笑笑,十分高兴。形容彼此相见时十分亲热友好。后多用来指双方关系一度不好后又重新和好。

【乌飞兔走】wūfēi-tùzǒu

　　乌:金乌,指太阳,古代传说太阳中有三足乌,故称太阳为金乌。兔:玉兔,指月亮,古代传说月亮中有白兔,故称月亮为玉兔。走:跑。太阳飞逝,月亮奔跑。指时光迅速流逝。也作"兔走乌飞"。

【乌合之众】wūhézhīzhòng

　　像乌鸦那样暂时聚集在一起的一群人。比喻临时凑合、毫无组织纪律、战斗力不强的一群人。

【乌七八糟】wūqībāzāo

　　乌:通"污",肮脏,不整洁。七八:表示多而杂乱。糟:糟糕。肮脏而乱七八糟。指非常混乱而不整洁。也指卑鄙肮脏而不正派。也作"污七八糟"。

【乌天黑地】wūtiān-hēidì

　　乌黑的天地。指天色极暗。

【乌烟瘴气】wūyān-zhàngqì

　　乌:黑。瘴气:热带山林中的一种湿热空气,过去人们认为吸入这种空气后会中毒生病。黑烟滚滚,瘴气弥漫。比喻乌七八糟、嘈杂混乱或黑暗腐败。

【污泥浊水】wūní-zhuóshuǐ

　　污秽的泥巴,浑浊的水。比喻一切落后、腐朽的东西。原也作"浊水污泥",比喻地位低下的人。

【污言秽语】wūyán-huìyǔ

　　肮脏下流的语言。

【巫山云*雨】wūshān-yúnyǔ

　　巫山:在今重庆市巫山县东。巫山的云和雨。原喻指巫山女神与楚王幽会的云雨之情。宋玉《高唐赋·序》[96-P.265]:"昔者先王尝遊高唐,怠而昼寝,梦见一妇人,曰:'妾,巫山之女也,爲高唐之客,闻君遊高唐,愿薦枕席。'王因幸之。去而辞曰:'妾在巫山之阳,高丘之阻,旦爲朝雲,暮爲行雨,朝朝暮暮,陽臺之下。'"后化为成语,喻指男女幽会交欢。

【呜呼哀哉】wūhū-āizāi

　　呜呼:叹词,相当于"唉"。哉:感叹语气词,相当于"啊"。哎呀,悲哀啊。原表示哀叹。后常用于祭文中表示对死者的哀悼。因而后又用来借指死或完蛋了(含诙谐意)。也作"於(wū)乎哀哉"。

【无本之木】wúběnzhīmù

　　没有根的树。比喻没有基础的事物。

【无边风月】wúbiān-fēngyuè

　　无边无际的清风明月。形容景色无限美好。也作"风月无边"。

【无边无际】wúbiān-wújì

　　际:交界,边缘。没有边际。形容极其辽阔。

【无病呻吟】wúbìng-shēnyín

　　呻吟:因病痛而发出哼哼声。没有病却发出痛苦的哼哼声。比喻没有忧患而装腔作势地长吁短叹。

后多喻指作者写作时没有真情实感或切实可写的内容而矫揉造作,故作感慨之辞。

【无补于事】wúbǔyúshì

　　补:补益。对事情毫无裨益。

【无耻之尤】wúchǐzhīyóu

　　尤:突出的。无耻之中最突出的。指不知羞耻到了极点。

【无出其右】wúchūqíyòu

　　出:出现。右:右边,古代把右边作为尊位。没有能排在他右边的。即没有能处在他上面的。指没有能超过他(它)的。形容人的才智学识或相貌等出众而无人比得上。也形容事物无与伦比。也作"无出其上"。

【无从下手】wúcóngxiàshǒu

　　无法从什么地方入手。指没有办法动手做某件事。形容问题复杂、头绪纷繁或防范严密。

【无敌于天下】wúdí yú tiānxià

　　敌:匹敌,指敌手。在天下没有相匹敌的对手。形容强大无比,战无不胜。

【无地自容】wúdì-zìróng

　　没有地方可以容纳自己。指如果有地方容纳自己,必将躲藏起来。形容极其羞愧或窘迫。

【无的放矢】wúdì-fàngshǐ

　　的:箭靶,靶心。矢:箭。没有靶子乱射箭。比喻说话做事没有明确的目的,不切实际,没有针对性。

【无动于衷】wúdòngyúzhōng

　　衷:内心。在心中毫无触动。指

漠然置之,毫不在意。也作"无动于中"。

【无毒不丈夫】wú dú bù zhàngfū

没有狠毒的心肠和手段就不是大丈夫。

【无独有偶】wúdú-yǒu'ǒu

独:单独一个。偶:一双,成对。并非只有一个,而有一双。指某种人或某种事物虽然罕见,但并非绝无仅有,还有可以与之配成一对的。表示两人或两事物非常相似。

【无恶不作】wú'è-bùzuò

没有什么坏事不做。指干尽坏事。

【无法无天】wúfǎ-wútiān

法:法纪。天:上天,指主宰万物的神。无视法纪,无视上天。指不顾国法的制裁和上天的惩罚。形容肆无忌惮地胡作非为。

【无风不起浪】wú fēng bù qǐ làng

没有风就不会产生波浪。比喻事情的发生、发展不会没有原因。

【无风起浪】wúfēng-qǐlàng

没有风却翻起了浪头。比喻无事生非或平白无故地出了事。也作"无风生浪"。

【无功受禄】wúgōng-shòulù

禄:官吏的薪俸。没有功劳而享受俸禄。比喻没有作什么贡献而得到利益。

【无关大局*】wúguān-dàjú

和整个局势没有关系。指对整个局势没有影响。形容无足轻重,不重要。

【无关大体】wúguān-dàtǐ

大体:主体。和事物的主体没有关系。指对事物的主体没有影响。形容无关紧要。

【无关宏旨】wúguān-hóngzhǐ

宏:大。宏旨:大旨,主要的意思。和主要的意思没有关系。指不影响主旨,不涉及关键。形容意义不大,无关紧要。

【无关紧要】wúguān-jǐnyào

和紧急重要没有关系。指不要紧,不会影响大局。

【无关痛痒】wúguān-tòngyǎng

和某人的疼痛瘙痒没有关系。比喻和某人的切身利益不相干。也喻指无关紧要,未触及其要害。

【无官一身轻】wú guān yī shēn qīng

没有官职,满身都轻松。多用作不做官者或官吏卸任后的自慰语。

【无机可乘】wújī-kěchéng

乘:趁,利用。没有机会可以利用。指没有空子可钻。

【无稽之谈】wújīzhītán

稽:考核。无法查考的话。即没有根据的话。形容言语虚妄。

【无计可施】wújì-kěshī

没有什么计策可以施展。指拿不出什么可行的办法。

【无济于事】wújìyúshì

济:补益,帮助。对事情没有什么补益。指解决不了问题,不顶用。

【无家可归】wújiā-kěguī

　　没有家可回。指流离失所。

【无价之宝】wújiàzhībǎo

　　无法用价格来衡量的宝物。指极其珍贵的东西。

【无坚不摧】wújiān-bùcuī

　　没有什么坚固的东西不能摧毁。形容力量非常强大。

【无精打采*】wújīng-dǎcǎi

　　见"没精打采"。

【无咎无誉】wújiù-wúyù

　　咎：责怪。没有责怪，也没有赞誉。原指言语谨慎，对人既不责备，也不赞扬。后也指平平常常，既无过错可指责，也无功德可赞扬。

【无拘无束】wújū-wúshù

　　没有限制，没有约束。形容自由自在。

【无可比拟】wúkěbǐnǐ

　　比拟：比较，和……一样。没有什么可与之相比。指没有什么及得上它(他)。形容独特超群。

【无可非议】wúkěfēiyì

　　没有什么可以责备议论的。表示合情合理，非常正确。

【无可奉告】wúkěfènggào

　　没有什么可以敬告的。多用于外交场合。

【无可厚非】wúkěhòufēi

　　见"未可厚非"。

【无可讳言】wúkěhuìyán

　　讳言：因有所顾忌而不说。没有什么可以忌讳不说的。指事实已明摆着而无法回避，没有什么不可以直说的。

【无可奈何】wúkěnàihé

　　奈何：如何，对……怎么样。不能对它怎么样。指毫无办法。

【无可无不可】wú kě wú bù kě

　　没有什么可以的，也没有什么不可以的。即怎么样都可以。也指能适应各种情况或毫无主见。

【无可争辩】wúkězhēngbiàn

　　没有什么可以争议辩论的。形容道理很明白或事实很清楚，确凿无疑。也作"无可置辩"。置辩：加以辩解。

【无可置疑】wúkězhìyí

　　没有什么可以加以怀疑的。指确凿可靠，不容怀疑。

【无孔不入】wúkǒng-bùrù

　　没有什么小窟窿不进去的。比喻抓住一切机会，有空子就钻。多用作贬义。

【无理取闹】wúlǐ-qǔnào

　　毫无道理而只采取吵闹的办法。原指蛤蟆毫无道理地争相乱叫。后多指人毫无理由地跟人吵闹，故意捣乱。

【无立锥之地】wú lì zhuī zhī dì

　　没有树立锥子的地方。即连放置锥尖的一丁点地方也没有。指没有一点儿属于自己的土地。常用来形容一无所有。

【无论如何】wúlùn-rúhé

不管怎么样。

【无米之炊】 wúmǐzhīchuī

炊:烧火做饭。在没有米的条件下做饭。比喻缺乏必要条件而无法办成的事。参见"巧妇难为无米之炊"。

【无名小卒】 wúmíng-xiǎozú

卒:士兵。没有名气的小兵。比喻没有名气、微不足道的人。

【无名英雄】 wúmíng-yīngxióng

没有把姓名告诉给别人的英雄人物。也指勤勤恳恳埋头工作的人。

【无能为力】 wúnéng-wéilì

没有能力施展力量。指没有能力完成某事或解决某个问题。也指没有能力帮忙或使不上劲。

【无偏无党】* wúpiān-wúdǎng

没有偏向,没有袒护。指公正无私,不偏袒。

【无奇不有】 wúqí-bùyǒu

没有什么奇怪的事物没有。指各种奇怪的事情或现象都有。

【无牵无挂】 wúqiān-wúguà

没有牵累,没有挂念。形容极其自由洒脱。

【无巧不成书】 wú qiǎo bù chéng shū

书:指平话,古代一种流传于民间的口头文学形式。没有巧合就编不成平话。比喻没有巧合就没有下面所说的这件事了。也喻指十分凑巧。

【无亲无故】 wúqīn-wúgù

没有亲人,没有老朋友。形容非常孤独。

【无情无义】 wúqíng-wúyì

没有一点情义。指冷酷无情,不讲道义。

【无穷无尽】 wúqióng-wújìn

没有完结,没有尽头。即没完没了,无限。

【无拳无勇】 wúquán-wúyǒng

拳:拳头,喻指膂力,气力。没有力气,也没有勇气。

【无人问津】 wúrén-wènjīn

津:渡口。没有人来询问渡口。比喻没有人来打听情况。多喻指没有人来探问门径以便尝试或询问价格以便购买。形容事物被人冷落。

【无人之境】 wúrénzhījìng

没有人的地方。

【无伤大体】 wúshāng-dàtǐ

伤:妨害。大体:主体,指事物的主要方面。不妨害事物的主体。指对事物的主要方面没有影响。

【无伤大雅】 wúshāng-dàyǎ

雅:正。大雅:《诗经》的一部分,是周王朝的正声雅乐,后喻指正派高雅。不妨害其正派高雅。指对事物主体的正当性没有什么妨害。表示虽有某种缺点,但其主体、本质仍属雅正,并没有违背道德或法度。

【无声无息】 wúshēng-wúxī

没有声音,没有气息。形容毫无动静。也比喻人或事物没有名声,对外界没有什么影响。

【无声无臭】 wúshēng-wúxiù

臭：气味。没有声音，没有气味。指悄悄地、暗暗地。后也比喻人或事物默默无闻，对外界没有什么影响。

【无师自通】 wúshī-zìtōng

没有老师的传授指导而自己学会并精通了某种学问、业务或技能。

【无时无刻】 wúshí-wúkè

没有哪一个时刻。常用在"不"字前，"无时无刻不……"表示"时时刻刻都……""总是这样而不间断地……"。

【无事不登三宝殿】 wú shì bù dēng sānbǎodiàn

三宝：三种宝贵的事物，佛教指佛（大知大觉的人）、法（佛所说的教义）、僧（继承或宣扬教义的人）。三宝殿：指佛殿。没有事情不会登上佛殿求佛。比喻没有事情不会登门求见。指找上门必有事相求。

【无事生非】 wúshì-shēngfēi

生：使……产生。非：不对，指不合理的事情。没有事情而制造出问题来。指故意找麻烦，平白无故地制造纠纷。

【无所不包】 wúsuǒbùbāo

没有什么不被包括的。形容包含的东西丰富而齐全。

【无所不可】 wúsuǒbùkě

没有什么不可以的。指什么都行，全都行得通。

【无所不能】 wúsuǒbùnéng

没有什么不会做的。形容能力极强。

【无所不通】 wúsuǒbùtōng

通：通达，通晓。原指没有什么地方不能到达。后多指没有什么不通晓，形容知识渊博。

【无所不为】 wúsuǒbùwéi

没有什么事不做。指什么事都做或都能做得出。多指无恶不作。

【无所不用其极】 wú suǒ bù yòng qí jí

没有什么地方不使出他最大的心力。即处处用尽心力。后多指没有什么极端的手段不使出来，没有什么坏事不做。

【无所不有】 wúsuǒbùyǒu

没有什么没有。即什么都有。

【无所不在】 wúsuǒbùzài

没有什么地方不存在。即到处都有。

【无所不知】 wúsuǒbùzhī

没有什么不知道。

【无所不至】 wúsuǒbùzhì

没有什么地方不到。形容人或物所到的地方极多、范围极广。也指没有什么事情不做，什么坏事都做。又指没有什么不谈到，涉及的范围极广。也指没有什么没做到，应该做的都做到了，极其周全。

【无所顾忌】 wúsuǒgùjì

忌：畏惧。没有什么顾虑畏惧。

【无所事事】 wúsuǒshìshì

事事：前一"事"字为动词，做；后

一"事"字为名词,事情。没有所做的事。即没什么事可做。也指什么事也不做。

【无所适从】 wúsuǒshìcóng

适:归往,迎合。从:跟从。没有什么可以归顺依从的。指不知道顺从谁好;不知道依从哪一种办法或哪一种主张才好。

【无所畏惧】 wúsuǒwèijù

没有什么害怕的。即什么都不怕。形容胆大、勇敢。

【无所用心】 wúsuǒyòngxīn

没有在哪里用过心思。指不肯动脑筋,对任何事物都漠不关心,不想做正经事。也指无法在正经事上花心思。

【无所作为】 wúsuǒzuòwéi

没有什么作为。原指无为,即因其自然而不作故意的人为努力去强行干预。后多指没有努力工作,没有作出成绩。

【无往不利】 wúwǎng-búlì

没有到什么地方而不顺利的。指处处顺利,事事顺心。

【无往不胜】 wúwǎng-búshèng

没有到什么地方而不取得胜利的。指到处都能获胜或获得成功。也作"无往而不胜"。

【无妄之灾】 wúwàngzhīzāi

无妄:意想不到。意想不到的灾祸。指平白无故而遭受的灾难。

【无微不至】 wúwēi-búzhì

至:到。没有哪一个细微的地方不照顾到。形容关怀、照顾得非常细致周到。

【无为而治】 wúwéi'érzhì

无所作为而使天下太平。指不作故意的人为努力去强行干预民众的事,从而使社会安定太平。古代各个学派使用"无为"时含义有所不同,道家指因循自然而不用仁义道德与刑法礼制等去教育整治民众,儒家指以仁德礼义去感化规范民众的言行而不致力于用政刑去强行管制民众,法家指一切依法行事而不用人的私智去干扰法制的实行。

【无隙可乘】 wúxì-kěchéng

隙:缝隙,漏洞,空子。乘:凭借,利用。没有什么漏洞可以利用。指严谨周密,没有空子可钻。

【无懈可击】 wúxiè-kějī

没有松懈之处可以攻击。指没有什么漏洞可以被人攻击或挑剔。形容严密而无破绽。

【无休无止】 wúxiū-wúzhǐ

没有完结,没有停止。即没完没了。

【无言以对】 wúyányǐduì

没有话用来回答。也作"无言可对""无言可答"。

【无依无靠】 wúyī-wúkào

毫无依靠。表示孤苦伶仃,无人照顾。

【无以复*加】 wúyǐfùjiā

没有什么可以拿来再添加上去的。表示已经达到了极点。

【无翼而飞】wúyì'érfēi

见"不翼而飞"。

【无影无踪】wúyǐng-wúzōng

没有影子,没有踪迹。形容完全消失,不知去向。

【无庸讳言】wúyōng-huìyán

无:通"毋",不。无庸:不用。讳言:因有所顾忌而不说。用不着因忌讳而不说。指事实已明摆着,没有必要再隐讳而不妨直说。也作"毋庸讳言"。

【无庸赘述】wúyōng-zhuìshù

无庸:不用。赘:累赘,多余。用不着再多余地述说。也作"毋庸赘述"。

【无忧无虑】wúyōu-wúlù

没有忧愁,没有顾虑。指毫无心事。

【无与伦比】wúyǔlúnbǐ

伦:类。没有什么能与之类比的。形容卓越超群或不同寻常。多用作褒义。

【无缘无故】wúyuán-wúgù

没有什么缘故。即毫无原因,平白无故。

【无源之水,无本之木】wúyuánzhī-shuǐ, wúběnzhīmù

没有源头的河,没有根的树。比喻没有基础的事物。

【无中生有】wúzhōngshēngyǒu

没有之中产生出有。这原是道家的一种宇宙观,指具有一定性质的不可感知之物产生于没有固定性质的不可感知之物。后多用来指毫无事实根据而凭空捏造。

【无足轻重】wúzú-qīngzhòng

不足以决定轻与重。即没有它也不显得轻,有了它也不显得重。指毫无分量,起不了什么作用。比喻无关紧要。

【毋庸讳言】wúyōng-huìyán

见"无庸讳言"。

【毋庸置疑】wúyōng-zhìyí

置:放置。不用加入什么疑问。指确凿可靠,用不着怀疑。

【吴牛喘月】wúniú-chuǎnyuè

江南吴地的水牛很怕热,看见月亮便以为是太阳而喘气。比喻因疑心而害怕。也借指天气酷热。

【五彩*缤纷】wǔcǎi-bīnfēn

五彩:指青、黄、赤、白、黑五种颜色,又泛指各种色彩。缤纷:繁多而错杂的样子。各种色彩纷繁错杂。形容很多色彩错杂在一起,十分艳丽。

【五毒俱全】wǔdú-jùquán

蝎、蛇、蜈蚣、壁虎、蟾蜍等五种有毒的动物都齐备了。解放初比喻不法资本家的行贿、偷税漏税、盗骗国家财产、偷工减料、盗窃经济情报等五种违法行为集于一身。后多指违法乱纪,偷、抢、嫖、赌、涉毒等各种坏事都做。

【五方杂处】wǔfāng-záchǔ

五方:东、南、西、北、中五个方

面,泛指各方。处:居住。各个地方来的人错杂地居住在一个区域。形容某一区域的居民复杂,什么地方来的人都有。

【五谷*不分】 wǔgǔ-bùfēn

指缺乏农业常识。见"四体不勤,五谷不分"。

【五谷*丰登】 wǔgǔ-fēngdēng

五谷:指黍、稷(穄子)、菽(豆子)、麦、稻,泛指各种粮食作物。登:成熟,丰收。各种粮食作物都丰产丰收。形容年成好。

【五光十色】 wǔguāng-shísè

五、十:泛指多。多种光线,多样色彩。指多种多样的颜色光彩。形容颜色鲜艳繁多,光彩夺目。

【五湖四海】 wǔhú-sìhǎi

五湖:五个湖泊,具体所指历代所说不一。四海:古人认为中国四周有海环绕,所以用"四海"指中国四周的海域。中国国内的五个湖泊与四周的海域。指全国各地。有时也指世界各地。

【五花八门】 wǔhuā-bāmén

五花:指用五种彩色军旗布排的五行阵,该阵式中各路军旗按照方位的不同而用不同的颜色以对应五行(东方用青色对应木,南方用红色对应火,西方用白色对应金,北方用黑色对应水,中央用黄色对应土)。八门:即八门阵,又称八卦阵,是一种按八卦图形布置的阵式。五行阵与八卦阵。它们是古代战术中变化繁多

的两种阵法。比喻花样繁多,变化多端。

【五花大绑】 wǔhuā-dàbǎng

大:表示规模大、程度深。像绑扎五瓣花朵似地紧紧绑住。即用一根绳子套住脖子,在前胸交叉后绕到背后反剪其双臂,再回套住脖子前部后在背后打结绑住。它是使人无法挣脱的一种捆绑方法,多用于重刑犯。

【五劳七伤】 wǔláo-qīshāng

五劳:心、肺、脾、肝、肾等五脏的劳损。七伤:指忧虑伤心,寒冷伤肺,过饱伤脾,大怒气逆伤肝,举重久坐伤肾,风雨寒暑伤形,恐惧不节伤志。五脏劳损和七种损伤。泛指身体上的各种劳损和疾病。

【五雷轰顶】 wǔléi-hōngdǐng

五雷:传说雷神为兄弟五人,故称雷为五雷。众雷轰击头顶。比喻猛烈而致命地打击。

【五马分尸*】 wǔmǎ-fēnshī

用五匹马分裂尸首。即把人的头和四肢分别拴在五个方向的五辆马车后,然后驱马把人体撕裂,为古代酷刑之一,又称车裂。后也指处以极刑。现多比喻把完整的东西分割得非常零碎。

【五内如焚】 wǔnèi-rúfén

五内:指心、肺、脾、肝、肾等五脏。五脏像火烧一样。形容非常焦急。

【五色无主】 wǔsè-wúzhǔ

五:泛指多。五色:指脸上的各种神色。脸上的各种神色没有了主宰。指极其惊恐而神色不定。

【五十步笑百步】wǔshí bù xiào bǎi bù

作战时逃跑了五十步的人讥笑逃跑了一百步的人。《孟子·梁惠王上》[8-P.2666]:"孟子對曰:'王好戰,請以戰喻。填然鼓之,兵刃既接,棄甲曳兵而走。或百步而後止,或五十步而後止。以五十步笑百步,則何如?'曰:'不可。直不百步耳,是亦走也。'"后用作成语,比喻错误程度轻一些的人去讥笑错误程度严重一些的人。形容人无自知之明,不知道自己与被讥笑者之间实质上并无多大差异。

【五体投地】wǔtǐ-tóudì

体:身体的一部分。两手前臂、双膝和头等身体的五个部分一起着地。这原是佛教中最恭敬的行礼仪式。后用来比喻心悦诚服,甘拜下风。多用来形容极度钦佩、崇拜,含有讽刺或诙谐的意味。

【五颜六色】wǔyán-liùsè

五、六:泛指多。多种多样的颜色。形容色彩纷繁。又引申指各色各样。

【五脏六腑】wǔzàng-liùfǔ

五脏:指心、肺、脾、肝、肾。六腑:指胃、胆、大肠、小肠、三焦(食道、胃、肠等消化通道)、膀胱。五种内脏和六种器官。后也泛指人体内部的各种器官,包括思想的器官。也比喻团体组织的内部机构。

【五洲四海】wǔzhōu-sìhǎi

五大洲与四大洋。指亚洲、美洲、欧洲、非洲、大洋洲与太平洋、大西洋、印度洋、北冰洋。泛指世界各地。

【舞文弄法】wǔwén-nòngfǎ

舞:耍,玩弄。文:法令条文。法:法律。玩弄法律条文。指法官任意歪曲法律条文来营私作弊。

【舞文弄墨】wǔwén-nòngmò

舞:耍,玩弄。文、墨:指文书。玩弄文书。原指玩弄法令文书,歪曲地引用法令条文来作弊。后多指玩弄文字技巧来写文章。

【勿谓言之不预】wù wèi yán zhī bù yù

言之不预:"不预言"之倒装。不要说没有预先讲过。表示已有言在先,以后不能再责怪我事先没打招呼。

【物阜民安】wùfù-mín'ān

阜:多。物产丰富,人民安康。也作"物阜民康"。

【物归原主】wùguīyuánzhǔ

物品归还给原来的主人。

【物华天宝】wùhuá-tiānbǎo

物中的精华,上天的宝物。指极其珍贵的东西。

【物换星移】wùhuàn-xīngyí

景物改变了,星辰的位置移动了。指时令变迁。

【物极必反】wùjí-bìfǎn

事物发展到了顶点,必定会向反面转化。

【物尽其用】wùjìnqíyòng

各种东西都能充分发挥它的作用。形容能充分利用各种东西。

【物竞天择】wùjìng-tiānzé

万物相互竞争而由自然界来选择。指能适应自然条件或社会环境的东西才能在竞争中存留下来。此原为达尔文进化论的重要观点,后也用来指人类社会优胜劣汰的规律。

【物美价廉】wùměi-jiàlián

见"价廉物美"。

【物伤其类】wùshāngqílèi

动物或人为自己同类的不幸遭遇而感到悲伤。

【物是人非】wùshì-rénfēi

是:这。景物或东西还是这样,而人已不是这样了。指过去熟悉的东西依然如故,而熟悉的人已非同往昔。多用来表示时过境迁之后对故人的怀念。

【物以类聚】wùyǐlèijù

各种事物都按各自的种类聚集在一起。常比喻坏人臭味相投,互相勾结在一起。

【物以稀为贵】wù yǐ xī wéi guì

事物因稀少而变得珍贵。

【误人子弟】wùrénzǐdì

贻误人家的子弟。指施教者不称职或不负责任而耽误了年轻学子。也指用低劣的作品、错误的知识、不端的行为等引导年轻后辈而使其误入歧途。

【误入歧途】wùrùqítú

歧:分岔。歧途:岔路,大路上分出来的小路,比喻不同于正道的歪门邪道。因失误而进入了歪路。指由于受到某种迷惑而无意中走上了错误的道路。

【恶湿居下】wùshī-jūxià

厌恶潮湿,却又住在低洼处。比喻行动与愿望相违背。

【雾里*看花】wùlǐ-kànhuā

在大雾中看花。原形容年老眼花而看东西模糊不清。后也形容事物隐约难辨,使人看不真切。

X

【西风残照】xīfēng-cánzhào

残：残余。照：日光。秋天的西风，落日的余晖。形容衰败凄凉的景象。也比喻事物的衰败没落。

【息交绝游*】xījiāo-juéyóu

息：停止。绝：断绝。游：交往。停止交际，不再与人往来。指隐居起来而与世隔绝。

【息事宁人】xīshì-níngrén

使事态平息，使人民安宁。原指官吏不制造事端，使人民安定。后多指进行调解来平息人事纠纷，使人们和睦相处。也指对人作出让步来减少麻烦，使彼此相安无事。

【息息相关】xīxī-xiāngguān

息：气息，呼吸时进出的气。呼吸时的每一口气都互相关联。比喻关系极为密切。也作"息息相通"。

【息影家园】xīyǐng-jiāyuán

息：歇息。影：影子，指人影。使自己歇息在家中。指退职闲住在家，不参加任何社会活动。

【悉听尊便】xītīng-zūnbiàn

听：听凭，依从，随。完全根据您的方便。即您觉得怎样方便就怎样做。也作"悉由尊便"。

【惜老怜贫】xīlǎo-liánpín

爱护老年人，同情贫穷的人。形容心肠善良，富有同情心。

【惜墨如金】xīmò-rújīn

惜：爱惜，吝惜。爱惜墨汁就像爱惜黄金一样。原指作画时不轻易使用浓墨。后用来指写作时态度严谨，不轻意落笔，力求精练。

【惜玉怜香】xīyù-liánxiāng

惜：疼爱。怜：怜悯，同情。玉、香：比喻美女。疼爱同情像美玉香花般的女子。指对娇美的女子温情爱护，眷顾体贴。也作"怜香惜玉"。

【惜指失掌】xīzhǐ-shīzhǎng

因吝惜一只手指而失掉了一只手掌。比喻因小失大。

【稀奇古怪】xīqí-gǔguài

古怪：古代的怪异，即现在根本见不到的怪异，指极其奇怪，使当代人十分诧异。稀少新奇，令人诧异。指极为罕见而奇怪。

【稀世之珍】xīshìzhīzhēn

世上少有的珍宝。也作"希世之珍""稀世之宝""希世之宝"。希：同

"稀"。

【熙来攘往】xīlái-rǎngwǎng

　　熙："熙熙"的略语,形容和乐的样子。攘："攘攘"的略语,形容拥挤而纷乱的样子。兴冲冲地来,乱纷纷地去。形容人来人往,热闹非凡。

【熙熙攘攘】xīxīrǎngrǎng

　　熙熙:和乐的样子。攘攘:拥挤而纷乱的样子。兴冲冲地、乱纷纷地。指人头攒动,纷乱拥挤。也用作"熙熙而来,攘攘而往"的略语,表示兴冲冲地来,乱纷纷地去。形容人来人往,非常热闹。

【膝下犹虚】xīxià-yóuxū

　　膝盖下还空着。指还没有儿女。

【膝痒搔背】xīyǎng-sāobèi

　　膝盖发痒却去搔脊背。比喻说话、做事不得当,抓不住要害。

【嬉皮笑脸】xīpí-xiàoliǎn

　　嬉笑着脸皮。形容嬉笑顽皮或不严肃、不庄重的样子。也作"嘻皮笑脸"。

【嬉笑怒骂,皆成文章】xīxiào-nùmà, jiēchéngwénzhāng

　　嬉戏发笑愤怒责骂,都能变成文章。指不拘守规矩而任意发挥,玩笑之言、怒骂之辞都能写成很好的文章。形容极有文才,能将各种题材运用自如。

【习非成是】xífēi-chéngshì

　　习:习惯。非:错的。是:对的。对某些错误的东西习惯以后,就当成是正确的了。

【习惯成自然】xíguàn chéng zìrán

　　养成习惯以后就成了自然而然的观念或行为方式。

【习焉不察】xíyān-bùchá

　　焉:于之,对它。对它习惯了以后就不能觉察其中的奥妙或问题。

【习以为常】xíyǐwéicháng

　　常:常规;平常。原指把习惯了的事当作常规。即习惯了某事而常常去做。后也指习惯了某事以后认为它很正常。又指经常接触某种事情以后觉得它很平常而不加注意,认为它们本来就是如此。

【习与性成】xíyǔxìngchéng

　　与:以。因为习惯了而变成了性格。与"习惯成自然"的意思相似。也作"习以成性"。

【席不暇暖】xíbùxiánuǎn

　　席:座席。暇:空闲。连席子都来不及坐暖。指东奔西走,根本没有时间坐定。形容十分忙碌。

【席地而坐】xídì'érzuò

　　席:席子,供坐卧用。原指把席子铺在地上而坐在上面。后多指把地当作席子而坐在上面,即直接坐在地上。

【席丰*履厚】xífēng-lǚhòu

　　履:鞋。坐卧的席子和脚踩的鞋子都很丰厚。指十分富裕。

【席卷*天下】xíjuǎn-tiānxià

　　像把席子卷起来一样把整个天下都卷进去。指把天下全部包括在内。形容势力强大,能够迅速占领天下。

【袭故蹈常】xígù-dǎocháng

见"蹈常袭故"。

【袭人故智】xíréngùzhì

袭用别人的旧智谋。指沿袭或套用他人用过的老办法而缺乏创新。

【洗耳恭听】xǐ'ěr-gōngtīng

洗清耳朵来恭敬地听讲。形容认真恭敬地听别人说话。多用作请人讲话时的客气话。

【洗手不干*】xǐshǒu-bùgàn

洗干净手而不做。指放弃某种职业或事情而不再继续干下去。

【洗心革面】xǐxīn-gémiàn

洗涤污浊的内心,改变原来的面貌。比喻改过自新。也作"革面洗心"。

【喜不自胜】xǐbùzìshèng

胜(旧读 shēng):能承受。高兴得自己也受不了了。形容极其高兴。

【喜出望外】xǐchūwàngwài

由于出现了期望之外的美事而高兴。形容意想不到的好情况或收获所带来的无比喜悦之情。

【喜从天降】xǐcóngtiānjiàng

喜悦从天上降临到身上。指突然遇到了意想不到的好情况而一下子高兴起来。

【喜眉笑眼】xǐméi-xiàoyǎn

喜悦在眉上,笑意在眼中。指眉开眼笑。形容满面笑容,非常高兴。

【喜怒哀乐】xǐ-nù-āi-lè

喜悦、愤怒、悲哀、快乐。泛指人的各种感情。

【喜怒不形于色】xǐ nù bù xíng yú sè

形:表现。喜悦和愤怒的感情不在脸色上表现出来。形容人沉着而有涵养,感情不外露。

【喜怒无常】xǐnù-wúcháng

喜悦和愤怒没有个定准。即一会儿高兴,一会儿发怒,变化不定。指性情多变,令人捉摸不透。

【喜气洋洋】xǐqì-yángyáng

洋洋:同"扬扬",神气十足而充分流露出来的样子。喜悦的神气十足而充分流露出来。原形容心中极其高兴而一副春风得意的样子。后也指充满了喜悦的气氛。

【喜上眉梢】xǐshàngméishāo

喜悦的神情上达眉毛的末端。指眉开眼笑。形容非常高兴,满面笑容。

【喜闻乐道】xǐwén-lèdào

喜欢听,乐意说。形容某种事物极具吸引力,人们对它具有极大的兴趣。

【喜闻乐见】xǐwén-lèjiàn

喜欢听,乐于看。形容某种事物很受欢迎,人们对它具有极大的兴趣。

【喜笑颜开】xǐxiào-yánkāi

颜:面容。因喜悦而笑得面容都舒展了。指十分高兴而满面笑容。

【喜新厌旧】xǐxīn-yànjiù

喜欢新的,厌恶旧的。多用来指爱情不专一,喜欢新结识的情人而嫌弃原来的配偶。

【喜形于色】xǐxíngyúsè

形:显现。喜悦的情绪显现在脸色上。形容内心非常高兴而不可抑制。

【细大不捐】xìdà-bùjuān

小的大的都不舍弃。

【细嚼慢咽】xìjiáo-mànyàn

仔细咀嚼,慢慢吞咽。形容吃饭慢。

【细皮白肉】xìpí-báiròu

细腻的皮肤白嫩的肉。形容人的肌肤娇嫩。也作"细皮嫩肉"。

【细若游丝】xìruòyóusī

细得像飘荡在空中的蛛丝。形容非常细小微弱,若有若无。

【细水长流】xìshuǐ-chángliú

细小的水长久地流下来。比喻点点滴滴的努力在持续不断地进行。后多比喻有节制地开支,使钱、物能经常不缺。

【细针密缕】xìzhēn-mìlǚ

缕:线。针线细密。比喻细致周密。

【细枝末节】xìzhī-mòjié

细小的树枝,末梢的树节。比喻无关紧要的小事情、小问题。

【虾兵蟹将】xiābīng-xièjiàng

神话传说中海龙王手下由虾、蟹充当的士兵和将领。比喻恶人手下

不中用的喽啰和小头目。

【侠肝义胆】xiágān-yìdǎn

侠客的肝,义士的胆。指见义勇为、打抱不平的品格。

【狭路相逢】xiálù-xiāngféng

逢:遇。原指两车在狭窄的道路上相遇,表示无处避让而彼此都通不过去。后比喻仇人相遇,表示两不相让而不放过对方。

【遐迩闻名】xiá'ěr-wénmíng

见"名闻遐迩"。

【瑕不掩瑜】xiábùyǎnyú

瑕:玉上的斑点。瑜:玉的光彩。玉上的斑点掩盖不了它的光彩。比喻人或事物的缺点短处掩盖不了其优点长处。表示虽有缺点毛病,但优点和长处是主要的。

【瑕瑜互见】xiáyú-hùjiàn

互:交错。见(旧读 xiàn):同"现",显现。玉的斑点和光彩交相显现。比喻优缺点并存或善恶并见而互不相掩。

【下笔成章】xiàbǐ-chéngzhāng

一落笔就能写成文章。形容文思敏捷。

【下笔千言】xiàbǐ-qiānyán

一落笔就能写出上千字。指一动笔就能写出一大篇文章。形容文思敏捷。与"离题万里"连用时,表示虽然一下子写了一大篇文章,但不得要领而远离主题。

【下不为例】xiàbùwéilì

例:例子,指可以作为依据而仿

效的事例。下一次不能拿这次作为例子。表示只能通融这一次，以后不可以再这样做。

【下车伊始】 xiàchē-yīshǐ

伊：助词。下了车刚开始。指官吏刚到任。现也比喻干部刚到一个地方。

【下里*巴人】 xiàlǐ-bārén

巴：周朝国名，在今重庆市一带。《下里》《巴人》(字面意义分别为"下贱的乡里""巴国之人")是战国时代楚国的民间歌曲名。后喻指通俗的文艺作品。也用来谦称自己的作品。常与"阳春白雪"对用。

【下落不明】 xiàluò-bùmíng

下落：去向与着落。去向着落不清楚。指要寻找的人或物不知道在什么地方。

【下马威】 xiàmǎwēi

下马时的威风。指官吏刚到任时对下属显示的威风。后泛指一开始就向对方显示的威力。

【下情上达】 xiàqíng-shàngdá

达：通。下面的情况向上面通报反映。

【夏日可畏】 xiàrì-kěwèi

像夏天的太阳一样可怕。形容人严厉可怕。

【仙风道骨】 xiānfēng-dàogǔ

骨：骨头，比喻品质、气概。仙人的风度，得道者的气概。形容人超尘脱俗，神采飘逸，气度不凡。

【仙露明珠】 xiānlù-míngzhū

仙人洒下的露水，像明月一样发光的珍珠。形容人神采秀异脱俗，光亮照人。也比喻书法俊秀圆润。

【仙姿佚貌】 xiānzī-yìmào

佚：美。仙人般的姿态，美丽的容貌。形容女子姿色极美。

【先睹为快】 xiāndǔ-wéikuài

睹：看见。把先看到作为快乐。指迫切希望及早看到自己感兴趣的人或事物(多指文艺作品)。也指某种事物很有观赏价值，率先看到的人一定会有很大的乐趣或收获。

【先发*制*人】 xiānfā-zhìrén

发：发动进攻，开始行动。原指先发动进攻能制服别人。后泛指先下手来制服别人。

【先公后*私】 xiāngōng-hòusī

先考虑公家，后考虑个人。指以国家或集体的事情和利益为重，把家庭或个人的事情和利益放在次要地位。

【先见之明】 xiānjiànzhīmíng

明：眼光，眼力。事先洞察事物的眼力。即预先看到事物发展趋势和结果的眼光。指预见的能力。

【先来后*到】 xiānlái-hòudào

谁先来，谁后到。指来到这里的先后次序。表示要优先考虑先来的。也表示来到的人总会有先有后，所以也应该照顾好后到的人。

【先礼后*兵】 xiānlǐ-hòubīng

先礼貌，后动武。指先以礼相待，和对方讲理交涉，行不通以后再动用兵力或使用强硬手段。

【先人后*己】xiānrén-hòujǐ

先为别人着想，然后再考虑自己。

【先入为主】xiānrù-wéizhǔ

先进入的成为主要的。指把先听进去的说法或先获得的印象作为主见，不接受、不相信后来的不同意见。

【先入之见】xiānrùzhījiàn

事先进入头脑的见解。指在透彻了解某人或某种事物之前就已经接受或确立的看法。多指成见。

【先声夺人】xiānshēng-duórén

夺：夺取，使丧失。先大张声势以瓦解对方士气。也比喻做事抢在别人的前头，从而造成声势以压倒别人。

【先天不足】xiāntiān-bùzú

先天：与"后天"相对，指人或动物出生前的胚胎期。足：足够，充足。人或动物出生前发育得不够。指生下来体质就不够好。也比喻事物原先的根基不好。

【先天下之忧而忧，后*天下之乐而乐】xiān tiānxià zhī yōu ér yōu, hòu tiānxià zhī lè ér lè

在天下人忧虑之前就担忧，在天下人安乐之后才享乐。形容关心民众疾苦，一心为民众操劳，先公后私。

【先下手为强】xiān xiàshǒu wéi qiáng

先动手的能成为强者。指趁对手还没有准备好的时候首先动手，能占取优势。多与"后下手遭殃"连用。

【先意承旨】xiānyì-chéngzhǐ

旨：意图。在别人的心意表白之前就能奉承其意图。原指能迎合父母或君主的心意去做事。后泛指揣摩别人的意图而极力逢迎。也作"先意承志""先意承指"。志：心意。指：通"旨"。

【先斩后*奏】xiānzhǎn-hòuzòu

奏：进奏，向君王报告。先把人杀了，然后向皇帝报告。现比喻未经请示先把事情处理了，然后再向上级报告。

【先知先觉】xiānzhī-xiānjué

能首先认识事物、首先觉悟的人。

【纤*尘不染】xiānchén-bùrǎn

纤：细小。极小的灰尘也没沾染上。指环境或物体非常干净。也比喻没沾染丝毫坏习气而思想十分纯洁，与"一尘不染"同义。

【纤*悉无遗】xiānxī-wúyí

细微详尽而没有遗漏。指全部包括在内。

【掀风鼓浪】xiānfēng-gǔlàng

鼓：振动。掀起大风，振荡水浪。比喻搬弄是非，煽动情绪，鼓动人们起来闹事。

【掀天揭地】xiāntiān-jiēdì

掀：翻动。揭：高举，举。掀翻天而举起地。即把天和地翻转过来。比喻使社会发生了巨大而彻底的变化。形容力量之大或功业之盛足以翻天覆地。也作"掀天斡地"。斡(wò):旋转。

【鲜艳夺目】xiānyàn-duómù

　　鲜亮艳丽引人注目。形容色彩鲜艳,十分耀眼。

【闲*情逸致】xiánqíng-yìzhì

　　致:兴og,情趣。悠闲的心情,安逸的兴致。指没有紧张事务时的闲适情趣。

【闲*言碎语】xiányán-suìyǔ

　　闲:空闲,没有事情。碎:零碎,琐碎。闲着没事干而说的话和琐碎的话。指背地里对人的议论、讥评。多指无端的嘲讽或指责。也作"闲言闲语"。

【贤妻良母】xiánqī-liángmǔ

　　贤惠的妻子,善良的母亲。指贤德的妇女,既是丈夫的好妻子,又是孩子的好母亲。

【弦*外之音】xiánwàizhīyīn

　　琴弦之外的声音。指琴曲所蕴含着的情意韵味。因为这种情意韵味在琴弦发出的音响之外,所以称为"弦外之意"或"弦外之音"。比喻言外之意,即话中没有明说而蕴含着的意思。

【咸*嘴淡舌】xiánzuǐ-dànshé

　　嘴、舌:指说话。说咸说淡。比喻搬弄是非,说闲话。

【涎皮赖脸】xiánpí-làiliǎn

　　涎:唾沫,指用言语纠缠。赖:无赖,指用动作纠缠。厚着脸皮无理纠缠。

【衔*华佩实】xiánhuá-pèishí

　　华:同"花"。含着花,带着果实。指草木开花结果。也比喻文章富于文采,内容充实。

【衔*尾相随】xiánwěi-xiāngsuí

　　衔:马嚼子。马嚼子和马尾巴互相跟随。形容马紧跟着单行前进。也比喻人或动物一个跟着一个,首尾相随。

【嫌贫爱富】xiánpín-àifù

　　嫌弃贫穷的而喜爱富裕的。

【显而易见】xiǎn'éryìjiàn

　　非常明显而容易看到。

【显亲扬名】xiǎnqīn-yángmíng

　　使父母双亲显耀,使自己名声传扬。

【险象环生】xiǎnxiàng-huánshēng

　　环:圆环,喻指不断。危险的现象不断发生。

【鲜为人知】xiǎnwéirénzhī

　　鲜:通"尟"(xiǎn),少。很少被人知道。

【现身说法】xiànshēn-shuōfǎ

　　法:佛法,佛教的道理。原为佛家语,指佛显现出种种身形来向众人宣讲佛法。后比喻以自己的亲身经历为例来说明某种道理以劝导别人。

【陷身囹圄】xiànshēn-língyǔ

　　囹圄:监狱。身体陷入监狱。指被关进监狱。

【相安无事】xiāng'ān-wúshì

互相使对方安定而没有什么事端。指彼此和睦相处没有什么纠纷或冲突。

【相差无几*】 xiāngchà-wújǐ

相差没有多少。指差别不大。

【相持不下】 xiāngchí-bùxià

持：僵持，对峙。下：降服，战胜。互相僵持而不能战胜对方。

【相得益彰】 xiāngdé-yìzhāng

相得：互相配合。益：更加。彰：显著。彼此相互配合而使两者的优点更为显著。

【相反相成】 xiāngfǎn-xiāngchéng

既互相对立，又互相促成。指某些相反的事物或矛盾的双方具有同一性。

【相辅而行】 xiāngfǔ'érxíng

互相辅助着进行。多指互相配合着使用。

【相辅相成】 xiāngfǔ-xiāngchéng

互相辅助，互相促成。多指两者相互配合而效果更好。

【相煎何急】 xiāngjiān-héjí

相：偏指性副词，指我或我们。煎：煎熬，比喻折磨。煎煮我为什么这样迅猛？比喻折磨我为什么这样迅猛？刘义庆《世说新语·文学》[39-P.134]："文帝(曹丕)尝令東阿王(曹植)七步中作詩，不成者行大法。應聲便爲詩曰：'煮豆持作羹，漉菽以爲汁；萁在釜下燃，豆在釜中泣：本自同根生，相煎何太急！'帝深有慚色。"后化为成语，比喻兄弟或同胞之间的

自相残害何必那样迅猛。

【相见恨晚】 xiāngjiàn-hènwǎn

见"恨相知晚"。

【相敬如宾】 xiāngjìng-rúbīn

宾：贵客。相互敬重就像对待贵宾一样。多用来形容夫妻间相互尊重。

【相亲相爱】 xiāngqīn-xiāng'ài

互相贴近，互相恩爱。多形容恋人间关系密切，感情深厚。

【相去无几*】 xiāngqù-wújǐ

去：距离。相距没有多少。指差别不大。

【相忍为国】 xiāngrěn-wèiguó

为：原读 wéi，表示治理；后多读为 wèi，表示为了。原指对对方忍让以治理国家。后多指为了国家的利益而对对方忍让。

【相濡以沫】 xiāngrú-yǐmò

濡：潮湿，使动用法。《庄子·大宗师》[3-P.242]："泉涸，魚相與處於陸，相呴以濕，相濡以沫，不如相忘於江湖。"指鱼在缺水的情况下，互相用唾沫湿润对方。后用作成语，比喻人在困境中以微薄的力量相互救助。

【相提并*论】 xiāngtí-bìnglùn

提：举出。并：并列。一齐举出，一概而论。指把不同的人或事物放在一起，一视同仁地加以议论。

【相形见绌】 xiāngxíng-jiànchù

形：对照，对比。见(旧读 xiàn)：同"现"，显现。绌：不足。互相比较之下显得不足。

【相形失色】xiāngxíng-shīsè

　　形：对照，对比。互相对比之下失去了原来的光彩。指通过比较，显得远远不如。

【相沿成俗】xiāngyán-chéngsú

　　互相沿袭而变成了习俗。也作"相沿成习"。

【相依为命】xiāngyī-wéimìng

　　互相依靠来维持生命。指互相依靠着生活。

【相映成趣】xiāngyìng-chéngqù

　　互相映衬而形成情趣。

【相知恨晚】xiāngzhī-hènwǎn

　　见"恨相知晚"。

【香消玉殒】xiāngxiāo-yùyǔn

　　香、玉：比喻美女。消：消失。殒：死亡。香花美玉般的美女死了。

【降龙伏虎】xiánglóng-fúhǔ

　　降：降服，使……下降屈服。伏：降伏，使……趴在地上屈服。使神龙下降屈服，使猛虎趴在地上屈服。原形容高僧或道士法力强大，能制服龙虎。后比喻力量强大，能战胜强大的敌对势力或巨大的困难。也作"伏虎降龙"。

【响彻云*霄】xiǎngchè-yúnxiāo

　　彻：贯通。霄：高空的云气。响声穿过了高空的云气。形容声音极其响亮。

【响遍行云*】xiǎng'èxíngyún

　　遏：阻止。响声拦住了飘动的云彩。指声音直上云霄。多形容美妙的歌声高亢嘹亮。

【想方设法】xiǎngfāng-shèfǎ

　　设想各种方法。指想尽办法。

【想入非非】xiǎngrùfēifēi

　　非非：佛教语，是"非想非非想处"的略语，指不能想象又不是不能想象的一种境界，这是一般的认识思辨能力所达不到的境界。《楞严经》卷九[97-P.552]："識性不動，以滅窮研，於無盡中發宣盡性，如存不存，若盡非盡。如是一類，名為非想非非想 。"想象进入不能想象又不是不能想象的境界。即主观意念进入了玄妙非凡的境界。又指想进入实际上达不到的境界。比喻异想天开，想得到实际上得不到的东西，想达到实际上达不到的目的。形容脱离实际的胡思乱想。

【想望风采*】xiǎngwàng-fēngcǎi

　　很想望见其风度神采。形容仰慕某人，渴望一见。

【向壁虚造】xiàngbì-xūzào

　　对着墙壁凭空制造。后泛指凭空捏造或任意杜撰。

【向隅而泣】xiàngyú'érqì

　　对着墙角哭泣。形容孤独失意或绝望悲哀。

【项庄舞剑，意在沛公】xiàngzhuāng-wǔjiàn，yìzài-pèigōng

　　据《史记·项羽本纪》[9-P.55]载，在鸿门宴中，项羽的谋士范增设计让项庄舞剑以乘机杀死刘邦。刘邦的谋士张良对樊哙说："今者項莊拔劍舞其意常在沛公也。"意谓项羽手下的武将项庄拿了剑跳舞,他的意图在于刺杀沛公刘邦。后用作成语,比喻说话或行动在表面上是这一套,实际上却另有意图而有所针对。

【相机行事】xiàngjī-xíngshì

相:仔细察看。看机会来做事。指根据时机和形势灵活地采取行动。

【相貌堂堂】xiàngmào-tángtáng

容貌端庄大方。

【相时而动】xiàngshí'érdòng

相:仔细察看。观察时机来行动。指根据时机灵活地采取行动。

【象牙之塔】xiàngyázhītǎ

原是十九世纪法国文艺批评家圣佩韦批评同时代消极浪漫主义诗人维尼的话。后用来泛指"为艺术而艺术"的文艺家脱离社会现实表现个人主观幻想的艺术天地。

【像模像样】xiàngmú-xiàngyàng

模:样子。像个模样。指基本符合应有的样子,够了一定的标准。

【骁勇善战】xiāoyǒng-shànzhàn

矫健勇猛而善于作战。

【逍遥法外】xiāoyáo-fǎwài

逍遥:自由自在、无拘无束的样子。自由自在地在法律的制裁之外。指罪犯没有受到法律的制裁,仍自由自在。

【逍遥自得】xiāoyáo-zìdé

自得:自己感到舒适满足。自由自在,自己感到很得意。形容心情舒畅,非常满足。

【逍遥自在】xiāoyáo-zìzài

逍遥:悠闲自得的样子。悠闲自得,自由自在。

【宵衣旰食】xiāoyī-gànshí

宵:夜间。衣(旧读 yì):穿衣。旰:天色晚。天没亮就穿衣起床,天黑了才吃饭。形容勤于政事。多用于称颂帝王。

【萧规曹随】xiāoguī-cáosuí

据《史记·曹相国世家》[9-P.347]载,萧何和曹参都是西汉开国大臣,丞相萧何死后,"参代何爲漢相國,舉事無所變更,一遵蕭何約束。……百姓歌之曰:'蕭何爲法,顜若畫一;曹參代之,守而勿失。載其清淨,民以寧一。'"原指萧何制定了规章制度,曹参跟着实行。后化为成语,比喻后人完全因袭前人的成规办事。

【萧墙祸起】xiāoqiáng-huòqǐ

见"祸起萧墙"。

【销魂夺魄】xiāohún-duópò

魂、魄:人的精神,能离开身体而存在的精神叫魂,依附于形体而不能独立存在的精神叫魄;魂用于思维想象,魄用于感觉运动。失去了灵魂,夺走了心魄。多用来形容极其羡慕或爱好而着了迷,以致神魂颠倒,不能自持。

【销声匿迹】xiāoshēng-nìjì

匿:隐藏。使自己的名声消失,隐藏起自己的踪迹。指隐藏起来,不出头露面。

【霄壤之别】xiāorǎngzhībié

霄:高空的云气,指天空极高处。天和地的差别。指极大的差别。

【小本经营】xiǎoběn-jīngyíng

用很小的本钱做生意。指做小买卖。也比喻做规模不大的事。

【小不忍则乱大谋】xiǎo bùrěn zé luàn dàmóu

乱:扰乱,败坏。大谋:重大的计谋,影响全局的计划。对小事情不能忍耐,就会扰乱重大的计谋或打乱整个计划而坏了大事。

【小才大用】xiǎocái-dàyòng

小小的才能被任用在重大的地方。指用人不当。有时也用来表示自谦。

【小惩大诫】xiǎochéng-dàjiè

诫:告诫,警告;警戒,戒备。对小错误进行惩处,以警告犯错误的人不要犯大罪。也指小错误受到惩处后,犯错误的人对大的罪过有所戒备而不犯。

【小丑*跳梁*】xiǎochǒu-tiàoliáng

丑:类。小丑:地位低微的一类人,指卑劣小人。跳梁:通"跳踉",乱蹦乱跳。小人跳来跳去。指微不足道的卑劣小人上窜下跳地捣乱。

【小打小闹】xiǎodǎ-xiǎonào

小规模地打架和小规模地吵闹。比喻小规模地行动。

【小恩小惠】xiǎo'ēn-xiǎohuì

小小的恩惠。指为笼络人而给人的小利。

【小家碧玉】xiǎojiā-bìyù

碧玉:女子名,借指清秀美丽的年轻女子。小户人家年轻美貌的女子。

【小康之家】xiǎokāngzhījiā

康:安乐。较为安乐的人家。指经济比较宽裕、可以维持中等生活水平而安然度日的人家。

【小鸟依人】xiǎoniǎo-yīrén

像小鸟那样依偎在人的身旁。多形容少女或小孩怯弱可爱的情态。

【小巧玲珑】xiǎoqiǎo-línglóng

玲珑:孔穴明晰的样子,指东西精巧细致,又转指人思想开窍、聪明伶俐。原指小而灵巧精致。形容器物小而精巧。后也形容人身材小巧而聪明伶俐。

【小试锋芒】xiǎoshì-fēngmáng

锋芒:刀、剑等锐利或尖锐的部分,喻指人的锐气或才干。稍微试验一下刀剑的刃口或尖端。比喻稍微试用一下才干本领。

【小题大做】xiǎotí-dàzuò

把小题目当作大题目来做。明、清科举考试,以"四书"文句命题的称为"小题",以"五经"文句命题的称为"大题",用做"五经"文的章法来做"四书"文的,称为小题大做。后用来比喻把小事情当作大事情来处理。

【小偷小摸】xiǎotōu-xiǎomō

摸:偷。情节轻微的偷窃。

【小巫见大巫】xiǎowū jiàn dàwū

神通不大的巫婆见到了神通广大的巫婆。表示两者能力相差悬殊,前者远远不如后者。比喻有一定能力的人和大能人相比,或有一定水平的作品和出神入化的作品相比,或有一定规模的事物和规模极大的事物相比,前者远远不如后者。

【小心谨慎】xiǎoxīn-jǐnshèn

非常当心,恭敬而慎重。指十分注意自己的言行举止,谨守规矩,慎重处事,不敢疏忽大意。

【小心翼翼】xiǎoxīn-yìyì

翼翼:严肃谨慎的样子。非常当心,严肃谨慎。指十分注意自己的行为,不敢有丝毫疏忽大意。

【晓行夜宿】xiǎoxíng-yèsù

拂晓就出行,到黑夜才住宿。指起早贪黑地赶路。

【晓以利害】xiǎoyǐlìhài

晓:告知。把利害得失明白地告诉对方。

【晓之以理】xiǎozhī-yǐlǐ

晓:告知。把道理明白地告诉他。常和“动之以情”连用。

【孝子贤孙】xiàozǐ-xiánsūn

孝顺父母的儿子和有德行的孙子。原指绝对服从父母长辈的儿孙。现也比喻一心为恶势力效劳或忠实地承袭反动主张的人。

【笑掉大牙】xiàodiào-dàyá

大牙:门牙。笑得连门牙都掉了下来。形容极其可笑。

【笑口常开】xiàokǒu-chángkāi

笑着的嘴巴常常合不拢。指心情舒畅,一直很快乐。

【笑里*藏刀】xiàolǐ-cángdāo

微笑之中藏有杀人的刀。比喻表面和气,内心险恶狠毒。

【笑容可掬】xiàoróng-kějū

容:脸上的神情和气色。掬:捧取。欢笑的神情可以捧取。指欢笑的神情充溢在外,似乎只要双手一捧,就会掉入手中。形容极其愉快,满脸堆笑。

【笑容满面】xiàoróng-mǎnmiàn

欢笑的神情布满了脸。形容非常高兴。

【笑逐颜开】xiàozhú-yánkāi

逐:赶,驱使。颜:面容。笑得使面容舒展开来了。形容一下子非常高兴而笑容满面。

【邪魔外道】xiémó-wàidào

魔:梵语 māra 音译为“魔罗”,简称“魔”,意译则为“障碍”,所以又称“魔障”,指扰乱身心、妨碍修行、破坏佛法的障碍,包括各种妄见邪说之类。外道:正道之外的思想学说,佛教指不合佛法的宗教思想及其教派。邪恶的妖魔和正道之外的思想学说。原为佛教用语,指一切妨害佛法的邪说或宣扬邪说的教派。后用作成语,喻指各种妨害正道的言行、门径或坏人、妖精、鬼怪。

【胁肩谄笑】xiéjiān-chǎnxiào

耸起肩膀,谄媚地笑。指做出一副卑贱恭谨、笑脸相迎的姿态。形容讨好别人的丑态。

【挟山超海】xiéshān-chāohǎi

用胳膊夹住山跨越大海。比喻做根本不能做到的事。

【挟天子以令诸侯】xié tiānzǐ yǐ lìng zhūhóu

挟：挟制，用强力迫使服从。挟制天子来命令诸侯。后也比喻假借权威的名义发号施令。

【携手并肩】xiéshǒu-bìngjiān

手拉着手，肩靠着肩。形容十分亲密。也比喻一起行动，共同努力。

【泄漏天机】xièlòu-tiānjī

天机：上天的机密，造化的奥秘，指上天对世间万物的安排。泄漏了上天的机密。比喻泄漏了重要的秘密。

【谢天谢地】xiètiān-xièdì

谢谢天神地祇。迷信的人认为天地神灵主宰着世间的一切，所以某种愿望实现后要谢谢天神地祇的保佑。原表示对天地神灵的感恩。后成为习用语，多用于某种愿望实现时，表示庆幸或满意。

【邂逅相遇】xièhòu-xiāngyù

邂逅：偶遇，出行时意外遇见。出行时在无意中互相碰见。也作"邂逅相逢"。

【心安理得】xīn'ān-lǐdé

得：得当。因道理得当而心神安定。指自信事情做得合情合理而心里感到踏实、坦然。

【心比天高】xīnbǐtiāngāo

心愿比天还高。多指期望、抱负过高。

【心病难医】xīnbìng-nányī

心里的毛病难以医治。指心中郁积的忧虑、烦闷或心理创伤很难消除。

【心不在焉】xīnbùzàiyān

焉：于此。心思不在这里。指思想不集中。

【心长力短】xīncháng-lìduǎn

愿望很强烈而力量不够。即心有余而力不足。也指理想过高而实力欠缺。

【心潮澎湃】xīncháo-péngpài

澎湃：波浪互相撞击。心中的浪潮互相撞击。指像潮水一样的心情起伏翻腾。形容心情非常激动，极不平静。

【心驰神往】xīnchí-shénwǎng

往：去。心神奔驰而去。指心中十分向往。

【心慈手软】xīncí-shǒuruǎn

心地仁慈而硬不起手。指为人和善而不忍心采取强硬的措施。多用来形容优柔寡断，姑息养奸。

【心粗胆大】xīncū-dǎndà

心地粗率胆子大。指不小心谨慎而无所忌惮。多用于贬义。

【心粗气浮】xīncū-qìfú

收不住心，沉不住气。

【心存芥蒂】xīncún-jièdì

芥蒂：古书上又写作"芥蒂""慸芥""蒂芥""慸葪"，为叠韵联绵字，相当于现在所说的"疙瘩"，指心中的烦闷或嫌隙。心里留着疙瘩。指心里有怨恨或不满。

【心胆俱裂】 xīndǎn-jùliè

心和胆全都碎裂了。形容极其害怕而吓破了胆。也形容极其悲愤而心如刀绞。

【心地善良】 xīndì-shànliáng

心里和善而没有恶意。

【心烦意乱】 xīnfán-yìluàn

心情烦躁,思绪纷乱。形容心情苦闷焦虑。

【心服口服】 xīnfú-kǒufú

从内心到口头都服气。形容心悦诚服。

【心腹之患】 xīnfùzhīhuàn

心部腹部的祸患。指体内致命的疾病。比喻后果严重的隐患。

【心腹之交】 xīnfùzhījiāo

推心置腹的朋友。指最知心、最要好的朋友。

【心甘情愿】 xīngān-qíngyuàn

见"甘心情愿"。

【心高气傲】 xīngāo-qì'ào

心里自高自大而神气十分傲慢。形容狂妄自大,目中无人。

【心广体胖】 xīnguǎng-tǐpán

胖:安泰舒适。心胸开阔坦荡而身体安泰舒适。形容有修养的人问心无愧而安详舒坦。与"心宽体胖"不同。

【心寒齿冷】 xīnhán-chǐlěng

齿冷:门牙发冷,指长时间地张口发呆而使门牙感到寒冷。心里寒冷打颤,门牙发冷。指十分痛心害怕而目瞪口呆。

【心狠手辣】 xīnhěn-shǒulà

心肠凶狠,手段毒辣。

【心花怒放】 xīnhuā-nùfàng

心花:心田之花,原为佛教用语,指清静的内心。怒:气势强盛猛烈。心田之花盛开。指清静的内心豁然开朗。泛指内心极其高兴。

【心怀鬼胎】 xīnhuái-guǐtāi

鬼胎:鬼的胚胎,比喻不光明正大的念头。心里怀有不可告人的想法。

【心怀叵测】 xīnhuái-pǒcè

叵:不可。心意胸怀不可推测。指居心不良。

【心慌意乱】 xīnhuāng-yìluàn

心里慌张,思想混乱。指心神不定而没了主意。

【心灰意懒】 xīnhuī-yìlǎn

心像死灰一样冷,思想懒散不想动。指意志消沉而情绪低落。多用来形容遭受刺激或挫折后丧失信心而不能振作的心态。也作"意懒心灰""心灰意冷"。

【心急如焚】 xīnjí-rúfén

心里急得像火烧一样。形容非常焦急。也作"心急如火""心急火燎"。

【心坚石穿】 xīnjiān-shíchuān

意志坚决,能把石头钻穿。干宝

《搜神记》卷一[98-P.5]："有人入焦山七年，老君舆之木鑽，使穿一磐石，石厚五尺，曰：'此石穿，当得道。'积四十年，石穿，遂得神仙丹诀。"后化为成语，比喻意志坚决，无论什么事情都能办成。

【心惊胆战】xīnjīng-dǎnzhàn
　　见"胆战心惊"。

【心惊肉跳】xīnjīng-ròutiào
　　心中惊骇，肌肉不由自主地在跳动。指非常恐惧而身体发抖。也用来形容心神极其不安。

【心口不一】xīnkǒu-bùyī
　　心和嘴不一样。指想的和说的不一样。形容为人虚伪，口是心非。

【心口如一】xīnkǒu-rúyī
　　心和嘴像一个样子。指想的和说的完全一样。形容诚实、直爽。

【心宽体胖】xīnkuān-tǐpàng
　　心胸开阔而身体肥胖。指想得开或不动脑子而身体发福。与"心广体胖"不同。

【心旷神怡】xīnkuàng-shényí
　　心境开阔，精神愉快。指心情舒畅痛快。

【心劳日拙】xīnláo-rìzhuō
　　劳：劳苦。《尚书·周官》[42-P.236]："作伪，心劳日拙。"意谓弄虚作假，那么虽然用心良苦，却一天比一天笨拙。后用作成语，指行为不当的人虽然费尽心机，却反而越来越显得拙劣。

【心力交瘁】xīnlì-jiāocuì

交：一起。瘁：劳苦。精神和体力都很劳累。

【心灵手巧】xīnlíng-shǒuqiǎo
　　脑子灵敏，手也灵巧。形容人天资聪敏，精明能干。

【心领神会】xīnlǐng-shénhuì
　　心中已领悟，精神已体会到了。指在没有明确指点的情况下，心中已深刻地领会了。

【心乱如麻】xīnluàn-rúmá
　　心绪乱得像一团麻。形容心中极其烦乱而没了头绪。

【心满意足】xīnmǎn-yìzú
　　心愿意图满足了。指称心如意。形容非常满意。

【心明眼亮】xīnmíng-yǎnliàng
　　心里明白，眼睛雪亮。指思想敏锐能明辨是非，目光犀利能明察秋毫。

【心平气和】xīnpíng-qìhé
　　心情平静而不激动，态度温和而不生气。

【心去难留】xīnqù-nánliú
　　心已离去，就难以留住了。

【心如刀割】xīnrúdāogē
　　心里像刀子在割一样。比喻心中极其痛苦。也作"心如刀绞"。绞（jiǎo）：也作"铰"，转动着切割。

【心如死灰】xīnrúsǐhuī
　　心像没有活力的灰烬。原指冷漠无情，对一切都无动于衷。现多指心灰意冷，完全丧失了信心。

【心如铁石】xīnrútiěshí

　　心像铁和石头一样。比喻心肠很硬。形容性情刚毅,不易为外物或感情所动。

【心神不定】xīnshén-bùdìng

　　心情不平静,精神不安定。也作"心神不宁""心神不安"。

【心神恍惚】xīnshén-huǎnghū

　　恍惚:若有若无、模糊不清的样子。精神状态糊里糊涂。

【心手相应】xīnshǒu-xiāngyìng

　　心和手互相顺应。即得心应手。

【心术不正】xīnshù-bùzhèng

　　心术:心计。心中的盘算不端正。指奸诈而不正派。

【心为形役】xīnwéixíngyì

　　精神被形体役使。指为生活所迫而去做违背自己心愿的事。

【心无二用】xīnwú'èryòng

　　心思不能同时用在两处。指用心必须专一。

【心细如发*】xīnxì-rúfà

　　用心细密得像头发丝一样。指考虑问题周密细致。

【心小志大】xīnxiǎo-zhìdà

　　考虑事情仔细而志向远大。

【心心相印】xīnxīn-xiāngyìn

　　印:契合。心意和心意契合。指彼此的思想见解十分默契,情投意合。

【心绪不宁】xīnxù-bùníng

　　心情不安。

【心血来潮】xīnxuè-láicháo

　　来潮:潮水上涨。心中的血像潮水上涨一样涌上来。喻指某种想法突然涌上心头。

【心有灵犀一点通】xīn yǒu língxī yī diǎn tōng

　　灵犀:古代把犀牛视为灵异的动物,所以称"灵犀"。一点通:指犀牛的角髓像一条白线直通两端,传说其角髓感应灵敏。心中好像有神灵的犀牛角中那一线相通的角髓。喻指彼此间心意相通。

【心有余*而力不足】xīn yǒu yú ér lì bù zú

　　有余:超过了足够的程度。做某事的心愿强烈极了,但力量不够。

【心有余*悸】xīnyǒuyújì

　　悸:因害怕而心跳,心慌。心中还有遗留下来的恐惧。指可怕的事情虽然过去了,但心里还是感到害怕。

【心猿意马】xīnyuán-yìmǎ

　　心思像四脚不停的猿,意念像脱缰奔驰的马。比喻心思不定,东想西想。也作"意马心猿"。

【心悦诚服】xīnyuè-chéngfú

　　内心喜悦而真诚地服从。也指由衷地佩服。

【心照不宣】xīnzhào-bùxuān

　　照:明白。彼此心里明白而不公开说出。

【心直口快】xīnzhí-kǒukuài

　　心地直爽,嘴巴爽快。指心里藏

不住话,有话就说。

【心中无数】 xīnzhōng-wúshù

心中还没有个数目。喻指心里还没有了解清楚某事的情况和底细。即心里没有底。也作"胸中无数"。

【心中有鬼】 xīnzhōng-yǒuguǐ

心中有鬼主意。喻指心里有不可告人的想法或计谋。

【心中有数】 xīnzhōng-yǒushù

心中有了个数目。喻指心里对某事的情况和底细有清楚的了解。即心里有底。也作"胸中有数"。

【欣喜若狂】 xīnxǐ-ruòkuáng

高兴喜悦得像发了疯似的。形容高兴到了极点。

【欣欣向荣】 xīnxīn-xiàngróng

欣欣:草木生机勃发的样子。荣:茂盛。蓬蓬勃勃地趋向茂盛。原指草木兴盛。后也比喻其他事物蓬勃发展,兴旺昌盛。

【新陈代谢】 xīnchén-dàixiè

陈:旧。代:代替。谢:凋落。新的取而代之,旧的凋谢脱落。指生物体不断以新物质替换旧物质。也泛指人或事物的新旧替换。

【新仇旧恨】 xīnchóu-jiùhèn

新的仇怨和过去的憎恨。指不断增加的仇恨。形容积怨极深。

【新愁旧恨】 xīnchóu-jiùhèn

新的忧愁和过去的遗憾。指不断郁积的愁绪。形容非常郁闷。

【新婚燕尔】 xīnhūn-yàn'ěr

燕:通"宴",快乐。尔:词尾,相当于"然"。刚结婚而非常快乐的样子。指沉浸在新婚的快乐中。

【新来乍到】 xīnlái-zhàdào

新:新近,刚。乍:刚,才。刚刚来到。

【信而有征】 xìn'éryǒuzhēng

信:真实。征:证明,证验。真实可靠而且有实际的效验。即确实而有证据。

【信口雌黄】 xìnkǒu-cíhuáng

信:随便,听凭。雌黄:鸡冠石,一种橙黄色矿物,成分是三硫化二砷(As_2S_3),可作颜料;古时写字用黄纸,写错了用雌黄涂抹后重写,所以引申指修改。任凭嘴巴改动。指对所说的话随便更改。后泛指随口乱说或妄加评论。

【信口开河】 xìnkǒu-kāihé

信:听凭。河:通"合"。任凭嘴巴张开闭合。指随口乱说一气。也作"信口开合"。

【信马由缰】 xìnmǎ-yóujiāng

信:听凭。由:随从。放任马儿,依从缰绳。即随便所骑的马到哪儿。指骑着马毫无目的地闲游。也比喻毫无目的地东游西逛。

【信赏必罚】 xìnshǎng-bìfá

信:确实。必:必定。该奖赏的确实进行奖赏,该惩罚的一定进行惩罚。形容赏罚严明。

【信誓旦旦】 xìnshì-dàndàn

信:诚实,不欺。旦旦:明明白

白。真诚的誓言明明白白。多用来形容言行不一者的发誓，带贬义。

【信手拈来】 xìnshǒu-niānlái

信：随便，听凭。拈：用两三个手指夹取。随手拿来。形容运用某种东西(多指写作或说话时引用词汇或材料)得心应手，毫不费力。

【信以为真】 xìnyǐwéizhēn

非常相信，认为是真的。多指把假的当作真的。

【兴风作浪】 xīngfēng-zuòlàng

兴、作：起来，使动用法。原指神话中妖魔鬼怪施展法术掀起风浪。后多比喻无事生非，挑起事端。现也比喻坏人进行各种捣乱活动。

【兴利除弊】 xīnglì-chúbì

弊：弊病，害处。兴办有利的事情而革除各种弊端。也作"兴利除害"。

【兴师动众】 xīngshī-dòngzhòng

兴：发动。发动军队，使众人出动。指调遣大批军队。后也喻指动用很多人力，多指不必要地滥用人力，含贬义。

【兴师问罪】 xīngshī-wènzuì

兴：发动。问：质问，追究。发动军队去谴责其罪过。古代往往以问罪作为出兵讨伐的理由。后也喻指很多人一齐谴责某人的过错。

【兴旺发*达】 xīngwàng-fādá

兴盛强劲，发展充分。指蓬勃发展，水平很高。

【兴妖作怪】 xīngyāo-zuòguài

兴、作：起来，使动用法。原指使妖怪起来害人。后多比喻坏人挑起事端，暗中捣乱。

【星火燎原】 xīnghuǒ-liáoyuán

燎：延烧，不断蔓延地燃烧。像星星般的一点小火可以烧遍整个原野。比喻某种微小的势力或事态可以不断扩大而难以遏止。既比喻极小的乱子可以发展成为大祸害，也比喻微小而富有生命力的新生事物可以发展壮大而势不可遏。也作"星星之火，可以燎原"。

【星罗棋布*】 xīngluó-qíbù

像天上的星星那样罗列着，像棋盘上的棋子那样分布着。形容数量多，分布广。

【星移斗*转】 xīngyí-dǒuzhuǎn

见"斗转星移"。

【惺惺惜惺惺】 xīngxīng xī xīngxīng

惺惺：聪明，指聪明人。聪明人爱惜聪明人。也泛指性格、才能或见解、境遇等相同的人互相爱惜、同情。也作"惺惺相惜"。

【惺惺作态】 xīngxīng-zuòtài

惺惺：指假惺惺，卖弄小聪明而假情假意的样子。假惺惺地装模作样。形容虚伪，不老实。

【腥风血雨】 xīngfēng-xuèyǔ

充满了腥味的风，鲜血喷溅形成的雨。形容残酷屠杀的景象。也形容恐怖的政治气氛和环境。也作"血雨腥风"。

【行将就木】 xíngjiāng-jiùmù

X

行:将要。就:靠近,到。木:指棺材。即将到棺材里了。比喻人快要死了或寿命已不长了。

【行若无事】xíngruòwúshì

行为如常,好像没有发生什么事情一样。形容在紧急关头态度镇静,处之泰然。也形容做事能胜任愉快而从容不迫。也形容对世事冷漠,对一切都听之任之,满不在乎。

【行色匆匆】xíngsè-cōngcōng

出行时的神色或情形显得急急忙忙。指紧张忙乱地准备马上出发。

【行尸*走肉】xíngshī-zǒuròu

肉:指没有灵魂的肉体。能行走的尸体,会奔跑的肉体。比喻徒具形骸、无所用心、碌碌无为的人。表示这种人虽然活着,其实与死人没有什么两样。

【行云*流水】xíngyún-liúshuǐ

飘来飘去的云和流动的水。表示十分自然而毫不板滞。多用来形容诗文字画等洒脱自如而毫不拘谨的样子。也比喻易于消逝的身外之物。有时也用来形容因其自然、随遇而安的处世态度。

【行之有效】xíngzhī-yǒuxiào

之:它,指代办法、措施、制度等。实行它很有成效。多用来形容已实行过的办法、措施、制度等。

【形单影只*】xíngdān-yǐngzhī

身形孤单,人影一个。指只有自己的身体和自己的影子。形容孤独无伴。也作"影单形只"。

【形迹可疑】xíngjì-kěyí

样子踪迹值得怀疑。指行为举止令人怀疑。

【形容枯槁】xíngróng-kūgǎo

容貌憔悴。

【形如槁木】xíngrúgǎomù

形体像干枯的树木。指人骨瘦如柴。

【形势逼人】xíngshì-bīrén

形势逼迫人。指形势发展很快,迫使人不得不努力上进以跟上形势的发展。

【形同虚设】xíngtóngxūshè

物体如同空摆在那里。指机构、职位、装置等虽然设置了,但徒有形式而实际不起作用。

【形销骨立】xíngxiāo-gǔlì

销:通"消",减少,指消瘦。形体消瘦得只剩骨头直立着。即身体瘦成了骨架子。形容极其消瘦。

【形形色色】xíngxíngsèsè

原用来说明造化的功能,意为使形体成为形体,使颜色成为颜色。《列子·天瑞》[40-P.9]:"故有生者,有生生者;有形者,有形形者;有声者,有声声者;有色者,有色色者。"后化为成语,表示各种形状、各种色彩。泛指人或事物种类繁多,各式各样。

【形影不离】xíngyǐng-bùlí

像形体和影子一样不分离。指紧相伴随。形容彼此常在一起,寸步不离。

【形影相吊*】xíngyǐng-xiāngdiào

　　吊：慰问。只有自己的身体和影子互相慰问。形容孤独无伴。

【形影相随】xíngyǐng-xiāngsuí

　　像形体和影子一样互相伴随。形容彼此常在一起，寸步不离。

【兴高采*烈】xìnggāo-cǎiliè

　　兴：兴致，原指旨趣，后指兴趣。采：原指文采，后指神采。刘勰《文心雕龙·体性》[99·P.243]："叔夜儁侠，故兴高而采烈。"意谓嵇康的诗文旨趣高远而文辞激烈。后化为成语，多指人兴致高昂而神情热烈。形容情绪很高，非常兴奋激动。

【兴味索然】xìngwèi-suǒrán

　　索：尽。索然：枯竭的样子。兴趣一点儿也没有。也作"兴致索然"。

【兴致勃勃】xìngzhì-bóbó

　　勃勃：旺盛的样子。兴致旺盛。即很有兴趣。

【幸灾乐祸】xìngzāi-lèhuò

　　幸：庆幸，认为幸福而高兴。因为别人遭受灾难而庆幸，因为别人有了祸患而快乐。

【性命交关】xìngmìng-jiāoguān

　　交关：互相关联。和人的生命相关。比喻关系重大。指事关重大，极其紧要。

【性命攸关】xìngmìng-yōuguān

　　攸：是，助成宾语前置的结构助词。关：牵连，关系。关系到人的生命。比喻关系重大。指事关重大，极其紧要。

【凶*多吉少】xiōngduō-jíshǎo

　　凶险的可能性大，吉利的可能性小。指情况不妙，很可能会有不好的结果甚至灾难。多用于对情况的推测。

【凶*神恶煞】xiōngshén-èshà

　　煞：传说中一种凶恶的神。原指凶恶的神。后借指凶恶的人。也用来表示凶恶。

【凶*相毕露】xiōngxiàng-bìlù

　　毕：全部。凶恶的面貌完全暴露出来。

【汹涌澎湃】xiōngyǒng-péngpài

　　汹涌：大水猛烈地向上涌。澎湃：波浪互相撞击。波涛猛涌而互相撞击。形容水势浩大而凶猛。也比喻声势浩大而不可阻挡。

【胸怀大志】xiōnghuái-dàzhì

　　胸中怀藏着远大的志向。

【胸无城府】xiōngwúchéngfǔ

　　城府：四周建有城墙的城市和四周建有围墙的官府，比喻防守严密、深沉而令人难以测度的心机。胸中没有像城邑官署之类防守严密、令人难以揣测的用心。喻指人襟怀坦白，为人直爽，无所隐讳。

【胸无大志】xiōngwúdàzhì

　　心里没有远大的志向。指目光短浅，没有远大的抱负。

【胸无点墨】xiōngwúdiǎnmò

　　墨：墨汁，比喻写字作文的能力或学问。胸中没有一点墨水。比喻文化水平低，没有学问。

【胸有成竹】xiōngyǒuchéngzhú

胸中有成型的竹子。原指画竹前,心里已有了竹子的完整形象。后比喻做事前已有通盘的考虑或周到的准备。形容做事有把握。

【雄才大略】xióngcái-dàlüè

杰出的才智和远大的谋略。

【雄赳赳,气昂昂】xióng jiūjiū, qì áng'áng

赳赳:健壮威武的样子。雄姿威武,气势昂扬。

【雄心勃勃】xióngxīn-bóbó

勃勃:旺盛的样子。称雄的壮志非常旺盛。指实现远大理想和抱负的愿望非常强烈。

【雄心壮志】xióngxīn-zhuàngzhì

非凡的理想和伟大的志向。形容抱负宏伟。

【雄姿英发*】xióngzī-yīngfā

姿态威武,才华横溢。

【熊腰虎背】xióngyāo-hǔbèi

见“虎背熊腰”。

【休戚*相关】xiūqī-xiāngguān

休:喜庆,欢乐。戚:忧愁,悲哀。喜庆和忧愁互相关联。指彼此关系密切,在喜忧、福祸、吉凶等方面都有相同的利害关系。

【休戚*与共】xiūqī-yǔgòng

喜庆和忧患与对方共同承受。指同甘共苦。

【休养生息】xiūyǎng-shēngxī

生息:繁殖。休息调养来繁殖人口。指国家经过动荡或战乱后,不再大量征发民力,而让民众恢复生产,发展经济,增殖人口。

【修旧利废】xiūjiù-lìfèi

把旧的修理好,把废弃的再利用起来。指厉行节约。

【修桥补路】xiūqiáo-bǔlù

修建桥梁,补好道路。比喻热心公益,慷慨解囊为公众做好事。也作“修桥铺路”。

【修身洁行】xiūshēn-jiéxíng

修养身心,使自己的德行清白廉洁。

【修身养性】xiūshēn-yǎngxìng

修养身心,保养善良的本性。指通过自我修养,使自己的身心达到完美的境界。

【修心养性】xiūxīn-yǎngxìng

提高思想修养,保养善良的本性。指通过自我反省,使自己的身心达到完美的境界。

【羞愧难当】xiūkuì-nándāng

害羞惭愧得难以承受。

【羞人答答】xiūrén-dādā

答答:忸怩的样子。让人害羞得抬不起头、张不开口。指让自己感到很难为情。

【羞与为伍】xiūyǔwéiwǔ

羞:以……为羞耻。与:和。为伍:成为一伙,作伴,在一起。认为和他在一起是一种耻辱。表示对某人极端鄙视或厌恶。

【朽木不雕】xiǔmù-bùdiāo

　　腐烂的木头不可以雕刻。比喻本质不好或已完全腐败堕落的人不可造就。也比喻败坏不堪的事物或局势不可收拾。也作"朽木不可雕"。

【秀才造反】xiùcái-zàofǎn

　　秀才：明清时对生员的通称，后泛指读书人。文人采取反抗统治者的行动。喻指软弱无力而难以成功的反抗行动。

【秀而不实】xiù'érbùshí

　　秀：禾类植物吐穗开花。庄稼只吐穗开花而不结果实。比喻只会卖弄一些文词而没有什么实际成就。

【秀外慧中】xiùwài-huìzhōng

　　外表秀丽而内心聪慧。指女子才貌双全。

【袖手旁观】xiùshǒu-pángguān

　　把手缩在袖子里在一旁观看。比喻不插手而置身事外。

【绣花枕头】xiùhuā-zhěntou

　　枕套上绣着花的枕头。过去的枕头芯常用稻草、秕糠等作充填物，所以用"绣花枕头"喻指外表好看而无真才实学的人或没有质量的东西。

【虚怀若谷】* xūhuái-ruògǔ

　　谦虚的胸怀就像空旷的山谷一样。形容十分谦虚，能容纳各种意见。

【虚晃一枪】* xūhuàng-yīqiāng

　　晃：摆动。枪：在长柄顶端装有尖锐金属头的旧式兵器。把长枪虚假地摆动了一下。指为了掩护自己

退却而虚假地做一个进攻或招架的动作。

【虚情假意】xūqíng-jiǎyì

　　装出虚假的情意。指不是出自真心实意而只是虚伪地在表面上装出满怀热情与好意的样子。

【虚文缛节】xūwén-rùjié

　　虚：不实，指没有真情实感。文：礼仪制度。缛：繁琐。虚伪的礼仪制度和繁琐的礼节礼貌。也比喻毫无实际意义、繁杂多余的规定或手续。

【虚无缥缈】xūwú-piāomiǎo

　　虚无：虚幻而看不见。缥缈：隐隐约约、若有若无的样子。虚幻渺茫而若有若无。指虚幻迷离，不可捉摸，不确实，或不可靠。

【虚应故事】xūyìng-gùshì

　　故事：旧日的事例，先例。按过去的办事规矩虚假地应付一下。形容敷衍了事。

【虚有其表】xūyǒu-qíbiǎo

　　虚：空，白白地。空有那好看的外表。指外表好看而实质不行，或有名而无实。

【虚与委蛇】xūyǔwēiyí

　　委蛇：通"逶迤"，周旋。虚假地与人周旋。指假情假意地与人敷衍应酬。

【虚张声势】xūzhāng-shēngshì

　　张：张扬，夸大。虚假地张扬自己的声威气势。指为了吓唬人或迷惑人而假装强大并大造声势。

【虚掷年华】xūzhì-niánhuá

掷:扔掉。年华:美好的年岁或时光。白白地把美好的时光浪费掉了。形容无所作为,一事无成。也作"虚度年华"。

X

【嘘寒问暖】xūhán-wènnuǎn

嘘:慢慢地吐气。对受寒的人呵热气(以使他温暖),又询问他是否暖和。形容对别人的生活很关心。

【徐娘半老】Xúniáng-bànlǎo

徐娘:指淫荡多情的南朝梁元帝萧绎的妃子徐昭佩。《南史·后妃传下》[100-P. 341~342]:"元帝徐妃讳昭佩……帝左右暨季江有姿容,又與淫通。季江每歎曰:'柏直狗雖老猶能獵,蕭溧陽馬雖老猶駿,徐娘雖老猶尚多情。'"徐妃娘娘有点老了。比喻风流多情的妇女已到中年或刚过中年。形容其年纪虽老而仍然风流多情。常与"风韵犹存""尚多情"等连用。

【栩栩如生】xǔxǔ-rúshēng

栩栩:连续拍打翅膀而快速飞舞的样子,后泛指生动活泼的样子。生动活泼,像活的一样。形容文艺作品中所描绘的人或物等形象十分生动逼真。

【旭日东升*】xùrì-dōngshēng

旭日:初升的太阳。早晨的太阳刚从东方升起。形容朝气蓬勃、充满活力的景象。

【轩然大波】xuānrán-dàbō

轩:高。高高涌起的巨大波浪。即很大的风波。比喻很大的纠纷或风潮。

【喧宾夺主】xuānbīn-duózhǔ

喧:声音响。夺:强取,使丧失。大声说话的宾客使主人的声音听不见了。比喻客人抢占了主人的地位,或外来的、次要的事物占据了原有的、主要的事物的地位。

【玄之又玄】xuánzhīyòuxuán

玄:玄妙,深藏不露。玄妙而又玄妙。指极其玄妙。形容不可捉摸,难以理解。

【悬灯结彩*】xuándēng-jiécǎi

见"张灯结彩"。

【悬而未决】xuán'érwèijué

悬:挂起来,指搁置在一边。被搁置起来而还没有解决。指案件或事情一直拖在那里而没有个结果。

【悬梁*刺股】xuánliáng-cìgǔ

股:大腿。用绳子把头发悬吊在屋梁上,用锥子刺自己的大腿。这是汉朝孙敬和战国时苏秦在读书时为了避免打瞌睡而采取的办法。《太平御览》卷三百六十三[101-P. 1674]引《汉书》:"孙敬,字文寶,好學,晨夕不休。及至眠睡疲寢,以繩繫頭懸屋梁。"《战国策·秦策一》[46-P. 119]:"蘇秦……讀書欲睡,引錐自刺其股,血流至踵。"后化为成语,形容刻苦读书。也作"刺股悬梁"。

【悬崖勒马】xuányá-lèmǎ

悬崖:好像悬挂在空中的山崖,指又高又陡而下临深谷的山边。勒:勒口,即横放在牲口嘴里的嚼子,此用作动词,表示紧拉嚼子。在又高又陡而下临深谷的山边紧拉马嚼子使马止步。比喻到了危险的边缘及时醒悟回头。

【悬崖峭壁】 xuányá-qiàobì

悬空突兀的山崖与陡峭的山壁。形容山势非常险峻。也作"悬崖绝壁"。绝壁：因陡峭而无法攀登的山壁。

【旋乾转坤】 xuánqián-zhuǎnkūn

旋：旋转。乾：八卦之一，代表天。坤：八卦之一，代表地。旋转乾坤。指把天和地倒了过来。比喻根本改变社会的面貌或已成的局面。也作"旋转乾坤"。

【烜赫一时】 xuǎnhè-yīshí

烜赫：旺盛，常用来形容名声或气势。在一个时期内名声或气势很盛。多用作贬义。也作"煊（xuān）赫一时"。

【削铁如泥】 xuētiě-rúní

砍削铁器如同砍削泥土一样。形容兵器刀口极其锋利。

【削职为民】 xuēzhí-wéimín

革除官职，降为平民。

【削足适履】 xuēzú-shìlǚ

履：鞋。削掉脚去适应鞋子的大小。比喻不根据实际情况，不合理地一味迁就现成的条件。

【学而不厌】 xué'érbùyàn

厌：同"餍"，满足。不断学习而从不满足。形容好学。

【学非所用】 xuéfēisuǒyòng

学习的并不是应用的东西。指学习脱离实际。

【学富五车】 xuéfùwǔchē

学识丰富，读了五车书。形容读书多，学识渊博。

【学贯中西】 xuéguànzhōngxī

学问贯通中国和西方国家。指对中国文化和西方文化有全面透彻的了解和把握。

【学无止境】 xuéwúzhǐjìng

学习是没有尽头的。多用来激励人努力学习，不断进取。

【学以致用】 xuéyǐzhìyòng

致：达到，使得到。致用：使得到使用。学习了知识而使它们得到使用。即学习了知识能应用到实际中去。

【学有专长】 xuéyǒuzhuāncháng

在学问方面有专门的特长。指特别精通某一种学问或特别擅长某一种技能。

【雪泥鸿爪】 xuění-hóngzhǎo

融化着雪水的泥土上鸿雁踏过所留下的爪印。比喻往事留下的痕迹。

【雪上加霜】 xuěshàng-jiāshuāng

雪上又加上了霜。比喻不幸的事接连而至。

【雪中送炭】 xuězhōng-sòngtàn

下雪时给人送木炭取暖。比喻在别人困难或急需时及时给予帮助。

【血海深仇】 xuèhǎi-shēnchóu

血海：人的鲜血流成海，指被杀

的人流血很多。血流成海的深仇大恨。指因人被杀而引起的极深的仇恨。

【血口喷人】 xuèkǒu-pēnrén

含着鲜血的嘴巴把血喷到别人身上。比喻把血案咬到别人身上或用恶毒的语言诬蔑辱骂别人。

【血流成河】 xuèliú-chénghé

人的鲜血流成了河。指被杀的人极多。

【血流漂杵】 xuèliú-piāochǔ

杵：通"橹"，大盾牌。人的鲜血流淌使盾牌都漂浮起来了。形容战争中被杀的人极多。后也偶尔用来形容人受伤后流血很多，带有诙谐的意味。

【血流如注】 xuèliú-rúzhù

注：灌注，倾泻。鲜血流淌像倾泻似的。形容血流得又多又急。

【血盆大口】 xuèpén-dàkǒu

血淋淋的像盆子似的大嘴巴。形容狮子、老虎等食肉猛兽所张开的大嘴巴。也比喻搜刮掠夺者不顾人死活地进行蚕食鲸吞的架势。

【血气方刚】 xuèqì-fānggāng

血气：血脉和气息，引申指精神和体力。方：正。刚：强劲。精力正旺盛。形容青壮年时精力充沛而体质强健的样子，但多含有气质尚未完全成熟而容易意气用事的意思。

【血肉横飞】 xuèròu-héngfēi

横：纵横杂乱。血和肉乱飞。形容人体遭受砍削、鞭打、撞击、爆炸、枪击等强力摧残时血肉四处飞溅的惨状。

【血肉相连】 xuèròu-xiānglián

像血和肉一样互相连着。比喻关系十分密切。

【血雨腥风】 xuèyǔ-xīngfēng

见"腥风血雨"。

【血债累累】 xuèzhài-lěilěi

血债：因使人流血而欠下的债，指没有得到清算的杀人罪行。累累：不断积累，指累积得很多。没有得到清算的杀人罪行极多。形容罪大恶极。

【寻根究底】 xúngēn-jiūdǐ

寻求根源，追究底细。多指追究事情发生的缘由。也作"寻根问底"。

【寻行数墨】 xúnháng-shǔmò

墨：指黑色的字。寻找着一行一行，查点着一个个黑字。形容看书很仔细，多指读书只看字句而不顾义理。

【寻花问柳】 xúnhuā-wènliǔ

寻找鲜花，访问柳树。原指出游玩赏美丽的春景。后比喻玩弄妓女（以"花柳"比喻妓女）。

【寻欢作乐】 xúnhuān-zuòlè

寻找喜欢的人（多指情人），做快乐的事。原指和情人一起取乐。后也泛指寻求各种刺激和快乐。多用来形容不务正业而追求享乐，含贬义。

【寻死觅活】 xúnsǐ-mìhuó

觅：寻找，寻求。一会儿找死，一

会儿求活。语义侧重于寻死。多指要死要活地耍无赖以要挟或吓唬人。也形容遭受打击后痛不欲生的情形。

【寻章摘句】xúnzhāng-zhāijù

寻找篇章，摘录句子。指读书时只搜寻、摘取文章中漂亮的片断与词句，并不深究其要义。也指写作时只知仿效、套用前人作品中的章法、词语而没有创造性。

【寻踪觅迹】xúnzōng-mìjì

踪:脚印。觅:寻找。迹:行动过后留下的痕迹。寻找行踪与痕迹。指打听人或物的去向、下落。

【循规蹈矩】xúnguī-dǎojǔ

循:遵循，沿袭。蹈:踏，比喻遵循、履行。规、矩:圆规、曲尺(画方形的工具)，比喻规定、准则或惯例。遵守规矩。指一切都按规矩办事，没有丝毫越轨的行为。现也用来表示墨守成规。

【循环往复】*xúnhuán-wǎngfù

循环:沿着圆环运动，比喻周而复始。往:去。复:回来。周而复始，去了又来。指不断反复。

【循名责实】xúnmíng-zéshí

责:求。按照事物的名称来责求其实际内容。即要求实质内容与其名称或名义相符。

【循序渐进】xúnxù-jiànjìn

按照次序逐渐前进。指学习、工作、写作等沿着一定的顺序或步骤逐渐深入或发展下去。

【循循善诱】xúnxún-shànyòu

循循:遵循一定的次序而很有步骤的样子。诱:引导。循序渐进，善于引导。形容教导有方，能针对受教育者的情况耐心地加以引导。

【训练有素】xùnliàn-yǒusù

素:平素，向来，指过去很长一段时间。训练已有了很长一段时间。即一向有训练。形容通过长期的严格训练，已具有了相当高的素养。

【迅雷不及掩耳】xùn léi bùjí yǎn ěr

很快地响起雷声，使人来不及捂住耳朵。比喻来势迅猛，使人来不及防备。

【徇情枉法】xùnqíng-wǎngfǎ

徇:曲从，无原则地依从。枉:歪曲。曲从私情而歪曲法律。指官吏为了照顾私人关系而违法乱纪。

【徇私舞弊】xùnsī-wǔbì

徇:曲从。舞:耍，玩弄。弊:坏。曲从私情而玩弄手段做坏事。指有一定权力的人为了照顾私人关系而玩弄欺骗手段做违法的或不合规定的事。

Y

【压卷*之作】yājuànzhīzuò

卷:古代的书籍写在帛或纸上,然后卷成一卷一卷,所以"卷"也用来指书。压倒书中其他作品的佳作。也指某一范围中最好的诗文书画作品。

【鸦雀无声】yāquè-wúshēng

连乌鸦、麻雀都不作声。形容非常寂静。

【牙牙学语】yáyá-xuéyǔ

牙牙:象声词,婴儿学话时的声音。呀呀呀地学说话。形容婴儿学话时的情景。

【睚眦必报】yázì-bìbào

睚眦:发怒时瞪眼睛,借指微不足道的怨恨。对自己愤怒地瞪一下眼睛也一定要报复。指极小的怨恨也要报复。

【睚眦之怨】yázìzhīyuàn

发怒时瞪了一眼的怨恨。借指极小的仇恨。

【哑巴吃黄连】yǎba chī huánglián

黄连:一种植物,根茎味苦。哑巴吃苦黄连。喻指有苦说不出。

【哑口无言】yǎkǒu-wúyán

像哑巴一样没有一句话。多形容理屈词穷。

【哑然失笑】yǎrán-shīxiào

哑(旧读è):笑声。失笑:不由自主地发笑。嘿嘿嘿地禁不住笑出声来。

【雅俗共赏】yǎsú-gòngshǎng

雅:高雅,指文化水平高的人。俗:粗俗,指文化水平低的人。文化高的人和文化低的人都能欣赏。形容作品深入浅出,既优美又通俗。

【揠苗助长】yàmiáo-zhùzhǎng

见"拔苗助长"。

【烟波浩渺】yānbō-hàomiǎo

烟雾笼罩的水波浩瀚渺茫。指雾气笼罩下的水面辽阔无边。

【烟尘斗*乱】yānchén-dǒuluàn

烟尘:江浙方言,指灰尘。斗乱:像筋斗一样翻滚杂乱。灰尘翻滚杂乱。形容灰尘弥漫。

【烟消云*散】yānxiāo-yúnsàn

像烟雾和云气一样消失散去。比喻消失得无影无踪。

【湮没无闻】yānmò-wúwén

湮没:埋没。被埋没而没有人

知道。

【嫣然一笑】yānrán-yīxiào

嫣然:娇媚的样子。娇媚地笑了一下。只用来形容女子的笑。

【延颈举踵】yánjǐng-jǔzhǒng

踵:脚后跟。伸长脖子,踮起脚跟。形容殷切地盼望。也作"延颈企踵"。企:踮起脚跟。

【延年益寿】yánnián-yìshòu

延长年龄,增加寿命。

【严惩不贷】yánchéng-bùdài

贷:宽恕。严厉惩处,绝不宽恕。

【严刑峻法】yánxíng-jùnfǎ

峻:严厉。严厉的刑法。

【严刑拷打】yánxíng-kǎodǎ

用严酷的刑罚拷打。

【严以律己,宽以待人】yányǐlùjǐ, kuānyǐdàirén

以:用。律:规范,根据一定的准则来约束。用严格的要求来约束自己,用宽容的态度去对待别人。

【严于律己】yányúlùjǐ

严格地要求自己。

【严阵以待】yánzhènyǐdài

以严整的阵势来等待。指以充分的战斗准备来等待来犯的敌人。

【言必信,行必果】yán bì xìn, xíng bì guǒ

信:言语真实,讲信用。果:有结果,即坚持到底而达到目的。说话一定讲信用,做事一定有结果。儒家并不把"言必信,行必果"当作美德。

《论语·子路》[25-P.2508]:"言必信,行必果,硁硁然小人哉!"《孟子·离娄下》[8-P.2726]:"孟子曰:'大人者,言不必信,行不必果,惟义所在。'"现多用来指坚守信用,当作为一种美德,含褒义。

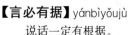

【言必有据】yánbìyǒujù

说话一定有根据。

【言必有中】yánbìyǒuzhòng

中:中肯。说起来一定有中肯的话。指说话能说到点子上。

【言不达意】yánbùdáyì

言语不能确切地表达所要说明的意思。

【言不及义】yánbùjíyì

说话不涉及道义。形容没有一句正经话。

【言不尽意】yánbùjìnyì

言语不能把意思全部表达出来。后来常用在书信结尾,表示写在信上的话有限,没能把要说的意思都说完。

【言不由衷】yánbùyóuzhōng

衷:内心。说话不出自内心。指说的不是心里话而是违心话。形容心口不一。

【言出法随】yánchū-fǎsuí

言:指命令。法:法律,这里作状语,表示按照法律。随:照着办。命令一出就依法照办。

【言传身教】yánchuán-shēnjiào

用言语来传授,用自身的行动来进行感化教育。形容既谆谆教导又以身作则。

【言多必失】 yánduō-bìshī

说话多了一定会有失误。

【言而无信】 yán'érwúxìn

说了却不讲信用。

【言而有信】 yán'éryǒuxìn

说话守信用。

【言归于好】 yánguīyúhǎo

言:句首助词,无义。回归到和好。指彼此重新和好。

【言归正传】 yánguīzhèngzhuàn

传:传记,叙述的历史故事。正传:主要的故事,正题。把话转回到主要的故事上来。也指把话转回到正题。评话与旧小说常把"闲话休题,言归正传"作为套语。

【言过其实】 yánguòqíshí

言语超过了它所说的实际情况。指说话浮夸。

【言简意赅】 yánjiǎn-yìgāi

赅:全,完备。言语简练而意思完备。形容说话、写文章简明扼要。

【言近旨远】 yánjìn-zhǐyuǎn

旨:意义,用意。语言浅显而旨意深远。

【言来语去】 yánlái-yǔqù

一句话过来一句话过去。形容彼此闲谈。

【言清行浊】 yánqīng-xíngzhuó

言辞清高,行为污浊。形容表面说好话,实际干坏事。

【言人人殊】 yánrénrénshū

殊:不同。说话每个人都不同。指对同一件事情各人的意见各不相同。

【言谈举止】 yántán-jǔzhǐ

言语行为。

【言听计从】 yántīng-jìcóng

从:听从。所有的话都听信,所有的计谋都采用。形容对某人非常信任。

【言外之意】 yánwàizhīyì

言词之外的意思。即没有明说出来而可能暗含在话里的意思。

【言为心声】 yánwéixīnshēng

言语是表达心意的声音。指语言是思想的表达。

【言笑自若】 yánxiào-zìruò

见"谈笑自若"。

【言行不一】 yánxíng-bùyī

说的和做的不一致。

【言行一致】 yánxíng-yīzhì

言论和行动相符。

【言犹在耳】 yányóuzài'ěr

犹:好像。讲的话好像还在耳边。形容记忆犹新。

【言者无罪,闻者足戒】 yánzhě--wúzuì, wénzhě-zújiè

足:足以,值得。提意见的人即使说得不对,也没有什么罪过;听取意见的人即使没有对方所批评的缺点错误,也值得拿来告诫自己。

【言之成理】 yánzhī-chénglǐ

之:指论点。解说论点时有条有

理。也指话说得有道理。

【言之无文,行而不远】yánzhī-
-wúwén, xíng'érbùyuǎn

　　说话或写文章如果没有文采,流
传就不会久远。

【言之无物】yánzhī-wúwù

　　说起话来没有实实在在的东西。
形容说话或写文章内容空洞。

【言之有理】yánzhī-yǒulǐ

　　说话有道理。

【言之有物】yánzhī-yǒuwù

　　说起话来有实实在在的东西。
形容说话或写文章内容充实。

【言之凿凿】yánzhī-záozáo

　　凿凿:确实。说起话来非常确
凿。指说话有根有据。

【研精覃思】yánjīng-tánsī

　　精:细密。覃:深入。仔细研究,
深入思考。

【奄奄一息】yǎnyǎn-yīxī

　　奄奄:气息微弱的样子。息:气
呼吸微弱得只剩一口气。形容生命
垂危。

【掩耳盗铃】yǎn'ěr-dàolíng

　　捂住自己的耳朵去偷铃。偷铃
者以为自己听不见声音,别人也不会
听见。比喻自己骗自己。

【掩人耳目】yǎnrén'ěrmù

　　遮掩别人的耳朵和眼睛。比喻
用假象来蒙骗人,掩盖事情真相。也
作"遮人耳目"。

【眼不见,心不烦】yǎn bù jiàn, xīn

bù fán

　　眼睛没看见,心里就不烦闷。指
不知道可以不操心。

【眼高手低】yǎngāo-shǒudī

　　眼界很高而能力很低。

【眼观六路,耳听八方】yǎnguān-
-liùlù, ěrtīng-bāfāng

　　眼睛同时观察六条路,耳朵同时
聆听八个方向。形容机智灵敏,能洞
察各个方面。

【眼花缭乱】yǎnhuā-liáoluàn

　　缭乱:也作"撩乱",纷乱。眼睛
发花,眼前一片纷乱。指视觉或心神
迷乱。

【眼泪洗面】yǎnlèi-xǐmiàn

　　用眼泪洗脸。形容悲伤地哭泣。

【眼明手快】yǎnmíng-shǒukuài

　　眼光敏锐而手脚利索。

【眼中钉】yǎnzhōngdīng

　　眼睛中的钉子。比喻心目中最
痛恨的人或物。

【偃旗息鼓】yǎnqí-xīgǔ

　　偃:放倒。旗、鼓:古时军中发号
令的用具,作战时摇旗指挥,击鼓进
兵。放倒军旗,停止敲鼓。形容秘密
行军。也指停止战斗。也比喻事情
中止或声势消失。

【偃武修文】yǎnwǔ-xiūwén

　　偃:停止。修:整治。停止作战,
致力文教。

【泱泱大国】yāngyāng-dàguó

　　气魄宏大的国家。

【扬长避短】yángcháng-bìduǎn

发挥长处，避开短处。

【扬长而去】yángcháng'érqù

扬长：趾高气扬大摇大摆的样子。趾高气扬大摇大摆地离去。

【扬眉吐气】yángméi-tǔqì

舒展眉毛，舒畅地呼气。也就是不再紧锁眉头，不再憋气。形容被压抑的心情得到舒展而畅快得意。

【扬汤止沸】yángtāng-zhǐfèi

扬：举高。汤：热水。把锅中的热水舀起来举高，然后慢慢地倒回锅中，以便使热水的温度降低，从而制止沸腾。比喻不从根本上解决问题。也比喻暂时解救危难。

【羊肠鸟道】yángcháng-niǎodào

羊肠：羊的肠子，比喻曲折狭窄的小路。鸟道：只有鸟才能飞渡的山路，形容山路的险峻。羊肠似的路和鸟才能飞渡的通道。指曲折、狭窄、险峻的山路。

【羊肠小道】yángcháng-xiǎodào

羊肠似的小路。指曲折狭窄的小路。

【羊落虎口】yángluòhǔkǒu

羊落入老虎的嘴巴。比喻弱者落入强敌之手。形容陷入险境而死无生。

【羊质虎皮】yángzhì-hǔpí

质：本质，实体。羊的体质披上老虎的皮。比喻外强中干。

【阳春白雪】yángchūn-báixuě

阳春：指春天。《阳春》《白雪》是战国时代楚国的高雅歌曲名。后用来比喻高深的、不通俗的文学艺术作品。

【阳奉阴违】yángfèng-yīnwéi

表面上遵从，暗地里违背。

【阳关大道】yángguān-dàdào

阳关：古代关名，在今甘肃省敦煌市西南。原指经由阳关通向西域的大路。后泛指交通便利的大路。也比喻有光明前途的道路。

【洋为中用】yángwéizhōngyòng

洋：外国的。外国的东西被中国利用。指借鉴与吸收外国有益的东西。

【洋洋大观】yángyáng-dàguān

洋洋：盛大、丰富的样子。观：值得观赏的景物和景象。大观：宏伟壮丽的景象。丰富多彩、宏伟壮丽的景象。

【洋洋得意】yángyáng-déyì

洋洋：同"扬扬"，神气十足的样子。神气十足，非常满意。形容心满意足而极其高兴的样子。也作"扬扬得意"。

【洋洋洒洒】yángyángsǎsǎ

丰富多彩，挥洒自如的样子。形容文章或谈说丰富多彩，恣肆洒脱。

【洋洋自得】yángyáng-zìdé

洋洋：同"扬扬"，神气十足的样子。自得：自己感到舒适满足。神气十足，自我得意。形容自得其乐，非常满足。也作"扬扬自得"。

【仰人鼻息】yǎngrénbíxī

仰:仰仗,依赖。鼻息:从鼻孔出来的气息。依赖别人呼出来的气息。形容完全依赖别人。也比喻看人的眼色行事。

【养兵千日,用兵一时】yǎngbīng-qiānrì, yòngbīng-yīshí

供养军队上千日,是为了在某一时刻使用它。也比喻长期准备以应一时之需。

【养儿防老】yǎng'ér-fánglǎo

养育儿子来防备年老。即养育儿子以便将来让他赡养自己,以防年老体衰后无人供养。

【养虎遗患】yǎnghǔ-yíhuàn

养着老虎,留下祸患。比喻纵容坏人而给自己留下后患。

【养家糊*口】yǎngjiā-húkǒu

糊:同“餬”,稠粥。供养家庭成员,用粥填塞其嘴巴。指勉强维持家人生活,仅能填饱其肚子。

【养家活口】yǎngjiā-huókǒu

活:使……活,养活。口:嘴巴,指代人。养活家里的人口。

【养精蓄锐】yǎngjīng-xùruì

保养精神,积蓄锐气。指养足气势和力量。

【养老送终】yǎnglǎo-sòngzhōng

赡养老人并为其最后的岁月送行。指赡养老人,并在临终时照料他,在死后给他操办丧事。

【养生送死】yǎngshēng-sòngsǐ

活着的时候去供养,死后负责送行。指子女对父母的奉养和殡葬。

【养痈遗患】yǎngyōng-yíhuàn

养护毒疮不医治就会留下祸患。比喻姑息宽容坏人坏事,就会留下祸害。

【养尊处优】yǎngzūn-chǔyōu

被供养在尊贵的地位上,处于优裕的环境中。现用作贬义。

【怏怏不乐】yàngyàng-bùlè

怏怏:不满意,郁闷。心中郁闷而不快乐。

【幺麽小丑*】yāomó-xiǎochǒu

幺麽:微小,卑微。小丑:小人,卑鄙的人。微不足道的坏人。

【吆五喝六】yāowǔ-hèliù

吆、喝:喊叫。五、六:分别指骰子上有五点、六点的面。大叫五,大喊六。指赌徒掷骰子时的高声呼喊。也泛指大声地喊这喊那。又比喻粗暴地乱加训斥。形容盛气凌人的样子。

【妖魔鬼怪】yāomó-guǐguài

妖精恶魔,恶鬼怪物。指各种妖怪魔鬼。又比喻形形色色的坏人。

【妖声妖气】yāoshēng-yāoqì

妖媚的声调及语气。形容说话时卖弄风骚,装模作样。

【妖言惑众】yāoyán-huòzhòng

妖言:荒诞诱人的邪说。用荒谬诱人的邪说迷惑众人。

【腰缠万贯】yāochánwànguàn

贯:古代的铜钱用绳穿成串,一千个钱为一贯。腰上缠缚着上万贯的钱。原指随身携带着很多钱财。后指拥有的钱财很多。

【摇唇鼓舌】 yáochún-gǔshé

摇:摆动。鼓:振动。摆动嘴唇,拨动舌头。指卖弄口才大发议论。多指用花言巧语进行煽动或游说。

【摇旗呐喊】 yáoqí-nàhǎn

摇动旗子大声喊叫。原指古代作战时后面的人摇动战旗大声喊杀来给前面作战的人助威。后又比喻给别人助长声势。现多用作贬义。

【摇身一变】 yáoshēn-yībiàn

把身体一晃,变成另一种模样。原指有神通的人或妖怪用法术改变自己的模样。现指心术不正的人改换面目后出现。

【摇头摆尾】 yáotóu-bǎiwěi

晃着头,摆动着尾巴。原形容鱼儿悠然自在的样子。现指人晃动身体。形容悠然自得或得意轻狂的样子。

【摇头晃脑】 yáotóu-huàngnǎo

摇晃着脑袋。形容人自得其乐或高傲自负的样子,大都用来形容说话或朗读时的姿态。

【摇尾乞怜】 yáowěi-qǐlián

狗摇着尾巴向主人乞求爱怜。比喻人卑躬屈膝、奉承拍马求取别人的欢心。

【摇摇欲*坠】 yáoyáo-yùzhuì

摇摇:晃来晃去。欲:要。坠:

落,掉下。晃来晃去快要掉下来了。指极其不稳,即将倒塌或垮台。

【摇曳多姿】 yáoyè-duōzī

摇曳:摆摆。摆摆起来有很多姿态。形容姿态变幻而优美动人。

【遥相呼应】 yáoxiānghūyìng

呼应:一处呼喊,一处回答;引申指照应或配合。远远地互相照应或配合。

【遥遥无期】 yáoyáo-wúqī

很远很远没有个期限。形容时间长得没有个尽头。

【遥遥相对】 yáoyáo-xiāngduì

远远地互相对着。

【杳如黄鹤】 yǎorúhuánghè

杳:无影无踪。像黄鹤一样无影无踪。《艺文类聚》卷六十三[56-P.1130]引《述异传》曰:"荀瓌,字叔伟,寓居江陵。憩江夏黄鹄楼上,望西南,有物飘然降自雲漢,俄頃已至,乃駕鶴之賓也。鶴止戶側,仙者就席,羽衣虹裳,賓主歡對,辭去,跨鶴騰空,眇然煙滅。"后化为成语,比喻人或物下落不明,没有踪影。

【杳无音信】 yǎowúyīnxìn

无影无踪,没有消息。

【咬紧牙关】 yǎojǐn-yáguān

牙关:槽牙的关节,指上颌和下颌之间的关节。咬紧牙床的关节。形容尽最大努力忍住痛苦或克服困难。

【咬文嚼字】 yǎowén-jiáozì

咀嚼文字。指过分地计较字句。

多用来形容死抠字眼或卖弄学识。现也指认真地斟酌字句。

【咬牙切齿】yǎoyá-qièchǐ

切:切合,贴近,使动用法。咬合槽牙,使门齿贴近。即咬紧牙齿。形容极端仇视或非常痛恨。

【窈窕淑女】yǎotiǎo-shūnǚ

淑:通"俶",善良。文静美丽而善良贤惠的女子。

【药到病除】yàodào-bìngchú

药服下,病就治好了。形容药物灵验,医术高明。

【药石之言】yàoshízhīyán

药石:治病的药物和砭石。药物和砭石似的话。比喻使人痛苦难堪却能使他改正错误、缺点的意见。

【要而言之】yào'éryánzhī

要:扼要,抓住要领。抓住它的要领来说。即概括地说。

【要言不烦】yàoyán-bùfán

要:扼要。扼要地说而不烦琐。

【耀武扬威】yàowǔ-yángwēi

扬:张扬,显示。炫耀武力,显示威风。古代常用来形容武将的勇猛,含褒义。现在常用来形容强暴者的横行霸道、耍威风,含贬义。

【野草闲*花】yěcǎo-xiánhuā

闲:与正事无关的。野生的草和闲散的花。比喻生活放荡、作风不正派的女子。

【野调无腔】yědiào-wúqiāng

腔:声腔,戏曲中成系统而带有一定规范性的曲调。发出粗野的调子而没有正规的声腔。形容言语举止粗野放肆而没有礼貌。

【野火烧不尽,春风吹又生】yěhuǒ shāo bù jìn, chūnfēng chuī yòu shēng

野外的火烧不光它,春风一吹它又长出来了。原形容野草的生命力很强。白居易《赋得古原草送别》[102·P.4847]:"离离原上草,一岁一枯荣。野火烧不尽,春风吹又生。"现在常用来比喻正义的事业富有生命力,任何力量也不能消灭它,它尽管受到挫折,但终究会重新兴盛。

【野心勃勃】yěxīn-bóbó

勃勃:旺盛的样子。非分的欲望非常旺盛。形容野心很大。

【叶公好龙】yègōng-hàolóng

叶(旧读 shè)公:春秋时楚国大夫,姓沈,名诸梁,字子高,封于叶(即今河南省叶县西南之旧县镇);楚国的国君僭称"王",其大夫僭称"公",所以称"叶公"。申不害《申子》[103·P.457]:"叶公子高好龙,居室雕文以象龙,天龙闻而下之,窥头于牖,拖尾于堂。叶公见之,弃而还走,失其魂魄。是叶公非好龙也,好夫似龙而非龙者也。今臣闻君好士,不远千里而见君,七日不礼,君非好士也。"叶公爱好龙,实际上却害怕龙。比喻表面上或口头上爱好某事物,实际上并非真爱。

【叶落归根】yèluò-guīgēn

Y

枯叶落下回归到树根。即落叶腐烂后又作为肥料供应给树根。比喻返回本源。多指客居他乡的人在晚年重归故乡生活。也比喻事物有一定的归宿。也作"落叶归根"。

【夜不闭户】yèbùbìhù

户：门。夜里不关门。形容社会治安良好，没有人偷盗，晚上睡觉不用关门。

【夜长梦多】yècháng-mèngduō

夜里的时间长了，做的梦就多。比喻时间拖久了，可能会有意外发生。

【夜静更深】yèjìng-gēngshēn

更：旧时一夜分五更，每更约两小时。深：距离开始的时间很久。更深：离初次打更的时间很久，指夜深了。夜里静悄悄的已很晚了。

【夜阑人静】yèlán-rénjìng

阑：尽。夜阑：夜将尽，夜深。夜深而没有人声。

【夜郎自大】yèláng-zìdà

夜郎：汉代一个小国，在现在的贵州西部。大：用作意动词，以为……大。夜郎国国君以为自己的国家大。比喻妄自尊大。

【夜深人静】yèshēn-rénjìng

夜深而没有人声。

【夜以继日】yèyǐjìrì

以：用，拿。拿夜晚来接续白天。形容日夜不停。

【一败如水】yībài-rúshuǐ

一：全。完全失败，就像水泼在地上一样不可收拾。

【一败涂地】yībài-túdì

一：原表示"一旦"，后来则被理解为"全"。涂地：指肝脑涂地，形容死得很惨。一旦失败，会使士兵的肝血脑浆涂染满地。形容败得很惨。现在指彻底失败而不可收拾。

【一板三眼】yībǎn-sānyǎn

板、眼：民族音乐和戏曲中的节拍，每小节中最强的第一个拍子叫板，其余的拍子叫眼。一个板三个眼。原是乐曲节拍之一种，即四拍子。"一板三眼"指演奏民族乐器或演唱戏曲时严格按照节拍。比喻说话做事严肃认真而合乎规矩。也比喻做事死板，不知变通。

【一瓣心香】yībàn-xīnxiāng

一瓣："一炷"的美称。心香：佛教用语，指虔诚的心意能感通神佛，与拜佛烧香一样。一炷虔诚的心意所铸成的香。形容献上虔诚的心意。

【一本万利】yīběn-wànlì

用一份本钱可以获得上万倍的利润。形容投资少而获利大。

【一本正经】yīběn-zhèngjīng

正：合乎法度的。正经：指十三经之类的儒家经典。一本合乎法度的经典。比喻端庄、正派。

【一鼻孔出气】yī bíkǒng chū qì

在同一个鼻孔中呼气。比喻勾结在一起，主张完全一样。含贬义。

【一鼻子灰】yībízihuī

一：全，满。满鼻子的灰。比喻

碰壁，自讨没趣。多用作"碰"的宾语。

【一笔勾销】yībǐ-gōuxiāo

勾：用笔画出钩形符号，表示删除。销：除去。一笔下去画钩注销。比喻一下子把所有的都取消了。

【一笔抹煞】yībǐ-mǒshā

抹煞：抹掉，取消。一笔下去全部抹掉。比喻一下子把所有的成绩、优点都否定了。也作"一笔抹杀"。

【一碧万顷】yībì-wànqǐng

顷：市制地积单位，合一百亩。一片碧绿上万顷。形容碧绿的水面或庄稼十分广阔，也形容碧空万里。

【一臂之力】yībìzhīlì

一条胳膊的力量。比喻不大的力量。常与"助""借"等字搭配使用，表示从旁帮一些忙。

【一表非凡】yībiǎo-fēifán

一：全，满。表：仪表，外表。凡：平常。仪表非同一般。

【一表人才】yībiǎo-réncái

一：全，满。表：仪表，外表。人才：指俊美端庄的相貌。仪表端正大方像个人才。一般用来形容青年男子。

【一表堂堂】yībiǎo-tángtáng

一：全，满。表：仪表。堂堂：庄严大方的样子。仪表端庄大方。

【一病不起】yībìng-bùqǐ

一生病竟一直不能起床。

【一波三折】yībō-sānzhé

波：指书法中的捺。折：指写字转变笔锋。写一捺转变三次笔锋。形容写字时笔法曲折多姿。现比喻文章起伏曲折或事情曲折多变。

【一波未平，一波又起】yībō-wèipíng，yībō-yòuqǐ

一个波浪还没有平息，另一个波浪又涌起来了。比喻一个矛盾还没有解决，另一个矛盾又发生了。

【一不做，二不休】yī bù zuò，èr bù xiū

第一是不做这件事，第二是做了就不要罢休。形容做事时，除非不做，做了就索性做到底。一般都用来形容做不合法的事。

【一步登天】yībù-dēngtiān

跨一步就登上了天。比喻一下子达到了极高的地位或程度。常用来形容人突然爬上高位或幻想一下子达到很高的造诣。

【一步一个脚印】yī bù yī gè jiǎoyìn

走一步就留下一个脚印。比喻做事踏实。

【一草一木】yīcǎo-yīmù

一棵草一棵树。又比喻细微的东西。

【一差二错】yīchā-èrcuò

差、错：错误，也指意外的事故或不幸。"一差二错"即"差错"的扩展，指不大的错误，也指意外的事故或不幸。

【一场春梦】yīchǎng-chūnmèng

一场梦见春天景色的好梦。比喻转瞬即逝的美好生活。也比喻必将落空的美好设想。也形容梦幻般变化无常的世事。

Y

【一倡百和】yīchàng-bǎihè

和:跟着别人唱,附和。一个人倡议,上百人附和。形容响应的人很多。也作"一唱百和"。

【一唱三叹】yīchàng-sāntàn

叹:咏叹,指随声附和。一个人领唱而三个人随声咏叹。后形容音乐或诗文婉转动人,富有余韵。

【一唱一和】yīchàng-yīhè

和:跟着别人唱。一个人领唱,一个随着附和。比喻二者互相配合,彼此呼应。原是中性词语,现多用于贬义。

【一朝天子一朝臣】yī cháo tiānzǐ yī cháo chén

一个朝代的皇帝任用一个朝代的臣子。指一个人上台,就更换一班人马。现在使用时含有讽刺或诙谐的意味。

【一尘不染】yīchén-bùrǎn

尘:佛教用语,佛家称色、声、香、味、触、法为六尘。染:沾染。不沾染六尘中的任何一尘。原指佛教徒修行达到了很高的境界,丝毫没沾染世俗的嗜欲,心地非常洁净。现泛指人品高尚纯洁,丝毫没沾染坏习气。也借指环境或物体非常清洁。

【一成不变】yīchéng-bùbiàn

原指刑法一经制定,就不可改变。后泛指事物一经形成,就永不改变。也形容墨守成规,不知变通。

【一筹莫展】yīchóu-mòzhǎn

筹:计策,办法。一点计策也施展不出来。也指一点办法也想不出来。

【一触即发*】yīchù-jífā

触:碰。即:就。原指箭已安在弩弦上,只要一碰就会射出去。比喻事态已发展到十分紧张的地步,只要触动一下就会立即爆发。

【一触即溃】yīchù-jíkuì

溃:崩溃,溃败。一接触就溃败。形容军队的战斗力极弱。

【一传十,十传百】yī chuán shí, shí chuán bǎi

一个人传给十个人,十个人传给一百个人。指越传越广。原形容疾病传染,后多形容消息传播。

【一锤*定音】yīchuí-dìngyīn

锻造铜锣时最后的一锤决定锣的音色。比喻凭一句话作出最后决定。

【一蹴而就】yīcù'érjiù

蹴:踏。就:成功,到达。踏一步就到达目的地。比喻事情一做就成功。形容做事十分容易。

【一寸光阴一寸金】yī cùn guāngyīn yī cùn jīn

一寸光阴:古代立"表"(标杆)测"光阴"(日影)以计时,所以用长度单位"寸"来计量,"一寸光阴"即日影移动一寸的工夫,指极短的时间。一寸光阴相当于一寸金子。形容时间极其宝贵。一般用来劝人珍惜时间。

【一代风流】yīdài-fēngliú

风流:其风度能广为流行的英俊杰出之士。指能创立一代风尚、为一代人所景仰仿效的杰出人物。

【一代宗师】yīdài-zōngshī

宗:尊崇。受一代人尊崇的大师。

【一刀两断】yīdāo-liǎngduàn

斩一刀使两者断绝。形容坚决彻底地断绝关系。

【一得之功】yīdézhīgōng

一得:一点点收获。功:成就。收获不大的成就。即一点微小的成绩。

【一得之见】yīdézhījiàn

一得:一点点收获,一点点心得。仅有一点点心得的见解。为自谦之辞。

【一得之愚】yīdézhīyú

一得:一点点收获,一点点心得。愚:愚昧,不高明,指愚昧的人或见解。仅有一点点心得的愚昧之人。也指仅有一点点收获的愚昧的见解。均为自谦之辞。表示自己见解时,与“一得之见”同义。

【一而再,再而三】yī ér zài, zài ér sān

再:第二次。搞了第一次又来第二次,搞了第二次又来第三次。表示一次又一次,几次三番。

【一发*而不可收】yī fā ér bù kě shōu

收:收拢,约束。一经发散便不可收拢。也指一经发生便不能控制。

【一发*千钧】yīfà-qiānjūn

钧:古代重量单位,合三十斤。一根头发上吊了上千钧的重物。比喻极其危险。也作“千钧一发”。

【一帆风顺】yīfān-fēngshùn

拉起帆以后风向一直很顺。本指帆船一路顺风,为祝人旅途安吉之辞。比喻非常顺利,毫无挫折。

【一反常态】yīfǎn-chángtài

一:全。反:翻转。完全改变了平常的态度。

【一分为二】yīfēnwéi'èr

为:成为。把一个整体分成两个方面。指看待一个人或某一事物时要看到其中相互对立的两个方面(如积极面和消极面、优点和缺点、功劳和过错、好处和害处等)。

【一夫当关,万夫莫开】yīfū-dāngguān, wànfū-mòkāi

当:挡住,把着。一个人把住关口,一万个人也打不开。形容地势十分险要,易守难攻。

【一改故辙】yīgǎi-gùzhé

一:全。故:旧,原来。辙:车轮轧出的痕迹。彻底改变原来走过的路。指完全不走老路而毅然走上新路。

【一概而论】yīgài'érlùn

概:古代量粮食时刮平斗斛用的木板,引申指标准。论:评判。用同一个标准来评判。

【一干*二净】yīgān-èrjìng

一……二……：表示强调。第一是干净，第二还是干净。表示干干净净。也形容一点儿也不剩。

【一鼓作气】yīgǔ-zuòqì

鼓：击鼓，古代军中把鼓声作为前进的信号。作：振作，鼓起。原指作战时第一次敲击战鼓能振作士气。《左传·庄公十年》[16-P.1767]："夫战，勇气也。一鼓作气，再而衰，三而竭。"后用来比喻鼓起劲头一下子把事干完。

【一官半职】yīguān-bànzhí

一……半……：表示不多。一个官职或者半个官职。表示一个不大的官职。形容该官职微不足道。

【一棍子打死】yī gùnzi dǎ sǐ

用一根棍子连续不断地把人打死。比喻抓住把柄草率地彻底否定某人或某事物。

【一哄而起】yīhòng'érqǐ

哄：吵闹。一下子吵吵嚷嚷地兴起来了。比喻没有准备、没有计划地突然行动起来。

【一哄而散】yīhòng'érsàn

哄：吵闹。一下子吵吵嚷嚷地散去了。比喻毫无秩序地散去。

【一呼百诺】yīhū-bǎinuò

见"堂上一呼，阶下百诺"。

【一呼百应】yīhū-bǎiyìng

呼喊一声，马上有上百人响应。形容响应的人很多。

【一挥而就】yīhuī'érjiù

挥：挥动。就：成。一挥动工具或笔就完成了。形容做事迅速。也形容才思敏捷，作文、写字、画画能快完成。

【一技之长】yījìzhīcháng

技：技能，技术。某一种技能方面的特长。

【一家之言】yījiāzhīyán

家：流派。言：言论，说法。能独立成为一个流派的论著或学说。有时也指某人个人的见解。

【一见倾心】yījiàn-qīngxīn

倾心：一心向往，爱慕。一见面就满心喜爱。形容男女一见钟情。

【一见如故】yījiàn-rúgù

故：故人，老朋友。一见面就像老朋友一样。形容情投意合。

【一见钟*情】yījiàn-zhōngqíng

钟：集中。钟情：使感情集中，指感情专注于某人或某物。一见面就使自己的感情专注于对方。多指男女之间一见面就产生了爱情。

【一箭双雕】yījiàn-shuāngdiāo

雕：一种很凶猛的鸟。一支箭射中两只雕。形容射箭技术高超。后比喻一举两得。

【一举成名】yījǔ-chéngmíng

举：指被推举提拔或科举时考中；后又指行动，做。旧指读书人一旦被推举或科举及第便有了名声。后泛指做了某一件事就出了名。

【一举两得】yījǔ-liǎngdé

举:行动,做。得:收获。做一件事而同时有两种收获。

【一举一动】yījǔ-yīdòng

一个举止一个动作。指每一个举动。

【一决雌雄】yījué-cíxióng

见"决一雌雄"。

【一蹶不振】yījué-bùzhèn

蹶:跌倒。振:振作,奋起。一跌倒就再也爬不起来了。比喻一受到挫折就再也振作不起来了。

【一刻千金】yīkè-qiānjīn

刻:古代计时的单位;古代以铜漏计时,一昼夜分为一百刻。一刻:一个刻度,指短暂的时间。金:古代计算货币的单位,先秦以黄金二十两或二十四两为一金,汉代以黄金一斤为一金,后代又以银一两称一金。千金:指很多钱。短暂的时间相当于很多的钱。形容时间极其宝贵。

【一孔之见】yīkǒngzhījiàn

孔:小洞。从一个小窟窿中所看到的。比喻狭隘片面的见解。古代一般用来指责他人,现在多用作自谦之辞。

【一口咬定】yīkǒu-yǎodìng

一口咬住不放。指嘴巴始终如一地坚决肯定。形容坚持自己的看法,决不改变。

【一口应允】yīkǒu-yīngyǔn

一:全,满。满口答应。

【一览无余*】yīlǎn-wúyú

览:看。余:剩余。看一下就没有剩余的了。指一下子就可把所有的东西都看在眼里。

【一劳永逸】yīláo-yǒngyì

辛劳一次就能永远安逸。指把事情办好以后就可不再费力。

【一了*百了*】yīliǎo-bǎiliǎo

了:了结,完成。百:形容多。一件主要的事情了结了,与它相关的很多事情也都跟着了结。

【一鳞半爪】yīlín-bànzhǎo

鳞:指龙身上的鳞片。一个鳞片半只脚爪。原指龙在云中时隐时现,或露一鳞,或露半爪。比喻事物的零星片段。

【一落千丈】yīluò-qiānzhàng

一下子跌落上千丈。指陡然低落。原形容声音一下子降低,现多用来形容境况、地位等急剧下降。

【一马当先】yīmǎ-dāngxiān

当:在。一匹马跑在前面。指作战时赶马冲在前面。比喻领先,起带头作用。

【一马平川】yīmǎ-píngchuān

平川:地势平坦的地方。一片能跑马的平地。形容地势平坦宽广。

【一脉相承】yīmài-xiāngchéng

脉:血脉,引申指血统或系统。属于同一个血统或系统而互相继承下来。也作"一脉相传"。

【一脉相通】yīmài-xiāngtōng

一脉:一个系统。属于同一个系统而互相贯通。

【一毛不拔】 yīmáo-bùbá

一根汗毛也不肯拔下来给人。比喻极端吝啬。

【一面之词】 yīmiànzhīcí

一个方面的话。多指争执双方中一方所说的话。也作"一面之辞"。

【一面之交】 yīmiànzhījiāo

只见过一次面的交情。指来往不多而交情还不深。也作"一面之雅"。

【一鸣惊人】 yīmíng-jīngrén

一旦鸣叫就会使人震惊。《韩非子·喻老》[14-P.400]:"楚莊王莅政三年,無令發,無政爲也。右司馬御座而與王隱曰:'有鳥止南方之阜,三年不翅,不飛不鳴,嘿然無聲,此爲何名?'王曰:'三年不翅,將以長羽翼;不飛,將以觀民則。雖無飛,飛必冲天;雖無鳴,鳴必驚人。'"后化为成语,比喻平时默默无闻,一发表言论或一采取行动就使人震惊而出了名。

【一瞑不视】 yīmíng-bùshì

瞑:闭眼。一闭眼而不再看了。指人死了。

【一命呜呼】 yīmìng-wūhū

呜呼:表示哀叹的文言虚词,古代的祭文中常用它,后来便借用来指死亡。一条命可以哀叹了。指死亡。一般用于诙谐或嘲讽的语境中,所以多用来指卑微者或邪恶者的死亡,不用来表示自己所景仰的人的死亡。

【一模一样】 yīmú-yīyàng

同一个样子。

【一木难支】 yīmù-nánzhī

见"独木难支"。

【一目了﹡然】 yīmù-liǎorán

目:看。了然:明白,清楚。看一眼就清楚了。

【一目十行】 yīmù-shíháng

目:看。一看就是十行。形容天资聪颖而看书速度很快。

【一年半载】 yīnián-bànzǎi

载:年。一年或者半年。指不到一年的时间。形容时间不长。

【一年一度】 yīnián-yīdù

度:次。每年一次。

【一年之计在于春】 yī nián zhī jì zàiyú chūn

计:计划,打算。一年的计划能否实现取决于春季。指一年的收成取决于春耕春播。用来告诫人们抓紧开始时的工作,为以后的工作打好基础。

【一念之差】 yīniànzhīchā

差:差错。一个念头的差错。通常指引起严重后果的错误决策。

【一诺千金】 yīnuò-qiānjīn

诺:答应的声音,表示同意。金:古代计算货币的单位,先秦以黄金二十两或二十四两为一金,汉代以黄金一斤为一金。千金:指许多钱。许诺一声价值千金。形容说话算数。

【一拍即合】 yīpāi-jíhé

拍:打拍子,按照乐曲的节奏挥手或敲打。合:指合拍,即符合乐曲的节奏。一打拍子就符合乐曲的节奏。比喻一开始行动就互相投合。形容彼此之间情投意合,很容易协调一致。多用于贬义。

【一盘散沙】yīpán-sǎnshā

一盘子分散的沙子。比喻人心涣散而不团结。也比喻力量分散而没有组织起来。

【一偏之见】yīpiānzhījiàn

偏向于一个方面的看法。即片面的看法。

【一片冰心】yīpiàn-bīngxīn

一颗像冰一样晶莹明亮的心。比喻纯洁淡泊的心境。

【一贫如洗】yīpín-rúxǐ

一:全。彻头彻尾地贫穷,就像被水冲洗过一样。比喻穷得一无所有。也作"家贫如洗""赤贫如洗"。

【一抔黄土】yīpóu-huángtǔ

一抔:一捧。一捧黄土。借指坟墓。也用来指不多的土地。也用来比喻渺小、没落的势力。

【一暴十寒】yīpù-shíhán

暴:同"曝",晒。寒:使……寒冷,冻。晒一天而冻十天。《孟子·告子上》[8-P. 2751]:"虽有天下易生之物也,一日暴之,十日寒之,未有能生者也。"后化为成语,比喻努力的时间少而荒废的时间多。形容做事没有恒心。也作"一曝十寒"。

【一气呵成】yīqì-hēchéng

呵:呼气。一口气呼成。形容文章紧凑连贯。也比喻一口气把事情做完而中间不停顿。

【一钱不值】yīqián-bùzhí

不能和一个钱相当。形容毫无价值。

【一窍不通】yīqiào-bùtōng

窍:孔,洞,此指心脏中用于思维的孔洞。古人认为人心是思维的器官,有七个孔,思维就依靠这些孔洞进行。心中一个孔也不畅通。比喻脑子闭塞不灵通。现在用来比喻一点也不懂。

【一清二白】yīqīng-èrbái

第一是清楚,第二是明白。指清清楚楚明明白白。也指清廉纯洁而没有污点

【一清如水】yīqīng-rúshuǐ

一:全。完全清澈,像水一样。比喻十分清廉。

【一穷二白】yīqióng-èrbái

穷:贫穷,指工农业不发达。白:空白,指科学文化水平不高。第一是贫穷,第二是空白。形容贫穷落后。

【一丘之貉】yīqiūzhīhé

丘:土山。貉:一种形似狐狸的野兽。同一座土山上的貉。比喻没有差别的人或事物。后多比喻一样的坏人。

【一去不复返】yī qù bù fù fǎn

一离开就不再回来。也比喻一消除就不再恢复。

【一人得道,鸡犬升天】yīrén-

-dédào, jīquǎn-shēngtiān

一个人修得了仙道，他家里的鸡狗都能升上天堂。这是道家宣扬的一种迷信思想。王充《论衡·道虚》[104-P. 410]："(淮南)王遂得道，举家升天，畜产皆仙，犬吠于天上，鸡鸣于云中。此言仙药有余，犬鸡食之，并随王而升天也。"后化为成语，比喻一个人有了权势，和他有关系的人也都跟着飞黄腾达。一般用来讽刺任人唯亲的现象。

【一仍旧贯】yīréng-jiùguàn

一：全。仍：因袭。贯：惯例。完全按照过去的惯例。

【一日千里*】yīrì-qiānlǐ

一天跑上千里。原形容骏马跑得极快。后也形容人的进步或事业的进展极快。

【一日三秋】yīrì-sānqiū

秋：一年有一个秋天，所以"秋"用在数字后作量词时表示一年。一天就像三年一样长。《诗经·王风·采葛》[10-P. 333]："一日不见，如三秋兮。"指分别的时间虽然很短，却觉得很长。形容思念殷切，度日如年。也作"一日不见，如隔三秋"。

【一如既往】yīrú-jìwǎng

一：全。既：已经。往：过去。完全像已经过去的那样。也就是跟从前一样。

【一扫而空】yīsǎo'érkōng

一下子扫得光光的。比喻清除得干干净净，一点也不剩。也作"一扫而光"。

【一身是胆】yīshēn-shìdǎn

见"浑身是胆"。

【一声不响】yīshēng-bùxiǎng

一点儿声音也不发出来。指一句话也不说。

【一失足成千古恨】yī shīzú chéng qiāngǔ hèn

失足：没有把握住脚而跌倒，比喻堕落或犯严重错误。千古：千年万代。恨：遗憾。摔了一跤而成为永远的遗憾。比喻犯了那一次错误而成了终身的遗憾。

【一时半刻】yīshí-bànkè

时：时辰，古代把一昼夜分为十二个时辰，一个时辰相当于现在两个小时。刻：古代计时的单位；古代以铜漏计时，一昼夜分为一百刻。一刻：一个刻度，指短暂的时间。一个时辰或者半刻钟。指不长的时间。

【一世之雄】yīshìzhīxióng

一个时代的英雄豪杰。指一代最杰出的人。

【一事无成】yīshì-wúchéng

一件事也没有做成。形容毫无成绩。

【一视同仁】yīshì-tóngrén

一：一样。仁：仁爱。一样看待，同样施以仁爱。后指同样看待，不分厚薄。

【一手包办】yīshǒu-bāobàn

独自包揽一切来办理。即不让别人插手。

【一手一足】yīshǒu-yīzú

一只手一只脚。指一个人。形容单薄的力量。

【一手遮天】yīshǒu-zhētiān

一只手把天遮住。比喻依仗权势玩弄手法来蒙蔽群众。

【一丝不苟】yīsī-bùgǒu

一丝:一毫的十分之一。苟:苟且,马虎。一丝一毫也不马虎。形容做事仔细认真。

【一丝不挂】yīsī-bùguà

原为佛教用语,表示一丝一毫不牵挂。比喻不受世俗的任何牵累。后又用来表示一根丝线也不披挂,即赤身裸体。前一义都用在与佛教有关的诗文中,现在一般只用来表示后一义。

【一丝一毫】yīsī-yīháo

一丝:一毫的十分之一。一毫:一厘的十分之一。一丝和一毫。指微乎其微的一点点。

【一塌糊*涂】yītā-hútú

一:全。塌:垮了。糊涂:混乱。完全垮了,非常混乱。形容不可收拾,一团糟。

【一潭死水】yītán-sǐshuǐ

潭:深的水池。一池子不流动的水。比喻毫无生气、长期没有变化的沉闷之处。

【一统天下】yītǒng-tiānxià

一:全。统:统管,统治。天下:指全中国。完全地统管着全中国。指君主独揽一国大权。现在常用来

指不受上级指挥,把自己管辖的部门或地区变成独立王国。

【一团和气】yītuán-héqì

团:量词。一团温和的神气。原指态度和蔼。现在指无原则地和气待人,含贬义。

【一团漆黑】yītuán-qīhēi

见"漆黑一团"。

【一网打尽】yīwǎng-dǎjìn

打:捕捉。一撒网而捉光。比喻采取周密的行动而把整治的对象一下子全部抓获或彻底肃清。

【一往情深】yīwǎng-qíngshēn

一:专一。往:向往。一心向往而情意深厚。

【一往无前】yīwǎng-wúqián

一:专一。往:向前进。无前:没有在其前面的东西,无所阻挡。一直向前去而无所阻挡。指奋勇前进而能克服一切艰难险阻。

【一望而知】yīwàng'érzhī

一看就明了。

【一望无际】yīwàng-wújì

际:边。一眼望出去看不到边。形容非常辽阔。也作"一望无边""一望无垠"。垠(yín):边际。

【一文不名】yīwén-bùmíng

一文:一枚钱。不名:见"不名一钱"。一个铜钱也不能用铸钱人自己的姓名来命名。转指一个钱也没有。形容极其贫穷。

【一文不值】yīwén-bùzhí

一文：一枚钱。一个钱也不值。形容毫无价值。

【一问三不知】yī wèn sān bù zhī

问一声就回答三声不知道。表示不愿说。也指被问的人什么都不懂。

【一无可取】yīwúkěqǔ

一无：全无，一点没有。没有一点可取的地方。指毫无用处，不可接受。

【一无是处】yīwúshìchù

一：全。是：对，正确。没有一点对的地方。

【一无所长】yīwúsuǒcháng

长：擅长。所长：所擅长的，特长，专长。没有一点专长。

【一无所成】yīwúsuǒchéng

没有一点成就。

【一无所得】yīwúsuǒdé

得：得到。没有一点收获。也作"一无所获"。

【一无所取】yīwúsuǒqǔ

一点也没有拿。也指什么都没有得到。

【一无所失】yīwúsuǒshī

完全没有损失。

【一无所有】yīwúsuǒyǒu

一无：全无，一点没有。一点也没有拥有什么。指什么也没有。

【一无所知】yīwúsuǒzhī

一：全。什么也不知道。

【一无长物】yīwúchángwù

长（旧读 zhàng）物：多余的东西。没有一点多余的东西。形容很穷。

【一五一十】yīwǔ-yīshí

数数时常以五为单位数下去，如：一五，十，十五，一廿……。所以用"一五一十"来表示数数。也比喻叙述时按照次序、从头到尾、详细而没有遗漏。

【一物降一物】yī wù xiáng yī wù

降：降服，制服。一种东西制服另一种东西。指每一种东西一定有另一种东西来制服它。

【一误再误】yīwù-zàiwù

再：第二次。第一次失误了，第二次又失误。形容一再失去机会或一再犯错误。

【一息尚存】yīxī-shàngcún

息：气息。尚：还。存：存在。一口气还存在。即还有一口气，还没有死。

【一席之地】yīxízhīdì

铺一条席子的地方。指很小的一块地方。又比喻很小的地盘或最起码的资格。

【一厢情愿】yīxiāng-qíngyuàn

一厢：一方面。一方面的意愿。指不考虑对方是否愿意或客观条件是否许可的主观愿望。也作"一相情愿"。

【一笑置之】yīxiào-zhìzhī

笑一笑便把它搁在一边。表示不把它当回事。

【一泻千里】* yīxiè-qiānlǐ

泻:很快地往下流。一流下去就达上千里。形容水流得又快又远。也比喻文章气势奔放。

【一蟹不如一蟹】 yī xiè bùrú yī xiè
一种蟹不及一种蟹。指后来的蟹越来越差。比喻一个比一个差,越来越不行。

【一心二用】 yīxīn-èryòng
心:指思维的器官(这是古人的传统观念)。一颗心同时用在两处。指不专心。

【一心一德】 yīxīn-yīdé
德:心意,信念。同一种思想,同一种信念。指大家一条心,为同一种信念而奋斗。

【一心一意】 yīxīn-yīyì
一种心思,一种意念。指专心一意,没有其他的想法。

【一言不发*】 yīyán-bùfā
发:发表,说出。一句话也不说。

【一言既出,驷马难追】 yīyán-jìchū, sìmǎ-nánzhuī
驷马:同拉一辆车的四匹马。一句话已经说出口,就是四匹马拉的车也难以把它追回。指话一说出口,就无法收回了。

【一言九鼎】 yīyán-jiǔdǐng
鼎:古代烹煮用的器物,又被视为立国的重器,是政权的象征。九鼎:传说夏禹铸九鼎,象征九州,夏、商、周三代奉为传国之宝。一句话和九只鼎一样重。比喻说的话分量很重。形容说的话能起极大的作用。

【一言难尽】 yīyán-nánjìn
一句话难以把事情完全说清楚。形容事情复杂或有难言之隐。

【一言堂】 yīyántáng
只有一句话的店堂。原是旧时商店内匾额上的题字,表示其商品不二价。现用来比喻领导作风不民主,由他一个人说了算。

【一言为定】 yīyán-wéidìng
一说出就是确定的。表示说话守信用,不再更改或反悔。

【一言一行】 yīyán-yīxíng
一句话和一个行动。也指每一句话、每一个行动。

【一言以蔽之】 yī yán yǐ bì zhī
蔽:遮盖,引申为概括。用一句话来概括它。

【一叶蔽目,不见泰山】 yīyè-bìmù, bùjiàn-tàishān
一片树叶遮住眼睛,就连高大的泰山也看不见了。比喻被局部的或暂时的现象所蒙蔽,看不到全局或整体。也作"一叶障目,不见泰山"。

【一叶知秋】 yīyè-zhīqiū
看到一片落叶,就知道秋天来临。比喻通过个别的细微的现象可以了解到整个形势的变化。

【一衣带水】 yīyīdàishuǐ
一条衣带那样狭窄的河流。形容一水之隔,往来很方便。

【一以当十】 yīyǐdāngshí
当:抵挡。一个人可用来抵挡十

个敌人。形容作战勇猛。

【一以贯之】yīyǐguànzhī

用一种道理来贯穿它。指用一种思想或理论贯穿其全部学说、言论或行动。

【一意孤行】yīyì-gūxíng

一心一意独自行事。指不听劝告,按自己的想法去做。

【一应俱全】yīyīng-jùquán

一:全。一切应该有的都齐备了。

【一隅之见】yīyúzhījiàn

隅:角落。只看到一个角落的见解。指片面的见解。

【一语道破】yīyǔ-dàopò

道:说。破:揭穿。一句话就说穿了。

【一语破的】yīyǔ-pòdì

的:箭靶,比喻要害。一句话就揭穿了要害。

【一张一弛】yīzhāng-yīchí

张:弓绷上弦,比喻紧张。弛:弓卸下弦,比喻松弛。一方面紧张,一方面松弛。原指周文王、周武王治国时有严有宽,宽严相济。《礼记·杂记下》[13-P. 1567]:"張而不弛,文、武弗能也;弛而不張,文、武弗爲也;一張一弛,文、武之道也。"后用作成语,喻指工作、生活的安排有紧有松,劳逸结合。

【一着不慎,满盘皆输】yīzhāo-bùshèn, mǎnpán-jiēshū

一着:下棋时下一子或走一步。

慎:小心。关键的一步棋不当心走错了,全盘棋就都输了。比喻关键的问题没有慎重处理好,会导致全局性的失败。

【一朝一夕】yīzhāo-yīxī

朝:早晨。一个早晨一个晚上。指极短的时间。

【一针见血】yīzhēn-jiànxiě

刺一针就看到血。比喻说话直截了当,一下子就揭出要害。

【一针一线】yīzhēn-yīxiàn

一根缝衣针和一根线。比喻微不足道的财物。

【一知半解】yīzhī-bànjiě

一……半……:表示不多。只知道一点点,理解得也不透彻。

【一纸空文】yīzhǐ-kōngwén

一:全,满。满纸空洞的文字。指只写在纸上而不能付诸实施或没有兑现的法令、规定、计划、条约等。

【一掷千金】yīzhì-qiānjīn

掷:扔。金:古代货币单位,先秦以黄金二十两或二十四两为一金,汉代以黄金一斤为一金。千金:指许多钱。原指一次赌注下很多钱。后又指一次花很多钱,形容大肆挥霍。

【一字不苟】yīzì-bùgǒu

一个字也不马虎。形容写字、作文章非常认真,决不草率。

【一字千金】yīzì-qiānjīn

金:古代货币单位,先秦以黄金二十两或二十四两为一金。一个字值一千金。原指能改动一个字就赏赐千金。《史记·吕不韦列传》[9-P.418]："吕不韦乃使其客人人著所聞，集論以爲八覽、六論、十二紀，二十餘萬言。以爲備天地萬物古今之事，號曰《吕氏春秋》。布咸陽市門，懸千金其上，延諸侯游士寶客有能增損一字者予千金。"后化为成语，指诗文或书法写得好，价值高。

【一字一板】 yīzì-yībǎn

板：民族音乐和戏曲中的节拍。一个字就是一个节拍。形容说话从容清晰。

【一字一珠】 yīzì-yīzhū

一个字就像一颗珍珠。形容歌声圆润。也形容文字精练。

【一字之师】 yīzìzhīshī

修改一个字的老师。指为别人修改一个字而能使其诗文更为出色或消除其错误的人。

【衣钵相传】 yībō-xiāngchuán

佛教禅宗师徒间传授道法，常以传授袈裟和钵盂为信，故称传授道法为"衣钵相传"。后泛指一般师徒之间思想、学问、技能等的传授。

【衣不蔽体】 yībùbìtǐ

衣服遮不住身体。形容衣服破烂。

【衣冠楚楚】 yīguān-chǔchǔ

楚楚：通"　　"（chǔchǔ），鲜明整洁的样子。衣服帽子穿戴得整齐漂亮。也作"衣冠齐楚"。

【衣冠禽兽】 yīguān-qínshòu

穿着衣服戴着帽子的禽兽。指表面上一本正经，实际上品德极坏、行为卑劣、如同禽兽的人。

【衣锦还乡】 yījǐn-huánxiāng

衣（旧读 yì）：穿。锦：有彩色花纹的丝织品，古代常用来制作礼服。穿着锦缎衣服回到故乡。旧指做官以后穿着官服返回故乡。也泛指荣归故里。

【衣锦夜行】 yījǐn-yèxíng

衣（旧读 yì）：穿。穿着锦缎衣服在夜里行走。比喻不在众人面前显耀自己的荣华富贵。

【衣来伸手，饭来张口】 yīlái-shēnshǒu，fànlái-zhāngkǒu

衣服送上来只要伸手去穿，饭菜端上来只要张开嘴巴吃。形容不劳而获、坐享其成的享乐生活。

【衣衫褴褛】 yīshān-lánlǚ

褴褛：（衣服）破烂。衣衫破烂。也作"衣衫蓝缕"。

【衣食父母】 yīshí-fùmǔ

供给穿的吃的而如同父母一样的人。比喻赖以生活的人。

【衣食住行】 yīshí-zhùxíng

穿的、吃的、居住的、出行要用的。泛指生活上的基本需要。

【依然故我】 yīrán-gùwǒ

依然：仍旧。故：旧，从前的。仍然是从前的我。指自己和过去一样，没有什么变化。

【依然如故】 yīrán-rúgù

依然：仍旧。故：旧，原来的。依旧和过去一样。

Y

【依头顺脑】yītóu-shùnnǎo

依、顺：依从，顺从。依从别人的头脑。指完全依顺别人的想法去做事。

【依违两可】yīwéi-liǎngkě

依：依从，赞成。违：违背，反对。两可：两者都可以。赞成也可以，反对也可以。指模棱两可，不明确表示是赞成还是反对。

【依样画葫芦】yī yàng huà húlu

样：样子，供人模仿的东西。依照样子来画葫芦。比喻单纯模仿，毫无创新。

【依依不舍*】yīyī-bùshě

依依：互相依偎不忍分离的样子，形容留恋。舍：舍弃，放手。互相依偎不肯放手分开。泛指互相依恋而不忍分离。

【依依惜别】yīyī-xībié

依依：不忍分离的样子。惜：舍不得。十分依恋而舍不得分别。

【仪表堂堂】yíbiǎo-tángtáng

仪表：人的外表，包括容貌、体态、风度等。堂堂：庄严大方的样子。仪表端庄大方。用于形容男子。

【怡然自得】yírán-zìdé

怡然：愉快的样子。自得：自己感到舒适满足。高兴得自己感到很得意。形容心情舒畅，非常满足。

【怡然自乐】yírán-zìlè

高兴得自己感到很快乐。

【贻害无穷】yíhài-wúqióng

贻：遗留。留下的祸害无穷无尽。

【贻人口实】yírén-kǒushí

见"授人口实"。

【贻笑大方】yíxiào-dàfāng

贻：留。方：道。大方："大方之家"的略语，原指懂得大道的人，后泛指见多识广的专家。给行家留下笑柄。也就是让内行的人笑话。也作"见笑大方"。见：被。

【移风易俗】yífēng-yìsú

移：改变。风：风俗，风气。易：变换。改变风气，变换习俗。指改变旧的风俗习惯。

【移花接木】yíhuā-jiēmù

移：移动，指移植。接：连接，指嫁接。把一种花木的枝条移植嫁接在另一种花木上。比喻使用手段暗中更换人或物，以达到骗人的目的。

【移山倒海】yíshān-dǎohǎi

移动高山，倾倒大海。原来形容神仙法术的神奇。现在形容人类征服自然的力量和气魄的伟大。

【遗臭万年】yíchòu-wànnián

遗：遗留。臭：指丑恶的名声。遗留下坏名声上万年。指永远受人唾骂。

【遗老遗少】yílǎo-yíshào

前一朝代遗留下来仍忠于前一朝代的老年人和年轻人。泛指留恋旧时代、思想陈腐顽固的人。

【遗闻轶事】yíwén-yìshì

轶：通"佚"，散失。遗留下来的传闻与未经史书记载的事迹。

【颐神养性】yíshén-yǎngxìng

颐:保养。保养精神,调理情性。

【颐养天年】yíyǎng-tiānnián

保养自然的寿命。指保养身体以延长寿命。

【颐指气使】yízhǐ-qìshǐ

颐:面颊。用脸色来指挥,用神气来支使。指不说话而用面部表情来示意指使人。形容有权势的人倨傲的神态。

【疑人勿使,使人勿疑】yírén--wùshǐ,shǐrén-wùyí

怀疑的人就别任用,任用他就不要再怀疑。

【疑神疑鬼】yíshén-yíguǐ

一会儿怀疑神,一会儿怀疑鬼。指疑这疑那。形容疑虑重重。

【疑团莫释】yítuán-mòshì

释:解开。积聚成团的怀疑解不开。

【以暴易暴】yǐbào-yìbào

易:换,替换。用强暴代替强暴。多指统治者变了,强暴的统治没变。也指用一种暴力替代另一种暴力。

【以德报德】yǐdé-bàodé

用恩惠来报答恩惠。

【以德报怨】yǐdé-bàoyuàn

用恩惠来报答怨恨。指不记别人的仇,反而给他好处。

【以德服人】yǐdé-fúrén

用自己的德行使人信服。

【以毒攻毒】yǐdú-gōngdú

攻:治。原为中医用语,指用含有毒性的药物来治疗毒疮等疾病。比喻用坏人所使用的狠毒手段来对付坏人的狠毒。

【以讹传讹】yǐ'é-chuán'é

讹:错误。拿错误的东西去传播,结果传播了错误。

【以耳代目】yǐ'ěr-dàimù

拿耳朵代替眼睛。指不亲自去观察了解,只听信传闻。也作“以耳为目”(把耳朵当作眼睛)。

【以攻为守】yǐgōng-wéishǒu

用进攻的方法作为防御的手段。

【以古非今】yǐgǔ-fēijīn

用赞成古代的手段来否定现在。

【以观后效】yǐguānhòuxiào

以此来观察以后的效果。指对犯法或犯错误的人从宽处理后,看他以后是否有改正的表现。

【以管窥天,以蠡测海】yǐguǎn--kuītiān,yǐlí-cèhǎi

见“管窥蠡测”。

【以己度人】yǐjǐ-duórén

度:揣度,推测。用自己的想法去揣测别人。

【以假乱真】yǐjiǎ-luànzhēn

用假的来搞乱真的。指用假的来冒充真的,使真假混杂而难以分辨。也作“以伪乱真”。伪:假。

【以儆效尤】yǐjǐngxiàoyóu

儆:告诫,警告。效:效法,仿效。尤:过错。以此来警戒那些学做坏事的人。指对犯法或犯错误的人进行惩治，用来警告步其后尘的人。

【以酒浇愁】 yǐjiǔ-jiāochóu

见"借酒浇愁"。

【以泪洗面】 yǐlèi-xǐmiàn

用眼泪洗脸。形容非常悲伤，流泪不止。

【以礼相待】 yǐlǐ-xiāngdài

相：偏指性副词，指别人。用应有的礼节待人。

【以理服人】 yǐlǐ-fúrén

用道理说服人。

【以力服人】 yǐlì-fúrén

用强力制服人。

【以邻为壑】 yǐlín-wéihè

壑：沟。把邻国当作排洪的沟壑。比喻把祸害转嫁给别人或把困难推给别人。

【以卵投石】 yǐluǎn-tóushí

拿鸡蛋投掷石头。比喻不自量力，自取灭亡。也作"以卵击石"。

【以貌取人】 yǐmào-qǔrén

根据相貌来选取人才。

【以偏概全】 yǐpiān-gàiquán

偏：片面。拿片面的情况来概括全部。指把局部的情况当作全面的情况。

【以其昏昏，使人昭昭】 yǐ qí hūnhūn, shǐ rén zhāozhāo

拿自己的糊涂去使别人明白。指拿自己的糊涂认识去开导人。

【以其人之道，还治其人之身】 yǐ qí rén zhī dào, huán zhì qí rén zhī shēn

还：返回，反过来。用那个人的方法，反过来整治那个人本身。就是用他对付别人的办法来对付他。也作"即以其人之道，还治其人之身"。即：就。

【以强凌弱】 yǐqiáng-língruò

依靠自己的强大去欺凌弱小者。

【以勤补拙】 yǐqín-bǔzhuō

用勤奋来弥补笨拙。

【以求一逞】 yǐqiúyīchěng

逞：得逞，指卑劣的目的得到实现。以此来求得一次得逞。

【以屈求伸】 yǐqū-qiúshēn

用弯曲来求得伸展。比喻以暂时的退缩忍让来求得以后的扬眉吐气。

【以权谋私】 yǐquán-móusī

用自己的权力谋取私利。

【以人废言】 yǐrén-fèiyán

根据人品废弃其言论。指因为某人有错误或地位低，就舍弃他所有的言论主张。

【以柔克*刚】 yǐróu-kègāng

用柔弱的手段来制服刚强者。

【以身试法】 yǐshēn-shìfǎ

用自身去尝试法令。指无视法令，明知故犯。

【以身殉职】 yǐshēn-xùnzhí

殉：为了达到某种目的而牺牲自己的生命。把自己的生命献给了本职工作。

【以身作则】 yǐshēn-zuòzé

身:自身。则:准则,楷模。把自己作为榜样。指拿自己的好作风、好行动作为别人效法的准则。形容起好的带头作用。

【以势压人】 yǐshì-yārén

用权势压制别人。

【以守为攻】 yǐshǒu-wéigōng

用防御的方法作为进攻的手段。指加强防御来克敌制胜。

【以售其奸】 yǐshòuqíjiān

售:推销。以此来推行他的奸计。

【以往鉴来】 yǐwǎng-jiànlái

鉴:镜子,引申为借鉴。把过去的经验教训作为将来办事的借鉴。

【以文会友】 yǐwén-huìyǒu

用文章来结交朋友。指彼此之间通过文章的交流而结成朋友。

【以小见大】 yǐxiǎo-jiàndà

通过小的来揭示大的。指通过小事的描写来显示大道理,通过小问题的揭露使人看到大问题。常用于文艺评论。

【以小人之心,度君子之腹】 yǐxiǎorén zhī xīn, duó jūnzǐ zhī fù

小人:道德品质不好的人。君子:有道德的人。用小人那种卑劣的心理去揣测君子高尚的心胸。原是一种自谦的说法,指用自己的浅陋之心来推断对方的心意。后多用于指斥人。

【以血洗血】 yǐxuè-xǐxuè

用血来洗去血迹。指用杀死仇敌的手段来讨还血债。

【以眼还眼,以牙还牙】 yǐyǎn-huányǎn, yǐyá-huányá

用瞪眼来回击瞪眼,用牙咬来回击牙咬。比喻用对方所使用的手段来还击对方。《旧约·申命记·第十九章》[105-P.236]:"你眼不可顾惜,要以命偿命,以眼还眼,以牙还牙,以手还手,以脚还脚。"

【以一当十】 yǐyī-dāngshí

当:抵挡。用一个人来抵挡十个敌人。形容作战勇猛。现在也把"当"理解为"相当",表示一个人能抵十个人,形容能干。

【以一儆百】 yǐyī-jǐngbǎi

儆:警戒,戒备。用惩罚一个人的办法来警戒上百人。指惩处少数人来使多数人警惕戒备而不为非作歹。也作"以一警百"。

【以逸待劳】 yǐyì-dàiláo

用安逸来对付疲劳。指作战时先养精蓄锐或埋伏一部分有生力量,待来攻的或撤退的敌人疲劳后再出击。

【以意逆志】 yǐyì-nìzhì

意:心意,想法。逆:迎,引申指推测。用自己设身处地的体会去推测别人的心意。

【以怨报德】 yǐyuàn-bàodé

用怨恨来报答别人给予的恩惠。

【以直报怨】 yǐzhí-bàoyuàn

直:正直,公正。用公正的态度来报答别人的怨恨。

【以子之矛,攻子之盾】yǐzǐzhīmáo, gōngzǐzhīdùn

用您的矛来刺击您的盾。《韩非子·难势》[14-P. 971]:"人有鬻矛與楯者,譽其楯之堅:'物莫能陷也。'俄而又譽其矛曰:'吾矛之利,物無不陷也。'人應之曰:'以子之矛,陷子之楯,何如?'其人弗能應也。"后化为成语,比喻利用对方的误说来攻击对方。

【倚财仗势】yǐcái-zhàngshì

倚、仗:仗恃。倚仗财产与权势。形容有钱有势者有恃无恐地干坏事。

【倚老卖老】yǐlǎo-màilǎo

倚:仗恃。倚仗年纪大,卖弄老资格。

【倚门傍户】yǐmén-bànghù

倚、傍:依靠。依靠人家。指奴仆依赖他人而不能自立。也比喻附和他人而自己没有独立的见解。

【倚门卖笑】yǐmén-màixiào

倚:靠着。靠在大门上卖笑脸。指娼妓装出笑脸倚门待客。也作"倚门卖俏"。

【亿万斯年】yìwànsīnián

亿:古代指十万,今指万万。斯:助词,无实义。亿万年。极言年代长久。

【义不容辞】yìbùróngcí

义:道义。容:允许。从道义上来说不允许推辞。

【义愤填膺】yìfèn-tiányīng

义愤:由正义感所产生的愤怒。膺:胸。由正义感所产生的愤怒充满了胸膛。指对非正义的事情极其愤怒。

【义无反顾】yìwúfǎngù

反:同"返",返回。顾:回头。根据道义绝不回头。指为了正义的事业勇往直前而不退缩。

【义形于色】yìxíngyúsè

义:正义。形:表现。支持正义的态度表现在脸色上。

【义正辞严】yìzhèng-cíyán

义:合宜的道理。道理正确,措辞严厉。

【艺不压身】yìbùyāshēn

技艺不会压迫身子。指多学会一些技能本领不会成为自身的负担。表示掌握的技能越多越好。

【议论纷纷】yìlùn-fēnfēn

纷纷:多而杂乱的样子。意见多而杂乱。

【亦步亦趋】yìbù-yìqū

亦:也。步:步行,走。趋:小步快走。别人慢走自己也慢走,别人快走自己也快走。《庄子·田子方》[3-P. 706]:"颜淵問於仲尼曰:'夫子步亦步,夫子趨亦趨,夫子馳亦馳,夫子奔逸絕塵,而回瞠若乎後矣。'"后化为成语,比喻一味模仿别人、追随别人。

【异端邪说】yìduān-xiéshuō

异端:不同的一方,指不同于正统思想的主张或学说。邪:邪恶,不正。说:学说。与正统思想相异的学说与歪理。

【异乎寻常】 yìhūxúncháng

乎:于。不同于平常。

【异军突起】 yìjūn-tūqǐ

一支与众不同的军队突然出现。比喻一支新生的力量突然兴起。

【异口同声】 yìkǒu-tóngshēng

不同的嘴巴里发出相同的声音。指很多人的说法一致。

【异曲同工】 yìqǔ-tónggōng

不同的曲调同样工巧。比喻不同的辞章、言论、行动等同样出色巧妙。

【异想天开】 yìxiǎng-tiānkāi

奇异地设想天空会裂开。指想法十分离奇,完全不切合实际。

【抑强扶弱】 yìqiáng-fúruò

抑制强暴的,扶助弱小的。

【抑扬顿挫】 yìyáng-dùncuò

抑:压低。扬:提高。顿:停顿。挫:转折。一会儿降低,一会儿抬高,又有停顿,又有曲折。形容音乐或诗文气势等高低停折,和谐而有节奏。

【易地而处】 yìdì'érchǔ

易:交换。彼此交换位置来处置。指换位思考后再来办事。

【易如反掌】 yìrúfǎnzhǎng

容易得就像翻一下手掌。形容极其容易。

【逸闻轶事】 yìwén-yìshì

逸、轶:通"佚",散失。散失在外的传闻与未经史书记载的事迹。

【意到笔随】 yìdào-bǐsuí

意:意念。心中想到什么地方,笔也就跟到什么地方。形容文思敏捷,运笔自如。

【意气风发*】 yìqì-fēngfā

意志和气概像风刮起来一样。形容精神振奋,气概豪迈。

【意气相投】 yìqì-xiāngtóu

意气:志趣和脾气。投:投合。彼此在志趣和性格上十分投合。

【意气扬扬】 yìqì-yángyáng

扬扬:神气十足而得意的样子。情绪和神气高昂而得意。形容气概豪迈或心中得意。

【意气用事】 yìqì-yòngshì

意气:心中一时激动而产生的情绪。用事:行事,处理事情。凭一时的感情冲动来办事。

【意味深长】 yìwèi-shēncháng

意味:含蓄的情趣韵味。意趣韵味深远。指含意深刻而耐人寻味。

【意想不到】 yìxiǎng-bùdào

意想:料想。心里没有事先想到。即在意料之外。

【意在言外】 yìzàiyánwài

意思在言词之外。指说话、作文时没有把意明白说出,真正的用意在言词的表面意义之外。

【溢美之辞】 yìměizhīcí

溢:过分。过分赞美的言词。也作"溢美之词""溢美之言"。

【溢于言表】 yìyúyánbiǎo

溢:充满而流出来。思想感情等在言语表达时已充分流露出来。形容词热情洋溢。也作"溢于言外"。

【毅然决然】 yìrán-juérán

毅然:刚强而果断的样子。意志坚定,十分坚决。

【因材施教】 yīncái-shījiào

因:根据。材:资质。施:施行。根据各个学生的资质来进行教育。

【因地制*宜】 yīndì-zhìyí

因:根据。宜:适当,指适宜的办法。根据各地的具体情况来制定适宜的办法。

【因祸得福】 yīnhuò-défú

因为灾祸而获得了幸福。指遭受祸患后,由于主观努力或碰到某种机遇,使坏事变成了好事。

【因利乘便】 yīnlì-chéngbiàn

因、乘:凭借。凭借便利的条件。

【因陋就简】 yīnlòu-jiùjiǎn

因:因袭,依着。就:将就,凑合。依顺简陋而将就着。指听任其粗陋简单而不求改进。后指利用原来简陋的基础办事,尽量节约。

【因人成事】 yīnrén-chéngshì

因:凭借,依靠。依靠别人的力量办成事情。

【因人而异】 yīnrén'éryì

随着人的不同而不同。

【因人施教】 yīnrén-shījiào

因:根据。施:施行。根据各人的具体情况来进行教育。

【因人制*宜】 yīnrén-zhìyí

根据各人的情况来制定相宜的方法。

【因任授官】 yīnrèn-shòuguān

因:根据。任:能力,才能。根据各人的才能来授予适当的官职。

【因时制*宜】 yīnshí-zhìyí

因:根据。宜:适宜,指适当的方法。根据当时的具体情况来制定适宜的措施。

【因事制*宜】 yīnshì-zhìyí

根据事情的具体情况来采取相宜的办法。

【因势利导】 yīnshì-lìdǎo

因:顺。势:趋势。利:有利。导:引导。顺着事物发展的趋势向有利的方面加以引导。

【因小失大】 yīnxiǎo-shīdà

因为贪图小利而失去了大利或受到了重大的损失。

【因循守旧】 yīnxún-shǒujiù

因循:沿袭。沿袭原有的做法,死守老一套。指不能创新。

【因循坐误】 yīnxún-zuòwù

因循:沿袭。坐误:不主动采取行动而耽误,坐失(良机)。沿袭老一套而不求创新,拖拖拉拉不采取行动而把事情耽误了。

【因噎废食】 yīnyē-fèishí

噎:食物塞住喉咙。废:废弃。食:吃。因为吃饭噎住了,就废除吃饭。比喻做事时出了一点小毛病就停止不干了。

【**阴差阳错**】yīnchā-yángcuò

阴、阳：是我国古代两个相对的哲学概念，指构成万事万物的一对正反矛盾的物质基因，世界上的一切，如天与地、日与月、昼与夜、火与水、热与寒、夏与冬、亮与暗、动与静、外与内、男与女等都分属于阳和阴。"阴差阳错"本为古代历数术语，后用来比喻冥冥之中产生的意外差错。也作"阴错阳差"。

【**阴魂不散**】yīnhún-bùsàn

阴魂：阴间的灵魂，人死后的灵魂。人死了而其灵魂没有消散。比喻坏人、坏事虽已成过去，但其恶劣的影响并没有完全消除，仍在暗中起作用。

【**阴谋诡计**】yīnmóu-guǐjì

阴谋：暗地里策划的秘密计谋。诡计：狡诈的计策。暗中策划的阴险狡诈的计策。含贬义。

【**阴山背后**】* yīnshān-bèihòu

阴：山的北面。山的北面和后面。泛指没有阳光的地方。

【**阴阳怪气**】yīnyáng-guàiqì

阴、阳：是我国古代两个相对的哲学概念，指构成万事万物的一对正反矛盾的物质基因，世界上的一切，如天与地、日与月、男与女等都分属于阳和阴。气：古代哲学概念，指构成宇宙万物的物质基因，阴、阳便是"气"中的一对基因。阴、阳二气达到某种和谐程度后生成的基因为"和气"(中和之气)，否则为"怪气"(怪异之气)。不阳又不阴而生成的怪异之气。比喻不男又不女的怪异气派。形容态度、说话、神情等矫揉造作、怪里怪气。

【**音容宛在**】yīnróng-wǎnzài

音：指说话的声音。宛：仿佛。说话时的声音容貌好像还在眼前。多用作对死者的怀念之词。

【**音容笑貌**】yīnróng-xiàomào

说话时的声音面容和欢笑时的神态。多用作对死者的怀念之词。

【**殷鉴不远**】yīnjiàn-bùyuǎn

殷：商朝后期迁都于殷(在今河南省安阳市)，所以殷便成了商朝的称号。鉴：镜子，引申为可借鉴的教训。可供商朝借鉴的教训并不远。《诗经·大雅·荡》[10-P. 554]："殷鉴不远，在夏后之世。"指商朝离夏朝灭亡的时间并不长，应该从夏朝的灭亡中吸取教训。后用作成语，比喻前人的教训就在眼前，应该引以为戒。

【**吟风弄月**】yínfēng-nòngyuè

吟咏玩弄风花雪月。指描写风花雪月等自然景物。引申指写作时脱离现实生活。也作"吟风咏月"。

【**银样镴枪*****头**】yínyàng làqiāng-tóu

镴：锡和铅的合金，颜色和银相似，很软，通常叫作焊锡或锡镴，可作焊接材料。枪：古代的一种兵器，长柄，在一头装有尖锐的金属头。颜色像银子一样的镶制枪头。比喻外表好看,实际不中用。

【淫词艳曲】 yíncí-yànqǔ

淫秽的歌词,谈情说爱的歌曲。

【寅吃卯粮】 yínchīmǎoliáng

寅、卯:十二地支的第三位、第四位,我国夏历纪年使用十二地支,寅年在卯年之前。寅年吃卯年的粮食。等于说今年吃明年的粮食。比喻预先挪用以后的款项。形容经济困难,入不敷出。

【引而不发*】 yǐn'érbùfā

引:拉弓。发:射。拉满了弓却不把箭射出去。指教射箭的人摆出射箭的样子,让学者观摩。比喻善于引导或控制。也比喻作好准备,伺机行事。

【引吭高歌】 yǐnháng-gāogē

引:拉开,伸展。吭:喉咙。放开嗓子,大声歌唱。

【引虎自卫】 yǐnhǔ-zìwèi

招引老虎来保卫自己。比喻依靠恶势力来保卫自己,结果将会遭殃。

【引火烧身】 yǐnhuǒ-shāoshēn

惹火焚烧自己。比喻自讨苦吃。也比喻主动暴露自己的问题,争取批评帮助。

【引经据典】 yǐnjīng-jùdiǎn

引:引用,援引。据:依据。援引经典著作,以经典著作为依据。指引用经典著作中的语句或故事作为自己的论据。

【引咎自责】 yǐnjiù-zìzé

引:拉。咎:过失,罪过。引咎:把过失归到自己身上。承认过失,责备自己。形容勇于承担事故的责任。

【引狼入室】 yǐnláng-rùshì

把狼引进内室。比喻把敌人或坏人引到内部。

【引人入胜】 yǐnrén-rùshèng

胜:胜境,美妙的境界。引导人进入优美的境界。现多用来形容名胜古迹、山水风景或文艺作品美不胜收,能吸引人。

【引人注目】 yǐnrén-zhùmù

目:看。注目:注视。吸引别人注意地看。

【引以为戒】 yǐnyǐwéijiè

引:拿过来。拿过来把它作为自己的鉴戒。指把别人或自己的教训作为鉴戒而提醒自己不要再犯类似的错误。

【引玉之砖】 yǐnyùzhīzhuān

招引宝玉的砖。比喻为了引出别人的高明见解而率先发表的粗浅意见。多用作自谦之辞。

【饮恨吞声】 yǐnhèn-tūnshēng

饮恨:把怨恨吞到肚里。吞声:把哭声咽下去。把怨恨埋进心底而不哭出声来。形容遭受屈辱与压迫时不敢公开表露自己的怨恨与痛苦。

【饮泣吞声】 yǐnqì-tūnshēng

把眼泪咽到肚里,把哭声吞下去。指眼泪只能往肚里流,不敢哭出声来。形容极度悲伤却又不敢表露。

【饮食男女】 yǐnshí-nánnǚ

饮食:喝与吃,指食欲。男女:男女之间发生关系,指性欲。吃喝与男女关系。指食欲、性欲等人天性中最基本的欲望。

【饮水思源】 yǐnshuǐ-sīyuán

喝水时想到水的来源。比喻不忘本。

【饮鸩止渴】 yǐnzhèn-zhǐkě

鸩:一种羽毛有毒的鸟,借指用鸩羽泡成的毒酒。喝毒酒来制止口渴。比喻只图解决目前的困难而不惜采取有严重后果的办法。

【隐恶扬善】 yǐn'è-yángshàn

隐讳别人的恶行而宣扬别人的善行。

【隐晦曲折】 yǐnhuì-qūzhé

隐晦:不明显。曲折:不直截了当。指说话或写文章隐约其辞、转弯抹角。

【隐姓埋名】 yǐnxìng-máimíng

隐瞒表示其真实身份的姓名。

【隐约其辞】 yǐnyuē-qící

隐约:不明显,不清楚,这里用作使动词。使自己的话语不清楚明白。指躲躲闪闪而不肯直说。

【应有尽有】 yīngyǒu-jìnyǒu

应该有的全都有了。形容一切齐备。

【英雄气短】 yīngxióng-qìduǎn

短:缺少。英雄的气概不足。指有才志的人因遭到挫折或被儿女私

情、男女爱情所拖累而丧失了进取心。

【英雄所见略同】 yīngxióng suǒ jiàn lüè tóng

所见:看法,见解。智勇出众的人见解大致相同。常用来赞美与自己见解相同的各方。现多用于笑谑。

【英雄无用武之地】 yīngxióng wú yòngwǔ zhī dì

智勇出众的人没有动用武力的地方。比喻有才能的人没有施展才能的地方或机会。

【英姿焕发*】 yīngzī-huànfā

焕发:光彩四射。英俊威武的姿态光彩照人。形容英勇而精神饱满。

【英姿飒爽】 yīngzī-sàshuǎng

飒爽:豪迈而矫健。英俊威武的姿态豪迈而矫健。形容姿态英武,精神焕发。

【莺歌燕舞】 yīnggē-yànwǔ

黄莺歌唱,燕子飞舞。形容美好的春光。现在也用来形容大好的形势。

【鹦鹉学舌】 yīngwǔ-xuéshé

鹦鹉:一种能模仿人说话声音的鸟。鹦鹉学人说话。比喻别人怎么说,他也跟着怎么说。

【迎风招展】 yíngfēng-zhāozhǎn

招展:摆动舒展。对着风摆动舒展。多指旗帜随风飘扬。

【迎刃而解】 yíngrèn'érjiě

刃:刀口。解:分开。对着刀口分开。原指劈竹子时,头上几节破开

后,下面的就迎着刀口自己裂开了。比喻方法适当,将主要问题解决后,其他的问题就能顺利地得到解决。

【迎头赶上】 yíngtóu-gǎnshàng

迎:冲着,对着。对准最前面的加紧追上去。

【迎头痛击】 yíngtóu-tòngjī

迎头:迎面,当头。痛:尽情地,狠狠地。迎面予以沉重的打击。

【营私舞弊】 yíngsī-wǔbì

营:谋求。舞弊:玩弄手段做坏事。谋求私利,玩弄欺骗手段做违法的或不合规定的事。

【蝇头微利】 yíngtóu-wēilì

像苍蝇头那么大的小利。形容极小的利益。也作"蝇头小利"。

【蝇营狗苟】 yíngyíng-gǒugǒu

营:谋利钻营。苟:苟且马虎,指不知廉耻。像苍蝇一样飞来飞去谋利钻营,像狗一样摇尾乞怜苟且偷生。形容人没有廉耻之心,到处钻营,追逐名利。

【郢书燕说】 yǐngshū-yānshuō

郢:地名,周代楚国的都城,即今湖北省荆州市西北之纪南城。书:信。燕:周代国名,在今河北省北部一带。郢地人写的信,燕国人作了穿凿附会的解释。《韩非子·外储说左上》[14-P. 689]:"郢人有遗燕相國書者,夜書,火不明,因謂持燭者曰:'舉燭。'云而過書'舉燭'。'舉燭',非書意也。燕相受書而說之曰:'舉燭者,尚明也;尚明也者,舉賢而任之。'燕相

白王,王大說,國以治。治則治矣,非書意也。"后化为成语,比喻穿凿附会,曲解原著的本意。

【应对如流】 yìngduì-rúliú

应:回答。对:回答。回答起来像流水一样。形容反应敏捷而答话流利,滔滔不绝。也作"应答如流""对答如流"。

【应付裕如】 yìngfù-yùrú

应付:对付,设法处置。裕如:丰富充足的样子,指能力充足,办法很多。对付起来能力、办法绰绰有余。指待人接物、处理事情时从容不迫,胜任愉快。

【应付自如】 yìngfù-zìrú

如:依从。自如:依从自己,随心如意,指活动或操作时不受阻碍。对付起来得心应手,顺当自然。指待人接物、处理事情时从容自然、得心应手。

【应接不暇】 yìngjiē-bùxiá

暇:空闲。应付接待毫无空闲。形容景物多得来不及看。也形容来人或事情多得来不及接待应付。

【应运而生】 yìngyùn'érshēng

运:命运,气数。顺应了命运而降生。也指顺应时势而产生。

【庸人自扰】 yōngrén-zìrǎo

扰:扰乱,使混乱不安。平庸的人自己把事情搞得乱糟糟。指不高明的人无事生非,自惹麻烦;或本来没有问题而自己瞎着急。

【雍容尔雅】 yōngróng-ěryǎ

雍容：温和大方而从容不迫。尔：通"迩"，近。雅：正。尔雅：近正，指言词标准文雅，也指人正派而有才华。温和大方，从容不迫，正派文雅。形容人有教养。也作"雍容大雅"。

【雍容华贵】yōngróng-huáguì

温和大方，华丽高贵。形容妇女的容姿服饰有贵族气派，气质非凡。

【永垂不朽】yǒngchuí-bùxiǔ

垂：流传下去。永远流传而不会磨灭。形容伟大的人物、光辉的事迹、崇高的精神等永不磨灭。

【永生永世】yǒngshēng-yǒngshì

永生：佛教用语，指人的灵魂永久不灭，死后可投胎再生，永远生存下去。永世：人从出生到死亡为一世，今世过后又有来世，一直延续下去称为"永世"。今生今世到来生来世乃至无穷即为"永生永世"，表示永久存在而没有尽期。也就是永远的意思。

【永无止境】yǒngwúzhǐjìng

永远没有尽头。

【永志不忘】yǒngzhì-bùwàng

志：记。永远记住不忘记。

【勇而无谋】yǒng'érwúmóu

勇敢而没有谋略。

【勇往直前】yǒngwǎng-zhíqián

往：向前去。勇敢地一直向前进。

【用兵如神】yòngbīng-rúshén

使用军队作战就像神仙一样。形容指挥高明，变化莫测。

【用非所学】yòngfēisuǒxué

实际应用的并不是所学的东西。

【用尽心机】yòngjìn-xīnjī

机：机关，比喻周密而巧妙的计谋。用尽了心中的机谋。指用尽心思进行谋划。

【用武之地】yòngwǔzhīdì

动用武力的地方。指宜于用兵打仗的地方。比喻能施展才能的地方。

【用心良苦】yòngxīn-liángkǔ

用心：动尽脑筋，认真思索。良：很。尽力思索而非常辛苦。现在也指怀有某种特别的念头而费尽心机。

【优柔寡断】yōuróu-guǎduàn

优柔：犹豫不决。寡：少。犹豫不决，缺乏决断。

【优胜劣败】yōushèng-lièbài

优良的胜利而低劣的失败。原指生物在生存竞争中，优良的品种竞争力强而获胜，从而保存了下来；低劣的品种竞争力弱而失败，从而被淘汰。后用来比喻人类社会中的类似现象，如弱肉强食等等。也作"优胜劣汰"。

【优哉游*哉】yōuzāi-yóuzāi

优、游：悠闲的样子。哉：感叹词。悠闲啊悠闲啊。指从容自得，悠闲无事。

【忧国忧民】yōuguó-yōumín

为国家和人民的命运前途担忧。

【忧患余*生】yōuhuàn-yúshēng

忧患:困苦患难。余生:大灾难后幸存的生命。饱经困苦灾难而侥幸保留下来的生命。

【忧心忡忡】yōuxīn-chōngchōng

忡忡:忧愁不安的样子。忧愁的心情非常沉重。形容心事重重,忧愁不安。

【忧心如焚】yōuxīn-rúfén

忧愁的心情像火烧一样。指心里非常忧虑焦急。

【悠然自得】yōurán-zìdé

悠然:悠闲的样子。自得:自己感到很得意。悠闲舒适而心满意足。形容态度从容,心情舒畅。

【悠闲*自在】yōuxián-zìzài

闲暇舒适,自由自在。形容闲适而不受拘束。

【由浅入深】yóuqiǎn-rùshēn

从浅到深。

【由衷之言】yóuzhōngzhīyán

衷:内心。出自内心的话。

【犹豫不决】yóuyù-bùjué

迟疑动摇而不能决断。指拿不定主意。

【油腔滑调】yóuqiāng-huádiào

油、滑:不严肃,不诚恳。腔、调:指说话的声气、语调。腔调油滑。指说话轻浮油滑。

【油然而生】yóurán'érshēng

自然而然地产生。

【油头粉面】yóutóu-fěnmiàn

头上抹了发油,脸上涂了白粉。

形容打扮得过分而显得轻浮俗气。

【油头滑脑】yóutóu-huánǎo

油、滑:不严肃,不诚恳,圆滑。头脑圆滑。形容人轻浮而狡猾。

【油嘴滑舌】yóuzuǐ-huáshé

油、滑:不严肃,不诚恳,圆滑。口舌圆滑。形容说话圆滑虚伪。

【游*刃有余*】yóurèn-yǒuyú

移动刀刃有余地。形容刀刃来往自如,得心应手。《庄子・养生主》[3-P.119]载,庖丁宰牛,技术很熟练,他熟悉牛的关节,对文惠君说:"彼節者有閒,而刀刃者無厚;以無厚入有閒,恢恢乎其於遊刃必有餘地矣。"后化为成语,比喻技术熟练,做起事来得心应手、毫无阻碍。

【游*山玩水】yóushān-wánshuǐ

游览观赏山水景色。也指到处游玩。

【游*手好闲*】yóushǒu-hàoxián

游手:使双手闲荡,指不劳动。好闲:喜欢闲荡。游荡懒散不工作,喜欢闲适干事。

【游*移不定】yóuyí-bùdìng

左右移动而不固定。形容态度、措施、方针等摇摆不定,经常变化。

【有案可稽】yǒu'àn-kějī

案:档案,案卷。稽:查考。有档案文件可以查考。指有证据可查。也作"有案可查"。

【有板有眼】yǒubǎn-yǒuyǎn

板、眼:民族音乐和戏曲中的节拍,每小节中最强的第一个拍子叫板,其余的拍子叫眼。既有强拍子又有弱拍子。指演奏民族乐器或演唱戏曲时严格按照节拍。比喻说话做事严肃认真而合乎规矩。

【有备无患】 yǒubèi-wúhuàn

有了准备就不会有祸患。

【有的放矢】 yǒudì-fàngshǐ

的:箭靶子。矢:箭。有了箭靶子再射箭。比喻有了明确的目的再行动。形容说话做事有针对性。

【有福同享,有难同当】 yǒufú-tóng-xiǎng, yǒunàn-tóngdāng

有幸福共同享受,有灾祸共同承受。也作"有福有享,有祸同当"。

【有过之而无不及】 yǒu guò zhī ér wú bùjí

有超过它的地方而没有不如它的地方。用于比较。

【有机可乘】 yǒujī-kěchéng

乘:趁,利用。有机会可以利用。指有空子可钻。

【有加无已】 yǒujiā-wúyǐ

已:停止。只有增加而没有停止。

【有教无类】 yǒujiào-wúlèi

类:种类,类别。对各种人都进行教育而不区分类别。指教育学生时不管其贵贱贤愚而一视同仁。

【有口皆碑】 yǒukǒu-jiēbēi

皆:都。碑:石碑,过去常用来记载人的功德。所有的嘴巴都成了记载他功德的石碑。比喻被所有的人称赞。

【有口难辩】 yǒukǒu-nánbiàn

虽然有嘴巴,也很难分辩。指说不清,难以使人相信自己的话。

【有口难言】 yǒukǒu-nányán

有了嘴巴却很难开口说话。指有所忌讳而不好说或不敢说。

【有口无心】 yǒukǒu-wúxīn

有口头的意见,但没有心机。指嘴上喜欢乱说,毫无忌讳,心里却没有恶意。

【有来有往】 yǒulái-yǒuwǎng

有来的有去的。比喻别人对自己怎样,自己也待别人怎样。

【有利可图】 yǒulì-kětú

有利益可以谋取。

【有名无实】 yǒumíng-wúshí

只有空洞的名义或名声而没有实际的东西。

【有目共睹】 yǒumù-gòngdǔ

睹:看见。有眼睛的都看见。指极其明显,人人都看见。

【有目共赏】 yǒumù-gòngshǎng

有眼睛的都赞赏。指看见的人都赞美。形容东西好。有时也指让有眼力的人共同来欣赏。

【有凭有据】 yǒupíng-yǒujù

有凭证有证据。形容证据非常确凿。

【有其父必有其子】 yǒu qí fù bì yǒu qí zǐ

有什么样的父亲就一定会有什么样的儿子。

Y

【有气无力】yǒuqì-wúlì

只有呼吸而没有气力。形容疲劳不堪，无精打采。

【有钱能使鬼推磨】yǒu qián néng shǐ guǐ tuīmò

有了钱可以使唤鬼来推拉石磨。比喻有了钱什么事情都能办得到。也作"有钱使得鬼推磨"。

【有钱有势】yǒuqián-yǒushì

有钱财又有势力。

【有求必应】yǒuqiú-bìyìng

有人来请求就一定答应。

【有伤风化】yǒushāng-fēnghuà

对风俗教化有损害。指言语或行动违背传统道德。

【有生以来】yǒushēng-yǐlái

从有了生命一直到现在。即从出生到现在。

【有生之年】yǒushēngzhīnián

有生命的年岁。指未来的生活岁月。

【有声有色】yǒushēng-yǒusè

有声音，有颜色。形容说话、表演或写文章等既生动又形象。

【有识之士】yǒushízhīshì

有见识的人。多指政治上有远见卓识的人。

【有始无终】yǒushǐ-wúzhōng

有开头而没有结尾。形容做事不能坚持到底。

【有始有终】yǒushǐ-yǒuzhōng

有开头也有结尾。形容做事能坚持到底。

【有恃无恐】yǒushì-wúkǒng

恃：依仗，依靠。因为有所依仗而不害怕。

【有损无益】yǒusǔn-wúyì

有损害而没有好处。也指有减少而没有增加。

【有天无日】yǒutiān-wúrì

只有天空而没有太阳。比喻社会黑暗。也比喻言语、行为不正常。也作"有天没日"。

【有条不紊】yǒutiáo-bùwěn

有条理而不紊乱。

【有条有理】yǒutiáo-yǒulǐ

很有条理。形容说话、做事或秩序不杂乱。

【有头无尾】yǒutóu-wúwěi

有开头而没有结尾。指不完整。也指做事有始无终。

【有头有脸】yǒutóu-yǒuliǎn

有头有面孔。比喻有地位有名望。

【有头有尾】yǒutóu-yǒuwěi

有开头又有结尾。形容连贯完整。也指做事能坚持到底。

【有闻必录】yǒuwén-bìlù

只要听见就一定把它记录下来。指不加选择，不管是非真伪，把听到的全都记录下来。

【有隙可乘】yǒuxì-kěchéng

隙：缝隙。乘：利用。有漏洞可以利用。指有空子可钻。

【有血有肉】yǒuxuè-yǒuròu

有血液有肌肉。比喻文艺作品形象生动,内容充实。

【有言在先】yǒuyán-zàixiān

已经有话说在前面。多表示在先前已有过诺言或保证。

【有眼不识泰山】yǒu yǎn bù shí Tài Shān

泰山:我国的名山,为五岳之首,在今山东省,比喻有地位、名望、有本领的人。有了眼睛却不认识泰山。比喻眼界狭小,浅陋无知,认不出地位高或本领大的人。常用作向对方赔礼道歉的话。

【有眼无珠】yǒuyǎn-wúzhū

有了眼睛却没有眼珠。用来批评人瞎了眼。比喻没有分辨能力。多用来指看不见某人的尊贵、某事的重要或某物的珍贵。

【有一无二】yǒuyī-wú'èr

只有一个,没有第二个。形容非常难得。

【有意无意】yǒuyì-wúyì

好像是有意识的,也好像是无意识的。多指某种言行看似无意而实则有意。

【有勇无谋】yǒuyǒng-wúmóu

有勇气但没有智谋。形容鲁莽。

【有勇有谋】yǒuyǒng-yǒumóu

既有勇气又有计谋。

【有冤报冤,有仇报仇】yǒuyuān--bàoyuān, yǒuchóu-bàochóu

有了冤仇就向冤家仇人进行报复。

【有缘千里 *来相会】yǒuyuán qiān lǐ lái xiānghuì

有缘分的人即使相隔千里之远,也一定会来会合的。

【有约在先】yǒuyuē-zàixiān

在先前已经有过约定。

【有则改之,无则加勉】yǒuzé-gǎizhī, wúzéjiāmiǎn

加:加以。指对于别人所指出的缺点错误,如果自己有,就把它改正;如果自己没有,就作为借鉴来勉励自己。

【有增无减】yǒuzēng-wújiǎn

只有增加而没有减少。形容越来越多,越来越厉害。

【有朝一日】yǒuzhāo-yīrì

朝:日,天。有一天就是那样一个日子。指将来总会有那么一天。

【有志不在年高】yǒu zhì bù zài nián gāo

有志气不在于年龄大。指年轻人也可以有远大的志向而大有作为。

【有志者事竟成】yǒu zhì zhě shì jìng chéng

有志气的人,事情终究能办成。指有决心有毅力的人最终一定能成功。

【诱敌深入】yòudí-shēnrù

诱:引诱。引诱敌人纵深地进入我方的战略防御地带。指把敌人引进来,使它处于不利地位。

【迂回*曲折】yūhuí-qūzhé

迂回:回旋,环绕。绕来绕去而弯弯曲曲。指道路弯曲环绕。也形容事物的发展过程反复有波折,或说话做事不直截了当。

【于今为烈】yújīn-wéiliè

于:在。烈:厉害。在现在更为厉害。形容比过去大有发展。

【于事无补】yúshì-wúbǔ

对事情没有什么补益。

【于心何忍】yúxīn-hérěn

在心里怎么能忍受?表示实在不忍心(用于表达自己硬不起心)或不应该忍心(用于指责别人硬心肠)。

【余*音缭绕】yúyīn-liáorào

缭绕:回旋。歌唱或演奏后剩留在耳边的声音回旋不去。形容歌声或乐曲优美动人,令人难忘。

【余*音袅袅】yúyīn-niǎoniǎo

袅袅:延续不绝的样子。歌唱或演奏后剩留在耳边的声音延续不绝。形容歌声或乐曲婉转悠扬。也用来形容文章意味深长。

【余*音绕梁*】yúyīn-ràoliáng

歌唱后剩留的声音仍盘旋于屋梁之间。形容歌声优美动听,使人久久不忘。

【余*勇可贾】yúyǒng-kěgǔ

余:剩余。勇:勇力。贾:卖。还有剩余的勇力可以出卖。指力量尚未用尽,还有剩余的力量可以使出来。形容壮士勇力过人。

【鱼贯而入】yúguàn'érrù

贯:连贯。像游鱼那样一个接一个地连着进去。

【鱼龙混杂】yúlóng-hùnzá

鱼和龙混合掺杂在一起。比喻各种各样的人混在一起,好坏优劣难以分辨。

【鱼米之乡】yúmǐzhīxiāng

盛产鱼和大米的乡村。指土地肥沃、农业发达、水产丰盛的富庶地区。大多用来形容江南地区。

【鱼目混珠】yúmù-hùnzhū

混:蒙混,冒充。拿鱼的眼睛冒充珍珠。比喻用假的、次的冒充真的、好的。

【鱼肉百姓】yúròu-bǎixìng

把老百姓当作鱼肉。比喻残酷地压榨、剥削人民。

【鱼死网破】yúsǐ-wǎngpò

渔网中的鱼死了,渔网也因为鱼的拼命挣扎而破了。比喻对抗的双方同归于尽或损失惨重。

【瑜不掩瑕】yúbùyǎnxiá

瑜:玉的光彩,比喻优点。瑕:玉上的斑点,比喻缺点。玉的光彩不能掩盖其斑点。比喻优点掩盖不了缺点。

【愚不可及】yúbùkějí

及:赶上,比得上。愚蠢得别人都及不上。原指装傻装得别人都不如他傻。即大智若愚,非常人所能及。《论语·公冶长》[25-P.2475]:"子曰:'甯武子邦有道则知,邦无道则愚。

其知可及也,其愚不可及也。'"后多指极其愚蠢。

【愚公移山】yúgōng-yíshān

愚公:虚拟的人名。愚公移走大山。《列子·汤问》[40-P.159]:"太形、王屋二山,方七百里,高萬仞,本在冀州之南、河陽之北。北山愚公者,年且九十,面山而居。懲山北之塞,出入之迁也,聚室而謀曰:'吾與汝畢力平險,指通豫南,達于漢陰,可乎?'雜然相許。……河曲智叟笑而止之曰:'甚矣,汝之不惠!以殘年餘力,曾不能毀山之一毛,其如土石何?'北山愚公長息曰:'汝心之固,固不可徹,曾不若孀妻弱子。雖我之死,有子存焉;子又生孫,孫又生子;子又有子,子又有孫;子子孫孫,無窮匱也;而山不加增,何苦而不平?'河曲智叟亡以應。操蛇之神聞之,懼其不已也,告之於帝。帝感其誠,命夸蛾氏二子負二山,一厝朔東,一厝雍南。自此,冀之南、漢之陰無隴斷焉。"后化为成语,比喻做事有决心、有毅力,不怕任何困难。

【愚昧无知】yúmèi-wúzhī

愚:愚笨,不聪明。昧:昏乱糊涂,不明白。愚蠢糊涂而没有知识。

【愚者千虑,必有一得】yúzhě-qiānlù,bìyǒu-yīdé

千:形容多。一:形容少。愚笨的人考虑上千次,一定会有一点收获。常用来谦指自己的见解浅陋而微不足道。

【与虎谋皮】yǔhǔ-móupí

谋:商量,谋求。和老虎商量取下它的皮。比喻跟凶暴的人商量有害于他的事。形容不可能达到目的的商议,表示要恶人放弃自己的利益是办不到的。

【与君一夕话,胜读十年书】yǔjūn yī xī huà,shèng dú shí nián shū

和您谈一个晚上的话,胜过读十年书。指与人交谈的时间虽短,却受益匪浅。

【与民更始】yǔmín-gēngshǐ

更始:重新开头,除旧布新。和人民一起重新开始。指领导者与人民一起除旧布新,改革政治。

【与民同乐】yǔmín-tónglè

和人民一起享乐。形容领导者与人民同甘共苦。

【与人方便,自己方便】yǔrén-fāngbiàn,zìjǐ-fāngbiàn

给别人方便,自己也会方便。指做了有利于别人的事,自己也会有好处。

【与人为善】yǔrén-wéishàn

为:做。和别人一起做好事。后引申指帮助别人做好事。现指善意地对待别人、帮助别人。

【与日俱增】yǔrì-jùzēng

俱:一起。和日子一起增长。指随着时间的推移不断增长。形容增长、发展很快。

【与时俱进】yǔshí-jùjìn

俱:一起。和时间一起前进。指

紧跟时势不断进取。

【与世长辞】yǔshì-chángcí

和人世长久地告别。原指避世隐居。今多指逝世。

【与世沉浮】yǔshì-chénfú

和世人一起随着世俗潮流或沉下去或浮起来。比喻缺乏主见而随波逐流。

【与世推移】yǔshì-tuīyí

世：时代，社会。推移：发展变动。和时代与社会一起发展变动。指随着社会的变化而变化，随着时代的发展而发展。

【与世无争】yǔshì-wúzhēng

和世人没有什么争执抢夺。形容不图名利、超然物外。

【与世偃仰】yǔshì-yǎnyǎng

偃：仰面倒下。和世人一起倒下和抬头。形容缺乏主见而随波逐流。也作"与世俯仰"。俯：低头，与"仰"相对。

【与众不同】yǔzhòng-bùtóng

和众人不一样。也指跟众多的普通事物不一样。

【予人口实】yǔrén-kǒushí

见"授人口实"。

【羽毛丰*满】yǔmáo-fēngmǎn

小鸟的羽毛已长足。比喻已经成熟或有了雄厚的实力。

【羽毛未丰*】yǔmáo-wèifēng

丰：丰满。小鸟的羽毛还没有长满。比喻还没有成熟或力量还不够

强大。

【雨过天晴】yǔguò-tiānqíng

雨势过去，天放晴了。比喻情况由坏转好或政治形势由黑暗动乱转为光明安定。也作"雨过天青"。

【雨后*春笋】yǔhòu-chūnsǔn

春天下雨后的竹笋。此时竹笋一下子长出很多，而且长得很快，所以用"雨后春笋"比喻又多又快地涌现出来的新事物。用作比喻时，多和"像""如"等连用。

【语不惊人死不休】yǔ bù jīngrén sǐ bù xiū

写作时使用的词语如果不能使人震惊，那么到死也不肯罢休。形容写诗文时十分刻苦认真，其用语一定要达到很高的境界。

【语妙天下】yǔmiào-tiānxià

言语的美妙在天下独一无二。形容言语出众，精辟生动。现在常用于讽刺，形容言语滑稽可笑。

【语无伦次】yǔwúlúncì

伦：条理。次：次序。说话没有条理次序。形容说话、作文时词语的使用颠三倒四。

【语焉不详】yǔyān-bùxiáng

焉：之，它。说到了它却并不详细。

【语言无味】yǔyán-wúwèi

语言枯燥乏味。也指说话庸俗无聊。

【语重心长】yǔzhòng-xīncháng

话语诚恳慎重而有分量，情意深

长而想得很远。

【玉不琢,不成器】 yù bù zhuó,bù chéng qì

玉不加雕琢,就不能成为器物。《礼记·学记》[13-P.1521]:"玉不琢,不成器;人不學,不知道。"后用作成语,比喻人不学习,就不能成为有用的人才。

【玉成其事】 yùchéng-qíshì

玉成:像对待玉器一样成全,是表示"成全"的敬辞。成全这件事。指成全好事,多指成全婚事。

【玉石俱焚】 yùshí-jùfén

美玉和石头一起烧毁。比喻好的和坏的一起毁灭。

【玉碎珠沉】 yùsuì-zhūchén

美玉破碎,明珠沉没。比喻美女死去。

【玉液琼浆】 yùyè-qióngjiāng

见"琼浆玉液"。

【郁郁*不乐】 yùyù-bùlè

郁郁:苦恼烦闷郁结在心里的样子。心里苦闷,很不快活。

【郁郁*葱葱】 yùyùcōngcōng

郁郁:草木茂密的样子。葱葱:草木青翠茂盛的样子。茂密而青翠。形容草木茂盛苍翠。也形容文章气势充沛而富于文采。

【郁郁*寡欢】 yùyù-guǎhuān

郁郁:苦闷郁结在心里的样子。寡:少。心里苦闷,缺少欢乐。

【浴血奋战】 yùxuè-fènzhàn

浴血:在血中洗澡,指在流血飞溅的环境中活动。在流血飞溅的战场上奋勇作战。形容顽强地拼死战斗。

【欲*罢不能】 yùbà-bùnéng

想停下来却不能够。形容不由自主。

【欲*盖弥彰】 yùgài-mízhāng

弥:更加。彰:明显。想掩盖事实真相,结果反而更加明显地暴露出来。

【欲*壑难填】 yùhè-nántián

壑:深谷。欲望这条深谷是难以填满的。形容人的欲望难以满足。

【欲*加之罪,何患无辞】 yùjiāzhīzuì,héhuànwúcí

之:他。患:担心,担忧。辞:话,指借口。想要给他横加罪名,哪里还要担心没有借口?指要陷害人,总能找到借口。

【欲*擒故纵】 yùqín-gùzòng

纵:放。想要捉住而故意先放掉。比喻为了控制住而故意先放松。

【欲*取姑与】 yùqǔ-gūyǔ

想要夺取他些什么,姑且先送给他些什么。指先施惠于对方而使其放松警惕,然后伺机夺取。

【欲*速则不达】 yù sù zé bù dá

想要快一点,反而不能达到目的。指急于求成而不顾条件是否成熟,就不能成功。

【欲*益反损】 yùyì-fǎnsǔn

益:增益。损:损害。想把事情

办好,结果反而搞坏了。形容事与愿违。

【愈演愈烈】 yùyǎn-yùliè

演:演变,发展。越发展越厉害。多指事态、情况等越来越糟。

【鹬蚌相争,渔翁得利】 yùbàng-xiāngzhēng,yúwēng-délì

鹬:一种长嘴水鸟。鹬和蚌互相争持,渔翁得到了好处。《战国策·燕策二》[46·P.1631]:"今者臣来,过易水,蚌方出曝,而鹬啄其肉,蚌合而拑其喙。鹬曰:'今日不雨,明日不雨,即有死蚌。'蚌亦谓鹬曰:'今日不出,明日不出,即有死鹬。'两者不肯相舍,渔者得而并禽之。"后化为成语,比喻双方争持,结果两败俱伤,让第三者得到了好处。也作"鹬蚌相持,渔翁得利"。

【冤沉海底】 yuānchén-hǎidǐ

冤情沉入海底。喻指冤案被搁置一边,无人顾问而得不到昭雪。

【冤各有头,债各有主】 yuāngè-yǒutóu,zhàigèyǒuzhǔ

冤仇分别有它的主谋者,欠债分别有借债的户主。指报仇讨债时各有主要的对象,不会累及他人。也作"冤有头,债有主"。

【冤家路窄】 yuānjiā-lùzhǎi

仇人走的路似乎特别狭窄。指仇人或不愿见到的对头偏偏容易相遇,无法避开。也作"冤家路狭"。

【冤家宜解不宜结】 yuānjiā yí jiě bùyí jié

仇人之间应该解除冤仇而不应该纠缠旧账继续结仇。常用作劝解之词。

【冤冤相报】 yuānyuān-xiāngbào

对于别人的仇恨用仇恨来报答。指仇人之间不停地互相报复。

【原封不动】 yuánfēng-bùdòng

封:封口。原来的封口没动过。比喻完全保持原样,一点也没有变动。

【原形毕露】 yuánxíng-bìlù

毕:完全。本来的面目完全暴露。用于贬义。

【原原本本】 yuányuánběnběn

原原:追究根源。本本:追究根本。原指追究事物的本源。现指叙述时从头到尾都按原来的样子。形容详尽地叙述而不走样。

【圆凿方枘】 yuánzáo-fāngruì

见"方枘圆凿"。

【缘木求鱼】 yuánmù-qiúyú

缘:攀援。爬上树木去找鱼。比喻方向或方法不对头,一定会劳而无功,达不到目的。

【源头活水】 yuántóu-huóshuǐ

水流发源地所流出来的不断流动着的水。比喻用之不尽的富有生命力的源泉和动力。

【源源不绝】 yuányuán-bùjué

源源:水流连续不断的样子。绝:断。水流滚滚而来,连续不断。也形容其他的东西接连不断。也作"源源不断"。

Y

【源源而来】yuányuán'érlái

接连不断地出现或来到。

【源远流长】yuányuǎn-liúcháng

源头遥远,流程很长。比喻历史悠久,延续不断。

【远见卓识】yuǎnjiàn-zhuóshí

远大的眼光和卓越的见识。

【远亲不如近邻】yuǎnqīn bùrú jìnlín

远处的亲戚不及附近的邻居。指邻居虽然从血缘关系上来说不如亲戚密切,但因为住得近而随时能帮上忙,所以其作用胜过远处的亲戚。

【远水不解近渴】yuǎnshuǐ bù jiě jìnkě

远处的水不能解除近处的口渴。比喻遥远的东西、未来的实施计划、缓慢的解决办法不能解决目前迫切需要解决的问题。

【远水不救近火】yuǎnshuǐ bù jiù jìnhuǒ

远处的水不能用来扑灭近处的火。比喻遥远的东西、未来的实施计划、缓慢的解决办法不能解决目前迫切需要解决的问题。也作"远水救不了近火"。

【远走高飞】yuǎnzǒu-gāofēi

走:跑。跑得远远的,飞得高高的。指离开原来的地方而到遥远的地方去。也指摆脱困境,去寻找光明的前途。

【怨气冲*天】yuànqì-chōngtiān

怨恨的情绪冲上天空。形容怨恨的情绪十分强烈。

【怨气满腹】yuànqì-mǎnfù

满肚子是怨恨的情绪。形容怨恨的情绪很强烈。

【怨入骨髓】yuànrùgǔsuǐ

怨恨到骨头里面去。形容怨恨极深,深恶痛疾。

【怨声载道】yuànshēng-zàidào

怨恨的声音充满道路。形容怨恨和不满的情绪普遍而且强烈。

【怨天尤人】yuàntiān-yóurén

尤:归罪,责怪。抱怨上天,责怪别人。指遇到挫折或出了问题之后,只归咎于别人以及客观条件,不自我反省。

【约定俗成】yuēdìng-súchéng

经过共同商量而确定,由于习俗的作用而形成。指人们共同议定、习用而形成。

【约法三章】yuēfǎ-sānzhāng

约定法律三条。据《史记·高祖本纪》[9-P.75]记载,刘邦攻下秦朝都城咸阳后,废除了苛细的秦法,只"與父老约法三章耳:殺人者死,傷人及盜抵罪"。后用作成语,泛指订立简单的协定。

【月白风清】yuèbái-fēngqīng

月亮皎洁,微风凉爽。形容幽静美好的夜晚景色。

【月黑风高】yuèhēi-fēnggāo

没有月光,天很黑,风刮得很大。形容夜色阴森恐怖。

【月落星沉】yuèluò-xīngchén

　　月亮落下去了,星星消失了。指天快要亮了。

【月满则亏】yuèmǎnzékuī

　　月亮圆了就开始缺损。比喻事物发展到了极盛时期就会开始衰退。

【月明如水】yuèmíng-rúshuǐ

　　月光明亮得像水。形容月光皎洁。

【月明如昼】yuèmíng-rúzhòu

　　月光明亮,照得大地如同白昼。形容月光皎洁。

【月明星稀】yuèmíng-xīngxī

　　月光明亮,星星稀少。

【月下花前】yuèxià-huāqián

　　见“花前月下”。

【月下老人】yuèxià-lǎorén

　　月光底下的老年人。传说是主管婚姻的神人。李复言《续幽怪录》卷四[106-P.554]“定婚店”条载:韦固年少未娶,旅次宋城南店,遇一老人倚布囊坐于阶上,向月检书,韦固问他是什么书,答曰:“天下之婚牍耳。”又问囊中何物,答曰:“赤绳子耳,以系夫妻之足。及其生,则潜用相系,虽雠敌之家,贵贱悬隔,天涯従　(宦),吴楚异乡,此绳一系,终不可逭(逃避)。”后化为成语,用来指媒人。

【月晕而风】yuèyùn'érfēng

　　晕:日光或月光通过云层中的冰晶时经折射而形成的光圈。月晕:月光被折射后在月亮周围形成的光圈,又称“风圈”。月亮有了光圈就要刮风。比喻事物变化前先有征兆出现。

【跃然纸上】yuèrán-zhǐshàng

　　跃然:活跃地呈现出来的样子。活跃地呈现在纸上。形容描写、刻画得极其生动逼真。

【跃跃欲试】yuèyuè-yùshì

　　跃:跳。跃跃:一跳一跳地,形容心情急迫而不能使自己安静不动。一跳一跳地想试试。形容迫切地想试一试。

【越俎代庖】yuèzǔ-dàipáo

　　越:越过,超越。俎:古代祭祀时盛牛羊等祭品的礼器。庖:厨师。原指“尸”(代表死者受祭的人)、“祝”(祭祀时主持祝告的人)越过自己所主管的礼器去代替厨师做事。《庄子·逍遥游》[3-P.24]:“庖人虽不治庖,尸祝不越樽俎而代之矣。”后化为成语,比喻超出自己的职务范围去处理别人所管的事。

【晕头转向】yūntóu-zhuànxiàng

　　晕:头昏。头脑昏乱,辨不清方向。

【芸芸众生】yúnyún-zhòngshēng

　　芸芸:众多的样子。众生:一切生物。纷纷然众多的生命。原为佛教用语,指一切有生命的东西。后也指普通大众。

【运筹帷幄】yùnchóu-wéiwò

　　运筹:运算谋划,筹划。帷幄:古代军中的帐幕。在军帐内谋划制定策略。也泛指在后方决定作战的策略来指挥作战。

【运蹇时乖】 yùnjiǎn-shíguāi

见"时乖命蹇"。

【运用自如】 yùnyòng-zìrú

如:依从。自如:依从自己,随心如意,指没有拘束,不受阻碍。运用起来得心应手,顺当自然。形容运用得非常熟练。

Y

Z

【杂乱无章】 záluàn-wúzhāng

章：条理。混杂繁乱而没有条理。

【杂七杂八】 záqī-zábā

……七……八：表示多而杂乱。夹杂着很多乱七八糟的东西。指十分杂乱。

【宰相肚里*好撑船】 zǎixiàng dù lǐ hǎo chēngchuán

好：可以。宰相的肚子里可以撑船。指大人物度量大，能宽容一切。

【再接再厉】 zàijiē-zàilì

接：接触，交战。厉：同"砺"，磨。再次交战再次磨砺。原指公鸡相斗时，再次交锋前再磨一下嘴。后比喻一次又一次地不断努力。

【再三再四】 zàisān-zàisì

三、四：泛指多。再次又再次。指反复多次。

【再生父母】 zàishēng-fùmǔ

使自己再次获得生命而如同父母一样的人。指救了自己性命或使自己摆脱了困境而恩同父母的人。

【再衰三竭】 zàishuāi-sānjié

"再而衰，三而竭"的缩略语。再：第二次。竭：竭尽。原指作战时第二次敲击战鼓士气就开始衰退，第三次敲击战鼓士气就没了。《左传·庄公十年》[16-P. 1767]："夫战，勇气也。一鼓作气，再而衰，三而竭。"后化为成语，指作战时士气越来越低落。也指力量一再消耗而已经衰竭。

【在此一举】 zàicǐyījǔ

在：在于，取决于。举：举动，举措。取决于这一次行动。形容某一行动具有决定性的关键作用。

【在劫难逃】 zàijié-nántáo

劫：佛教用语，梵语 kalpa 的译音"劫波"的略语。据古印度神话，梵天的一个白天是一个劫，等于人间的四十三亿二千万年（一说四百三十二万年），劫后有劫火出现，烧毁一切，然后重创一切，所以"劫"又引申指注定的灾难。处于注定的灾难之中难以逃脱。现也用来指不可避免的灾祸。

【在所不辞】 zàisuǒbùcí

包括在不推辞的范围里。表示决不推辞。

【在所不惜】 zàisuǒbùxī

在不吝惜的范围里。表示决不

吝惜。

【在所难免】 zàisuǒnánmiǎn

包括在难以避免的范围里。表示不可避免。

【在天之灵】 zàitiānzhīlíng

在天上的灵魂。迷信的人认为，好人死后灵魂可以升天，因而用"在天之灵"来尊称自己心目中所景仰的死者的灵魂。

【载歌载舞】 zàigē-zàiwǔ

载：助词。古代汉语中常用"载……载……"的句式来表示同时做两种动作。又唱歌又跳舞。形容欢乐的情景。

【载舟覆舟】 zàizhōu-fùzhōu

见"水能载舟，亦能覆舟"。

【暂劳永逸】 zànláo-yǒngyì

暂：短暂。短时间的劳苦，可以得到永久的安逸。

【赞不绝口】 zànbùjuékǒu

绝：断，停。不停口地称赞。

【臧否人物】 zāngpǐ-rénwù

臧否：褒贬，褒扬和贬损。赞扬和非议人物。指评论人物时论断其好坏。

【葬身鱼腹】 zàngshēn-yúfù

把身体埋葬于鱼肚之中。指淹死。

【糟糠之妻】 zāokāngzhīqī

糟糠：酒渣谷糠，泛指粗劣的食物。一起吃粗劣食物的妻子。指贫困时与自己一起受过苦的妻子

【凿凿有据】 záozáo-yǒujù

凿凿（旧读 zuòzuò）：确凿，真实。确确实实地有根据或证据。

【早出晚归】 zǎochū-wǎnguī

早晨外出，晚上回来。指整天在外。

【早知今日，悔不当初】 zǎozhījīnrì, huǐbùdāngchū

早知道现在像这样，真后悔当初没采取另一种行动。用于追悔从前做错了事。也作"早知如此，悔不当初"。

【造谣惑众】 zàoyáo-huòzhòng

制造谣言来迷惑群众。

【造谣生事】 zàoyáo-shēngshì

制造谣言来挑起事端。

【造谣中伤】 zàoyáo-zhòngshāng

中：遭受，这里是使动用法，表示"使……受到"。中伤：使人受到伤害。制造谣言来陷害别人。

【责无旁贷】 zéwúpángdài

贷：推卸。责任不能推卸给旁人。表示按理应该把责任负起来。

【责有攸归】 zéyǒuyōuguī

攸：所。责任有所归属。指责任由谁承担非常明确而不容推卸。

【择善而从】 zéshàn'ércóng

从：听从，依从。选择其中好的来依从。

【贼喊捉贼】 zéihǎnzhuōzéi

做贼的人叫人捉贼。比喻坏人诬陷别人是坏人，以此来混淆视听，

嫁祸于人而逃脱罪责。

【贼去关门】zéiqù-guānmén

去：离开。贼离开后才关好门。比喻出事以后才去防范。

【贼人心虚】zéirén-xīnxū

做贼的人内心不踏实。比喻做了坏事的人怕被发觉而心里惶恐不安。也作"贼人胆虚"。

【贼头贼脑】zéitóu-zéinǎo

像贼那样探头探脑。指举动鬼鬼祟祟，躲躲闪闪。

【债台*高筑*】zhàitái-gāozhù

台：土筑的高台。《汉书·诸侯王表·序》[5-P.391]："有逃责（债）之臺。"颜师古注："服虔曰：周赧王负責（债），無以歸之，主迫責（债）急，乃逃於此臺，後人因以名之。"逃债之台高高筑起。指欠债很多。

【沾亲带故】zhānqīn-dàigù

沾：稍微带有。故：老朋友。带着点亲戚、朋友的关系。

【沾沾自喜】zhānzhān-zìxǐ

沾沾：自鸣得意的样子。喜：高兴。洋洋得意地自己为自己高兴。形容自以为很好而洋洋得意的样子。

【瞻前顾后*】zhānqián-gùhòu

瞻：向前看。顾：回头看。看看前面又看看后面。形容做事谨慎，考虑周密。也形容观望徘徊，顾虑过多。

【斩草除根】zhǎncǎo-chúgēn

斩：砍伐。砍伐野草并除去草根。比喻铲除祸根，以免后患。

【斩钉截铁】zhǎndīng-jiétiě

砍断铁钉，切断铁块。比喻坚决干脆。

【斩尽杀绝】zhǎnjìn-shājué

尽：完，没有。绝：尽，穷尽。把人砍完杀光。指彻底消灭。

【展翅高飞】zhǎnchì-gāofēi

张开翅膀高高飞翔。比喻施展抱负，充分发挥自己的才能。

【崭露头角】zhǎnlù-tóujiǎo

崭：高出。头角：头顶左右的突出之处，比喻才华。突出地显露出额角。比喻年轻人显露出与众不同的才能。

【辗转反侧】zhǎnzhuǎn-fǎncè

辗转：翻滚。反侧：反覆。滚过来转过去，又翻过来侧过去。指翻来覆去睡不着。形容心事重重，寝不安席。

【战火纷飞】zhànhuǒ-fēnfēi

纷：多而杂乱的样子。战争的炮火多而杂乱地在空中飞来飞去。指战争十分激烈。

【战天斗*地】zhàntiān-dòudì

和天地战斗。指征服和改造大自然。

【战无不胜】zhànwúbùshèng

作战没有不胜利的。形容强大无比，可以战胜一切。

【战战兢兢】zhànzhànjīngjīng

战战：通"颤颤"，因恐惧而发抖的样子。兢兢：小心谨慎的样子。瑟瑟发抖而小心翼翼。形容畏惧谨慎的样子。

【战战栗栗】 zhànzhànlìlì

战战：通"颤颤"。栗栗：通"慄慄"，恐惧的样子。瑟瑟发抖而诚惶诚恐。形容恐惧发抖的样子。

【张灯结彩*】 zhāngdēng-jiécǎi

张：陈设。悬挂灯笼，系上彩绸。形容喜庆的场景。也作"悬灯结彩"。

【张冠李戴】 zhāngguān-lǐdài

把姓张的帽子戴在姓李的头上。比喻弄错了对象而使名实不符。

【张皇失措】 zhānghuáng-shīcuò

张皇：慌张。失措：不知所措。惊慌得不知怎么办才好。

【张口结舌】 zhāngkǒu-jiéshé

结舌：扎住舌头，指舌头像被扎住了一样不能动弹，比喻说不出话来。张着嘴而说不出话。形容紧张害怕或理屈词穷。

【张三李四】 zhāngsān-lǐsì

"张三"与"李四"都是假设的姓名，用来泛指常人或某些人。

【张牙舞爪】 zhāngyá-wǔzhǎo

张口露牙，挥舞脚爪。形容猛兽的凶相，也用来形容恶人的凶恶。

【獐头鼠目】 zhāngtóu-shǔmù

像獐子似的头又小又尖，像老鼠似的眼又小又圆。形容人容貌丑陋、神态奸诈。

【彰明较著】 zhāngmíng-jiàozhù

彰、明、较、著：都是明显的意思。

明明白白，清清楚楚。指极其明白显著。

【彰善瘅恶】 zhāngshàn-dān'è

瘅：憎恨。表彰好的，憎恨坏的。

【长他人志气，灭自己威风】 zhǎng tārén zhìqì，miè zìjǐ wēifēng

助长别人的气势，丢尽自己的威严气派。形容言行懦弱，屈从他人而无自信心。也作"长他人威风，灭自己志气"。

【掌上明珠】 zhǎngshàng-míngzhū

常在手掌里抚弄的夜明珠。比喻特别喜爱而倍加关怀的人，也特指极受父母疼爱的女儿。

【仗势欺人】 zhàngshì-qīrén

倚仗权势欺侮人。

【仗义疏财】 zhàngyì-shūcái

仗：依据。义：道义。疏：疏散，分发。讲求义气而把自己的钱财施舍给贫困的人。

【仗义执言】 zhàngyì-zhíyán

仗：依据。执：持。依据道义来把握其言论。指能伸张正义、说公道话。

【招兵买马】 zhāobīng-mǎimǎ

招募士兵，购买军马。指组织或扩充武装力量，也用来比喻组织或扩充人力。该语现在用来表示组织或扩充人力时，多含贬义。

【招贤纳士】 zhāoxián-nàshì

招揽接纳有德才的人。

【招降纳叛】 zhāoxiáng-nàpàn

招揽收罗敌方投降、叛变过来的人。现用来泛指网罗和重用坏人。

【招摇过市】zhāoyáo-guòshì

招摇：挥手摇身，指故意张扬炫耀自己，以引人注意。挥手摇身地经过街市。指在人多的地方炫耀自己。含有贬义。

【招摇撞骗】zhāoyáo-zhuàngpiàn

招摇：挥手摇身，引申指故意张扬炫耀自己。撞：碰，试探。故作声势，到处找机会行骗。指假借名义进行诈骗。

【昭然若揭】zhāorán-ruòjiē

昭然：明显的样子。揭：高举。明显得像高举的东西一样。形容真相毕露，情况非常清楚。

【朝不保夕】zhāobùbǎoxī

朝：早晨。早晨不能保证晚上的情况如何。形容情势危急，难以预料。

【朝不虑夕】zhāobùlǜxī

朝：早晨。早晨不能料想到晚上的情况。形容情势危急，难以预料。

【朝不谋夕】zhāobùmóuxī

早晨不能谋划晚上的事。指只能顾及眼前，不能作长远打算。也指苟且度日。

【朝令夕改】zhāolìng-xīgǎi

早晨发布的命令，晚上就改变。形容政令无常。

【朝气蓬勃】zhāoqì-péngbó

朝气：早晨的空气，指清新之气，比喻充满新生活力而奋发向上的气

概。蓬勃：旺盛的样子。早晨的新鲜空气十分旺盛。比喻精神振奋，斗志昂扬，充满活力。

【朝秦暮楚】zhāoqín-mùchǔ

朝、暮：早、晚，是表示先、后的夸饰之辞，极言间隔之短。先到秦国为秦王谋划，后又到楚国为楚王效劳。这是战国时苏秦的行为，有人因此说苏秦是"左右卖国反覆之臣"（见《史记·苏秦列传》[9-P.386]）。后化为成语"朝秦暮楚"，比喻人行踪无定或反复无常。

【朝三暮四】zhāosān-mùsì

早上给三个，晚上给四个。《庄子·齐物论》[3-P.70]："狙公赋芧，曰：'朝三而暮四。'众狙皆怒。曰：'然则朝四而暮三。'众狙皆悦。"后化为成语，兼含"朝三暮四""朝四暮三"之意（一会儿"朝三暮四"，一会儿又"朝四暮三"），指玩弄手段进行欺骗。后用来比喻变化多端、反复无常。

【朝思暮想】zhāosī-mùxiǎng

早上想，晚上也想。指一直在想。形容思念之深。

【朝夕相处】zhāoxī-xiāngchǔ

早上晚上都住在一起。指生活在一起。形容关系十分密切。

【照本宣科】zhàoběn-xuānkē

本：书本。宣：宣读。科：条文。原指道士念经时照着本子一条条地念诵。现在指讲课、发言时死板地按照书本或讲稿念里边的文句，缺乏发挥。

【遮人耳目】zhērén'ěrmù
　　见"掩人耳目"。

【遮天蔽日】zhētiān-bìrì
　　遮住了天空,挡住了太阳。

【遮天盖地】zhētiān-gàidì
　　见"铺天盖地"。

【折长补短】zhécháng-bǔduǎn
　　截取长的地方去补充短的地方。比喻取有余以补不足。

【折冲*樽俎】zhéchōng-zūnzǔ
　　冲:用于冲击的战车。折冲:挫败敌人的战车,指击退敌人。樽俎:酒杯和盛肉的器具,都是宴会上的用品,借指宴会上的谈判。在酒席宴会上制敌取胜。指不用武力而在外交谈判中制敌取胜。

【针砭时弊】zhēnbiān-shíbì
　　砭:砭石,古代治病用的石针或石片。针砭:用金属针和砭石治病,比喻为了纠正错误而进行批评。批评当时社会的弊病。

【针锋相对】zhēnfēng-xiāngduì
　　针尖和针尖相对。比喻尖锐地对立。

【真才实学】zhēncái-shíxué
　　真实的才能和学问。又泛指真正的本领。

【真假难辨】zhēnjiǎ-nánbiàn
　　真的和假的难以分辨。

【真金不怕火炼】zhēnjīn bù pà huǒ liàn
　　真正的金子不怕火烧炼制。比喻本质好的人经得起考验。

【真凭实据】zhēnpíng-shíjù
　　真实确凿的证据。

【真枪*实弹】zhēnqiāng-shídàn
　　真正的枪支弹药。比喻实战。也用来比喻具有摧毁力的论据或证据。

【真情实感】zhēnqíng-shígǎn
　　真实的感情。

【真情实意】zhēnqíng-shíyì
　　真实的情意。

【真伪莫辨】zhēnwěi-mòbiàn
　　真的和假的分不清。

【真相大白】zhēnxiàng-dàbái
　　真实的情况完全明白了。

【真心实意】zhēnxīn-shíyì
　　真实的心意。也指出自真实的心意,即真诚地出自内心。也作"真心诚意"。

【真知灼见】zhēnzhī-zhuójiàn
　　灼:明白。洞察真相的认识和明白透彻的见解。

【枕戈待旦】zhěngē-dàidàn
　　戈:古代的一种兵器。枕着兵器等待天亮。形容杀敌心切。

【振臂一呼】zhènbì-yīhū
　　挥动手臂一声呼喊。指发出号召。

【振聋发*聩】zhènlóng-fākuì
　　振:发,打开。聩:耳聋。打开聋耳。比喻唤醒麻木糊涂的人,打开其闭塞不通的心窍。也作"发聋振聩"。

【振振有词】 zhènzhèn-yǒucí

振振:振奋的样子。情绪激昂地有很多话说出来。形容自以为理由十足而大发议论。也作"振振有辞"。

【震耳欲聋】 zhèn'ěr-yùlóng

把耳朵震动得快要聋了。形容声音非常大。

【震古烁今】 zhèngǔ-shuòjīn

烁:闪光发亮。震动古人,显耀当世。形容事业或功绩伟大辉煌。

【震撼人心】 zhènhàn-rénxīn

撼:摇动。震动了人的心。形容对人的震动很大。

【震天动地】 zhèntiān-dòngdì

震动了天地。形容声音或声势很大。

【争长论短】 zhēngcháng-lùnduǎn

长、短:比喻是和非、好和坏、优和劣等。争论是非优劣。一般指为不太重要的事情而争论不休。

【争分夺秒】 zhēngfēn-duómiǎo

争夺一分一秒。形容时间抓得很紧。

【争风吃醋】 zhēngfēng-chīcù

风:风头,气势。争风:争上风。醋:酸醋,比喻酸溜溜的嫉妒情绪。吃醋:吞下酸溜溜的嫉妒情绪,指心怀嫉妒情绪。争上风而心怀嫉妒。指为了争宠而互相嫉妒。也作"争锋吃醋"。

【争名夺利】 zhēngmíng-duólì

争夺名誉和利益。指为了名利而互相倾轧。

【争奇斗*艳】 zhēngqí-dòuyàn

竞争奇妙,比赛艳丽。多形容百花竞相开放的美好景色。

【争强好胜】 zhēngqiáng-hàoshèng

力求强于别人,喜欢胜过别人。

【争权夺利】 zhēngquán-duólì

争夺权力与利益。指为了权力和利益互相倾轧。

【争先恐后*】 zhēngxiān-kǒnghòu

争着向前,生怕落后。

【蒸蒸日上】 zhēngzhēng-rìshàng

蒸蒸:热气上升的样子。像蒸气一样,一天天向上发展。

【整装待发*】 zhěngzhuāng-dàifā

整理行装,等待出发。

【正本清源】 zhèngběn-qīngyuán

端正根本,澄清源头。比喻从根本上加以整顿清理。

【正襟危坐】 zhèngjīn-wēizuò

危:高而直,端正。整好衣襟,挺直坐着。形容严肃恭敬的样子。

【正气凛然】 zhèngqì-lǐnrán

凛然:态度严肃而令人敬畏的样子。刚正的气节令人敬畏。

【正人君子】 zhèngrén-jūnzǐ

品行端正的人和有道德的人。现在多用来讽刺假装正经的人。

【正颜厉色】 zhèngyán-lìsè

正:端正,庄重。颜:面容。端庄的面容,严厉的脸色。形容态度十分严肃。

【正中下怀】zhèngzhòng-xiàhuái

中:符合。下怀:在下的胸怀,谦指自己的心意。正好符合我的心意。

【郑重其事】zhèngzhòng-qíshì

严肃认真地对待那件事。形容说话、做事时态度十分认真。

【政通人和】zhèngtōng-rénhé

政事顺利,人民和乐。

【之乎者也】zhī-hū-zhě-yě

"之""乎""者""也"都是文言文中常用的虚词,所以用"之乎者也"指代文言虚词或文言文。常用来形容或讥讽半文不白的话与不务实际的拟古文章。

【支离破碎】zhīlí-pòsuì

分散零碎。形容缺乏系统性和完整性。

【支吾其词】zhīwú-qící

支:支撑。吾:通"禦",抵御,应付。使自己的言词勉强能支撑应付。指说话含混躲闪,应付搪塞。

【支支吾吾】zhīzhīwúwú

支:支撑。吾:通"禦",抵御,应付。嘀嘀嘟嘟地支撑应付着。指说话吞吞吐吐,应付搪塞。

【只*言片语】zhīyán-piànyǔ

个别的言词与片段的话语。指简短的一两句话。

【只*字不提】zhīzì-bùtí

一个字也不提起。指根本不说某件事。形容保守秘密。

【知法犯法】zhīfǎ-fànfǎ

知道法令又违犯法令。指故意犯法。

【知根知底】zhīgēn-zhīdǐ

知道根底。指对其内情了解得很清楚。

【知过必改】zhīguò-bìgǎi

知道错了就一定改正。

【知己知彼】zhījǐ-zhībǐ

了解自己又了解他们。原作"知彼知己"。指对敌我双方的情况都了解得非常清楚。

【知难而进】zhīnán'érjìn

明明知道有困难,还是继续前进或做下去。形容意志坚强。

【知难而退】zhīnán'értuì

知道有困难就后退。原指知道难以取胜就退兵,形容作战时见机行事。后用来指遇到困难而畏缩不前。

【知其然而不知其所以然】zhī qí rán ér bù zhī qí suǒyǐrán

知道它是这样的,却不知道它为什么会这样。

【知其一,不知其二】zhī qí yī, bù zhī qí èr

知道事物的一个方面,不知道它的另一方面。指对事物的了解不全面。

【知人论世】zhīrén-lùnshì

论:考察研究。《孟子·万章下》8-P.2746:"颂其诗,读其书,不知其人可乎?是以論其世也。"指要了解历史上的某些作品,首先要了解其作者,因而要考察研究他所处的社会。

后也泛指了解人物、评议世事。

【知人善任】zhīrén-shànrèn

　　了解人而且善于任用人。

【知人知面不知心】zhī rén zhī miàn bù zhī xīn

　　认识那个人，熟悉他的面孔，却不了解他的内心。形容人心难测。

【知书达礼】zhīshū-dálǐ

　　书:书籍，指代书籍中的文化知识。懂得文化知识又精通礼节礼貌。形容有教养。

【知疼着热】zhīténg-zháorè

　　着:感受，感觉。知道其疼痛又能感觉其冷热。指体贴入微。

【知无不言,言无不尽】zhīwúbùyán, yánwúbùjìn

　　知道的没有不说的，说了就没有不把话说完的。指毫无保留地把自己所知道的事情全说出来。

【知易行难】zhīyì-xíngnán

　　懂得道理容易，做起来就难了。

【知遇之恩】zhīyùzhī'ēn

　　知遇:了解并优待，指赏识并重用。赏识重用的恩德。

【知足不辱,知止不殆】zhīzú-bùrǔ, zhīzhǐ-bùdài

　　知道满足就不会受辱，知道罢休就不会危险。指不贪得无厌就能使自己免受耻辱和刑戮。

【知足常乐】zhīzú-chánglè

　　知道满足就经常快乐。

【执法如山】zhífǎ-rúshān

执行法令像高山一样不可动摇。比喻执法坚决，绝不苟且。

【执迷不悟】zhímí-bùwù

　　迷:迷惑，指糊涂谬误的想法。坚持错误而不觉悟。

【直道而行】zhídào'érxíng

　　根据正直的原则来办事。形容公正无私。

【直截了*当】zhíjié-liǎodàng

　　直接切断，了结停当。指一下子结束。比喻直爽而不绕弯子。

【直来直去】zhílái-zhíqù

　　直接过来直接过去。指来去途中不绕道、不停留。比喻性格直爽而没有心机或说话直率而不绕弯子。

【直抒己见】zhíshū-jǐjiàn

　　抒:发表，表达。直率地发表自己的意见。

【直抒胸臆】zhíshū-xiōngyì

　　胸臆:胸，指心里的想法。坦率地发表内心的想法。也表示直率地抒发内心的真情实感。

【直言不讳】zhíyán-bùhuì

　　直率地把话说出来而毫不忌讳。

【直言贾祸】zhíyán-gǔhuò

　　贾:买，引申为招致。直率地说话会招致祸患。

【只*此一家,别无分店】zhǐcǐyìjiā, biéwú-fēndiàn

　　这原是商店招揽生意的话。表示某种名牌商品只有他这一家商店经销，别处没有代为销售的分店。后又用来泛指某种东西只有他有,别人没有。多用于贬义。

【只*见树木,不见森林】zhǐjiàn-shùmù, bùjiàn-sēnlín

只看见一棵棵树,而看不见由树木组成的成片森林。比喻只看到局部,看不到全体。

【只*可意会,不可言传】zhǐkě-yìhuì, bùkě-yánchuán

只可以用心灵去体会,无法用语言表达出来。指道理奥妙难以阐明或情况微妙不便明说。

【只*许州官放火,不许百姓点灯】zhǐ xǔ zhōuguān fàng huǒ, bù xǔ bǎixìng diǎn dēng

放火:点火焚烧,这里用作忌讳语,指放灯,即张挂并点燃花灯。只许州里的长官说"放火",不许老百姓说"点灯"。陆游《老学庵笔记》卷五[107·P.61]:"田登作郡,自讳其名,觸者必怒,吏卒多被榜笞,於是舉州皆謂燈爲火。上元放燈,許人入州治遊觀。吏人遂書榜揭于市曰:本州依例放火三日。"后化为成语,比喻专制统治者可以胡作非为,而人民群众连正当的言行也被禁止了。常用来形容专制暴虐,人民的正当权利被剥夺。也泛指自己不检点,却严格要求别人。

【只*要功夫深,铁杵磨成针】zhǐyào gōngfu shēn, tiěchǔ mó chéng zhēn

只要不断下功夫,铁棒也能磨成针。比喻做事持之以恒,必能成功。

参见"磨杵成针"。

【只*争朝夕】zhǐzhēng-zhāoxī

朝夕:早晚,指很短的时间。只是争取那早晚之间。指抓紧时间。形容力争在极短的时间内达到目的。

【抵掌而谈】zhǐzhǎng'értán

抵掌:击掌。拍打着手掌谈话。形容非常得意地侃侃而谈。

【纸上谈兵】zhǐshàng-tánbīng

书面上谈论用兵。据《史记·廉颇蔺相如列传》[9·P.408]记载,战国时赵国名将赵奢的儿子赵括从小学习兵法,谈起用兵来,父亲也难不倒他。后来他代替廉颇为赵将,由于只会读兵书,不知变通,因而在长平之战中,被秦兵打败,全军覆没。后化为成语,比喻只会凭书本知识夸夸其谈,而不能解决实际问题。也比喻空谈。

【纸醉金迷】zhǐzuì-jīnmí

见"金迷纸醉"。

【指东划西】zhǐdōng-huàxī

指点东边又比划西边。比喻议论时没有中心,东拉西扯。也作"指东画西""指东话西"。

【指腹为婚】zhǐfù-wéihūn

手指着孕妇的肚子给胎中的子女订婚。旧时包办婚姻的一种。

【指挥若定】zhǐhuī-ruòdìng

《史记·陈丞相世家》[9·P.352]:"誠各去其兩短,襲其兩長,天下指麾則定矣。"意思是一指挥天下就能平定了。后化为成语"指挥若定",表示一指挥好像就有了定局。指作战时指挥镇定,稳操胜券。

【指鸡骂狗】 zhǐjī-màgǒu

指责鸡而暗骂狗。比喻表面上骂这个人,实际上是在骂那个人。

【指鹿为马】 zhǐlùwéimǎ

指着鹿说是马。《史记·秦始皇本纪》[9-P.47]:"趙高欲爲亂,恐羣臣不聽,乃先設驗,持鹿獻於二世曰:'馬也。'二世笑曰:'丞相誤邪?謂鹿爲馬。'問左右,左右或默,或言馬以阿順趙高。"后化为成语,比喻故意颠倒是非。

【指名道姓】 zhǐmíng-dàoxìng

指:指称,明确说出。道:说。明确称说别人的名和姓。使用时多含有不敬之意。因为按照古代礼俗,人有名又有字,自称用名以表示谦虚,称人用字以表示尊敬,只有对小辈或地位比自己低的人才可以指名道姓,否则就是不敬。

【指日可待】 zhǐrì-kědài

指日:用手指头数出的日期,形容日子不多。待:等待。日子不多而可以等得到。指不久就可以实现。

【指桑骂槐】 zhǐsāng-màhuái

指责桑树暗骂槐树。比喻表面上骂这个人,实际上是在骂另一个人。

【指手画脚】 zhǐshǒu-huàjiǎo

用手指示,用脚比划。指说话时做出各种手势动作。形容说话时放肆、得意的姿态。也形容轻率地乱加指点、批评。也作"指手划脚"。

【指天画地】 zhǐtiān-huàdì

挥动着手指点上天比划大地。原指道家画符,后指举动无所忌讳,说话毫无顾忌。有时也指指着天地发誓。

【指天誓日】 zhǐtiān-shìrì

手指着天和太阳发誓。表示忠诚或意志坚定。现在一般用来形容言行不一者的发誓,带有贬义与讽刺意味。也作"指天发誓"。

【咫尺千里*】 zhǐchǐ-qiānlǐ

咫:古代长度单位,合当时的八寸。指在一尺左右宽的画幅内包容了上千里的景象,形容画幅虽小而意境深远,概括丰富。也指距离很近,却好像远隔千里,形容难以通行或相见。

【咫尺天涯】 zhǐchǐ-tiānyá

咫:古代八寸为一咫。天涯:天边。虽然近在咫尺,却好像远在天边。形容很难相见。

【趾高气扬】 zhǐgāo-qìyáng

趾:脚。扬:振作。走路时脚抬得高,神气十足。形容得意忘形、不可一世的样子。

【至高无上】 zhìgāo-wúshàng

至:极,最。最高而没有比它更高的了。

【至理名言】 zhìlǐ-míngyán

至:极,达到了顶点。名:著名。最正确的道理,最著名的言论。指精辟而有普遍意义的道理言论。

【至死不变】 zhìsǐ-bùbiàn

到死也不改变。用来形容意志坚决,也用来形容顽固不化。

【至死不悟】zhìsǐ-bùwù

到死都不觉悟。形容极其愚昧。

【至纤*至悉】zhìxiān-zhìxī

至:极,最。纤:细微。悉:详尽。极其细微,极其详尽。指非常细致周详。

【志大才疏】zhìdà-cáishū

疏:稀,不多。志向远大,才能却没有多少。

【志士仁人】zhìshì-rénrén

有高尚的志向、讲求仁德的人士。泛指有抱负、有道德、有气节的人。

【志同道合】zhìtóng-dàohé

道:思想原则,主张。志向相同,主张相合。

【志在四方】zhìzàisìfāng

四方:东、南、西、北,泛指天下各地。立志于四面八方。指理想远大。

【质疑问难】zhìyí-wènnàn

质:询问;质问。难:原指难点,读 nán;后指责难,读 nàn。原指询问疑点、询问难点;后指提出质问、表示怀疑、摆出问题、进行责难。一般都用来指学术研究中的讨论辩难。

【炙手可热】zhìshǒu-kěrè

炙:烤。用它烤手可以使手发热。比喻权势大而气焰盛。

【治病救人】zhìbìng-jiùrén

治疗疾病,挽救病人。比喻善意

地批评人,帮助他改正错误。

【治国安民】zhìguó-ānmín

治理国家,使人民安定。

【栉风沐雨】zhìfēng-mùyǔ

栉:梳(头发)。沐:洗头。风梳头发雨洗头。形容在外奔波。

【秩序井然】zhìxù-jǐngrán

井然:整齐的样子。秩序整齐。

【掷地有声】zhìdì-yǒushēng

掷:扔,投。扔到地上会发出声音。形容文辞优美,朗朗上口。也形容言论坚定,铿锵有力。

【掷地作金石声】zhìdì zuò jīn shí shēng

金石:钟与磬,古代的敲击乐器,其音质清脆优美。扔在地上发出金钟、石磬般的声音。形容文辞优美,朗朗上口。

【智尽能索】zhìjìn-néngsuǒ

智:智慧。索:尽。智慧才能都用尽。

【智勇双全】zhìyǒng-shuāngquán

智谋和勇敢,二者齐备。

【智者千虑,必有一失】zhìzhě-qiānlù,bìyǒu-yīshī

千:形容多。一:形容少。聪明人多次考虑,也一定会有所失误。形容错误难免。

【置若罔闻】zhìruòwǎngwén

置:放。若:像。罔:没有。放在一边,就像没有听见一样。指不予理睬。

【置身事外】zhìshēn-shìwài

把自己摆在事情之外。指毫不关心。

【置之不顾】zhìzhī-bùgù

顾：照管。把它搁在一边不管。

【置之不理】zhìzhī-bùlǐ

把它搁在一边不予理睬。

【置之度外】zhìzhī-dùwài

度：考虑。把它放在所考虑的范围之外。指不放在心上。

【置之脑后*】zhìzhī-nǎohòu

把它放在自己的脑子后面。指不放在心上。比喻不记住或不重视。

【置之死地而后*快】zhì zhī sǐdì ér hòu kuài

使他处于没有活路的境地，然后才痛快。指一定要把人害死才痛快。形容心肠狠毒。

【中饱私囊】zhōngbǎo-sīnáng

中饱：中间阶层吃饱了，指贪官污吏发财了，后泛指侵吞经手的钱财。《韩非子·外储说右下》[14-P.856]："薄疑謂趙簡主曰：'君之國中飽。'簡主欣然而喜，曰：'何如焉？'對曰：'府庫空虛於上，百姓貧餓於下，然而姦吏富矣。'"中间阶层吃饱而富了其个人钱袋。指利用职权非法把经手的钱财占为己有。

【中流砥柱】zhōngliú-dǐzhù

流：河流。中流：河当中。砥柱：山名，原在今河南三门峡市东北黄河中，今因修了三门峡水库，山已炸毁。屹立在黄河当中的砥柱山。比喻能傲然屹立而支撑局势的人或力量。

【中流击楫】zhōngliú-jījí

楫：船桨。《晋书·祖逖传》[24-P.1695]："(逖)仍將本流徙部曲百餘家渡江，中流擊楫而誓曰：'祖逖不能清中原而復濟者，有如大江！'"在长江中拍击船桨，表示其收复失地的激愤之情和坚强决心。后用来形容力图复兴的豪情壮志。

【中西合璧】zhōngxī-hébì

璧：扁平而圆、中心有孔的玉。合璧：由两个相配的半圆形的半璧合成的璧，比喻两样好东西和谐地结合在一起。中国和西方国家的好东西和谐地结合在一起。

【中庸之道】zhōngyōngzhīdào

中庸：折中平和，这是儒家的一种道德原则。道：思想原则。折中平和的原则。指不偏不倚、调和矛盾的处世态度。

【忠心耿耿】zhōngxīn-gěnggěng

耿耿：光明正大的样子，指诚实正直。一片忠心光明正大。形容极其忠诚。

【忠言逆耳】zhōngyán-nì'ěr

忠诚的意见不顺耳。指正直有益的劝告听起来往往很刺耳。

【忠贞不渝】zhōngzhēn-bùyú

渝：改变。忠诚坚定而永不改变。

【终南捷径】zhōngnán-jiéjìng

终南：终南山，在今陕西省西安市南。唐朝卢藏用早年隐居于终南山,后人朝为高官,见道士司马承祯将回天台山,便指着终南山对他说:"此中大有佳处,何必在天台?"承祯对曰:"以仆所观,乃仕途捷径耳。"(见《太平广记》卷二十一[28-P.144]"司马承祯"条所引《大唐新语》)后化为成语,意为隐居终南山是取得官职的便捷之路。比喻谋取官职或名利的便捷途径。多指不循正轨的速成手段。

【终身大事】zhōngshēn-dàshì

终身:一辈子,一生。关系到一辈子的大事情。指婚姻大事。

【终天之恨】zhōngtiānzhīhèn

终天:死而上天,指一辈子。恨:遗憾。终身的遗憾。

【钟*灵毓秀】zhōnglíng-yùxiù

钟:集中,聚集。毓:同"育",孕育。凝聚天地灵气而孕育出优秀人才。指美好的自然环境孕育出优秀的人物。

【踵事增华】zhǒngshì-zēnghuá

踵:跟随,继承。继承前人的事业而又增加了它的华丽。原指帝王乘的大车继承了原始车子的做法而又增加了华美的装饰。萧统《文选序》[18-P.1]:"若夫椎轮为大辂之始,大辂宁有椎轮之质?增冰为积水所成,积水曾微增冰之凛。何哉?盖踵其事而增华,变其本而加厉。"后化为成语,指继承前人的事业又使之更美好。

【众口难调】zhòngkǒu-nántiáo

调:调和,协调。对于众人的口

味,很难协调。比喻人多意见杂,很难让所有的人都满意。

【众口铄金】zhòngkǒu-shuòjīn

铄:熔化。众人的言论能使金属熔化。形容舆论力量之大。也比喻流言泛滥,能颠倒黑白。

【众口一辞】zhòngkǒu-yīcí

很多人的嘴说一样的话。也作"众口一词"。

【众目睽睽】zhòngmù-kuíkuí

睽睽:睁大眼睛注视的样子。众人的眼睛都睁得大大地注视着。

【众目昭彰】zhòngmù-zhāozhāng

昭:明显。彰:明显。很多人都看得清清楚楚。

【众怒难犯】zhòngnù-nánfàn

众人的愤怒不可触犯。

【众叛亲离】zhòngpàn-qīnlí

众:众人,指归附自己的民众。叛:背叛。众人反叛,亲信背离。形容不得人心,十分孤立。

【众擎易举】zhòngqíng-yìjǔ

擎:举。众人一起向上举就容易把东西举起来。比喻大家齐心合力就容易把事情办成。

【众矢之的】zhòngshǐzhīdì

矢:箭。的:箭靶子。很多箭的箭靶子。比喻众人所攻击的目标。

【众说纷纭】zhòngshuō-fēnyún

纷纭:多而杂乱。众人的说法纷繁杂乱。指人们的意见很不一致。

【众所周*知】zhòngsuǒzhōuzhī

周：普遍，全。众人都知道的。

【众望所归】zhòngwàng-suǒguī

归：归向。众人的希望所归向的。即大家一致期望的。多形容某人受到人们的信任，人们都把希望寄托在他身上。大多用于劝说人来承担某项工作。

【众志成城】zhòngzhì-chéngchéng

志：心意，志向。万众一心而成为坚固的城墙。比喻万众齐心协力，就强大无比而不可摧毁。

【种瓜得瓜，种豆得豆】zhòngguā-déguā, zhòngdòu-dédòu

种瓜的获得瓜，种豆的获得豆。比喻做了什么样的事，就会得到什么样的结果。冯梦龙《醒世恒言·施润泽滩阙遇友》[108-P.359]："種瓜得瓜，種荳得荳；一切禍福，自作自受。"

【重利盘剥】zhònglì-pánbō

用很高的利息来盘算剥削。

【重男轻女】zhòngnán-qīngnǚ

看重男的，轻视女的。

【重赏之下，必有勇夫】zhòngshǎng-zhīxià, bìyǒu-yǒngfū

在优厚的奖赏之下，一定会有勇敢的人。指重赏可以使人不怕危难。

【重于泰山】zhòngyútàishān

泰山：山名，在今山东省境内。比泰山还重。比喻极其重大。

【周*而复*始】zhōu'érfùshǐ

周：绕一圈。复：又。转了一圈就又开始了。指循环往复，不断地周转。

【粥少僧多】zhōushǎo-sēngduō

见"僧多粥少"。

【朱门酒肉臭，路有冻死骨】zhūmén jiǔròu chòu, lù yǒu dòng sǐ gǔ

朱门：红漆大门，指富贵人家。富贵人家的酒、肉都发臭了，而野外的路上却有冻死的尸骨。形容贫富悬殊。

【诛锄异己】zhūchú-yìjǐ

诛：杀。锄：铲除。消灭和清除与自己政见不合的人。一般用来形容反动政客的行为。

【诛求无已】zhūqiú-wúyǐ

诛：责求，勒索。已：止，完结。敲诈勒索没有个完。

【珠联璧合】zhūlián-bìhé

璧：扁平而圆、中心有孔的玉。珍珠串在一起，美玉合在一起。比喻美好的东西或杰出的人才汇集或联合在一起。

【珠圆玉润】zhūyuán-yùrùn

像珍珠一样圆，像宝玉一样光润。原来形容流水圆转明净。后来比喻歌声婉转优美或诗文流畅明快。

【诸如此类】zhūrú-cǐlèi

诸：各，指各种事物。如：像。像这种类型的种种事物。

【蛛丝马迹】zhūsī-mǎjì

蜘蛛丝和马蹄印。它们是用来查找蜘蛛所在和马的去向的线索和痕迹。比喻不很明显但隐约可寻的线索和痕迹。

【逐鹿中原】zhúlù-zhōngyuán

逐:追赶,追求。鹿:比喻政权。《史记·淮阴侯列传》[9-P.452]:"秦失其鹿,天下共逐之。"中原:黄河中下游地区,指中国。在中原地区追赶鹿。比喻群雄在中原地区争夺天下大权。

【煮豆燃萁】zhǔdòu-ránqí

萁:豆秸。燃烧豆秸来煮豆子。比喻兄弟或同胞之间自相残害。参见"相煎何急"条。

【助人为乐】zhùrén-wéilè

把帮助别人当作快乐。

【助我张目】zhùwǒ-zhāngmù

张目:睁大眼睛,比喻壮大声势。帮助我壮大声势。指自己的主张或行动得到了别人的支持和帮助。

【助纣为虐】zhùzhòu-wéinüè

纣:商朝的末代君主,借指暴君。帮助暴君做暴虐的事。泛指帮助坏人做坏事。

【著书立说】zhùshū-lìshuō

撰写著作,建立自己的学说。

【著作等身】zhùzuò-děngshēn

等身:和身高相等。撰写的著作垒起来和自己的身高相等。形容其著作很多。

【铸成大错】zhùchéng-dàcuò

铸:铸造,泛指造。错:错刀,我国古代钱币名,王莽时曾铸造钱币"金错刀"。这里"错"是双关语,字面上指错刀,实际是指错误。铸成大错刀。指造成严重的错误。

【筑*室道谋】zhùshì-dàomóu

道谋:在路上同过路的人商量。在路上找路过的人来商量如何造房子。《诗经·小雅·小旻》[10-P.449]:"如彼筑室于道谋,是用不溃于成。"由于过路的人意见各不相同,所以房子盖不成。后化为成语,比喻自己没有主见,东问西问,办不成事。

【抓耳挠腮】zhuā'ěr-náosāi

又是抓耳朵,又是挠腮帮子。形容高兴得不知如何才好。也形容焦急或气愤而又没有办法。也作"抓耳搔腮"。

【专横跋扈】zhuānhèng-báhù

跋扈:横行霸道。专断蛮横,强行霸道。指蛮不讲理,任意妄为。

【专心一志】zhuānxīn-yīzhì

一志:使心意专一。一心一意。形容非常专心。也作"专心一意"。

【专心致志】zhuānxīn-zhìzhì

专心:使心意专一。致:招来,集中。致志:使心意集中,等于说"聚精会神"。一心一意,聚精会神。形容非常专心。

【转败为胜】zhuǎnbài-wéishèng

从失败转变为胜利。

【转悲为喜】zhuǎnbēi-wéixǐ

由悲伤转变为喜悦。

【转祸为福】zhuǎnhuò-wéifú

把灾祸转变为幸福。

【转弯抹角】zhuǎnwān-mòjiǎo

见"拐弯抹角"。

【转危为安】zhuǎnwēi-wéi'ān

把危险转变为平安。原指把危险的局势转变为平安，现在也常用来指病情从危急转变为平安。

【转眼之间】zhuǎnyǎnzhījiān

转动眼珠子的一瞬间。指极短的时间。

【转战千里*】zhuǎnzhàn-qiānlǐ

转：转移，改换地点。千里：指很长的路程。转移作战而走了很多的路。指连续地在很多地方作战。

【装点门面】zhuāngdiǎn-ménmiàn

门面：店铺临街的部分，比喻外表。装饰点缀门面。原指装潢商店的门面以招揽生意。也比喻把外表装饰得好看来欺骗人。也作"装潢门面"。

【装点一新】zhuāngdiǎn-yīxīn

装饰点缀以后焕然一新。

【装疯卖傻】zhuāngfēng-màishǎ

卖：卖弄。故意装得疯疯癫癫，显得傻里傻气。指为了掩盖其真实的思想和行动而假装疯癫痴呆。

【装聋作哑】zhuānglóng-zuòyǎ

装作耳聋口哑。指假装不知道而不说。

【装模作样】zhuāngmú-zuòyàng

模：样子。装模：与"作样"同义。故意做出某种样子。指故作姿态。含有贬义。

【装腔作势】zhuāngqiāng-zuòshì

故意装出一种腔调，作出一种姿态。指做作，多指故意装出一本正经的样子。含有贬义。

【装神弄鬼】zhuāngshén-nòngguǐ

弄：扮演。装作神仙扮演鬼。比喻故弄玄虚，假作高深。

【壮志凌云*】zhuàngzhì-língyún

凌：升，凌驾。凌云：直上云霄，高出云端。伟大的志向高出云端。指志向远大。

【壮志未酬】zhuàngzhì-wèichóu

酬：实现，如愿以偿。伟大的志向还没有实现。大多用来形容伟大的理想尚未实现而已经老了或死了。

【追奔逐北】zhuībēn-zhúběi

奔：逃跑，指逃跑的敌人。逐：追。北：败北，打了败仗往回跑，指败退的敌人。追赶逃跑败退的敌人。也作"追亡逐北"。亡：逃亡。

【追本穷源】zhuīběn-qióngyuán

本：树木的根，比喻根源。穷：尽，追究到底。源：水流的源头，比喻根源。追究根本，穷究源头。比喻彻底追究事情发生的根源。也作"追本溯源"。溯：逆着水流而上，比喻向上推求，追溯。

【追根究底】zhuīgēn-jiūdǐ

追究根源，穷究底细。多指追究事情发生的原由。

【追悔莫及】zhuīhuǐ-mòjí

追溯以往的事而感到悔恨，但已经来不及了。指过去的错误已无法挽回。

【锥处囊中】zhuīchǔnángzhōng

锥子放在口袋里。暗指锥尖会露出来。比喻有才能的人埋没不了，一定会脱颖而出。《史记·平原君虞卿列传》[9-P. 393]："夫贤士之處世也，譬若錐之處囊中，其末立見。"

【惴惴不安】zhuìzhuì-bù'ān

惴惴：忧愁恐惧的样子。发愁害怕而忐忑不安。

【谆谆告诫】zhūnzhūn-gàojiè

谆谆：教诲时耐心、恳切的样子。告诫：教导劝诫。耐心诚恳地教导劝诫。多用来形容上级对下级或长辈对晚辈的告诫。

【捉襟见肘】zhuōjīn-jiànzhǒu

捉：抓。襟：衣襟，衣服胸前的部分。见（旧读 xiàn）：同"现"，显露。拉一下衣襟就露出胳膊肘了。形容衣服破烂。也比喻处境穷困，难以应付，顾了这个顾不了那个。

【捉摸不定】zhuōmō-bùdìng

捉摸：猜测。反复猜测，不能确定。形容变化多端，难以预料。

【捉贼捉赃】zhuōzéi-zhuōzāng

捉贼要同时截获赃物。比喻处理问题时必须有真凭实据。胡太初《昼帘绪论·治狱》[109-P. 716]："谚曰：'捉贼须捉贓，捉姦须捉雙。'此雖俚言，極為有道。故凡罪因供款，必須事著實，方可憑信。"

【卓尔不群】zhuó'ěr-bùqún

卓尔：卓然，卓越。不群：与众不同。优秀卓越而与众不同。

【卓有成效】zhuóyǒu-chéngxiào

卓：卓著，突出显著。极为明显地具有成绩和实效。

【着手成春】zhuóshǒu-chéngchūn

着手：开始做，动手。一动手就成了春天。原比喻诗人出语清新自然，一动手便使诗歌具有春意。也指画家一动手就使画面具有春意。后常用来比喻医术高明，一动手就把病人治好了。也作"着手回春"。

【擢发*难数】zhuófà-nánshǔ

擢：拔。拔下头发，难以数清。形容罪行极多而数不清。

【孜孜不倦】zīzī-bùjuàn

孜孜：也作"孳孳"，勤勉。勤奋努力不知疲倦。

【趑趄不前】zījū-bùqián

趑趄：行走困难，形容迟疑徘徊的样子。来回徘徊而不向前走。形容迟疑畏缩。

【锱铢必较】zīzhū-bìjiào

锱、铢：都是古代的重量单位，六铢等于一锱，四锱等于一两。对锱、铢这种极小的分量也一定要计较。比喻对极少的钱或很小的事都计较。

【龇牙咧嘴】zīyá-liězuǐ

龇：露出牙齿。咧：嘴歪斜着张开。露着牙齿而歪斜地张着嘴。形容疼痛难受或凶恶难看的样子。

【子虚乌有】zǐxū-wūyǒu

子：人。子虚：虚假的人。乌：哪。乌有：哪有，指哪有此人。子虚、乌有都是汉朝司马相如《子虚赋》[110-P. 119]中虚拟的人名。后来就用

"子虚乌有"指虚构的或不存在的事物。

【子曰诗云】 zǐyuē-shīyún

子:指孔子。诗:指《诗经》。孔子说,《诗经》说。"子曰"与"诗云"在《论语》《孟子》等书中经常出现,所以用来指代儒家经典中的文章。也用来形容迂腐的文人腔。

【紫气东来】 zǐqì-dōnglái

紫气:紫色的霞气,道教认为是吉祥的征兆,并被附会为帝王、圣贤或宝物出现的先兆。紫色的霞气从东方过来。原指老子西出函谷关前关令尹喜事先看到有紫气自东而来,知道将有圣贤从东方而来。《史记·老庄申韩列传·索隐》9-P.367引《列异传》:"老子西遊,關令尹喜望見其有紫氣浮關,而老子果乘青牛而過。"后化为成语,指吉祥的征兆降临。

【自拔来归】 zìbá-láiguī

自己主动地从罪恶的境地解脱出来而前来归附。指主动脱离敌方而投奔我方。

【自暴自弃】 zìbào-zìqì

暴:损害,糟蹋。弃:鄙弃,看不起。自己糟蹋自己,自己看不起自己。形容甘心落后或堕落。

【自不量力】 zìbùliànglì

自己不衡量自己的力量。指过高地估计了自己的能力。形容硬去做自己力不能及的事情。

【自惭形秽】 zìcán-xínghuì

形秽:形体丑陋,引申指自身有缺点或不足。自己为自身的丑陋或不足而感到惭愧。又指自愧不如别人。

【自成一家】 zìchéng-yījiā

家:流派。自己成为一个流派。指在某种学问或技艺上有独到的见解和风格而能自成体系。

【自出机杼】 zìchū-jīzhù

机杼:织布机和梭子。自己用织布机和梭子织出来。比喻自己从胸中构思出作品而不模仿别人。

【自出心裁】 zìchū-xīncái

裁:剪裁,取舍安排。心裁:内心的剪裁,指深思熟虑的取舍安排。独自作出深思熟虑的取舍安排。指构思、设计或做法等出于自己的创造,不模仿别人而与众不同。

【自吹自擂】 zìchuī-zìléi

自己吹喇叭,自己打鼓。比喻自我吹嘘。

【自得其乐】 zìdé-qílè

自己感觉到其中的乐趣。

【自高自大】 zìgāo-zìdà

高、大:用作意动词。自以为高、自以为大。指自以为了不起。

【自告奋勇】 zìgào-fènyǒng

告:请求。奋勇:施展勇力。自己请求施展勇力。指主动请求承担某项艰巨的任务。

【自顾不暇】 zìgù-bùxiá

暇:空闲。不暇:没有时间。自己照顾自己都来不及。表示不能再照顾别人。

【自给自足】zìjǐ-zìzú

　　给：供给。足：充足，富足。用作使动词。自己供给，使自己富足。指依靠自己的生产来满足自己的需要。

【自掘坟墓】zìjué-fénmù

　　自己为自己挖好坟墓。比喻自己给自己准备了灭亡的条件，自找死路。

【自觉自愿】zìjué-zìyuàn

　　觉：觉悟。自己醒悟到应该如此，自己愿意这样去做。

【自愧不如】zìkuì-bùrú

　　自己惭愧自己不如别人。

【自力更生】zìlì-gēngshēng

　　自力：自己的力量，这里作状语，表示用自己的力量。更生：重新获得生命，比喻重新兴盛。依靠自己的力量获得新生。指依靠自己的力量创造业绩，使自己兴盛起来。

【自立门户】zìlì-ménhù

　　门户：比喻派别。自己建立派别。指脱离原来的集体或靠自己的力量另搞一套。

【自卖自夸】*zìmài-zìkuā

　　自己卖东西时，自己夸耀所卖的东西好。比喻自我吹嘘。

【自鸣得意】zìmíng-déyì

　　鸣：发出声音，发表意见。自己表示对自己很满意。形容骄傲自满。

【自命不凡】zìmìng-bùfán

　　自己说自己不平凡。指自以为比别人高明。形容妄自尊大。

【自欺欺人】zìqī-qīrén

　　欺骗自己又同时欺骗别人。指用自己都难以置信的话去骗人，既欺骗别人，也在欺骗自己。

【自强不息】zìqiáng-bùxī

　　自己努力向上，永不停止。

【自取灭亡】zìqǔ-mièwáng

　　自己招致灭亡。

【自然而然】zìrán'érrán

　　然：如此，这样。自己如此而如此了。指事物的性状或发展出于自然而没有受到外力的作用。

【自生自灭】zìshēng-zìmiè

　　自然地产生，又自然地灭亡。形容任其自然。

【自食其果】zìshí-qíguǒ

　　食：吃。果：果实。自己尝到了自己所种的果子。特指自己干了坏事而尝到了苦果。

【自食其力】zìshí-qílì

　　食：吃饭，引申为"依靠……而生活"。自己依靠自己的劳动来生活。

【自食其言】zìshí-qíyán

　　食：吃。自己把自己的话吞食了。指说了话不算数，违背诺言。

【自始至终】zìshǐ-zhìzhōng

　　从开始到结束。指前后一贯。

【自私自利】zìsī-zìlì

　　私：偏私。自私：偏袒自己，只顾自己。利：使……得利。只顾自己，只使自己得利。

【自讨苦吃】zìtǎokǔchī

讨:招惹。自己找苦吃。

【自讨没趣】zìtǎo-méiqù

自找难堪。

【自投罗网】zìtóu-luówǎng

罗:捕鸟的网。网:捕捉鱼鳖鸟兽的网。鸟兽等自己钻进罗网。比喻自己主动进入了别人设置的圈套。也比喻自找困厄或自己送死。

【自我解嘲】zìwǒ-jiěcháo

解嘲:对别人的嘲笑进行辩解。自己为自己辩解来自别人的嘲笑。也指为了解脱而自己找个理由来排解别人的嘲笑或自我嘲弄。

【自我陶醉】zìwǒ-táozuì

陶:陶冶,熏陶。陶醉:受到熏陶而沉醉。自己受到自己的熏陶而沉醉。指沉醉于良好的自我感觉之中。多指盲目地自我欣赏。

【自我作故】zìwǒ-zuògù

故:原来的,原始。由自己来创造原始的东西。指不仿效前人或因袭陈规旧例。也作"自我作古"。作古:创造古代的东西,指创始。

【自相残杀】zìxiāng-cánshā

残:伤害。自己人互相杀害。

【自相惊扰】zìxiāng-jīngrǎo

自己人互相惊动扰乱。

【自相矛盾】zìxiāng-máodùn

拿自己的长矛和盾牌来互相抵触。《韩非子·难一》[14-P.868]:"楚人有鬻楯与矛者,誉之曰:'吾楯之坚,莫能陷也。'又誉其矛曰:'吾矛之利,於物无不陷也。'或曰:'以子之矛陷子

之楯,何如?'其人弗能应也。"后化为成语,比喻自己所说的话或所做的事前后抵触。也比喻一个集团成员之间的意见、行动彼此对立。

【自信不疑】zìxìn-bùyí

相信自己,毫不怀疑。形容十分自信。

【自行其是】zìxíng-qíshì

是:对,正确,用作意动词。自己做自己认为对的事。形容自以为是而不考虑别人的意见。

【自寻烦恼】zìxún-fánnǎo

自我烦闷苦恼。

【自言自语】zìyán-zìyǔ

自己跟自己低声说话。

【自以为得计】zì yǐwéi déjì

得计:得到了理想的计谋。自己认为自己谋划得当。

【自以为是】zìyǐwéishì

以为:认为……是……。是:正确。自己认为自己是对的。形容主观、不虚心。

【自由泛滥】zìyóu-fànlàn

泛滥:江河湖泊的水溢出。江河的水不受拘束地溢出。比喻错误的思想或言行不受限制地发展。

【自由自在】zìyóu-zìzài

不受拘束,安闲自得。

【自有公论】zìyǒu-gōnglùn

自会有公众来评定。也表示自会有公正的评定。多就事情的是非曲直而言。

【自圆其说】zìyuán-qíshuō

圆:圆满,周全,这里用作使动词。自己能使自己的说法圆满而没有漏洞。

【自怨自艾】zìyuàn-zìyì

艾:通" ",惩治,悔改。自己怨恨自己的错误,自己改正自己的错误。现在只用来指悔恨自己的错误。

【自知之明】zìzhīzhīmíng

明:明智。自己了解自己的明智。指对自己的情况有清醒的认识、有正确的估量。常与"有""无"连用。

【自作聪明】zìzuò-cōngmíng

作:为。自己施展聪明。指自己耍小聪明。多指轻率逞能,自作主张。

【自作多情】zìzuò-duōqíng

作:为。自己把自己搞得富于感情。指独自付出很多情思。多指一厢情愿地爱某人而单方面作出种种表示自己感情的举动。

【自作自受】zìzuò-zìshòu

作:做。自己做了事,自己承受其后果。多指自己干了蠢事、坏事而结果自己倒霉、遭殃。

【字里行间】zìlǐ-hángjiān

一个字眼里面,一行行文字中间。指字句中间。一般用来指蕴含着某种思想感情或内在含义而没有直接说出的行文之中。

【字斟句酌】zìzhēn-jùzhuó

斟、酌:酒筛得少叫斟,筛得多叫酌,引申指对事情、文字等衡量考虑后进行取舍调整。对每个字、每一句都仔细考虑、反复推敲。形容写作时十分谨慎认真。也作"句斟字酌"。

【字正腔圆】zìzhèng-qiāngyuán

演唱时咬字清楚正确,腔调圆润。

【字字珠玑】zìzì-zhūjī

玑:不圆的珍珠。每个字都像珍珠。形容文章精彩。

【恣行无忌】zìxíng-wújì

恣:放肆。恣行:任意做事,为所欲为。放肆作恶毫无顾忌。

【恣意妄为】zìyì-wàngwéi

恣:放纵。恣意:任意。任意乱搞。指胡作非为。

【总而言之】zǒng'éryánzhī

把它总括起来说。

【纵横捭阖】zònghéng-bǎihé

纵横:南北方向叫"纵",东西方向叫"横",这里指合纵、连横。战国时,七国相争,苏秦主张齐、楚、燕、韩、赵、魏六国结成联盟对抗秦国,由于六国在位置上成南北向,所以称为合纵;秦国则采纳张仪的主张,与六国分别结成联盟,以便各个击破,由于秦国在六国之西,东西联合,所以称为连横。捭:通"擘",分开。阖:关闭。捭阖:开或合,指分化或拉拢。或主张合纵,或主张连横,或分化瓦解,或勾结拉拢。这些原为战国时策士游说诸侯的政治主张和方法。后用来指政治上、外交上所运用的各种联合或分化的手段。有时也用来形容言论、举止的洒脱。

【纵横驰骋】 zònghéng-chíchěng

纵:南北方向。横:东西方向。驰骋:骑马奔驰。南北东西任意奔驰。指转战各地而毫无阻挡。也用来形容思路洒脱或文笔奔放。

【纵横交错】 zònghéng-jiāocuò

竖向的和横向的交叉错杂。形容事物或情况错综复杂。

【走漏风声】 zǒulòu-fēngshēng

风声:指传来的消息。泄漏消息。多指泄露秘密的消息。

【走马看花】 zǒumǎ-kànhuā

走:跑。走马:使马奔跑。骑着马让马快跑来观赏鲜花。原用来形容得意愉快的心情。现用来比喻粗略地浏览一下,对事物的观察不深入细致。也作"走马观花"。

【走马上任】 zǒumǎ-shàngrèn

走:跑。骑着马让马快跑去上任。原来指新官很快上任。现在泛指前去担任某项职务。

【走南闯北】 zǒunán-chuǎngběi

走:跑。奔走南方闯荡北方。指为了谋生到处奔波。也指到过很多地方。

【走投无路】 zǒutóu-wúlù

走:逃跑。投:投奔。逃跑和投奔都没有路。指陷于困境,找不到出路。

【足不出户】 zúbùchūhù

脚不出门。指整天待在家里。

【足智多谋】 zúzhì-duōmóu

足:充足。智慧丰富,计谋很多。形容善于谋划。

【钻牛角尖】 zuān niújiǎojiān

钻进牛角的尖头。原指老鼠钻进牛角尖后无法再钻进去了。比喻钻研无法解决或无研究价值的问题。也指对于不必认真的事过于认真。

【钻天打洞】 zuāntiān-dǎdòng

钻入天空,又凿地洞。比喻极力钻营,无孔不入。也指千方百计,不放过任何机会。

【罪不容诛】 zuìbùróngzhū

容:容纳,包含。诛:杀死。罪恶已不能包括在处死的范围之内。指罪大恶极,即使处死也不能抵偿其罪恶。

【罪大恶极】 zuìdà-èjí

罪恶大到了极点。

【罪恶累累*】 zuì'è-lěilěi

累累:不断积累,指累积得很多。罪恶极多。也作"罪行累累"。

【罪恶如山】 zuì'è-rúshān

罪恶像山一样。形容罪恶极大。

【罪恶滔天】 zuì'è-tāotiān

滔:弥漫。罪恶满天。形容罪恶极大。

【罪恶昭彰】 zuì'è-zhāozhāng

昭:明显。彰:明显。罪恶非常明显。也作"罪恶昭著"。

【罪该万死】 zuìgāiwànsǐ

根据其罪行来判罪应该处死上

万次。指罪恶极大。后也用作请罪的谦辞，表示自己得罪，请求对方原谅。

【罪加一等】zuìjiāyīděng

　　罪名增加一个等级。指从重定罪，从严惩处。

【罪魁祸首】zuìkuí-huòshǒu

　　魁：首领。犯罪的头目，作乱的首领。指干坏事的首要分子。又比喻灾祸的原因。

【罪孽深重】zuìniè-shēnzhòng

　　罪孽：佛教语，指应受到报应的罪恶。罪恶非常严重。

【罪上加罪】zuìshàng-jiāzuì

　　在原有的罪恶上再增加新的罪恶。指犯的罪更重了。

【罪有应得】zuìyǒuyīngdé

　　有：占有，得到。犯了罪而得到了应该得到的惩罚。也指做错了事而得到了应有的处理。

【罪责难逃】zuìzé-nántáo

　　罪行的责任难以逃脱。指必须承担罪责而受到应有的处罚。

【醉生梦死】zuìshēng-mèngsǐ

　　像喝醉酒和做梦一样来对待生死。指放纵沉迷、糊里糊涂地过日子。形容荒淫颓废的生活。

【醉翁之意不在酒】zuìwēng zhī yì bù zài jiǔ

　　醉翁：喝醉了酒的老头。醉翁的心意并不在于喝酒。欧阳修《醉翁亭记》[111-P.233]："醉翁之意不在酒，在乎山水之间也。"后用作成语，比喻本意并

不在这显而易见的方面，而在别的方面。也比喻别有用心。

【尊师重道】zūnshī-zhòngdào

　　尊敬老师，重视他所传授的思想学说。

【尊师重教】zūnshī-zhòngjiào

　　尊敬老师，重视教育。

【左顾右盼】zuǒgù-yòupàn

　　顾、盼：看。向左看看又向右看看。即向左右两边看来看去。形容得意或心不在焉的样子。也形容疑心重重而犹豫观望的样子。

【左邻右舍】* zuǒlín-yòushè

　　左右邻居。

【左思右想】zuǒsī-yòuxiǎng

　　这边想想那边想想。指反复考虑。

【左提右挈】zuǒtí-yòuqiè

　　挈：与"提"同义，带领，携带。这边提携那边提携。指相互扶持。也指长辈照顾幼小。

【左右逢源】zuǒyòu-féngyuán

　　逢：遇到。源：水源。左边右边都能遇到水源。《孟子·离娄下》[8-P.2727]："资之深，则取之左右逢其原。"比喻做学问时，根底深，积蓄多，就能取之不尽，用之不竭。也比喻做事时得心应手。也用来讥讽为人圆滑，善于投机，八面玲珑，到处都能应付自如。

【左右开弓】zuǒyòu-kāigōng

　　左手拉弦或右手拉弦都能拉开弓。指武艺高强，两只手都能射箭。

后又指双手同时或轮流做同一动作。也比喻齐头并进的动作。

【左右为难】zuǒyòu-wéinán

为:认为,觉得。这样做或那样做都觉得很难。指十分为难,不能应付。也作"左右两难"。

【左支右绌】zuǒzhī-yòuchù

支:支撑。绌:不足。这边支撑住,那边又不够了。指能力或财力不足,难以应付。

【左支右吾】zuǒzhī-yòuwú

支:支撑。吾:抵御,应付。左边支撑,右边抵挡。原指左右抵御来犯的敌人。后用来表示支吾其词。

【作壁上观】zuòbìshàngguān

作:为,进行。壁:壁垒,军营的围墙。在军营的围墙上进行观看。指旁观别人交战。后多比喻置身事外,在旁观望。

【作恶多端】zuò'è-duōduān

在很多方面做坏事。

【作法自毙】zuòfǎ-zìbì

毙:通"弊",弊病,害处,指损害,受害。自己制定了法律而使自己遭殃。《史记·商君列传》[9-P.370]:"商君亡至關下,欲舍客舍。客人不知其是商君也,曰:'商君之法,舍人無驗者坐之。'商君喟然歎曰:'嗟乎,爲法之敝一至此哉!'"后化为成语,比喻自作自受。

【作奸犯科】zuòjiān-fànkē

作奸:做邪恶的事。科:法律条文。为非作歹,触犯刑律。

【作茧自缚】zuòjiǎn-zìfù

缚:束缚。蚕吐丝作茧而把自己裹在里面。比喻自己做了某事而使自己受到束缚或陷于困境。

【作如是观】zuòrúshìguān

作:为,进行。如是:像这样。像这样进行观察。指用这样的观点来看待。

【作威作福】zuòwēi-zuòfú

作:为。威:指威慑别人的刑罚。福:指使人得福的奖赏。施行刑罚,进行奖赏。原指只有国君才有权进行赏罚。后指滥用权力,为所欲为。

【坐不安席】zuòbù'ānxí

坐的时候不能安宁于席位。形容心神不宁。

【坐吃山空】zuòchī-shānkōng

坐:安坐,指不行动。光坐着吃而不从事生产,那么堆积如山的财物也会被吃光。秦简夫《东堂老劝破家子弟》第一折[112-P.403]:"只在家裏死丕丕的閒坐,那錢物則有出去的,無有進來的,便好道'坐吃山空,立吃地陷',又道是'家有千貫,不如日進分文'。"

【坐地分赃】zuòdì-fēnzāng

坐地:席地而坐,指坐着不干事。赃:赃物,非法得来的财物。坐着不干而分取赃物。指匪首、窝主等不亲自去偷窃抢劫而分取同伙偷抢来的财物。也指盗贼就地瓜分赃物。

【坐而论道】zuò'érlùndào

《周礼·冬官·考工记》[64-P.905]:

"坐而論道,謂之王公;作而行之,謂之士大夫。"指天子诸侯议论治国的原则方法。后用作成语,泛指坐着议论各种道理。后又指坐着空谈大道理而没有行动。

【坐观成败】zuòguān-chéngbài

坐:安坐,指不行动。旁观别人的成功或失败。

【坐井观天】zuòjǐng-guāntiān

坐在井底看天。这样,看见的天就很小,所以用来比喻眼界狭小,看到的东西有限。韩愈《原道》[26-P. 271]:"坐井而觀天,曰天小者,非天小也。"

【坐冷板凳】zuòlěngbǎndèng

坐在冰冷的木板凳子上。指过着清冷寂寞的生活,多形容教师的生活。后也喻指遭到冷遇或久等接见。

【坐立不安】zuòlì-bù'ān

坐着站着都不安宁。形容心情焦虑、烦躁。

【坐山观虎斗*】zuò shān guān hǔ dòu

坐在山上看老虎相斗。比喻旁观别人争斗。

【坐失良机】zuòshī-liángjī

坐:指不行动。不主动采取行动而失去了良好的机会。

【坐视不救】zuòshì-bùjiù

坐着旁观而不去援救。形容对别人的危难漠不关心。

【坐收渔利】zuòshōu-yúlì

坐着不干而获得像渔翁那样所得到的利益(参见"鹬蚌相争,渔翁得利"条)。比喻利用别人相争而毫不费力地取得利益。

【坐卧不安】zuòwò-bù'ān

坐着躺着都不安宁。形容心情焦虑、烦躁。也作"坐卧不宁"。

【坐享其成】zuòxiǎng-qíchéng

坐着不干而享受别人的成果。

【坐以待毙】zuòyǐdàibì

毙:死。坐着等死。比喻面临危难而不采取行动。

【坐以待旦】zuòyǐdàidàn

坐着等天亮。

【座无虚席】zuòwúxūxí

虚:空。席:座位。座席上没有空着的席位。形容出席的人很多。

【做好做歹】zuòhǎo-zuòdǎi

装作好人说好话,装作坏人说坏话。比喻采取各种办法。也作"做好做恶"。

【做神做鬼】zuòshén-zuòguǐ

装作神仙装作鬼。指暗中捣鬼。

【做一天和尚撞一天钟*】zuò yī tiān héshang zhuàng yī tiān zhōng

每当一天和尚,就只是在那天撞撞钟而已。比喻敷衍了事地混日子,得过且过。

【做贼心虚】zuòzéi-xīnxū

做了贼内心不踏实。比喻做了坏事,怕人察觉而心里惶恐不安。

字形转换正字表

　　规范字与繁体字、异体字之间的转换失误往往出现于非对应的简繁字、正异字之中。所谓非对应的简繁字、正异字，即指一个规范字(简化字或正体字)代表了过去的两个字(繁体字或异体字或现在选用为规范字而过去也使用的传承字)或两个以上的字，如"发"代表了过去的"發"(后发制人)、"髮"(千钧一发)，"后"代表了过去的"后"(皇天后土)、"後"(后发制人)，"干"代表了过去的"干"(大动干戈)、"乾"(不干不净)、"幹"(精明强干)。所以，我们将规范字转换为繁体字、异体字时应该将它们分门别类进行处理，否则就会转错。现将这些转换时容易失误的字一一列出，并根据过去的用字习惯将有关成语分别列于其后，以便读者掌握而进行正确的转换。

暗〔暗〕：～度陈仓，～箭难防，～箭伤人，～送秋波，～无天日，～中摸索，柳～花明，明察～访，明枪～箭，明争～斗，明珠～投，弃～投明，若明若～，天昏地～；(不作"闇")

　　〔闇〕：偏信则～。(也作"暗")

并〔並〕：～蒂芙蓉，～驾齐驱，～行不悖，恩威～行，兼容～包，兼收～蓄，齐头～进，情文～茂，声情～茂，图文～茂，相提～论，携手～肩。(不作"并""併")

卜〔卜〕：存亡未～，吉凶未～，他生未～，未～先知。(音 bǔ，不作"蔔")

布〔布〕：～帛菽粟，～衣蔬食，～衣之交；(不作"佈")

　　〔佈〕：～恩施德，除旧～新，开诚～公，星罗棋～。(也作"布")

采〔采〕：没精打～，神～飞扬，神～焕发，神～奕奕，无精打～，想望风～，兴高～烈；(不作"採")

　　〔採〕：博～众长，博～众议，～兰赠芍，～薪之忧。(也作"采")

彩〔彩〕：～凤随鸦，错～镂金，大放异～，丰富多～，光～夺目，光～照人，流光溢～，浓墨重～，奇光异～，五～缤纷；

〔綵〕:披红挂～，悬灯结～，张灯结～。

冲〔沖〕:火光～天，怒气～～，怒气～天，气～牛斗，气～霄汉，怨气～～；(也作"衝")

〔衝〕:～锋陷阵，～口而出，～云破雾，横～直撞，怒发～冠，首当其～，折～樽俎。(不作"沖")

丑〔醜〕:～态百出，～态毕露，出乖露～，家～不可外扬，跳梁小～，小～跳梁，幺麽小～。(不作"丑")

锤〔鎚〕:千～百炼，一～定音。

呆〔獃〕:～若木鸡，目瞪口～，～头～脑(形容人不机灵，不活泼)；

〔騃〕:～头～脑(形容人蠢笨傻气)。

党〔黨〕:～同伐异，狐群狗～，结～营私，无偏无～。(不作"党")

荡〔蕩〕:～检逾闲，～然无存，涤瑕～秽，放～不羁，浩浩～～，倾家～产；(不作"盪")

〔盪〕:～气回肠，回肠～气，动～不定。(也作"蕩")

吊〔吊〕:提心～胆；

〔弔〕:～古伤今，～死抚伤，形影相～。

斗〔斗〕:八～之才，才高八～，车载～量，～酒百篇，～筲之才，～筲之人，～转参横，～转星移，海水不可～量，气冲牛～，泰山北～，星移～转，烟尘～乱。(音 dǒu，不作"鬪""鬥")

〔鬪、鬥〕:～鸡走狗，～志昂扬，钩心～角，艰苦奋～，竞新～巧，夸多～靡，困兽犹～，两虎相～，龙争虎～，明争暗～，战天～地，争奇～艳，坐山观虎～。(音 dòu，不作"斗")

发〔發〕:百～百中，触机便～，踔厉风～，大～慈悲，大～雷霆，弹无虚～，东窗事～，～凡起例，～愤图强，～愤忘食，～号施令，～聋振聩，～蒙解惑，～人深思，～人深省，～扬蹈厉，～扬光大，奋～图强，奋～有为，恭喜～财，红得～紫，后～制人，厚积薄～，箭不虚～，箭在弦上不得不～，借题～挥，精神焕～，炯炯～光，旧病复～，容光焕～，神采焕～，先～制人，兴旺～达，雄姿英～，一触即～，一～而不可收，一言不～，意气风～，引而不～，英姿焕～，振聋～聩，整装待～；(音 fā，不作"髮")

〔髮〕:白～苍苍，白～红颜，断～文身，～短心长，～秃齿豁，～指眦裂，毫～不爽，鹤～童颜，间不容～，结～夫妻，令人～指，怒～冲冠，披头

散～,被～文身,千钧一～,牵一～而动全身,握～吐哺,心细如～,
一～千钧,擢～难数。(音 fà,不作"發")

范〔範〕:大家风～。(不作"范")

丰〔豐〕:长林～草,～富多彩,～功伟绩,～肌弱骨,～取刻与,～衣足食,人
寿年～,瑞雪兆～年,五谷～登,席～履厚,羽毛～满,羽毛未～。
(不作"丰")

复〔復〕:鄙吝～萌,得而～失,反～无常,故态～萌,光～旧物,旧病～发,日
～一日,三～斯言,失而～得,死而～生,死灰～燃,万劫不～,无以
～加,循环往～,一去不～返,周而～始;

〔複〕:错综～杂,山重水～。

干〔干〕:大动～戈,化～戈为玉帛;

〔乾〕:不～不净,～柴烈火,～净利落,口～舌燥,口血未～,口燥唇～,泪
～肠断,墨迹未～,乳臭未～,唾面自～,外强中～,一～二净;

〔幹〕:精明强～,埋头苦～,洗手不～。(音 gàn,不作"干""乾")

谷〔谷〕:进退维～,空～足音,虚怀若～;

〔穀〕:～贱伤农,积～防饥,五～不分,五～丰登。

后〔后〕:皇天～土;

〔後〕:跋前疐～,步人～尘,茶余饭～,超前绝～,瞠乎其～,承前启～,惩
前毖～,杜绝～患,～发制人,～顾之忧,～患无穷,～悔莫及,～会
无期,～会有期,～继无人,～继有人,～来居上,～浪推前浪,～起
之秀,～生可畏,劫～余生,酒～失言,空前绝～,宁为鸡口无为牛
～,前赴～继,前呼～拥,前倨～恭,前怕狼～怕虎,前仆～继,前人
栽树～人乘凉,前事不忘～事之师,前思～想,前言不搭～语,前仰
～合,前因～果,穷而～工,秋～算账,思前想～,死而～已,螳螂捕
蝉黄雀在～,先公～私,先来～到,先礼～兵,先人～己,先天下之忧
而忧～天下之乐而乐,先斩～奏,以观～效,阴山背～,雨～春笋,瞻
前顾～,争先恐～,置之脑～,置之死地而～快。

糊〔糊〕:含～其辞,一塌～涂;(不作"餬")

〔餬〕:养家～口。(也作"糊")

回〔回〕:宝山空～,春～大地,大地～春,得胜～朝,～味无穷,妙手～春,收
～成命;(不作"迴")

〔迴〕:不堪～首,荡气～肠,～肠荡气,～肠九转,～光返照,～天乏术,～
天之力,～头是岸,～心转意,浪子～头,起死～生,迂～曲折。(也

作"回")

毁〔毁〕：哀～骨立，～家纾难，～于一旦；（不作"譭"）

　　〔譭〕：～誉参半。（也作"毁"）

几〔几〕：窗明～净；（不作"幾"）

　　〔幾〕：不知凡～，曾～何时，～次三番，寥寥无～，所剩无～，相差无～，相去无～。（音 jǐ，不作"几"）

饥〔飢〕：画饼充～，～不择食，～肠辘辘，～寒交迫，～火中烧，忍～挨饿，如～似渴，啼～号寒；

　　〔饑〕：积谷防～。

荐〔薦〕：毛遂自～。（不作"荐"）

局〔局〕：当～者迷旁观者清，顾全大～，无关大～；（不作"侷"）

　　〔侷〕：～促不安。（也作"局"）

卷〔卷〕：～帙浩繁，开～有益，手不释～，压～之作；（音 juàn，不作"捲"）

　　〔捲〕：风～残云，～土重来，席～天下。（也作"卷"）

克〔克〕：～勤～俭，以柔～刚；（不作"剋""尅"）

　　〔剋、尅〕：攻无不～，～敌制胜，～己奉公。（也作"克"）

夸〔夸〕：～父追日；（不作"誇"）

　　〔誇〕：～大其词，～多斗靡，～～其谈，自卖自～。（也作"夸"）

琅〔琅〕：～～上口，书声～～；（不作"瑯"）

　　〔瑯〕：琳～满目。（也作"琅"）

累〔累〕：不差～黍，长年～月，成年～月，积年～月，经年～月，～死～活，连篇～牍，穷年～月，日积月～；（不作"纍"）

　　〔纍〕：危如～卵，血债～～，罪恶～～。（也作"累"）

漓〔漓〕：大汗淋～，酣畅淋～，淋～尽致，痛快淋～。（不作"灕"）

里〔里〕：跛鳖千～，不远千～，差之毫厘谬以千～，尺幅万～，赤地千～，好事不出门恶事行千～，拒人于千～之外，老骥伏枥志在千～，离题万～，鹏程万～，千～鹅毛，千～迢迢，千～之堤溃于蚁穴，千～之行始于足下，前程万～，荣归故～，如堕五～雾中，失之毫厘差之千～，十～洋场，十万八千～，万～长城，万～长征，沃野千～，下～巴人，一日千～，一泻千～，有缘千～来相会，咫尺千～，转战千～；

　　〔裏、裡〕：百～挑一，鞭辟入～，表～如一，表～为奸，吃～爬外，肚～蛔虫，狗嘴～吐不出象牙，家长～短，～通外国，～应外合，忙～偷闲，蒙在鼓～，绵～藏针，皮～阳秋，情人眼～出西施，沙～淘金，死～逃生，雾～看花,笑～藏刀,宰相肚～好撑船,字～行间。

历〔歷、厤〕:多～年所,来～不明,～尽沧桑,～～可辨,～～可数,～～在目;
〔曆、厤〕:隔年皇～。

帘〔簾〕:垂～听政。(不作"帘")

梁〔梁〕:逼上～山,刺股悬～,跳～小丑,偷～换柱,小丑跳～,悬～刺股,余音绕～;(不作"樑")
〔樑〕:雕～画栋,栋～之材,～上君子,上～不正下～歪。(也作"梁")

了〔了〕:不～～之,不甚～～,草草～事,吃不～兜着走,敷衍～事,赔～夫人又折兵,一～百～,直截～当;(不作"瞭")
〔瞭〕:简单明～,～如指掌,一目～然。(也作"了")

辟〔辟〕:鞭～入裹;
〔闢〕:独～蹊径,开天～地,另～蹊径。

仆〔仆〕:前～后继;(音 pū,不作"僕")
〔僕〕:风尘～～。(音 pú,不作"仆")

戚〔戚〕:皇亲国～;(不作"慼")
〔慼〕:休～相关,休～与共。(也作"戚")

枪〔槍〕:唇～舌剑,单～匹马,临阵磨～,明～暗箭,明～易躲暗箭难防,虚晃一～,银样镴～头;(不作"鎗")
〔鎗〕:荷～实弹,鸟～换炮,～林弹雨,真～实弹。(也作"槍")

舍〔舍〕:不～昼夜,打家劫～,东邻西～,魂不守～,神不守～,退避三～,左邻右～;(音 shè,不作"捨")
〔捨〕:恋恋不～,难～难分,强聒不～,锲而不～,～本逐末,～己救人,～己为公,～己为人,～近求远,～生取义,～生忘死,～我其谁,依依不～。(音 shě,也作"舍")

升〔升〕:～堂入室;(不作"昇""陞")
〔昇〕:歌舞～平,鸡犬～天,如日方～,旭日东～;(也作"升")
〔陞〕:步步高～。(也作"升""昇")

尸〔尸〕:～位素餐;(不作"屍")
〔屍〕:借～还魂,马革裹～,～骨未寒,～横遍野,碎～万段,五马分～,行～走肉。(也作"尸")

台〔臺〕:唱对～戏,歌～舞榭,近水楼～,开～锣鼓,债～高筑。(不作"台""檯""颱")

系〔繫〕:解铃还须～铃人。(不作"系""係")

纤〔纖〕：～尘不染，～悉无遗，至～至悉。(音 xiān,不作"縴")

闲〔閑〕：荡检逾～;(不作"閒")

　　〔閒〕：等～视之,等～之辈,忙里偷～,投～置散,～情逸致,～言碎语,野
　　　　草～花,悠～自在,游手好～。(也作"閑")

弦〔弦〕：动人心～,箭在～上,扣人心～;(不作"絃")

　　〔絃〕：改～更张,改～易辙,～外之音。(也作"弦")

咸〔鹹〕：～嘴淡舌。(不作"咸")

衔〔銜〕：～华佩实,～尾相随;(不作"唧")

　　〔唧〕：结草～环。(也作"銜")

凶〔凶〕：逢凶化吉,吉～未卜,～多吉少;(不作"兇")

　　〔兇〕：逞～肆虐,穷～极恶,～神恶煞,～相毕露。(也作"凶")

须〔須〕：解铃还～系铃人,莫～有;(不作"鬚")

　　〔鬚〕：溜～拍马。(也作"須")

游〔游〕：力争上～;(不作"遊")

　　〔遊〕：旧地重～,散兵～勇,息交绝～,优哉～哉,～刃有餘,～山玩水,～
　　　　手好闲,～移不定。(也作"游")

余〔餘〕：比上不足比下有～,不遗～力,残渣～孽,茶～饭后,成事不足败事
　　　　有～,绰绰有～,绰有～裕,虎口～生,劫后～生,留有～地,流风～
　　　　韵,死有～辜,心有～而力不足,心有～悸,一览无～,忧患～生,游
　　　　刃有～,～音缭绕,～音袅袅,～音绕梁,～勇可贾。(不作"余")

郁〔鬱〕：沉～顿挫,～～不乐,～～葱葱,～～寡欢。(不作"郁")

欲〔欲〕：悲痛～绝,苍翠～滴,馋涎～滴,垂涎～滴,偿其大～,畅所～言,蠢
　　　　蠢～动,从心所～,澹泊寡～,工～善其事必先利其器,黑云压城城
　　　　～摧,呼之～出,昏昏～睡,己所不～勿施于人,利～熏心,喷薄～
　　　　出,飘飘～仙,清心寡～,穷奢极～,山雨～来风满楼,树～静而风不
　　　　止,随心所～,痛不～生,望眼～穿,为所～为,摇摇～坠,～罢不能,
　　　　～盖弥彰,～加之罪何患无辞,～擒故纵,～取姑与,～速则不达,～
　　　　益反损,跃跃～试,震耳～聋;(不作"慾")

　　〔慾〕：惩忿窒～,七情六～,人～横流,～壑难填。(也作"欲")

云〔云〕：不知所～,人～亦～,子曰诗～;

　　〔雲〕：拨～见日,叱咤风～,冲～破雾,愁～惨雾,穿～破雾,断雨残～,堕
　　　　～雾中,翻～覆雨,风卷残～,风流～散,风起～涌,风～变幻,风～
　　　　莫测,风～人物,浮～蔽日,高步～衢,高唱入～,过眼～烟,黑～压

城城欲摧,烘～托月,九霄～外,开～见日,平步青～,青～直上,腾～驾雾,天有不测风～,吞～吐雾,巫山～雨,响彻～霄,响遏行～,行～流水,烟消～散,壮志凌～。

扎〔紥、紮〕:安营～寨,稳～稳打;

　〔扎〕:垂死挣～。

征〔征〕:南～北战,万里长～;

　〔徵〕:横～暴敛,旁～博引,信而有～。

症〔症〕:不治之～,对～下药;(音 zhèng,不作"癥")

　〔癥〕:洞见～结。(音 zhēng,不作"症")

只〔隻〕:别具～眼,脚踏两～船,片言～语,片言～字,片纸～字,形单影～,～言片语,～字不提;(音 zhī,多作量词)

　〔只、衹〕:世上无难事～怕有心人,万事俱备～欠东风,～此一家别无分店,～见树木不见森林,～可意会不可言传,～许州官放火不许百姓点灯,～要功夫深铁杵磨成针,～争朝夕。(音 zhǐ,多作副词)

制〔制〕:出奇～胜,后发～人,克敌～胜,犬牙相～,随时～宜,先发～人,因地～宜,因人～宜,因时～宜,因事～宜;

　〔製〕:粗～滥造,鸿篇巨～,如法炮～。

钟〔鐘〕:声如洪～,做一天和尚撞一天～;

　〔鍾〕:老态龙～,情有独～,一见～情,～灵毓秀。

周〔周〕:深文～纳,众所～知;

　〔週〕:～而复始。

筑〔築〕:债台高～,～室道谋。(不作"筑")

准〔準〕:放之四海而皆～。(不作"准")

本书征引文献一览

　　为了节约篇幅及行文方便,本书在引用文献时不注明版本等信息,而且大都使用简称,现详列其作者、著作全称及其版本,以便读者在进一步研究时可藉此进行查考。

　　本目录按照该文献在书中首次出现的先后次序排列,另标明该文献产生的大致时代供参考。

1.〔周〕老聃《老子》——〔唐〕傅奕校《道德经古本篇》,据文物出版社、上海书店、天津古籍出版社 1988 年缩印本《道藏》第 11 册。

2.〔汉〕河上公《老子》注——〔汉〕河上公《道德真经注》,据文物出版社、上海书店、天津古籍出版社 1988 年缩印本《道藏》第 12 册。

3.〔周〕庄周《庄子》——据中华书局 1961 年版《庄子集释》。

4.〔汉〕韩婴《韩诗外传》——据中华书局 1980 年版《韩诗外传集释》。

5.〔汉〕班固《汉书》及〔唐〕颜师古注——据中华书局 1962 年版。

6.〔宋〕无名氏《释常谈》——据上海古籍出版社 2002 年版《续修四库全书》第 1142 册《新刻释常谈》。

7.〔唐〕卢纶《赋得彭祖楼送杨德宗归徐州幕》——据中华书局 1999 年版《全唐诗》(增订本)。

8.〔周〕孟轲《孟子》——据中华书局 1980 年影印本《十三经注疏》。

9.〔汉〕司马迁《史记》及〔唐〕司马贞《索隐》——据世界书局 1935 年影印本《四史》。

10.〔周〕《诗经》——据中华书局 1980 年影印本《十三经注疏》。

11.〔南朝·宋〕范晔《后汉书》及〔唐〕李贤等注——据中华书局 1965 年版。

12.〔汉〕应劭《风俗通义》——据中华书局 1981 年版《风俗通义校注》。

13.〔汉〕戴圣《礼记》——据中华书局 1980 年影印本《十三经注疏》。

14.〔周〕韩非《韩非子》——据知识产权出版社 2011 年版《韩非子校疏析论》。

15.〔宋〕朱熹《中庸或问》——据上海古籍出版社、安徽教育出版社 2002 年版《朱子全书》第陆册。

16.〔周〕左丘明《左传》——据中华书局 1980 年影印本《十三经注疏》。

17.〔宋〕程颢《河南程氏遗书》——据中华书局 1981 年版《二程集》。

18.〔南朝·梁〕萧统《文选序》及《文选》〔唐〕李善注——据中华书局 1977 年影印本《文选》。

19.〔唐〕杜甫《丹青引赠曹将军霸》《曲江》——据中华书局 1999 年版《全唐诗》(增订本)。

20.〔周〕荀况《荀子》——据中华书局 1988 年版《荀子集解》。

21.〔汉〕刘安等《淮南子》——据中华书局 1989 年版《淮南鸿烈集解》。

22.〔周〕《山海经》——据贵州人民出版社 1991 年版《山海经全译》。

23.〔后秦〕鸠摩罗什译《维摩诘所说经》——据中华书局 1985 年版《中华大藏经》(汉文部分)第一五册之《维摩诘所说经》。

24.〔唐〕房玄龄等《晋书》——据中华书局 1974 年版。

25.〔周〕《论语》——据中华书局 1980 年影印本《十三经注疏》。

26.〔唐〕韩愈《送孟东野序》《原道》——据高等教育出版社 2010 年版《中国古代文学作品选》第三卷。

27.〔宋〕洪迈《容斋随笔》——据上海古籍出版社 1996 年版。

28.〔宋〕李昉等《太平广记》——据中华书局 1961 年新 1 版。

29.〔宋〕程颢、程颐《二程集》——据中华书局 1981 年版。

30.〔元〕脱脱等《宋史》——据中华书局 1977 年版。

31.〔宋〕释惠洪《冷斋夜话》——据上海古籍出版社 2012 年版。

32.〔周〕《孙子》——据上海古籍出版社 2002 年版《续修四库全书》第 959 册《十一家注孙子》。

33.〔明〕罗贯中《三国演义》——据中华书局 2009 年版《四大名著(聚珍版)》中的《三国演义》。

34.〔唐〕孟郊《登科后》——据中华书局 1999 年版《全唐诗》(增订本)。

35.〔宋〕苏轼《洗儿戏作》——据中华书局 1982 年版《苏轼诗集》。

36.〔唐〕李白《春夜宴从弟桃花园序》——据高等教育出版社 2010 年版《中国古代文学作品选》第三卷。

37.〔元〕刘一清《钱塘遗事》——据上海书店 1994 年版《丛书集成续编》第 26 册。

38.〔唐〕杜牧《赠别》——据中华书局 1999 年版《全唐诗》(增订本)。

39.〔南朝·宋〕刘义庆《世说新语》——据中华书局 1984 年版《世说新语校

笺》。

40.〔周〕列御寇《列子》——引自中华书局 1979 年版《列子集释》。

41.〔唐〕王之涣《登鹳雀楼》——据中华书局 1999 年版《全唐诗》（增订本）。

42.〔周〕《尚书》——据中华书局 1980 年影印本《十三经注疏》。

43.〔宋〕郭茂倩《乐府诗集》——据中华书局 1979 年版。

44.〔宋〕钱易《南部新书》——据中华书局 2002 年版。

45.〔唐〕赵璘《因话录》——据上海古籍出版社 2012 年版《大唐新语·外五种》。

46.〔汉〕《战国策》——据江苏古籍出版社 1985 年版《战国策集注汇考》。

47.〔唐〕张彦远《历代名画记》——据上海人民美术出版社 1964 年版。

48.〔唐〕沈既济《枕中记》——据华龄出版社 2002 年版《唐宋传奇》。

49.〔周〕《周易》——据中华书局 1980 年影印本《十三经注疏》。

50.〔明〕吴承恩《西游记》——据华夏出版社 1994 年版。

51.〔晋〕陈寿《三国志》及〔南朝·宋〕裴松之注——据中华书局 1959 年版。

52.〔唐〕姚思廉《梁书》——据中华书局 1973 年版。

53.〔宋〕陶穀《清异录》——据上海古籍出版社 2012 年版。

54.〔汉〕班固《汉武故事》——据中州书画社 1982 年版《汉魏六朝小说选》。

55.〔五代〕严子休《桂苑丛谈》——据上海古籍出版社 2012 年版《开元天宝遗事·外七种》。

56.〔唐〕欧阳询等《艺文类聚》——据上海古籍出版社 1982 年新 1 版。

57.〔周〕《孝经》——据中华书局 1980 年影印本《十三经注疏》。

58.〔周〕《尔雅》——据中华书局 1980 年影印本《十三经注疏》。

59.〔南朝·齐〕孔稚珪《北山移文》——据中华书局 1977 年影印本《文选》。

60.〔周〕吕不韦《吕氏春秋》——据学林出版社 1984 年版《吕氏春秋校释》。

61.〔周〕宋玉《风赋》——据中华书局 1977 年影印本《文选》。

62.〔唐〕王维《早朝》诗——据中华书局 1999 年版《全唐诗》（增订本）。

63.〔宋〕陆游《游山西村》——据高等教育出版社 2010 年版《中国古代文学作品选》第四卷。

64.〔周〕《周礼》——据中华书局 1980 年影印本《十三经注疏》。

65.〔元〕辛文房《唐才子传》卷六——据中华书局 1990 年版《唐才子传校笺》第三册。

66.〔北凉〕昙无谶译《大般涅槃经》——据中华书局 1985 年版《中华大藏经》（汉文部分）第一四册之《大般涅槃经》。

67.〔五代〕王仁裕《开元天宝遗事》——据上海古籍出版社 2012 年版。

68.〔宋〕范公偁《过庭录》——据中华书局 2002 年版。

69.〔晋〕葛洪《西京杂记》——据上海古籍出版社 2012 年版。

70.〔元〕无名氏《汉高皇濯足气英布》——据上海古籍出版社 2002 年版《续修四库全书》第 1762 册《元曲选》。

71.〔后晋〕刘昫等《旧唐书》——据中华书局 1975 年版。

72.〔宋〕祝穆《方舆胜览》——据中华书局 2003 年版。

73.〔唐〕李公佐《南柯太守传》——据华龄出版社 2002 年版《唐宋传奇》。

74.〔汉〕无名氏《古诗十九首》——据中华书局 1977 年影印本《文选》。

75.〔汉〕扬雄《法言》——据中华书局 1987 年版《法言义疏》。

76.〔唐〕柳宗元《黔之驴》——据高等教育出版社 2010 年版《中国古代文学作品选》第三卷。

77.〔唐〕孟棨《本事诗》——据上海古籍出版社 2012 年版《开元天宝遗事·外七种》。

78.〔五代〕王定保《唐摭言》——据上海古籍出版社 2012 年版。

79.〔宋〕孙光宪《北梦琐言》——据中华书局 2002 年版。

80.〔周〕《晏子春秋》——据中华书局 1962 年版《晏子春秋集释》。

81.〔宋〕司马光《资治通鉴》——据中华书局 1956 年版。

82.〔唐〕崔护《题都城南庄》——据中华书局 1999 年版《全唐诗》（增订本）。

83.〔周〕《国语》——据上海古籍出版社 1978 年版。

84.〔唐〕张怀瓘《书断》——据商务印书馆 1930 年再版之《说郛》卷九十二所引《书断》。

85.〔宋〕吕祖谦《诗律武库后集》——据齐鲁书社 1995 年版《四库全书存目丛书》子部第 167 册《东莱先生分门诗律武库十五卷后集十五卷》。

86.〔唐〕释道世《法苑珠林》——据中华书局 2003 年版《法苑珠林校注》。

87.〔隋〕慧远《大乘义章》——据大正一切经刊行会昭和二年（1927）印行的《大正新修大藏经》第四十四卷。

88.〔唐〕李商隐《杂纂》——据商务印书馆 1937 年版《丛书集成初编》第 2987 册（原题"李义山纂，王君玉、苏子瞻续纂"）。

89.〔唐〕魏徵等《隋书》——据中华书局 1973 年版。

90.〔晋〕陶潜《桃花源记》——据高等教育出版社 2010 年版《中国古代文学作品选》第二卷。

91.〔梁〕沈约《宋书》——据中华书局 1974 年版。

92.〔南朝·梁〕周兴嗣《千字文》——据上海古籍出版社 1991 年版《三字经·百家姓·千字文》。

93.〔宋〕吕祖谦《诗律武库》——据齐鲁书社 1995 年版《四库全书存目丛书》子部第 167 册《东莱先生分门诗律武库十五卷后集十五卷》。

94.〔五代〕释静、释筠《祖堂集》——据上海古籍出版社 2002 年版《续修四库全书》第 1285 册。

95.〔唐〕秦韬玉《贫女》——据中华书局 1999 年版《全唐诗》(增订本)。

96.〔周〕宋玉《高唐赋》——据中华书局 1977 年影印本《文选》。

97.〔唐〕般剌蜜帝译《楞严经》——据中华书局 1987 年版《中华大藏经》(汉文部分)第二三册之《大佛顶如来密因修证了义诸菩萨万行首楞严经》。

98.〔晋〕干宝《搜神记》——据中华书局 1979 年版。

99.〔南朝·梁〕刘勰《文心雕龙·体性》——据上海古籍出版社 1979 年版《中国历代文论选》第一册。

100.〔唐〕李延寿《南史》——据中华书局 1975 年版。

101.〔宋〕李昉等《太平御览》——据中华书局 1960 年版影印本。

102.〔唐〕白居易《赋得古原草送别》——据中华书局 1999 年版《全唐诗》(增订本)。

103.〔周〕申不害《申子》——据知识产权出版社 2012 年版《商君书校疏》。

104.〔汉〕王充《论衡》——据中华书局 1979 年版《论衡注释》。

105.〔公元前 6 世纪〕《旧约》——据中国基督教协会印发,南京爱德印刷公司印刷本。

106.〔唐〕李复言《续幽怪录》——据齐鲁书社 1995 年版《四库全书存目丛书》子部第 245 册。

107.〔宋〕陆游《老学庵笔记》——据中华书局 1979 年版。

108.〔明〕冯梦龙《醒世恒言》——据人民文学出版社 1956 年版。

109.〔宋〕胡太初《昼帘绪论》——据台湾商务印书馆 1986 年版《景印文渊阁四库全书》第 602 册。

110.〔汉〕司马相如《子虚赋》——据中华书局 1977 年影印本《文选》。

111.〔宋〕欧阳修《醉翁亭记》——据高等教育出版社 2010 年版《中国古代文学作品选》第四卷。

112.〔元〕秦简夫《东堂老劝破家子弟》——据人民文学出版社 1956 年版《元人杂剧选》。

后　记

　　由于成语具有极其丰富的社会生活内涵和极大的艺术魅力，所以我早就喜欢它了，但编著诠释成语的工具书，却是我意料之外的事，也是饥不择食的结果。

　　1989 年我下岗待业在家，卖文为生的愿望促使我四处联系出版社找书写。为了迎合市场需求，我拟了一份《中国古代至理名言集锦》的编写设想。该设想于 1989 年 6 月得到了宇航出版社总编高本辉先生的初步认可，通过信函往复，于 11 月正式列入该社选题而开始撰写。哪知 1990 年 5 月高先生来函告知，该社因出书超出了范围而受到新闻出版总署的批评，因而此书只能下马。不过，与宇航出版社的初次合作虽然夭折了，但毕竟建立了联系。高先生在 1993 年 11 月 16 日来信说："近因改革开放，我社出书范围已有所放宽……因而建议您能否编一本适于中小学生用的成语词典……但由于这类选题已有不少，建议编写中偏重实用，又能有些新意。"通过反复商量，我们在 1994 年 3 月 30 日签了约稿合同，决定编著出版一部 68 万字的《中小学生实用成语词典》。该词典的体例可从我 1994 年 8 月 5 日所写的《编写说明》中观其大概，其文云：

　　　　现有的成语词典虽然不少，但真正针对中小学生的学习特点而编写的成语词典却并不多见。为了能达到本词典所预期的目的，我拟定了三条编写原则：针对中、小学生，适应教学、考试，便于理解、运用。具体说来，有下列几点：

　　　　一、收成语近六千条，足以供中小学生之用。

　　　　二、各条成语按音序排列，附以汉语拼音索引与笔画索引，以便学生查阅。

　　　　三、每条成语均有注音、串讲；对于那些在串讲中不能明确地显示其字义的较为难懂的字另加解释；对容易读错、写错、误解的字，另用［注意］加以辨正；有异形的成语也酌情予以标出（标以［也作］或［又作］），以便学生透彻地掌握。

四、每条成语均附以简明通俗的例句（标以［例］），有时也对其用法略作说明，以便学生摹仿造句，正确使用。

五、酌情标明同义的、近义的、反义的成语（标以［同］、［近］、［反］），有时也对同义的、近义的成语略作辨析（标以［辨］），以便扩大学生的语汇，使他们在作文造句时能左右逢源，选择到最为恰当的成语。

六、酌情标明语源（标以［源］）或书证（标以［见］），以便扩大学生的知识面。所谓"源"，一般指较古的文献资料，其中并不一定有该成语的成型出现，但至少已含有该成语的胚胎。所谓"见"，是指古代书证，其中的成语与现用成语基本一样。

我想，本词典如果完全做到了这几点，肯定会大大有益于中小学生乃至大学生，而对广大的自学者与语文教师，也会有很大的参考价值。

此外，我又将这些内容浓缩为"本书内容简介"而印在封底内：

> 针对中小学生　　适应教学考试　　便于理解运用
> 共收成语约五千八百条　　拼音笔画索引查阅方便
> 注音释字串讲明白易懂　　另加注意辨析可免失误
> 每条均有例句便于摹仿　　酌情引用古例知识丰富
> 标出异形成语利于贯通　　间附同义成语便于选用

由于我当时还忙于撰写其他著作，所以拟定体例以后，约了空军政治学院的同事一起完成此稿。人多虽然力量大，但我统稿时却发现，出于众手的著作实在很不理想，有些稿子连字迹都相当潦草而不易辨认，更不要说严格地按照我设计的体例去编写了。当然，由我重写已不可能了，所以只能告一段落。此稿虽然至1994年9月12日就完成交稿了，但后期的编辑加工却花去了我和责任编辑刘彤的不少时间，直至1996年11月才面世，当时印了 8000 册。

1998 年 5 月,我又因联系出版《韩非子治要》而与黄山书社宋启发先生取得了联系,他知道我编过《中小学生实用成语词典》,所以于 11 月 17 日来信建议我编一本《学生成语用法词典》,同意延长交稿期而由我单独完成。由于面向学生,他建议我在用法上加重分量而不必溯源,但释义应该准确简练,并附一个"成语内容分类索引",以便对学生写作有较多的帮助。12 月 10 日,宋先生又来信商量编写体例,他认为,有些词典除了注音、释义、举例外,还有溯源、语法功能(用法)、注意事项、辨析等内容,功能虽然多了,却没有达到一部工具书起码的要求:简洁。溯源虽然有学术价值,但实际价值不大。为了释义的需要,有些词条的溯源还是需要的,否则其语义就说不清楚,但只需在必要的时候作为释义的一部分来做,不必单独列项。关于易写错、读错、误解之字的说明,词目、注音、释义本身就有释疑纠谬的作用,正确的已经罗列出来,不正确的自然彰显,所以不需要再予以说明。用法(语法功能)应该同例句联系紧密,每种用法均应举一个例子说明。如果某词条或某义项有褒贬色彩,应该注明"褒""贬"字样。收词条不要超过 6000 条,足用而已。他在书店见到的成语词典有十几部,但体例上、内容上有创新的并不多,希望我设计出好的体例,编出一部高质量、有新意的词典。12 月 25 日宋先生又来信,问我能否在上述书稿的基础上编出一本《常用成语小词典》,只有词条、注音、释义三项,作为《学生成语用法词典》的副产品。或者,也可以先做这一部分工作。

1999 年 1 月 6 日宋先生又来信,建议先出小词典,以后再扩充为《学生成语用法词典》,于是我们在 2 月 12 日签了《常用成语词典》的约稿合同。我于 4 月 2 日开始编写《常用成语词典》,当然也利用了原来的《中小学生实用成语词典》,但其中我同事完成的部分则重写了,我自己编写的部分也根据新的体例删去了[源](语源)、[见](古代书证)、[例](例句)、[同](同义成语)、[近](近义成语)、[反](反义成语)、[辨](辨析)、[注意](辨正容易读错、写错、误解的字)等内容,并略作修改,最后于 1999 年 12 月 12 日完稿,随即寄给了宋先生。按照合同,应该在 2000 年 4 月前出版,但最后还是拖到了 12 月出版。该词典 47 万字,第 1 次印了 3000 册,至 2002 年 3 月印了 3 次,累计印数 11000 册。我将其特色概括后印在封底上:

实用——收录古今成语六千有余,足供日常阅读写作之用

周详——释词串讲必使字字明了,酌情引证更利深入理解

准确——根据字词含义确解本义,对照用例明其引申比喻

方便——汉语拼音排列易于翻检,另附笔画索引便于查阅

之后,不要说宇航出版社,就是黄山书社也不再和我联系了,《学生成语用法词典》的编写就此化为泡影,当时不免有所遗憾,但仔细想想,我因此而与成语词典的编纂结下了不解之缘,有什么值得遗憾的呢?再看看现在,辞书出版很难而大多数词典已无法再版,我与《学生成语用法词典》的编写擦肩而过实是让我避免了时间与精力的浪费,这实在是值得庆幸的事。

由于我已经在成语诠释方面下了不少功夫,为了使过去的心血能留存下去,我决定进一步投入大量的精力,将《常用成语词典》修订成一部更具有学术味的著作出版,尽力把它打造成《张觉述作集》中一部具有永久学术价值的汉语工具书。

这一设想于 2013 年得到了知识产权出版社江宜玲女士的热情支持,2013 年 12 月 7 日我们签订了出版合同。于是我将原词典扫描后请研究生付云鹏进行了校对,之后又花了不少时间进行了修改,包括增删条目、调整排序、修正错讹、完善释义等,于 2016 年完稿后发给了她。但是,2016 年 11 月 25 日我到北京教育部考试中心参加"全国硕士研究生招生考试工作会议"时,江宜玲女士告知此书的出版计划已被取消。为了使我过去的精力不白费,2016 年 12 月 24 日我回家后,先后请编辑过拙著的责任编辑朱绛先生(商务印书馆)、陈丽娟女士(上海古籍出版社)、陈文韬先生(岳麓书社)、李亭女士(南京大学出版社)帮忙出版,但将书稿发去后均无果而终。这些出版社未能出版此书,原因不外有二:一

是已经出版过成语词典，在这电子阅读查询时代，其销售并不理想，故不愿新增同质化品种；二是没有辞书出版资质。本书出版之难实始料未及。

其实，作为《张觉述作集》之一种，我并不想将此书冠以"词典"之名去规范读者，而仅仅想把它修订成一部具有学术性的著作《常用成语直解》供人参考。市场疲软固然无法抗拒，国家为了确保辞书质量以免误人子弟而加强辞书出版管理的初衷也无可厚非，但让那些有错误的辞书出版来为汉字的错误用法"做贡献"①，而无意中却使本书难见天日，也着实使我再次感到古人将"只许州官放火，不许百姓点灯"化作成语时的无奈与伟大，真令人欲哭无泪。

陈文韬先生、李亭女士等的热情帮忙虽然使我十分感动，但这一而再、再而三的挫折告诉我，戴镣铐者是跳不成舞的，本书的出版无论如何得找有辞书出版资质的出版社帮忙。

2021 年 6 月 4 日，我接到李亭女士告知其出版社放弃此书出版的电话后，立刻托人打听与拙著方向相合的出版机构（既能出版辞书，又有兴趣出版古籍的出版社）。承蒙周阳先生的热情帮助，6 月 11 日我与崇文书局李艳丽女士取得了联系，最终靠了她的倾心操劳和崇文书局领导的热情支持，这沉睡了五年的书稿终于有了面世的机会。在此书付梓之时，我虽然饮水思源，想起了使我结缘于成语词典编纂的高本辉先生和宋启发先生而写下了上述文字以作纪念，但言归正传，我在此首先要感谢的还是李艳丽女士及其领导的鼎力支持。如果没有他们的热情帮忙，本书就无法问世，我和付云鹏的辛劳也就会付诸东流。在一个崇尚经济发展的时代，如果没有得到有关方面的资助，学术性著作的作者和出版者从经济方面来说则大多处于入不敷出的境况之中，其著述和出版往往是一种奉献。常言道："患难见真情。"虽然我和李艳丽女士素不相识，但一经联系就收到她热情真诚的回复，而如

---

　① 参见本书前言之脚注。

此难以出版的图书得以面世,更令我感激不已。如此一见如故而尽心竭力相助之深情厚谊,我将永志不忘。情动于中,遂得一绝,其诗云:

万里长江牵一线[①],成双典籍见深情[②]。
喜迎述作开新局[③],争艳书花丽进程[④]。

最后要说的是,责任编辑陈春阳先生认真细致的审校引发了我进一步的思考,通过相互切磋推敲,使本书更加完善,在此请允许我对他的辛劳付出致以衷心的谢意。

张觉

2021 年 7 月 22 日于太仓浏家港寒舍
2022 年 3 月 15 日校改于南翔镇院邸

[①]　我住长江口浏家港,崇文书局在长江中游,可比千里姻缘一线牵。
[②]　《常用成语词典》《韩非子译注评》二书同时签约,不仅仅是一种缘分,更饱含着双方相濡以沫之殷殷深情。
[③]　《张觉述作集》中的作品第一次在崇文书局出版,实乃别开生面。
[④]　拙著在崇文书局绽放,必将为崇文书局和《述作集》的出版进程增添亮丽。

《张觉述作集》书目

◎ 韩非子校疏析论(2011年第1版,2013年第2版,2018年第3版)

◎ 商君书校疏(2012年第1版)

◎ 韩非子考论(2013年第1版,2016年第2版)

◎ 中国古代文学(2013年第1版)

◎ 吴越春秋校证注疏(2014年第1版、第2版)

◎ 现代汉语规范指南(修订本,2017年第1版)

◎ 吴越春秋校证注疏(增订本,2019年第1版)

◎ 老子古本探赜正解(2021年第1版)

◎ 韩非子译注评(2022年第1版)

● 常用成语词典(修订本,2022年第1版)

待刊:

○ 老子古本汇校集解　　　　　○ 潜夫论汇校集注

○ 老子古本译注　　　　　　　○ 潜夫论译注

○ 论语善本校注译评　　　　　○ 搜神记汇校注疏

○ 孟子善本校注译评　　　　　○ 搜神记译注

○ 荀子汇校集解　　　　　　　○ 曾巩散文注评

○ 荀子译注　　　　　　　　　○ 中国文学精华

○ 商君书汇校集解　　　　　　○ 诗文鉴赏漫议

○ 商君书译注　　　　　　　　○ 论语孟子语言研究

○ 韩非子汇校集解　　　　　　○ 古今辞书述评补正

○ 韩非子及其文献考论　　　　○ 篆印文字写法速成

○ 韩非子导读　　　　　　　　○ 现代汉语规范指南(增订本)

○ 吴越春秋校注辑证　　　　　○ 论古说今杂俎

○ 吴越春秋全译　　　　　　　○ 浮生琐记

图书在版编目（CIP）数据

常用成语词典 / 张觉编著 . -- 武汉：崇文书局，
2022.11
　　ISBN 978-7-5403-6989-7

　　Ⅰ．①常… Ⅱ．①张… Ⅲ．①汉语－成语词典 Ⅳ.
①H136.3-61

中国版本图书馆 CIP 数据核字（2022）第 202002 号

责任编辑：陈春阳　郑小华
责任校对：董　颖
封面设计：杨　艳
责任印制：田伟根

常用成语词典

CHANGYONG CHENGYU CIDIAN

出版发行：　长江出版传媒 崇文书局（原湖北辞书出版社）
地　　址：武汉市雄楚大街 268 号 C 座 11 层
电　　话：(027)87677133　邮政编码　430070
印　　刷：湖北恒泰印务有限公司
开　　本：787mm×1092mm　　1/32
印　　张：16.5
字　　数：550 千
版　　次：2022 年 11 月第 1 版
印　　次：2022 年 11 月第 1 次印刷
定　　价：40.00 元

（如发现印装质量问题，影响阅读，由本社负责调换）